KB119158

· 개정 2판 ·

복지국가론

나남
nanam

나남신서 · 1748

복지국가론

1993년 4월 15일 초판 발행
1999년 9월 5일 초판 7쇄
2000년 4월 5일 개정판 발행
2013년 3월 5일 개정판 14쇄
2014년 3월 5일 개정 2판 발행
2019년 9월 15일 개정 2판 4쇄

지은이   김태성 · 성경륭
발행자   趙相浩
발행처   (주) 나남
주소   10881 경기도 파주시 회동길 193
전화   (031) 955-4601(代)
FAX   (031) 955-4555
등록   제 1-71호(1979.5.12)
홈페이지   http://www.nanam.net
전자우편   post@nanam.net

ISBN 978-89-300-8748-3
ISBN 978-89-300-8001-9 (세트)

나남신서 · 1748

· 개정 2판 ·

복지국가론

김태성 · 성경륭 지음

나남
nanam

A Study on the Welfare State

· 3rd Edition ·

by

Kim, Tae-Sung
Seong, Kyoung-Ryung

nanam

개정 2판을 내면서

1993년 《복지국가론》 초판이 나온 지 20년이 넘었고, 2000년 개정 1판이 나온 지도 14년이 되었다. 지금까지 20쇄 이상 인쇄되었는데, 이렇게 오랜 기간 동안 많은 독자들이 이 책을 읽어준 것에 대해 감사드린다.

최근 우리나라도 사회복지를 어느 정도 확대하면서, 많은 사람들이 복지국가에 대해 관심을 갖고 있다. 이러한 시대적 흐름을 배경으로, 여전히 미흡한 부분이 많은 《복지국가론》을 보강할 필요가 커져 이번에 개정 2판을 내게 되었다.

이번 개정을 통해 2개의 장이 새로 추가되어 전체 18개 장으로 확대되었다. 추가된 7장 "복지국가, 변하고 있는가?"에서는 최근의 서구복지국가들의 변화하는 모습을 다루었고, 16장 "정치경쟁의 심화와 복지국가의 발전: 노무현 정부와 이명박 정부의 비교"에서는 노무현, 이명박 정부시기의 우리나라 복지에 대해 정리하였으며 두 시기를 비교·평가하였다.

그리고 1장 "국가의 개념과 존재양식의 변화", 11장 "사회복지와 경제성장의 관계", 17장 "복지국가의 현황과 미래전망", 18장 "왜 한국의 복지체제는 낙후되어 있는가?"는 그 내용을 대폭 수정하였으며, 나머지 장들도 자료들을 최근의 통계로 대체하거나 제도의 변화 등을 고려하여 문장을 새로 고쳐 쓰는 등 수정과 보충에 성실을 기하였다.

《복지국가론》 개정 2판이 나오기까지 많은 도움을 준 서울대 사회복지연구소의 이원진 연구원과 나남출판 직원들께 감사드린다.

2014년 2월

김태성·성경륭

복지국가론

차 례

제 2 부 복지국가의 발전

제 1 부
복지국가의 성격과 기원

인류의 현재 조상이 지구상에서 집단생활을 시작한 시점을 대략 10만 년 전으로 잡는다면 국가라는 조직이 탄생한 것은 지금부터 약 5천 년~1만 년 전이었다. 그러나 산업혁명을 거쳐 서구 산업사회에서 복지국가가 태동된 것은 지금으로부터 불과 100여 년 전, 즉 1880년대 이후의 일로서 복지국가의 발전이란 인류사의 장구한 흐름에서 본다면 지극히 짧은 역사를 지니고 있음을 알 수 있다.

그러면 복지국가가 출현하여 구성원들의 생존문제를 국가가 제도적으로 보장하기 전까지 인간의 삶은 어떻게 영위되었는가? 지난 수천 년 동안 요람에서 무덤까지 보통의 인간들이 항상적으로 또한 반복적으로 부닥쳐 온 빈곤과 질병, 그리고 다양한 형태의 착취가 개인과 가족 혹은 공동체의 책임으로 치부되었다면, 도대체 어떤 변화들이 국가로 하여금 이러한 문제들에 개입하게 하여 복지국가를 등장하게 했는가? 19세기 후반부터 성장하기 시작한 복지국가는 1세기의 기간을 경과하는 동안 어떻게 변화·발전하여 현재는 어떤 상태에 놓여 있는가?

이러한 문제들을 해명하기 위해 제1부에서는 복지국가가 국가의 다양한 유형 중 하나라는 점에 초점을 두고 복지국가의 성격과 기원을 살펴보고자 한다. 이처럼 복지국가를 국가의 한 유형으로 파악하는 까닭은 이렇게 할 때에만 다양한 대내외적 요구와 압력에 반응하고 또한 그러한 요구와 압력들을 변화시키는 국가의 복합적 모습을 제대로 이해할 수 있고, 이 속에서 복지국가도 하나의 역사적·가변적 현상임을 분명히 인식할 수 있기 때문이다. 다시 말해 이러한 접근은 복지국가를 온 인류가 염원해 마지않는 하나의 이상향 국가형태, 따라서 단선적·목적론적으로 진화하는 국가형태로 보는 오류를 극복할 수 있게 해준다고 할 수 있다.

01

국가의 개념과 존재양식의 변화

1. 국가의 개념, 국가형성, 그리고 국가유형

복지국가(福祉國家)에 관한 논의에서 가장 중요한 점은 복지국가를 국가의 한 유형으로 파악하는 것이다. 그러나 지금까지 복지국가에 대한 많은 논의들은 복지국가만을 집중적으로 거론했지 복지국가는 무시해 온 경향이 있었다. 다시 말해 복지국가란 국가의 다양한 기능 중 복지기능이 제도적으로 강화된 것임에도 불구하고, 따라서 약화될 수 있음에도 불구하고, 국가가 역사적으로 어떻게 성장해 왔고 또한 국가가 왜, 어떤 기제를 통해 국가 구성원들의 복지문제에 개입해 왔는가를 충분히 규명하지 못했다. 그러므로 복지국가의 기원, 발전, 쇠퇴 혹은 재조직 등 복지국가의 흥망성쇠 문제를 보다 체계적으로 다루기 위해서는 국가는 무엇이며 어떤 과정을 통해 성장해 왔는가를 먼저 이해할 필요가 있다.

그러면 국가(國家)는 무엇인가? 베버(Weber, 1968: 901)의 개념규정을 따라 국가는 '독점적 강압력, 통일적 권위, 그리고 제반 법률적·행정적 장치를 기초로 일정한 영토와 그 영토 내의 주민을 배타적으로 지배하는 정치적 조직(혹은 공동체)'이라고 정의할 수 있다. 이 정의에서 배타적 지배란 홀과 이켄베리(Hall & Ikenberry, 1989: 2)가 지적하듯 국가의 존립이 두 가지 차원, 즉 대내적 차원과 대외적 차원에 의존함을 뜻한다. 먼저 국가존립의 대내적 차원이란 모든 국가는 자신의 권력에 도전하여 주민의 일부를 분할적으로 지배하거나 주민 전부를 기존의 국가를 대체하여 지배하려는 영토 내의 어떠한 다른 조직도 허용하지 않는 전일적 통치조직임을 의미한다. 또한 국가존립의 대외적 차원은 국가가 특정 영토와 주민을 지배함에 있어 다른 국가나 국제조직에 의한 간섭 및 개입을 허용하지 않는 주권적 통치조직임을 의미한다.

이렇게 볼 때 국가는 대내적 차원과 대외적 차원의 교차점에서 강압력(coercion)의 독점과 주권(sovereignty)을 바탕으로 특정 영토와 주민을 배타적으로 지배하는 정치조직임을 알 수 있다. 그러나 이상과 같은 개념규정은 국가에 대한 매우 정태적(static) 이해만 제시하는 데 그친다. 왜냐하면 이 개념규정은 국가가 어떤 과정을 통해 강압력을 독점하고 전 영토와 주민에 대해 정치적 지배를 행하는 통일적 권위를 수립하며, 나아가 어떻게 중앙집중적이고 분화된 행정기구들을 수립하게 되는지를 전혀 제시하지 않기 때문이다. 따라서 국가에 대한 보다 온전한 이해는 동태적(dynamic) 측면에서 국가형성(state formation 또는 state-making)의 과정을 면밀히 살펴보아야만 한다.

틸리(Tilly, 1990: 96)에 의하면, 국가형성이란 '일정한 영토경계 내에서 특정 정치세력이 자신의 단독 지배에 도전하는 경쟁세력들을 체계적으로 제거하여 강압력을 독점하고 체계화된 군사조직과 지배기구를 구축해나가는 과정'이라고 한다. 그러면 국가는 구체적으로 어떤 과정을 통해 특정 영토와 주민에 대한 독점적 지배권을 확보해 왔는가?

틸리는 다음과 같은 세 가지의 하위과정이 국가형성을 촉진했다고 한다(Tilly, 1990: 17~28, 96~99). 첫째, 강압력의 축적과 집중이 국가형성을 촉진했다.[1] 이 과정은 일정한 영토 내에서 상호경쟁하는 정치집단들 간의 대립과 투쟁의 결과 강압력을 보다 많이 축적한 정치집단이 점차 지배력을 독점함으로써 경쟁세력의 수가 감소하고 강압력이 집중되는 측면을 보여준다.

둘째, 특정 영토 바깥의 경쟁자를 제거하거나 무력화시키는 전쟁수행(war-making)에 의해 국가형성이 촉진되었다. 이 과정은 역사상 무수히 존재했던 크고 작은 전쟁들이 결국 지배력의 독점과 강화를 추구하는 정치집단에 의해 의도적으로 수행되었음을 보여준다. 전쟁은 지구상에 존재하는 국가의 수를 감소시켜 개별국가의 영토와 주민을 증가시키는 한편 전쟁준비와 수행을 위해 다양한 국가기구(예: 군대조직,

---

1 강압력이란 타인과 타인의 소유물에 손상을 가져올 수 있는 힘을 말하는데, 이러한 강압력에는 무력(armed force)은 물론 궁극적으로 무력에 기초하는 여타의 모든 강제력이 포함된다. 강압력의 축적과 집중 정도는 국가형성의 가장 중요한 요소 중 하나이다. 만약 강압력이 축적되지도 않고 집중되지도 않았다면(즉, 널리 분산되어 있으면) 국가는 존재하지 않을 것이고(no state), 축적의 수준이 낮은 상태에서 강압력이 하나의 권력센터에 집중되어 있다면 국가는 제국(empire)의 형태를 띨 것이며, 축적이 높은 수준에서 이루어졌지만 여러 정치세력에 분산되어 있다면 봉건시대의 국가처럼 분산된 주권(fragmented sovereignty)이 나타날 것이다. 그러나 강압력이 높은 수준에서 축적되고 또 집중되었다면 국가는 절대주의 국가 이후의 국민국가처럼 초국가(super-state)의 형태가 될 것이다(Tilly, 1990: 23).

징병과 훈련을 담당하는 조직, 무기제작과 구입을 담당하는 조직, 조세징수를 담당하는 조직, 물자보급과 통신을 담당하는 조직, 도로나 항만건설 및 유지를 담당하는 조직 등)를 창출함으로써 국가형성에 가장 크게 기여한 것으로 볼 수 있다.

셋째, 국가기구의 유지와 확대, 나아가 전쟁의 수행을 위해 국가는 사회로부터 각종 자원을 추출(extraction)해야 하는데, 이 추출능력의 증가가 국가형성을 재정적으로 뒷받침했다. 본원적으로 '공물'(tribute) 혹은 '보호를 명분으로 하는 약탈'(protection racket)로 이해될 수 있는 국가의 자원추출은 국가에 의한 전쟁유발과 이에 수반된 행정기구의 확대에 의해 촉진되면서, 동시에 이렇게 증진된 자원추출 능력은 강압력의 축적 및 집중은 물론 국가에 의한 전쟁수행 능력을 현저히 강화시킴으로써 국가형성에 가장 필수적인 요소가 되었다.

이 세 가지 과정을 종합하면 특정 영토와 주민에 대한 국가의 배타적 지배란 역사적으로 주어진 어떤 상수 같은 것이 아니라, 대내외의 경쟁에 직면하여 강압수단의 축적을 통해 지배력을 확대하려는 정치집단(혹은 군사집단)의 집요한 국가형성 노력의 결과 꾸준히 확대·강화된 것임을 알 수 있다. 그러면 국가형성 과정은 강압력의 독점과 특정 영토 및 주민에 대한 전일적 지배로 종결되는 현상인가? 아니면 위에서 제시된 세 가지 과정을 통해 수립된 '원형적 국가'(proto-state)로부터 국가의 기능 및 형태(state form, 즉 국가권력의 구성과 행사방식)에서 다양한 변화와 변형이 지속적으로 나타날 수 있는 것인가?

틸리의 지적처럼 국가는 내부로부터의 저항과 외부로부터의 침략 위협에 끊임없이 노출되어 있기 때문에 내부의 지배연합 세력을 보호하고, 내부의 적을 무력화시키거나 포섭하며, 나아가 외부로부터의 침략

〈표 1-1〉 국가의 유형과 변화

구분		국가권력의 구성과 행사	
		폐쇄적·권위적	개방적·민주적
국가기능	기본적 기능	Ⅰ. 정복·약탈국가	Ⅲ. 민주국가
	실체적 기능	Ⅱ. 발전국가	Ⅳ. 복지국가

에 대응하여 효율적으로 전쟁준비를 하지 않으면 안 된다. 바로 이러한 과제들로 말미암아 국가형성의 과정은 원형적 국가상태에서 종결되는 것이 아니라, 국가의 기능과 국가의 형태에서 끊임없는 변화가 초래되는 그런 지속적·역동적 과정이 되지 않을 수 없게 된다.

그러면 원형적 국가가 등장한 이후의 국가형성 과정은 구체적으로 어떻게 진행되었는가? 이 문제를 살펴보기 위해 〈표 1-1〉이 제시되었다. 〈표 1-1〉은 두 가지 기준, 즉 (1) 국가가 사회에 대해 법과 질서유지라는 기본적 기능만을 수행하는가, 아니면 경제발전이나 국민을 위한 복지제공 등과 같은 실체적 기능도 수행하는가, (2) 국가권력의 구성과 행사가 소수의 지배집단에 의해 독점되고 있는가, 아니면 국가의 구성원 전체에게 개방되어 있는가에 따라 정복국가·약탈국가, 발전국가, 민주국가, 그리고 복지국가 등 네 가지의 국가유형을 제시하고 있다. 다음에서는 이 네 가지 국가유형이 갖는 특성이 무엇이며 각 국가 유형 간에는 어떤 차이점이 존재하는지를 살펴보고자 한다.

1) 정복국가 · 약탈국가

먼저 이 유형의 국가는 위에서 논의한 바와 같이 강압력의 축적과 집중, 전쟁준비와 수행, 사회로부터의 자원추출 등의 국가형성 과정을 통해 수립된 원형적 국가를 지칭한다.[2] 이러한 원형적 국가가 '정복국가'(conquering state)로 불릴 수 있는 이유는 무엇보다도 강압수단을 소유하고 타인 혹은 타집단을 강제적으로 지배하는 데 전문화된 정치집단(또는 군사집단)이 특정 영토 내외의 경쟁세력을 무력으로 정복함으로써 강압력을 독점하고 국가를 수립했기 때문이다. 한편 이러한 국가가 '약탈국가'(predatory state)로 불릴 수 있는 근거는 국가 자신이 생산적 활동을 통해 부를 창출하지 않으면서, 특정 영토 내의 사회성원들에게 폭력을 사용하거나 폭력사용의 위협 혹은 외부로부터의 침략위협을 이용하여 '보호요금'을 갈취하기 때문이다. 이런 점에서 원형적 국가는 '갈취적 국가'(racketeer state)라고도 불린다(Tilly, 1985: 171).

그러나 권력획득 과정에서 사회성원들로부터 동의를 얻음이 없이 폐쇄적으로 형성된 정복국가와 약탈국가라 하더라도 최소한의 질서유지 기능을 수행하지 않을 수 없다. 그 이유는 다음의 두 가지이다.

첫째, 만약 사회 내부로부터 저항이 존재하거나 사회세력의 일부가 상당한 정도의 강압수단을 보유하고 있을 경우 이러한 요소들은 외부로부터의 침략위협과 함께 정복국가와 약탈국가에게는 가장 중요한 위협요인이 된다. 따라서 사회로부터의 저항을 무력화시키고 저항세력

---

2 과거의 많은 정치이론가들이 국가를 묘사할 때 '거대한 바다괴물'(leviathan), '반인 반수의 괴물'(centaur) 혹은 '기생충'(parasite)의 비유를 사용한 것은 모두 국가의 정복적 측면과 약탈적 측면을 부각하기 위함이었다.

을 무장해제시키는 의미의 질서유지는 국가와 지배집단의 지배력을 보호하는 특수재로서의 성격을 갖는다. 둘째, 정복국가와 약탈국가가 사회로부터 자원을 추출할 경우, 비록 그 과정이 약탈적이라 하더라도, 사회성원들에게 최소한의 보호서비스를 제공해야만 한다. 강도와 산적 등에 의한 사적 폭력과 사적 약탈을 금지시키는 것 등이 국가에 의한 최소한의 보호서비스에 해당하는데, 이런 의미의 질서유지는 사회성원 모두에게 기초적 공공재(public good)의 성격을 갖는다. 그러므로 이 두 가지 이유로 말미암아 질서유지는 정복국가와 약탈국가가 반드시 수행하게 되는 가장 기본적인 국가기능이 된다.

폐쇄적 과정을 통해 형성되고 권위주의적으로 권력을 행사하면서 질서유지 기능을 중점적으로 수행하는 정복국가·약탈국가는 역사적으로 볼 때 간접통치(indirect rule)를 근간으로 하는 연합체적 국가나 봉건국가(feudal state)로부터 주민에 대한 직접통치(direct rule)를 실시하는 국민국가(national state)로 발전했다. 여기서 간접통치라 함은 국가나 지배자의 통치력이 전 영토와 주민에게 직접적으로 행사되지 못하고 다양한 중간 매개자(예컨대, 봉건 영주, 귀족, 교회와 성직자, 지방 토호세력 등)에 의해 간접적으로 행사되거나 공유되는 지배체제를 말한다(Poggi, 1978: 2장과 3장; Tilly, 1990: 24~25 참조).

그러나 지속적인 정복과 약탈의 결과 국가가 강압력을 독점하면서부터 국가와 주민 사이의 중간매개자들은 모두 제거되거나 국가기구 속으로 편입되었고, 국가는 방대한 국가기구를 수립하여 전 영토와 주민을 국가의 직접적 통제에 두는 새로운 지배체제, 즉 국민국가로 진화하게 되었다. 흔히 서구에서 봉건국가와 신분제 국가(Stände-staat)를 거쳐 17세기와 18세기에 절대주의 국가(absolutist state)가 수립되었다는 것은 간접통치로부터 직접통치로의 이행이 이루어지고 국민국가가 수립되었다는 것을 뜻한다.

이 시기에 이르러 국가는 강압력의 독점을 기초로 징병, 징세, 치안, 재판, 교육, 일반행정 등에서 중간 매개자들의 도움이나 그들에 의한 왜곡 없이 일정 영토와 주민을 직접적으로 통제하고 관리할 수 있게 되었다. 다시 말해 국민국가는 과거 중간 매개자들에 의해 균점(均霑)되었던 통치력을 국유화(nationalization)하고, 주민들의 의식과 문화를 동질화(homogenization)하며, 각종 도량형을 표준화(standardization)함으로써 국가에 의한 직접적 지배력을 더 한층 강화시켰다. 그리하여 정복국가·약탈국가의 토대 위에 등장한 원형적 국가는 국민국가의 수립으로 정복능력과 약탈능력을 극대화하게 되었다.

2) 발전국가

정복국가·약탈국가는 국민국가에 이르러 강압력을 독점하고 특정 영토와 주민에 대한 직접적 통치를 완성할 수 있게 되었다. 그러나 정복(즉, 경쟁자의 제거와 피지배자의 복종)과 약탈(즉, 각종 자원의 추출)의 극대화를 추구하는 이러한 국가형성 과정은 그 자체로 다음과 같은 세 가지의 심각한 제약에 직면하게 되었다: (1) 국가 간 전쟁이나 치열한 생존경쟁에 의해 조성된 외부적 제약, (2) 정복과 약탈이 일정 수준 이상일 경우 이에 대한 각종 저항(예컨대 폭동과 반란, 납세거부, 징병거부 등)의 발생, (3) 더 나은 보호와 지원을 제공하는 다른 국가가 존재할 경우 이런 국가들로의 사회성원들의 이탈(exit) 가능성 등(Tilly, 1990: 96~107; Levi, 1988: 10~23; Hall, 1988: 35~36).

그러면 이러한 제약조건에서 정복과 약탈의 극대화를 추구하는 국가가 선택할 수 있는 합리적 행동대안은 무엇인가? 그것은 바로 국가가 피지배자의 복종을 전제로 생산활동을 보호하고 장려하는 것이다. 그 이유는 만약 국가가 약탈을 극대화하기 위해 사회성원들이 가지고 있는 모든 재산과 생산물을 일정 시점에서 몰수해 버린다면 그 이후에는 아무도 장차 몰수당할 재산을 비축하거나 생존수준 이상의 생산물을 생산하려 하지 않을 것이기 때문이다. 따라서 '합리적' 국가는 재정수입을 극대화하기 위해 일차적으로 사회성원들의 재산소유와 생산활동을 보호하고 장려할 것이며, 이를 통해 단기간이 아니라 장기간에 걸쳐 재정수입의 극대화를 도모할 것이다. 특히 합리적 국가는 이 과정에서 약탈에 대한 저항의 감소나 자발적 복종의 유도, 혹은 두 가지를 모두 시도할 것이다. 이러한 국가를 발전국가(*developmental state*)로 부를 수 있다.

정복국가·약탈국가가 모든 경우에 발전국가로 전환하는 것은 아니지만 다른 나라와의 전쟁과 경쟁에서 살아남고 사회성원들로부터의 저항을 최소화하면서 재정수입을 극대화하기 위해서는 이러한 국가가 발전국가로 전환하는 것은 불가피하다. 실제로 서구 역사에서 본다면 중세 이후 대부분의 국가들은 사회의 생산능력을 증가시키기 위해 재산권에 대한 보장, 자유로운 경제활동에 대한 보호, 도로와 항만 등 사회간접자본 확충 등을 통해 경제발전을 적극적으로 지원해 왔다. 이런 점에서 생산활동을 보호하고 경제발전을 지원한 발전국가를 '서비스국가'(*service state*)(Jones, 1981: xxiii) 혹은 '유기적 국가'(*organic state*)(Hall, 1988: 34)라고도 부른다. [3]

어떻든 중세 이후 봉건적 분산체제(*feudal anarchy*)의 몰락과 함께 조성된 다핵구조적 · 경쟁적 국가체제(*multi-polar, competitive inter-states system*) 속에서 나타난 서구의 발전국가는 자본주의적 산업화를 촉진하고 놀라운 경제성장을 달성하여 '유럽의 기적'(*European miracle*)을 가져오는 데 가장 중요한 요인으로 작용하였다. 그러나 발전국가가 경제발전을 촉진하고 지원하는 과정에서 강압수단을 소유한 정치집단과 생산수단을 소유한 경제집단, 특히 국가관료와 자본가계급 사이에 '이익의 융합' 현상이 나타나고 그 결과 양자 사이에 폐쇄적 지배연합(*ruling coalition*)이 형성되었다는 것도 발전국가의 중요한 특성이었다.

봉건주의의 해체와 함께 등장한 자본가계급은 토지로부터 고정된 수입을 획득하는 지주계급과는 달리, '유동적 자본'을 바탕으로 한 생산 및 교역으로부터 수익을 기하급수적으로 올릴 수 있었기 때문에 기술발전으로 말미암아 급속히 증가하는 군비경쟁에 시달리고 있던 국가에게는 매우 매력적인 파트너로 부상하게 되었다. 한편 자본가계급의 입장에서는 자본축적 활동에 대한 보호, 농민의 프롤레타리아화(*proletarianization*)의 진척과 노동력의 원활한 공급, 노동계급에 대한 통제, 국내외 상품시장의 확대 등을 위해 국가의 지원이 절대적으로 필요했다. 이처럼 양자 간에 이해관계가 일치함으로써 정치경제적 지배구조는 '국

---

3 발전국가에 대한 근래의 연구들은 주로 동아시아와 남미의 신흥 공업국가들을 다루면서 국가의 시장형성적(*market-shaping*) 혹은 시장순응적(*market-conforming*) 개입을 집중적으로 논의하고 있다. 이러한 논의들의 핵심은 국가가 자본주의적 후발 산업화를 가속화하기 위해 규제와 지원으로 시장기제의 작동을 유기적으로 촉진시킨다는 데 있다. 이러한 논리에 따르면 신흥 공업국가들의 급속한 자본주의 발달은 결국 '국가-시장 간의 시너지 효과'(*synergy effect between the state and markets*)에 의해 초래되었다는 것이다(Amsden, 1989; Önis, 1991; Wade, 1992; 송호근, 1991 등 참조). 다시 말해 서구의 발전국가와 비서구 지역의 발전국가 간에는 근본적인 차이가 없다고 할 수 있다.

가-귀족-지주계급'의 지배연합으로부터 점차적으로 '국가-자본가계급'의 지배연합으로 이행하게 되었다(Moore, 1966: 7장 참조).

3) 민주국가

위에서 살펴본 것처럼 정복국가·약탈국가로 출발한 원형적 국가는 국제정치경제체제-국가-사회 간의 상호작용에 의해 끊임없이 변화를 거듭한 결과 국민국가와 발전국가에 이르게 되었다. 그러나 이 과정은 정복국가·약탈국가, 그리고 국가의 지배자가 전혀 의도하지 않고 또 예측할 수 없었던 결과를 초래하였으니, 그것은 국가권력이 사회성원들의 정치참여와 선거에 의해 구성되고 그간 자의적으로 이루어져 온 국가권력의 행사가 의회와 사법부 등에 의해 공공적 통제를 받기에 이르렀다는 것이다. 그리하여 수천 년 동안 소수의 지배자, 즉 군주들에 의해 폐쇄적으로 독점되었던 국가권력이 사회성원들의 참여와 견제에 개방됨으로써 민주국가(*democratic state*)가 탄생하게 되었다.

그러면 실제로 어떤 과정을 거쳐 정복국가·약탈국가가 민주국가로 변모하였는가? 이 문제에 대해서는 우선 무엇보다도 정복국가·약탈국가의 변화과정에서 이 원형적 국가가 여러 가지 중요한 제약조건에 직면해 있었다는 점이 지적되어야 한다('2) 발전국가' 참조). 타 국가와의 경쟁과 전쟁, 사회내부로부터의 저항 가능성, 그리고 사회성원들의 타 국가로의 이탈 가능성 등의 제약조건에서 사회로부터의 저항을 최소화하고 정복과 약탈을 최대화하기 위해 국가는 사회의 다양한 세력들과 여러 형태의 협상과 협약을 체결하게 되었고, 그 결과 사회성원들은 재산권(*property rights*)과 시민권(*citizenship rights*)을 국가로부터 부여받게 되었다. 되돌아보면 이처럼 국가 - 사회 간에 체결된 재산권과 시민권의 협약이 바로 민주화의 중요한 단초가 되었다고 할 수 있다 (Tilly, 1990: 99~103).

그러나 국가와 사회 간에 최초로 수립된 협약은 다양한 사회세력들에게 동등한 권리를 부여하는 공평한 협약은 아니었다. 먼저 봉건주의로부터 자본주의로의 이행과정에서 엄청난 부를 축적하고 있던 신흥자본가계급이 신분제 의회(*Estates*, 혹은 *Stände*)에 편입되어 조세납부에 대한 교환조건으로 정치적 대표권(*representation*)을 획득하게 되었다. 그뿐 아니라 이 계급은 18세기 말의 프랑스에서처럼 국가가 전쟁의 수행을 위해 엄청난 부담을 요구하자 농민계급의 지원을 받아 군주 - 귀족 - 지주계급의 구체제를 무너뜨리는 부르주아 혁명을 수행하여 부르주아 민주주의를 수립하는 데 성공할 수 있었다(Moore, 1966: 2장; 성경륭, 1992). 그러나 테르본(Therborn, 1977: 17)에 따르면 이 최초의 민주국가는 재산과 교육의 정도에 따라 노동계급과 농민 등 국민 대다수의 참정권을 제약한 '부르주아만의 민주주의'에 불과했기 때문에 새로이 탄생한 부르주아 민주국가는 사회적 불평등을 해소하기는커녕 그것을 정치적으로 고착시키는 형태를 띠었다.

게다가 자본주의적 산업화의 진전에 따라 조직적 · 정치적으로 강화되는 노동계급과 신중간계급이 부르주아만의 제한적 민주주의를 개방하라고 요구했을 때 자본가계급은 이 요구에 가장 치열하게 반대함으로써 보수반동적 성향을 드러냈다. 그러나 국민국가의 성장과 함께 더욱 동질화되고 표준화된 노동자, 농민, 화이트칼라 등의 일반 국민들은 민족주의의 확산과 함께 그들이 다양한 종교적 · 인종적 · 언어적 집단으로 분절되어 있을 때보다 더욱 강력한 저항력을 발휘하여 오랜 기간에 걸쳐 선거권의 확대를 통해 부르주아 민주주의를 전국민적 민주주의로 확대하고 종국적으로는 개방적 민주국가를 수립할 수 있었다(Tilly, 1990: 100; Stephens, 1989: 1035). 물론 나라마다 정치민주화를 이룬 시기와 경로는 다르지만(성경륭, 1991 참조), 대체로 정복국가·약탈국가로부터 민주국가로 진화하는 과정이 자본주의의 발전과 직결되어 있었다는 것은 중요한 공통점이라 할 수 있다.

국가의 기능과 관련하여 민주국가의 중요한 특징은 이 국가의 경우 정당 간 경쟁과 선거를 통해 국가권력이 구성되고 행사되는 '공적 영역'(*public sphere*)에서는 민주주의의 원리가 적용되고, 시장을 통해 상업 및 산업활동이 영위되는 '사적 영역'(*private sphere*)에서는 자유주의의 원리가 적용된다는 점이다(Macpherson, 1977; Arblaster, 1984). 이처럼 공적 영역과 사적 영역을 인위적으로 구분하여 두 가지 상이한 원리를 차별적으로 적용하는 것은 한편으로는 자본가계급의 정치경제적·이데올로기적 헤게모니를 반영하는 것이었고, 다른 한편으로는 19세기부터 20세기 초반까지 존재했던 서구 부르주아 민주국가의 작동 방식을 뚜렷이 보여주었다고 할 수 있다. 그러므로 공적 영역과 사적 영역의 구분에 따라 시장에 대한 국가개입이 이데올로기적으로 또 현실적으로 거부되던 상황에서 민주국가가 사회에 대해 실질적으로 담당했던 가장 중요한 기능은 법·질서유지 기능과 국내외 시장에서의 자본가계급에 대한 보호 기능이었다고 할 수 있다.

4) 복지국가

모든 민주국가가 복지국가로 전환하는 것도 아니고, 또 모든 민주국가가 동일한 형태와 동일한 수준의 복지국가로 발전하는 것은 아니지만, 민주국가는 복지국가로 전환하는 강한 경향성을 보인다. 그 이유는 다음의 두 가지이다. 첫째, 민주주의는 자본주의 경제체제의 주요 계급으로 성장한 노동계급에게 노동 3권을 부여함으로써 노동계급의 조직화와 집단행동을 합법적으로 보장한다. 그 결과 정복국가·약탈국가, 그리고 발전국가에서 극도로 억압당했던 계급갈등은 민주국가에서 고삐가 풀리게 되고(unchaining of class conflicts), 노동계급은 자본주의적 생산과정을 합법적으로 교란·마비시킬 수 있게 된다(Valenzuela, 1989: 447; Bowles & Gintis, 1986: ch. 3). 둘째, 민주주의는 민주적 제도와 절차를 통해 노동계급의 이익을 대변하는 좌파정당들에게 합법적으로 국가권력을 장악하여 자본가계급의 이익에 반하는 개혁정책을 시도할 수 있는 가능성을 보장한다(Przeworski, 1990: 1~2; Mishra, 1990: 10~11).

이 두 가지 요인의 결합으로 민주국가와 자본주의경제체제 사이에는 피할 수 없는 '구조적 갈등'이 초래되었고, 이 갈등을 해소하는 방안의 하나로 공적 복지의 제공을 통해 국민들의 삶의 안전과 평등을 촉진하고자 하는 복지국가가 수립되었다고 할 수 있다. 그러나 복지국가가 성립되는 시기와 이때의 정치경제적 조건이 나라마다 다르고 또한 각 나라들이 수립한 복지체제가 많은 점에서 상이하기 때문에 민주국가로부터 복지국가에 이르는 하나의 길을 제시하는 것은 어렵다. 다만 한 가지 공통점을 지적한다면 민주국가의 경우 민주주의라는 정치제도가 사회의 주요 행위자들에게 그 이전 시기와는 질적으로 다른 기회구조를 부여함으로써 그 행위자들이 몸담고 있는 하부구조로서의 자본주의경제체제를 어떤 형태로든 변모시킬 수 있는 구조적 조건을 형성하게 된다는 것이다. 나라마다 많은 변이가 존재하지만 자본주의적 경제발전이 상당한 정도로 진척되고 또 정치민주화가 이루어진 경우, 거의 대부분의 나라들이 복지국가로 전환했다고 하는 점은 민주주의가 복지국가 발전에 얼마나 중요한 구조적 요소로 작용했는가를 잘 보여준다고 할 수 있다(Flora & Heidenheimer, 1981: 22~23).

민주주의와 복지국가를 매개하는 여러 기제 가운데 중요한 한 가지는 마샬(Marshall, 1950)에 의해 본격적으로 논의된 시민권의 개념이다. 그에 의하면 시민권은 재산권으로부터 시작하여 계약의 자유, 신체의 자유, 종교의 자유, 사상과 표현의 자유, 집회 및 결사의 자유에 이르는 자유권(*civil rights*)과 선거권 및 참정권 등의 정치권(*political rights*), 그리고 국가로부터 최소한의 생계를 보장받을 수 있는 권리를 핵심으로 하는 사회권(*social rights*)으로 점차 확대되었다고 한다.

마샬에 의해 규명된 시민권의 발전 과정은 물론 단선적·진화론적 성격을 띠지만, 그의 논의는 민주국가를 거쳐 복지국가에 이르는 국가의 유형 및 성격변화에 대해 매우 의미 있는 시사점을 제시한다. 그의 논의를 국가의 변화과정에 대입하면 자유권과 정치권의 확장으로 민주국가가 수립되었고, 이 민주국가에서 사회권이 확대되어 복지국가가 수립되었다고 이해할 수 있다. 그러나 마샬 자신도 분명히 지적했듯이 자유권과 정치권으로부터 사회권이 확대되어 복지국가가 수립되는 일련의 과정은 조화로운 과정이 아니라 국가와 사회 간에 또 사회계급 간에 벌어진 치열한 갈등에 의해 촉진되었고, 또 이 과정은 국가와 지배계급이 노동계급을 비롯한 민중부문의 저항을 억제하고 포섭하기 위한 수단의 일환으로 전개되었다는 점이 중요하다(Barbalet, 1988: 30, 68 참조).

일단 민주국가가 수립되면 자유권과 정치권이 모든 국민에게 보편적으로 부여된다. 그러나 자유권과 정치권의 보편적 확대는 오랫동안 정치경제적 지배구조에서 소외당했던 노동계급과 민중부문으로 하여금 초기의 (자유) 민주국가 시대의 부르주아 헤게모니가 설정했던 공적 영역과 사적 영역 사이의 경계를 무너뜨려 공적 영역은 물론 사적 영역에서의 민주화, 즉 자본주의적 시장경제에서의 민주화도 요구하게 하였다. 이러한 상황에서 (1) 보수정당과 자본가계급은 사회권의 확대를 통해 노동계급과 민중부문의 저항을 약화시키고 그들을 '민주주의 정치체제와 자본주의경제체제의 결합구조' 속으로 포섭·통합함으로써 이 결합구조의 유지를 시도하였고, (2) 좌파정당과 노동계급은 사회권의 확대를 통해 자본주의를 사회화할 수 있고, 이를 통해 궁극적으로 사회주의를 실현할 수도 있다는 믿음을 가지고 기존 질서 내의 개혁을 추진하였다. 이 두 가지 중 어느 경우든 그 최종적 결과는 서구의 여러 나라에서 민주국가로부터 국가의 기능적 전환이 이루어져 복지국가가 탄생한 것이었다.

2. 복지국가의 등장과 국가의 존재양식 변화

앞 절에서 살펴본 바와 같이 서구 선진산업사회의 경우 정복국가·약탈국가로 출발한 원형적 국가는 대체로 발전국가와 민주국가를 거쳐 복지국가로 변화해 왔다고 할 수 있다. 그러면 이러한 국가형성과 국가변화(즉, 기능과 형태상의 변화)의 과정이 국가 구성원의 복지문제에 대해 가지는 함의는 무엇인가?

먼저 정복국가·약탈국가의 경우, 이 원형적 국가의 가장 중요한 관심사는 (1) 특정영토 내외의 경쟁자를 정복하고 특정영토 내 주민의 복종을 극대화하는 것과 (2) 이러한 목표의 달성을 위해 사회로부터 각종 물적·인적 자원의 추출을 극대화하는 것이었다고 볼 수 있다. 따라서 정복국가·약탈국가의 경우 영토 내 주민들을 위한 질서유지 기능 이외에 이들의 생계, 건강, 주택, 교육, 노후생활 등을 국가복지나 사회적 보장(사회보험 등)을 통해 보호한다는 것은 생각할 수도 없었다. 오히려 정복국가·약탈국가는 국가 자체의 목적달성을 위해 주민들로부터 각종 자원을 수탈하는 방식으로 작동하였다. 그뿐 아니라 이 시기의 경제구조는 생산성이 매우 낮은 농업경제였고 그나마 대부분의 토지가 소수 지주계급에 의해 독점되어 있었기 때문에 대다수 주민들은 지주계급에 의한 경제적 착취, 자연재해로 인한 경제사회적 피폐 등으로 이중 삼중의 고통을 받았다고 할 수 있다. 따라서 이 시기에 대다수 주민들은 만성적인 빈곤과 질병에 아무런 사회적 보호 장치 없이 그대로 노출되어 있었으며, 이러한 문제의 해결은 결국 개인과 가족, 그리고 공동체(상부상조 단체, 종교기관 등에 의한 자선)의 책임에 전적으로 맡겨져 있었다.

이러한 상황은 발전국가의 시기에도 크게 나아진 것이 없었다. 대체로 보아 이 시기는 봉건제의 몰락과 더불어 자본주의적 생산양식이 등장하고 이어 자본주의적 산업화가 가속화되던 시기와 일치한다. 이러한 맥락에서 발전국가는 재산권 보호, 생산 및 상업활동의 지원, 프롤레타리아화와 노동력 공급의 촉진, 노동운동의 억압 등을 통해 신흥 자본가계급에 의한 자본축적을 적극적으로 지원했을 뿐, 산업화 과정에서 몰락하기 시작한 농민, 프티부르주아, 그리고 새로이 부상하는 노동계급을 위해 국가 차원의 제도적 복지는 전혀 제공하지 않았다. 오히려 서구의 여러 나라는 악명 높은 구빈법(救貧法) 등을 활용하여 빈민을 통제하고 노동력의 상품화와 노동시장에의 참여를 강요하는 사회정책을 실시함으로써 국가에 의한 사회정책마저도 빈민과 농민, 노동계급의 삶의 안전을 보호하는 것이 아니라 자본주의적 산업화를 촉진하는 도구로서 작용하였다.

그러나 19세기 후반에 이르러 자본주의적 산업화가 급속하게 진전된 결과 노동계급이 수적으로 증가하고 또 조직적으로 강화됨으로써 정치적 측면에서는 물론 국가복지의 측면에서도 중요한 변화들이 나타나기 시작했다. 우선 18세기의 부르주아 혁명으로부터 시작한 정치민주화가 보편·평등 선거권의 확대와 함께 유럽 각국에서 빠른 속도로 확산되어 19세기 후반과 20세기 초반에 걸쳐 다수의 민주국가가 수립되었다. 이 변화와 더불어 시민들의 복지문제에도 인류 역사상 유례없는 진보가 이루어지기 시작했다. 먼저 1880년대 비스마르크 집권하의 독일에서는 질병보험법, 재해보험법, 노령 및 폐질보험법 등의 사회보험법이 제정되어 비록 노동계급에게만 한정되기는 했어도 인류 역사 이래 개인과 가족, 그리고 공동체의 책임으로 방치되어 왔던 주요한 사회적 위험들이 최초로 국가의 개입과 자원의 사회적 결합에 의해 보호받을 수 있는 전기가 마련되었다.

그 이후 자본주의와 민주주의의 제도적 자궁(institutional womb) 속에서 시작된 복지국가로의 전환은 매우 빠른 속도로 진행되어 과거 특정의 빈민층만을 대상으로 실시되던 최소한의 '잔여적·선별적 국가복지'는 모든 국민을 대상으로 한 최대한의 '제도적·보편적 국가복지'로 발전하게 되었다. 물론 19세기 후반부터 지금까지 복지국가의 100년사를 보면 서구의 여러 나라 사이에 많은 변이가 드러나는 것도 사실이다. 그러나 오늘날 서구와 세계의 주요 국가들은 빈민층을 대상으로 하는 공공부조 외에 각종 사회보험과 다양한 사회서비스를 제공함으로써 현생 인류의 출현 이래 수만 또는 수십만 년 동안 개인의 행운 또는 불운, 자연의 자비 또는 변덕, 착취자의 선의 또는 악의에만 맡겨져 왔던 개인의 삶의 안전과 복지가 드디어 국가의 개입에 의해 광범위하게 보장받을 수 있는 획기적 기반이 마련되었다.

그러면 복지국가의 등장이 국가의 존재양식에 미친 영향은 무엇인가? 크게 보아 민주국가에서 복지국가로의 전환은 국가의 존재양식에 다음과 같은 세 가지의 중요한 변화가 나타난다: (1) 다양한 국가기능 중 복지제공 기능의 중심적 기능으로의 부상, (2) 국가규모와 기구의 엄청난 확대, (3) 지배기구로서의 국가의 정당화 방식 변화 등을 초래.

먼저 복지국가의 발전이 국가의 존재양식에 미친 첫 번째 영향은 국가의 다양한 기능 중 복지제공 기능이 가장 중심적인 기능으로 자리를 잡게 되었다는 것이다. 〈그림 1-1〉은 선진국에서 이러한 변화가 얼마나 뚜렷한가를 단적으로 보여준다(OECD, 2012). 〈그림 1-1〉에서 보면 세계 선진국 클럽인 OECD 34개 회원국의 GDP 대비 공공복지비 지출 비율은 1960년에 평균 8%대에서 2012년 20%까지 지속적으로 확대되어왔음이 나타난다. 유럽연합 21개 회원국의 경우, 그 비율은 1960년에 10%에서 2012년에 25%까지 더 큰 폭으로 증가하였다. 그 중에서도 프랑스는 GDP의 33.0%, 덴마크는 30.8%, 벨기에는 30.7%, 스웨덴은 28.6%를 공공복지에 투입하고 있다.[4] 이것을 보면 전통적으로 비중이 높았던 국방비나 경제개발비와 같은 항목은 그 중요성이 점차 떨어지고 사회복지 지출이 가장 중요한 항목으로 등장했음을 확인할 수 있다(박동서 등, 1992: 56 참조).[5]

이러한 경향성 외에 〈그림 1-1〉은 서구 각국에서 신자유주의 정권이 등장하여 복지국가를 공격하기 시작한 1980년대 초반 이후에도 거의 모든 주요 국가에서 공공복지비의 비중이 지속적으로 증가해 왔다는 것을 잘 보여준다. 이것을 보면 복지국가가 성장할 때 수혜자, 복지관련 기구와 예산, 복지부문의 인력 등이 모두 증가하고, 동시에 득표 극대화를 위해 일정수준의 복지 지출을 계속 유지하거나 아니면 고령화

─────

4 이 자료는 2013년 자료이다(OECD, 2013). 한국의 경우는 9.1% 정도를 공공복지에 지출하고 있다.

5 플로라(Flora, 1983: 418~419)에 따르면, 노르웨이의 경우 GDP 대비 국가의 총지출, 국방비, 경제개발과 환경비용, 사회보장비 비중은 1875년의 경우 각각 3.2%, 1.1%, 0.4%, 0.3%였으나, 1975년의 경우 그 비중이 각각 24.2%, 3.2%, 6.8%, 9.5%로 변화했다고 한다. 물론 노르웨이가 유럽의 모든 나라를 대표하는 것은 아니지만 이 자료는 대체로 과거 100년 동안 유럽 각국에서 국가의 총예산 규모가 어느 정도 증가했고, 이 중 사회보장비가 차지하는 비중이 얼마나 크게 증가했는가를 잘 보여준다고 할 수 있다. 국가 총지출이 8배 증가하는 동안 사회보장비는 무려 30배 이상 증가하면서 가장 큰 지출항목으로 부상하였다. 한국의 경우, OECD 회원국 중 복지성장이 가장 느린 나라 중의 하나지만, 2004년 이후 정부 재정지출에서 복지예산이 경제분야 예산을 제치고 1순위 예산으로 급부상하였다(정책기획위원회, 2007).

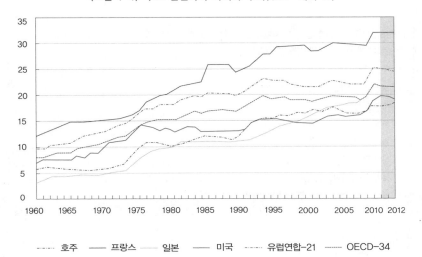

〈그림 1-1〉 주요 선진국의 복지비 추이(GDP 대비 %)

----- 호주 ── 프랑스 ········· 일본 ── 미국 ----- 유럽연합-21 ─── OECD-34

┃출처: OECD (2012).

와 실업증가 등에 대응하여 복지비를 증가시키도록 하는 선거기제가
작동함으로써 복지축소를 위해 신자유주의 세력과 자본가 세력에 의한
강력한 공격이 있었음에도 불구하고 복지국가가 쉽게 무너지지 않는
강한 내구력을 발휘해 왔음을 발견할 수 있다(Pierson, 1996; Manow,
2009; Häusermann, Picot, Geering, 2010).

　복지국가의 등장과 함께 복지제공 기능이 현대 국가의 중핵적 기능
으로 자리를 잡았다는 것은 국가형성과 국가변동의 역사에서 볼 때 매
우 중요한 의미를 지니고 있다. 왜냐하면 원천적으로 정복국가·약탈
국가로 출범한 국가는 정복과 약탈의 극대화가 가장 중요한 과제였으
므로 오랫동안 국가조직과 군사조직 간의 차이가 분명하지 않았고 또
한 군사적 정복행위와 통치행위도 뚜렷하게 구별되지 않았기 때문이

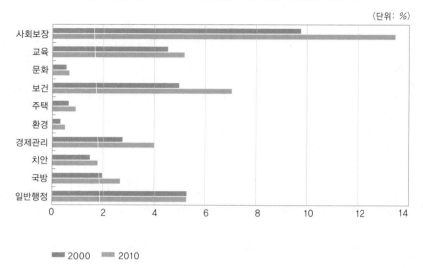

〈그림 1-2〉 GDP 대비 국가기능별 지출 비중: OECD 회원국

(단위: %)

사회보장
교육
문화
보건
주택
환경
경제관리
치안
국방
일반행정

0   2   4   6   8   10   12   14

■ 2000   ■ 2010

❙출처: OECD (2013).

다. 이런 점에서 본다면 인류 역사의 오랜 기간 동안에 국방비로 분류
될 수 있는 지출이 전체 국가예산에서 절대적 비중을 차지했다고 할 수
있다. 그러나 〈그림 1-2〉에 제시된 것처럼, 19세기 후반 이후 복지국
가의 발전이 지속적으로 이루어져 오는 동안 국방비의 비중은 점차 줄
어들고 사회복지비의 비중이 급증했으며, 이러한 사실은 그간 국가의
조직과 기능에 근본적이고 질적인 변화가 초래되었다는 것을 웅변으로
보여준다.[6]

───
6 틸리(Tilly, 1990: 122~126)에 따르면 1700년대 이래 국가의 한 하위조직으로
   편입된 군대조직은 1850년대 이후 기능상의 전문화와 함께 정치적 위상이 크게
   약화되었고, 그 이후 국가조직과 통치방식의 문민화(*civilianization*)가 촉진되
   었다고 한다. 본문의 〈그림 1-2〉에 제시된 바에 따르면, 2010년도 OECD 회원

두 번째로 복지국가의 발전은 〈그림 1-3〉과 〈표 1-2〉에서 보는 것처럼 정부 자체의 재정규모도 대폭 증가시켰다. 먼저 〈그림 1-3〉에 의하면, 지난 1870년부터 1996년까지 주요 국가의 GDP 대비 정부부문 지출이 10.8%에서 45.0%까지 큰 폭으로 증가했음을 잘 보여준다. 또한 〈표 1-2〉에 따르면, 그러한 경향은 특히 유럽국가들에서 두드러지게 진행되어 유럽연합 27개 회원국의 경우 2009년도 재정규모는 GDP 대비 50.7%까지 증가하였다. 이런 흐름 속에서 덴마크는 GDP의 무려 58.5%, 프랑스는 55.6%를 재정자원으로 사용하고 있는 것으로 밝혀졌다. 그러면 주요 선진국에서 정부부문의 규모를 확대시킨 가장 중요한 동인은 무엇인가? 그것은 앞서 지적한 것처럼 지난 1세기 동안 사회복지비 지출이 계속 증가한 데 그 원인이 있다고 볼 수 있다. 이것을 보면 국방비와 경제개발비의 상대적 비중이 지속적으로 하락하는 상황에서 사회복지비가 정부 전체의 규모를 지속적으로 증가시키는 가장 중요한 요인이었다고 결론지을 수 있다. 유럽국가들의 경우 대체로 GDP에서 차지하는 정부지출의 비중이 50% 내외이고, 정부지출의 절반가량이 사회복지 분야에 지출되는 수준까지 발전하게 되었다.

복지국가의 발전은 국가의 예산규모만 확대시킨 것이 아니라 국가기구의 확대와 서비스 전달기능을 담당하는 인력의 증가도 가져왔다. 과거 오랫동안 방치되었던 산업재해, 질병, 노령, 빈곤, 실업, 직업훈련과 알선, 교육, 주택 등의 영역에 국가의 복지개입이 크게 늘어남에 따라 국가는 제반 복지업무를 담당할 새로운 기구들을 설립하고 새로운

———
국의 경우 사회복지비〔사회보호(*social protection*)과 건강(*health*) 비용의 합계〕의 GDP 대비 비중은 20% 수준이고, 국방비(*defense*)는 3% 미만이다. 이것을 보면 사회복지의 비중이 어느 정도인지 확인할 수 있다.

〈그림 1-3〉 주요 선진국의 정부지출 추이(GDP 대비 %)

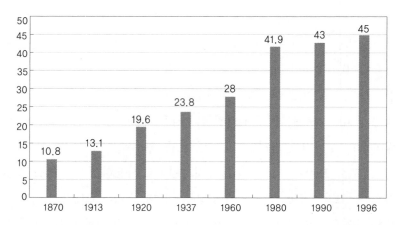

▌주: 국민소득 상위 14개국 평균.
▌출처: Hall (2010: 3).

〈표 1-2〉 GDP 대비 정부 총지출의 비율(%): EU, 미국, 일본

	CZ	DE	FR	IT	DK	UK	EU-27	USA	JP
1970	n/a	38.5	n/a	n/a	42.2*	42.0	n/a	32.5	n/a
1980	n/a	46.9	45.7	40.8	52.7	47.6	n/a	34.2	n/a
1990	n/a	43.6	49.5	52.9	55.4	41.1	n/a	37.2	n/a
2000	41.8	45.1	51.6	46.2	53.6	36.8	44.8	33.9	39.0
2005	45.0	46.8	53.3	48.1	52.6	44.1	46.8	36.3	38.4
2006	43.8	45.3	52.7	48.7	51.5	44.0	46.3	36.0	36.2
2007	42.5	43.7	52.3	47.9	50.9	44.2	45.7	36.7	36.0
2008	42.9	43.7	52.8	48.9	51.9	47.4	46.9	38.8	37.3
2009	46.2	47.6	55.6	51.9	58.5	51.7	50.7	41.8	40.4

▌주: *는 1971년 수치.
▌출처: European Commission: Statistical Annex of European Economy Spring(2010),
　　　 Hall (2010: 8)

38

<표 1-3> 주요 유럽국가의 총 고용 중 정부부문 고용 비중

(단위: %)

구분	1970	1980	1995	2000	2005
북유럽권	16.4	24.7	28.3	26.4	26.1
유럽대륙	12.9	16.4	13.9	15.9	14.6
남유럽권	18.0	12.4	12.3	12.9	13.2

┃출처: Alestalo, Hort, Kuhnle (2009: 40).

인력들을 대폭 고용하게 되었다. 그 결과 <표 1-3>에 정리된 것처럼, 유럽 선진국들의 국가부문 고용 인력의 비중이 매우 높은 수준으로 증가하게 되었다. <표 1-3>에서 보는 바와 같이 복지국가의 발달 정도가 높은 북유럽국가들의 정부부문 고용 비중이 특별히 더 높은 것은 복지국가 확대가 주요인으로 작용하고 있음을 확인할 수 있다. 이런 점으로 인해 유럽은 물론 OECD의 모든 회원국에서 사회복지 분야는 예산과 고용의 확대를 가져오는 가장 빠른 '성장산업'(*growth industry*) 이라고 불리기도 한다. [7]

어떻든 복지국가의 등장은 예산, 기구, 인력 면에서 국가규모의 엄청난 성장을 가져왔다. 그러나 이러한 현상은 두 가지 서로 다른 의미를 지니고 있다는 점이 지적되어야 한다. 한편으로 복지국가는 국민들에게 포괄적 복지 서비스를 제공하여 명실공히 '복지를 위한 국가'의 기능을 다하고 있다는 것을 의미하며, 다른 한편으로 복지국가는 국가 자

---

[7] 한국의 경우에는 복지국가의 발전이 매우 늦게 진행되었고, 이에 따라 정부부문 고용의 증가도 매우 낮은 수준이다. 2010년의 경우 인구 1천 명당 정부부문의 고용비중은 OECD 평균이 83.0명인 데 비해, 한국은 32.3명에 불과하다(김태일, 2012).

체의 성장을 촉진하여 '국가를 위한 복지' 혹은 '국가 자신의 복지'도 강화시키고 있는 것이 그것이다. [8]

　그러면 국가의 존재양식에 '근본적'이고 '질적'인 변화가 초래되었다면 그것은 무엇을 뜻하는가? 이 문제는 바로 복지국가의 발전으로 나타난 세 번째 변화, 즉 지배기구로서의 국가의 정당화 방식에 초래된 변화의 문제이다. 앞 절의 논의에서도 암시되었듯이 정복국가·약탈국가의 경우 지배를 위한 정당화는 전혀 문제가 되지 않았다. 왜냐하면 이러한 국가는 강압력의 축적과 집중, 정복과 약탈의 극대화에 주력하여 질서유지라는 공공재의 생산 이외에 국민들의 일상적 삶에 대한 보호나 혜택의 제공에 대해서는 별다른 관심을 가지지 않았기 때문이다. 이와 같은 원초적 국가의 주요 관심사는 강압력의 행사와 이에 대한 국민들의 공포와 복종이었다. 발전국가의 경우 경제발전이라는 공공재를 창출하는 것 이외에 역시 국민들의 복지문제는 일차적 관심사가 아니었다. 민주국가의 경우 국민들에게 자유권과 정치권을 부여하고, 또 민주적 절차에 따라 국가권력을 구성하고 행사하는 것이 정당화의 주요 원천이 되었다.

　그러나 복지국가의 경우 민주적 절차에 따라 국가권력을 구성하고 행사하는 것 이외에 국민들에게 구체적 복지혜택을 광범위하게 제공하여 그들의 삶의 안전을 보장함으로써 비로소 정당성을 확보하게 되었다고 볼 수 있다. 그런데 이 경우 국가에 의해 제공되는 복지혜택은 '국

---

8 복지제공을 통해 국가규모가 성장했다는 것은 다음 두 가지 이론으로 설명될 수 있다. '합리적' 국가는 약탈(자원추출)을 극대화한다고 주장하는 약탈국가이론(Levi, 1988)과 복지제공을 위해 설립된 국가조직이 끊임없이 예산확대와 인력확대를 통해 자기증식을 꾀한다는 공공선택이론(Niskanen, 1973)이다.

가의 시혜'가 아니라 '국가에 대한 국민의 권리'라고 하는 점이 중요하다. 다시 말해 복지국가는 국민들로부터 각종 자원을 추출하고 그들에게 여러 가지 의무를 부과하는 대신, 그에 상응하여 국민들의 권리로서 또한 국가의 의무로서 국민들의 복지를 보장한다는 것이다. 이렇게 보면 복지국가에서는 국가존립의 정당화 공식이 과거와는 달리 국가 - 국민 사이의 쌍방적, 교환적 방식에 의해 이루어짐을 알 수 있다. 그러므로 국가형성의 오랜 역사에서 볼 때 복지국가의 단계에 와서야 비로소 '국민의, 국민에 의한, 국민을 위한' 민주주의가 형식적 측면에서 또 실체적 측면에서 실현되었다고 말할 수 있다.

이상에서 살펴본 바와 같이 서구의 역사에서는 정복국가·약탈국가로 출발한 원형적 국가가 대체로 발전국가와 민주국가로의 변신을 거쳐 복지국가로 전환했고, 그 결과 국가기능 중 복지기능의 중심적 기능으로의 부상, 국가 자체의 성장, 국가의 정당화 방식 변화 등이 초래되었다고 할 수 있다. 그러면 이러한 변화들은 불가역적 변화(irreversible changes)로 보아야 하는가 아니면 가역적 변화로도 볼 수 있는가? 이 문제에 대해서는 그간 '복지국가의 위기', '개혁의 한계', 혹은 '사회민주주의의 위기' 등의 문제와 관련하여 많은 논의가 이루어져 왔으나[9] 국가론의 측면에서 볼 때 다음의 몇 가지 쟁점들을 검토할 필요가 있다.

첫 번째로 지적할 것은 복지국가라 하더라도 그것은 복지국가이기 때문에 복지기능 이외에도 다른 많은 기능들, 즉 국방, 치안, 징세, 사법, 경제관리, 기타 일반행정 기능들을 동시에 복합적으로 수행한다는 것이다. 복지국가가 복수의 기능을 동시에 수행한다는 것은 국내외로

---

9 이 문제들에 대해서는 이 책의 4장과 10장에서 본격적인 논의가 이루어질 것이다.

부터의 다양한 요구와 압력들에 노출된다는 것을 뜻하는데, 이것은 다양한 요구와 압력의 변화에 따라 복지국가가 수행하는 기능에서의 우선순위와 지출내용에도 많은 변화가 초래될 수 있다는 것을 의미한다. 달리 말하면 복지국가는 최종적이고 고정된 국가유형이 아니라 그 자체 상당한 정도의 유동성과 가변성을 지니고 있다는 것이다.

둘째, 국가복지나 사회복지는 국민들에게 구체적 복지혜택을 제공하는 것이므로 엄청난 비용이 소요된다. 제도적·보편적 국가복지의 경우 이를 위한 재정지출은 가히 기하급수적으로 증가한다고 해도 과언이 아니다. 그러면 이러한 복지비용을 어떻게 충당할 것이며 이 비용을 누구에게 어떻게 분담시킬 것인가? 이 문제는 복지국가의 가장 핵심적 문제로서 '비용분담과 혜택배분 간의 불일치'가 심각한 국가복지에서 복지비용의 분담문제는 늘 사회계급 간·세력 간 갈등을 초래한다. 따라서 이 문제와 관련하여 복지국가는 '내장된 모순'(*built-in contra-dictions*)을 지니고 있다고 보며, 그런 만큼 복지국가는 구조적 취약성을 가지고 있다고 볼 수 있다(Pierson, 1991: 6장).

이러한 두 가지 쟁점들을 정리하면 지난 100여 년에 걸쳐 구축된 복지국가는 비록 한꺼번에 해체되거나 혹은 대규모의 삭감을 통해 급속히 쇠퇴하는 일은 없겠지만 국제 정치경제의 변화, 국내 정치경제의 변화, 사회계급간·세력 간 힘의 변화, 정치적 연합세력의 형성과 재편 등에 따라 크게 영향을 받을 수밖에 없는 것으로 보인다. 그 변화가 복지국가의 강화로 귀결될 것인지 약화로 귀결될 것인지는 개별국가의 사정에 따라 다르겠으나,[10] 결국 이 문제를 둘러싼 갈등은 국제정치경

10 짐작건대 노르딕 국가를 비롯한 복지 선진국의 경우 복지국가의 안정화 현상 또는 부분적 축소 현상이 상당히 지속되는 반면, 한국처럼 경제선진국이면서 복

제 - 국가 - 사회 관계의 접점에 존재하는 국가로 결집될 것이고, 그러한 갈등의 해결도 상당 부분 민주주의의 제도적 틀 속에서 새로운 정당화 공식에 따라 복합적 기능을 수행해야 하는 국가와 그를 둘러싼 정치사회세력에 의해 이루어질 것으로 전망된다.

___

지중진국인 경우 복지국가의 확대 현상이 나타날 것으로 예상된다.

02

복지국가의 성격

1. 복지국가의 개념: 화해와 갈등의 이중성

1장에서는 국가론의 입장에서 복지국가가 역사적으로 어떤 과정을 통해 형성되어 왔는가, 그리고 다른 국가유형과 비교할 때 복지국가가 지니는 주요 특성은 무엇인가를 중점적으로 살펴보았다. 이제 2장에서는 보다 구체적으로 복지국가의 개념은 무엇이고 복지국가가 지향하는 이념은 무엇인가를 논의하고자 한다.

일반적으로 '복지'(*welfare*)라는 말의 사전적 의미는 '만족스런 상태, 건강, 번영, 안녕' 등이다. 그러므로 복지는 더할 나위 없이 좋고 만족스런 삶이 영위되며 건강과 행복의 조건들이 충족되는 상태를 말한다고 볼 수 있다(남세진, 1992: 114). 그러면 이러한 복지와 반대되는 '비복지'(*diswelfare*)의 상태는 무엇인가? 복지의 사전적 의미와 대비시키면 비복지란 '만족스럽지 못한 상태, 질병, 빈곤, 불안, 불행한 상태'를 뜻한다고 할 수 있다.

이렇게 복지-비복지를 대비시킬 때 가장 단순한 수준에서 복지국가는 '국민들의 비복지를 해소하고 복지를 향상시키기 위해 노력하는 국가' 혹은 '국민들의 복지향상을 가장 중요한 책임과 의무로 삼는 국가'로 정의할 수 있다. 그러나 이것은 국가가 국민들의 복지향상을 위해 개입한다고 할 때 무엇을 목표로 또 어느 정도까지 복지를 제공할 것인가에 대한 논의를 전혀 포함하고 있지 않다. 따라서 복지국가에 대한 보다 정교한 개념정의는 이러한 요소들을 모두 포함할 수 있어야만 한다.

그러나 복지국가에 대한 개념을 더욱 정교화하고자 할 때 부딪치는 문제점은 논자의 가치관, 이데올로기적 입장, 그리고 이론적 관점에 따라 복지국가의 개념 정의가 매우 다양하게 제시된다는 것이다. 우선 아래와 같이 다섯 가지의 정의를 검토해보면 복지국가에 대한 통일적 개념을 수립하는 것이 얼마나 어려운 것인가를 잘 알 수 있다.

① 윌렌스키 (Wilensky, 1975: 1)의 정의
복지국가의 핵심은 국가가 모든 국민에게 최소한의 수입, 영양, 건강, 주택, 그리고 교육을 보장하는 것이다. 국가에 의한 이러한 복지제공은 자선이 아니라 모든 국민이 누리는 정치적 권리에 대응하여 주어지는 것이다. … 최소한의 수준을 보장하기 위해 국가가 시행하는 제반 프로그램들은 비록 그 결과에서 재분배를 통해 평등을 증진시킬 수 있다고 하더라도 그 목적에서는 평등과 아무런 관계가 없다.

② 헥셔 (Heckscher, 1984: 6)의 정의
복지국가는 자국 내에 거주하는 국민들의 (그리고 시민권을 갖고 있지 않은 거주자들을 포함하여) 삶에 대해 집합적 책임을 지는 국가이다. 따라서 복지국가는 빈곤을 제거하기 위해 노력하고 국민들이 빈곤상태에

빠지는 경우 그들을 위해 적절한 사회보장을 제공한다. 또한 복지국가는 기회의 평등을 촉진하여 국민들의 삶을 향상시키기 위해 노력한다.

③ 미쉬라 (Mishra, 1990: 34)의 정의
복지국가란 국민들의 삶과 관련된 '최소한의 전국적 기준'(*national minimum standards*)을 유지하기 위해 국가의 책임을 제도화하는 것이다. 특히 2차 세계대전 이후의 복지국가는 이와 같은 최소한의 전국적 기준을 보장하기 위해 완전고용의 실현, 국민의 기본욕구를 충족시키기 위한 보편적 서비스의 제공, 그리고 빈곤의 해소와 예방에 정책의 초점을 둔다.

④ 코르피 (Korpi, 1983: 185)의 정의
복지국가의 발전 정도는 정치적 민주주의와 국민들에 대한 최소한의 사회보장을 전제조건으로 하여 상대적 빈곤이 어느 정도 감소하는가 혹은 (결과의) 평등이 어느 정도 실현되는가에 의해 결정된다.

⑤ 에스핑-안데르센 (Esping-Andersen, 1990: 3)의 정의
복지국가에는 다양한 형태의 복지체제(즉 자유주의적, 조합주의적, 사회민주적 복지체제)가 존재한다. … 그러나 복지국가 발전의 정도는 국가에 의해 부여되는 사회권이 국민들의 시장에 대한 의존성을 얼마나 줄이느냐, 즉 탈상품화(*decommodification*)의 정도가 어느 정도인가에 달려 있다.

이상의 다섯 가지 개념 정의는 복지국가라는 동일한 대상을 두고 논자에 따라 그 개념 규정이 얼마나 상이하게 달라질 수 있는가를 잘 보여준다. 그러나 이러한 상이성에도 불구하고 이들 간에는 적어도 다음과

같은 세 가지 측면에서의 공통점도 존재한다.

첫째, 위 다섯 명의 논자들은 복지국가에 대한 정의에서 명시적으로 지적하지는 않았지만 복지국가가 자본주의경제체제 속에서 발전해 왔다는 점을 모두 인정하고 있다. 그들은 역사적으로 볼 때 자본주의 시장기구의 작동에서 오는 제반 사회악(社會惡), 즉 광범위한 빈곤의 존속, 산업재해의 빈번한 발생과 피해 확대, 불평등의 심화, 경기변동에 따른 비자발적 실업의 반복적 발생 등에 대한 해결책으로 복지국가가 등장했다고 보고 있다. 다시 말해 복지국가는 자본주의적 산업화의 진전에서 오는 사회악을 사회주의 혁명과 같은 급격한 방법이 아니라 국가의 개입에 의한 점진적이고 누적적인 복지개혁으로 해결하려 한다는 인식을 공유한다.

둘째, 위의 논자들은 모두 복지국가가 탄생할 수 있는 필요조건 혹은 선행조건으로서 정치적 민주주의를 전제하고 있다. 그러면 민주주의가 복지국가의 성립에 왜 중요한가? 이 문제는 1장에서도 논의된 바와 같이 강력한 국민국가가 형성되고 자본주의적 산업화가 급속도로 진전된 근대(특히 19세기)의 상황에서 정치적 민주화가 이루어지지 않았을 경우 국가와 자본가계급을 움직여 엄청난 비용이 소요되는 복지개혁을 추동할 수 있는 정치세력의 형성이 불가능했기 때문이다. 다시 말해 선거권 확대를 통한 민주주의의 신장은 그동안 비민주적 국가에 의해 억압되었던 사회계급 간 갈등과 투쟁을 촉발하여 일련의 복지개혁을 통한 복지국가 수립에 결정적으로 기여했다고 할 수 있다.

그뿐 아니라 정치적 민주주의는 그 자체로서 중요한 복지의 의미도 지니고 있다. 만약 억압적이고 권위적인 군주에 의해 거주와 이전의 자유, 사상과 표현의 자유, 결사의 자유를 비롯한 일련의 자유권과 선거권을 비롯한 정치권 등이 박탈된 채 국민들에게 다소 향상된 물질적 보장이 이루어진다고 한다면 그러한 상태를 참된 복지의 상태라고 할 수 있을 것인가? 많은 복지이론가들이 권위주의 국가와 공산주의 국가에서 제공되는 복지를 두고 그러한 국가를 복지국가로 부르지 않는 것은 바로 자유권과 정치권을 핵심으로 하는 민주주의가 그러한 국가에서 부정되고 있기 때문이다(김상균, 1987: 58; Robson, 1976: 12, 16). 따라서 민주주의는 복지국가 성립의 필요조건이거나 복지국가의 운영에 필수적으로 수반되어야 할 조건이거나 간에 복지국가와 불가분의 관계를 갖고 있다고 할 것이고, 바로 이 점이 위에 제시된 복지국가의 정의에 포함되어 있다고 할 수 있다.

셋째, 위의 논자들은 복지국가의 개념정의에서 모두 '최소한의 전국적 수준'을 강조하고 있다. 1942년 "사회보험과 관련 서비스에 관한 리포트"에서 베버리지가 제시한 이 개념은 어떤 일을 하는 것이 복지국가인가(혹은 복지국가의 책임범위는 무엇인가)를 규정하는 매우 중요한 개념이다. 그러므로 논자들이 모든 국민들의 삶의 안전과 기본욕구 충족을 위해 적어도 '최소한의 전국적 수준'을 보장하는 국가를 복지국가라고 파악한 것은 이들이 모두 베버리지의 기준을 복지국가 정의의 중요한 근거의 하나로 채택하고 있다는 것을 뜻한다. 이렇게 볼 때 복지국가가 모든 국민의 삶의 안전을 위해 최소한의 전국적 수준을 보장한다고 하는 것은 복지국가의 책임범위를 규정할 뿐만 아니라, 특정의 빈곤층만을 대상으로 '열등수급'(less eligibility)의 원칙에 따라 빈민구제(혹은 빈민통제)를 실시했던 과거의 국가와 복지국가를 구별하는 기준이 된다는 점에서도 큰 의미를 지닌다고 할 수 있다.

그러나 이와 같은 세 가지 측면에서의 공통점 외에 위에 제시된 여러 개념정의는 다음과 같은 두 가지 측면에서 중요한 차이점도 있다. 첫 번째 차이점은 평등의 종류와 내용에 관한 것이다. 윌렌스키의 경우 '최소한의 전국적 기준'만을 강조할 뿐 복지국가의 정의에서 평등문제를 전혀 고려하지 않는다. 심지어 그는 불평등의 감소와 평등의 증진은 국가가 복지정책을 실시할 때 그 부산물로 올 수 있는 것이지 평등이 복지국가의 기준이 될 수 없다고 분명히 밝히고 있을 정도이다. 이에 반해 헥셔는 '기회의 평등'과 '결과의 평등' 중 복지국가는 국민들에게 적절한 사회보장을 실시하되 오직 '기회의 평등'을 촉진하는 데 그 초점을 둔다고 하고 있다. 미쉬라(1990: 123)는 완전고용과 보편적 복지서비스의 제공 외에 재분배적 재원조달과 이전지출(*transfer payments*)을 강조함으로써 기회의 평등에서 한 걸음 나아가 결과의 평등도 상당한 정도로 증진되어야 하는 것으로 보고 있다.

　한편 코르피와 에스핑-안데르센에 의하면 복지국가는 단순히 기회의 평등을 보장하는 데 그치지 않고 궁극적으로는 결과의 평등을 가져오는 중요한 수단이 될 수 있고, 또 그렇게 되어야 한다고 주장한다. 먼저 코르피(Korpi, 1983: 9장)는 흔히 '최소한의 전국적 기준'에 따라 복지를 제공한다는 것은 '절대적 빈곤'의 개념에 입각하여 빈곤선(貧困線)[1]을 설정하고, 이 빈곤선 이하의 생활을 하는 사람들을 대상으로 국가가 최소한의 보장을 하는 것에 불과하다고 비판한다. 그리하여 그는 만약 이러한 국가를 복지국가로 부른다면 그것은 매우 낮은 수준의 복지국가일 뿐으로 그러한 국가가 복지국가의 이상은 될 수 없다고 주장한다. 이러한 관점에 입각하여 코르피는 높은 수준의 복지국가는 '상대

---

1 빈곤선은 몇 가지 기본적 욕구(예컨대, 의·식·주 비용, 의료비, 교육비, 문화비 등)를 선정한 다음 이를 충족시키기 위한 최소한의 비용을 계산하여 산출된다.

적 빈곤'을 감소시키는 방향, 즉 적극적 재분배를 통해 결과의 평등을 증가시키는 방향으로 노력하는 국가라고 규정한다.

에스핑-안데르센은 코르피와 비슷한 입장에 서면서도 그보다 훨씬 더 적극적인 견해를 표명한다. 그에 따르면(Esping-Andersen, 1990: 23) 복지국가의 발전 정도는 국가에 의해 제공되는 복지가 자본주의 시장기제에 대한 국민들의 의존성을 얼마나 줄일 수 있느냐, 즉 국민들이 스스로 필요하다고 판단할 때(질병 때문이건 혹은 자아발전을 위해서건) 소득중단과 빈곤에 대한 공포 없이 일정 기간 노동시장으로부터 얼마나 자유롭게 빠져나올 수 있는가에 따라 결정된다는 것이다. 시장기제에 대한 독립성의 정도를 탈상품화의 정도로 보면 복지국가에 대한 에스핑-안데르센의 입장은 코르피처럼 상대적 빈곤의 감소에만 초점을 두는 것이 아니라 거기에서 한 걸음 더 나아가 국민들의 삶을 어느 정도 탈상품화할 수 있느냐에 귀결된다. 이렇게 볼 때 탈상품화가 높은 수준으로 달성되기 위해서는 절대적 빈곤은 물론 상대적 빈곤이 해소되어야 하고, 거기서 나아가 강력한 조세정책과 복지정책을 병행하여 심화되는 불평등의 적극적 개선까지 도모해야 하기 때문에 평등문제에 관한 한 다른 어떤 논자보다 에스핑-안데르센이 훨씬 진보적인 위치에 서 있다고 하겠다.

위의 여러 논자들 사이에 존재하는 두 번째 차이점은 복지국가가 자본주의를 어느 정도 변혁할 수 있는가 혹은 변혁해야 하는가에 관련되어 있다. 먼저 윌렌스키(1975: 119)는 복지국가가 성취할 수 있는 것은 자본주의적 산업화에서 초래된 사회문제들을 해소하여 자본주의적 산업사회를 '인간화'(humanizing) 시키는 것이라고 보고, 복지국가가 자본주의의 경계를 넘어서는 변혁을 이루어낼 수도 없고 또 그것이 바람직한 것도 아니라는 견해를 표명하고 있다. 헥셔(1984: ix)는 복지국가란 자본주의 시장경제를 존속시키는 범위 내에서 이루어진 '자본주의와 사회주의 간의 타협의 산물'이라고 지적함으로써 복지국가가 사회주의적 요소를 부분적으로 받아들이되 기본적으로는 자본주의의 경계를 지키는 것으로 본다.[2] 이 문제에 관한 미쉬라의 견해는 베버리지적 복지제공과 케인즈적 자본주의 수요관리의 결합이 복지국가이기 때문에 자본주의의 경계를 넘어서는 변혁보다는 자본주의 내에서의 개혁에 초점을 두고 있다.

따라서 윌렌스키, 헥셔, 그리고 미쉬라의 경우 복지국가는 혼합경제 (*mixed economy*) 나 관리경제 (*governed economy*) 를 통해 자본주의가 초래하는 문제를 완화하거나 자본주의를 수정하는 것이지 자본주의 그 자체를 변혁시키는 것은 아니라는 입장을 가지고 있다고 할 수 있다.

그러나 사회민주주의자인 코르피와 에스핑-안데르센은 복지국가를 자본주의의 경계를 넘어서기 위한 징검다리로 이해한다. 그들에 따르면, (1) 복지국가는 노동계급과 사회민주당이 추구한 권력자원 동원 (*power resource mobilization*) 의 극대화 전략에 의해 수립되었을 뿐만 아니라(Korpi, 1983: 14~18), (2) 복지국가에 의해 제공되는 제반 복지혜택은 노동계급 전체의 삶을 안정시키고 연대성을 증진시킴으로써 노동계급의 계급형성을 촉진하기 때문에(Esping-Andersen, 1985: 26~

---

2 롭손(Robson, 1976:12~13)도 헥셔와 비슷한 견해를 가지고 있다. 그는 퇴니스(Piet Thoenes)의 주장을 인용하여 복지국가는 자본주의의 양대 지주인 사유재산권과 이윤동기를 유지하면서 자본주의를 수정하는 것이라고 보고, 이런 관점에서 복지국가를 준사회주의(*semi-socialism*)와 준자유주의(*semi-liberalism*)의 결합체라고 주장한다.

36), (3) 결국 복지국가는 경제민주주의(*economic democracy*)[3]를 통한 자본주의의 변혁 혹은 사회주의의 실현을 위한 수단이라는 것이다.

이런 점에서 복지국가에 대한 이들의 입장을 '복지 사회주의'(*welfare socialism*)라고도 부를 수 있다(Mishra, 1984: 22). 복지 사회주의라는 말은 국가에 의한 복지개혁을 통해 사회주의를 위한 정치사회적 토대를 강화하고(즉 노동계급의 물질적·정치적 강화와 노동계급 - 사회민주당 간의 연대 강화), 이에 기초하여 사회주의를 건설하고자 하는 사회민주주의의 노선을 매우 적절하게 표현해 준다고 할 수 있다.

이상의 논의를 종합하면 자본주의와 민주주의라는 거시구조적 맥락 속에서 태동한 복지국가는 모든 국민들의 기본욕구를 최소한으로 보장하여 삶의 안전을 증진시키려는 국가로 규정할 수 있다. 그러나 이러한 복지국가가 어떤 종류의 평등을 어느 정도 실현할 수 있는가(혹은 실현해야 하는가), 자본주의의 변혁을 어느 정도 추구할 수 있는가(혹은 추구해야 하는가) 하는 문제는 논자의 가치관, 이데올로기적 입장, 이론적 입지에 따라 커다란 편차가 존재하므로, 다양한 논자들로부터 복지국가에 대한 하나의 통일된 정의를 도출하는 것은 불가능하다.

이런 점을 염두에 두면서 다섯 명의 논자가 위에서 제시한 복지국가의 개념들을 서로 비교하고 복지국가의 위상을 정리하기 위해 〈그림 2-1〉이 마련되었다. 이 그림은 (1) 삶의 안전 - 불안전 정도와 (2) 사회경제적 자원배분의 평등 - 불평등 정도가 복지국가를 규정하는 가장 중요한 기준이라는 점에 착안하여[4] 다양한 논자들이 어떤 위치에 속하

---

3 경제민주주의란 시장기제는 인정하지만 소수에 의한 자본독점과 경영독점을 민주화하고 사회화하는 것을 의미한다(Bowles & Gintis, 1986; Dahl, 1985 참조).
4 이 두 기준은 플로라와 하이덴하이머(Flora & Heidenheimer, 1981:25)에 의

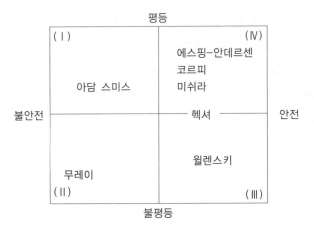

〈그림 2-1〉 복지국가에 대한 각 논자들의 입장

평등

(I)　　　　　　　　　　　(Ⅳ)

에스핑-안데르센
코르피
미쉬라

아담 스미스

불안전　　　　　　　━ 헥셔 ━　　　　　　안전

월렌스키

무레이

(II)　　　　　　　　　　　(Ⅲ)

불평등

▌자유주의국가 : I과 II의 영역　　▌복지국가 : III과 IV의 영역

게 되는지, 그리고 복지국가로 인정될 수 있는 영역이 어느 것인지를 파악하기 위해 구성되었다.

〈그림 2-1〉을 보면 특정의 국가가 어느 종류의 평등을 어느 정도 실현하느냐에 관계없이 만약 사회권의 일환으로 모든 국민들에게 최소한의 사회경제적 안전을 보장하고 있다면 복지국가로 인정될 수 있음을 보여준다(그림 III과 Ⅳ의 영역). 그러나 이 그림은 평등의 종류 및 그 실현 정도와 관련하여 여러 논자들 사이에는 위치상의 많은 차이가 있음도 보여준다. 구체적으로 복지국가의 영역에서도 사회경제적 안전으로서의 복지와 평등을 원칙적으로 절연시키는 월렌스키는 III의 영역에 속하고, 기회의 평등만을 강조하는 헥셔는 III과 Ⅳ의 경계지점에 속하

———
해 복지국가의 가장 중심적 차원들로 제시되었다.

며, 보편적 복지서비스와 재분배를 강조하는 미쉬라는 IV의 영역 중 낮은 위치에 속한다. 이에 비해, 코르피와 에스핑-안데르센은 높은 수준의 결과의 평등 혹은 자본주의경제의 사회화까지 강조함으로써 모두 IV의 영역 중 높은 지점에 속한다고 할 수 있다.

한편 위에서 논의하지는 않았지만 신우파(*New Right*)의 입장을 강력하게 지지하는 무레이(Murray, 1984) 같은 학자는 II의 영역에 속한다고 볼 수 있다. 왜냐하면 그는 각종 복지제도를 해체하고 국민들의 복지국가에 대한 의존성을 제거하여 그들을 시장으로 내몰 때에만 심화되는 국제적 경쟁과 경기침체로부터 경제를 회생시킬 수 있고, 이런 가운데 개인의 복지문제는 자신의 취업과 가족·친구·자선단체에 의한 자발적 도움으로 해결되어야 한다고 보고 있기 때문이다.

무레이로 대표되는 신우파의 견해는 경제적 불안전과 불평등은 개인을 자유경쟁 시장으로 이끌어내 열심히 일하게 만드는 가장 중요한 회초리 내지 유인인데, 복지국가가 등장하여 경제적 안전과 평등을 (과도하게) 증진시키는 것은 자본주의경제와 복지국가 자체의 물질적 기반을 망가뜨리는 지름길이라고 주장한다. 이 견해에 따르면 결국 복지국가는 해체되거나 아니면 국가에 의한 복지제공은 최소화되어야 하고 또한 경제적 안전 - 불안전, 평등 - 불평등은 시장기제에 맡겨져야 한다는 결론에 도달하게 된다. [5]

〈그림 2-1〉에서 I의 영역은 아담 스미스를 비롯한 자유방임주의 경제학자들이 이상적으로 생각했던 영역이다. 그들은 법과 질서유지를 위

---

[5] 신우파의 입장은 복지국가의 해체 혹은 약화를 주장하고 있으므로 현존하는 사회경제적 불평등을 정당화한다고 볼 수 있다. 따라서 그들의 주장대로 복지국가가 해체되거나 약화되면 경제적 불안전과 불평등이 심화될 것은 자명한 이치이다.

한 국가규제가 최소한으로 이루어지고 완전경쟁 시장이 자유롭게 작동하게 되면 최대한의 능률이 확보되어 사회적 부가 극대화되는 것은 물론 경쟁기제의 작용에 의해 분배의 평등도 극대화될 것이라고 주장했다(Esping-Andersen, 1990: 9~10 참조). 따라서 조건이 조성되면 계급을 없애고 불평등을 줄이기 위해 국가가 개입할 필요도 없으며, 만약 국가가 개입한다면 문제를 줄이기는커녕 오히려 악화시킬 소지가 크다는 것이 그들의 인식이다. 그리하여 그들은 비록 개인들이 경제적 불안전에 대한 두려움 때문에 시장에 참여한다고 하더라도 '최대한의 자유시장과 최소한의 국가개입'이라는 조건만 충족되면 종국에는 분배의 평등이 이루어질 수 있다고 주장한다. 이런 점에서 경쟁시장을 '이상화'(혹은 신비화) 한 고전파 경제학자들은 I의 영역에 속한다고 볼 수 있다.

〈그림 2-1〉에 축약된 바와 같이 복지국가는 그간 많은 사람들에 의해 계급 간·세력 간 갈등의 화해와 조화를 구현하는 것으로 주장되기도 했지만, 결코 화해와 조화를 내재적으로 체화한 국가는 아니라고 보아야 한다. 그 이유는 위에서 나타난 것처럼 복지국가는 두 종류의 축을 따라 치열한 이데올로기적·이론적 투쟁과 현실정치적 투쟁이 전개되는 '갈등의 장'(contested terrain) 이기 때문이다(성경륭, 1992 참조).

첫 번째 투쟁은 경제적 안전-불안전의 축을 따라 벌어지는 자유주의자(자유방임주의자 및 신우파) 대 복지주의자(베버리지-케인즈주의자 및 사회민주주의자) 간의 투쟁이다. 두 번째 투쟁은 평등-불평등의 축을 따라 복지주의 내부에서 벌어지는 베버리지 - 케인즈주의자(윌렌스키, 헥셔, 미쉬라) 대 사회민주주의자(코르피, 에스핑-안데르센) 간의 투쟁이다.

이렇게 볼 때 복지국가는 비록 다양한 계급과 세력 사이의 화해와 조화를 도모하여 '전국민'의 복지향상을 추구한다고 하지만, 이 화해와 조화는 결코 완전한 것이 아니며 늘 갈등과 긴장이 수반될 수밖에 없는 것이라고 할 수 있다. 달리 말하면 복지국가는 (1) 전국민적 화해와 조화를 지향하는 방향과, (2) 다양한 계급 간·세력 간에 갈등과 투쟁이 벌어지는 방향의 어느 한 지점에 가변적으로 존재하는 것이라고 결론지을 수 있다. 화해와 조화, 그리고 갈등과 투쟁의 변증법적 존재로서의 복지국가의 특성을 전제하면서 복지국가가 무엇인가를 가장 포괄적으로 이해할 수 있는 정의를 모색해 본다면 그것은 브리그스(Briggs, 1961)로부터 발견할 수 있다.

⑥ 브리그스의 정의

복지국가는 시장기제의 작동에서 오는 문제들을 수정하기 위한 노력의 일환으로 정치와 행정을 통해 조직화된 권력을 다음과 같은 세 가지 방향에서 의도적으로 사용하는 국가를 말한다. 1) 개인의 능력과 재산이 시장에서 가지는 가치와는 무관하게 모든 개인과 가족에게 최소한의 수입을 보장한다. 2) 개인과 가족에게 위기를 초래하는 제반 사회적 위험(예컨대 질병, 실업, 노령 등)에 대응할 할 수 있도록 보호를 제공하여 삶의 불안전을 감소시킨다. 3) 지위나 계급의 차이에 관계없이 모든 국민들에게 일정 범위의 사회적 서비스를 가능한 한 최고의 수준(*the best standards*)으로 제공한다(Flora & Heidenheimer, 1981, p. 29에서 재인용).

브리그스의 정의에 따르면 복지국가는 시장에서의 가치, 지위나 계급의 차이에 관계없이 모든 국민들에게 최소한의 수입을 보장하고, 제반 사회적 위험으로부터 국민들의 삶의 안전을 보장하는 국가로 규정된다. 나아가 브리그스는 복지국가를 모든 국민들에게 "가능한 한 최고의 수준으로" 사회적 서비스를 제공하는 국가로 규정함으로써, 무엇이 가능한 한 최고 수준인가를 둘러싸고 사회계급 간·세력 간에 이데올로기적·이론적 투쟁, 그리고 현실정치적 투쟁이 전개될 수 있는 가능성을 충분히 포착하고 있다고 할 수 있다. 앞서 논의했듯이 이러한 투쟁은 결국 복지국가가 평등-불평등의 축에서 어느 지점에 위치해야 하는가에 관한 투쟁에서 비롯된다고 할 수 있다. 종합적으로 보면 브리그스의 정의는 복지국가의 다면적 모습을 가장 포괄적으로 규정하고 있다고 할 수 있고, 이런 점에서 가장 유용한 정의라고 할 수 있다.

2. 복지국가의 이념

　복지개입(최소한의 공공부조 제공, 사회보험과 사회적 서비스의 제공 등)을 통해 국민들이 겪는 비복지를 제거하고 그들의 복지를 증진시키는 것을 주요 책무로 삼는 국가를 복지국가라고 한다면, 이 국가는 무엇을 추구한다고 볼 수 있는가? 복지국가의 개념과 관련된 논의들로부터 이 문제에 대한 해답을 도출한다면, 복지국가는 국가 구성원들의 사회경제적 안전과 평등을 증진하는(혹은 극대화하는) 것을 최우선적으로 추구한다고 할 수 있다.

　그렇다면 사회경제적 안전과 평등은 무엇 때문에 필요한 것인가? 그것은 복지국가로부터 제공되는 각종 복지혜택이 시장경제와 주변(가족, 친구, 지역사회, 자선단체 등)에 대한 의존성을 감소시킴으로써 국민 개개인의 생존능력을 증가시키고, 궁극적으로는 개개인의 행복을 향상시키는 데 기여하기 때문이다. 만약 경제적 불안전과 불평등이 만연된 상황이라면 국민 개개인이 시장경제와 주변에 대한 의존성을 어떻게 극복할 수 있고 또 다양한 삶의 위협으로부터 어떻게 생존을 영위할 수 있을 것인가? 만약 이처럼 생존이 위협받고 개개인의 삶이 타인에 의존적이라면 인간의 행복은 도대체 어떻게 가능할 것인가? 결국 복지국가는 개개인의 삶의 독립성을 보장하고 행복의 증진에 기여하는 국가라고 할 수 있다.

　이렇게 볼 때 국가의 복지개입을 통한 사회경제적 안전의 보장과 평등의 증진은 국민 개개인의 행복추구를 위한 필수적 조건임을 알 수 있다. 물론 개인의 행복이란 매우 주관적이라고 할 수 있지만, 개인의 행복은 물질적 · 사회적 조건의 충족 없이는 불가능한 것이기 때문에 복지국가에 의한 제반 복지혜택의 제공은 이러한 조건을 강화시킴으로써 개인의 행복에 직 · 간접으로 기여한다고 보아야 할 것이다.

그렇다면 개인의 행복을 증진시키기 위해 왜 하필 국가가 개입해야 하는가? 이 문제에 대해서는 다음과 같은 답변이 가능하다. 개개인의 삶은 사회구성원 간에 '상호의존적'으로 연결되어 있기 때문에 개개인의 삶을 사회적으로 보장하는 책임은 국가가 지게 된다는 것이다. 물론 개인의 나태와 부도덕으로부터 개인의 불행이 초래될 수도 있지만, 개개인이 경험하게 되는 행 · 불행의 가장 중요한 부분은 사회적 원천으로부터 비롯된다고 보아야 할 것이다(Jones, 1985: 13). 따라서 개개인이 공통적으로 직면하게 되는 불안과 위험을 공동의 노력으로 해결하기 위해서는 국가를 중심으로 하여 개개인이 가진 위험뿐만 아니라 자원까지도 결집하거나 사회화할 수밖에 없게 된다.

국가형성의 과정에서 나타나듯 국가는 원초적으로 정복과 약탈의 극대화를 주된 기능으로 하여 출발했다. 그러나 원형적 국가의 출범 이후 국가와 사회 사이에 전개된 역사적 상호작용을 보면 정복과 약탈의 효과성을 증진시키려는 국가가 국가 - 사회의 공존을 위한 다양한 협상과 협약을 사회와 맺게 되었고, 그 결과 국민들에게는 시민권이 주어지게 되었다. 이러한 과정에서 사회를 정복하고 사회로부터 자원을 갈취하던 국가는 점차 사회를 위해 각종 '공공재'(국방과 질서유지, 사회간접자본의 확충 등)를 생산하는 것은 물론 시민권, 특히 사회권을 부여받은 국가 구성원들에게 '자격재'(*merit goods*)[6]로서의 복지혜택을 제공함으

---

6 무스그레이브(Musgrave)에 의해 개념화된 자격재는 특정의 자격을 갖춘 개인들에게(예컨대 일정한 소득기준 이하의 사람들, 혹은 시민권을 가진 모든 국민)

로써 자신을 정당화하기에 이르렀다.

이렇게 보면 국민들에게 자유권과 정치권이 부여되고 난 이후의 국가는 '사회를 억압하는 국가'(the state against society) 혹은 '사회 위에 군림하는 국가'(the state above society)로부터 '사회의 국가'(the state of society) 혹은 '사회를 위한 국가'(the state for society)로 전환하게 되었다고 할 수 있다.[7] 이러한 위상 전환과 더불어 근대 이후의 국가는 국민 개개인이 상호의존적으로 연결된 사회적 삶으로부터 발생하는 다양한 삶의 불안과 위험에 집합적으로 대응하는 유일한 해결자로서의 역할을 맡게 되었다. 그러므로 이런 상황에서 국가로부터 제공되는 복지혜택은 '상호의존으로서의 복지'(welfare as mutual dependence)라는 의미를 지니게 되었고(Heclo, 1986: 183), 여기서 국가는 사회적 상호의존 관계의 조정자의 위치에 서게 되었다.

그러나 국가가 국민들의 복지증진을 위해 사회적 상호의존 관계를 조정하고 상호의존성으로부터 비롯되는 개개인의 삶의 불안과 위험을 해결한다고 하더라도 국가가 언제나 불편부당한 입장에 놓이는 것은 아니다. 왜냐하면 국가는 국가 자체의 존립과 지배력의 확장이라는 자기이익을 가지고 있을 뿐만 아니라 사회의 다양한 계급과 세력으로부터 상충하는 요구와 압력에 직면하기 때문이다. 따라서 사회 내의 어떤

주어지는 재화나 서비스를 지칭한다. 자격재는 수혜자를 식별할 수 있고 특정의 수혜자에게만 재화의 소비를 한정시킬 수 있다는 점에서 공공재와 구별되고, 현재의 소비에 대해 현재의 기여를 직접 연결시킬 수 없다는 점에서는 공공재와 공통점을 지닌다(Wilson & Wilson, 1982:5).

7 그러나 이 말은 사회에 대해 억압적이고 사회 위에 군림하는 국가의 면모가 사라졌다는 것을 뜻하지는 않는다. 왜냐하면 민주화된 복지국가에서도 국가는 강압력과 추출력을 독점하고 지배기능을 지속적으로 수행하기 때문이다.

계급, 어떤 세력이 국가권력을 장악하느냐에 따라 복지국가가 국민들에게 제공하는 복지혜택의 종류와 수준은 항상 변화하게 되고, 경제적 안전 - 불안전과 사회적 평등-불평등의 축이 어디로 움직이느냐 하는 것도 항상 가변성을 띠게 된다. [8]

그러나 적어도 이념적 측면에서 볼 때, 복지제공의 확대를 통해 사회경제적 안전을 보장하고 평등을 증진시킴으로써 국민 개개인의 행복 추구를 뒷받침하려는 복지국가의 이상은 인류를 위한 불멸의 가치로 살아남을 것으로 보인다. 그뿐 아니라 이러한 복지국가의 이상은 국가에 의한 복지구현 노력에 대해 분명한 지침을 지속적으로 주어왔고 또 앞으로도 그럴 것으로 보인다. 국가복지든 자발적 민간복지든 복지가 지향하는 궁극적 목표가 문제를 가진 개인들을(국민 중 소수이건 국민 전부이건) 돕고 그들로 하여금 안전하고, 건강하고, 행복한 삶을 영위할 수 있도록 지원하는 것이라면, 국가가 국가구성원의 복지향상을 위한 일차적 책임자로 등장한 복지국가의 시대는 기나긴 국가형성의 역

---

8 이 문제와 관련하여 조지와 윌딩(George & Wilding, 1985)은 다양한 사회계급 간·세력 간에 심각한 이데올로기적 편차와 갈등이 존재한다고 주장한다. 그들에 의하면 '반집합주의자들'(anti-collectivists)은 자유와 개인주의를 강조하면서 복지국가 자체를 반대하고, '소극적 집합주의자들'(reluctant collectivists)은 자유와 개인주의 외에 실용주의와 인본주의적 이념에 입각하여 최소한의 복지국가를 지지하며, '페이비안 사회주의자들'(Fabian socialists)은 평등과 우애를 강조하면서 불평등의 해소를 도모하는 적극적인 복지국가와 점진적 사회주의화를 옹호하고, 반면 '맑스주의자들'(Marxists)은 진정한 평등과 우애를 실현하기 위해 자본주의의 폐지와 사회주의 혁명을 주창하면서 복지국가를 반대한다고 한다. 이러한 이데올로기적 편차와 갈등은 현실정치와 직접적으로 연결되어 복지국가의 강화 혹은 약화를 둘러싼 갈등을 증폭시킨다. 따라서 복지국가의 위상은 언제나 가변적일 수밖에 없다.

사를 돌이켜 볼 때 이제 국가가 최고의 도덕적 선을 실현하는 단계에 접어들었음을 뜻한다고 할 수 있다.

　과거를 되새겨 보면 복지국가의 사상적 기초는 '자유, 평등, 우애(유대)'를 기치로 내걸었던 프랑스 혁명에 의해 수립되었다고 볼 수 있다. 1789년에 발발한 이 혁명은 그 이전까지 진행된 급속한 자본주의 발달과 국민국가의 성장을 토대로 하여 민주주의의 세기를 여는 부르주아 혁명(혹은 시민혁명)의 성격을 지니고 있었다. 그러나 이 혁명의 역사적 의의는 단지 (제한적) 부르주아 민주주의를 수립한 데 그치지 않고, 인본주의, 계몽주의, 자유주의, 그리고 사회주의 사상을 만개하게 하여 혁명 발발 100년 후인 1880년대에 이르러 이 모든 사상들을 용해함으로써 복지국가를 태동시키는 사상적 디딤돌을 놓았다는 데 있다 (Robson, 1976: 1장). 프랑스 혁명 이후의 100년이 '자유와 평등'의 정신에 따른 민주주의의 확립과정이었다면, 1880년대 이후의 100년은 '평등과 우애'의 정신에 따른 복지국가 수립·확장 과정이었다고 할 수 있다. 이러한 역사가 우리에게 웅변으로 말해 주는 것은 이제 국가는 더 이상 정복자와 약탈자로서가 아니라 국민의 복지를 직접 책임지는 보호자·조력자로서 새로운 도덕적 위상을 가지게 되었다는 것이다.

03

복지국가의 기원

1. 복지의 역사: 개관

복지국가의 기원을 정확하게 이해하기 위해서는 복지의 역사를 제대로 이해할 필요가 있다. 그 이유는 다음의 두 가지이다. 첫째 일반적으로 1880년대에 독일에서 수립된 사회보험제도를 복지국가의 기원으로 잡는다 하더라도, 유럽의 여러 국가들이 빈민통제를 위해 국민의 복지문제에 개입하기 시작한 것은 멀리 14세기로 거슬러 올라가는 긴 역사를 가지고 있다. 따라서 근대 이후의 복지국가가 그 이전의 '반복지국가'(*anti-welfare state*)와 어떻게 구별되는지를 알기 위해서는 복지의 역사를 올바르게 규명해야만 한다. 둘째, 국가가 국민의 복지문제에 개입하기 이전과 그 이후에도 인간의 비복지 문제를 해결하기 위한 노력은 민간사회로부터의 자발적이고 비공식적인 과정을 통해 꾸준히 전개되어 왔다. 그러므로 민간영역에서 제공되는 복지가 어떤 문제를 가지고 있었기에 국가가 복지제공의 일차적 책임을 떠맡게 되었는지 또 역으로 복지국가의 등장으로 인해 민간영역의 복지제공은 어떤 영향을 받게 되었는지를 규명하기 위해서도 복지의 역사를 분명히 이해할 필요가 있다.

그러나 인류의 역사만큼이나 긴 복지의 역사를 소상하게 밝히는 것은 거의 불가능에 가깝다. 따라서 복지의 역사를 개괄적으로 살펴보고 그 속에서 19세기 후반에 이르러 복지국가가 태동할 수밖에 없었던 거시역사적 배경을 밝히기 위해 〈그림 3-1〉과 같은 서술적 모델(descriptive model)을 이용하고자 한다. 이 모델은 두 가지 기준 즉, (1) 복지제공의 주체가 사회인가 국가인가, (2) 복지제공이 잔여적(residual)인가 제도적(institutional)인가에 따라 구성되었다. [1]

서술적 모델의 두 가지 기준 중 먼저 주체 문제에 관해 살펴보면, 역사적으로 복지제공은 다양한 주체에 의해 이루어져 온 것을 지적할 수 있다. 과거를 되돌아보면, 개인이 다양한 삶의 문제에 직면했을 때 일차적으로 복지제공을 담당한 가장 중요한 주체는 가족과 친족이었고, 그 다음으로 공동체 내의 친구, 이웃, 동업조직(guild), 그리고 종교단체를 비롯한 각종 자선단체 등이 부차적으로 복지제공 기능을 수행했다. 그러나 봉건제가 해체되던 14세기부터 국가는 빈민통제를 위한 복지제공에 깊숙이 개입하기 시작하여 서서히 가장 중요한 주체로 부상하기 시작했다. 이처럼 역사적으로 볼 때 복지제공의 주체는 매우 다양했으나 다만 그 비중이 시간의 흐름에 따라 변화해 왔다고 할 수 있다. [2]

----

1 미쉬라(Mishra, 1990: 113)와 신광영(1991: 8)도 이와 유사한 모델을 제시하고 있다.
2 복지제공의 다양한 주체와 그 비중의 변화를 분석하는 데에는 복지의 영역(즉,

한편 복지제공이 '잔여적'인가 '제도적'인가 하는 구분은 복지제공의 범위와 방식에 관한 것이다. 윌렌스키와 르보(Wilensky & Lebeaux, 1965: 138~140)에 따르면 잔여적 복지는 욕구충족의 자연적 통로인 가족과 시장을 통해 자신의 문제를 해결할 수 없을 경우 어려움을 겪는 소수의 사람들만을 대상으로 임시적이고 자선적인 의미의 복지가 제공되는 것을 뜻한다. 그러나 제도적 복지는 산업사회에 들어와 가족과 시장을 통해 욕구충족을 할 수 없는 것이 비정상적 상태가 아니라 정상적(normal) 상태가 되는 상황에서 모든 사회구성원들을 대상으로 제도화된 틀 속에서 항시적·조직적으로 복지가 제공되는 것을 뜻한다.

이제 이 두 가지 기준을 조합하면 〈그림 3-1〉에서 제시된 것처럼 복지제공의 네 가지 형태를 도출해 볼 수 있다. 그림에서 (I)의 영역은 민간사회에 의해 잔여적 복지제공이 이루어지는 경우이고, (II)는 국가에 의해 잔여적 복지제공이 이루어지는 경우이며, (III)은 복지국가가 탄생하여 국가에 의해 제도적 복지제공이 이루어지는 경우이다. 이에 반

복지서비스가 생산·전달되는 영역)을 네 가지로 구분하는 존슨(Johnson, 1987)의 모델이 큰 도움이 된다. 그에 의하면 복지의 영역은 네 가지로 구분된다: (1) 가족, 친구, 이웃이 중심이 되는 '비공식적 영역'(informal sector), (2) 자원봉사조직과 자조조직(self-help)이 중심이 되는 '자원적 영역'(voluntary sector), (3) 상업보험과 시장이 중심이 되는 '상업적 영역'(commercial sector), (4) 국가기관이 중심이 되는 '공공적 영역'(public or statutory sector) 등. 존슨의 구분을 따라 복지제공의 역사적 변화를 보면 비공식적 영역, 자발적 영역, 상업적 영역, 그리고 공공적 영역의 순으로 복지제공 영역의 비중 변화가 있었다고 볼 수 있다. 그러나 중요한 점은 비중의 변화에 의해 특정 영역이 부상하고 다른 영역들이 상대적으로 축소되었다고 하더라도 타영역들이 완전히 사라져 없어진 것은 아니라는 것이다. 달리 말하면 비중의 변화는 '총복지'(total welfare)의 변화보다는 각 영역간의 역할 재배분(reallocation)을 가져오는 것으로 보아야 한다(Mishra, 1990: 108~109).

〈그림 3-1〉 서술적 모델 : 복지제공의 다양한 형태

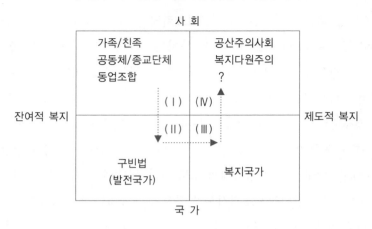

해 (Ⅳ)는 민간사회에 의해 제도적 복지제공이 이루어지는 경우를 보여준다. 그런데 이 (Ⅳ)의 경우는 맑스주의자들이 이상화했던 공산주의 사회나 신자유주의(혹은 신우파) 계열에서 제기되는 복지다원주의(*welfare pluralism*) 사회를 상정하고 있기 때문에, 이 중 어느 것이건 간에 가까운 장래에 실현되리라고 보기는 매우 어렵다.[3] 따라서 (Ⅳ)의

———
3 맑스주의자들이 상정하는 공산주의 사회는 '능력에 따라 일하고 필요에 따라 분배받는' 사회이다. 이러한 사회에서는 계급지배의 도구로 기능해온 국가가 소멸되고 자치의 원칙에 따라 운영되는 생산자 조직들의 연합에 의해 민주적 정체(*polity*)가 구성되는 것으로 가정된다. 또한 이러한 사회에서는 착취가 없어지고 물질적 풍요가 이루어지기 때문에 사회 구성원 전체의 복지는 '필요에 따른 분배'에 의해 제도적으로 충족되는 것으로 가정된다. 그러나 이러한 공산주의 사회가 실제로 가능한 것인지, 또 능력에 따라 일하고 필요에 따라 분배할 수 있는 구체적 대안이 무엇인지에 대해서는 맑스 자신은 물론 그의 추종자들에 의해서도 깊이 논의된 바가 없다(Johnson, 1987: 189~196). 한편 복지다원주의 제안은

경우는 논의에서 제외될 것이다.

다음에서는 〈그림 3-1〉에서 제시된 서술적 모델을 따라 I → II → III 으로 이어지는 복지 역사를 다루고자 한다. 앞으로 논의되겠지만 이 복지 역사는 '자선으로부터 보편적 사회 서비스로'(*from charity to universal social services*), '빈민구제로부터 소득보장으로'(*from poor relief to income maintenance*), '구빈법으로부터 복지국가로'(*from poor law to welfare state*) 진행된 복지국가의 발달사를 압축적으로 보여준다고 할 수 있다 (Martin, 1981; Esping-Andersen&Korpi, 1987; Trattner, 1989).

다만 이와 같은 역사적 논의에서 한 가지 유의할 점은 시간의 흐름에 따라 국가에 의한 복지제공이 중요성을 더해 간다고 하더라도 다른 형태의 복지제공이 완전히 소멸되지는 않는다는 것이다. 오히려 국가에 의한 복지제공은 복지국가의 과대성장으로 말미암아 여러 갈래에서 비판을 받게 되었고, 그 결과 그간 중요성이 감소했던 다른 영역의 복지, 예컨대 가족과 공동체, 그리고 시장에 의한 복지가 더욱 부각될 수도 있다. 1970년대 이후 급속히 득세한 신우파와 신보수주의 등에 의한 복지국가 비판과 복지다원주의의 제안은 바로 이러한 사정을 그대로 반영한다. 특히 1970년대의 오일쇼크와 그 이후 1980년대와 2010년대의

복지국가의 비대화에 따른 지나친 재정팽창과 관료주의를 극복하기 위해, 그리고 국가의 시장경제에 대한 과도한 개입을 줄이기 위해 국가의 복지기능을 축소하고 타영역(비공식적, 자발적, 상업적 영역)의 기능을 강화하는 것을 주요 내용으로 하고 있다(Johnson, 1987: ch. 3; Mishra, 1990: 108~114). 이 경우, 국가는 법규와 재정의 측면에서 복지제공을 '규제'하고 '지원'하는 역할을 맡고, 사회의 타영역은 복지서비스의 '생산과 전달' 기능을 담당하는 방식으로 '복지의 혼합경제'(*mixed economy of welfare*)를 이룰 수 있다고 한다. 그러므로 복지다원주의는 엄밀한 의미에서 제도적 복지제공이 민간사회 영역에 의해서만 이루어지는 것을 뜻하는 것은 아니라는 점을 이해해야 한다.

스태그플레이션에 따른 복지국가의 위기(약화와 재조정)는 기나긴 복지의 역사를 통해 등장한 복지국가도 영원불멸의 국가형태가 아니라 그 자체가 많은 가변성을 가지고 있다는 점을 분명히 보여준다.

2. 사회에 의한 잔여적 복지제공

고대부터 근대에 이르기까지(그리고 지역에 따라서는 현대에 이르기까지도) 인간의 삶에서 가장 중요한 문제는 낮은 농업생산성, 자연재해로 인한 흉작, 질병과 노령 등에 의한 빈곤, 지배계급에 의한 착취, 국가조직에 의한 수탈, 끊임없는 전쟁 등의 갖가지 제약조건 속에서 어떻게 한 개체로서 생존을 영위하는가 하는 것이었다. 인류 역사의 대부분을 차지하는 이 시기에 인간의 삶의 안전을 보장하는 복지국가는 존재하지 않았다. 비록 국가조직이 존재하고 있었다 하더라도 그 국가는 정복자와 약탈자의 위치에서 주민들을 지배하고 갈취하는 데만 치중했고, 요람에서부터 무덤까지 그들의 안전과 행복한 삶을 제도적으로 보장하는 것은 생각조차 할 수 없는 일이었다. 그러므로 이 오랜 시기 동안 일반 백성의 삶은 아무런 제도적 보호장치 없이 온갖 종류의 자연적, 사회적, 경제적, 정치적 위험에 고스란히 노출된 채 극도로 불안한 가운데 영위되어 왔다고 할 수 있다.

그러면 이런 상황에서 재산과 권력을 소유하지 못한 보통 사람들은 자신들의 삶이 위험에 처하거나 생존이 위협받을 때 어떻게 대처했는가? 다시 말하면 만성적이거나 반복적으로 발생하는 빈곤, 질병, 실업, 착취 등의 상황에서 그들은 누구로부터 도움을 받았는가? 이 문제를 설명하기 위해 '구원의 동심원 모델'(a concentric model of help)을 제시해 볼 수 있을 것 같다.[4] 이 모델의 핵심적 내용은 제도화된 보편적 복지제공의 통로가 결여된 조건하에서 한 개인이 문제상황에 빠졌을 때 자신과 가장 가까운 사람부터 시작하여 점점 거리가 먼 사람 혹은 기관으로 도움을 구하는 범위를 확대해 나간다는 것이다.

따라서 이 모델에 의하면 사회의 분화 정도가 낮은 농업사회의 경우 도움을 필요로 하는 개인은 (1) 가족, (2) 친족, (3) 친구, (4) 이웃, (5) 지주[5] 혹은 고용주, (6) 상부상조 단체 (예, 친목회와 상조회), (7) 교회를 비롯한 자선기관, (8) 동업조합의 순서로 구조를 요청할 것으로 예측해 볼 수 있다. 그러나 봉건제도가 해체되고 자본주의가 발달하면서 점차 산업사회로 접어들면, 구조 요청의 대상도 (9) 노동자들의 우애조합(공제조합, friendly society),[6] (10) 시장기구(상업보험을 통한

<hr>

4 이 모델은 필자가 이 책에서 처음 제시하는 것으로 아직 검증된 것은 아니다. 그러므로 여기서 이 모델은 고대로부터 근대에 이르기까지 민간사회에 의한 자발적 복지제공의 역사를 서술하기 위한 목적으로만 사용될 것이다.

5 봉건시대의 지주-가신-농민(농노) 관계는 계서적 계약관계 혹은 가부장적 통제·보호관계로서 일종의 사회보장제도였다는 주장이 있으나, 이 주장은 지주-가신 관계에나 타당했을 뿐 일반 농민들에게는 타당하지 않았다. 그 이유는 지주들은 상당한 토지를 소유한 영주로서 군사력과 징세권, 그리고 십일조 부과권까지 (이 당시 많은 영주들은 교회의 교구장의 지위도 가지고 있었음) 가지고 있었는데, 이런 지주들의 완벽한 통제하에 놓여 있던 농민들은 지주로부터 사회보장적 보호를 받았기보다는 이중, 삼중의 착취를 받았다고 보아야 하기 때문이다 (Day, 1989: 99 참조).

6 이 우애조합은 노동자들의 상부상조 조직으로서 1830년대부터 활성화되기 시작했다. 영국의 경우 20세기 초반까지 노동조합보다 훨씬 많은 회원을 가지고 있었다고 한다. 참고로, 1904년 우애조합의 회원은 6백만 명 정도였고 노동조합의 회원은 130만 명에 불과했다(Thane, 1982: 28∼29).

위험 대비, 시장을 통한 각종 개인적 서비스의 충족), (11) 기업, 그리고 (12) 국가의 공공부조 기구로 점차 확대될 것으로 예측해 볼 수 있다.

이 모델이 설명하고자 하는 바는 어떤 경우든 개인의 생존문제는 일차적으로 '자립'(self-reliance)의 원칙에 의거하고, 만약 자립이 불가능한 경우 개인은 자신의 생존을 유지하기 위해 2차적으로 (1)부터 (12)에 이르는 순으로 도움을 요청하게 된다는 것이다. 그런데 복지의 역사에서 두드러지게 나타나는 특징은 19세기 후반 독일에서 사회보험이 제도화될 때까지도 유럽 여러 나라에서는 (1)에서 (11)까지의 복지제공 통로가 가장 중요한 통로로 활용되었고, (12)의 경우는 최악의 상황을 제외하고는 그다지 중요한 통로로 이용되지 않았다는 것이다.

독일의 경우 1854년에 '공제조합법률'이 제정되어 노동자, 장인, 직인에 대한 기업복지적 보호조치가 마련되고(고용인과 피고용인 공동의 보험료 납부로), 또한 같은 해에 '광산조합법'이 제정되어 광산노동자들에 대한 면세와 병역의무의 면제, 나아가 재해시의 무료 치료 및 소득보장 조치가 취해질 때까지, 즉 대체로 1850년대까지, 개인에 대한 대부분의 구원은 위 모델의 (1) ~ (8)의 통로들을 통해 이루어졌다(Ritter, 1983: 47~48; Tampke, 1981: 72). 그런데 독일의 경우에서 뚜렷하게 부각되는 현상은 이러한 여덟 가지의 통로 중 문제를 가진 개인과 가장 가까운 (1) ~ (4)의 통로 외에, (5)의 통로(지주 혹은 고용주), (7)의 통로(교회), 그리고 (8)의 통로(동업조합)가 구조의 중요한 통로로 작용했다는 점이다.

이러한 현상은 강력한 지주계급에 의해 오랫동안 유지되어 온 봉건제의 유산으로 말미암아 가부장적 통제와 보호의 전통이 독일에서 특히 강했고 게다가 자선을 강조하는 기독교의 영향 때문이었던 것으로 보인다(Ritter, 1983: xi). 그뿐 아니라 중세시대부터 형성된 동업조합도 빈곤문제가 심각한 상황에서는 소속 회원 외에 노동불능자와 피부양자들에 대한 구제활동을 펼침으로써 구조를 필요로 하는 많은 사람들에게 큰 도움을 주었다(한국복지연구회, 1985: 137)고 할 수 있다.

영국의 경우에도 독일과 유사한 패턴이 존재했다. 19세기 중반부터 후반까지 영국에서는 건강한 성인 남자의 21%(1849년) 혹은 13.5%(1874년) 가량이 빈민으로 분류될 정도로 빈곤문제가 심각했으나(Fraser, 1981: 22), 대부분의 빈민들은 일차적으로는 비공식적·자발적 복지제공의 통로(즉 1부터 11의 통로)를 통해 자신들의 문제를 해결하고자 했고, '최후적으로'(as the last resort) 국가의 공공부조를 이용했다고 한다(Thane, 1982: 18). 그리하여 1870~1900년 기간 동안 영국에서 실제로 최후의 의지처인 구빈법에 도움을 요청한 빈민의 비율은 전체 인구의 5%를 상회한 적이 없었다고 한다(Thane, 1982: 32). 이처럼 빈곤문제가 광범위하게 퍼져 있던 상황에서도 소수의 극빈자들만이 공공부조 제도로부터 구제를 받은 이유는 1834년에 개정된 영국의 구빈법이 지니고 있던 지극히 억제적이고 비인간적인 측면 때문이었다고 볼 수 있다.

많은 빈민들이 국가의 공공부조를 꺼리는 가운데 19세기에 접어들면서 영국에서는 구원의 새로운 특징들이 뚜렷하게 나타나기 시작했다. 그것은 위 (1) ~ (4)의 통로 외에 교회(구세군 등) 및 사적 기관(자선조직협회 등)에 의한 보다 조직화된 자선적 구제, 많은 수의 회원을 가진 우애조합에 의한 상부상조적 구제, 상업보험에 의한 자립적 구제, 기업복지에 의한 구제 등이 강화되었다는 점이다(Thane, 1982: 19~32). 이 중 특히 우애조합, 상업보험, 그리고 기업에 의한 구원활동이 19세기에 와서 두드러지게 나타났다는 것은 영국이 다른 어떤 나라보다 산업화의 시기와 정도에서 앞섰다는 것을 잘 나타내 준다.

그렇다면 후발 산업국가인 독일과 선발 산업국가인 영국의 사례는 복지발전 과정에 대해 어떤 함의를 가지는가? 단적으로 말해 1880년대에 독일에서 주요한 사회보험제도들이 법제화될 때까지, 그리고 1897~1911년 사이에 영국에서도 이와 유사한 사회보험제도들이 수립될 때까지, 이 두 나라를 비롯한 대부분의 유럽국가들에서는 문제상황에 처한 개인들이 생존을 유지하기 위해 국가의 공공부조가 아니라 민간사회 영역의 다양한 비공식적·자발적 복지제공 통로를 통해 구원을 받았다고 할 수 있다. 이러한 사실은 위에서 제시된 '구원의 동심원 모델'을 강력하게 지지하는 것으로서, 인류 역사의 오랜 기간 동안 보통 사람들은 국가로부터의 제도적 복지제공이 없는 상태에서 자신을 중심으로 형성된 다양한 방어선을 따라 생존을 영위해 왔다는 것을 뜻한다.

그러나 이러한 사실은 민간사회에서 여러 통로를 통해 제공된 비공식적·자발적·상업적 복지가 많은 사람들의 삶의 안전과 생존을 보장할 만큼 충분했다는 것을 의미하는 것은 아니다. 오히려 정반대로 낮은 농업생산성, 반복적으로 찾아오는 자연재해, 중첩적 착취구조, 끊임없는 전쟁 등에 의해 보통 사람들의 일상사는 빈곤, 결핍, 불결, 질병, 무지 등으로 점철되어 있었다고 보아야 할 것이다. 다시 말해 보통 사람들의 삶은 늘 불안하고 생존은 항상 위협받는 상태에 놓여 있었다.

이런 가운데 그들은 (1) '자연적·집합적 생존단위'라고 할 수 있는 가족과 친족, (2) '상부상조의 1차 집단적 그물망'에 연결된 친구와 이웃, (3) '상부상조의 2차 집단적 그물망'이라 할 수 있는 우애조합과 동업조합, (4) '일방적 구제'를 제공하는 교회와 자선단체, 그리고 (5)

'복종과 생산성에 연계하여 복지를 제공'하는 기업 등으로부터 도움을 구했고, (6) '개인의 능력'에 따라 시장을 통해 자력구제를 시도하면서, 마지막 수단으로 (7) '국가에 의한 공공부조'의 지원을 받아 생존능력 (또는 생존기회)을 극대화하고자 했다. 그러나 이러한 접근도 산업화와 도시화가 급속도로 진전된 19세기 중반에 이르면 앞의 (1)과 (2), 그리고 (3)의 동업조합이 모두 약화되거나 해체됨으로써 비공식적 · 자발적 통로를 통한 보통 사람들의 생존능력은 심각하게 위협받는 상황에 도달하게 되었다(Ritter, 1983: 18~19 참조).

그뿐 아니라 이제 보통 사람들은 종교개혁 이후 개인의 도덕적 타락과 근면성 결여가 빈곤을 초래한다는 전제하에 '가치 있는 빈민'만 구제하려고 했던 교회로부터도 큰 도움을 받을 수 없게 되었다.[7] 그리하여 그들은 자본주의적 산업화의 결과 개인의 삶에 더욱 지배적 영향력을 행사하게 된 기업과 시장기구에 거의 전적으로 의존하게 되는 상황에

———
7 사실상 자선(慈善)의 종교적 가치와 구제활동은 인간 역사에서 가장 오래된 사회복지의 한 형태로 존재해왔다고 볼 수 있다. '인간에 대한 사랑'(love of mankind)이라는 의미의 박애(philanthropy), '형제애'(brotherly love)라는 의미의 자선(charity)은 모두 종교적 가치를 지녔고, 이미 기원전 2000년에 제정된 함무라비 법전에서도 그 정신이 나타나 있다(Trattner, 1989:1~2). 그 후 유대교와 기독교 등 종교에서는 모두 사랑과 구원의 표현으로 약자, 빈민, 고아, 과부 등에 대한 구제를 가장 중요한 덕목의 하나로 설정하고 이에 따른 자선활동을 전개했다. 그러나 기독교의 경우 16세기에 이르러 루터와 칼뱅 등이 종교개혁을 주도하면서 노동은 신의 소명이고 경제적 부는 신의 은총이라는 새로운 가르침을 전파하기 시작했다. 이러한 종교개혁이 있고 난 후 교회(특히 개신교에 속한 교회)들은 빈민의 종류를 가리지 않고 도왔던 과거의 자선적 구제로부터 '자립과 자조'를 강조하고 자선과 교회를 결합하는 방향으로 구원활동을 전환하게 되었다. 그 결과 도덕적으로 타락하고 게으른 사람들은 교회 자선으로부터 배제되어 국가의 구빈제도에 맡겨지게 되었다(Day, 1989: 108; Thane, 1982: 19~22).

처하고 말았다. 그러나 기업과 시장기구에 묶인 보통 사람들의 삶은 반복적으로 나타나는 경기변동과 공황 등 경제적 위험으로 말미암아 과거보다 더 극심한 불안에 처하게 되었다. 이처럼 전통적 구조체계인 비공식적·자발적 복지제공 기제가 약화 혹은 붕괴되고 기업과 시장기구의 힘이 강화된 조건에서 취업자를 비롯한 실업자와 빈민의 삶의 기반은 더욱 취약해지고 삶의 상태는 더욱 열악해지게 되었다.

이런 상황에서는 국가가 특정의 빈곤층을 대상으로 잔여적 복지를 제공하던 구빈법만으로는 폭증하는 빈민과 항구적 불안에 시달리는 국민 대중들의 생존문제를 해결하는 것이 불가능하게 되었다. 그리하여 19세기 후반 이후 독일을 선두로 하여 대부분의 유럽국가들에서 사회정책의 일대 혁신이 일어났고, 그 결과 복지국가가 태동하는 신기원이 수립되었다. 그러나 국가가 국민들의 생존문제에 개입한 것은 19세기에 시작된 일은 아니었다. 유럽의 국가들은 그보다 훨씬 이전인 14세기 경부터 빈민통제와 노동통제의 일환으로 이 문제에 개입하기 시작했던 것이다. 4절에서 복지국가의 성립 과정을 살펴보기 전에 3절에서는 14~19세기 동안 국가에 의한 구빈법적 복지개입이 어떻게 전개되었는가를 먼저 이해할 필요가 있다.

3. 국가에 의한 잔여적 복지의 제공: 구빈법의 역사

로마제국이 멸망한 7세기 초부터(대략 610년) 유럽 전역에는 봉건 영주가 군사권과 경제권을 결합하여 일정 영지 내에서 통합적 지배력을 행사하는 봉건주의 시대가 개막되었다.[8] 그러나 이러한 봉건제는 14세기에 접어들면서 서서히 붕괴하는 조짐을 보이기 시작했다. 특히 1348~1349년에 발생한 흑사병은 수많은 사람을 죽게 하고 엄청난 유민을 발생시켜 봉건제를 밑으로부터 무너지게 하는 일차적 촉발요인으로 작용했다. 그뿐 아니라 15세기부터 시작하여 19세기 초까지 진행된 '인클로저'(enclosure) 운동[9]은 소수의 지주계급에게로 토지를 집중시키고 무수한 농민(농노)들을 토지로부터 몰아냄으로써 영국을 비롯한 유럽 각지에서 생계수단을 송두리째 빼앗긴 채 떠돌아다니는 수많은 유망민(부랑인, vagabonds)과 걸인(beggars)들을 양산하는 결과를 초래했다(Burns et al. , 1986: 791~792). 그 결과 인클로저 운동은 그 이후의 과학기술적 진보와 더불어 봉건제를 붕괴시키고 자본주의적 산업화를 촉

---

8 봉건주의적 지배구조의 중심은 일정한 토지를 대상으로 통합적 지배력을 행사하던 봉건영주였다. 그러나 이 봉건영주는 더 넓은 영토에 대해 지배력을 행사하던 군주(monarch)에 대한 계서적 주종관계(commendatio)를 바탕으로 군주로부터 봉토와 가신과 농민에 대한 지배권(beneficium)을 부여받았고 또한 일정 토지 내의 지배와 수탈에 대한 면제권(immunitas)을 부여받았다(Poggi, 1978: 20~25). 이렇게 보면 봉건제는 넓은 영토를 지배하던 군주와 그 영토내의 일부를 지배하던 다수의 영주로 구성되었다고 볼 수 있는데, 여기서 정치경제적 지배구조의 중핵은 군주가 아니라 군주와 실질적으로 대등한 관계를 가지고 있던 봉건영주였다고 할 수 있다.

9 이 운동은 초기에는 양을 키워 양모를 생산하기 위해, 그리고 후기에는 도시민의 소비를 위한 특수작물의 재배를 위해 추진되었다.

진한 결정적 요인이 되었다.

유럽에서 구빈법(*Poor Law*)을 통해 국가가 유망민과 걸인을 비롯한 빈민들을 통제하기 시작한 것은 바로 정태적이고 안정적인 봉건적 농업사회가 위와 같은 요인들에 의해 아래로부터 근본적으로 흔들리면서부터였다. 국가에 의한 구빈법적 통제양식은 나라마다 많은 공통점과 차이점을 가지고 있으나, 영국의 경우 그 패턴이 가장 뚜렷했고 또 가장 많은 기록이 남아 있기 때문에 아래에서는 영국을 중심으로 언제부터, 그리고 어떤 방식으로 구빈법적 통제가 이루어졌는가를 살펴본다.

영국에서 최초의 구빈법적 통제는 1348~1349년의 흑사병과 이 시기를 전후해서 발생한 흉작으로 인하여 노동력 감소와 농민의 유민화가 초래되면서부터 실시되기 시작했다. 노동력 감소와 농노의 유민화라는 조건 속에서 1349년에 제정된 '노동자법'(Statute of Laborers)은 다음과 같은 세 가지의 목적을 지니고 있었다: (1) 유민과 걸인 등의 빈민에게 지리적 이동을 금지한다. 자신의 교구를 이탈하는 사람은 체벌을 받고 그에게는 도망자(*fugitive*)라는 뜻의 'F'자 낙인이 찍힌다. (2) 생계수단이 없는 건장한 성인은 그들의 노동을 필요로 하는 사람이 있으면 그가 누구든지 간에 반드시 그를 위해 일해야 한다. (3) 건장한 빈민에게 자선을 행하는 사람은 처벌을 받는다(Day, 1989: 105~106).

'노동자법'은 이어 임금의 상한선을 설정하기 위해 1388년에 제정된 '구빈법'(Poor Law Act), 무능력자의 구걸행위에 대한 면허제의 실시를 위해 역시 같은 해에 제정된 '장인법'(Statute of Artificers), 나아가 그 이후의 모든 구빈법에 대해 두 가지의 기본 틀을 형성했다. 첫째, '노동자법'은 빈민의 이동으로부터 초래되는 약탈, 도둑질, 파괴, 폭동 등의 정치사회적 불안을 방지하기 위하여 빈민의 이동을 철저히 통제하고자 했다. 둘째, '노동자법'은 노동력 감소가 봉건적 농업생산 과정을 마비시키거나 약화시키므로 노동통제 정책과 사회정책을 경제정책의 하위 수단으로 실시하고자 했다. 전자를 빈민통제의 정치적 목표라고 한다면 후자는 경제적 목표라고 할 수 있는데, 이 두 가지는 이후 모든 구빈법에서 국가-지주계급(15~16세기의 중상주의 시대 이후에는 자본가계급) 간의 지배연합에 의해 일관되게 추구된 가장 중요한 전략적 목표가 되었다(Day, 1989: 107; Piven & Cloward, 1971: 3).

14세기에 제정된 억압과 통제일변도의 '노동자법', '구빈법', 그리고 '장인법'으로는 흉작, 기아, 인클로저 등에 따른 유민화와 구걸행위를 효과적으로 제어할 수가 없었다. 그리고 빈민에 의한 집단적인 약탈과 폭동은 비록 불규칙적이지만 끊임없이 발생하였다. 그리하여 국가는 빈민들의 물질적 욕구를 최소한으로 충족시킴으로써 빈민들에 의해 초래되는 정치경제적 위험을 감소시키고자 하였고, 이러한 노력은 16세기 초 헨리 8세에 의해 처음 시도되었다. 그는 1531년에 지방관리들에게 노인 빈민과 노동불능자들의 실태를 조사하고 그들을 등록하게 한 다음 그들에게는 합법적으로 구걸할 수 있는 면허를 주는 대신, 건장한 빈민의 구걸행위는 계속해서 금지시키고 그들에 대한 자선도 금지시켰다(Trattner, 1989: 7~8).

헨리 8세에 의한 이 조치는 빈민에 대한 실태조사를 실시하도록 했다는 점에서 매우 중요한 의미를 가졌다. 왜냐하면 이 조치를 통해 영국의 구빈법이 억압적 빈민통제(*pauper control*)로부터 국가자선적 빈민구제(*poor relief*)로 전환할 수 있는 기초가 마련되었기 때문이다.[10]

---

10 이것은 국가에 의한 빈민구제가 빈민통제적 요소를 버리고 빈민의 복지를 증진시키는 방향으로 전환했다는 것을 뜻하지는 않는다. 오히려 정반대로 억압일변

그러나 더욱 획기적인 변화는 1536년에 역시 헨리 8세에 의해 제정된 '건장한 유민과 걸인에 대한 처벌법'(Act for the Punishment of Sturdy Vagabonds and Beggars)으로부터 나타났다. [11] 이 법은 (1) 건장한 유민과 걸인에 대한 처벌을 더욱 강화하면서도(낙인찍기, 노예화, 처형 등), (2) 교구와 지방행정 기구로 하여금 기부금을 수집하여 노약자와 노동불능자들을 위한 구제기금으로 활용하게 하였고, (3) 건장한 빈민에게는 일자리를 알선해 줌으로써(특히 5~14세의 빈곤 아동들은 수공업자에게 알선하여 도제화시켰음), 비록 교구와 지방행정 기구를 이용하긴 했지만 국가가 빈민구제를 위해 '법적 책임'을 떠맡는 최초의 계기를 만들었다(Day, 1989: 112; Trattner, 1989: 8).

빈민구제를 위해 헨리 8세에 의해 중요한 조치들이 취해진 이후 국가개입을 강화하는 새로운 조치들이 계속해서 취해지기 시작했다. 1572년 영국 정부는 빈민구제의 비용을 자발적 기부금이 아니라 일반세금으로 충당하기 위한 법령을 제정했고, 빈민에 대한 실태파악과 재택구호 및 작업구호(*work relief*)를 담당할 '빈민 감독관'(*overseer of the poor*)이라는 직제를 신설하여 이들을 지방에 파견하기 시작했다(Day, 1989: 112; Trattner, 1989: 9). 이 조치는 빈민구제를 위한 국가의 '재정적 책임'을 규정하는 최초의 계기였다는 점에서 그 역사적 의의를 가지고 있을 뿐만 아니라, 국가의 복지개입은 필연적으로 국가의 성장(즉, 조세수입과 인력의 증가, 국가기구의 확대)을 초래한다는 인과성을 확인시켜

도의 빈민통제가 지니는 비효과성 때문에 국가가 자선적 빈민구제를 실시함으로써 빈민통제의 종합적 효과성을 증가시키고자 한 것이 헨리 8세 이후 추진된 빈민구제의 기본 목표였다고 할 수 있다.

11 이 법은 '헨리 구빈법'(Henrician Poor Law)이라고도 불린다.

준 최초의 역사적 사건으로서의 의의도 가지고 있다.

1536년의 구빈법과 1572년의 조치를 기초로 하여 1601년에 이르러서는 영국에서 가장 체계적인 구빈법으로 알려진 '엘리자베스 구빈법'(Elizabethan Poor Law)이 제정되었다. 이 법은 14세기 이후 확립된 빈민통제와 노동통제, 빈민구제에 대한 국가의 법적·재정적 책임을 재확인하면서 빈민구제 업무의 전국적 행정체제를 최초로 수립했다. '엘리자베스 구빈법'은 전국적 수준에서 추밀원(Privy Council)에 의해 조정을 받는 지방행정체제를 교구 단위로 갖추게 했고, 이 구조 속에서 1572년부터 임명되기 시작한 빈민 감독관으로 하여금 '빈민세'(poor rate)를 징수하고 각종 기부금을 종합적으로 관리하게 하여 빈민구제를 위한 재원을 조달하게 하였다.

이러한 행정구조의 수립 외에 1601년의 구빈법은 빈민을 크게 세 집단으로 분류하여 차별적 취급을 하게 함으로써 과거의 구빈법보다 훨씬 정교한 빈민구제와 통제를 가능하게 했다. 이 법은 빈민을 (1) 근로능력 있는 건장한 빈민, (2) 근로능력 없는 무능력 빈민, (3) 빈민 아동으로 구분하여, (3)에 대해서는 도제수습의 기회를 제공하거나 고아원에 수용하고, (2)처럼 "구제할 가치가 있는 빈민"(deserving poor)은 '구빈원'(almshouse)에 수용하여 보호하며, 마지막으로 (1)처럼 구제할 가치가 없는 빈민은 '작업장'(workhouse)에서 일을 하는 조건으로 최소한의 구호를 제공하였다(Fraser, 1973: 30). 그러나 만약 (1)과 같이 건장한 빈민으로 분류된 사람들이 작업장 입소를 거부할 경우 그들은 '교정원'(house of correction)이나 '감옥'으로 보내 일반 범죄자와 똑같이 극심한 처벌을 받게 하였다.

'엘리자베스 구빈법'의 특징은 위와 같이 빈민의 분류에 따라 차별적 취급을 함으로써 빈민통제와 구제를 보다 정교화했다는 것 외에 건장한 빈민의 경우 노동을 조건으로 생계를 지원한 것에서 나타나는 것처럼 노동과 구제를 결합시켰다는 것이다. 이것은 17세기를 전후하여 서서히 진행된 자본주의적 산업화와 연결시켜 볼 때 매우 중요한 의미를 갖는다. '노동-구제'의 결합은 아무런 대가 없이 구제를 제공하는 것과는 달리 노동을 조건으로 구제를 행하는 것이기 때문에 '노동의 상품화'(commodification of labor)를 강제한 것이라고 볼 수 있다. 만약에 국가나 자선단체에 의해 건장한 빈민들에게 무료로 구제가 행해진다면 실업자건 취업자건 아무도 일을 하지 않으려고 할 것이기 때문에 '엘리자베스 구빈법'의 조치는 자본주의적 산업화를 촉진하는 미시적 기초를 수립했다고도 할 수 있다. 노동의 상품화란 결국 산업화와 함께 농민이나 프티부르주아들이 임금노동자로 전환하는 '프롤레타리아화'(proletariani-zation)에 직결된다는 점에서 이 시기의 사회정책은 광범위한 경제정책의 충실한 하위수단이었다고 볼 수 있다.

또한 '엘리자베스 구빈법'은 노동의 상품화와 함께 다양한 종류의 빈민들에게 모두 극소한의 구제만 제공함으로써 역시 자본주의적 산업화에 크게 기여했다. 데이(Day, 1989: 113~117)에 의하면 구빈원은 불결한 환경에다 가혹한 처우로 악명이 높았고 또한 불충분한 음식제공으로 재소자들을 보호한다기보다는 '사회가 원하지 않는 인간쓰레기들'을 손쉽게 처리하는 곳으로 기능했다. 빈민 아동들은 직물공장 등에서 3~4세부터 일을 하게 했고 필요하면 매질과 함께 하루 14~16시간씩의 장시간 노동을 시켰으며, 작업장은 마치 강제노역장을 방불케 할 정도로 처벌과 혹사에 의한 착취가 횡행했다고 한다. 그뿐 아니라 작업을 거부하는 사람들이 마지막으로 보내지는 감옥은 일반 범죄자, 빈민,

미친 사람, 창녀, 임산부 등을 구별하지 않고 수용했으며, 분노와 음식 찌꺼기도 치우지 않은 채 이들을 잔혹하게 취급하여 역시 사회가 원하지 않는 인간쓰레기들을 적은 비용으로 처리하는 기능을 담당했다고 한다.

이렇게 볼 때 엘리자베스 시대에 와서 빈민구제에 대한 많은 개선이 이루어졌음에도 불구하고 빈민구제의 실상은 '극소한의 구제와 최악의 처우'에 머물렀다는 것을 알 수 있다. 그러면 왜 이 당시의 빈민구제가 이런 상태에 머물고 말았는가? 이 문제에 대해서는 두 가지 설명이 가능하다. 첫째, 당시 영국 경제의 축적수준과 국가의 재정능력으로 볼 때 더 이상의 구제와 처우는 어려웠다고 볼 수 있다. 둘째, 자본주의적 산업화의 초기 단계에 있던 이 당시의 경제상황으로 볼 때 시장에서의 임금수준에 근접하거나 그것을 상회하는 구제는 시장기능을 무력화시킬 위험이 있었다. 그러므로 구제는 극소한으로 하고[12] 처우는 비인간적으로 함으로써 노동할 수 있는 모든 사람을 시장으로 내몰아야만 했다. 종합적으로 보면 '엘리자베스 구빈법'의 처방에 의해 이루어진 극소한의 구제와 최악의 처우는 이 두 가지 요인이 동시에 작용함으로써 고착화된 것으로 여겨진다.

그러나 17~18세기, 그리고 19세기 초에 걸쳐 빈민에 대한 이와 같은 인간 이하의 취급을 개선하고자 하는 운동이 다각적으로 전개되었다. 1681년에 퍼민(Thomas Firmin)은 감옥제도를 개혁하기 위한 운동을 벌였고, 1767~1782년 사이에 해타웨이(Jonas Hathaway)와 길버트

---

12 이것은 1834년의 개정 구빈법에 명시된 '열등수급'(less eligibility)의 원칙과 일치하는 것으로서, 극소한의 구제는 이 원칙이 법제화되기 훨씬 이전부터 관례화되어 있었다고 할 수 있다.

(Thomas Gilbert)는 빈민 아동의 입양과 노동불능 빈민의 재택구호를 촉진하는 운동을 펼쳤다. 이어 1795년에는 1834년의 구빈법 개정에서 가장 쟁점이 되었던 '스핀햄랜드 법'(Speenhamland Act)이 제정되었다. 이 법은 생계비 이하의 임금을 받는 저임 노동자의 임금을 보충하기 위해 수당을 제공하고, 가장이 없는 가정을 위해서는 아동수당과 가족수당을 제공하는 것을 골자로 하고 있었다(Fraser, 1973: 33~34; Day, 1989: 118). 그리고 1802년에는 아동의 노동을 1일 12시간 이내로 제한하는 법률이 제정되었고, 1833년에는 9세 이하의 아동들에게 노동을 금지시키는 '공장법'(Factory Act)이 제정되었으며, 이어 1847년에는 부녀자와 18세 이하의 아동들에게 1일 10시간 이내의 노동을 허용하는 법률이 제정되었다.

이와 같은 개선노력이 전개된 다른 한편으로 영국 정부는 1662년에 '정주법'(Act of Settlement)을 제정하여 빈민과 노동자들의 지리적 이동을 통제하고자 했다. 이 법은 출생, 결혼, 도제관계, 그리고 상속과 관련하여 개개인에게 특정 지역의 정주권을 부여하고 이방인이 특정 지역으로 몰려와 사회불안을 조성하거나 구빈법에 의존하게 되는 것을 극력 저지하려 하였다. 그뿐 아니라 영국 정부는 유민과 빈민들의 도시 집중이 가속화되고 집단적 노동운동이 빈번하게 발생하던 1799년에 반노동자 법률인 '결사법'(Combination Act)을 제정하여 노동조합의 결성을 억제하고 노동운동을 저지하고자 하였다.

1601년 '엘리자베스 구빈법' 이후의 일련의 과정은 빈민통제와 구제를 가혹하게 하려는 국가와 이를 완화하고자 하는 사회개혁가들 사이의 갈등의 연속이었다. 그러나 19세기에 접어들어 프랑스와의 긴 전쟁과 흉작 등으로 빈민의 수가 급증했고 또 도시지역에서는 노동자들에

의한 크고 작은 폭동들이 빈번하게 발생했는데, 이런 상황에서 1834년
에 이루어진 구빈법 개정은 앞서 진행된 사회개혁가들의 개혁노력을
무력화시키는 매우 극단적인 내용을 담고 있었다. 이 개정의 기본 인식
은 과거의 구빈법, 특히 '스핀햄랜드 법'은 빈민들과 노동자들의 도덕
성을 해이하게 하여 빈곤을 제거하기보다는 오히려 그것을 영속화시켰
으며, 따라서 이런 나쁜 결과를 가져오기 위해 급증하는 구제비용을 국
고로 충당하는 것은 중단되어야 한다는 것이었다.[13]

그리하여 이 개정은 (1) '스핀햄랜드 법'에 의해 제공되기 시작하던
임금보조와 아동수당·가족수당을 폐지하고 노동불능자를 제외한 모
든 사람들에 대한 원외구제를 폐지함으로써 빈민세를 감축시키고, (2)
모든 빈민구제에는 '열등수급'(혹은 열등처우, *less eligibility*)의 원칙[14]을
적용하며, (3) 빈민구제 업무의 관리를 위해 행정의 전국적 통일을 기
한다는 것 등을 규정했다(Fraser, 1973: 34~45; Day, 1989: 122). 이
개정의 결과 빈민구제 비용이 상당히 감축되었고 또 전국적으로 통일
적 구빈행정체계[15]가 수립될 수 있었다. 그뿐 아니라 이 법 개정은 과거
에 묵시적으로 이루어져온 '극소한의 구제'라는 관행을 열등수급의 원
칙으로 명문화했다는 점에서도 의의를 갖는다. 이 열등수급 원칙은 노
동의 상품화를 강제하는 가장 중요한 철칙으로서 오랜 기간 동안 진전
된 자본주의적 산업화의 결과 정착된 것이기도 하고 또 그것의 영속적

---

13 19세기 초의 구빈비용은 당시 국민총생산의 2%, 전체 국가경비의 20%에 달했
다고 한다(한국복지연구회, 1985: 63).
14 이 원칙은 빈민이 구제를 받는 경우 노동시장에서 지불되는 최하 수준의 임금보
다 낮은 수준으로 구제가 이루어져야 한다는 것을 뜻한다.
15 이것은 중앙구빈위원회-지방구빈위원회-구빈법연합회(지방조직)로 행정이 전
국적으로 일원화된 것을 뜻한다(한국복지연구회, 1985: 65).

진전을 위한 전제조건이 된다는 것을 뜻하기도 한다.

　이렇게 볼 때 1834년 이전의 구빈법은 ⑴ 국가 - 지주계급의 지배연합이 구축해 온 봉건적 정치경제 질서를 효과적으로 유지하기 위한 사회정책적 수단이거나, ⑵ 봉건제에서 자본주의로의 이행과정을 촉진한 사회정책적 수단이었다면, 이제 생산양식으로서의 자본주의가 확고부동하게 자리를 잡은 시점에서 이루어진 1834년의 구빈법 개정은 국가 - 자본가계급의 지배연합이 자본주의적 정치경제 질서를 효과적으로 유지하고 자본축적의 효율성을 극대화하기 위한 사회정책적 수단을 제공하게 되었다고 할 수 있다. 이런 점에서 1834년의 구빈법 개정은 국가 - 자본가계급 간의 새로운 지배연합이 두 가지의 전략적 목표를 효과적으로 성취할 수 있는 조건을 만들어준 것으로 보인다. 이 법 개정으로 국가는 국가대로 빈민에 대한 정치적 통제를 확고히 하는 것은 물론 국가기구를 더욱 확장할 수 있는 기회를 획득했고,[16] 자본가계급은 그들대로 노동의 상품화를 통해 자본주의체제의 근간인 시장기제를 유지하고 동시에 값싼 노동력을 풍부히 공급받을 수 있는 조건을 만들었다고 할 수 있다.

　새 구빈법체제에 의한 빈민통제와 빈민구제는 19세기 내내 자본주의적 산업화로부터 초래되는 제 문제를 거의 외면함으로써 산업화를 촉진하는 핵심적 기제로 활용되었다. 19세기 중반과 후반에 이르러 도시화와 산업화가 더욱 진전되자 도시빈민의 생활상태가 심각할 정도로 악화

---

16 따라서 국가에 의한 구빈법적 빈민구제 혹은 일반적으로 국가에 의한 복지제공은 수혜자의 삶을 개선하거나 복지를 증진시키는 데 그치지 않고 복지제공자인 국가의 성장(예산, 인력, 국가기구의 증설 및 확대)을 가져와 '국가의 복지'를 동시에 증진시키기도 한다는 것을 1834년의 구빈법 개정은 여실히 보여주었다.

되고 곳곳에서 빈민폭동이 빈번하게 일어났다. 이 문제들에 대응하여 많은 사회개혁가들(E. Chadwick, C. Booth, A. Mearns, S. Webb, B. Webb 등)과 페비안 협회와 같은 개혁운동 조직들은 1834년의 구빈법체제를 혁신하고자 하였다. 그러나 이 구빈법체제는 19세기 후반과 20세기 초반에 걸쳐 '노동자보상법'(산재보험 규정, 1897), '노령연금법'(1908), '국민보험법'(1911) 등의 사회보험제도가 제정될 때까지도 초기의 기본골격을 그대로 유지함으로써, 빈민들은 산업화와 도시화로 인해 그 기능이 현저히 약화된 비공식적 · 자발적 복지제공 통로(가족, 친족, 친구, 이웃, 자선단체 등)에 힘없이 기댄 채 불안하고 열악한 삶을 영위해야만 했다.

14세기 후반부터 20세기 초반까지 지속된 영국의 구빈법 제도가 언제 종결되었느냐에 대해서는 두 가지 견해가 존재한다. 먼저 피어슨(Pierson, 1991: 110)은 빈민구제의 수혜자가 선거권 등의 중요한 시민권을 박탈당하지 않게 된 시점, 즉 영국의 경우 성인남자를 위한 보편선거권이 부여된 1918년이 구빈법 제도가 종결된 시점이라는 견해를 제시한다. 한편 리터(Ritter, 1983: 232)는 구빈법 시행을 위한 각종 행정기구들이 폐지되고 국민부조국(National Assistance Board)으로 흡수된 1948년이 그 종결시점이라는 견해를 제시한다.

어느 견해가 타당한지에 대해서는 논란이 있을 수 있다. 그러나 복지국가의 발달사라는 측면에서 본다면 영국에서는 20세기 초반까지 중요한 사회보험 제도들이 수립되었고, 빈민구제의 수혜로 인해 강요된 선거권 박탈(*disenfranchisement*)의 낙인이 1918년을 기해 철폐되었기 때문에 구빈법 제도는 1918년에 종결되었다고 보는 피어슨의 견해가 타당한 것으로 보인다. 특히 복지국가의 발달을 시민권의 발전 과정과 연계시켜 볼 때 국가로부터의 복지혜택 수혜가 시민권의 강제적 포기로 이어지지 않고 그 혜택이 시민권의 일부로서, 국민의 당연한 권리로서 수혜될 수 있게 되었다는 것은 중요한 역사적 의미를 갖는다.

지금까지 살펴본 영국에서의 구빈법 역사는 물론 영국에 고유한 것이었다고 볼 수 있다. 그러나 영국 역사로부터 빈민통제와 빈민구제 - 자본주의적 산업화 - 국가의 성장으로 이어지는 과정에서 국가의 구빈법적 개입이 가지는 다음과 같은 세 가지의 중요한 특성들을 반추해 보면 영국의 경험이 지니는 보편성도 부정할 수는 없다.

첫째, 극소한의 구제를 통해 효과적으로 빈민을 통제하고자 한 구빈법적 국가개입은 기존의 정치경제체제에, 그것이 봉건주의체제이든 자본주의체제이든, 봉사하는 도구적 기능을 수행했다. 둘째, 그러나 자본주의로의 이행과 더불어, 구빈법적 국가개입은 '노동 - 구제'의 결합을 통해 노동의 상품화를 강제하고 '열등수급의 원칙'을 확고히 관철시킴으로써 자본주의적 산업화를 촉진하는 발전국가적 기제로 작용했다. 셋째, 구빈법적 국가개입은 국가 자체의 성장과 확대를 가져왔다.

이러한 특성들이 독일의 경우 어떻게 발현되었는가를 살펴보면 영국의 구빈법 역사가 지니는 보편성을 어느 정도 확인할 수 있다. 영국과 프랑스에 비해 뒤늦게 자본주의적 산업화를 시작한 독일은 19세기에 이르러 산업화를 가속화하기 위해 다음과 같은 중요한 조치들을 취했다(Steinmetz, 1989: 4~5). 먼저 통일 직전의 프러시아 정부는 1867년에 '거주이전의 자유에 관한 법률'(Freedom of Movement Law)을 제정하여 그 이전까지 지주들의 통제와 구속에 묶여 있던 농민과 농노들에게 자유롭게 거주 이전할 수 있는 권리를 부여했다. 이어 1870년에는 '빈민구제법'(Poor Law/Relief Residence Law)을 제정하여 농촌으로부터 도시산업 지역으로 몰려드는 잠재적 노동자들이 취업대기 상태에서 겪는 빈곤문제를 완화하는 조치를 취했다.

이 '빈민구제법'은 그 이전까지 지주나 동업조합의 책임 아래 농민과 도제들에 대해 이루어지던 보호를 전국 수준에서 실시하기 위한 법률로 제정되었다. 그러나 이 법은 빈민구제의 비용을 빈민이 새로 거주하게 되는 지역의 행정당국이 아니라 원거주지의 행정당국이 부담하도록 함으로써 농촌으로부터 도시로의 이동을 촉진하는 작용을 했다. 다시 말하면 1867년에 제정된 '거주이전의 자유에 관한 법률'과 함께 '빈민구제법'은 도시로 몰려드는 농민들에게 일종의 보조금을 제공하는 것으로서, 농촌에 대해서는 노동력의 감소와 빈민구제 비용의 지불이라는 이중고를 안겨주었다. 그 결과 도시산업 지역은 큰 비용부담 없이 값싼 노동력을 거의 무제한으로 공급받는 이중의 이득을 누리게 되었다.

이렇게 볼 때, 자본주의적 산업화가 빠른 속도로 진행되던 1860~1870년대에 구체화된 독일의 구빈제도와 사회정책은 영국보다 그 역사는 짧지만, 영국의 그것보다 훨씬 적극적으로 산업화를 촉진하는 도구적 기능을 수행했다.[17] 왜냐하면 독일의 경우 농민과 노동자의 지리적 이동을 통제하는 억제적 요소가 없었던 것은 물론 오히려 거주지 이전을 장려했으며, 또한 이로부터 초래되는 빈민구제의 비용을 농촌지역이 부담하게 했기 때문이다. 그러나 독일의 경우 국가가 구빈법적 개입

---

17 쿤레(Kuhnle, 1981: 137)에 의하면 구빈법 제도는 스칸디나비아 국가들에서도 19세기 초반과 중반에 비로소 제도화되었다고 한다. 이 제도는 덴마크의 경우 1803년, 노르웨이 1845년, 스웨덴 1847년, 핀란드 1852년에 각각 법제화되었는데, 그 기능은 한결같이 빈민에 대한 극소한의 구제와 엄격한 통제를 위한 것이었다.

을 하면서 국가의 성장이 초래되었다는 측면은 그렇게 뚜렷하게 드러나지 않았다. 그것은 아마도 영국과 달리 독일은 오래전부터 대규모의 강력한 국가관료제를 발전시켜온 데 기인하는 것으로 보인다.

아무튼 국가가 구빈법적 개입을 통해 빈민들에게 잔여적 복지를 제공한 역사를 보면, 그러한 국가개입은 빈민에 대한 복지제공과 그들의 삶의 안전 보장이라는 측면보다는 빈민을 통제하고, 정치적 안정을 확보하며, 나아가 노동력의 원활한 공급을 통해 자본주의적 축적을 촉진하는 데 훨씬 많은 비중을 두었던 것을 알 수 있다. 그러므로 국가에 의한 구빈제도는 빈민의 복지가 아니라 본질적으로 국가의 복지, 그리고 경제적 지배계급의 복지에 더 많이 기여하는 제도였다고 결론지을 수 있다.

4. 복지국가의 태동과 확산과정 (1880~1919)

2절과 3절에서는 각각 사회에 의한 잔여적 복지제공과 국가에 의한 잔여적 복지제공의 역사를 살펴보았다. 이상의 역사적 개관으로부터 이 두 가지 형태의 복지제공 양식이 지니는 특징들을 다음과 같이 정리해 볼 수 있다. 먼저 '사회에 의한 잔여적 복지제공'은 '구원의 동심원 모델'에 의해 분석된 바와 같이 사적, 특수주의적, 임시적, 응급구호적 특성들을 가지고 있었다. 이에 대해 '국가에 의한 잔여적 복지 제공'은 공적, 선별적, 임시적, 응급구호적, 빈민통제적 특성들을 가지고 있는 것으로 나타났다.

이 두 가지 복지제공의 합을 14세기 이후(혹은 국가성립 이후) 보통 사람들이 자신의 생존을 유지하기 위해 획득할 수 있었던 총 복지(*total welfare*)라고 한다면, 이것은 그들이 겪었던 굶주림, 질병, 착취, 무지 등의 총 비복지(*total diswelfare*)에 비해 턱없이 모자라는 것이었다고 추측할 수 있다. 왜냐하면 19세기 후반까지도 많은 사람들은 굶주리고, 헐벗고, 불결한 주택에서 생활하고, 아파도 제대로 치료를 받지 못하고, 자녀들을 교육시키지도 못하는 힘겨운 삶을 살았기 때문이다.

이런 가운데 1880년대 독일에서 제정된 일련의 사회보험 제도들은 공적, 노동포섭적, 상시적, 예방적, 제도적 복지제공의 새로운 주체인 복지국가를 태동시키는 역사적 전기를 조성하였다. 다시 말하면 이 시기에 만들어진 사회보험 제도들은 인류 역사의 긴 시간 동안 온갖 종류의 자연적, 경제적, 사회적, 정치적 위험에 노출된 채 불안하고 힘겨운 삶을 살아온 많은 보통 사람들의 삶을 강제보험의 틀을 통해 집합적으로 보호할 수 있는 기틀을 마련하였던 것이다.

그러면 구빈법을 통해 빈민통제와 구제를 실시하던 과거의 국가와 달리 사회보험 제도들을 통해 국민의 삶의 위험을 집합적으로 완충하려는 국가가 복지국가의 신기원을 수립했다고 보는 근거는 무엇인가? 이 문제에 대해 플로라와 하이덴하이머(Flora&Heidenheimer, 1981: 27)는 다음과 같은 네 가지의 근거를 제시한다: (1) 비상사태에 처한 빈민들을 임시적·응급적으로 지원하고자 한 구빈법적 구호와는 달리 사회보험은 제도화된 일상적 수단을 통해 빈곤을 예방하는 데 초점을 둔다. (2) 사회보험은 특정의 위기(예컨대, 산업재해나 질병)가 발생했을 때 가입자의 소득을 보장하는 데 중점을 둔다. (3) 여성과 아동들이 과거 빈민구제의 주요 수혜자였던 것과는 달리 사회보험의 주요 수혜자는 취업한 남성노동자들이다. (4) 일방적 혜택을 제공하던 구빈법적 빈민구제와는 달리 사회보험의 경우 수혜자는 보험료를 납부하기 때문에 혜택의 수혜는 상호성을 띠게 되고 또 수혜자는 혜택에 대한 법적 청구권을 가지게 된다. 그러므로 사회보험은 자선이 아니라 권리로서의 복지 개념에 더 잘 부합한다.[18]

이렇게 볼 때 국가에 의한 사회보험 제도의 도입은 복지의 역사에서 획기적 전환을 가져 온 매우 중요한 의미를 지닌다고 할 수 있다. 그러면 19세기 후반의 어떤 조건들이 독일을 비롯한 유럽 각국에서 사회보험제도의 수립을 가져오고 나아가 복지국가의 등장을 촉진하였는가? 이 문제에 대해서는 다음과 같은 세 가지의 거시역사적 조건을 제시해 볼 수 있다.

첫째, 19세기 후반에 이르러 많은 유럽국가들에서 자본주의적 산업화가 고도로 진행되었다. 전체 경제활동 인구 중 농민의 비율은 영국의 경우 1850년대에 20% 수준이었고(Hobsbawm, 1968: 327), 독일의 경우 1871년 무렵에 50%의 수준이었으며(문기상, 1987: 150), 덴마크의 경우 1880년경에 50%, 그리고 스웨덴의 경우 1880년경에 70% 수준이었다(Kuhnle, 1981: 134). 이렇게 보면 1870~1880년대에 스웨덴을 제외한 주요한 국가들에서는 산업화가 이미 매우 높은 수준으로 진행되었던 것을 알 수 있다.

그런데 산업화는 필연적으로 대규모의 이농, 도시로의 인구집중, 노동계급의 수적 증가를 가져오고, 이러한 변화들은 또한 필연적으로 심

---

18 피어슨(Pierson, 1991: 106~107)은 복지혜택의 수혜가 시민권에 대한 방해물이 아니라 시민권에 당연히 수반되는 권리로서 인정되는 것을 복지국가의 전제조건으로 이해한다. 이런 관점에서 보면 사회보험 제도의 수립은 복지에 대한 구빈법적 개념을 깨뜨리는 가장 중요한 계기가 되었다고 할 수 있다.

각한 빈곤문제, 실업문제, 불결한 주택과 도시환경 문제, 질병과 건강 문제 등을 초래하였다. 그리하여 19세기 후반에 오면 이러한 모든 문제들이 누적되어 곳곳에서 대규모의 빈민폭동과 노동파업이 빈번하게 발생하였다. 따라서 산업화와 도시화에 수반되는 각종 문제의 누적과 피지배계급(노동계급과 빈민)에 의한 대규모의 저항은 지배연합의 입장에서 볼 때 시급히 해결되어야 할 절박한 '사회적 문제'(social questions)로 인식되기 시작했다(Poggi, 1978: 114). 더욱 심각한 것은 만약 이러한 문제들이 조속히 해결되지 않으면 점차 조직적·정치적 기반을 확보해 가던 노동계급과 사회주의 정당 간의 저항연합에 의해 보수적 지배연합(보수적 정치엘리트와 자본가계급 간의 연합)과 자본주의 그 자체가 파멸될 수도 있는 위험이 증폭되고 있었다는 것이다. 이런 점에서 자본주의적 산업화의 진전은 사회보험 제도의 수립을 통해 '사회적 문제'를 개혁적으로(혹은 개량적으로) 풀어가게 만든 거시역사적 조건을 형성했다고 할 수 있다.

둘째, 정복국가·약탈국가의 원형적 국가로 출범한 국가는 다른 국가와의 끊임없는 전쟁을 통해서, 그리고 영국의 경우처럼 구빈법적 개입을 통해서 강력한 국가로 성장했다. 다시 말해 이러한 복합적 과정을 통해 국가는 사회에 대한 감시, 통제, 추출, 규제 능력을 꾸준히 향상시켜 왔고 이러한 국가능력의 향상은 수많은 국가기구, 인력, 예산 면에서의 확장으로 나타났다. 이러한 국가가 경제적 지배계급과의 관계에서 자율적이냐 아니면 의존적이냐 하는 문제에 관해서는 많은 논쟁이 있어 왔지만, 역사적으로 볼 때 국가는 경제적 지배계급과 긴밀한 '상호의존적' 관계를 유지해 왔다고 할 수 있다(Tilly, 1990: 27).

양자의 관계가 상호의존적이라는 말은 국가나 지배계급이 각각 고유의 자율적 영역을 가지고 있으면서도 서로가 서로를 필요로 한다는 것을 뜻한다. 근대 이후에 논의를 국한시키면, 국가가 경제적 지배계급인 자본가계급의 핵심적 이익(즉 이윤축적, 노동통제, 노동력 공급 등)을 위해 봉사했다는 점에서 국가는 지배계급의 도구 역할을 했다고 볼 수 있다. 그러나 국가의 핵심적 이익(즉 국가 자체의 존립, 정치적 안정성의 유지, 국가의 지배력 확장, 전쟁수행 등)을 위해 지배계급을 효과적으로 규제했고, 그들로부터 많은 자원을 추출했으며, 또 그들의 (단기적) 이익에 반하는 정책을 추진하기도 했다는 점에서 국가는 지배계급에 대해 상당한 정도의 자율성을 가지고 있었다고 볼 수도 있다.

이렇게 보면 국가와 지배계급의 관계는 언제나 조화롭거나 혹은 언제나 갈등적인 관계가 아니라 양자의 핵심적 이익이 지켜지는 범위 내에서 서로 협조하기도 하고 갈등하기도 하는 그런 관계로 볼 수 있다.[19]

---

19 해밀턴(Hamilton, 1982)에 의하면 자본주의국가는 자본주의의 기본구조를 바꿀 수 없다는 점에서 '구조적 자율성'을 갖지는 못하지만, 자본가계급의 '장기적' 이익을 위해 그들의 '단기적' 이익에 반하는 정책을 추진할 수 있다는 점에서 '도구적 자율성'을 가질 수는 있다고 한다. 그러나 일반적으로 모든 국가가 언제나 구조적 자율성을 갖지는 못하고 도구적 자율성만 가진다고 볼 수 있는가? 19세기에 단행된 일본의 명치유신은 국가가 봉건체제로부터 자본주의체제로 생산양식을 변혁한 사례였고, 고르바초프 정부에 의한 소련의 개혁은 국가가 사회주의로부터 자본주의로 생산양식을 이행시킨 사례였다. 아직 자본주의국가가 자본주의를 다른 생산양식으로 전환시킨 역사적 사례는 없지만, 이것으로부터 자본주의국가는 구조적 자율성을 결여한다거나 혹은 자본가계급에 대해 절대적 의존성을 가진다는 결론을 이끌어낼 수는 없다. 자본주의국가와 자본가계급은 적어도 21세기 초엽까지는 핵심적 이익의 일치로 인해 국가의 구조적 자율성이 나타나지 않고 있으나, 그것이 국가가 미래에 행사할 수 있는 구조적 자율성까지 배제하는 것은 아니라고 보아야 한다. 그 외 도구적 자율성이 있는가 없는가 하는 문제는 여러 가지 상황조건에 따라 가변적으로 나타나는 문제라고 보아야 할 것이다.

이처럼 경제적 지배계급과 '조건적' 협조 관계, 혹은 상호의존 관계를 유지하면서 성장해 온 근대 이후의 국가는 자본주의적 산업화를 촉진하는 발전국가로서의 역할을 수행했을 뿐만 아니라 이제 자본주의적 산업화가 초래한 부산물인 제반 "사회적 문제"들을 풀어가는 해결자로서의 역할, 즉 복지국가의 역할도 수행해야 할 위치에 서게 되었다.

만약 사회적 문제들이 누적되고 다양한 저항이 분출하는데도 국가가 이 문제들을 해결하기 위한 역량을 비축하지 못했다면 아마 근대의 자본주의국가나 자본주의체제는 사회주의 혁명에 의해 전복되었을지도 모르는 일이었다. 그러나 절대주의 국가와 국민국가 시대를 거쳐 강력한 관료제와 군대를 발전시키고 직접통치를 위한 다양한 행정적 하부구조를 축적해 온 19세기 유럽의 국가들은 많은 사회적 문제들을 국가개입에 의해 해결할 수 있는 충분한 조직적 역량을 쌓았다고 할 수 있다. 바로 이런 점에서 역량 있는 국가 그 자체가 19세기 후반의 경제사회적 맥락 속에서 사회보험 제도의 수립을 통해 복지국가로 전환할 수 있는 하나의 거시역사적 조건을 형성했다고 볼 수 있다(Ritter, 1983: 218).

복지국가의 등장을 촉진한 세 번째의 거시역사적 조건은 19세기에 들어와 확산되기 시작한 정치 민주주의였다. 영국과 프랑스에서 부르주아 혁명이 발생한 이후 오랜 기간을 거쳐 제한적 민주주의로부터 대중적 민주주의로 전환한 민주주의 정치체제는 정치경제적 지배과정을 근본적으로 변화시키는 결정적 계기를 조성했다. 우선 민주주의는 인류 역사의 거의 모든 기간 동안 정치적 지배과정으로부터 배제되었던 대중(피지배계급, 민중)들에게 자유권과 정치권을 부여함으로써 그들로 하여금 국가권력을 구성하고 행사하는 전 과정에 참여할 수 있게 하

였다. 그 결과 정치적으로 가장 잘 조직화될 수 있는 노동계급이 사회
주의 정당과 연대하여 국가권력을 합법적으로 장악할 수 있는 계기가
조성되었다. 그뿐 아니라 자유권의 일부로 획득된 결사권과 파업권 등
의 '산업권'(industrial rights)을 통해 노동계급이 자본주의적 생산과정
을 합법적으로 교란시키는 것도 가능하게 되었다.

그러므로 민주주의가 확산되는 상황에서는 국가 - 자본가계급의 지
배연합이 노동계급과 사회주의 정당을 강압력으로 억압하는 단편적 전
략만 구사하는 경우 도저히 정치경제적 지배의 효과성을 제고할 수 없
는 최악의 상태가 초래되고 만다. 이 경우 지배연합은 (1) 민주주의를
폐지하고 노동계급과 사회주의 정당을 탄압하거나, 아니면 (2) 노동계
급을 포섭하고 사회주의 정당을 순치시키는 전략적 선택을 할 수 있는
데, 민주주의를 폐지하는 선택은 반복적인 파업과 전 민중적 저항을 초
래하여 결국에는 사회주의 세력만 강화시키기 때문에 유럽 여러 나라
의 지배연합은 후자의 대안을 선택했다고 볼 수 있다. 이런 점에서 플
로라와 하이덴하이머(Flora & Heidenheimer, 1981: 22)는 민주주의야
말로 근대 복지국가 발전의 '진정한 출발'(the real beginning of the modern
welfare state development)을 가져왔다고 지적하고 있다.

민주주의는 무엇보다도 대중의 정치참여를 허용하고 선거를 통해 국
가권력을 형성하는 제도이다. 그러므로 19세기에 와서 민주주의가 확
산되었다는 것은 선거경쟁을 통해 대중의 지지를 획득하려는 다양한
정치세력들 사이에 대중의 기본욕구를 충족시킴으로써 득표를 극대화
하고자 하는 '대중쟁탈 게임'이 촉발되었다는 것을 의미한다. 그 결과
강압적 지배와 자원추출의 대상으로만 인식되었던 대중을 위해 선거에
의해 형성된 민주국가는 한편으로 대중의 기본욕구를 충족시키면서 다

른 한편으로 그들을 지배하는 새로운 지배방식을 채택하지 않을 수 없게 되었다. 이렇게 볼 때 민주주의는 대중의 정치참여를 허용하고 또한 노동계급과 사회주의 정당의 활동 공간을 신장하여 노동계급을 비롯한 전 대중의 복지증진에 기여했다는 점에서 복지국가 등장의 중요한 거시역사적 조건을 형성했다고 할 수 있다.

이상에서 논의한 것처럼 (1) 자본주의적 산업화의 진전, (2) 강력한 국민국가의 형성, 그리고 (3) 민주주의의 확산은 19세기 후반 독일과 유럽에서 사회보험 제도의 수립을 시작으로 복지국가를 등장시킨 거시역사적 조건을 형성했다. 그러면 이러한 거시역사적 조건을 배경으로 독일에서는 사회보험 제도가 구체적으로 어떻게 형성되었고 유럽에서는 이 제도의 확산이 어떤 형태로 이루어졌는가?

독일의 경우 1880년대에 비스마르크 정권에 의해 주요 사회보험 제도가 수립된 것은 다른 어떤 요인보다 독일 산업화의 후발성과 깊은 관련이 있다. 독일은 선발 산업국가인 영국 및 프랑스와 오랫동안 경쟁적 관계에 있었고 1871년에 이르러 비로소 통일국가를 수립한 후발 산업국가였다. 이러한 독일에서 국가 - 자본가계급의 지배연합에게 가장 큰 위협요인이 되었던 것은 무엇보다도 사회민주주의 세력과 노동계급이었다.

세계에서 가장 먼저 1867년에 창설된 독일 사회민주당(처음에는 사회민주노동당으로 출발)은[20] 생산수단의 즉각적 사회화를 요구하는 급진

---

20 사회주의 계열의 정당은 독일을 필두로 덴마크(1878), 네덜란드(1878), 프랑스(1879), 스페인(1879), 벨기에(1885), 노르웨이(1887), 스위스(1887), 스웨덴(1889), 영국(1893) 등의 순으로 창당되었다(Przeworski&Sprague, 1986: 36).

적 강령을 채택하고 1871년에는 파리코뮨에 대한 지지선언을 함으로써 이제 갓 통일된 독일, 그것도 한시 바삐 영국과 프랑스를 추격해야만 하는 후발 산업국가인 독일의 지배연합에게 가장 큰 위협으로 부상했다(Ritter, 1983: 52~53). 특히 1874년을 전후하여 수많은 노동파업이 발생하고 또 1870년대 후반에 접어들어 심각한 경제위기가 나타남으로써 비록 조직노동자의 비율은 여전히 적었지만 사회민주당이 폭발성을 가진 노동계급과 결합하여 독일의 정치경제적 지배체제를 무너뜨릴 수 있는 위험은 매우 현실적인 것으로 존재하였다.

독일에서 사회민주당의 정치적 진출을 촉진하고 기존체제에 대한 사회민주당의 위협을 더욱 강화시킨 요인은 남성 보통선거권이 스위스(1848), 덴마크(1849) 다음으로 1871년에 부여되었다는 것이었다(Przeworski & Sprague, 1986: 36). 그리하여 사회민주당은 독일의 정치경제적 발전수준에 비추어 상대적으로 매우 이른 시기에 부여되었다고 볼 수 있는 남성 보통선거권을 발판으로 급속히 의회진출을 시도할 수 있었다. 1877년의 선거에서 사회민주당은 전국적으로 9%에 달하는 50만 표 정도밖에 획득하지 못했지만, 산업화가 상당히 진전된 도시 산업지역에서는 괄목할 만한 성과를 올렸다. 예컨대 작센에서는 38%의 득표로 23석 중 7석을 획득하여 제1당이 되었고, 베를린과 함부르크에서는 각각 39%와 40%를 획득하여 제1당이 되었다(Ritter, 1983: 62~63). 그러므로 이미 1870년대 후반에 사회민주당은 주요 도시산업지역에서 가장 중심적인 정치세력으로 부상하였고 이러한 현상은 앞으로 더욱 확산될 조짐을 충분히 가지고 있었다.

이런 상황에서 1878년 5월과 6월에 황제를 암살하려는 두 번의 시도가 발생했는데 비스마르크는 이것을 기회로 사회주의자를 억압하기 위한 '사회주의 탄압법'을 그해 연말에 제정하였다. 그러나 노동계급이 실업과 빈곤의 위험에 지속적으로 노출되어 있는 한 '사회주의 탄압법'만으로는 사회주의의 확산을 막을 수도 없고 또 노동계급과 사회민주당의 결합을 차단할 수도 없는 일이었다. 한편 1870년대 초반부터 시작된 경제위기는 1879년에 그 정점에 이르렀고(Ritter, 1983: 52), 노조 조직률은 1878~1879년에 약간 감소했을 뿐 지속적으로 증가하였으며(Marks, 1989: 126), 사회민주당은 1881년의 선거에서 31만여 표를 획득하여 1877년 선거 때보다 다소 약세를 보였으나 1884년 선거에서는 약 55만 표를 얻어 '사회주의 탄압법' 하에서도 괄목할 만한 성장을 하였다(송호근, 1992: 40). 따라서 무언가 획기적인 조치를 취하지 않고서는 비스마르크 정권과 지배연합이 입헌군주제를 유지하는 것도, 또 후발 산업화를 성공적으로 수행하는 것도 불가능하게 될 것이 명약관화해졌다.

비스마르크 자신도 이러한 위험을 분명히 인식하고 있었던 것으로 보인다. 그는 "사회적 폐단의 척결은 사회민주주의자들의 과격행동을 탄압하는 것 외에 근로자 복지의 적극적인 향상이 꾀해지면서 실현되어야 할 것"이라고 강조하고(Ritter, 1983: 65), 사회보험 입법이야말로 '사회주의 탄압법'을 '보충'할 수 있는 믿을 수 있는 수단이라고 보았다. 이러한 인식에 기초하여 그는 사회민주주의에 대한 효과적인 예방책으로서, 그리고 항구적인 면역제로서 노동계급을 위한 세 가지 주요한 사회보험제도를 수립하였으니, '질병보험법'(1883), '산업재해보험법'(1884), 그리고 '노령 및 폐질보험법'(1889)이 그것이다.

그러나 이러한 사회보험 제도들은 모든 노동계급을 대상으로 계획·실시된 것은 아니었다. 왜냐하면 이 제도들은 사회민주주의자들이 침투할 경우 국민경제에 치명적 손상을 가져올 대기업 소속 노동자들을 염두에 두었기 때문이다. 이러한 이유 외에 이 제도들은 보험방식을 채택하고 있었으므로 보험료를 납부할 수 있는 능력과 고용관계의 지속성을 중요한 요인으로 고려하였다. 그 결과 1880년대의 사회보험 제도들은 소규모 기업 노동자, 비공식부문 노동자, 농업노동자를 제외한 채 중간규모 이상의 기업에 속한 산업노동자만을 대상으로 실시되었다. 플로라와 앨버(Flora & Alber, 1981: 74~76)가 제시한 자료에 따르면, 사회보험이 실시된 직후 각각의 보험에 가입한 가입자의 전체 노동자 대비 가입비율은 질병보험의 경우 26%, 산업재해보험의 경우 18%, 노령 및 폐질보험의 경우 53%였던 것으로 나타났다.

이상은 세계 최초의 복지국가라고 일컬어지는 독일에서 어떤 과정을 통해 세 종류의 사회보험 제도들이 수립되었는지를 국가-자본가계급의 지배연합과 사회민주당-노동계급의 저항연합 사이의 긴장·갈등이라는 관점에서 조망해 본 것이다. 이 관점에서 본다면 비스마르크 정권에 의한 사회보험 제도의 도입은 급속한 자본주의적 산업화에 따라 빠른 속도로(수적으로 또 조직적으로) 성장하는 노동계급에 대해 사회민주주의 세력이 행사하는 영향력을 무력화시키기 위한 '선제적 조치'로서, 그리고 '사회주의 탄압법'에 대한 강력한 '보충적 조치'로서 취해진 것으로 이해된다.

그러나 노동계급을 물질적으로 포섭하려는 이러한 조치는 사회민주주의자 탄압에 대한 보충적 수단으로서 뿐만 아니라 노동계급에 대한 보다 확고한 통제를 통해 생산과정을 안정시키고, 나아가 선발 산업국가들과의 경쟁에 효과적으로 대처하는 수단으로서의 의미도 가지고 있었던 것으로 이해되어야 한다. 다시 말해 1880년대의 사회보험제도들은 사회민주주의 세력의 무력화, 생산관계의 안정화, 경제적 효율성의 증진, 국제 경쟁력의 강화라는 다용도 수단이었다고 볼 수 있다(Thane, 1982: 2, 122 참조).

그렇다면 위에서 논의된 여러 사회보험제도들이 자본주의적 산업화에서 앞선 영국에서가 아니라 독일에서 먼저 도입된 이유는 무엇이었는가? 이 문제에 대해서는 다음과 같은 세 가지의 요인을 생각해볼 수 있다. 첫째, 영국은 산업화에서는 앞섰지만 남성 보통선거권의 확대나 사회주의 정당의 등장에서 독일보다 47년(남성 보통선거권의 경우) 혹은 26년(사회주의 정당의 경우) 뒤처졌다(Przeworski & Sprague, 1986: 35 참조). 이것은 영국에서 그만큼 새로운 복지제도의 창출을 위한 요구 혹은 추동의 힘이 약할 수밖에 없었다는 것을 뜻한다. 둘째, 영국의 경우 새로운 복지제도를 기획하고 추진할 수 있는 국가기구 역량이 부족했다.[21] 셋째, 영국의 경우 독일보다 노동자에 대한 일반적 보호 즉, 근로시간, 근로일수, 기타 근로조건에 대한 보호가 훨씬 잘 이루어져 있었다. 따라서 노동계급의 불만이 상대적으로 적었다고 볼 수 있다.[22]

---

21 리터(Ritter, 1983:218)에 따르면 영국의 국가공무원 수는 1871년에 53,814명, 그리고 1891년에 7만9천241명이었다고 한다. 그러던 것이 19세기 말과 20세기 초에 걸쳐 주요한 사회보험제도가 도입된 후인 1914년에는 28만900명으로 급증했다고 한다.

22 많은 학자들은 이 세 번째 요인이 영국과 독일의 복지제도 발전을 구별 짓는 가장 중요한 요인이었다고 주장하고 있다. 탐프케(Tampke, 1982:80) 같은 학자에 의하면 1880년대 독일의 사회보험제도는 노동조건과 작업환경을 규제하여 노동자들에게 보다 광범위한 보호를 제공하기 위한 '공장법'(Factory Act) 제정 운동에 대한 대안으로 추진되었다고 한다(박근갑, 1990도 참조). 이것은 실제로 매우 중요한 지적이라고 볼 수 있다. 왜냐하면 리터(Ritter, 1983: 32, 112)도 지적하고 있듯이, 비스마르크는 사회보험 입법을 위해서는 남다른 열성을 보

결국 이 세 가지 요인과 함께 국내의 세력관계가 복합적으로 작용하여 영국보다 독일에서 먼저 사회보험제도들이 수립되었다. 그러나 독일에서 수립된 주요 사회보험제도들은 곧 이어 영국은 물론 유럽 여러 나라에 확산되기 시작함으로써 1차 세계대전이 종결된 1918년까지는 대부분의 유럽국가들에서 이 제도들이 정착되기에 이르렀다. 그러면 1880년대 독일에서 수립되어 복지국가를 태동시킨 사회보험제도들은 어떤 패턴으로 유럽국가들로 확산되었는가?

제시된 〈표 3-1〉은 유럽 각국에서 다양한 사회보험제도들이 언제 도입되었는가를 잘 요약해 준다. 〈표 3-1〉에 따르면 사회보험제도 혹은 사회복지제도의 1세대라고 할 수 있는 산업재해보상보험, 질병보험, 노령연금 등은 독일을 선두로 확산되기 시작하여 1차 세계대전 발발 이전까지 거의 대부분의 제도들이 캐나다와 미국을 제외한 모든 유럽국가들에서 도입되었음을 보여준다.[23] 그러나 이 제도들이 도입된 시점에서는 각 나라마다 상당한 정도의 편차가 나타나는 것도 사실이다. 그러면 이러한 편차는 무엇에서 비롯된 것인가?

이 문제에 대해서는 산업화의 정도, 제도의 모방 등과 관련된 많은

였지만 '공장법' 제정에 대해서는 극렬하게 반대하였기 때문이다. 그 결과 바이마르 정권이 수립될 때까지도 독일에서는 성인 남자 노동자의 근로조건에 대한 일반적인 법적 규율이 이루어지지 않았다. 이렇게 보면 1880년대의 사회보험제도들은 '공장법'에 대한 대안으로 실시된 측면이 있다고 볼 수 있다. 그러나 이러한 설명이 본서에서 제시된 설명(즉, 사회보험제도의 수립을 지배연합-저항연합 간의 투쟁으로 보는 설명)과 배치되는 설명으로 이해되어서는 안 된다. 오히려 양자는 상호보완적이라고 보아야 한다.

23 그러나 세 제도 중 노령연금은 모든 나라에서 도입 시기가 가장 늦었다. 이 제도는 산업재해보상보험과 질병보험이 19세기 말경에 도입되고 난 뒤 1차 세계대전 직후 혹은 대공황기에 이르러 거의 모든 나라로 확산되었다.

〈표 3-1〉 사회보험 제도의 도입과 주요 정치적 변화

국가	산재보험	질병보험	노령연금	사회당창당	남성선거권
독일	1884	1883	1889	1867	1871
덴마크	1898	1892	1891	1878	1849
프랑스	1898	1898	1895	1879	1876
이탈리아	1898	1886	1898	1892	1913
오스트리아	1887	1888	1927	1889	1907
벨기에	1903	1894	1900	1885	1894
스웨덴	1901	1891	1913	1889	1907
노르웨이	1894	1909	1936	1887	1898
영국	1897	1911	1908	1893	1918
핀란드	1895	1963	1937	1899	1906
뉴질랜드	1900	1938	1898	1901	1879
네덜란드	1901	1929	1913	1878	1917
호주	1902	1945	1909	1901	1902
스위스	1911	1911	1946	1887	1848
캐나다	1930	1971	1927	1904	1920
미국	1930	2010	1935	1901	1860

▌출처: Pierson (1990: 108); Kudrle & Marmor (1981: 59).

요인들이 제시될 수 있겠으나, 가장 중요한 요인은 자본주의 산업화가 고도화되는 단계에서 전개된 국가-자본가계급의 지배연합과 사회주의정당-노동계급의 저항연합 사이의 갈등과 투쟁이었다고 생각된다. 그 이유는 사회보험 제도를 비롯한 모든 사회복지제도는 엄청난 비용을 수반하고 또 비용분담과 혜택배분 사이에 현격한 불일치가 존재하므로 어느 계급과 집단도 자발적으로 많은 비용을 부담하면서 상대적으로 적은 혜택을 수용하지 않으려 하기 때문이다. 이런 점에서 보면 산업화의 정도가 자동적으로 사회보험제도의 도입을 결정한다고 보기도 어렵고, 또 다른 나라에서 사회보험 제도를 시행한다고 해서 그것을 손쉽게 도입하는 것도 어렵다고 보아야 할 것이다(Flora & Alber, 1981; Kuhnle, 1981 참조).

그러므로 주요 사회보험제도들은 국가-자본가계급의 지배연합이 자본주의적 산업화의 결과 점차 강화되는 사회주의정당과 노동조합의 저항연합에 의해 체제전복의 위협에 직면할 때, 그것에 대한 대응 수단 혹은 더 이상의 위협을 예방하기 위한 선제적 수단으로 제도화되었다고 보는 것이 타당하다. 이렇게 보면 (1)사회주의 정당이 언제 창당되었는가, (2)남성 보편선거권이 언제 부여되었는가 하는 두 요인이 사회보험제도의 도입 시기를 결정한 중요한 요인이라고 볼 수 있다.

이런 관점에서 〈표 3-1〉을 보면 사회보험제도의 도입이 빨랐던 1그룹(독일, 덴마크, 프랑스, 이탈리아, 오스트리아, 벨기에)의 경우 사회주의 정당의 창당은 제도 도입에 대한 일종의 선행 지표 같은 구실을 했던 것으로 보인다. 대부분의 나라에서 사회주의 정당 창당과 사회보험제도 도입 사이에는 약 9~20년의 시차가 존재하는 것이 이를 입증한다. 그러나 오스트리아의 경우 사회보험제도(질병보험과 산재보험)의 도입이 오히려 사회주의 정당의 창당보다 앞선 것을 보여주는데, 이것은 기존의 지배연합과 사회주의 세력 간의 치열한 갈등이 전개되는 상황에서 전자가 후자로부터 노동계급을 격리시키기 위한 수단으로 사회보험제도를 선제적으로 이용했다고 볼 수 있다.

1그룹보다 사회보험 제도의 도입이 늦었던 2그룹(스웨덴, 노르웨이, 영국, 핀란드, 뉴질랜드, 네덜란드, 호주, 스위스)의 경우 많은 나라에서 사회주의 정당의 창당과 보험제도의 최초 도입 시기간의 시차는 감소한 것으로 나타난다. 그 시차는 스웨덴의 경우 2년, 영국의 경우 4년, 노르웨이의 경우 7년으로, 이것은 이들 나라에서 19세기 후반과 20세기 초반에 정치·경제·사회적 변화와 개혁이 집중되었음을 뜻한다. 그러나 이러한 일반화는 매우 초보적인 것일 뿐 모든 개별국가의 경험을 설명할 수 없다는 것도 분명하다. 왜냐하면 그 시차는 네덜란드의 경우 23년 그리고 스위스의 경우 24년으로 매우 길었고, 핀란드의 경우에는 사회보험제도가 사회주의 정당의 창당에 오히려 선행했기 때문이다.

그러나 1그룹과 2그룹의 경우 ⑴ 사회주의 정당의 창당이 사회보험제도의 수립을 촉진했거나, ⑵ 아니면 사회보험제도가 사회주의세력을 약화시키기 위해 선제적으로 도입되었다는 일반화는 전체적으로 타당하다고 볼 수 있다. 이 두 가지 중 어떤 경우든 간에 남성 보편선거권의 부여는(사회주의 창당에 선행 혹은 후행해서) 지배연합과 저항연합 사이에 진행된 정치적 갈등의 양상을 근본적으로 변화시켰다고 할 수 있다. 다시 말해 남성 보편선거권이 부여되기 이전과 비교할 때, 이제 정치권력의 구성이 보다 확대된 선거경쟁의 결과에 의존하게 된 상황에서는 지배연합이 만약 국민 대중의 기본욕구를 무시하는 경우 스스로의 실책으로 말미암아 사회주의정당 - 노동계급 간에 형성된 저항연합의 범위를 여타의 계급성원(즉 농민, 프티부르주아, 신중간계급 등)을 포함하는 방향으로 확대시킬 수도 있었기 때문이다.

그러므로 19세기 말과 20세기 초반의 유럽에서는 자본주의적 산업화의 고도화와 함께 지배연합과 저항연합 사이의 갈등이 심화되는 상황에서 사회주의 정당이 창당되고 또 남성 보편선거권이 부여되자 양자 간의 갈등과 투쟁은 더욱 증폭되었다. 그 결과 기존 지배질서(즉, 입헌군주제와 자본주의)에 대한 아래로부터의 위협은 극대화될 수밖에 없었다. 따라서 지배연합으로서는 제한적 민주주의를 유지하면서 자본주의를 보존·확대하기 위해 새로운 지배양식을 모색하지 않을 수 없었고, 사회보험제도를 중심으로 하는 복지개혁은 바로 새로운 지배양식의 가장 중심적 요소로 등장했다고 결론지을 수 있다.

〈표 3-1〉에서 3그룹(캐나다, 미국)의 경우 19세기 후반과 20세기 초반에 걸쳐 자본주의적 산업화와 함께 사회주의 운동도 급속히 분출했고 기존 질서에 대한 사회주의 세력의 위협도 상당히 강했으나, 전국적 수준의 사회주의 정당이 결성되지 못했기 때문에 여러 유럽나라와 비교하여 사회주의세력과 노동계급이 연대하여 국가-자본가계급의 지배연합에 대항할 수 있는 힘도 그만큼 약했다고 할 수 있다. 그 결과 높은 인종적 이질성으로 인해 노동계급의 계급형성이 미약했던 이 나라에서는 1920년대 후반과 1930년대 중반까지 경제공황기에 발생한 대규모 실업과 파업에 대한 케인즈적 수요관리 정책의 일환으로 각종 사회보험 제도가 도입되게 되었다(그나마 미국은 전국적 수준의 질병보험을 다른 나라보다 100년 이상 뒤늦은 2010년에야 제도화되었다).

이렇게 보면 1그룹과 2그룹에 대한 논의로부터 도출된 일반화가 3그룹의 경우 그대로 적용되기는 어렵다고 할 수 있다. 왜냐하면 미국과

106

캐나다는 봉건제도와 군주제의 전통도 없었고 또한 이들 나라는 모두 이민자들로 구성된 사회였기에 유럽과 비교하여 매우 이질적인 사회구조를 가지고 있었기 때문이다. 그러나 자본주의적 산업화는 농업사회와는 질적으로 다른 계급구조를 발전시키고 또한 이러한 계급구조는 자본주의를 어떤 형태로든 변혁시키려는 저항운동을 촉발하는 경향이 있으므로 사회보험 제도를 비롯한 제반 복지개혁은 바로 지배연합과 저항연합간의 갈등과 투쟁의 산물이라는 위의 일반화는 타당성을 그대로 유지할 수 있다고 판단된다. 다만 미국과 캐나다의 경우 사회주의 정당의 창당과 남성 보편선거권의 부여가 사회보험 제도의 도입을 촉진했다는 가설과는 상당한 정도의 괴리를 보인다고 할 것이다. 일종의 미국 예외주의나 캐나다 예외주의가 작용했다고 볼 수 있는 경우이다.

종합하면 1880년대 독일에서의 세 가지 사회보험제도 수립으로부터 비롯된 복지국가의 태동은 1~3그룹 간에 존재하는 여러 가지 상이성에도 불구하고 전 유럽으로 확산되어, 1919년까지는 거의 모든 유럽국가에서 복지국가의 가장 핵심적 제도(core institutions)로 정착되었다. 유럽과 정치・경제・사회・문화적 측면에서 이질성이 높은 미국과 캐나다에서는 이 핵심적 제도들이 상당히 늦게 경제공황기에 도입되어 복지국가의 초보적 기초는 다졌다고 할 수 있다. 이처럼 19세기 후반과 20세기 초반 사이에 유럽과 북미에서 수립된 핵심적 복지제도들은 그 이후 복지국가가 양적・질적으로 더욱 확장되는 토대가 되었다.

제 2 부
복지국가의 발전

19세기 후반부터 오늘날에 이르기까지 100년 이상의 역사를 가지고 있는 복지국가는 20세기에 들어와 1, 2차 세계대전과 경제공황을 거치면서 빠른 속도로 발전하기 시작했다. 이 시기 동안 1880년대 독일에 의해 처음으로 도입된 사회보험제도들은 적용대상의 확대와 함께 다른 나라로 널리 확산되었고, 다른 한편으로 새로운 복지제도들도 연이어 도입되기 시작하였다. 세계대전과 경제공황은 국가에 의한 경제개입과 복지개입을 위해 매우 좋은 조건을 형성하였으며, 이런 조건 속에서 복지국가의 발전을 촉진할 수 있는 정치세력이 구축되었다. 그 결과 2차 세계대전이 종결되기 전까지 복지국가는 확고한 기틀을 갖출 수 있었다.

그 후 1975년에 이르는 기간은 복지국가의 황금기로 불리는 시기로서, 이 기간에 선진 각국에서는 전국민을 대상으로 하는 보편적 복지제도가 확립되었고 복지예산의 엄청난 증가가 이루어졌다. 그러나 1973년에 발생한 오일쇼크와 그 이후 진행된 극심한 국제경쟁은 자본주의의 안정적 축적체제에 기초를 둔 복지국가의 기반을 구조적으로 잠식하여 1970년대와 1980

년대에 이른바 '복지국가의 위기' 상황을 초래하였다.

이러한 위기상황이 어느 정도 심각한가 하는 것은 개별국가에 따라 다르겠지만, 분명한 것은 과거의 복지국가 황금기와 비교할 때 복지국가의 하부구조와 상부구조에 모두 중대한 균열이 발생했다는 것이다. 그러나 1970년대 초반 이후 복지국가에 초래된 변화들을 두고 복지국가가 쇠퇴하게 되었다거나 혹은 복지국가가 해체되기 시작했다는 결론을 이끌어내는 것은 타당하지 않다. 왜냐하면 보수세력에 의한 집요한 복지감축 노력에도 불구하고 복지국가는 여전히 확고한 위치를 유지하고 있으며 가까운 장래에 복지국가가 약화될 것이라는 뚜렷한 징후도 없기 때문이다.

제 2부에서는 이상과 같은 역사적 인식을 바탕으로 다음과 같은 네 가지 주제를 다루고자 한다. 첫째, 복지국가 100년사에서 가장 핵심적 시기인 1차 세계대전 이후 20세기 초반까지 복지국가는 어떻게 발전해 왔는가? 둘째, 복지국가 변화에 관한 이론적 갈래와 쟁점들은 무엇인가? 셋째, 복지국가의 유형은 어떻게 구분할 수 있고, 발전경로의 다양성은 어떻게 이해할 수 있는가? 넷째, 복지국가가 발전시킨 주요 제도와 프로그램들은 무엇인가?

04

복지국가 발전의 역사

1. 복지국가 발전의 개념

19세기 이후의 복지국가 발전사(發展史)를 다룰 때 가장 중요한 점은 복지국가 발전을 어떻게 개념화하는가 하는 것이다. 제 1부에서 이미 복지국가의 위상과 개념, 그리고 복지국가의 기원을 살펴보았기 때문에 여기서 복지국가의 발전을 규정하는 것은 복지국가 자체의 성장과 변화에 국한될 것이다.

일반적으로 복지국가 발전은 다음의 네 가지 요소와 결부된다고 볼 수 있다(Flora & Heidenheimer, 1981: 28~32; Pierson, 1991: 115; Korpi, 1983: 184~185참조).

(1) 국민 개개인이 요람에서 무덤까지 생애의 전 과정(*life course*)에서 당면하는 다양한 삶의 위험에 대해 국가가 얼마나 많은 종류

의 복지제도를 수립하여 이러한 삶의 위험을 집합적으로 보호하는가? 이 문제는 복지혜택의 종류 또는 포괄성(*comprehensiveness or range*)의 문제라고 할 수 있다.

(2) 각각의 복지제도에서 적용범위(*coverage*)는 어디까지인가?

(3) 각각의 복지혜택은 어느 정도의 수준으로 제공되는가? 그 혜택은 소득이 중단되더라도 기본적 삶을 유지할 수 있을 정도로 적절한가(*adequacy or generosity*)?

(4) 전체 복지혜택의 결과가 가져오는 재분배효과(*redistributive effect*)는 어느 정도인가?

이상의 네 가지 요소를 종합하면, 복지국가의 발전 수준이 높은 경우는 국가가 많은 종류의 복지제도를 수립하여 가능한 한 많은 종류의 삶의 위험을 포괄적으로 보호하고, 가능한 한 많은 사람을 그 대상으로 하며, 소득중단 상황이 초래되더라도 취업상태에서의 생활에 근접하는 정도(혹은 그것을 대체할 수 있을 정도)의 적절한 혜택을 제공하고, 여기에 재분배 효과가 큰 복지혜택을 제공하는 경우라고 할 수 있다. 반면 복지의 발전 수준이 낮은 경우는 국가가 소수의 선별적 복지제도를 통해 좁은 범위의 위험만을 보호하고, 소수의 국민만을 대상으로 보호하며, 최소한의 복지혜택만 제공하고, 재분배 효과가 낮은(아니면 오히려 역진적 효과가 많은) 복지혜택을 제공하는 경우라 할 것이다.

이렇게 보면 국가가 빈민통제와 구제를 위해 구빈법적 개입을 시작한 14세기 이래 19세기 후반까지 국가는 효과적 빈민통제와 자본주의적 산업화의 촉진을 위해 극소한의 복지혜택을 소수의 빈민들에게만 제공함으로써 '반복지국가'(*anti-welfare state*)적 면모를 보였다고 할 수 있다. 이에 반해 1880년대 이후 독일을 비롯한 대부분의 유럽국가들에서는 주요 사회보험제도들이 제정되어 **원초적** 형태의 복지국가가 탄생했는데, 이 국가는 적은 수의 선별적 복지제도를 통해 한정된 위험(즉 질병, 산업재해, 노령)만 보호함으로써 **제한적 복지국가**의 면모를 보였다고 할 수 있다.

그러나 구미의 선진국에서는 1차 세계대전이 종결되고 대공황을 경험하면서, 그리고 그 후 2차 세계대전을 겪으면서 상황은 급변하기 시작했다. 그 이유는 많은 우여곡절을 거쳤지만 이들 선진국들은 민주주의의 확장과 자본주의의 심화를 이루었고 이에 따라 새로운 복지제도가 확충된 것은 물론 개별 복지제도의 적용대상이 꾸준히 확대되었기 때문이다. 복지국가의 이러한 다면적·종합적 발전은 2차 세계대전의 종결 이후 1970년대 중반까지 꾸준히 지속되었다. 그 결과 선진제국에서는 포괄적이고, 보편적이며, 적절성과 재분배 효과가 비교적 높은 **제도적 복지국가**가 등장하게 되었다.

그러나 구미의 선진제국에서 모두 제도적 복지국가가 수립되었다고 하더라도 개별국가 사이에 많은 차이가 있는 것도 사실이다. 다시 말하면 100여 년의 시간이 경과하는 동안 선진제국은 서로 다른 형태, 그리고 서로 다른 수준의 복지국가를 발전시켜 왔다는 것이다. 이 문제는 복지국가의 유형화를 시도하는 많은 학자들에 의해 집중적으로 규명되고 있는 문제로서 복지국가 발전에 관한 일반적 논의에서 매우 중요한 위치를 차지하는 주제라고 할 수 있다.[1]

예를 들어, 퍼니스와 틸턴(Furniss & Tilton, 1977: 14~21)은 적극

---

1 이 주제에 대한 보다 자세한 논의를 위해서는 이 책의 6장을 참고할 것.

국가(positive state), 사회보장국가(social security state), 그리고 사회복지국가(social welfare state)를 구분하여, 사회복지를 경제적 효율성이라는 원칙에 종속시키면서 사회보험 위주의 복지제도만 유지하는 국가를 '적극국가'로, 경제성장과 완전고용을 위한 경제정책과 사회보험 및 공공부조 제공을 위한 사회정책을 결합하여 전국민에게 최저생활을 보장하려는 국가를 '사회보장국가'로, 그리고 국가에 의한 보편적 복지 서비스의 제공을 통해 국민의 최저생활을 보장하는 것은 물론 계급 간·집단 간 평등을 증진하여 궁극적으로 전국민의 시장의존성을 축소하려는 국가를 '사회복지국가'로 규정하고 있다.

한편 미쉬라(Mishra, 1984: 4장)는 경제정책과 사회정책이 괴리된 '분절적 복지국가'와 양자가 결합된 '통합적 복지국가'를 구분하고 있고, 에스핑-안데르센(Esping-Andersen, 1990: 1장)은 '자유주의적 복지국가', '보수적·조합주의적 복지국가', '사회민주주의적 복지국가'를 구분하고 있다.

복지국가 유형에 관한 논의들은 결국 구미 선진제국에서 발전된 복지국가가 한 종류의, 그리고 동일한 수준의 복지국가는 아니라는 점을 분명히 해준다. 그러나 이들 국가들을 정치경제적 발전 수준이 훨씬 낮은 제3세계의 후진국들과 비교할 때, 이들은 상호간의 많은 변이에도 불구하고 모두 제도적 복지국가를 수립했다고 보아도 큰 무리는 없다고 할 수 있다. 다음에서는 이런 관점에 입각해서 1920년대 이후 최근까지 구미 선진국들에서 제도적 복지국가의 발전이 어떻게 이루어져 왔는가, 그리고 이들 간에는 어떤 차이가 존재하는가를 살펴보고자 한다.

2. 복지국가의 정착기 (1920~1945)

복지국가의 정착기라고 불리는 1920년대부터 2차 세계대전의 종결 시점까지는 세계적 수준에서 진행된 대규모 전쟁과 경제공황이 복지국가 발전의 가장 중요한 요인으로 작용했다. 전쟁은 무엇보다도 국민들에게 엄청난 희생을 강요하고 동시에 국민생활의 광범위한 영역에 대한 국가개입을 초래함으로써 전쟁 후 국가의 국민에 대한 복지책임을 증가시킨 것은 물론 국가의 복지개입 능력도 증가시키게 되었다. 그뿐 아니라 전쟁은 엄청난 수의 사상자와 빈민을 양산함으로써 종래의 구빈제도나 시장을 통한 상업보험 제도가 더 이상 작동할 수 없게 만들었다. 게다가 전쟁은 사적 자선기관의 구호능력을 무력하게 만들었고 동시에 사보험기관의 보험업무 수행도 거의 완벽히 마비시키는 결과를 초래했다(Ashford, 1986: 107).

따라서 1차 세계대전과 2차 세계대전 같은 총력전(*total war*)이 치러지는 동안 구미의 국가들은 효과적 국민동원을 위해 전후에 국가가 국민들에게 더 나은 삶을 보장할 것이라는 약속을 할 수밖에 없었다. 또한 이들 국가에서는 이러한 전쟁이 끝나면서 모든 공적·사적 복지제도들이 파산하거나 작동불능 상태에 빠지는 결과가 나타나게 되었다. 그러므로 전쟁기간 중에 혹은 그 직후에 실업보험과 노령연금과 같은 중요한 사회복지제도가 수립되고 또 각종 제도의 수혜자가 증가하게 된 것은 전쟁과 기존 복지체제의 붕괴라는 두 가지 요인을 결합시켜 볼 때 결코 우연한 일은 아니었다고 할 수 있다. 이런 맥락에서 보면 2차 세계대전 중 1941년에 영국의 템플(W. Temple) 주교가 '전쟁국가'(*warfare state*)인 독일에 대비하여 자유진영의 이상적 국가를 '복지국가'

(*welfare state*) 로 구분하는 시도를 했다거나, 1942년에 전후 영국의 사회보장 체계를 구상한 "베버리지 보고서"(Beveridge Report) 가 제출되었다는 것도 결코 역사적 우연은 아니었다.

한편 경제공황은 전쟁과 다른 측면에서 국가의 경제개입과 복지개입을 초래하였다(Korpi, 1983: 1장; Mishra, 1984: 1장). 1920년대 말과 1930년대의 경제공황은 세계 곳곳에서 광범위한 생산중단을 가져왔고 동시에 엄청난 수의 실업자를 양산하였다. 이처럼 절박한 상황에서 진보적 정당(민주당, 노동당, 사회민주당)은 조직화된 노동계급, 개량적 자본분파, 많은 중간계급 성원 및 농민들과 개혁적 선거연합을 형성하여 국가권력을 장악하였다. 이러한 정치적 기초에서 구미의 국가들은 자본과 노동(전체 임금취득계층과 농민) 사이에 '뉴딜'(New Deal), '사회계약'(*social contract*), '역사적 타협'(*historical compromise*) 등 사회협약을 체결하여, 케인즈적 수요관리의 일환으로 혹은 복지 사회주의 실현의 한 방편으로 국가복지의 대폭적 확대를 도모하였다.

두 차례의 전쟁과 대공황으로 특징지어지는 1920~1945년 기간의 복지국가 발전은 위와 같은 정치세력의 재정렬(*political realignment*)을 토대로 다음의 세 가지 측면에서 진행되었다: (1) 제도적 확충, (2) 복지수혜자의 범위 확대, (3) 복지예산의 증대.

먼저 〈표 4-1〉을 통해 이 기간 동안 사회복지제도가 어떻게 확충되었는지를 살펴본다. 복지제도의 '2세대'(*second generation*) 라고 할 수 있는 실업보험과 가족수당(*family allowance*) 이 어느 시점에서 도입되었는가를 정리하고 있다. 〈표 4-1〉에 의하면 노동계급의 가장 심각한 사회적 위험을 완충하고 동시에 그들의 시장의존성을 현저히 감소시키는 실업보험은 16개 국가 중 7개 국가에서 1920년 이전에 도입되었으며,

나머지 국가에서는 그 이후에 도입되었음을 알 수 있다. 이에 비해 보편적 가족수당의 경우 모든 국가에서 1920년 이후 도입되었음이 드러난다(미국의 경우 아직 이 제도가 없음).

〈표 4-1〉 복지국가 정착기의 제도적 확충

국가	실업보험	가족수당
프랑스	1905	1932
노르웨이	1906	1946
덴마크	1907	1953
영국	1911	1945
네덜란드	1916	1940
핀란드	1917	1948
이탈리아	1919	1936
벨기에	1920	1930
오스트리아	1920	1921
스위스	1924	1952
독일	1927	1954
스웨덴	1934	1947
미국	1935	–
뉴질랜드	1938	1926
캐나다	1940	1944
호주	1945	1941

▌출처: Pierson(1990: 110).

그러나 이 시기 동안에 이루어진 복지제도의 확충은 실업보험과 가족수당의 제도화에 머문 것은 아니었다. 흔히 '복지 지체국'(welfare laggard)으로 불리는 미국의 경우 민주당 - 노동계급 - 개혁적 자본분파 간에 형성된 선거연합을 바탕으로 1935년에 '사회보장법'을 제정했고, 이 법을 통해 사회적 취약계층(요보호 아동, 노인, 맹인 등)에 대한 지원과 특수 프로그램(직업 재활훈련, 모자보건, 장애인 보호 등)을 위한 연방 정부의 보조금 지출을 제도화하였다.

　한편 '복지 선진국'(welfare leader)으로 불리는 스웨덴의 경우, 노동계급과 농민간의 '적녹 동맹'(red-green alliance)을 통해 사회민주당이 집권한 1932년부터 복지국가의 발전이 가속화되어 고용창출을 위한 프로그램, 다자녀 가정을 위한 주택지원 프로그램, 생계비와 연금의 연동, 무료출산과 모자보건 서비스, 신혼가정을 위한 국가 대출 프로그램 등과 같은 다양하고 광범위한 복지 서비스를 제도화하였다. 이렇게 볼 때 1920~1945년 기간은 구미 각국에서 다양한 복지제도가 제정되어 국민들이 겪는 여러 종류의 위험을 다면적으로 보호할 수 있는 기틀이 마련되었다고 할 수 있다.

　이러한 변화와 함께 이 기간에는 사회보험 제도(혹은 보다 일반적으로 말해 사회복지제도)의 수혜대상도 엄청나게 확대되었다. 〈그림 4-1〉은 산재보험, 질병보험, 노령연금, 실업보험 등 네 가지의 복지제도에 의해 보호되는 대상자의 수가 1890년부터 1970년까지 시계열적으로 어떤 변이를 보이는가를 분석하기 위해 플로라와 앨버(Flora & Alber, 1981: 54~57)에 의해 제시된 그림으로서, 유럽 각국 간에 존재하는 역사적 공통성과 차별성을 동시에 파악하게 해준다. [2]

　이 그림에 따르면 나라마다 많은 편차가 있으나 전체적으로 보아

1919년까지 극히 낮은 수준에 머물러 있던 대상자 비율(약 27% 수준)이 1920~1945년 기간 동안 1차로 급상승한(약 60% 수준) 다음, 1945~1970년 기간 동안 2차로 급상승한(약 100% 수준) 것을 알 수 있다. 그러나 그림을 자세히 보면 이러한 전체적 패턴으로부터 개별국가 간에 많은 편차가 존재함을 발견할 수 있다. 1차 세계대전 이전에는 독일과 영국에서 대상자 비율의 높은 상승이 있었으나, 1차 세계대전을 거치면서 또 그 직후에 스웨덴과 덴마크에서 높은 비율 상승이 있었음을 알 수 있다. 그뿐 아니라 대공황과 2차 세계대전 중에는 덴마크, 핀란드, 그리고 스웨덴에서 가장 뚜렷한 상승이 있었음을 관찰할 수 있다. 이렇게 보면 1920~1945년 기간 동안 진행된 복지 수혜자의 범위 확대는 주로 사회민주주의 세력이 권력기반을 확장해 가던 스칸디나비아 국가들에서 이루어졌다고 볼 수 있다.

그러나 같은 기간 동안 영국과 독일에서도 매우 큰 폭의 비율 상승이 있었음을 간과해서는 안 된다. 〈그림 4-1〉에서 보면 영국과 독일의 경우 비율의 기울기 면에서 덴마크나 핀란드 등에 비해 다소 떨어지지만 비율의 절대적 높이 면에서는 이들 나라보다 높거나 아니면 유사한 수준에 이르렀음을 발견할 수 있다. 이러한 사실은 스칸디나비아 국가들보다 경제규모가 큰 영국과 독일의 경우 대공황의 여파가 훨씬 심각했다는 것과 2차 세계대전에서 이들 두 나라는 가장 중요한 교전 당사국

---

2 플로라와 앨버는 네 가지의 복지제도에 의해 보호되는 대상자의 범위를 종합적으로 포착하기 위해 노령연금에 의해 보호되는 대상자의 수에 대해서는 1.5의 가중치를 주고, 질병보험과 실업보험의 경우에는 각각 1.0의 가중치를, 산재보험의 경우에는 0.5의 가중치를, 정부보조를 받는 사보험의 경우 0.5의 가중치를 준 다음 최종적으로 이 다섯 가지 수치로부터 가중 평균치를 산출하였다.

〈그림 4-1〉 사회보험 수혜 대상자의 확대

사회보험의 대상 범위(지표)

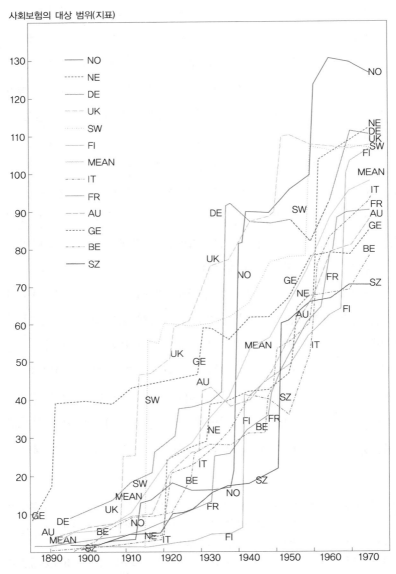

┃출처: Flora & Alber (1981:55).

으로서 효과적 국민동원을 위해 복지 서비스를 활용했다는 것을 뜻한다. 특히 독일의 경우, 2차 세계대전에서의 교전이 복지 수혜자의 대상 범위 확대를 초래하는 인과관계를 보여준다. 달리 말하면 독일은 국제적으로는 제국주의 전쟁을 수행하면서 국내적으로는 복지 서비스를 확대하여 이른바 '전쟁 - 복지국가'(warfare-welfare state)의 가설을 뒷받침하는 매우 중요한 (비록 나치 지배 아래에서 진행되었지만) 의미 있는 사례라고 할 수 있다.

복지국가 발전의 세 번째 측면은 국가에 의한 복지비 지출의 확대이다. 〈표 4-2〉는 구미 각국에서 국가의 복지비 지출이 GDP의 3%와 5%의 경계선을 넘은 시점이 언제였는가를 보여준다. 여기서 GDP의 3%와 5%라는 것은 물론 어떤 절대적 기준에 근거를 둔 것은 아니다. 그러나 국가의 총 재정지출에서 차지하는 복지비가 3%와 5%를 넘는다는 것은 국가기능의 전면적 재구조화가 일어나는 것을 의미한다는 점에서 매우 중요하다고 볼 수 있다(Pierson, 1991: 100~111 참조). 다시 말해 국가의 전통적 기능은 전쟁수행과 경제발전 지원인데, 국가가 GDP의 3~5%를 사회복지를 위해 지출하게 되면 국가의 전통적 기능은 상대적으로 약화되고 국가의 새로운 복지기능이 상대적으로 강화된다고 볼 수 있다(〈표 4-3〉 참조).

이런 점에 초점을 두면서 〈표 4-2〉를 검토해 보면, 16개 국가 중 7개 국가에서는 1920년 이전에 복지비가 GDP의 3% 선을 넘어섰고 나머지 9개국은 모두 1920년대에 이 선을 넘어섰음을 알 수 있다. 이에 비해 GDP의 5%선을 통과한 시점은 독일과 덴마크의 경우 각각 1915년과 1918년이었고, 나머지 대부분의 국가들은 1920~1945년 기간 동안 이 선을 통과한 것으로 나타난다(핀란드의 경우 1947년). 이렇게 볼 때

1차 세계대전의 전후 처리가 이루어진 1920년대, 대공황기의 1930년대, 2차 세계대전이 진행된 1940년대가 국가의 복지비 지출을 급격하게 증가시킨 중요한 시기였다는 것을 확인할 수 있다.

〈표 4-2〉 국가복지비의 성장 시점

국가	> GDP의 3%	> GDP의 5%
독일	1900	1915
스위스	1900	1920
영국	1905	1920
스웨덴	1905	1921
덴마크	1908	1918
뉴질랜드	1911	1920
노르웨이	1917	1926
미국	1920	1931
네덜란드	1920	1934
프랑스	1921	1931
캐나다	1921	1931
호주	1922	1932
벨기에	1923	1933
이탈리아	1923	1940
오스트리아	1926	1932
핀란드	1926	1947

▌출처: Pierson (1991: 111).

〈표 4-3〉 국가 재정지출의 구조변화 : 노르웨이 (1875~1975)

(GDP 대비 %)

연 도	총지출	국방비	일반 행정비	경제개발 /환경비	사회 서비스비
1875	3.2	1.1	1.0	0.4	0.3
1900	5.7	1.6	1.2	1.0	1.2
1925	6.5	0.9	0.7	0.8	1.8
1950	16.8	3.3	1.4	3.9	7.4
1975	24.2	3.2	2.3	6.8	9.5

▌출처: Tilly (1990: 121).

한편 〈표 4-3〉은 노르웨이의 경우 1875~1975년 기간 동안 국가의 총 재정규모와 재정지출의 구조가 어떻게 변화했는가를 보여준다. 물론 노르웨이라는 하나의 사례가 구미 선진국들이 경험한 변화를 대표하는 것은 아니지만 복지국가 발전에 관한 전반적 추세의 일단을 파악할 수 있게 해준다는 점에서 매우 유의미한 사례가 될 수 있다고 본다. 〈표 4-3〉에 의하면 GDP 대비 국가의 총지출 규모는 1875년에 3.2% 수준에 불과했으나, 1975년에는 24.2% 수준에 도달함으로써 100년 동안 8배의 증가가 이루어졌음을 보여준다. 그러나 1875년에 0.3%에 불과하던 사회서비스를 위한 지출은 100년 후 9.5% 수준에 도달함으로써 무려 30배나 증가했음을 알 수 있다.

그뿐 아니라 사회서비스 비용은 국가의 전통적 기능수행을 위해 지출된 국방비와 경제개발비를 1925년부터 상회하기 시작함으로써 이 시기부터 노르웨이는 명실공히 복지국가 시대에 접어들었다고 할 수 있다. [3] 국가 재정지출 구조의 이러한 변화는 그 이후 더욱 가속화되어 1975년에 이르면 사회 서비스비가 국방비의 3배, 그리고 경제개발비와 환경보호비의 1.4배에 달하게 되었다. 이렇게 볼 때 노르웨이는 더 이상 전쟁기능을 수행하는 전통적인 정복국가·약탈국가도 아니고, 경제개발에 역점을 두는 발전국가도 아니며, 전국민의 삶의 안전 보호에 정책의 최우선을 두는 복지국가로서의 위상을 뚜렷이 가지게 되었다고 할 수 있다. 그러나 중요한 점은 복지국가의 기초가 1920~1945년의 정치·경제·사회적 역동기에 확고하게 구축되었다는 것이다.

이상의 모든 논의를 종합해 볼 때 1920~1945년의 기간에는 1차 세계대전의 전후 처리문제, 경제공황, 그리고 2차 세계대전의 수행과 관련하여 구미 각국에서 새로운 복지제도가 도입·확충되었고, 복지 수혜자의 범위가 확대되었으며, 사회복지를 위한 국가의 재정지출이 대폭 증가했다는 것을 알 수 있다. 이러한 변화들은 무엇보다도 19세기 후반부터 태동하기 시작한 복지국가의 제도적·재정적 기틀을 확고부동하게 정착시킨 것은 물론 복지 수혜자를 확대시킴으로써 복지국가를 지탱하는 지지세력을 대거 확보하게 되었다는 점에서 커다란 의의를 갖는다.

---

3 이러한 해석은 〈표 4-2〉에서 제시된 바와 같이 GDP의 3%나 5% 수준을 복지국가 진입의 경계선(*threshold*)으로 보는 관점과는 다르다. 중요한 것은 복지비의 비중이 GDP의 몇 %냐가 아니라 국가의 재정지출 구조에서 차지하는 복지비의 위치라고 할 수 있다. 한편 〈표 4-2〉와 〈표 4-3〉에서 노르웨이의 복지비 비중이 다소 다르게 나타났는데 그것은 두 표에서 사용한 계산방식이 달랐기 때문이다.

3. 복지국가의 팽창기 (1945~1975)

2차 세계대전이 종결된 1945년부터 대략 1975년까지는 '복지국가의 황금기'로 불린 시기였다. 그 이유는 1920~1945년 기간 동안 제도적·재정적 측면에서 그리고 복지 수혜자 측면에서 확고하게 정착된 복지국가가 2차 세계대전 이후 약 30년간 지속된 경제적 번영과 함께 복지국가의 발전이 모든 측면에서 극대화되었기 때문이다. 그뿐 아니라 이 시기에는 그 이전 시기에 뉴딜, 사회협약, 혹은 역사적 타협을 위해 국가-자본-노동 간에 형성된 화해적 정치구조가 그대로 지속되어, 경제성장-완전고용-복지국가를 한 묶음으로 하는 '동의의 정치'(*politics of consensus*)가 장기간 동안 실현되었다.

이러한 화해적 정치구조는 나라에 따라서는 사회민주당, 노동당, 혹은 민주당의 집권 하에 수립되었는데 이 구조의 핵심은 다음과 같다(성경륭, 1991). 첫째, '소유-경영-생산-분배-소비'의 자본주의적 경제과정에서 국가나 노동계급 그 누구도 소유-경영-생산에 관한 자본가계급의 특권적 지위를 박탈하지 않는다. 둘째, 노동계급은 자본가계급과 합의하에, 그리고 국가의 제도적 보장하에 경영참가와 단체협약의 형태로 경영-분배과정에 부분적으로 참여하되 결코 소유-생산 영역을 사회화하려는 급진적 시도를 하지 않는다. 셋째, 국가-자본-노동 간의 협력의 결과 이루어지는 경제성장은 자본가계급을 이롭게 하는 것은 물론 노동계급에게는 완전고용과 향상된 복지혜택을 보장하고 국가에게는 재정수입의 증가를 보장하기 때문에 3자의 협력은 모두를 이롭게 공공재로 작용한다. [4]

이와 같은 정치적 토대에서 1945~1975년 기간 동안 거의 모든 구미 선진국들은 높은 수준의 경제성장을 안정적으로 구가할 수 있었다. 〈표 4-4〉에 제시된 것처럼 1973년 오일쇼크가 일어나기 전까지 표에서 제시된 7개 국가를 포함한 모든 OECD 국가들은 1960년대에 연 평균 5%의 높은 경제성장률을 달성하였고, 1950년대에도 연평균 4.4%의 높은 경제성장률을 기록하였다.[5] 그뿐 아니라 이 기간 동안 대부분의 선진국들은 낮은 수준의 인플레와 또한 낮은 수준의 실업률을 경험하였다.

1945년부터 1970년대 중반까지 대략 30년 동안 구미 선진국들이 높은 경제성장률, 낮은 인플레, 그리고 낮은 실업률을 기록하였다는 것은 그만큼 이들 국가들이 복지비 지출을 더 많이 할 수 있는 좋은 조건을 가지고 있었다는 것을 뜻한다. 이들 국가들의 공공복지비 지출규모가 어느 정도였는가를 파악하기 위해 다시 〈표 4-4〉를 보면, 일본과 미국을 제외한 대부분의 나라들이 1960년대까지 대체로 GDP 대비 10% 초·중반대의 복지비를 지출했으나, 1970년대 중반에 오면 모두 20% 이상을 복지비로 지출했음을 알 수 있다. 특기할 것은 서독, 프랑

---

4 1945~1975년 사이에 형성된 국가-자본-노동의 협력관계를 동의의 정치로 규정하는 견해에 대해서는 반대의견도 존재한다. 피어슨(Pierson, 1991: 130)은 3자 간에 형성된 동의와 타협은 모든 행위자가 화해 불가능한 갈등(irreconcilable conflicts)에 대해 일시적으로, 그리고 전략적으로 화해한 것에 불과했다고 한다. 이런 시각에서 보면 동의와 타협의 정치는 일종의 '정전협정'이었다고 볼 수 있다.

5 〈표 4-4〉는 선정된 7개국에 대해 1963~72년, 1973~81년 기간 동안의 자료만 제시하고 있으나, 아인혼과 로그(Einhorn & Logue, 1989:195)는 모든 OECD 국가들에 대해 1950~60, 1960~70, 1973~79, 1979~86, 1987, 1988년의 경제성장률 자료를 제시하고 있다. 그들에 따르면 OECD 국가들의 시기별 연평균 경제성장률은 4.4%(1950년대), 5.0%(1960년대), 2.6%(1973~79), 2.3%(1979~86), 3.1%(1987), 3.0%(1988년 추정치)였다.

스, 오스트리아의 경우 1970년대 중반에 GDP의 20%대를 복지비로 지출한 데 비해, 스웨덴은 무려 34.8%를 복지비에 지출했다는 사실이다. 이점에서 복지 선진국으로서의 스웨덴의 위상이 분명히 확인된다.

〈표 4-4〉에 제시된 모든 자료들을 종합적으로 검토해 보면, 1920~1945년 기간에 형성되고 2차 세계대전 직후 강화된 국가-자본-노동 간의 화해적 정치구조가 적어도 오일쇼크가 발생한 1973년까지는 매우 효과적으로 작동해 온 것을 알 수 있다. 이런 관점에서 볼 때 복지국가는 결국 이 화해적 정치구조의 결과였다고 평가할 수 있다. 그러나 정

〈표 4-4〉 구미 각국의 경제 및 복지관련 자료

(연평균, %)

	경제성장률		인플레		실업률		GDP 대비 복지비	
	1963 ~1972	1973 ~1981	1963 ~1972	1973 ~1982	1963 ~1972	1973 ~1982	1960	1975
스웨덴	3.9	1.8	5.4	10.0	1.9	2.2	12.3	34.8
서독	4.4	2.4	3.2	5.2	1.1	3.8	17.1	27.8
프랑스	5.5	2.8	4.7	11.1	1.9	5.1	14.4	26.3
오스트리아	5.1	2.9	3.9	6.4	2.6	1.9	10.1	20.1
영국	2.9	1.3	5.9	14.2	2.0	5.4	12.4	19.6
미국	3.9	2.6	3.7	8.8	4.7	6.0	9.9	18.7
일본	9.9	4.6	6.0	8.8	1.2	2.0	7.6	13.7

┃1) 스웨덴의 복지비는 각각 1962년과 1983년의 수치임.
　2) 오스트리아의 복지비는 각각 1950년과 1977년의 수치임.
┃출처: 1) 경제성장률, 인플레, 실업률 등의 자료 출처는 Scharpf(1984: 258).
　　　 2) 복지비의 자료출처는 Pierson(1991: 128), Esping-Andersen & Korpi(1984: 185), Einhorn & Logue(1989: 178).

반대로 복지국가 그 자체, 혹은 복지국가에 의한 복지 지출은 화해적 정치구조를 유지·강화하는 독립변수로서의 위치도 가지고 있음이 지적되어야 한다.

쉐보르스키(Przeworski, 1985: 135~136)가 지적하듯 노동계급을 비롯한 일반 국민의 민주주의와 자본주의체제에 대한 자발적 복종(혹은 동의)을 보증하기 위해서는 반드시 물질적 보상이 주어져야 하고, 이렇게 될 때에만 체제의 안정성은 증가하게 된다. 그러므로 1970년대 초반까지 급속도로 증가해 온 국가의 복지 지출은 노동계급과 일반 국민의 체제에 대한 순응성을 함양하는 '동의의 물질적 기초'(material basis of consent)로 기능했다고 할 수 있다.

1945~1975년의 복지국가 황금기 동안 제도적 측면에서의 뚜렷한 변화는 없었다고 볼 수 있다. 다만 그 이전까지 구축되어 온 다양한 복지제도들이 개별국가들로 빠르게 확산되어 나라마다 산재보험, 질병보험, 실업보험, 노령연금, 가족수당 등의 제반 복지제도를 갖추었고 또한 개인적 사회서비스와 공공부조를 위한 제도도 더욱 확충되었다. 그리하여 이 시기에 구미 각국에서는 복지국가의 제도적 완벽성이 확보되었다고 할 수 있다.

그러나 나라마다 다소의 차이는 있지만, 복지 수혜자의 수는(보험제도의 경우) 〈그림 4-1〉에서 보았듯이 1970년에 이르러 거의 100%까지 확대됨으로써 1945~1970년 기간 동안 커다란 변화가 있었다고 할 수 있다. 그러므로 이 시기는 복지제도가 완비되고 수혜자가 보편화된 인류 역사상 가장 획기적인 복지발전기였다고 할 수 있다. 그뿐 아니라 이 시기에는 〈표 4-4〉에서 살펴본 것처럼 국가에 의한 복지비 지출도 GDP 대비 20%, 심지어 30% 대로 증가했기 때문에 종합적으로 볼 때

이 시기의 복지국가는 (1) 복지제도의 포괄성, (2) 복지 수혜자의 보편성, (3) 복지혜택의 적절성이라는 세 측면에서 복지발전의 절정기에 이르렀다고도 이해할 수 있다.

4. 복지국가의 재편기 (1975~현재)

1973년에 무려 5배의 유가상승을 가져온 오일쇼크는 2차 세계대전 이후 약 30년간 지속되어 온 자본주의의 안정적 축적체제를 근원적으로 뒤흔드는 결정적 작용을 했다. 〈표 4-4〉에서 제시된 것처럼 오일쇼크 이후 OECD 국가들의 평균 경제성장률은 5%대에서 2%대로 떨어졌고, 인플레는 5%대에서 8~10%대로 급증했으며, 실업률은 2%대에서 5%로 상승했다. 이러한 경제적 혼란은 곧 이어 과거 30여 년간 비교적 큰 변화 없이 효율적으로 유지되어 온 국가 - 자본 - 노동 간의 화해적 정치구조에 치명적인 균열을 가져오게 되었다.

구미 각국에서 공통적으로 나타난 이러한 균열은 많은 복지비 지출과 함께 엄청난 규모의 국방비를 지출하는 영국과 미국에서부터 표출되기 시작했다. 영국에서는 1979년에 노동당 정부가 실각하고 대처의 보수당 정부가 들어섰으며, 미국에서는 1980년에 민주당 정부가 실각하고 레이건의 공화당 정부가 수립되었다. 그러나 경제성장의 둔화, 상승하는 인플레와 실업률이라는 경제적 악조건이 초래한 균열은 이들 두 나라에만 국한된 것은 아니었다. 1980년대를 통해 사회민주당이 확고한 정치적 헤게모니를 행사하던 유럽 여러 나라에서도 보수회귀의 물결은 봇물처럼 터져 나왔다(주성수, 1992: 25~28 참조).

1981년 덴마크 사민당과 노르웨이 노동당이 선거에서 패배했고, 이어 1982년 독일의 사민당도 재집권에 실패하고 말았다. 그뿐 아니라 오스트리아 사회당은 1987년에 단독정부 수립에 실패하였으며, 1991년에는 복지국가의 전형으로 알려졌던 스웨덴에서도 사민당이 선거에서 패배하고 말았다. 이로써 1945~1975년 기간 동안 복지국가의 황금기를 주도했던 노동당, 민주당, 그리고 사회민주당 정부는 구미 각국에서 거의 모두 제2당으로 전락하게 되었고, 그 결과 1975년 이후 오늘날까지 구미의 복지국가는 긴 재편기에 접어들게 되었다.

1970년대 후반부터 본격화된 보수회귀의 흐름은 보수정권의 등장을 뜻하는 것만은 아니었다. 흔히 신우파(New Right) 혹은 신보수주의(neo-conservatism)[6]로 불리는 보수세력은 국가권력의 쟁취 외에 국가에 의한 경제개입과 복지개입을 모두 비판하고 궁극적으로는 복지국가의 해체를 통해 '작은 정부, 큰 시장'이라는 자유주의적 목표를 달성하고자 이데올로기적·이론적 공세를 집요하게 전개해 왔다는 점에서 단순한 정치세력으로 규정해서는 안 된다. 신우파 혹은 신보수주의는 하나의 이데올로기이고 이론체계이며, 동시에 하나의 사회운동이고 정치세력이라고 할 수 있다.

어떻든 이들 세력은 1973년 오일쇼크 이후의 경제위기가 오직 유가상승이라는 외부적 요인에 의해서만 기인한 것이 아니라, 근본적으로는 자유시장기제의 작동을 왜곡하는 국가의 경제개입과 복지개입이라

---

6 신우파는 자유시장을 옹호하면서 국가개입의 축소를 주장하는 세력이고, 신보수주의자는 국가와 가족의 전통적 권위회복과 사회적 규율의 강화를 강조한다는 점에서 양자 간에는 차이점이 존재한다. 그러나 양자 간에는 차별성보다 선택적 친화성이 강하기 때문에 통상 이 양자를 하나의 그룹으로 취급한다.

는 내적 요인에서부터 비롯되었다고 주장하였다. 그리하여 이들은 경쟁력을 강화하고 경제성장과 고용증대를 이루기 위해 국가의 경제개입을 축소하는 것은 물론 생산비의 경직적 상승을 가져오는 복지 지출도 감축해야 한다고 주장한다(Mishra, 1990: 18~20).

그러므로 이들 보수세력이 1970년대 후반부터 정권을 장악했을 때 어떤 일을 시도할지는 자명했다고 할 수 있다. 먼저 영국의 대처 정부는 1980년 이후 주택, 교육, 의료, 실업수당, 공공부조, 연금, 기타 이전지출에 대한 대대적 삭감을 시도하였다. 이러한 체계적 복지삭감(*welfare cuts*)은 이어 미국, 덴마크, 노르웨이, 독일, 오스트리아, 스웨덴 등으로 확산되어, 구미 각국에서는 그 이전까지 형성된 복지국가라는 거대한 구조물을 조금씩 축소시키려는 일들이 진행되어 왔다고 할 수 있다(Pierson, 1991: 173~176).

그러나 보수정권에 의한 지속적 복지삭감 노력에도 불구하고 1975년 이후 국가에 의한 복지비 지출은 실제로는 점진적으로 증가해 왔음을 분명히 인식해야 한다. 〈그림 4-2〉가 보여주는 것처럼 OECD 국가들의 복지비 지출은 그 증가율에서 비록 1975년 이후 감소하긴 했지만 결코 마이너스로 내려가지는 않았다. 다시 말해 오일쇼크 이후 보수정권에 의한 복지삭감은 복지비 지출의 증가율을 둔화시켰을 뿐 복지비의 절대액을 감축시키지는 못했다. 그리하여 OECD 국가들의 경우 1965년도 국내총생산(GDP)과 복지비를 각각 100으로 했을 때, 1973년의 지수는 150과 230이었고 1985년의 지수는 200과 370으로 나타났다. 이것을 보면 1970년대 초반 이후 오일쇼크라는 외부적 충격과 보수정권에 의한 복지삭감이라는 부정적 요인이 있었지만 복지비의 증가율은 경제성장률보다 크게 앞섰다고 할 수 있다(Pierson, 1991: 133).

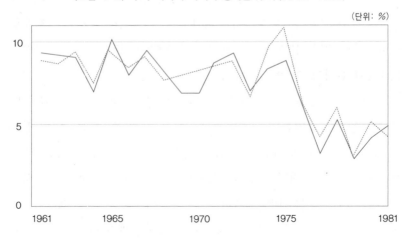

〈그림 4-2〉 구미 각국의 복지비 증가율 추이(1960~1981)

(단위: %)

——— 17개 OECD 국가의 평균치(덴마크와 스위스 제외)
········ 7개국의 평균치(서독. 프랑스. 영국. 이탈리아. 미국. 캐나다. 일본)
┃ 출처: Pierson(1991: 139).

복지비의 점진적 증가추세는 1980년대와 1990년대에 들어와서도 계속 유지되었다. 1장에 제시된 〈그림 1-1〉에 의하면, 유럽연합 21개 회원국들의 GDP 대비 복지비 비중은 지난 1980년대 초반 18~19%대에서 시작하여 2012년에는 25% 수준까지 지속적으로 증가했고, 프랑스의 경우는 GDP의 33.0%, 덴마크는 30.8%, 벨기에는 30.7%, 스웨덴은 28.6%라는 높은 수준의 복지비를 2012년에도 여전히 유지하고 있다. 한편 신우파와 신보수주의 세력이 득세하여 복지국가에 대한 공격을 강화했던 영국의 경우 대처정부의 등장 이후 약간의 복지비 축소 조정이 있었지만, 그 이후 다시 예전의 수준을 회복하여 2012년에는 23.9%라는 높은 수준을 유지하고 있다. [7] 영국보다 복지비의 비중이 낮았던 미국의 경우에는 복지비의 절대적 축소가 없는 상태에서 지속적인 증가세를 보여 1980년에 13%이던 GDP 대비 복지비 비중이 2012년에는 19.7%까지 증가하였다 (OECD, 2013).

그러면 보수정권의 대대적인 복지삭감에도 불구하고 실제로 복지비가 증가한 이유는 무엇인가? 이것은 아마도 다음의 다섯 가지 요인에 의해 초래된 것으로 보인다.

(1) 고령화의 진전에 따라 노령연금의 지출이 빠르게 증가했다.
(2) 실업률의 증가에 따라 실업수당과 공공부조 지출도 대폭 증가했다.
(3) 인플레 심화에 따라 물가에 연계된 각종 급여지출이 늘어났다.
(4) 복지국가의 발전으로 국민의 대다수가 복지의 수혜자가 되었고, 또 복지분야에서 일하는 종사자의 수가 늘어나게 됨으로써 이들 모두 복지삭감에 반대하고 복지예산 증액에 찬성하는 친복지 세력이 되었다.
(5) 선거경쟁은 복지삭감 정책이 가져올 부정적 결과를 두려워하는 정당들로 하여금 이 정책을 피하게 하기보다 적극적으로 복지 증진정책을 추구하게 만들었다(Pierson, 1996; Esping-Andersen, 1998; Pierson, 1998 참조).

---

7 영국에서는 대처리즘의 영향으로 70년대 후반에 25%를 상회했던 GDP 대비 복지비 지출이 1988년에 22.6%까지 감소하였으나, 1993~95년에는 다시 26% 수준까지 증가하였으며 (Hills, 1998), 2000년대에 들어와 23.9%로 다시 약간 축소 조정되었다.

그러나 이런 증가요인의 이면에서 급증하는 복지비용을 감축하기 위한 집요한 노력이 보수정권은 물론 진보정권에 의해서도 추진되었다는 점이 지적되어야 한다. 1970년대의 오일 쇼크 이후의 생산비 증가, 동아시아 국가들의 세계시장 진출에 따른 선진국의 경쟁력 약화, 세계화와 지식정보화에 따른 실업의 급증, 경제성장률의 둔화 등 갖가지 문제로 인해 복지비용이 눈덩이처럼 불어나는 상황에서 만약 보수정권에 의한 대대적 복지삭감 조치가 취해지지 않았다면 어떤 일이 벌어졌겠는가? 짐작건대 거의 모든 구미 국가들에서는 재정적 파탄이 초래되었을 가능성이 매우 높았다고 할 수 있다. 그 까닭은 복지국가를 유지하기 위해 대부분의 구미 국가들이 이미 오랫동안 적자재정을 운영해 오고 있었기 때문이다(Kohl, 1981: 329~334; Einhorn&Logue, 1989: 216). 그러므로 1970년대 후반 이후 구미 각국의 보수정권들은 복지비의 절대규모를 축소시키는 데는 실패했지만 장기간의 경제적 어려움으로 말미암아 기하급수적으로 증가했을 복지비의 증가율을 둔화시키는 데는 상당한 정도로 성공했다고 볼 수 있다. 이런 맥락에서 1990년대에 사민당 등 진보계열의 정당들이 재집권한 경우 복지재정과 복지관리기구의 효율성을 높이기 위해 불필요한 지출과 인력을 줄이고자 행정개혁에 몰두한 것도 바로 비용감축을 위한 노력이 얼마나 절박했던가를 잘 보여준다(Pierson, 1998 참조).

종합하면 1973년 이후 오일쇼크에 의해 초래된 경제위기는 국가-자본-노동 간의 화해적 정치구조를 뒤흔드는 결정적 계기를 조성하고 상당한 정도의 복지삭감을 가져왔으나, 1970년대 중반부터 오늘날까지 복지비는 지속적으로 상승해 왔다. 이러한 사실은 비록 복지국가에 대한 보수세력의 이데올로기적·이론적 공세가 치열했고 복지삭감을 위한 정치적 조치들이 강경했다 하더라도, 경제악화와 인구학적 변화에 따른 복지비 증가의 내적 요인들이 너무나 광범위하고 강력했음을 입증한다고 볼 수 있다.

복지국가의 발달사라는 측면에서 생각한다면 복지국가는 보수정권이 등장했다고 해서 쉽사리 약화되거나 붕괴될 수 있는 것은 아니라고 보아야 한다. 왜냐하면 복지국가의 발전은 한편으로는 공공부문의 취업을 크게 증가시키고 다른 한편으로는 복지 수혜자를 전국민으로 확대했기 때문이다. 따라서 선거경쟁을 통해 정권을 창출·재창출해야 하는 정당의 입장에서는 복지삭감이라는 정책이 정치적으로 매우 심각한 결과를 초래할 가능성이 높다. 이런 점에서 공공부문의 취업이 상당한 수준에서 유지되고 보편적 복지제도가 유지되는 한, 그리고 민주주의라는 정치제도(특히 선거와 정당)가 존재하는 한 1945~1975년의 황금기에 구축된 복지국가의 기본 틀은 상당히 오랫동안 지속될 것으로 전망해 볼 수 있다.

그러나 이러한 낙관적인 전망 외에 매우 비관적인 전망도 가능하다. 세계 각 지역별로 경제공동체(예: EU, NAFTA, MERCUSOR, APEC 등)가 창설되고, 또 세계적 차원에서 세계무역기구와 같은 초국가적 기구(supra-national institution)의 등장으로, 앞으로는 일정 영토를 중심으로 강력한 통치력을 행사했던 전통적 의미의 국민국가(national state)의 힘은 상대적으로 약화되고 초국가적 기구의 힘은 상대적으로 강화될 것으로 예상할 수 있다. 그뿐 아니라 특정의 경제블록 내에서 혹은 전 지구적 수준에서 과거보다 훨씬 높은 유동성을 확보하게 된 자본가계급은 자신에게 많은 복지부담을 요구하는 국가에서는 투자를 중단하고 자신에게 보다 많은 보호와 지원을 제공하는 타 지역으로 투자를 자유롭게 이동할 수 있게 되었다고 볼 수 있다.

국민국가의 상대적 약화와 자본가계급의 상대적 강화는 필연적으로 지리적·사회적 유동성이 낮은 노동계급의 지위약화를 초래할 것이다. 이러한 상황은 지난 날 한 국가 내에서 형성된 국가 - 자본 - 노동의 화해적 정치구조가 중대한 위기에 봉착하게 된다는 것을 의미한다. 이렇게 되면 한 나라의 경계 내에서 구축된 복지국가에는 어떤 결과가 초래될 것인가? 짐작건대 최악의 상황은 아마도 노동계급에 대한 사회보장이 잘 이루어진 나라의 경우 자본의 이탈이 가속화되고, 사회보장이 약한 다른 나라로부터 불안정한 취업자나 빈민이 몰려들어 결국에는 복지재정이 파산하고 마는 상황이 될 것이다.

이러한 시나리오가 물론 가까운 장래에 실현되리라고 예상할 수는 없다. 그러나 경제활동의 블록화와 세계화가 과거보다 더 빠른 속도로 진행되고, 자본, 노동, 상품, 서비스가 한 국가의 경계를 벗어나 광범위한 지역으로 더욱 자유롭게 이동할수록 복지국가의 위상은 상당히 심각한 위협에 직면할 수도 있다고 판단된다. 따라서 복지국가의 장래가 낙관적 혹은 비관적 전망 사이에서 어디로 귀착될 것인가 하는 문제는 복지비용의 분담과 복지혜택의 배분을 둘러싸고 전개되는 이해당사자 사이의 치열한 갈등과 투쟁의 결과에 따라 결정될 것으로 예상된다.

5. 복지국가 발전과 재분배 문제

이상으로 1920년대부터 최근까지의 복지국가 발전 과정을 살펴보았다. 그런데 지금까지 역사적 검토는 복지국가 발전의 네 차원인 (1) 복지제도의 종류 혹은 포괄성(*comprehensiveness, range*), (2) 복지수혜 대상자의 범위(*coverage*), (3) 복지혜택의 적절성(*adequacy, generosity*), (4) 재분배 효과(*redistributive effect*) 중 앞의 세 차원에 그 논의가 한정되었다. 그러면 포괄적 복지제도를 수립하여 전국민을 대상으로 국내총생산의 엄청난 부분을 투입하여 국민들의 삶의 안전을 보장하려 한 복지국가는 어느 정도의 재분배 효과를 가져 온 것으로 평가할 수 있는가? 달리 말하면, 그 기원에서 민주주의와 자본주의 사이의 구조적 갈등을 화해시키고 자본주의적 분배-소비과정을 수정하고자 했던 복지국가는 이 목표를 어느 정도 달성했다고 볼 수 있는가?

이 문제에 대해 코르피(1983: 9장; 1989: 311~314)는 노동계급에 의한 권력자원 동원(*power resource mobilization*)의 정도가 복지국가 발전의 네 차원, 특히 재분배 효과를 결정한다고 주장한다. 그에 따르면 (1) 노동계급의 조직화 정도(노조 가입률), (2) 노동계급 내부의 결속 정도(노동조합 간 통합 혹은 분절 정도), (3) 노동계급과 좌파정당 사이의 결합 정도(좌파정당에 대한 지지도)로 구성되는 권력자원이 그 자원의 동원 정도에 따라 좌파정당의 집권 여부 및 집권기간, 그리고 복지국가의 발전 정도와 복지국가에 의한 재분배 효과를 결정한다는 이론을 제시한다.

코르피가 제시한 노동계급의 세 가지 권력자원을 보다 분석적으로 유용하게 구분하기 위해서는 카메론(Cameron, 1984: 159~170)이 제시하는 것처럼 (1) 노동계급의 조직화 정도와 노동계급 내부의 결속 정도를 하나로 묶어 '노동계급의 조직력'으로, 그리고 (2) 노동계급과 좌파정당 간 결합 정도를 '좌파정당의 정치력'으로 이원화시킬 필요가 있다.[8] 실제로 코르피 자신도 〈표 4-5〉에서 보는 바와 같이 경험적 분석에서는 노동계급의 권력자원을 이원화해서 사용하고 있다. 이제 이 구분을 토대로 하여 복지국가에 의한 재분배 효과가 구미 선진국들에서 어떻게 상이하게 나타났는지를 살펴보자.

우선 복지국가에 의한 재분배 효과는 세입 단계에서의 재분배와 세출 단계에서의 재분배로 나누어 볼 수 있다. 이렇게 볼 때 세입 재분배란 조세징수 전의 지니계수와 징수 후의 지니계수의 차이를 징수 전의 지니계수로 나눈 비율로 그 효과가 측정되고, 세출 재분배는 정부 총지출 중 사회보장비(순수 이전지출)의 비율로 그 효과가 측정될 수 있다 (Korpi, 1983: 195).

그러면 복지국가의 재분배 효과는 구체적으로 어떻게 나타나는가? 〈표 4-5〉에 의하면 노동계급의 조직력(동원력)이 높을수록, 그리고 좌파정당에 의한 통치가 장기간 안정적으로 유지될수록 소득불평등의 정도는 낮고(낮은 지니계수), 세입 재분배와 세출 재분배의 효과가 모두 높은 것으로 드러난다. 이것은 복지국가로 동일하게 분류될 수 있는 국가들이라 하더라도 노동계급의 높은 조직력과 좌파정당의 높은 정치력에 바탕을 둔 국가일수록 세입단계와 세출단계에서 모두 높은 재분

---

8 카메론에 따르면 노동계급의 조직력은([노조 간의 결속·분절 정도+최상급 노조에 의한 하위 노조의 규제력]×노조조직률)에 의해 규정되고, 좌파정당의 정치력은(좌파정당 출신의 정부각료 비율×좌파정당 소속 의원의 의회 구성비)에 의해 규정된다고 한다.

배 효과를 가져올 수 있다는 것을 뜻한다. 달리 말하면 이러한 국가야 말로 세입단계에서 직접세의 비중을 높이고 또 누진세를 적용하며, 세출단계에서 이전지출을 증가시켜 재분배 효과를 총체적으로 극대화시킨다는 것이다.

독일과 네덜란드의 경우 이러한 인과관계가 그다지 뚜렷하지 않으나, 전체적으로 보면 노동계급의 조직력과 좌파정당의 정치력이 복지

〈표 4-5〉 권력자원 동원 정도와 복지국가의 재분배 효과(1960~70년대)

권력자원 동원	국 가	지니계수	세입 재분배	세출 재분배
높은 동원 /안정적 지배	스웨덴	0.271	0.127	9.5
	오스트리아			9.3
	노르웨이	0.301	0.133	6.9
높은 동원 /주기적 지배	덴마크			6.5
	뉴질랜드			6.8
	영국	0.327	0.076	6.8
평균 이상의 동원 /약한 지배	호주	0.354	0.003	4.2
	핀란드			5.2
	프랑스	0.417	0.005	4.2
평균 이하의 동원 /부분적 참여	독일	0.386	0.033	8.3
	네덜란드	0.264	0.081	8.8
낮은 동원 /정치적 배제	캐나다	0.348	0.073	3.6
	미국	0.369	0.057	4.5

▮ 출처: Korpi (1983: 196).

국가의 전체적 재분배 효과와 소득 불평등의 정도를 결정한다는 가설이 〈표 4-5〉에 제시된 자료로 분명하게 확인된다고 볼 수 있다. 이러한 발견으로 미루어 복지비용의 분담과 복지혜택의 배분을 둘러싸고 치열한 갈등이 진행되는 자본주의체제에서는 노동계급의 높은 조직력과 좌파정당의 강력한 정치력에 의해 뒷받침되는 복지국가만이 높은 수준의 소득 재분배를 실현하여 평등을 증진시킬 수 있었을 것으로 추론할 수 있다.

노동계급의 조직력과 좌파정당의 정치력의 정도가 복지국가에 의한 재분배 효과를 차등적으로 결정한다는 이상의 논의는 복지국가의 발전 수준을 구분하거나 복지국가 내부의 유형화를 모색하는 데 좋은 기준을 제시해준다. 노동계급의 조직력의 정도와 좌파정당의 정치력의 정도를 서로 교차시켜 여러 국가들을 분류하면 그 국가들이 어느 수준의 혹은 어떤 형태의 복지국가인지를 구분할 수 있다는 것이다(카메론의 논의 참조). 〈그림 4-3〉은 이와 같은 가능성을 개념적으로 그리고 가설적으로 정리해 본 것이다.

〈그림 4-3〉은 노동계급의 조직력과 좌파정당의 정치력이 모두 낮은 수준일 경우에는 '복지 빈곤국'이, 그리고 이 두 변수의 수준이 상승할수록 점차 '복지 지체국'(적극국가), '복지 중진국'(사회보장국가)을 거쳐 '복지 선진국'(사회복지국가)[9]이 나타날 것이고, 마지막으로 두 변수가 극단적으로 높은 수준에 도달하는 경우 복지국가를 통해 사회주의를 실현하겠다는 사회민주주의자들의 염원처럼 '복지 사회주의'가 실현

---

9 복지 선진국(혹은 퍼니스와 틸턴이 개념화한 사회복지국가)은 포괄적 복지제도를 바탕으로 전국민에게 적절성과 재분배 효과가 높은 복지혜택을 제공하는 국가를 의미한다.

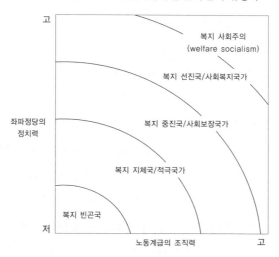

〈그림 4-3〉 복지국가의 발전 수준과 유형화

복지 사회주의
(welfare socialism)

복지 선진국/사회복지국가

복지 중진국/사회보장국가

복지 지체국/적극국가

복지 빈곤국

좌파정당의
정치력

고

저

노동계급의 조직력

고

될 것이라는 것을 가설적으로 도식화하고 있다. 이러한 도식화가 얼마나 타당할 것인가 하는 문제는 앞으로 경험적 검증을 거쳐야 할 것이다. 그러나 적어도 개념적 측면에서 본다면, 이 도식화는 다른 어떤 요인보다도 노동계급의 조직력과 좌파정당의 정치력의 정도가 복지국가의 발전 수준 혹은 유형에서 나타나는 차별성을 효과적으로 변별하게 해준다는 점에서 매우 유용하다고 할 수 있다.

〈그림 4-3〉에서 제시된 가설적 도식화는, 그러나 지나치게 기계적으로 또는 목적론적으로 이해되어서는 안 된다. 다시 말해 노동계급의 조직력과 좌파정당의 정치력은 시간의 흐름에 따라 지속적으로 상승하여 모든 국가는 복지 빈곤국, 복지 지체국, 복지 중진국, 복지 선진국을 거쳐 종국에는 복지 사회주의에 도달하게 될 것이라는 식의 이해는 전

혀 잘못된 인식이라고 할 수 있다. 오히려 정반대로 노동계급의 조직력과 좌파정당의 정치력은 다양한 변인들, 예컨대 국내의 경제적 조건, 사회문화적 균열구조, 국제적 경쟁, 경제적 블록화와 세계화 등 여러 변인에 의해 강화되거나 약화될 수 있는 매우 가변적인 것으로 보아야 한다.

따라서 어떤 나라가 노동계급의 강력한 조직력과 좌파정당의 확고한 정치력에 기초하여 복지 선진국의 수준에 도달했다고 하더라도 만약 제반 구조적·상황적 조건의 변화에 따라 노동계급의 조직력과 좌파정당의 정치력이 약화된다면 복지 선진국 그 자체도 약화되거나 쇠퇴할 수밖에 없을 것이다. 물론 복지 선진국의 핵심적 제도와 프로그램을 유지하게 하는 내재적 힘(즉 공공부문의 취업자와 복지수혜자)이 상당한 정도의 내구력(또는 저항력)을 발휘할 것으로 예상할 수 있지만, 결국 복지국가의 장래는 그것을 지탱하려는 세력과 와해시키려는 세력 간의 갈등과 투쟁에 의해 결정될 것으로 보아야 한다.

05

복지국가 발전에 관한 이론

4장에서는 19세기 말부터 오늘날까지의 복지국가 발전의 역사를 설명하였다. 그렇다면 왜 복지국가가 발전하게 되었는가? 이러한 질문에 관한 연구는 지난 30여 년간 많이 이루어졌고 지금도 여전히 많은 논쟁이 있다. 복지국가의 발전 형태는 국가들마다 특이한 양상을 보이기 때문에 복지국가 발전을 일반화하려는 이론은 한계를 갖고 있다. 그럼에도 불구하고 지금까지 나온 연구들을 종합해 보면 복지국가 발전은 다음과 같이 다섯 가지의 이론들로 설명할 수 있다.

(1) 복지국가를 산업화의 산물로 보는 산업화 이론.
(2) 맑시스트의 입장에서 복지국가의 발전을 독점자본의 필요성의 산물로 보는 이론.
(3) 복지국가 발전을 노동을 대변하는 사회민주주의 세력의 전리품으로 보는 설명.

(4) 복지국가 발전을 다원적 민주주의 발전 과정에서의 각종의 이익
   집단 정치의 산물로 보는 이론.
(5) 복지국가 발전을 국가구조와 정치제도의 입장에서 보는 국가중
   심적 이론.

1. 산업화 이론

복지국가 발전을 설명하는 이론들 가운데 가장 먼저 등장하였고 또
한 가장 많이 논의되고 따라서 가장 많이 비판받는 이론이 산업화 이론
이다.[1] 산업화 이론에 따르면 복지국가 발전은 산업화된 사회에서 발생
하는 '필요'(*needs*)에 대한 대응이 산업화로 인해서 가능해진 '자원'
(*resources*)을 통해서 이루어진 것으로 본다. 이 이론은 크게 두 가지 관
점, 즉 사회적인 관점과 경제적인 관점으로 나누어 설명할 수 있다.

1) 사회적 관점에 기반을 둔 산업화 이론

(1) 산업화는 산업화 이전에 없었던 새로운 사회문제를 야기하며 사
회복지 대상을 증가시켰다. 산업화는 산업재해의 문제, 대규모의 실업
문제, 노동자의 대규모 도시이동으로 인한 도시화에 따른 범죄, 주택

---

[1] 산업화와 복지국가와의 관계를 이론적으로 체계화한 연구로 대표적인 것은 윌렌
스키와 르보(Wilensky & Lebeaux, 1965), 커(Kerr et al., 1964)이다. 또한
실증적인 연구로는 윌렌스키(Wilensky, 1975)와 플로라와 앨버(Flora &
Alber, 1982) 등이 대표적이라 할 수 있다.

문제 등 여러 문제, 그리고 빈곤층 집중현상 등의 문제들을 초래하여 결과적으로 사회복지에 대한 객관적이고 사실적 필요(*objective problem pressure*)가 커져 국가는 이에 대응해야만 한다는 것이다.

(2) 산업화는 가족구조와 인구구조의 변화를 초래하였고, 복지에 대한 국가의 역할을 더욱 증가시킨다. 구체적인 이유는 다음과 같다.

첫째, 산업화는 많은 수의 완전 독립된 노인단독세대를 크게 증가시켰다. 노인단독세대가 문제되는 이유는 산업화 이전에는 유용했던 노인들의 경험적인 지식이 새로운 기술을 중시하는 산업사회에서는 불필요하게 됨에 따라 노인들의 경제적 가치가 떨어져 핵가족이 산업사회에서 유리한 가족형태로 변화하기 때문이다. 또한 산업사회의 특징인 지역이동성(*geographical mobility*) 때문에도 핵가족이 유리한 가족형태로 변화되었다. 뿐만 아니라 의학의 발달은 노인의 수명연장을 가져왔고, 반면에 출산율은 떨어져 인구의 고령화현상이 나타나고 따라서 사회복지의 대상은 크게 늘어났다. 이러한 여러 요인들로 인해 노인들의 복지문제는 점차 국가가 맡지 않을 수 없게 되었다.

둘째, 산업화사회에서는 국가가 산업화 이전 시대에 비해서 그 역할이 변화된 아동의 복지에 관여해야 한다. 산업화 이전 시대의 아동들은 값싼 노동력 공급이라는 측면에서 경제적 가치가 있어 가족의 복지에 기여했으나, 산업사회에서는 이러한 노동력이 점차 필요 없게 되었거나 사용할 수 없게 되었다. 오히려 산업사회에 필요한 기술 인력의 배출이라는 면에서 아동들의 교육에 대한 투자가 필요하게 되자 많은 가족들에게 아동이 '짐'이 되었으므로 국가가 전면에 나서서 아동들의 교육과 복지에 대하여 점차 책임을 질 수밖에 없게 된 것이다.

셋째, 산업화는 또한 여성의 사회참여를 증가시키고, 여성의 역할확대로 여성의 지위가 이전보다 상승되어, 이혼 증가 등으로 여성세대주 (특히 아동이 있는)의 숫자를 증가시켜 이들의 사회복지에 대한 필요를 국가가 해결할 필요성이 높아진 것이다.

2) 경제적 관점에 기반을 둔 산업화 이론

(1) 산업화는 노동인구(labour force)의 속성을 이전 시대에 비하여 크게 변화시킨다. 산업화는 대규모의 피고용자층을 발생시켜서 노동력을 팔아야만 생계를 유지할 수 있는 사람들 — 에스핑-안데르센(Esping-Andersen, 1990)은 이것을 노동력의 상품화(commodification)라 한다 — 을 크게 증가시켰다. 이러한 피고용자들이 질병, 노령, 실업, 산업재해 등으로 소득이 중단되면, 그들의 삶은 크게 위협받으므로 국가가 이러한 문제들의 해결에 적극적으로 나설 수밖에 없는 것이다(Mishra, 1981).

(2) 산업사회에서는 새로운, 그리고 전문적 기술이 중시되고 또한 복잡해진 산업사회에 필요한 잘 훈련된, 건강한 노동력의 지속적인 공급이 필요하게 되는데, 이러한 기능을 산업사회에서 분열된 가족이 맡기에는 한계가 있어 국가가 적극 개입하게 된다.

(3) 자본주의경제를 순수하게 '시장기제'에 맡겨 둘 경우 경제 불안정의 가능성이 높아지는데 국가경제의 안정을 위해서도 국가가 사회복지에 개입할 필요성이 높다. 예를 들면 노령연금이나 실업보험 등의 사회복지 프로그램을 통하여, 불경기 때 구매력이 약한 노인이나 실업자의 구매력을 높여 경기회복을 이룩할 수 있다.

(4) 산업사회에서는 노사관계를 비롯한 다양한 계층의 이해관계가

첨예하게 대립하는 경향이 있다. 이를 해결하기 위해서, 즉 자본주의 체제의 경기규칙을 정하고 집행하기 위해서도 국가의 사회복지에의 개입(예를 들면 노동시장정책)이 확대된다.

(5) 무엇보다 중요한 것은 산업화는 경제성장을 가져와 국가가 사회복지에 사용할 수 있는 자원을 축적시킨다는 점이다. 경제성장으로 국민들의 실질소득이 올라가면 국민들의 조세부담 능력도 커지고 또한 세금을 낼 의도도 증가해서 사회복지에 사용할 자원이 커질 수 있다는 것이다(Cameron, 1978). 전술한 사회복지에 대한 객관적 욕구가 증가하더라도 이러한 경제적 자원이 없으면 국가가 대응할 수 없는 것이다.

산업화 이론의 요체는 서로 다른 정치이념과 정치문화를 가진 국가들도 산업화만 이룩되면 복지국가로 발전되어 유사한 사회복지체계를 갖게 된다고 보는 점이다. 그래서 이것을 수렴이론(convergence theory)이라 부르기도 한다. 산업화 이론의 대표적인 주창자인 윌렌스키는 다음과 같이 단적으로 산업화 이론을 설명하고 있다.

> 경제성장과 그것에 수반하는 인구학적, 그리고 관료제적 측면에서의 변화결과가 복지국가의 기원과 발전의 근본적인 원인이다. 따라서 사회주의경제냐 자본주의경제냐, 집합주의이념이냐 개인주의이념이냐, 혹은 민주적이냐 전제적 정치체제냐 등을 구분하는 문제는 복지국가 발전을 설명하는 데 무의미하다(Wilensky, 1975:xiii).

산업화 이론에서는 복지국가 발전은 경제성장만 이루어지면 자동적이고 결정적으로 이루어진다고 본다. 따라서 이러한 기능주의적 관점에서는 정치적인 변수는 무시하고 또한 계급들 간의 대립이라는 측면도 무시한다. 이러한 관점은 또한 복지국가는 사회구성원 모두를 위하여 기능적으로 필요하고, 복지국가에서 가장 이익을 보는 집단은 산업화 과정에서 피해를 보는 노동자, 노인, 실업자 등의 집단으로 보고 이들의 소득을 높이고 사회적인 소득불평등은 감소시킨다고 본다.

3) 산업화 이론의 비판

산업화 이론에 대한 비판은 이론적 측면과 실증적 측면으로 크게 두 가지로 나누어 설명할 수 있다.

(1) 이론적 측면에서의 비판

(1) 산업화 이론은 산업화로 인하여 증대된 사회복지에 대한 필요가 왜 증가할 수밖에 없는가를 설명하였지만 이로 인한 필요가 구체적인 사회복지제도로 나타나는 과정을 설명하지 못한다. 산업화 이론에 의하여 사회복지에 대한 필요만 있으면 자동적으로, 그리고 결정적으로 복지제도는 나타난다고 보는데, 여기서 필요와 사회복지제도와의 인과관계에 대한 설명이 부족하다. 왜냐하면 필요가 있어도 제도가 나타나지 않을 가능성도 매우 크기 때문이다. 다시 말해 산업화 이론은 사회구성원 사이의 가치와 선택의 차이를 무시한 한계를 갖는다.

산업화로 인한 사회복지에의 필요가 증대된 그 자체가 직접적으로 사회복지제도를 만드는 것은 아니다. 그것의 영향은 정치적 혹은 이념적인 사회구조를 매개로 하여 제도형성에 간접적으로 영향력을 줄 뿐이다. 예를 들면 산업화로 인하여 산업재해가 증가하였을 때(즉 사회복지에의 필요 증가), 이것이 곧바로 산업재해보상보험이라는 제도로 연결되는 것은 아니다. 이러한 필요가 제도로 되기 위해서는 이러한 산업재해의 증가를 사회문제로 인식하고 해결하려는 과정에는 사회구성원들의 가치와 선택을 반영하는 사회적인 평가가 필요하다. 따라서 사회복지제도가 왜 도입되는가를 알기 위해서는 이러한 문제를 정의내리고 사회문제화하는 과정에 어떤 사회집단들이 포함되었고 그들의 가치와 이념이 무엇이고, 이해집단들 간의 갈등의 속성이 무엇인지 등에 관한 이해가 필요하다. 산업화 이론은 이러한 필요와 사회복지제도상의 인과관계를 무시하였다(Mishra, 1981).

(2) 산업화 이론의 가정은 사회복지에 대한 필요가 복지제도로 나타나는 것을 사회적 합의에 의한 것으로 본다. 즉, 사회구성원 모두가 사회복지의 확대를 원한다고 단순화시킨다. 실제로 이러한 설명은 2차 세계대전 후부터 1970년대 초까지의 사회복지발전의 팽창기에는 어느 정도 맞다고 할 수 있다. 그러나 그 이후의 서구 선진산업사회에서는 복지국가에 대한 많은 비판과 문제점들이 발생하여 복지국가 발전상의 이른바 '위기의 시대'가 오는데, 산업화 이론으로 이러한 현상을 설명하는 데 한계가 있다.

(2) 실증적 연구에서의 비판

복지국가는 산업화의 산물이고 산업화가 될수록 발전된다는 산업화 이론은 1965년의 커트라이트(Cutright)의 연구 이래 오늘날까지 많은 실증적인 연구들에 의하여 검증되었으나 아직 많은 논란이 있다.[2] 이러한 연구들의 초점은 두 가지로 나눌 수 있다. 하나는 복지국가 발전을

---

2 우시탈로(Uusitalo, 1984)는 산업화 이론을 지지하거나 비판하는 20여 개의 대표적인 연구들을 체계적으로 정리하여 소개하였다.

설명하는 데 있어 산업화 변수(예를 들면 1인당 GNP, 도시화, 비농업 부문 산업종사자 비율 등)와 비산업화 변수 — 특히 정치적 변수(예를 들면 좌익정당 혹은 우익정당의 세력, 이익집단의 활동 등) — 가운데 어느 것이 더 중요한가를 찾는 데 있다. 다른 하나는 산업화가 되면 국가들 사이의 사회복지체계가 비슷해지느냐 아니면 다양해지느냐에 초점을 맞춘다.

커트라이트(Cutright, 1965)와 윌렌스키(Wilensky, 1975)는 대표적으로 산업화 이론을 지지하며, 산업화 변수가 정치적 변수보다 더 중요하게 복지국가 발전을 설명하고 또한 비슷한 수준의 경제수준에서는 비슷한 사회복지체계를 갖는다고 주장한다. 반면 스티븐스(Stephens, 1979), 카메론(Cameron, 1978), 코르피(Korpi, 1980), 오코너(O'Connor, 1988) 등은 사회민주당의 세력 등 정치적 변수가 더 중요하게 복지국가 발전을 설명한다고 보고, 또한 유사한 산업화의 수준에서도 국가들 사이의 사회복지체계는 크게 다르다고 보았다. 또한 밀러(Miller, 1976)와 김태성(1990)은 양자의 입장을 절충하여 경제발전이 일정수준에 이르기까지는 산업화 변수가 정치적 변수보다 복지국가 발전을 설명하는 데 더 중요하나, 그 수준을 넘어서면 정치적 변수가 더 중요하다고 보았다. 선진 산업국가들을 대상으로 분석하면 정치적 변수가 더 중요하다는 것이다.

이렇게 산업화 이론은 그 이론을 검증하는 실증적인 연구들에 의하여 합치된 지지를 받지 못하고 있다. 이것의 이유는 한편으로는 산업화 이론 자체가 갖는 한계 때문일 수도 있고, 다른 한편으로 이 이론을 실증적으로 검증하는 과정의 문제점들에 기인할 수도 있다.

산업화 이론에 대한 실증적인 연구들은 두 가지 점에서 차이를 보인다. 하나는 복지국가 발전이라는 개념을 측정하는 데에서의 차이고, 다른 하나는 연구방법상의 차이이다. 전자의 경우는 6장의 복지국가

유형론에서 자세히 다루기로 하고, 후자의 경우만 언급하기로 한다.

산업화 이론이 복지국가 발전을 얼마나 잘 설명하느냐는 실증적 연구들에서 서로 다른 결과가 나오는 이유는 연구자들 사이의 연구방법상의 차이에 있다. 이것은 크게 세 가지로 나눌 수 있는데 하나는 연구의 대상 국가들의 차이이고, 다른 하나는 시계열 조사(*time series*)와 횡단조사(*cross-sectional*)의 차이이고, 마지막으로는 조사에 사용된 독립변수의 측정문제에서 나온 차이를 생각할 수 있다.

① 연구대상 국가들의 차이

복지국가 발전을 설명하는 실증적 연구들은 연구대상 국가들에 어떤 국가들을 포함시키는가에 따라서 연구결과가 다르게 나올 수 있다. 예를 들면 윌렌스키(Wilensky, 1975)의 경우 선진국과 후진국들을 포함하여 60개국을 대상으로 조사한 결과 1인당 GNP가 가장 중요한 설명 변수로 나타났다. 반면에 카메론(Cameron, 1978), 스티븐스(Stephens, 1979) 등은 연구대상을 선진산업국(OECD 회원국)에 제한하여 조사하였더니 정치적 변수(특히 사회민주당의 세력)가 더 중요한 변수로 나타났다. 윌렌스키의 연구는 경제발전의 정도에 있어 심한 차이를 보이는 국가들을 모두 분석에 포함시켰기 때문에 경제발전이 복지국가 발전을 잘 설명한다는 결과는 단순히 통계학적이고 인위적인 결과일 가능성도 있다(Castles & McKinley, 1979: 157~171; Uusitalo, 1984). 이러한 사실은 김태성(1990)의 연구에서 확인되는데 전 세계 141개국 국가를 대상으로 분석했을 때는 1인당 GNP가 복지국가 발전을 설명하는 데 중요한 변수로 나타나나, 선진 산업국가들만을 대상으로 할 때는 중요하지 않게 분석되었다. 다시 말해 유사한 경제발전 정도에 있는 국가들 사이에서는 산업화 변수는 더 이상 중요하지 않고 다른 변수에 의하여 복지국가 발전이 더 잘 설명된다고 할 수 있다.

② 횡단연구 대 시계열 분석

산업화 이론을 실증적으로 검증하는 연구들을 크게 두 가지로 나눈다면 하나는 국가들을 조사단위로 하여 국가들 사이의 차이를 분석하는 횡단적 연구와, 다른 하나는 하나의 국가 혹은 몇 개의 국가들에서의 시간의 변화에 따른 사회복지 차이를 분석하는 시계열 연구이다. 1970년대까지는 주로 전자의 연구들이 이루어졌고, 1980년대 들어서는 후자의 연구들이 이루어졌다.[3] 선진 산업국가들만을 대상으로 하는 횡단적 분석은 이들 국가들 사이의 경제적 수준의 차이가 크지 않기 때문에 산업화 변수의 설명력을 통계적으로 낮출 수 있고, 또한 대상 국가들이 많지 않기 때문에 독립변수들 사이의 상관관계의 문제가 심각해질 수 있다. 반면에 시계열 분석에서는 시간에 따른 경제적 수준의 변화(특히 2차 세계대전 후에서 1970년대 초반까지)가 사회복지에 미치는 영향은 상대적으로 크게 나타날 수 있다. 따라서 이 두 가지 연구방법 가운데 어떤 것을 사용하느냐에 따라 경제수준의 변화가 사회복지에 주는 효과가 달라질 수 있는 것이다(Uusitalo, 1984).

③ 독립변수 측정에서의 문제

복지국가 발전을 설명하는 변수로는 흔히 1인당 GNP, 도시화, 노령화, 비농업 부문 종사자 비율 등의 산업화 변수와 좌익정당 혹은 우익

---

3 시계열 연구들의 실례는 힉스와 스웽크(Hicks & Swank, 1984), 오코너(O'Connor, 1988) 등의 연구가 있다.

정당의 세력, 민주정치의 발전정도, 이익집단의 활동정도 등과 같은 비산업화 변수가 사용된다. 이러한 변수들의 정확한 측정하는 데에서 나오는 차이가 연구결과의 차이에 영향을 미친다.

예를 들면 윌렌스키(Wilensky, 1975)의 조사에서는 좌익정당에 미국의 민주당을 포함시키는 반면, 스티븐스(Stephens, 1979)은 사회민주당과 공산당을 좌익정당으로 포함시킨다. 이러한 정치적 변수를 어떻게 측정하느냐에 따라 복지국가 발전을 설명하는 데 산업화 변수를 비롯한 다른 변수들의 설명력을 좌우한다고 할 수 있다.

④ 평 가

산업화가 계속되면 복지국가는 발전하는가? 이러한 질문에 대한 답은 여전히 불명확하다. 산업화 이론은 이론적인 측면과 실증적인 측면에서 많은 문제점이 있다. 이 이론은 산업화가 되면 사회복지에의 필요가 증가하는 것은 잘 설명하였지만, 사회복지 필요의 증가로 사회복지 제도가 반드시 등장하고 발전하게 되었는가를 설명하는 데에는 한계가 있다. 산업화에 의해서 사회복지 필요도 증가하고 이것을 해결할 수 있는 경제적 자원이 있다고 해서 반드시 복지국가 발전이 이루어지는 것은 아니다. 여기에는 산업화 이외의 다른 변수들이 더 중요할 수 있다. 특히 이러한 비산업화 변수들은 경제발전의 일정수준을 넘어서면 더욱 중요할 수 있는 것이다. 산업화가 복지국가 발전을 비교적 잘 설명할 수 있는 것도 국가들의 경제적 수준이 일정 이하까지의 단계이지 그 이상의 수준에서는 다른 변수들이 복지국가 발전현상을 더 잘 설명할 수 있다.

2. 독점자본 이론

복지국가 발전을 설명하는 또 하나의 커다란 이론적 흐름은 이른바 신맑스주의(*neo-marxism*) 이론이다. 전술한 산업화 이론은 복지국가 발전을 산업화 과정에서 나타나는 복지에의 필요에 대한 대응이라는 기능적 필요성으로 설명하였다. 따라서 이 이론은 자본주의사회의 속성들, 예를 들면 생산양식, 계급관계, 노동력 재생산, 자본축적 등을 무시하고, 자본주의사회든 사회주의사회든 산업화만 되면 복지국가가 필요하게 된다는 점을 강조하였다. 반면에 지금부터 설명할 신맑스주의는 바로 이러한 자본주의사회의 속성을 분석하여 복지국가 발전을 설명한다.

여기서 논하는 독점자본 이론은 전통적인 맑시즘에 그 이론적 뿌리를 두고, 고도로 발전된 자본주의사회의 현상을 분석하여 복지국가 발전 현상을 설명한다. 전통적 맑시즘은 오늘날과 같은 의미의 복지국가에 대한 직접적인 설명은 없는데, 그 이유는 우선 전통적인 맑시즘이 나올 당시의 자본주의는 국가의 개입이 매우 미약한 고전적 자유방임적 자본주의 시대였기 때문이다. 그러나 더 중요한 이유는 전통적 맑시즘은 자본주의사회의 속성상 소수의 자본가들이 생산수단을 독점하고 다수의 노동자들은 자기의 노동을 팔아야만 하는 생산관계가 기본적으로 착취적이기 때문에 자본주의사회에서는 다수의 노동자들의 복지가 보장될 수 없다고 보기 때문이다(Mishra, 1975). 따라서 맑시즘에 의하면 진정한 복지국가가 이루어지기 위해서는 생산수단의 사회화를 통하여 생산은 사회적 기준에 의하여 이루어지고 분배는 인간욕구(*human need*)에 의하여 이루어져야 된다고 본 것이다. 또한 전통적 맑시즘에 의하면 국가는 주어진 자본주의 생산양식 체계를 유지하고 강화하기 위하여 지배계급(자본가)의 이익만을 위하여 기능하기 때문에 국가에 의한 복지확대는 불가능하다고 보았다.

그러나 전통적 맑시즘 이후, 자본주의사회는 커다란 변화가 이루어지기 시작하며 자본주의는 고전적인 경쟁적 자본주의로부터 점차 독점적 자본주의로 변화하기 시작하였다. 이러한 현상은 특히 2차 세계대전 이후에 더욱 뚜렷이 나타났다(Baran & Sweezy, 1966). 또한 이 시기에 국가의 역할도 변하여 소극적인 역할에서 점차 적극적으로 자본주의경제에 개입하여 국가의 역할이 매우 중요하게 되어 일반국민들의 복지도 책임지는 '복지국가'가 등장한 것이다. 이러한 상황에서 전통적 맑시즘을 수정, 발전시키는 이른바 신맑스주의가 등장하여, 변화된 자본주의(고도의 독점자본주의)를 분석하기 시작하였고, 이러한 가운데서 복지국가 발전을 독점자본주의의 속성과 연결시켜 설명하게 된 것이다.

복지국가 발전을 설명하는 신맑시즘은 여러 형태가 있으나 계급갈등과 국가의 역할의 두 면을 기준으로 하면 크게 세 가지로 분류할 수 있다: (1) 도구주의 관점(instrumentalism), (2) 구조주의 관점(structuralism), (3) 정치적 계급투쟁의 관점(political class struggle)(Esping-Andersen et al., 1975; Skocpol, 1980).

도구주의 관점과 구조주의 관점에서는 복지국가를 독점자본의 기능적인 필요성에 대한 대응으로 보는 것에서는 유사하나, 복지국가에서의 국가의 역할에 관하여는 다른 시각을 가지고 있다. 도구주의 관점에서는 국가는 자본가계급의 이익을 결정하는 도구에 지나지 않기 때문에 주요한 복지정책은 자본가계급에 의해서 제안되고 결정된다고 본다. 반면에 구조주의 관점에서는, 국가는 자본가계급의 단기적인 이익을 희생하더라도 자본주의경제의 장기적인 안정과 강화를 위하여 어느 정도의 자율성을 갖고 자본가계급에 반하는 복지정책을 추진하고 또한 자본축적의 역할을 적극적으로 수행한다고 본다.

이러한 두 가지 관점과 달리, 정치적 계급투쟁의 관점에서는 복지국가가 장기적이든 단기적이든 반드시 자본가계급의 이익만을 위하여 존재하는 것이 아니고, 복지국가는 자본가계급과 노동자계급의 정치적, 계급적인 투쟁에 따라 그 성격이 결정된다고 본다. 따라서 노동자계급의 세력이 강하면 복지국가는 진정으로 노동자계급을 위한 형태가 될 수 있는 것이다. 복지국가의 발전을 자본가계급과 노동자계급 사이의 투쟁에서 노동자계급의 승리로 보는 사회민주주의 관점은 이러한 측면에서 정치적 계급투쟁의 관점에 속한다 할 수 있다. 이에 관한 상세한 설명은 뒤에서 다루고 여기서는 앞의 두 가지만을 다루고자 한다.

1) 도구주의 관점

이 관점은 전통적인 맑시즘 국가의 역할에 관한 관점에 가장 근접한 것으로서 국가의 역할은 자본가들의 이익을 수행하는 도구에 지나지 않는다고 본다. 이러한 관점의 대표적인 학자는 밀리밴드(Miliband)이며, 그의 저서 《자본주의사회에서의 국가》(*The State in Capitalist Society*)에서 정치적 다원주의 입장에서의 국가의 역할을 비판하며 도구주의 관점을 주장한다.

정치적 다원주의(*political pluralism*)에서 국가의 역할은 사회의 다양한 이익집단들(특히 자본과 노동을 대변하는 집단)이 동등한 입장에서 경쟁하는 상황일 때 국가는 중립적인 입장에서 다양한 입장들을 타협시켜, 공통의 이익을 대변하는 것으로 본다(Lipset, 1960; Dahl, 1961). 반면에 도구주의 관점은, 자본주의사회에서는 자본가들이 경제적 조직들을 독점하기 때문에 이러한 경제부문의 독점에 힘입어 정치적 조직들(예; 국가기구)에도 자본가들이 강력한 영향력을 발휘하게 되고 따라서 국가는 자본가들의 요구에 피동적으로 따를 수밖에 없다는 것이다.

이러한 관점에서의 복지국가정책은 자본가들에 의하여 자본축적의 필요성에 따라, 자본축적의 위기(예; 대공황) 혹은 밑으로부터의 대규모의 정치적 도전(예; 대규모 폭동) 등이 발생하는 것에 대한 대응으로 본다. 예를 들면 미국의 뉴딜정책과 사회보장법(social security act)은 자본주의경제위기에 대처하기 위하여 자본가들 가운데 특히 대기업을 중심으로 하는 선도자(vanguard leader)들에 의하여 자본주의경제체계의 효율과 정치적 안정을 위하여 제안되고 결정된 것으로 본다(Domhoff, 1977; Jenkins & Brents, 1989).

다시 말해 이러한 복지정책은 자본주의 발전의 미래를 멀리 볼 줄 아는 대규모 기업의 현명한 자본가들이 때로는 소규모 자본가들의 반대를 설득하거나, 자본가계급을 고취시켜 대기업 자본가들의 이익을 위하여 추진된다고 본다. 따라서 이러한 관점에 의하면 복지정책은 본질적으로 자본가들이 갖고 있는 자원 ― 소득, 지위, 정치적 힘 등 ― 의 변화를 초래하지 않는다고 본다. 또한 복지정책의 구체적 내용도 자본의 이익을 반영하는 것이라고 본다(예를 들면 산업재해보상보험 제도의 도입은 산재가 발생했을 때 자본가들이 당한 손해 ― 기간이 길고 비용이 많이 드는 법적 소송 ― 를 막기 위해서 비롯한다고 본다).

2) 구조주의 관점

이상의 도구주의 관점과 달리 구조주의 관점에서는 국가와 자본가와의 객관적 관계(*objective relation*)를 강조한다. 자본가들이 국가기구에 영향력을 행사하여 도구화하는 것이 아니라 자본주의경제의 '구조' 그 자체 때문에 국가의 기능은 자본가의 이익과 합치될 수밖에 없다는 것이다. 다시 말해 자본가들이 국가기구에 영향력을 행사하는 것과 상관없이 자본주의에서의 국가는 필연적으로 자본주의사회의 경제체제를 유지하고 강화해야 한다는 것이다(O'Connor, 1973; Offe, 1984; Gough, 1979).

이 관점에 의하면 자본가들은 그들의 단기적, 경제적인 이익만을 목표로 하기 때문에 이들에게만 의존하면 자본주의사회가 자본가들의 장기적인 이익을 위하여 기능하는 것을 보장할 수 없다. 국가가 자본으로부터 직접적으로 통제되지 않는 상태, 즉 상대적 자율성을 갖는 상태에서만 비로소 자본주의사회의 안정을 이루어 자본가계급의 장기적 이익(좁은 의미의 경제적 이익만이 아닌 정치적 이익)을 보장할 수 있다.

또한 노동자계급의 도전이 자본주의에 매우 위협적이기 때문에 노동자계급을 통제하고 분열시키는 기능이 매우 중요하게 된다. 자본가들은 계급의식도 없고 또한 개인들의 단기적인 이익 때문에 분열되기 쉬워서 국가만이 노동자계급의 통제와 분열작업을 효과적으로 할 수 있다고 본다. 이러한 분열작업을 하는데 협동(*co-operative*) 전략상 복지정책을 자본가들의 반대에도 불구하고 확대할 수 있다는 것이다(Piven & Cloward, 1971).

그렇다면 고도의 독점자본 경제구조가 어떠하기에 국가가 '상대적

자율성'을 가져야만 하는가? 국가의 역할이 중요해야 하는 구체적인 기제는 무엇인가? 지금부터는 복지국가의 발전과 자본주의경제구조와의 관계를 살펴보기로 한다. 이러한 연구들은 이른바 많은 신맑스주의자들에 의하여 이루어졌는데 여기서는 가장 많이 논의되는 세 사람의 입장을 소개하기로 한다.

(1) 제임스 오코너 (James O'Connor)

오코너는 그의 저서 《자본주의국가의 재정위기》(Fiscal Crisis of the State) 에서 독점자본주의 단계에서는 국가가 수행해야 하는 두 가지의 기본적이고, 그러나 모순적인 기능이 있다고 본다. 하나는 자본축적 (accumulation) 이고 다른 하나는 정당화(legitimization) 이다. 즉, 국가는 먼저 이윤이 발생하여 자본축적이 될 수 있는 상황을 유지하고 만들어야만 한다는 것이다. 또한 이것을 위해서는 다른 한편으로는 사회조화 내지 사회안정의 상황도 유지하고 만들어야 한다는 것이다.

문제는 이러한 역할을 왜 국가가 담당해야 하는가를 밝혀야 하는 데 있다. 경쟁자본주의에서 독점자본주의로 변화하는 과정에서 치열한 경쟁에 의해서 잉여자본(surplus capitals) 의 문제가 심각해진다. 이러한 잉여자본은 두 가지 형태인데 하나는 잉여생산능력으로부터 발생하는 잉여인구(surplus population) 이다. 자본주의의 활성화는 소비와 투자에서의 지속적인 안정이 필요한데, 이러한 잉여재화의 소비를 높여야만 투자가 가능하기 때문에 국가는 한편으로 이러한 독점자본의 생산물들의 소비를 전국적으로 추진하고(예를 들면 정부의 독점 군수산업물 직접 구입 혹은 소비확대 정책), 다른 한편으로 잉여인구로부터 발생할 수 있는 사회불안정을 방지하는 역할을 해야 한다. 다시 말해 독점자본의 성장으로 과잉생산, 대량 실업자 양산, 불경기 등의 문제가 더 심각해질 수 있으므로 이러한 문제해결을 위해서 국가가 나서야 된다는 것이다.

이러한 자본축적과 정당화를 위하여 국가는 구체적으로 두 가지 성격의 지출을 한다. 하나는 사회적 자본(social capital)을 위한 지출이고 다른 하나는 사회적 비용(social expenditure)을 위한 지출이다.

사회적 자본은 두 종류로 나눌 수 있는데 하나는 사회적 투자(social investment)이고 다른 하나는 사회적 소비(social consumption)이다. 사회적 투자는 사회가 갖고 있는 노동력의 생산성을 증가시키는, 즉 자본의 이윤율을 증가시키는 프로그램들에 대한 투자를 말한다. 예를 들면 정부가 기술개발을 위해 투자하는 것과 노동자의 훈련 혹은 재훈련을 위한 투자 등이 여기에 속한다. 한편 사회적 소비는 위의 방법처럼 직접적으로 노동력 생산성을 향상시키는 것과 달리, 간접적으로 노동력 재생산 비용을 낮추는 것으로 자본축적을 하기 위한 방법이다. 예를 들면 사회보험 프로그램 등이 여기에 속하는데 이러한 것들은 노동비용을 낮추는 기능을 하고 동시에 노동자들의 재생산능력을 확대시킨다.

이러한 자본축적의 기능을 위한 사회적 자본에의 투자와는 달리, 사회적 비용지출은 국가의 정당화 기능을 수행하기 위하여, 즉 사회안정을 위하여 사용되는 방법이다. 이것이 필요한 이유는 자본가계급의 자본축적을 위하여 다른 계급을 희생하게 되면 그러한 행위의 정당성(legitimacy)을 잃을 수 있고, 따라서 희생된 계급의 충성과 지지가 약화되면, 자본주의사회의 안정이 훼손될 수 있기 때문이다. 따라서 이러한 지출은 노동력의 생산성이라는 문제와 직접적인 관계는 없다. 이것은 비노동력 인구들에 의한 사회안정의 훼손 가능성을 막는 것을 목적으로 한다. 이러한 지출의 대표적인 예가 공공부조 프로그램이다. 이와 같은 논의에 의하면 사회복지 프로그램은 크게 두 가지 성격으로 구분할 수 있는데, 하나는 노동인구를 대상으로 하여 노동력 재생산에 초점을 맞추는 프로그램(사회보험)이고, 다른 하나는 비노동 인구의 사회통제를 위한 것(공공부조)이다.

오코너의 논의에 의하면 한 국가의 전체생산 가운데 독점자본 부분의 비중이 커질수록 국가에 의한 자본축적과 정당화의 기능은 커지고, 또한 이러한 과정에서 독점자본의 비중은 더욱 커지게 된다. 다시 말해 국가역할의 확대는 독점자본 확대의 원인이자 동시에 결과이다. 복지국가의 확대는 독점자본 부문의 확대와 정(正)의 관계에 있고 이러한 관계는 서로 상승효과가 있다는 것이다.

(2) 이안 고프(Ian Gough)

고프는 그의 저서 《복지국가의 정치경제학》(*The Political Economy of the Welfare State*)에서 복지국가의 확대를 국가가 자본주의 발달단계에서 노동력의 재생산과 비노동 인구의 유지를 책임져야 되는 필요성으로 설명한다. 이러한 기본 입장은 오코너와 유사하나, 고프는 일반적인 국가역할의 확대를 강조한 오코너에 비해 좀더 복지국가의 확대에 초점을 맞추었고, 또한 위의 두 가지 기능을 필요로 하는 구체적인 기제를 분석하였다.

어떤 사회가 유지되기 위해서는 노동력의 끊임없는 재생산을 필요로 한다. 자본주의사회에서는 두 가지의 기제가 이러한 재생산을 가능하게 한다. 첫 번째로 노동력을 팔아서 벌어들이는 임금으로 재화나 서비스를 구입하여 노동할 능력을 재생산하는 방법이 있다. 두 번째로 가족 내의 서비스를 통하여 재생산하는 방법이 있다. 그런데 두 번째의 기제가 없으면 첫 번째 방법을 통한 노동력 재생산 방법은 많은 어려움을 갖는다. 이러한 두 가지 방법을 통한 노동력 재생산은 국가의 개입을 통해서만 안정적으로 보장된다. 왜냐하면 개별 자본가들은 그들의 단기적인 경제적 이익추구만이 목표이기 때문에 그들 간의 경쟁과 갈등으로 이러한 노동자들의 노동력 재생산의 보장이라는 목표를 이루기에는 한계가 있기 때문이다.

국가는 어떠한 구체적인 방법으로 노동력 재생산 과정에 개입하는가? 고프는 다음의 네 가지 구체적인 방법을 분석하였다.

(1) 근로자들이 노동력 재생산에 필요한 소비재를 구입할 수 있는 자원을 조세정책이나 사회보장 프로그램으로 조정한다. 노동력을 팔아서 얻는 임금이 이러한 재생산을 위하여 부족할 경우 정부의 정책으로 보완해 주는 것이다.

(2) 근로자들이 구입할 소비재의 내용과 성격에 대한 규제, 예를 들면 음식이나 주택 등을 규제하여 노동력 재생산에 도움을 주는 방법이 있다.

(3) 이상의 방법보다 더 적극적인 것으로 노동력 재생산에 중요하다고 판단되는 특정 재화나 서비스에 대한 정부보조방법이 있다.

(4) 가장 적극적인 방법으로 특정의 재화나 서비스를 국가가 직접 제공하는 방법이 있다(예를 들면 의료서비스를 위한 영국의 NHS).

이상의 네 가지 노동력 재생산 방법들이 육체적이고 물량적인 측면을 강조한다면, 현대 자본주의국가에서는 이것들 이외에 노동력의 정신적인 면, 즉 질적인 면의 재생산이 중요하다. 이것은 자본주의 발전

단계에 따라 필요한 노동력의 형태가 다르다는 점에 기인한다. 따라서 고도의 독점자본 단계에서 필요한 노동력은 특정의 능력(강한 동기, 인내심, 복종심, 기강이 잡힌 성격 등)을 갖고 있어야 하기 때문에, 이와 같은 단계에서의 노동력 재생산은 이러한 면들도 고려해야 한다. 따라서 국가는 각종교육 프로그램, 개별적 사회서비스(*personal social service*) 등의 제공을 통해 근로자들의 사회화 과정에 개입한다.

또한 노동력의 재생산은 현재 근로자들의 일상의 재생산뿐만 아니라 미래의 근로자인 아동들의 세대 간의 재생산(*generational reproduction*)도 필요하다. 따라서 아동들의 양육과 사회화의 기능도 중요하다. 이것은 전통적으로 가족의 역할이었으나, 변화하는 자본주의사회에서의 가족의 역할은 점차 한계에 이르고 국가의 역할이 점점 커진다.

이상의 노동인구를 대상으로 하는 노동력 재생산 기능 이외에 또 하나의 중요한 국가의 기능은 비노동 인구의 유지이다. 모든 사회는 생산자로부터 비생산자에로의 생산물의 부분적 이전(*transfer*)이 되는 특정 형태의 기제가 있으나, 현대 자본주의사회에서는 노동인구와 비노동인구의 구분이 뚜렷해지기 때문에 이러한 기제가 더욱더 중요해진다. 이러한 기능도 전통적으로 가족이 중요한 역할을 하였으나 자본주의사회의 변화로 가족의 구조와 기능이 변화하며, 전통적인 가족의 재생산 기능과 새로운 생산의 기능과의 갈등으로 인하여 국가가 주요한 역할을 해야만 된다. 예를 들면 노동시장에 참여하는 가정주부의 경우 전통적인 재생산 기능과 생산의 기능 사이에 갈등이 생긴다.

한편 이러한 비노동 인구의 유지기능도 노동력의 재생산이라는 면에서 다음의 두 가지 이유로 고려해야 한다.

첫째, 전술한 아동의 경우 현재는 비노동 인구이지만 미래의 노동력의 재생산이라는 면에서 중요하다.

둘째, 현재의 비노동 인구 가운데 잠재적으로 노동인구가 될 수 있는 사람들〔예를 들면 질병이 있어 일을 못 하는 근로자, 실업자 등, 즉 산업예비군(*reserve army of labour*)〕이 있는데 이들의 유지도 노동력 재생산이라는 측면에서 중요하다.

요약하면, 복지국가의 확대는 노동력 재생산과 비노동 인구 유지의 과정에서 국가개입의 확대로 설명할 수 있다. 이러한 배경은 이 과정에서 국가와 가족과의 새로운 관계를 야기한 것이다. 자본축적의 역동성은 노동력 재생산의 측면에서 자본의 요구를 끊임없이 변화시키고, 또한 이러한 요구를 수행할 가족의 능력도 변화시킨다.

(3) 클라우스 오페(Claus Offe)

오페는 그의 저서 《복지국가의 모순》(*Contradiction of the Welfare State*)에서 복지국가의 확대는 자본주의 발달단계, 특히 고도의 독점자본주의에서의 경제적 모순으로 발생하는 위기를 관리하기 위하여 이루어진 것으로 본다.

오페는 자본주의 구조가 〈그림 5-1〉처럼 세 개의 하위체계(*sub-system*)로 구성되어 있다고 전제한다: 경제체계(*economy system*), 정치관리체계(*political administrative system*), 규범(정당화)체계(*normative-legitimization-system*).

경제체계는 사적으로 소유하는 상품들의 이윤추구를 위한 생산과 교환이 이루어지는 체계를 말하고, 규범체계는 사회안정이 이루어지는 체계를 말하며, 정치관리체계는 이러한 두 가지 체계를 관리하는 역할을 한다. 경제체계는 복지국가의 장기적 활성화에 필수적이다. 왜냐

〈그림 5-1〉 세 개의 하위체계 간의 관계

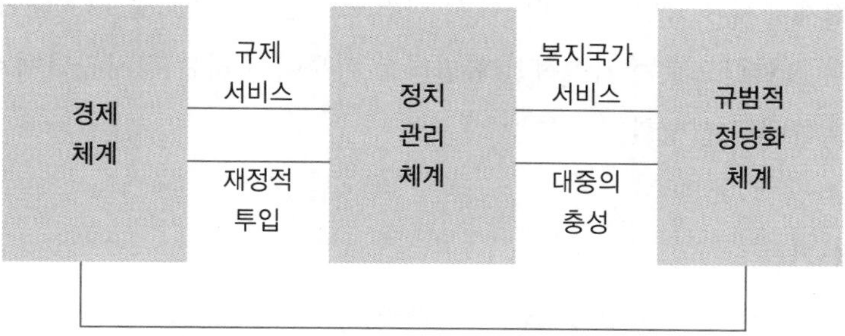

| 경제
체계 | 규제
서비스

재정적
투입 | 정치
관리
체계 | 복지국가
서비스

대중의
충성 | 규범적
정당화
체계 |

출처: Offe (1984: 52).

하면 이것은 국가가 규범체계로부터의 대중적 지지를 받기 위한 사회
복지를 제공해 줄 수 있는 재원을 마련해 주는 궁극적인 원천이기 때문
이다. 그러나 이러한 경제체계는 스스로를 규제할 능력이 없어 가만히
내버려두면 규범체계에 역기능을 한다. 정치관리체계로부터 규제를
받지 않으면 경제체계는 노동의 불충분한 고용 혹은 자본의 불충분한
이용 등을 통하여 노동력과 자본의 일부를 생산적 고용에서 배제하는
경향이 있다(오코너의 두 가지 과잉자본의 개념과 유사). 따라서 정치관
리체계가 개입하여 각종의 규제, 재정적인 유인책, 또는 공공부문의
하부구조에 대한 투자 등의 방법을 통하여 자본과 노동이 충분히 활용
될 수 있는 상황을 만들어야 한다. 오페는 이러한 것을 '관리적 재상품
화' (administrative re-commodification) 라 했다. 자본과 노동의 상품화를
충분히 이루기 위해 국가가 관리할 필요가 있다는 것이다. 그러나 이러
한 재상품화 과정은 한편으로는 많은 사람들의 생활을 시장에서의 상
품교환 영역 밖에서 이루어질 수 있게 하는 탈상품화 (decommodifi-
cation) 도 강화하는 모순을 야기한다.

이러한 모순에도 불구하고 적어도 1970년대 초까지 복지국가의 확대는 경제체계와 규범체계 사이에서 한편으로는 자본축적을 지속해야 하고 다른 한편으로는 지속적인 합법화를 이루어야 하는 정치관리체계의 역할 확대로 설명할 수 있다.

· 평 가

복지국가 발전을 설명하는 독점자본 이론은 다음 몇 가지 면에서 기여한 바가 크다. 첫째, 이것은 산업화 이론이 무시한 자본주의의 문제(계급문제, 노동력 재생산 등)를 분석하여 복지국가 발전을 설명한 점이다. 둘째, 따라서 이러한 분석을 통해 누가 복지국가로 인해 이익을 보느냐는 문제에 대한 답을 명확히 해주었다. 산업화 이론은 이러한 문제에 대해 모호하여 복지국가에서는 사회전체의 이익이 확대되는 것으로 보았다. 셋째, 이러한 관점을 통해 복지국가의 성격을 좀더 거시적으로 볼 수 있게 한 점이다. 넷째, 이 이론을 통하여 국가의 역할에 대한 이해를 더 높일 수 있다. 산업화 이론에서는 국가의 역할을 산업화로 야기된 문제에 대한 피동적인 대응으로 본 반면, 독점자본 이론에서는 왜 국가가 적극적으로 자본주의 발전단계에서 경제체계에 개입해야 하는가를 보여준다. 다섯째, 이러한 관점을 통해 구체적인 복지국가정책의 내용을 분석하는 데 도움을 준다. 예를 들면 오늘날 고도로 발전된 복지국가에서도 여전히 구빈법의 잔재를 갖고 있는 복지 프로그램이 존재하는 이유를 규명하는 데 기여한다.

이러한 긍정적인 면에 반하여 독점자본 이론은 다음 몇 가지의 한계를 갖고 있다. 첫째, 이 이론은 복지국가 발전을 설명하는 데 지나치게 자본주의 구조로부터의 경제적 결정론(*economic structural determinism*)

에 의지한다. 둘째, 따라서 민주정치에서 여러 행위자들의 역할은 무시한 점이다. 셋째, 이러한 이론이 고도 산업자본주의에 모두 적용될수 있느냐의 문제가 있다. 고도의 산업자본주의에서의 복지국가 발전정도는 큰 차이가 있는데(예를 들면 미국과 스웨덴) 독점자본주의 이론으로는 이러한 차이를 설명하는 데 한계가 있다. 다시 말해 자본주의경제의 구조만으로는 설명이 안 되는 '자유'의 영역을 간과하였다. 넷째, 이러한 이론에서 사용하는 개념틀이 너무 거시적이며, 경험적 조사에 사용하기가 어렵기 때문에 이러한 이론을 지지 혹은 반박할 실증적 연구에 어려움이 있다.

3. 사회민주주의 이론

전술한 산업화 이론과 독점자본 이론은 각 이론들이 배경으로 하는 이념적 틀이 크게 달라, 전자는 복지국가 발전을 설명하는 데 있어 자본주의사회에서 계급갈등의 문제를 무시하는 반면, 후자는 계급갈등의 문제에 초점을 맞추었다. 그러나 흥미로운 것은 이러한 두 이론이 유사하게 복지국가 발전을 어떤 기능적 필요성(functional imperatives)에 대한 대응으로 필연적으로 결정된다고 설명한다는 것이다. 즉, 산업화 이론에 의하면 산업화만 되면 그것의 기술발전으로 인하여 국가의 지배적 이념에 상관없이 복지국가의 확대는 필연적이라는 것이다. 또한 독점자본 이론에 의하면 자본주의가 독점자본의 단계에 가면 자본축적 혹은 노동력 재생산의 필요성 때문에 복지국가는 필연적으로 확대되어야 한다는 것이다.

이러한 두 이론이 '정치는 무관하다'(Politics does not matter)는 입장을 가진 반면 사회민주주의 이론은 '정치'를 중요시 여긴다. 사회민주주의 이론은 독점자본 이론처럼 자본주의에서의 계급갈등에 초점을 맞추었지만, 독점자본 이론이 이러한 계급갈등에서 자본의 일방적인 이익 추구라는 관점으로 설명한 것과 달리, 사회민주주의 이론은 노동의 정치적 세력확대의 결과로 설명한다. 다시 말해 복지국가는 노동자계급을 대변하는 정치적 집단의 정치적 세력이 커질수록 발전한다. 복지국가는 자본과 노동의 계급투쟁에서 노동이 획득한 승리의 전리품으로 본다.

그렇다면 이러한 주장의 논리적 근거는 무엇인가? 복지국가 발전을 설명하는 사회민주주의 이론의 논리적 근거는 크게 다음의 3가지로 나눌 수 있다.

첫째, 독점자본 이론은 자본주의에서는 생산수단 소유의 문제를 지나치게 강조하여 이러한 생산수단의 소유자(자본가)들의 이익에 반하는 것은 자본주의 그 자체가 위태로울 것으로 보았다. 반면에 사회민주주의 이론은 생산수단의 소유의 문제는 별로 중요한 문제로 보지 않는다. '생산수단의 국유화'(nationalization of the means of production)를 안해도(즉, 자본가의 이익에 직접적으로 반하지 않고도) '소비의 국유화'(nationalization of consumption)를 통해 자본가들을 국가가 통제하므로 자본주의는 문제가 되지 않는다는 것이다. 다시 말해 '관리된 자본주의'(managed capitalism)에서 국가가 조세정책, 재정정책, 공공투자정책 등을 통하여 소비와 투자를 적절히 관리한다면 생산수단의 소유와 상관없이 자본주의는 유지된다는 것이다. 이러한 이유 때문에 자본의 이익이 어느 정도 희생되어도 자본주의는 가능하다는 것이다(Pierson, 1991).

둘째, 독점자본 이론은 자본소유로부터 나오는 경제적 힘이 지배적이라는 주장을 한 반면, 사회민주주의 이론은 의회 민주주의제도에서의 정치적 힘을 강조한다. 이러한 이론에 의하면 고도 산업사회(민주사회)에서 힘의 근원은 시장에서 나오는 경제적 힘과 정치에서 나오는 정치적 힘으로 나눌 수 있는데, 경제적 힘은 생산수단의 소유로 인한 노동통제로부터 나오고 정치적 힘은 민주제도를 통한 다수의 무산자(*have-not*)들의 조직화에서 나온다고 본다(Korpi, 1989). 즉, 경제영역에서는 노동이 자본에 비해 열등한 지위에 있지만, 정치영역에서는 많은 수의 노동자는 조직화를 통하여 정치적 힘을 키워 자본의 경제적 힘과 대등하게 경쟁하고 또한 승리할 수 있다는 것이다.

다시 말해 고도 산업사회에서의 제도화된 권력투쟁은 시장의 논리와 정치의 논리 사이의 투쟁이고, 이러한 투쟁에서 사회권의 확대로 인한 복지국가의 발전이 이루어진다고 본다. 이러한 것이 이루어지기 위해서는, 우선 노동자계급들의 선거권이 확대되어야 하고, 이를 바탕으로 이러한 계급의 이익을 대변하는 집단(노동조합)이나 정당이 민주제도를 통하여 권력을 행사할 수 있어야 한다. 역사적으로 볼 때, 19세기 말과 20세기 초에 선진 산업국가들에서 선거권이 확대된 시점과 사회민주세력의 확대는 일치하고 또한 이때가 복지국가 태동의 시기인 것이다(Esping-Andersen, 1985).

이러한 대중민주주의 이전에는 사회주의에로의 이전방법이 자본주의의 혁명적 전복밖에 없었다. 그러나 대중 민주주의에서는 국가와 사회의 점진적 변혁, 즉 먼저 국가가 민주적 제도로 통제 가능하고 다음에 대중으로부터 뽑힌 국가의 권력을 통하여 사회적, 경제적 개혁이 가능하다. 복지국가는 바로 이러한 개혁을 수행하는 중요한 기제이다.

셋째, 상기의 상황이 가능하게 되는 것은 다른 한편으로 자본주의의 계급구조 변화에도 있다. 전술한 독점자본 이론은 자본주의에서의 계급은 양극화(즉, 자본 대 노동)된다는 것을 전제로 한다. 반면에 사회민주주의 이론은 자본주의가 발전하면서 계급구조가 분산 혹은 다양화되는 면을 중시한다. 자본주의가 발전하게 되면 전통적인 노동자계급과 다른 중간층(middle-class)의 확대가 이루어지는 것이다. 따라서 이러한 중간층의 정치적 힘은 강해지고 자본주의사회의 전통적인 자본 대 노동의 힘의 역학관계에 중요한 변수로 작용한다. 예를 들면 스웨덴의 사회민주세력의 장기적인 집권은 이러한 중간층의 지지를 통해서 가능하다(Esping-Andersen, 1990).

또 하나의 중요한 변화는 고도로 발전된 자본주의사회에서 자본의 법적 소유와 자본의 효과적 통제〔이른바 '관리혁명'(managerial revolution)〕 사이의 차이가 점차 커져 하나의 계급으로서의 자본의 힘이 약화되었다는 점이다. 자본주의 초기 단계에서는 자본의 소유자와 자본의 경영자가 동일하거나 소유자의 절대적 우세였으나, 고도로 발전된 자본주의에서는 경영이 점차 복잡해질수록 경영자의 세력이 커져 경영자가 더 이상 자본가의 단순한 순응자가 아니게 되어, 결과적으로 자본의 힘은 약화될 수밖에 없다.

또한 국가의 개입이 점차 커짐으로써 공공부문의 고용이 확대되고 시장의 논리에 의한 계급역학 관계도 변하여 계급구조가 복잡해지고 다변화된다. 즉, 공공부문의 고용은 생산수단의 소유자와 노동을 파는 자와의 계약관계가 성립되지 않으므로 자본의 논리에 따르지 않는 계급이 그만큼 확대되기 때문에 상대적으로 자본의 힘이 약해질 수 있는 것이다.

이러한 계급구조의 변화로 인한 자본의 힘이 상대적으로 약화된 환경 속에서 의회민주주의를 통한 무산자들의 정치적 힘은 반대로 커질 수 있는 것이다. 즉, 자본의 힘은 분산되고, 노동의 힘은 조직화를 통하여 강해진다는 것이다.

이상의 사회민주주의 이론에 의한 복지국가 발전을 설명한 것에 의하면 복지국가가 발전하기 위해서는 다음 7가지의 요인이 충족되어야 한다(Pierson, 1991).

(1) 선거권의 노동계급으로의 확대
(2) 노동계급을 대변하는 사회민주당의 발전
(3) 강한, 그리고 중앙집권화된 노동조합운동
(4) 우익정당의 약화
(5) 지속적인 사회민주당의 집권
(6) 지속적인 경제성장
(7) 노동자의 강한 계급의식과 종교, 언어, 인종적 분열의 약화

이러한 7가지 요인으로 복지국가 발전을 설명할 때 가장 적합한 국가는 스웨덴을 비롯한 스칸디나비아 국가들이라 할 수 있다. 다른 복지국가들은 이러한 요인들로 설명하기 부적합한 경우가 많다. 그렇다면 사회민주주의 이론은 스칸디나비아 국가들의 복지국가 발전만을 설명하는 데 적합하고 다른 국가들에는 적합하지 않는가? 이 문제는 다음 절에서 다루기로 한다.

· 평 가

사회민주주의 이론은 복지국가 발전을 설명하는 데 몇 가지의 장점을 가지고 있다. 첫째, 사회민주주의 이론은 전술한 산업화 이론과 독점자본 이론이 무시한 '정치적' 요소들에 대한 분석이 중요하다는 것을 보여준다. 특히 이 이론은 의회민주주의에서의 계급들 간의 힘의 역학관계가 변할 수 있다는 면을 보여주는 데서 뛰어나다. 둘째, 사회민주주의 이론은 독점자본 이론과는 달리 사회복지 발전을 설명하는 데 있어 실증적인 연구에 의하여 뒷받침된다는 점이다(Stephens, 1979; Korpi, 1981; O'Connor, 1988; Schmidt, 1989). 특히 이 이론은 실증적인 연구를 통해 산업화 이론을 비판하고 그 한계를 극복한다. 예를 들면 이 이론에 따른 선진 산업국가들의 복지국가 발전에 관한 설명을 보면 경제발전 변수로는 한계가 있고 정치적 변수들(특히 좌익정당 혹은 강한 노동조합 조직률 등)에 의해 설명하는 것이 더 적절하다는 것을 보여준다. 한마디로 말하여, 사회민주주의 이론에 의해 복지국가의 발전을 설명하게 되면 경제적 변수(산업화 이론에 의한 경제발전, 독점자본주의 이론에 의한 자본주의경제의 구조적 문제 등)에만 지나치게 의존하는 것에서 탈피하고 설명의 폭을 넓혔다고 할 수 있다.

이러한 장점에도 불구하고 사회민주주의 이론은 다음의 한계를 갖고 있다. 첫째, 많은 나라에서의 복지국가 프로그램들(특히 복지국가 발전의 초기 단계)은 사회민주주의 세력에 의해서보다는 그 반대세력(자유주의자 혹은 보수주의자, 예를 들면 독일에서의 비스마르크의 사회입법, 미국의 사회보장법)에 의하여 시작되었다는 점이다. 오히려 사회민주주의 세력(특히 노동조합)은 복지국가의 확대를 반대하였는데 그 이유는 사회복지의 확대는 노동조합의 자율권과 통합성을 약화시킬 수 있거나 혹은 임금을 억제하기 위한 수단으로 보았기 때문이다(Rimlinger, 1971). 따라서 사회민주주의 이론은 특정한 몇 나라의 사회복지 발전을 설명하는 데 적합할 뿐(예, 스웨덴) 일반화하기에 어렵다는 점이다.

둘째, 사회민주주의 이론의 가정은 노동자계급의 계급의식이 강해서 그들의 조직력이 강하고 따라서 그들의 이익을 대변하는 뚜렷한 정당이 있고, 이러한 정당이 집권하면 노동자계급의 이익을 대변하는 사회복지의 확대가 이루어진다는 것이다. 그러나 많은 연구들은 이러한 가정을 비판하여 노동자들의 계급의식의 동질성은 비교적 약하고, 또한 순수 노동자계급을 위한 정당은 집권을 하기에는 그들의 지지세력이 많지 않아 집권을 위해서는 다른 계급(특히 중산층)의 이익도 반영해야 하기 때문에 순수한 전통적인 노동자계급만을 위한 정당이 존재하기 어렵다고 본다(Parkin, 1971). 따라서 다른 계급과 연합전선을 펴야만 집권을 하게 되는데 이를 위해서는 순수한 노동자계급의 이익을 추구하는 정책은 타협의 대상이 된다는 것이다(Przeworski, 1985). 또한 이와 유사하게 오늘날의 정당은 전통적인 계급구분을 뛰어넘어 인종적·언어적·종교적·문화적 차이가 더 중요한 결정요인이 될 수 있기 때문에 사회복지에 대한 정당들의 정책 차이는 적다는 것이다(Kelley et al., 1985). 다시 말해 사회민주주의 정당 이외의 정당도 집권을 위한 득표를 위하여 복지국가의 확대정책을 표방할 수 있어 정당들 간의 복지국가정책의 차이가 별로 없다는 것이다.

4. 이익집단 정치이론

사회민주주의 이론이 맑시스트 이론의 계급갈등의 정치적인 면을 강조했다면, 이익집단 정치이론(interest group politics)은 다원적 민주주의(plural democracy)에서의 정치적인 면에 초점을 맞추었다고 볼 수 있다. 사회민주주의 이론은 전통적인 계급(자본과 노동)의 정치적인 권력투쟁으로 사회복지 발전을 설명하는 반면에, 이익집단 정치이론은 다양한 이익집단들의 정치적 힘에 초점을 맞춘다. 이익집단 정치이론에 의하면 사회복지 발전은 다양한 이익집단들 사이에서 사회적 자원의 배분을 둘러싼 경쟁이 치열해지고, 따라서 이러한 집단들의 정치적인 힘이 중요해져서 정치가들이 이들의 요구를 수용하는 데에서 나온 결과라고 본다(Pampel & Williamson, 1989).

이익집단 정치이론을 뒷받침하는 논리적 근거는 다음으로 요약할 수 있다. 첫째, 현대사회에 들어와서 전통적인 계급의 차이에 의한 정치적인 구분이 약해진다는 것이다. 이것은 많은 나라에서 이른바 우익정당과 좌익정당을 지지하는 계층이 뚜렷하지 않은 데에서 볼 수 있다. 많은 수의 노동자계급에 속하는 사람들이 우익정당을 지지하는 현상이 나타나는 것이다. 이것은 특히 고도 산업사회에서 노동자계급의 소득은 어느 정도 향상되어(부르주아화: embourgeoisment), 경제적 요인이 더 이상 정치적 갈등의 결정적인 요소로 작동하지 않는 데에서 비롯된다(Berry, 1984). 또한 고도 산업사회에서는 중간층이 확대되는데, 이것도 전통적인 노동과 자본의 구분을 흐려놓는다. 이러한 상황에서 선거에서의 승리를 노리는 정당들은 점차로 전통적인 계급을 바탕으로 하는 지지기반과의 연계가 약화되어 '중도화'되는 경향이 있다. 비록 정당들 간의 철학적 이념이 다르더라도, 정당들은 계급 차이에 바탕을 둔 명확한 정책제시를 못 한다. 왜냐하면 가능한 많은 다양한 이익을 가진 사람들의 표를 얻기 위해서는 특정의 이익을 가진 사람들에 직접적으로 반대되는 구체적인 정책을 제시하기가 어렵기 때문이다. 특히 이러한 압력은 전통적인 노동자계급에 기반을 둔 정당에서 심한데, 그 이유는 이러한 정당을 강하게 지지하는 사람들(노동조합원)의 숫자가 적어 다른 세력과 연합하지 않고는 집권하기 어렵기 때문이다(Esping-Andersen, 1985). 결과적으로 전통적인 노동자계급의 이익추구는 타협을 필요로 한다.

둘째, 비계급적인 이익집단들이 현대사회에서(특히 고도 산업사회) 더 중요해지는 또 하나의 이유는 인종적, 종교적, 언어적, 문화적, 성적, 그리고 연령 등의 귀속적(ascriptive) 차이에 따른 집단들 간의 집합적·정치적 행위가 커지기 때문이다. 이것은 현대화에 따라 그들의 참정권이 확대되고, 이를 바탕으로 지배세력들과 적어도 정치적으로는 평등하게 경쟁할 수 있게 되기 때문이다. 이러한 정치적 경쟁이 치열해질수록 이러한 집단들의 결속력(solidarity)은 커져 그들의 정치적 활동은 더욱 커진다. 결속력이 강하게 되면 이러한 귀속적 특징에 의한 구분은 전통적인 계급차이를 극복할 수 있다. 예를 들면 자본가인 노인과 노동자인 노인은 노인이라는 이름하에 단결하여 노인복지를 추구하는 운동을 적극 추진할 수 있다. 2차 세계대전 후(특히 60년대 이후) 이러한 귀속적 집단들의 정치활동은 미국, 영국, 유럽국가에서 뚜렷이 증가되었다(Pampel, 1981).

셋째, 이른바 탈산업화(de-industrialization)의 시대, 즉 서비스산업이 전통적인 제조업보다 커지는 시대에서는 직업, 산업, 그리고 경제적 집단들이 다양화되고 이질화되어 하나의 커다란 계급 내에도 다양한 이익추구 집단들이 형성된다. 예를 들면 자본가계급 내에도 다양한 이익집단들이 형성되고(예, 제조업, 금융업 등의 산업별 차이 혹은 독점적 자본 대 경쟁적 자본부문 등) 각기 서로 다른 이익을 추구하게 되어 자본가계급 전체를 대변하는 단일전선은 유지하기 어렵다. 또한 노동자계급 내에서도 숙련 대 비숙련 노동자 혹은 전문분야에 따라 서로 다른 이익을 추구하게 된다. 이러한 결과로 많은, 그러나 동질적인 작은 이익집단들의 정치적 경쟁이 계급들 사이의 정치적 경쟁을 대체하게 된다. 또한 이러한 동질적이면서 규모가 작은 집단들이 집합적 행동(*collective action*)을 통하여 그들의 이익을 추구하는 데 있어 비용은 적게 들고 더 효율적이라는 점도 중요하다〔이른바 무임승차(*free-rider*)의 문제가 더 적을 수 있기 때문이다(Olson, 1982)〕. 다시 말해 집단의 크기가 작을수록 그리고 동질적일수록 그 집단의 이익을 위한 집단행동에 대한 동기가 커짐에 따라 이러한 집단의 정치적 힘도 커진다.

넷째, 이익집단 정치이론을 뒷받침하는 근원적인 근거는 정부의 공공정책에의 지출은 민주주의 사회에서 선거에서의 득표를 위한 경쟁에서 비롯된다는 점이다. 슘페터는 자유민주주의(*liberal democracy*)를 국민들의 표를 얻기 위한 정치적 경쟁에 의하여 어떤 결정에 다다르는 제도적 장치로 정의한다(Schumpeter, 1975: 269). 일반 국민은 정치적 목표에 대한 뚜렷한 생각이 없고, 업적에 따른 그리고 경제적인 자기이익의 판단에 따라 투표를 한다고 본다. 따라서 정당이라는 것은 어떤 정책들을 제시하는 집단이라기보다는 선거에 이기는 것을 목표로 하는 연합체로 본다. 이러한 상황에서, 많은 이익집단들은 자기들의 이익을 위한 프로그램들을 지지하는 정치가들과 그들의 표를 맞바꾼다. 정부의 지출은 이러한 민주주의제도에서 각기의 자기이익을 추구하는 이익집단 활동들의 정치적 과정의 결과로 보는 것이다.

복지국가 발전을 설명하는 이익집단 정치이론은 여러 이익집단들에 적용할 수 있지만 특히 중요한 집단은 노인집단이다. 이것은 오늘날 대부분의 복지국가에서 가장 큰 복지 프로그램은 노인들을 위한 것이라는 데에서(국민연금, 노령수당 등) 그 중요성을 알 수 있다(7장의 〈표 7-2〉를 참조). 이것은 노인들의 객관적인 사회복지에의 욕구가 다른 집단보다 크다는 것에서도 일부 설명할 수 있지만, 이익집단 정치이론은 노인들의 정치적 힘의 증대로 인한 결과로 해석한다.

현대사회에서 노인들의 정치적 힘의 증대는 두 가지 이유로 설명할 수 있는데 하나는 수의 증대이고 다른 하나는 노인들의 이익의 동질화 현상이다. 오늘날의 대부분의 선진 산업국가들에서는 전인구에서 차지하는 노인인구의 비율이 15% 이상이다. 그러나 단순히 이러한 노인인구가 많다는 사실보다 더 중요한 것은 노인들의 투표율이 높다는 데 있다. 예를 들면 1982년 스웨덴의 선거에서 전체 투표자 가운데 노인들이 22.2%를 차지하였고, 1984년 서독에서는 그 비율이 32.5%나 되었다. 비록 노인들의 표가 어떤 특정정당에 몰리지 않더라도 이 정도의 많은 투표수는 모든 정당의 정치가들에게 위협적이어서 그들의 정책결정에 큰 영향력을 행사할 수 있다(Pampel & Williamson, 1989). 이러한 노인들의 정치적 힘은 사회복지 프로그램의 확대를 추구해 왔고, 최근에는 이른바 '복지국가 위기'의 시대에 일부 프로그램의 감소 추세에 대한 노인들의 강한 저항의 결과 노인대상 프로그램은 유지되었다(예, 미국의 국민연금 프로그램).

현대사회에서 노인들의 힘이 커지게 되는 또 하나의 이유는 노인들이 추구하는 이익의 동질화에 있다. 이것은 현대사회에서의 노인들의 노동시장과 관련된 역할변화에서 기인한다. 선진산업사회에서는 대부분의 노인들은 65세가 되면(최근에는 그 이전에도) 노동시장에 참여를 안 하고, 또한 전통적인 가족에 의한 도움도 약해져 그들의 생활은 거의 국가에 의존하게 된다. 다시 말해 노인들의 출신배경이 중산층이든 빈곤층이든, 혹은 그들의 정치적 이념이 집합주의이든 개인주의이든 상관없이 그들의 생활이 구체적인 특정 사회복지 프로그램에 직접적이고 결정적으로 달려 있기 때문에 이러한 프로그램의 지지를 위한 집합적인 행동에서의 단결력이 높을 수밖에 없고, 이러한 높은 단결력으로 민주주의 사회에서의 그들의 정치적 힘은 커지게 되는 것이다.

이익집단 정치이론에 의하면 복지국가 프로그램들의 소득 재분배적 기능은 약하다고 보고, 따라서 이러한 프로그램이 사회구성원들의 소득불평등의 감소에 미치는 영향은 적다고 주장한다(Janowitz, 1985). 이것은 복지국가가 사회구성원들 가운데 소득이 낮은 집단의 요구를 해결하기보다는 정치적 힘이 강한 집단 — 특히 중산층 — 의 이익을 반영하기 때문에 그렇다고 본다. 예를 들면 노인들의 정치적 힘이 가장 크게 반영된 노령연금의 경우를 보면 이것은 소득이 높은 사람으로부터 소득이 낮은 사람에게 소득이 재분배되는 수직적 재분배(*vertical income redistribution*)는 약하고, 세대 간 재분배(*inter-generational income redistribution*)로서 현재 일하는 사람으로부터 노인에게로의 소득 재분배, 혹은 수평적 재분배(*horizontal income redistribution*)로서 가족의 수가 적은 가족으로부터 많은 가족으로의 소득 재분배가 강하다. 많은 실증적 연구에 의하면 노령연금 등과 같은 사회보험 프로그램들은 실제로 비교적 소득이 높은 계층에게(적어도 절대액수에서) 더 많은 혜택이 돌아간다고 한다(Boskin, 1986).

복지국가가 누구의 이익을 위하느냐라는 질문에서 이익집단 정치이론은 위에서처럼 상대적으로 불이익집단(빈곤층, 저임금근로자 등)의 이익을 위한 것이 아니라는 주장인 반면, 전술한 산업화 이론과 사회민주주의 이론은 복지국가는 상대적으로 사회의 불이익집단의 이익이 많이 반영된다고 본다. 산업화 이론은 산업화로 인한 불이익집단의 사회복지에의 필요가 증대되었기 때문에 복지국가를 통하여 해결한 것으로 보고, 사회민주주의 이론은 이러한 불이익집단(노동자)의 정치적 힘이 커져서 복지국가가 확대되었다고 보기 때문이다. 반면에 전술한 독점자본 이론은 이익집단 정치이론과 유사하게 복지국가는 본질적으로 볼때 사회적 불이익집단의 이익을 추구하는 것이 아니라고 본다. 다만 이두 가지 이론의 차이를 독점자본 이론은 그 이유가 자본주의사회의 경제적 구조 때문으로, 이익집단 정치이론은 불이익집단의 정치적 힘이 약하기 때문으로 보는 데 있다.

· 평 가

이익집단 정치이론이 다른 이론과 비교하여 복지국가 발전을 설명하는 데 있어 기여한 것은 복지국가 발전을 전통적인 계급관계(자본 대 노동)를 넘어서 다양한 집단의 정치적 경쟁에 초점을 맞춘 점이다. 이것은 현대 산업사회에 존재하는 다양한 이익집단들, 그리고 이 이익집단들 사이의 치열한 경쟁을 볼 때 적절하다. 또한 이 이론은 오늘날의 선진산업사회 민주주의제도에서의 정당정치의 현실을 좀더 명확히 파악했다고 볼 수 있다. 마지막으로 이 이론은 특히 노인들을 위한 복지국가 프로그램의 확대를 설명하는 데 적합하다.

그러나 이익집단 정치이론은 세계의 많은 나라의 복지국가 발전을 설명하는 데는, 즉 일반화하기에는 한계가 있어서 주로 선진 산업국가들(특히 이 가운데서도 정치적으로 다원화된 민주주의 국가. 예, 미국)에만 적합하다고 할 수 있다. 이 이론은 민주주의제도가 발전 안 된 국가들 혹은 민주주의제도에서도 이익집단들의 정치적 힘이 상대적으로 중요하지 않은 국가들의 복지 발전현상을 설명하는 데 어려움이 있다. 전자의 예는 민주화 이전의 국가조합주의(*state corporatism*) 성격이 강한 남미 국가들이고, 후자의 예는 사회민주적 조합주의의 성격이 강한 스칸디나비아 국가들이다.

이익집단 정치이론은 사회복지 지출이 선거에서의 득표를 위한 경쟁에서 결정된다고 주장하는데, 이러한 선거정치(*electoral politics*)에 의한 복지국가 설명도 한계가 있다. 일반적인 정부지출은 점증적으로 변화하는 경향이 있기 때문에 선거에서의 득표경쟁으로 인한 정부지출의 차이는 많지 않다는 것이다. 또한 사회복지 지출은 경제적, 사회적 여건에도 어떤 한계가 있기 때문에 단순한 선거정치에 의한 사회복지 지출 증가 설명은 한계가 있다.

5. 국가중심적 이론

지금까지 사회복지 발전을 설명하는 네 가지 이론은 사회복지에 대한 수요(demand)의 증대에 초점을 맞추었다. 산업화 이론이나 독점자본 이론은 각기 산업화나 독점자본 축적에의 기능적 필요성으로 사회복지에 대한 수요가 증대한 것이고, 이익집단 이론이나 사회민주주의 이론은 각기 이익집단이나 노동자계급의 정치적인 힘의 증대로 인한 사회복지에 대한 수요가 증대하여 확대된 것으로 본다.

이와는 달리 국가중심적 이론은 사회복지를 제공하는 공급(supply)의 측면에서 복지국가 발전을 설명한다. 이 이론은 사회복지에의 수요의 변화에도 불구하고 국가는 국가 나름대로 사회복지 확대가 필요한 이유들을 갖고 있다고 본다. 다시 말해 유사한 사회복지에의 수요에 처해 있어도 국기에 따라서 특정한 국가구조의 차이에 따라 대응하는 것이 다르다는 것이다.

이 이론도 산업화, 독점자본, 이익집단, 노동자계급 등의 요인들이 복지국가 발전에 영향을 준다는 것은 인정하나, 이 이론이 강조하는 점은 이러한 영향들이 독립적인 국가조직에 의해서 매개가 된다는 점이다. 지금까지의 이론들에서 복지국가 발전에서의 국가의 역할은 단순 시행자(산업화 이론)나 자본가의 하수인(독점자본 이론), 다양한 이익집단들의 요구의 중재자(이익집단 이론), 혹은 노동자계급의 요구에 대한 타협자(사회민주주의 이론)로서의 소극적인 역할이었다. 반면에 국가중심적 이론은 국가의 적극적인 역할을 강조하여, 위의 복지국가 발전을 설명하는 거시적이고 사회적인 배경적 원인과 구체적인 한 국가의 사회복지정책 사이의 관계는 각 국가들이 갖고 있는 국가구조의 특이성에 의하여 결정된다고 본다(Evans et al., 1985; Skocpol & Amenta, 1986).

국가중심적 이론은 복지국가 발전을 설명하는 데 있어 다음의 몇 가지 요소들을 중시한다. 첫째, 많은 사회복지정책은 국가관료기구를 맡고 있는 개혁적인 정치가나 전문관료들에 의하여 국가발전의 장기적인 안목을 가진 전문화된 관료기구의 바탕에서 이루어졌다고 본다. 예를 들면 오로프와 스카치폴은 영국과 미국의 20세기 초 사회복지 발전을 설명하는 데 있어 유사한 산업화나 노동자계급의 요구에도 불구하고 두 나라의 사회복지 발전이 차이가 나는 것은 영국은 미국에 비해서 전문관료기구가 발전되어 있고, 또한 뚜렷한 정책정당이 형성되었고 이러한 정당의 지도자들이 복지국가 확대의 필요성을 인지하고 추진함에 있다고 본다(Orloff & Skocpol, 1984).

둘째, 이 이론은 복지국가 발전을 설명하는 데 있어 사회복지정책 형성과정을 중시한다. 유사한 사회복지 필요가 발생해도 정책형성 과정에 따라 이러한 필요가 정책으로 반영될 수도 있고 그렇지 않을 수도 있는 것이다. 따라서 이 이론은 어떠한 사회복지 필요가 정책 어젠다 (*agenda*)에 오르고, 어떤 방법에 의하여 어떤 정책제안들이 택하여지고, 누가 왜 반대 혹은 찬성하고, 또한 그러한 정책이 어떻게 누구에 의하여 집행되는지 등의 요인이 중요하다고 본다. 헤클로의 용어를 빌리면, 이러한 정치적 학습과정(*political learning process*)에 대한 이해가 필요하다는 것이다(Heclo, 1974).

셋째, 국가중심적 이론은 국가조직의 형태에 초점을 맞추어서 국가의 조직이 중앙집권적이고 조합주의적인 국가조직의 형태가 사회복지 발전을 설명하는 데 중요하다고 본다. 이러한 중앙집권적이고 조합주의적인 국가조직 형태에서는 사회복지의 추진이 용이하다는 것이다. 예를 들면 이 이론은 스웨덴이 사회복지가 발전된 이유를 중앙집권화된 정부, 노동자집단, 자본가집단이 거시적인 국가발전이라는 측면에서 사회복지 확대의 필요성에 합의가 이루어질 수 있는 국가조직 형태 때문이라고 본다. 반대로 미국과 같이 지방분권적이고 다원주의적인 국가조직 형태에서는 복지국가 확대는 많은 반대세력의 저항에 부딪쳐 어려움을 겪는다는 것이다(Mishra, 1984; De Viney, 1984).

넷째, 이 이론은 복지국가의 확대를 설명함에 있어 사회복지정책을 담당하는 관리기구의 속성도 중시한다. 일반적으로 정부관료 기구들은 각기의 이익을 극대화하기 위하여 각 기구들이 차지할 수 있는 예산을 팽창시키려는 경향이 있다. 따라서 사회복지를 담당하는 관리기구도 그것의 팽창을 위하여 그것의 대상이 되는 사람들의 숫자를 높이려는 경향이 있어 기존의 사회복지 프로그램의 확대 혹은 새로운 프로그램의 개발들을 꾸준히 추구하는데, 이것의 결과가 복지국가의 확대로 나타난다는 것이다. 즉, 어떤 사회적이고 외부적인 요인에 의해서라기보다는(예를 들면 산업화에 의한 객관적인 사회복지 필요의 증대), 사회복지 관리기구의 내부적인 이익추구에 의해서도 복지국가는 확대된다는 것이다(De Viney, 1984).

· 평 가

국가중심적 이론은 지금까지의 네 가지 이론이 사회에서의 사회복지 수요(산업화로 인한 수요, 자본가계급의 수요, 노동자계급의 수요, 그리고 이익집단들의 수요)에만 초점을 맞추는 이른바 '사회중심적'(society-centered) 접근에서 벗어나, 사회복지를 제공하는 공급자로서의 국가를 강조함으로써 복지국가 발전에 대한 설명의 폭을 넓혔다. 또한 이 이론은 복지국가 발전에서의 각 국가들이 갖는 국가구조적 특이성을 역사적인 발전 과정의 맥락에서 분석하는 장점을 갖는다. 그리고 이 이론은 지금까지의 소극적인 국가 역할에서 벗어나 적극적인 '행위자'(actor)로서의 국가를 강조한 점도 복지국가에 대한 이해의 폭을 넓힌 것이다.

반면에 각 국가의 구조적 특이성을 강조하기 때문에 이 이론을 통해 복지국가 발전을 설명하는 데에는 일반화하기 어려운 점이 있다. 많은 국가들을 대상으로 적용될 수 있는 체계화되고 구체적인 가설을 정립하기 어렵다. 또한 이 이론은 사회복지에의 필요가 어떻게 하여 발생하는가를 설명하기보다는 그러한 필요에 대한 대응을 국가에 따라 어떻게 하느냐에만 초점을 맞추었기 때문에 복지국가 발전에 대한 본질적인(근원적인) 원인에 대하여는 등한시할 수 있는 한계가 있다.

06

복지국가 유형화 논의

오늘날 복지국가들의 형태는 매우 다양하다. [1] 우선 복지국가 프로그램에 사용되는 자원에 있어 국가들 사이에 많은 차이를 보인다. 어떤 국가들은 그들 국민총생산의 약 30% 이상을 사회복지에 사용하는 반면, 어떤 국가들은 약 10% 정도를 사용한다. 어떤 국가들은 주요 사회복지 프로그램들을 19세기 말부터 시작한 반면 어떤 국가들은 이러한 프로그램들을 이보다 한 세대 이상 늦게 도입하였고, 혹은 아예 오늘날까지도 주요 사회복지 프로그램들을 도입하지 않은 나라도 있다.

이러한 외형적인 차이보다 더 중요한 것은 국가들마다 복지국가 프로그램을 채택하는 이유에서 차이가 있다는 점이다. 어떤 국가들은 자

---

1 어떤 국가들이 '복지국가'인가에 관한 합의도 없다. 이 글에서는 이른바 선진 산업국가들(더 구체적으로 OECD 회원국)을 편의상 '복지국가'라 칭한다. 왜냐하면 이 국가들은 최소한 사회복지에 그들의 GDP 10% 이상을 사용하고 국민의 대다수가 국가의 사회복지정책으로부터 많든 적든 급여를 받고 있기 때문이다.

본주의사회의 시장기제를 유지하기 위하여 사회복지 프로그램을 택하는 반면, 어떤 국가들을 불이익집단의 진정한 복지를 위하여 복지국가를 택한다. 또한 복지국가정책이 결정되는 방법에서도 차이가 있어 어떤 국가들은 노·사·정 협동적으로 촉진되는 반면, 어떤 국가들은 다양한 이익집단들의 경쟁과정에서 이루어진다. 무엇보다 중요한 점은 복지국가들이 갖고 있는 복지국가 프로그램 내용의 차이에 있다. 어떤 국가들의 복지국가 프로그램은 복지급여를 하나의 사회권으로 인정하여 국민들이 자본주의 시장기제에 예속되는 것을 가능한 한 탈피시키는 것을 목표로 하는 반면에, 어떤 국가들의 복지국가 프로그램은 시장에서의 소득에 일차적인 책임이 있는 것을 강조하고, 이것에서 해결이 안 된 잔여적 집단만을 대상으로 하는 것을 목표로 한다.

이 장에서는 먼저 복지국가 유형화에 관한 기존의 연구들을 분석하고 정리하는 작업을 한 후 이어서 이것을 바탕으로 복지국가 유형화에 적절한 기준들을 골라내어 이러한 기준에 따라 복지국가들을 유형화하고자 한다.

1. 복지국가 유형화에 관한 기존의 연구들

복지국가를 유형화하는 연구들은 지금까지 많이 이루어졌다. 이러한 연구들은 다양한 기준들에 따라 복지국가들을 유형화하려고 시도하였는데 이것들은 크게 네 가지로 분류할 수 있다.

(1) 사회복지 지출에 따른 유형화
(2) 사회복지 프로그램의 도입 시기에 따른 유형화
(3) 복지국가 성격에 따른 유형화
(4) 복지국가정책의 결정요인에 따른 유형화.

1) GDP 대비 공공부문 사회복지 지출의 비율에 의한 유형화

복지국가를 유형화하는 데 가장 쉬우나, 또한 논란이 많은 것이 사회복지에 사용된 자원이 GDP에서 차지하는 비율이다. 언론매체에서 흔히 '복지 선진국'과 '복지 후진국'으로 분류하는 방식이다. 이것에 의하면, 〈표 6-1〉에서 보듯이 스웨덴, 프랑스, 독일 등은 '복지 선진국'이라 할 수 있고, 미국, 일본, 캐나다 등은 선진 산업국가들 가운데 '복지 후진국'이라 할 수 있다.

그러나 단순히 GDP 대비 사회복지 지출이 낮다고 해서 사회복지가 낙후되었다고 단정하는 것은 위험하다. 이것은 적어도 두 가지 이유로 그러한데, 하나는 사회복지에의 필요(needs)의 절대량이 적기 때문에 사회복지 지출이 낮을 수 있다. 예를 들면 노인들의 숫자가 적거나 가난한 사람들의 숫자가 적다는 등의 이유다. 다른 하나는 사회복지에의

<표 6-1> OECD 국가들의 GDP 대비 공공사회복지 지출

(단위: %)

국가	1980	1990	2000	2001	2002	2003	2004	2005	2010
호주	10.6	13.6	17.7	17.1	17.3	17.6	17.5	17.0	
오스트리아	22.6	23.9	26.5	26.8	27.2	27.6	27.5	27.3	28.9
벨기에	23.5	24.9	25.3	25.8	26.2	26.5	26.6	26.4	29.5
캐나다	13.7	18.1	16.5	17.0	17.1	17.2	16.6	16.5	18.7
체코		16.0	19.9	19.9	20.7	20.8	19.8	19.6	
덴마크	24.8	25.1	26.2	26.5	27.2	28.3	28.1	27.5	30.6
핀란드	18.0	24.2	24.3	24.2	25.0	25.8	26.0	26.1	29.6
프랑스	20.8	25.1	27.9	27.9	28.6	29.0	29.1	29.2	32.4
독일	22.7	22.3	26.3	26.4	27.0	27.4	26.7	26.8	27.1
그리스	10.2	16.5	19.2	20.6	20.0	19.9	19.9	20.5	
헝가리			20.2	20.3	21.6	22.4	21.9	22.7	
아이슬란드		13.7	15.3	15.3	16.9	18.2	17.9	16.9	
아일랜드	16.7	14.9	13.6	14.4	15.3	15.8	16.2	16.7	
이탈리아	18.0	19.9	23.3	23.5	24.0	24.4	24.7	25	27.7
일본	10.6	11.4	16.5	17.4	17.8	18.1	18.2	18.6	22.3
한국		2.9	5.0	5.4	5.3	5.6	6.3	6.9	9.1

국가	1980	1990	2000	2001	2002	2003	2004	2005	2010
룩셈부르크	20.6	19.1	19.7	20.8	22.0	23.4	23.9	23.2	
멕시코		3.6	5.8	5.9	6.3	6.8	6.8	7	
네덜란드	24.8	25.6	19.8	19.7	20.5	21.2	21.1	20.9	23.4
뉴질랜드	17.2	21.8	19.1	18.4	18.4	17.9	17.8	18.3	21.3
노르웨이	16.9	22.3	22.0	23.0	24.4	24.8	23.5	21.9	23.0
폴란드		14.9	20.7	22.2	22.5	22.5	21.7	21.3	
포르투갈	10.2	12.9	19.6	19.9	21.3	22.9	23.1		
슬로바키아			17.9	17.6	17.7	17.2	16.5	16.7	
스페인	15.5	19.9	20.7	20.4	20.8	21.5	21.6	21.8	
스웨덴	27.1	30.2	28.9	29.2	29.9	30.6	30.1	29.7	28.3
스위스	13.5	13.4	18.0	18.5	19.3	20.4	20.4	20.3	20.6
터키	4.3	7.6						13.7	
영국	16.7	17.0	19.0	19.9	19.9	20.3	20.9	21.1	23.8
미국	13.1	13.4	14.5	15.1	15.9	16.2	16.1	15.9	19.8
OECD평균	16.0	18.1	19.4	19.7	20.3	20.8	20.7	20.6	

❙출처: OECD, Social Expenditure, 2012.

필요의 증가율보다 GDP 증가율이 더 높으면 GDP 대비 사회복지 지출의 비율이 낮을 수 있다.

일반적으로 GDP 대비 사회복지 지출의 비율은 크게 세 가지 요인에 의하여 결정된다. 첫째는, 사회복지가 필요한 사람들의 숫자이다. 산업화의 논리에 따르면 경제수준이 높아질수록 사회복지의 대상자의 숫자는 늘어난다. 예를 들면 일반적으로 산업화가 될수록 노인들의 숫자는 늘어난다. 그래서 노인들을 위한 사회복지제도(예, 노령연금)가 일단 도입되면 사회복지 지출은 노인인구의 증가에 따라 자동적으로 늘어날 수밖에 없다. 따라서 사회복지의 발전 정도를 비교할 때는 대상자들 차이를 통제할 필요가 있다. 노인인구가 전체 인구의 15%를 차지하는 국가와 5%를 차지하는 국가의 사회복지 지출을 단순 비교하는 것은 문제가 있는 것이다.

둘째, 사회복지제도의 내용의 발전 정도이다. 사회복지제도가 얼마나 많은 사회적 위험을 포괄하는지(포괄성의 원칙), 사회복지의 대상자를 얼마나 보편적으로 확대하는지(보편성의 원칙), 그리고 사회복지의 급여수준이 얼마나 관대한지(관대성의 원칙)를 따지는 것이다. 다른 조건이 같은 경우, 사회복지제도의 내용이 풍부한 국가들의 사회복지 지출은 그렇지 않은 국가들에 비하여 높을 것이다. 사실 이것이 국가들의 사회복지수준을 비교하는 데 가장 바람직한 기준이라 할 수 있는데, 자료의 제약 상 이러한 비교를 하는 것은 쉽지 않다.

셋째, 사회복지를 필요로 하는 사람들의 증가율과 GDP 증가율의 관계이다. 일반적으로 경제성장률이 지속적으로 높으면 사회복지를 필요로 하는 사람들의 숫자는 줄어들 수 있다. 예를 들면 널리 알려진 '낙수효과'(*trickle-down effect*)로 경제성장이 지속되면 실업률이 낮아지고 전체적인 실질소득이 증가하여 빈곤한 사람들이 줄어들 수 있다. 이렇게 되면 사회복지 지출은 낮아지는 반면, GDP는 늘어나 GDP 대비 사회복지 지출 비율은 자연스럽게 낮아질 수 있다. 하지만 반대로 경제성장률이 지속적으로 낮으면 사회복지가 필요한 사람들은 늘어나는 반면에 GDP는 줄어들어 GDP 대비 사회복지 지출의 비율은 커질 수 있다.

이러한 이유 때문에 사회복지 지출의 절대액이 늘어났다 해도 GDP가 더 큰 폭으로 증가하면 GDP 대비 사회복지 지출의 비율은 늘어나지 않을 수 있다. 예를 들면 1980년대까지의 일본의 GDP 대비 사회복지 지출의 비율이 유럽의 복지국가들에 비하여 크게 낮았는데, 그 이유 중 하나는 유럽 복지국가들이 1980년대에 낮은 성장률을 기록할 때 일본은 지속적이고 높은 경제성장률을 이루었기 때문이다. 즉, 사회복지를 필요로 하는 사람들의 증가율보다 GDP의 증가율이 높았기 때문이다.

지금까지 설명했듯이 단순히 사회복지 지출이 그 나라 국민총생산에서 차지하는 비율의 높고 낮음에 따라 복지국가들을 유형화하는 작업은 위험하다. 이러한 지출상의 비교는 다른 기준에 의한 유형화에 참고자료로만 활용해야 한다.

2) 주요 사회복지 프로그램의 도입시기

복지국가들을 유형화하는 또 하나의 단순한 방법은 5가지의 주요 사회복지 프로그램의 도입시기에 따른 분류이다.

이러한 분류에 의하면, 〈표 3-1〉과 〈표 4-1〉에서 보듯이 독일, 오스트리아, 이탈리아, 프랑스 등은 주요 사회복지 프로그램의 도입시기가 빠르다. 특히 독일은 산재보험, 의료보험, 그리고 국민연금 등의 세 가지 프로그램을 가장 먼저 도입하였다. 독일을 흔히 복지국가의 '선두주자'(welfare leader)로 부르는 이유는 여기에 있다. 반면에 미국, 캐나다, 네덜란드 등은 적어도 한 세대 후에 이러한 프로그램을 도입하였다. 특히 미국은 독일에 비하여 약 50년 후에 국민연금이나 산재보험을 도입하였고, 더욱이 전국민을 대상으로 하는 강제적인 공적 의료보험은 아직도 도입하지 않았고, 아동수당 또한 도입하지 않았다. 미국을 흔히 복지 후진국(welfare laggard)이라고 부르는 것은 이것에 기인한다.

이러한 도입시기에 따른 복지국가들의 분류는 두 가지 점에서 문제가 있다. 첫째는 자료에 따라 특정 국가에서의 특정 프로그램의 최초 도입시기가 다르다는 점이다. 이러한 도입시기의 차이는 자료에 따라 최초의 프로그램으로 선정한 기준들이 다르기 때문이다. 어떤 국가에서는 전국민을 대상으로 하거나 혹은 강제적인 프로그램을 기준으로 한 반면, 어떤 국가에서는 일부를 대상으로 하는 임의가입 형식의 프로그램을 기준으로 했기 때문이다.

둘째는, 도입시기가 빠르다고 해서 그 프로그램의 내용이 반드시 더 발전되었다고 볼 수 없다. 도입은 빨리 해도 그 프로그램의 내용(대상, 급여수준, 자격, 재원조달방법 등)이 부실하게 발전될 수 있고, 반면에 도입이 늦어도 처음부터 혹은 빠른 시간 내에 프로그램의 내용을 충실하게 할 수 있는 것이다. 예를 들면 노령연금의 경우 미국은 독일보다 약 50년 늦게 시작하였지만 1939년경에는 연금의 적용대상의 측면에서 독일의 수준에 다다르고, 스웨덴이나 영국은 이러한 프로그램을 독일보다 늦게 도입하였지만 도입 당시에 적용대상의 측면에서 독일을 앞지른다(Flora & Alber, 1982). 이러한 한계들을 비추어 볼 때, 단순히 주요 사회복지 프로그램의 도입시기만 가지고 복지 선진국 혹은 후진국으로 분류하는 것은 위험하다.

3) 복지국가 성격에 따른 유형화

전술한 사회복지 지출비용과 도입시기에 의한 복지국가 유형은 많은 문제점이 있고, 무엇보다도 국가들 간에 서로 다른 복지국가 성격에 관해서는 구분을 못 한다. 따라서 이러한 양적인 구분보다는 질적인 구분이 중요하며 복지국가의 성격에 관한 분석에 따른 유형화가 필요하다.

복지국가를 유형화하는 개념적 틀로서 가장 오래되었고, 또한 가장 많이 사용되는 것은 윌렌스키와 르보의 '잔여적'(*residual*) 복지제도와 '제도적'(*institutional*) 복지제도에 따른 유형화이다(Wilensky & Lebeaux, 1965). 잔여적 복지제도에서는 사회복지제도가 사회의 정상적인 주요 제도들(예, 가족, 경제 등)이 사회복지에의 필요를 해결하지 못하는 때에만 등장하는 것이고, 제도적 복지제도에서는 사회복지제도가 사회의 정상적인 주요(*first line*) 제도의 기능을 하는 것을 말한다.

따라서 잔여적 제도에서는 사회복지의 제공에 있어 정부의 역할은 최소화하고, 대신 가족이나 시장이 사회복지에의 필요 해결에 '자연적'(*natural*)이고 '정상적'(*normal*)인 주된 기능을 하고, 단지 이러한 기능이 실패했을 때 정부가 개입한다. 이러한 제도에서는 대개 사회복지 급여의 수준이 낮고, 수급을 위해서는 까다로운, 그리고 치욕을 주는 소득/자산 조사에 의존해야만 한다. 개인주의, 개인의 책임, 경쟁 등의 이념이 강조되어 사회복지는 필요(*need*)에 따라 제공되기보다는 받을 자격여부(*desert*)에 따라 제공된다. 즉, 이른바 '자격 있는 빈자'(*deserving poor*)와 '자격 없는 빈자'(*undeserving poor*)의 구분이 뚜렷하다.

반면에 제도적 복지제도에서는 국가의 역할이 극대화되고, 소득조사에 의한 급여가 아닌 하나의 사회권으로 보편적으로 급여가 제공되고, 급여의 수준도 높으며 무엇보다도 집합적인 사회의 결속을 강조한다. 이러한 상황에서는 사회구성원 대부분이 혜택을 보기 때문에 사회복지 수혜자와 비수혜자의 구분이 무의미하므로 사회복지의 확대에 대한 이념적 대립도 약하다.

오늘날의 복지국가들은 복합적이라 위의 두 가지 형태의 복지제도를 모두 갖고 있다. 따라서 어떤 국가들이 '잔여적' 복지국가이고 어떤 국가들이 '제도적' 복지국가인가를 명확하게 구분하기는 어렵다. 그럼에도 불구하고, 미국이나 일본 등의 국가들은 비교적 '잔여적' 복지제도 유형에 가깝다고 할 수 있고 반면에 스웨덴이나 노르웨이 등의 스칸디나비아 국가들은 '제도적' 복지국가에 가깝다고 볼 수 있다. 반면에 영국, 프랑스, 독일 등은 이러한 개념으로 구분하기 어렵다.

티트머스는 위와 유사하게 복지국가 모형을 첫째로 '잔여적' 모형, 둘째로 '산업상 업적과 수행능력'(industrial achievement performance) 모형, 셋째로 '제도적 재분배'(institutional redistributive) 모형으로 구분하였다(Titmuss, 1974). 첫째와 셋째는 윌렌스키와 르보의 모형구분과 유사한데 첫째는 시장과 가족의 사회복지에서의 역할을 강조하고, 셋째는 시장과 가족 밖에서의 필요에 따른 보편적 복지제공을 강조한다. 반면 둘째의 모형에서는 사회복지의 제공이 시장에서의 업적과 밀접한 관계가 있는 것을 강조한다. 이러한 모형에서는 사회복지의 급여를 시장에서의 직무수행의 정도, 생산성의 정도에 따라서 차등을 두어야 한다는 점을 강조한다. 다시 말해 이러한 복지모형에서는 사회복지의 급여가 시장에서의 역할의 정도에 따라 달라지는 것이다. 더 구체적으로 말하면, '잔여적' 모형이 공공부조 프로그램을 강조하고, '제도적 재분배' 모형이 보편적 프로그램을 강조한다면, '산업상 업적과 수행능력' 모형은 사회보험 프로그램을 강조한다. 전체 사회복지 프로그램 가운데 사회보험에의 의존도가 상대적으로 높은 유럽국가는 이 분류에 따르면 둘째의 모형에 속한다고 볼 수 있다.

티트머스는 또한 한 나라의 복지는 세 가지의 형태로 역할분담이 되어 있다고 주장한다: 사회복지(*social welfare*), 재정복지(*fiscal welfare*) 그리고 직업복지(*occupational welfare*)(Titmuss, 1963). 여기서 사회복지는 전통적인 광의의 사회복지 모두를 포함한다(소득보장, 교육, 건강, 개별적 사회서비스 등). 반면에 재정복지는 국가의 조세정책에 의해 간접적으로 국민들의 복지를 높이는 것이다. 예를 들면 아동이 있는 가구에 대한 조세감면 정책이 여기에 속한다. 또한 직업복지는 개인이 속한 기업에서 제공하는 여러 가지의 사회복지 급여를 말한다(예를 들면 기업연금, 기업에서 제공하는 의료보험 등이다). 이 세 가지의 복지형태들 가운데 복지국가의 주요 목표 중 하나인 소득 재분배라는 측면에서 볼 때 사회복지가 재정복지에 비해 더 발전된 형태라고 볼 수 있다.

오늘날의 복지국가는 이러한 세 가지의 복지형태를 모두 갖고 있으나 국가들마다 이 가운데 어떤 형태를 상대적으로 강조하느냐는 차이가 있다. 예를 들면 미국은 다른 국가들에 비하여 재정복지를 강조한다(한 예로 미국은 GDP의 약 2%를 이러한 복지형태에 사용한다. IMF, 1985). 또한 직업복지의 경우는 미국, 일본, 스위스 등의 국가에서 강조된다.

퍼니스와 틸턴(Furniss & Tilton, 1976)은 사회복지 필요에 대한 정부의 개입 형태에 따라 적극적 국가(*positive state*), 사회보장국가(*social security state*) 그리고 사회복지국가(*social welfare*) 로 분류하였다. 적극적 국가의 가장 근본적인 목표는 자본주의사회에서 발생하는 여러 가지 시장에서의 문제들과 재분배를 요구하는 세력으로부터 자본가들을 보호하는 데 있다는 것이다. 따라서 복지정책의 방향은 경제성장을 위한 정부와 시장경제기제 사이의 협력에 두고 있다. 이러한 유형에서는 경제적 효율성에 반하는 복지정책에 대한 강한 저항이 있다. 따라서 엄격하게 보험수리원칙(*actuarial principle*) 을 바탕으로 하는 사회보험 프로그램에 크게 의존한다. 이러한 상황에서는 소득의 수직적 재분배(즉, 부자부터 빈자로의 재분배) 보다는 수평적 재분배 혹은 세대 간 재분배(젊은 사람으로부터 노인 혹은 건강한 자로부터 병든 자에로) 가 더 강조된다. 한마디로 말하면, 이러한 유형에서의 복지체계는 시장체계의 기능을 강화하기 위한 사회통제적 기능이 강하다. 따라서 시장에서의 역할이 없거나 적은 사람은 복지체계에서 가장 적고 치욕감을 갖는 급여를 받는다. 따라서 저자들은 이러한 적극적 국가의 형태를 복지국가라 부르지 않는다. 퍼니스와 틸턴은 미국이 이러한 유형에 적합하다고 본다.

사회보장국가는 그것의 중요한 목표를 국민들의 최저생활을 보장해 주는 데 있다. 이러한 최저생활의 수준은 전반적인 생활수준이 상승되는 데 따라 변화된다. 이러한 목적을 이루기 위해서는 사회보험 이외의 다른 프로그램들이 중요하게 되고, 사회보험 프로그램은 보험원칙에 엄격하게 의존해서는 안 된다. 그러나 이러한 국가가 바탕으로 하는 가치는 평등이 아니라 기회의 평등이다. 사회보장을 하는 데 개인의 동기, 기회, 책임 등을 무시해서는 안 된다고 강조한다. 즉, 사회보장을 이룩하는 데 있어 개인이 자기 자신이나 자기 가족을 위해서 스스로의 노력을 통하여 해결하도록 하는 것을 강조한다. 영국이 이 유형에 속한다고 주장한다.

전술한 적극적 국가와 사회보장국가가 국가와 기업 간의 협동을 강조하는 것과 달리, 사회복지국가는 정부와 노동조합의 협력을 강조하는 복지체계이다. 노조가 정부의 임금과 고용정책에 깊이 개입하여 정부와 기업의 통제를 넘어선다. 이러한 유형에서는 단순한 국민의 최저수준의 보장을 넘어서 전반적인 삶의 질의 평등을 추구한다. 따라서 이를 위하여 전통적인 사회보험이나 공공부조 프로그램에의 의존을 넘어 정부는 일반예산에 의한 사회복지 제공을 확대한다. 이러한 국가에는 스웨덴이 속한다고 본다.

조지와 윌딩(George & Wilding, 1985)은 복지국가 유형을 정치적 이념의 차이에 따라 네 가지로 분류한다: 반집합주의(*anti-collectivism*), 소극적 집합주의(*reluctant collectivism*), 페이비언 사회주의(*Fabian socialism*), 맑스주의. 반집합주의의 유형은 복지국가를 근본적으로 반대하는데, 그 이유는 자유시장경제를 왜곡하는 것, 그 자체를 비복지적인 것으로 본다. 따라서 이러한 입장에서는 정부의 복지에의 개입을 시장경제의 여러 가지 효율성을 저해하고(근로동기의 약화, 저축과 투자의 약화), 또한 전통적인 가족의 역할을 훼손하고, 무엇보다도 개인의 자유를 침해한다고 본다. 오늘날의 복지국가들에서 이러한 반집합주의의 원칙을 그대로 따르는 국가는 없다.

소극적 집합주의는 위의 반집합주의보다는 국가의 복지에의 개입을 어느 정도 인정한다. 시장체계의 문제점(*market failure*)을 해결하고 또한 사회정치적인 안정의 필요성 때문에 정부의 복지에의 개입을 인정한다. 그러나 이러한 개입은 한계를 갖고 공공부문과 병행하여 민간 부문의 사회복지에의 역할을 강조한다. 즉, 자본주의의 효율성이라는 장점을 유지하고 다만 자본주의의 특정 문제만을 해결한다.

페이비언 사회주의의 유형은 복지국가를 궁극적으로 도달하여야 할 사회주의로 가는 길에서의 한 단계로 본다. 이것은 전술한 소극적 집합주의와 달리 복지국가의 확대로 자본주의 그 자체를 변화시킬 수 있으며 따라서 경제성장, 평등, 사회통합을 위하여 복지국가의 확대가 필요하다고 본다. 이 유형에서는 사회복지에서의 공공부문이 절대적으로 강조되고 개인이나 가족 등의 민간부문의 역할은 극소화된다.

맑스주의에서는 복지국가를 자본주의의 모순을 살리려고 하는 것으로 본다. 자본가의 이익을 위해 복지국가는 존재한다는 것이다. 따라서 페이비언 사회주의와 달리 복지국가가 사회주의에의 단계라고 생각하지 않고 사회주의에의 길에서 더 멀어질 수 있다고 본다. 복지국가는 궁극적으로 인민의 복지를 위하기보다는 자본주의를 살리기 위한 수단으로 보는 것이다.

미쉬라(Mishra, 1984)는 복지국가 모형을 두 가지로 나누는데, 하나는 다원적 혹은 분화된(*pluralist or differentiated*) 복지국가이고 다른 하나는 조합주의적 혹은 통합된(*corporate or integrated*) 복지국가이다. 분화된 복지국가에서는 사회복지는 경제와 구분되고 대립된다. 따라서 경제에 나쁜 영향을 주는 사회복지는 제한되고 따라서 잔여적인 역할을 한다. 또한 이러한 국가들에서의 복지정책은 이익집단들의 다양한 이익추구 과정에서 이루어진다. 따라서 복지정책들은 통합적이고 포괄적이지 않고, 단편화되는 경향이 있다. 여기에는 미국, 영국 등 주로 영어권 국가들이 포함된다.

반면에 통합적 복지국가에서는 사회복지와 경제는 구분되지 않고 상호의존적이고 상호관련된 관계로 본다. 사회복지정책과 경제정책의 밀접한 관계를 인정한다(예, 노동시장정책은 한편으로는 사회복지정책의 의미를 갖고 다른 한편으로는 경제정책의 의미를 갖는다). 이러한 모형에서의 복지정책은 경제집단들 혹은 계급 간의 상호협력 아래에서 추진된다. 즉, 집합적 책임을 강조한다. 이러한 상황에서 완전고용정책과 포괄적 사회복지정책은 시장체계의 골격을 유지하면서도 가능하게 된다. 즉, 사회구성원들의 이익이 통합되는 복지국가 형태를 추구한다. 여기에는 오스트리아, 스웨덴 등이 주로 포함된다.

존스(Jones, 1985)는 복지국가를 복지자본주의(*welfare capitalism*)와 복지자본주의(*welfare capitalism*)로 구분한다. 복지자본주의는 티트머스의 분류의 '산업상 업적성취' 유형과 비슷하여 성취나 업적과 관련된 사회복지를 강조하거나, 기회의 평등을 목표로 하여 '사회발전'에 우선순위를 두는 형태이다. 즉, 자본주의 체계를 강화하는 것을 사회복지의 목표로 두고 있다. 존스는 이 모형에 사회복지 지출이 많은 독일과 그것이 적은 미국을 모두 포함한다.

반면에 복지자본주의는 티트머스분류의 '제도적 재분배' 모형과 유사한 것으로 사회복지가 시민권을 바탕으로 누구에게나 보편적으로 제공되고, 그것의 목표는 평등을 추구한다. 따라서 개인의 복지에 우선순위를 두는 복지국가이다. 이러한 모형은 자본주의는 기껏해야 필요악이기 때문에 궁극적인 복지를 위해서는 시장의 논리를 벗어나야 한다는 것을 강조한다. 존스는 여기에 사회복지 지출이 많은 스웨덴과 적은 영국을 포함한다.

림링거(Rimlinger, 1971)도 유사하게 복지국가를 '사회적 시장경제'(*Social market economy*)와 '사회주의적 시장경제'(*Socialist market economy*)로 구분하여, 전자의 경우는 복지에 대한 개인의 책임을 강조하고

자본주의의 기제를 보호하는 측면을 강조하는 반면에, 후자의 경우는 개인의 복지는 국가가 책임을 진다는 면을 강조한다. 이러한 둘의 차이는 사회보험의 경우, 전자는 사회보험 원칙에 충실해서 개인의 기여를 강조하여 기여의 차이에 따른 급여의 차이를 두는 소득비례제도 (*earning-related scheme*)를 택하고, 후자는 정부의 일반예산으로 기여여부에 상관없이 모든 사람에게 정액급여(*flat-rate benefit*)를 하는 것을 강조한다.

테르본(Therborn, 1986)은 맑스주의의 입장에서 자본가와 노동자의 권력투쟁의 형태에 따라 복지국가를 '프롤레타리안 복지국가'(*Proletarian welfare state*)와 '부르주아 복지국가'(*Bourgeois welfare state*)로 나눈다. 노동자계급의 힘이 강한 상태에서 복지국가인 전자의 경우에 사회복지 프로그램은 노동자들의 생활에 대한 권리를 인정하는 것으로 나타나고, 한편으로는 모두에게 일할 권리를 보장한다. 모든 사회복지 프로그램은 법으로 명문화되어, 노동자가 정책결정에 깊이 참여하고 또한 인구학적 기준에 따라 보편적인 대상과 급여가 이루어지고(예를 들면 아동수당, 노령수당 등), 무엇보다도 이러한 프로그램의 재원은 재분배적으로 마련된다(부자에 대한 높은 누진세율의 적용과 빈자에 대한 면세).

반면 '부르주아 복지국가'는 자본축적, 근로의욕 유지 등 자본주의체제유지에 도움이 되는 프로그램들을 강조하고 또한 숙련되고 능력 있는 충성스러운 노동자들에게 많은 혜택이 가도록 구성되어 있다. 또한 이러한 유형에서는 사용자에 의해 임의적으로 급여가 결정되는 프로그램들이 있다. 또한 사회복지의 급여는 보편적이지 않고 차이가 많고 사회복지의 재원은 보험원칙을 강조한다.

테르본(Therborn, 1987)은 또한 사회복지정책의 확대정도(*social*

entitlement) 와 노동시장과 완전고용에 대한 정책의 두 가지 측면에서 복지국가를 네 가지로 유형화하였다.

먼저 사회복지에 대한 개입도 강하고 완전고용정책을 강력하게 실시하는 정부개입이 강력한 복지국가(*strong interventionist welfare state*) 에는 스웨덴, 노르웨이, 오스트리아 등이 속한다. 둘째로, 사회복지정책의 확대는 크나 노동시장정책이 약한 보상적 복지국가(*soft compensatory welfare state*) 에는 벨기에, 덴마크, 네덜란드 등이 주로 속하고 프랑스, 독일, 이탈리아 등이 이 모형에 가깝다. 셋째로, 노동시장정책을 통한 완전고용정책을 강조하나, 사회복지의 확대를 꺼리는 완전고용 지향적이고 작은 복지국가(*full employment- oriented small welfare state*) 로는 스위스와 일본을 꼽는다. 마지막으로 노동시장정책도 약하고 사회복지의 확대도 꺼리는 시장 중심적 복지국가(*market-oriented welfare state*) 로는 미국, 영국, 캐나다, 호주, 뉴질랜드 등을 꼽는다.

복지국가의 유형화에 관한 가장 최근의, 그리고 가장 체계적이고 논리적인 연구는 에스핑-안데르센(Esping-Andersen, 1990) 에 의하여 이루어졌다. 그는 개인의 복지가 시장에 의존하지 않고도 이루어질 수 있는 탈상품화(*de-commodification*) 의 정도와 복지국가정책에 의한 사회계층체제의 형태를 기준으로 세 개의 유형으로 분류하였다: '자유주의적' 복지국가(*liberal welfare state*) , '조합주의적' 복지국가(*corporatist welfare state*) , 그리고 '사회민주적' 복지국가(*social democratic welfare state*) .

첫째, 자유주의적 복지국가는 소득조사에 의한 공공부조 프로그램이 상대적으로 중시된다. 따라서 급여의 대상을 저소득층에 초점을 맞추는 경향이 있다. 이러한 상황에서 사회복지의 확대는 전통적인 자유주의적 노동윤리(*work-ethics*) 규범에 의해 크게 제약받는다. 따라서 이러한 국가에서는 복지의 한계는 일 대신에 복지를 택하는 한계성향과 일치한다. 즉, 일을 안 하면 벌을 받는 것으로서 복지를 받게 되므로 자격기준은 까다롭고 엄격하고 결과적으로 치욕과 밀접한 관계를 갖는다. 국가는 사회복지에서 민간부문(시장)의 역할을 민간부문에 대한 보조의 방법으로 장려한다.

이러한 결과로 이들 국가에서는 탈상품화의 효과는 최소화되어서 사회권의 영역은 제한되고 다차원의 사회계층체제를 발생시킨다: 소수의 국가로부터의 복지수혜자들은 빈곤의 평등을 경험하고, 다수의 사람들은 시장에서의 역할에 따라 차이가 나는 복지를 수혜하게 되며 이러한 두 계층은 대립적인 관계가 되는 이중구도가 형성된다. 이러한 유형에 적합한 국가들로는 미국, 캐나다, 오스트레일리아를 꼽는다.

둘째, '조합주의적' 복지국가에서는 자유주의적 복지국가의 주된 관심인 시장의 효율성과 노동력의 상품화의 문제가 중요하지 않다. 따라서 사회복지의 제공을 하나의 사회권으로 하는지의 여부는 중요한 쟁점이 아니다. 이러한 복지국가에서는 사회복지의 제공이 사회적 지위의 차이를 유지하는 데 있다. 즉, 사회복지 급여는 계급과 사회적 지위에 밀접한 관계가 있다.

이러한 유형에서는 국가가 주된 사회복지 제공자의 역할을 한다. 따라서 '자유주의적' 복지국가와 달리 민간보험이나 기업복지의 역할이 상대적으로 덜 강조된다. 그러나 국가에 의한 사회복지는 사회적 지위 차이 유지를 강조하기 때문에 국가복지의 재분배 효과는 약하다. 이러한 국가들은 보험원칙을 강조하는 사회보험에 크게 의존한다. 이러한 사회보험에 의한 급여는 시장에서의 지위차이에 따라 크게 차이가 난다. 즉, 탈상품화 효과에는 한계가 있다. 이러한 유형에 속하는 국가들은 오스트리아, 프랑스, 독일, 이탈리아 등이다.

셋째, '사회민주적' 복지국가는 보편주의 원칙과 사회권을 통한 탈상품화 효과가 가장 크고 또한 새로운 중간층(new middle class)까지 확대한다. 이러한 국가들의 이름을 '사회민주적'이라고 한 것은 이러한 국가들에서는 사회민주주의 세력이 복지국가 확대에 중추적인 역할을 하였기 때문이다.

이러한 국가에서는 국가 대 시장, 노동계급 대 중간계급 사이의 이중성을 피하고 최소한의 생활수준 보장을 넘어서 가능한 최대한의 수준에서의 평등을 추구한다. 따라서 이러한 유형에서는 복지국가의 급여수준을 새로운 중간층이 원하는 수준까지 높인다. 이러한 국가에서는 사회의 모든 계층이 하나의 보편적이고 포괄적인 복지체계에 통합된다. 이러한 유형에서는 시장의 복지기능을 최대한으로 약화시키고, 이로 인하여 복지국가 추구를 위한 보편적인 결속이 이루어진다. 즉, 사회의 모든 사람이 급여를 받고 국가에 의존하며 모든 사람이 지불해야할 의무가 있다.

이러한 복지국가 모형에서는 복지를 가족의 복지능력이 약화될 시점까지 기다리지 않고 미리 가족생활의 비용을 사회화한다. 개인 복지가 가족에 의존하는 것을 기대하기보다는 미리 개인의 독립능력을 확대한다. 결과로 국가가 아동, 노인 등에 대한 직접적인 책임을 갖는다.

이 모형의 또 하나 주요한 특징은 복지와 일을 적절히 배합하는 면이다. 이것은 완전고용정책과 직접 관계되어 있어서 이 모형의 성공은 완전고용정책의 성공여부에 크게 달려 있다. 따라서 이러한 국가에서의 완전고용정책은 '일할 권리'와 '사회복지에의 권리'를 밀접히 연결시키고 있다. 이렇게 해야만 통합적이고 탈상품화적인 복지체제를 유지하기 위한 많은 비용을 조달할 수 있고, 결과적으로 이러한 복지모형이 성공할 수 있는 것이다. 이러한 이상적인 모형에 가까운 나라들은 스웨덴을 비롯한 스칸디나비아 국가들이다.

4) 복지국가정책의 결정요인에 따른 유형화

복지국가들을 유형화하는 또 하나의 방법은 복지국가정책의 결정요인들의 차이에 따른 분류방법이다.

플로라와 앨버(Flora & Alber, 1982)는 복지국가들의 주요 사회복지 프로그램(네 가지 사회보험)의 도입시기에 초점을 맞추면서, 도입시기에 영향을 주는 요인들(산업화와 도시화의 정도, 노동자계급의 정치적 압력의 정도, 그리고 입헌군주제냐 아니면 의회민주제냐의 문제)에 따라 복지국가들을 유형화하였다. 그들의 연구에 의하면 스웨덴, 핀란드, 이탈리아 등의 국가들은 산업화와 도시화를 충분히 이루지 않은 상태이지만, 노동자계급의 정치적 압력이 강했기 때문에 비교적 일찍 사회보험을 도입했다. 반면에 영국, 네덜란드, 벨기에 등의 국가들은 노동자계급의 정치적 압력은 약했지만, 산업화의 정도가 높았기 때문에 사회보험 프로그램을 도입했다. 이러한 국가들은 산업화와 노동자계급의 정치적 압력, 둘 중의 하나가 강했기 때문에 사회보험 프로그램을 도입한 것이다.

반면에 오스트리아, 덴마크, 독일 등의 국가들은 산업화의 정도나 노동자계급의 정치적 압력의 정도가 비교적 약했는데도 불구하고 사회보험 프로그램을 일찍 도입했는데 이러한 국가들은 입헌군주제의 정치체계를 갖고 있기 때문으로 분석한다. 이들에 의하면 의회 민주주의체제보다는 입헌군주제 국가가 사회보험을 더 빨리 도입할 수 있는데, 그 이유는 입헌군주제 국가는 전통적으로 잘 발전된 관료체제를 갖고 있어서 사회보험 프로그램을 실시할 능력이 높다는 점에서 찾을 수 있으며, 또한 입헌군주제의 지배계급들은 점차 커지고 적대적인 노동자계급의 운동이 입헌군주제에 위협적이었던 노동자계급의 충성심을 불러일으키는 것이 필요했고 이를 위한 선제전략으로 사회보험을 도입한 것이다.

한편 프랑스와 벨기에(일부 프로그램) 등의 국가는 산업화의 정도나 노동자계급의 정치적 압력의 정도가 높은 상태에서 늦게 사회보험 프로그램을 도입하였다. 이러한 '예외적'인 경우는 프랑스의 경우 정권의 불안정(잦은 정권교체)에 기인하고, 벨기에는 사회구성원들 사이의 문화적 차이로 인한 대립에 기인한다.

윌렌스키(Wilensky, 1982)는 사회복지 지출에 영향을 주는 요인들 중 조합주의(corporatism)의 정도, 가톨릭 정당 세력의 정도, 그리고 좌익정당 세력의 정도에 따라 복지국가 유형을 시도하였다.

윌렌스키에 의하면 조합주의 성격이 강하고 또한 가톨릭당의 세력이 강한 국가들(벨기에, 네덜란드, 이탈리아, 오스트리아)이 사회복지 지출이 높고, 반면에 조합주의 성격도 약하고 가톨릭 정당의 세력이 약한 국가들(미국, 스위스, 영국, 호주, 뉴질랜드 등)은 사회복지 지출이 낮다고 분류하였다. 반대로 조합주의는 강한데 가톨릭 정당의 성격이 약하거나, 조합주의는 약하나 가톨릭 정당의 세력이 강하면 중간 정도의 사회복지 지출을 한다. 전자의 예는 핀란드, 프랑스, 노르웨이 등이고, 후자의 예는 독일이다.

흥미로운 것은 조합주의가 강하고 가톨릭 정당의 세력이 강하면 좌익정당의 세력이 약해도 사회복지 지출이 높다는 것이다. 이러한 국가들에는 이탈리아, 오스트리아, 네덜란드가 속한다.

윌렌스키(Wilensky, 1987)는 또한 사회복지정책이 이루어지는 사회경제적 구조에서의 차이에 따라 복지국가 유형을 세 가지로 구분한다: 민주적 조합주의 유형(*democratic corporatist*), 노동자계급의 입장 반영이 안 되는 조합주의 유형(*corporatist without labour*), 그리고 비조합주의 유형(*least corporatist*).

그는 첫 번째의 유형, 즉 민주적 조합주의 유형에 속하는 국가들로 오스트리아, 스웨덴, 노르웨이, 프랑스, 벨기에, 네덜란드 등을 거론한다. 이러한 국가들의 사회복지정책이 이루어지는 특성들은 다음과 같다. 첫째, 중앙집권적인 대규모 이익집단들 사이에서(예, 노동자 대 자본가) 타협이 이루어진다. 둘째, 이러한 상황에서 공공부문과 민간부문 사이의 역할 구분이 뚜렷하지 않은, 즉 이 두 부문 사이의 사회복지 역할이 통합적으로 추구된다. 셋째, 이익집단 사이의 협상영역이 광범위하고, 이러한 협상은 국가발전이라는 장기적이고 거시적인 측면에서 이루어진다. 넷째, 사회복지정책이 경제정책과 밀접한 관계를 이룬다. 즉, 사회복지정책은 경제정책과 대비되는 것으로 간주되는 것이 아니라 경제정책의 성공은 사회복지정책의 성공과 직접적인 관계가 있다고 본다. 다시 말해 이러한 유형에서는 전통적으로 불이익집단인 노동자계급이 국가정책에 깊숙이 참여하는 것이 특성이다.

두 번째 유형은 조합주의적 성격은 있으나, 노동자계급의 입장은 조합주의정책결정 과정에서 배제되는 형태이다. 이러한 유형에서는 국가와 기업 간의 주요 사회정책과 경제정책의 통합이 이루어지나 노동의 입장은 약하게 반영되는 형태이다. 이러한 유형에서는 노동계급의 사회경제적 요구가 반영이 잘 안 된다. 즉, 기업들의 입장이 주로 반영되는 현상을 볼 수 있다. 이러한 유형의 국가로는 일본, 프랑스, 스위스 등이 있다.

세 번째 유형은 복지정책이 노동과 자본의 협동적인 체제로 이루어지는 정도가 가장 약한 국가들이다. 이러한 국가들에서의 복지정책은 다원화되어 있어 지방분권적 정치세력에 의하여 크게 좌우된다. 이러한 상황에서 복지정책은 다양한 이익집단들의 요구에 의하여 좌우된다. 이러한 유형의 국가들은 미국, 영국, 캐나다 등을 거론한다.

2. 토의 및 결론

지금까지 복지국가 유형화에 관한 여러 가지의 연구들을 개념적인 측면과 실증적인 측면에서 논의하였다. 지금부터는 이러한 연구들을 바탕으로 하여 먼저 복지국가들을 유형화하는 데 적합한 기준들을 선정한 후 이러한 기준에 따라서 복지국가의 유형화를 시도한다.

1) 복지국가 유형화의 기준들

복지국가를 유형화하는 방법은 앞에서 보았듯이 여러 가지가 있을 수 있으나, 이러한 것들을 종합하여 보면 크게 네 가지 기준으로 유형화할 수 있다.

첫째, 복지국가가 시장경제에 얼마나 예속되어 있는가 하는 점이다. 어떤 국가들은 복지국가의 목표를 시장경제의 유지 혹은 강화에 두고 있는 반면, 어떤 국가들은 그것의 목표를 시장경제로부터의 예속을 벗어나게 하는, 즉 탈상품화를 추구한다. 존스의 개념으로는 '복지자본주의', 퍼니스와 틸턴의 '적극적 국가', 에스핑-안데르센의 '자유주의적 복지국가' 등이 전자의 유형에 속한다. 반면에 후자의 유형들에는 위의 학자들의 개념으로는 '복지자본주의', '사회복지국가', '사회민주적 복지국가', '사회주의적 시장경제', 그리고 '강력한 정부개입의 복지국가' 등이다.

시장경제의 유지 혹은 강화에 우선적인 목표를 두고 있는 복지국가들은 대개 시장경제에 나쁜 영향을 줄 수 있는 복지정책들을 가능한 한 배제하는 경향이 있다. 따라서 이러한 국가들에서는 복지프로그램 대상자의 숫자를 엄격한 소득과 자산조사를 통하여 혹은 수급자에게 치욕을 줌으로써 가능한 한 제한하고, 급여도 '자선'의 형태로 이루어진다. 윌렌스키·르보와 티트머스의 '잔여적 복지국가'는 이러한 점을 강조한다. 또한 이러한 국가들에서는 시장경제에서의 개인의 업적에 따라 복지프로그램의 급여 차이를 명확히 하는 경향이 있다. 따라서 복지급여가 비록 '자선'은 아니지만, 시장경제의 원리에 충실하여 일종의 '계약상의 권리'로 주어진다. 대표적인 예로 사회보험의 경우 급여액수의 계산을 보험수리 원리에 엄격하게 따라 기여의 차이에 의하여 많은 차이를 보인다. 이러한 국가들에서는 복지국가 프로그램이 시장경제에서의 개인들의 위치를 유지 혹은 강화시켜 준다. 티트머스의 '산업상업적모형 복지국가'와 에스핑-안데르센의 '조합주의적 복지국가'의 개념은 이러한 점을 강조한다.

시장경제의 유지 혹은 강화를 강조하는 복지국가에서는 또한 사회복지가 민간의 시장기제에서 제공되는 것을 강조한다. 이것은 시장기제의 효율성을 강조하기 때문이고, 이러한 국가들에서는 사회복지 지출에서 민간부분이 차지하는 비율이 상대적으로 높다. 티트머스의 개념으로는 '재정복지'와 '직업복지'가 이와 같은 점을 설명한다.

마지막으로 시장경제를 강조하는 복지국가에서는 사회복지의 급여수준을 최저생활수준으로 제한하는 경향이 있다. 이것은 물론 지나친 급여가 시장경제의 효율적인 작동에 해를 줄 수 있다는 판단에서 나온 것이다. 이러한 관점에서는 결과의 평등보다는 기회의 평등을 보장하는 것이 이러한 국가에서의 목표가 되는 것이다. 퍼니스와 틸턴의 '사회보장국가'가 이러한 관점에서 설명된다.

반면에 복지국가의 목표가 국민들이 시장경제에 예속되는 것을 벗어나게 하는 데 있는 국가들에서는 복지국가의 대상자의 숫자를 거의 모든 국민에게 보편적으로 확대하고 또한 급여의 자격도 소득/자산 조사도 없고 과거의 기여여부에 상관없이 그 나라의 시민이면 누구나 하나의 권리(사회권)로 주어진다. 즉, 시장경제에서의 업적과 기능에 상관없이 급여가 이루어진다.

또한 이러한 국가에서는 사회복지에서 민간부문의 역할을 극소화시키고 급여의 수준에서는 최저생활보장의 수준을 넘어서는, 즉 결과의 평등이라는 가치를 강조한다.

둘째, 복지국가를 유형화하는 데 또 하나의 적절한 기준은 복지국가정책이 조합주의(corporatism)적으로 이루어지느냐 하는 점이다. 어떤 국가들에서는 복지국가정책이 중앙집권적인 정부, 노동자집단, 그리고 사용자집단의 상호협력으로 이루어지는 반면, 어떤 국가에서는 복지국가정책이 이익집단들의 다양한 이익추구과정의 산물로 결정된다. 따라서 전자의 복지국가정책은 일반적으로 통합적이고 포괄적인 반면 후자의 경우는 단편적이다. 미쉬라의 '통합적 복지국가'의 개념, 그리고 윌렌스키의 '민주적 조합주의' 대 '비조합주의'의 개념들은 이러한 점들을 설명한다.

셋째, 노동자집단의 정치적 세력도 복지국가를 유형화하는 데 유용하다. 어떤 국가들에서는 복지국가확대에 노동자계급이 중요한 역할을 한 반면에 어떤 국가에서는 그렇지 않다. 일반적으로 노동자계급의 정치적 세력이 강한 국가와 그렇지 않은 국가의 복지국가정책은 그 질에서 많은 차이를 보인다. 테르본의 '프롤레타리안 복지국가'(*Proletarian welfare state*) 대 '부르주아 복지국가'(*Bourgeois welfare state*), 플로라와 앨버의 분류, 그리고 에스핑-안데르센의 분류는 이러한 노동자집단의 정치적 세력을 강조한다.

넷째, 복지국가를 유형화하는 마지막 기준은 국가들의 복지정책과 경제정책이 얼마나 통합되어 있는가 하는 점이다. 어떤 국가들에서는 복지정책을 경제정책에 대립되는 것으로 보고, 두 가지 정책을 분리하여 수립하거나 집행한다. 반면에 어떤 국가들에서는 복지정책과 경제정책을 하나로 통합하여 고려한다. 즉, 한쪽이 성공을 이루기 위해서는 다른 한쪽의 정책을 고려하지 않을 수 없다는 것이다. 대표적인 예가 완전고용정책과 적극적인 노동시장정책이다. 완전고용정책과 같은 경제정책의 성공이 없으면 복지정책도 소기의 목적을 이루기 어렵다는 것이다. 즉, '일할 권리'와 '사회복지에의 권리'를 밀접히 연결시켜야만 진정한 복지국가가 이루어질 수 있다고 본다. 테르본의 네 가지의 복지국가 분류와 에스핑-안데르센의 분류도 이러한 점을 강조한다.

2) 복지국가 유형

이상의 네 가지 기준에 따라 복지국가를 유형화하면 다음의 세 가지 형태로 분류할 수 있다.

첫 번째의 유형은 스웨덴을 비롯한 스칸디나비아 국가들과 오스트리아이다. 이러한 복지국가들에서는 국민들의 복지가 시장경제에 가장 약하게 예속되어 있다. 이것은 이러한 국가들에서는 보편적 프로그램이 가장 크게 발전되어 있고, 사회복지에서의 민간부문의 역할이 상대적으로 적고 무엇보다도 복지정책의 내용을 분석해 보면 복지정책의 소득 재분배 효과가 높아 빈곤제거율이 높고 또한 전술한 '탈상품화' 효과도 큰 데서 알 수 있다.

또한 이러한 복지국가들에서는 사회복지정책은 대개 중앙집권적이고 강력한 노동조합의 세력을 바탕으로, 정부와 사용자집단과 대등한 위치에서 '조합주의적'으로 이루어진다. 따라서 이러한 과정에서 복지정책과 경제정책은 통합적으로 다루어져 한편으로는 복지정책을 확대하고 다른 한편으로는 적극적인 노동정책과 완전고용정책을 촉진한다.

이러한 첫 번째 유형과 극단적인 대조를 보이는 두 번째 유형에 속하는 국가들은 미국, 일본, 캐나다 등이다. 이러한 국가들은 사회복지를 시장경제유지와 강화를 위한 수단으로 여기고 따라서 복지는 시장경제에 해를 주지 않는 방향에서 이루어지는 경향이 높다. 결과적으로 '탈상품화' 효과는 매우 낮고, 또한 보편적 프로그램이 발달되어 있지 않고 민간부문의 역할은 강조된다.

또한 이러한 국가들에서는 일반적으로 노동자집단의 정치적 세력이 약하고, 따라서 복지정책은 '다원주의적'으로 결정되는 경향이 높아서 단편적으로 존재하고 특히 경제정책과 복지정책은 대립적인 관계로 여겨 분리하여 이루어진다. 이러한 국가들은 표에서 보듯이 사회복지 지출비율도 낮고 주요 사회복지 프로그램의 도입시기도 늦다. 따라서 이러한 국가들은, 첫 번째 유형의 국가들을 '복지 선진국'으로 부른다면, 비교적 명확하게 '복지 후진국'이라 할 수 있다.

이러한 극단적인 두 가지 유형과 달리 제3의 유형으로 분류할 수 있는 국가들은 독일, 프랑스, 이탈리아 등의 유럽대륙 국가들이다. 표들에서 보듯이 이러한 국가들에서는 주요 사회복지 프로그램의 도입시기가 빠르고(첫 번째 유형의 국가들에 비해서도), 또한 사회복지 지출 비율도 높다(이러한 국가들은 오스트리아, 노르웨이 국가보다 지출비율이 높다). 이러한 관점에서는 이러한 국가들을 일견 '복지 선진국'으로 분류할 수 있으나, 위의 네 가지 기준에 따라 분석하면 첫 번째 유형과는 구분이 된다.

이러한 국가들에서는 복지국가정책이 국민들의 복지가 시장경제에 예속되는 것으로부터 벗어나게 해주는 효과가 첫 번째 유형의 국가들보다 약하다는 점이다. 이것은 이러한 국가들이 시장경제에서의 업적을 중시하는 사회보험(특히 보험수리원칙을 엄격하게 적용하여 급여수준을 결정하는 형태)을 상대적으로 강조하는 점에서 나타난다.

이러한 국가들에서의 복지정책은 또한 첫째 유형의 국가들에 비하여 '조합주의적'으로 결정되는 경향이 약하고, 따라서 복지정책과 경제정책이 통합적으로 이루어지기가 어렵다. 이것은 이러한 국가들이, 첫 번째 유형의 국가들에 비해서 노동시장정책과 완전고용정책을 상대적으로 적게 강조하는 것에서 알 수 있다.

3) 유형화의 한계

복지국가를 명확하게 유형화하는 작업에는 많은 어려움이 있다. 특히 어떤 국가들은 유형화하는 학자들에 따라 많은 차이를 보인다. 대표적인 예가 영국이다. 앞에서 보듯이 존스는 영국을 스웨덴과 같이 복지자본주의로 분류하였고, 콜(Kohl)도 영국을 보편적 프로그램을 강조하는 국가로 분류하였다. 이러한 경우에 영국은 앞서 살펴본 첫 번째 유형에 속할 수 있다.

반면에 테르본은 영국은 미국과 같이 '시장중심적 복지국가'로, 미쉬라는 '다원적 복지국가'로 분류하여, 여기서의 두 번째 유형에 속한다고 할 수 있다. 또한 퍼니스와 틸턴은 영국은 '사회보장국가'로 분류하였는데 이것은 여기서의 세 번째 유형에 속하는 것이다. 한편 복지정책 내용을 분석한 연구에 의하면 스미딩(Smeeding)은 영국의 복지정책의 빈곤제거율을 낮은 것으로 조사하였고, 또한 에스핑-안데르센은 영국의 복지정책의 '탈상품화' 효과는 낮은 것으로 평가하였다. 이러한 관점에서는 두 번째 유형에 속한다고 볼 수 있다.

왜 이러한 유형화 차이가 있는가? 이것은 두 가지로 설명할 수 있다.

첫째, 복지국가를 유형화하는 데 사용하는 여러 가지 추상적인 개념들을 학자들에 따라 다르게 해석하거나, 이러한 개념들을 구체적으로 측정하는 방법에서 다를 수 있다는 점이다. 예를 들면 '조합주의적' 복지국가 대 '다원주의적' 복지국가의 분류에서 학자들에 따라 '조합주의'나 '다원주의'의 개념을 달리 해석하거나 실증적으로 측정하는 데서 다를 수 있다는 것이다.

예를 들면 미쉬라는 프랑스를 '조합주의적' 복지국가에 포함하지 않는 반면, 윌렌스키는 프랑스를 '조합주의' 성격이 강한 국가로 분류한다. 또한 에스핑-안데르센의 '탈상품화'의 개념을 구체적으로 측정하는 데서 그가 사용한 변수와 다른 변수들을 사용하게 되면 다른 결과가 나올 수 있는 것이다.

둘째, 복지국가들의 성격이 시대에 따라 변한다는 점도 학자들 사이의 유형화의 차이를 설명한다. 이것은 특히 각 국가가 갖고 있는 여러 가지의 사회복지 프로그램의 내용이 시대에 따라 변한 점에서 기인한다. 예를 들면 흔히 전통적으로 복지국가 프로그램들을 비스마르크(Bismark)형과 베버리지(Beveridge)형으로 구분하는 경향이 있다. 전자는 독일을 비롯한 유럽대륙 국가들이 갖고 있었던 소득비례방식에 의한 형태이고(*earnings related system*), 후자는 영국을 대표로 하는 정액급여체계(*flat-rate system*)이다. 그러나 이러한 전통적인 형태는 2차 세계대전 이후의 복지국가 팽창기에 들어와서 점차 바뀌기 시작하여 각 국가들은 이른바 이중체계구조(*two-tiered system*)라고 불리는 혼합된 체계를 갖는 경향을 보인다. 베버리지형의 국가들은 소득비례방식의 제도를 첨가하고, 반면에 비스마르크형의 국가들은 정액급여제도를 첨가하는 것이다. 따라서 이러한 변화 때문에, 전통적인 복지국가 성격에 따른 복지국가 유형화는 문제가 있는 것이다.

앞으로의 복지국가 유형화의 작업은 이러한 두 가지 문제를 극복하여야 하는 과제를 갖고 있다. 즉, 추상적인 개념을 구체적이고 실증적으로 측정하는 방법들에 관한 연구가 필요하고, 또한 국가들의 사회복지 프로그램 내용 변화에 대한 보다 깊은 연구가 필요하다. 이것은 특히 1980년대 이후 이른바 '복지국가 위기' 시대에서는 더욱 그러하다.

07

복지국가, 변하고 있는가?

　6장에서는 복지국가들을 유형화하는 논의를 하였다. 그런데 이러한 논의는 대개 이른바 복지국가의 '황금기' 시대의 복지국가들의 모습을 중심으로 이루어졌다. 널리 알려졌듯이, 복지국가들은 1980년대부터 이른바 '복지국가의 위기'의 시대에 접어들게 된다. 그래서 이후부터 복지국가들은 이른바 '구조조정'을 하면서 어느 정도 변하고 있다. 여기서는 변화하고 있는 복지국가들을 논의하면서 과거의 복지국가 유형화 논의가 오늘날에도 여전히 유효한지를 검토하고자 한다.

　오늘날 복지국가는 변하고 있는가? 만일 변했다면 복지국가의 근본적인 틀(*paradigm*)이 변했는가? 아니면 복지환경의 변화에 따른 지엽적인 적응인가? 또한 변화의 방향이 요즘음 전 세계적으로 강력한 영향을 주고 있는 신자유주의적 모델로 수렴하는가? 아니면 국가별로 역사적으로 오랜 기간에 걸쳐 정착된 복지제도에 따라 서로 다르게 변하는가? 또한 세부적으로는 변했다면 무엇이 얼마나 변했는가?

많은 사람들이 이러한 질문들에 관심을 갖고 있다. 그런데 사람들의 복지국가의 변화에 대한 관점은 마치 컵에 물이 반(半)이 있는 상태를 어떤 사람들은 반이나 남았다고 하고 또 다른 사람들은 반밖에 남지 않았다고 보는 것처럼, 보는 사람의 주관적 관점에 따라 다르다. 즉, 오늘날의 복지국가의 변화의 모습에 대한 관점은 다분히 가치지향적이고 규범적이라 할 수 있다. 그래서 사람들이 갖고 있는 정치적 신념이나 가치관, 심지어는 국가위신(*national pride*) 등에 따라 다르게 평가하는 경향이 있다(Gilbert, 2002). 예를 들면 좌파적 성향을 보이는 복지국가 지지자들은 복지국가는 돌이킬 수 없는 것으로 보아, 복지국가의 기본틀은 변하지 않고 다만 지엽적이고 조그마한 변화만 있다고 본다. 반면에 복지국가를 반대하는 신자유주의적 관점을 갖고 있는 사람들은 복지국가의 패러다임이 바뀌고 있어 궁극적으로는 복지국가가 와해될 것이라 본다. 또한 '스웨덴 복지모델'(*Swedish model*)을 자랑하는 스웨덴의 복지국가 연구자들은 스웨덴 복지국가의 변화는 지엽적인 것으로 보는 경향이 강한 반면, 이를 비판하는 신자유주의적인 미국의 연구자들은 똑같은 현상을 복지패러다임의 변화라고 보는 경향이 있다.

　어느 관점이 옳은가? 이것은 우리가 사과를 좋아하느냐, 오렌지를 좋아하느냐의 문제처럼 가치의 문제이기 때문에 정답이 있을 수 없고 단지 선호의 문제라 할 수 있다. 이 글에서 필자의 관점은 복지국가의 기본틀은 변하지 않고 단지 지엽적인 변화만 있다는 입장에 동의한다. 그래서 이 글은 이러한 입장에서 복지국가가 기본틀을 변화하기 어려운 이유, 어느 정도 변화가 필요한 이유, 변화의 형태, 국가별로 변화의 양상이 다르다는 점 등을 논의하고자 한다. 그런데 이러한 입장을 논의하기에 앞서 복지국가의 기본틀이 변하고 있다는 관점을 간략하게 나마 소개하는 것이 학문적 균형감을 잃지 않기 위해서 필요하다.

1. 복지국가의 기본틀이 바뀌고 있다는 관점에 대한 비판적 검토

복지국가의 패러다임이 바뀌고 있다는 관점은 다음과 같은 주장에서 핵심적으로 나타난다.

> 기존의 복지국가는 시장의 위험으로부터 노동을 보호하기 위하여 하나의 사회권으로 누구에게나 보편적으로 급여하는 정책을 강조하였다. 하지만 오늘날의 복지국가는 개인의 책임을 강조하고 노동시장에의 참여를 촉진하기 위해 선별적으로 급여하는 정책을 강조하는 것으로 바뀌었다(Gilbert, 2002).

그래서 이러한 국가를 '복지국가'라는 용어 대신에 개인의 복지는 개인이 책임을 지도록 국가가 단지 근로를 촉진한다는 의미에서 '근로촉진국가'(enabling state)라는 용어로 명명하기도 한다. 이러한 '근로촉진국가'와 전통적인 복지국가와의 차이는 〈표 7-1〉과 같다.

우선, 근로촉진국가라는 새로운 복지국가는 지금까지의 복지국가가 공공부문에서 제공했던 사회복지 재화나 서비스를 대거 민간부문에서 제공한다. 이것은 민간부문에서 제공하는 것이 더 효율적이고 또한 소비자들의 선택에 더 적절히 대응한다는 가정에서 일정부분 바람직하다고 할 수 있다. 또한 급여의 형태도 현금이나 바우처(voucher)로 급여하는 것을 강조하기 때문에 소비자의 효용을 극대화할 수 있고 또한 소비자주권(*consumer sovereignty*)을 높일 수 있다. 또한 조세로 거두어 지출하지 않는 대신 다양한 복지성 조세감면을 확대하는 것도 시장의 효율성과 소비자주권을 높일 수 있다.

그러나 이러한 민영화가 어느 정도는 바람직하다고 할 수 있으나 오늘날 미국을 비롯한 자유주의적 복지국가를 제외한 대부분의 복지국가, 특히 사회민주적 복지국가에서 사회복지 재화나 서비스는 여전히 공공부문에서 압도적으로 많이 제공되고 있다. 예를 들면 최근 스웨덴

〈표 7-1〉 복지국가와 근로촉진국가

복지국가	근로촉진국가
· 공공급여 · 공공기관에 의한 급여 · 공공서비스(in-kind) · 직접지출	· 민영화 · 민간기관에 의한 급여 (purchase of service) · 현금이나 바우처 · 간접지출-조세지출(tax expenditure)
· 노동의 보호(protecting labor) · 소득보장 · 탈상품화 · 무조건적 급여	· 노동촉진(promoting work) · 노동시장 참여를 촉진시키기 위한 방법 · 재상품화 · 노동의 동기화와 제재
· 보편적 급여 · 치욕감을 피함	· 선별적 대상(selective targeting) · 사회적 형평성을 고려
· 국민전체의 연대감 (Solidarity of Citizenship) · 공유된 권리의 응집 (Cohesion of shared rights)	· 집단별 연대감 (Solidarity of Membership) · 공유된 가치와 시민사회의 의무의 응집 (Cohesion of shared values and civic duties)

❘ 출처: Gilbert (2002).

에서 연금개혁을 통하여 어느 정도 민간부문의 효율성을 강조한다거나 (예, 국민연금 기여액의 2.5%를 개인 등이 금융시장에 자율적으로 투자하게 한다), 혹은 교육증서를 주어 학교선택을 자유롭게 하는 정책을 시행하나 이것은 전체적으로 볼 때 아주 소규모 수준에 그칠 뿐이다. 따라서 일부 국가에서 부분적으로 민영화를 강조한다 하여 전통적으로 공공부문의 역할을 강조하는 복지국가의 기본틀이 바뀌었다고 주장하는 것은 지나치게 과장되었다고 볼 수 있다.

둘째로, 새로운 복지국가에서는 근로복지(workfare)를 강조한다는 측면이다. 물론 최근의 많은 복지국가들이 근로를 강조하는 것은 사실이다. 그런데 이러한 근로복지는 여러 형태가 있어 미국과 같은 자유주의적 복지국가에서는, 최근의 미국의 복지개혁에서 보듯이, 소득보장의 측면은 거의 포기하고 강제로 일을 시키는 형태가 있고, 스웨덴의 근로복지처럼 기본적인 소득보장 프로그램을 유지한 채 일하도록 훈련이나 교육 등의 적극적 노동시장정책을 강조하는 형태도 있다. 이런 국가에서는 전통적인 복지국가의 핵심목표 중의 하나인 탈상품화를 포기하지 않은 채 근로복지를 부분적으로 시행하는 것이다. 따라서 여기서 복지국가가 변하여 근로복지국가로 바뀌었다고 주장하는 것도 일부 국가에만 해당되지 전체 복지국가의 모습을 나타낸다고 볼 수 없다.

셋째로, 사회복지의 재화나 서비스를 보편적으로 급여하는 복지국가에서 대상을 선별하여 선별적으로 급여하는 복지체제로 변화했다는 주장이다. 최근의 서구의 복지국가들이 오랫동안 경제가 좋지 않아 실업률이 높고 경제성장이 둔화되어 빈곤층이 늘어나 공공부조가 확대될 수밖에 없고 또한 복지재정도 악화되었기 때문에 과거에 비해 이렇게 선별적으로 급여하는 경향이 커진 것은 사실이다. 그러나 이러한 현상은 미국이나 영국을 비롯한 자유주의적 복지국가에서 나타나는 것이지 모든 복지국가로 일반화하기는 어렵다. 사회민주적 복지국가는 여전히 보편적인 서비스를 강조하고 있다.

마지막으로, 이렇게 민영화와 개인의 책임과 근로를 강조하다 보니 전통적으로 사회복지 급여를 모든 국민이 하나의 권리로서 받는 것에서 나타나는 전체 국민의 연대감은 약화되고, 대신에 집단별, 공동체별, 개인별 책임을 강조하다 보니 민간조직이나 가족·이웃·지역공동체 내의 연대감이 강화된다는 주장이다. 집단별로 사회적·도덕적인 동질성에 기초한 연대감이 강해진다는 것이다.

이러한 주장도 전형적인 자유주의적 복지국가의 모습을 설명하는 데에는 적절하다고 할 수 있다. 사실 이러한 복지국가에서는 원래부터 국민 전체의 연대감이라는 의식이 약하다. 대표적인 국가가 미국이다. 반면에 전통적으로 국민연대감이 강한 스웨덴과 같은 국가의 각종 여론조사에 의하면, 최근 복지국가가 어느 정도 변하고 있다 하더라도 이러한 연대의식은 여전히 강하기 때문에 복지국가의 기본틀을 바꾸는 시도에는 강한 거부감을 보인다.

지금까지 논의했듯이 최근 복지국가의 패러다임이 변했다는 주장은 일반화하기 어렵고, 만일 그렇다 하더라도 미국을 비롯한 자유주의적 복지국가에만 적용된다고 할 수 있다. 사실 미국의 1996년의 복지개혁은 어찌 보면 정말로 복지패러다임을 바꾸었다고 할 수 있다. 왜냐하면 이것은 미국의 복지국가의 시작이라 할 수 있는 1935년의 사회보장법의 기본틀을 바꾸어 그 이전으로 되돌리는 것이기 때문이다.

2. 왜 복지국가의 기본틀이 바뀌는 것이 어려운가?

앞에서 언급했듯이, 복지국가에 대한 아무리 열렬한 지지자라 하더라도 복지국가가 어느 정도 변해야 하는 점을 인정하듯이, 복지국가에 대한 강한 비판자들도 복지국가에 대한 폭넓은 지지라는 정치적 현실을 인정할 수밖에 없다. 지난 20년 이상의 이른바 '복지국가의 위기'에도 불구하고, 복지국가가 끈질기게 살아남은 것은 바로 이러한 복지국가에 대한 정치적 지지 때문이라고 할 수 있다.

다른 말로 표현하면, 복지국가의 기본틀을 바꾸는 것과 같은 주요 정책개혁을 위해서는 변화에 반대하는 세력을 극복하는 다양한 정치적 자원(*political resources*)을 동원해야 하는데, 복지국가에 반대하는 사람들은 이러한 정치적 동원에 실패한 것이다. 왜 실패했는가? 이것은 두 가지로 설명할 수 있다(Pierson, 2001).

1) 선거정치의 측면

민주주의체제에서는 투표자들이 중요한 역할을 한다. 그래서 주요 정책을 새로이 만들거나 수정하려면 선거라는 기제를 통해야만 하는 것이다. 그런데 서구 복지국가들의 투표자들은 복지국가에 강하게 연결되어 있다. 각종 여론조사에 의하면 투표자들은 복지국가에 대하여 지속적으로 폭넓은 지지를 보여준다. 왜 그런가? 여기에는 몇 가지 이유가 있다.

우선 복지국가가 확대될수록 복지국가 지지자의 규모는 확대된다는 점이다. 오늘날 많은 국가에서 사회복지 수급자와 사회복지분야에서

<표 7-2> 국가별 복지국가 수급자 및 종사자 비율(1995)

	스웨덴	독일	미국
연금수급자	1,584,304	21,630,000	43,388,000
장애연금수급자	408,576	1,180,000	5,857,656
실업보험수급자	37,734	1,990,000	7,900,000
공공부조수급자	474,159	2,080,000	4,869,000
공공사회부문종사자	1,245,800	1,590,000	2,540,000
합계	3,750,573	28,470,000	64,554,656
총투표자	6,551,591	56,090,000	196,089,000
비율(%)	57.25	50.76	32.92

▎출처: Pierson(2001: 413).

일하는 사람들이 전체투표자의 대략 절반에 육박하는 정도이다. 이것은 과거와 비교하면 뚜렷하게 나타나는데 1950년에는 스웨덴의 경우 총 투표자의 대략 18% 정도가 사회복지 수급자나 종사자이던 것이, 1980년에는 40%, 1995년에는 57%에 이른다. 또한 이것은 <표 7-2>에서 보듯이 국가별로 차이가 나 1995년의 독일은 51%, 미국은 33%에 그친다(Pierson, 2001).

그러나 이 통계는 다른 다양한 사회복지 프로그램들의 수급자 수를 포함시키지 않고 있고, 또한 민간부문의 사회복지 종사자들도 포함시키지 않아 낮게 평가하는 것이다. 그리고 이러한 직접적인 수급자나 종사자 이외에도 잠재적인 복지국가 지지자들이 많은 이유는 많은 투표자들도 현재에는 수급자가 아니지만 가까운 미래에 자신들도 복지국가

수급자가 될 수 있다고 생각한다는 점이고, 다른 하나는 누군가 수급자 혹은 사회복지분야 종사자인 가구에서 같이 사는 사람이 많기 때문이다. 이러한 자신들의 좁은 이익만을 따지는 투표행위를 넘어, 복지국가가 사회안정을 가져오고 삶의 기본권을 보장해 준다는 면에서 많은 사람들로부터 폭넓은 지지를 받는다.

사회복지에 대한 지지는 광범위할 뿐만 아니라 지지의 강도(intensity)도 강하다. 사실 지지의 강도가 더 중요할 수 있다. 왜냐하면 지지의 강도가 선거 시에 정치적 동원을 가능하게 하기 때문이다. 복지국가에 대한 지지의 강도는 다음의 두 가지 이유 때문에 강할 수밖에 없다.

하나는 복지국가 반대자들을 위한 복지를 축소했을 때의 이득은 일반적으로 분산되어 있거나 불확실한 반면, 복지수급자들은 복지국가를 유지할 때 집중적이고 확실한 이득을 볼 수 있는 것이다. 많은 수의 사람들이 자신들 소득의 상당부분을 복지국가로부터 받는 확실한 이득이 있는 것이다. 따라서 이렇게 집중된 이득을 받는 사람들이 분산되고 막연한 이득을 받을 수 있는 사람들보다 정치적 동원이라는 측면에서 강할 수밖에 없는 것이다.

다른 하나는 복지국가 지지자들은 이미 기존에 받고 있는 사회복지 급여를 유지하고자 투쟁하는 입장에 있다. 그런데 일반적으로 투표자들은 잠재적으로 얻을 수 있는 이득보다는 이미 받고 있는 이득을 잃을 수 있다는 것에 더 격렬히 반응하는 경향이 있다. 따라서 복지급여를 새로이 만드는 정치가보다 없애거나 줄이는 정치가들에 대해서 더욱 강하게 부정적으로 투표하는 경향이 나타난다.

2) 제도적 고착성

복지국가가 크게 변화하기 어려운 두 번째 이유는 기존 제도의 '고착성'(*stickiness*) 때문이다. 여기서 '고착성'이란 변화의 압력에도 불구하고 기존제도를 고수하려는 특성을 말한다. 기존제도를 고수하려는 데 기여하는 요인은 두 가지로 나눌 수 있는데 하나는 공식적-비공식적인 제도적 '거부지점'(*veto points*)이고, 다른 하나는 '경로의존성'(*path dependency*)이다.

(1) 제도적 거부지점들

일반적으로 민주주의 정치제도에서는 어떤 정책이 단순히 과반수가 된다고 해서 채택되거나 부결되는 것은 아니다. 비록 소수이지만 어떤 정책의 변화에 반대하면 정치제도의 특성상 정책변화는 실패할 수 있다. 이렇게 정책변화를 어렵게 만드는 대표적인 정치제도들은 몇 가지 예를 들면 다음과 같다.

첫째는 연방주의(*federalism*)다. 일반적으로 강력한 권한을 가진 중앙집중적인 중앙정부가 주요한 정책변화를 이루기 위해 반대세력의 저항을 물리치고 추진하는 것이 수월하다. 반면에 지방분권적이고 중앙정부의 권한이 약한 연방주의체제에서는 이러한 강력한 추진력이 부족하여 커다란 정책변화를 이루기가 어렵다. 대표적인 예가 미국 의료개혁의 실패이다.

둘째는 강력한 사법부는 종종 의회에서 다수의 찬성으로 통과된 정책을 뒤엎을 수 있다. 미국처럼 사법부가 강력한 나라에서는 연방대법원에 의하여 의회에서 결정된 많은 정책들이 번복된다.

셋째는 양원제도로 어떤 정책변화가 이루어지기 위해서는 하원과 상원 모두를 통과해야 되는데, 하원에서는 통과되는데 상원에서 부결되는 경우가 많이 발생한다. 예를 들면 미국에서 초기의 복지개혁(*welfare reform*) 과정에서 하원에서는 통과되었는데 상원에서 몇몇 상원의원들의 반대에 부딪쳐 실패한 적이 있었다.

넷째는 주민투표제(*referenda*)이다. 이것은 의회에서 통과된 정책을 일반국민들이 투표를 통해 거부할 수 있는 것을 말한다. 미국의 경우 주정부에서 이러한 주민투표에 의해 결정된 정책을 뒤바꾸는 경우가 종종 있다. 예를 들면 의회에서 통과된 소수자 우대정책(*affirmative action*)을 몇 개의 주에서 주민들이 투표를 통해 바꾸었다.

다섯째는 매우 중요하다고 판단되는 정책은 의회에서도 단순 과반수가 아닌 3분의 2 이상의 찬성을 요하는 제도로 이것도 주요한 정책변화를 어렵게 만든다.

여섯째는 연합정부이다. 오늘날 비례대표제를 실시하는 많은 유럽국가에서는 단일정당이 반수가 넘는 의석을 차지하여 다수당이 되어 집권하는 것은 드문 일이다. 그래서 몇 개의 정당이 연합정부를 구성할 수밖에 없는데, 이때 정당의 정책이 다르기 때문에 — 특히 주요 정책에서 — 커다란 정책변화를 이루는 것이 그만큼 어려워지는 것이다.

(2) 경로의존성

일반적으로 어떤 정책이나 제도가 일단 만들어지고 일정한 기간이 지나면 그것을 되돌리기가 어려운 성향이 있다. 왜냐하면 기존제도가 마련한 경로(*path*)에 적응한 사람들이나 조직들 때문에 기존제도를 바꾸는 것에는 많은 비용이 들기 때문이다.

주요한 정책이 만들어지면, 일반적으로 커다란 사회적 결과를 야기한다. 그래서 많은 사람들이 그 정책에 영향을 받고 의존하게 되는데 이것을 크게 바꾸는 경우 혼란이 크다. 그래서 정책변화는 대개 점증적일 수밖에 없는 것이다.

경로의존성이 발생하는 세부적인 기제들은 몇 가지로 정리할 수 있는데, 첫째로 기존의 정책에 투자된 초기비용이나 고정비용이 일반적으로 크기 때문에 새로운 정책을 개발하는 것보다 기존의 정책에 투자를 더 하는 것이 수익률이라는 측면에서 바람직하다.

둘째로 일반적으로 어떤 제도가 시행되기 시작하면 매우 복잡한 일들이 많이 발생하는데 제도가 일정기간 시행되면 제도와 관련된 사람들은 많은 것들을 배운다. 이렇게 제도를 시행한 후에 경험적으로 배운 기술이나 지식들은 제도를 유지·관리하는 데 커다란 도움을 주기 때문에 새로운 제도를 도입하여 새롭게 배우는 것과 비교해 볼 때 기존제도를 유지하는 것이 더 선호된다.

셋째로 일단 제도가 만들어지면 많은 사람들이 그 제도에 따라 행동하게 되는데, 상호의존적인 사람들이 서로 협력하여 얻을 수 있는 이득이 개별적인 행위에 의한 그것보다 클 수 있다.

넷째로 일반적으로 사람들은 다수가 선택한 정책이나 제도를 따르려는 성향이 있어, 개인적으로 볼 때 새로운 정책으로 탈출하는 것의 비용이 크다. 따라서 개인적으로 기존제도에 불만이 있더라도 다수가 참여하는 제도에 적응하려는 노력을 하게 된다.

이러한 경로의존성 때문에 정책변화가 어려운 대표적인 예가 노령연금이다. 오늘날 대부분의 복지국가에서 노령연금은 이른바 부과방식(*pay-as-you-go*)으로 운영된다. 그래서 기여금으로 적립된 기금이 없이 현재 일하는 사람들이 낸 기여금으로 현재 은퇴한 노인들에게 급여를 하는 것이다. 이러한 제도가 오랫동안 시행되었기 때문에 지금에 와서 노령연금이 문제가 있다고 하더라도 전면적으로 적립방식의 연금제도로 바꾸는 것에는 엄청난 저항이 따르게 된다. 왜냐하면 대부분의 사람들은 부과방식에서 오랫동안 자신들의 경제행위를 했기 때문에 자신들의 미래를 위한 개별적인 저축을 하지 않는 것에 익숙해 있기 때문이다. 그런데 적립방식으로 바뀌게 되면 현재 은퇴한 사람들을 위해서도 기여금을 낼 뿐만 아니라 자신들의 미래를 위해서 적립기금을 만들어야 하기 때문에 개별적인 저축을 해야 하는 이중의 부담을 갖게 되어 적립방식으로의 전환에 엄청난 저항을 한다.

지금까지 논의했듯이, 복지국가가 대중의 지지를 여전히 받고 있다는 점과 제도의 고착성 때문에 복지국가의 커다란 변화는 어렵다. 다만, 오늘날 복지국가가 당면한 어려운 문제들로 인해 어느 정도는 변화해야 하는데 그러한 변화는 중도적이고 점증적인 성격을 갖는다고 할 수 있다. 또한 대중들에게 인기가 있는 복지국가 프로그램을 대폭 바꾸기 위해서는 단순 과반수가 아닌 사회의 광범위한 사람들에 의한 합의가 이루어져야 하는데, 이러한 합의는 대개 현상유지적(*status quo*) 경향이 있기 때문에도 커다란 변화는 어렵다고 할 수 있다.

3. 왜 변화할 수밖에 없는가?

복지국가 변화의 이유는 국가들마다 다소 다를 수 있지만 일반적으로는 고도로 발전된 후기 산업사회의 특성에서 찾을 수 있다. 여기서는 다음의 네 가지 요인에 초점을 맞추어 논의하고자 한다: (1) 산업구조의 변화 — 제조업으로부터 서비스산업 — 로 야기된 생산성 향상의 둔화, (2) 복지국가의 확장 및 성숙으로 한계점에 이르렀다는 점, (3) 인구학적인 측면에서의 인구고령화, (4) 가족구조의 변화(Pierson, 2001).

1) 생산성 성장의 둔화

복지국가가 확대 혹은 유지되기 위해서는 최소한의 경제성장이 이루어져야 하고, 경제성장이 이루어지기 위해서는 생산성이 높아져야 한다. 오늘날 복지국가들이 어려움에 처한 것은 바로 이러한 생산성이 낮아져 경제성장이 둔화된 데에서 찾을 수 있다. 복지국가들이 지난 20~30년 동안에 경제성장률을 3~4%대만 유지할 수 있었더라면 오늘날과 같은 문제는 없었을 것이다.

흔히들 오늘날의 복지국가의 어려움에 기여하는 것으로 지구경제(*global economy*)에서의 치열한 국가 간 경쟁이나 자본이동의 자유로움 등을 거론하는데 이러한 지구경제의 현상은 생산성 둔화와는 관련이 없다. 오히려 지구경제의 환경은 국가 내의 자원을 가장 효율적으로 사용하도록 유인할 수 있어 생산성 향상을 높이는 데 기여했지 저하시키지는 않는다. 오늘날의 서구 복지국가의 생산성 둔화의 문제는 각 국가들이 내생적으로 갖는 문제에서 비롯된다고 볼 수 있다.

생산성 증가가 둔화되는 데에는 여러 가지 요인들이 있을 수 있으나 가장 중요한 이유는 산업구조(고용구조) 상 생산성이 비교적 높은 제조업이 줄어들고, 반면 생산성이 낮은 서비스산업이 크게 늘었다는 점에서 찾을 수 있다. 서비스산업의 생산성이 낮을 수밖에 없는 이유는 서비스는 주로 노동집약적으로 이루어질 수밖에 없어 제조업처럼 좋은 기계 등을 사용하여 생산성을 높이는 데 한계가 있기 때문이다. 한 조사에 의하면 OECD 국가들의 경우, 1960~1994년 사이에 제조업의 고용은 정체된 반면에, 서비스산업의 고용은 연평균 2.2%가 증가되어, 1995년의 경우 OECD 국가 평균적으로 서비스산업에 약 65%가 고용되고 반면에 제조업에는 대략 20%만이 고용되어 있다.

반면에 1인당생산량으로 볼 때는 1960~1994년 사이에 제조업에서는 평균 3.6%가 증가되었는데, 반면 서비스산업에서는 1.6%에 그친다. 이렇게 생산성이 낮을 수밖에 없는 서비스산업에서 일하는 사람들의 숫자는 크게 늘어난 반면 생산성이 높은 제조업에서 일하는 사람들이 줄어들어 전체적으로 생산성 향상이 둔화되어 결과적으로 경제성장이 둔화되는 것이다.

이렇게 생산성이 둔화되면 복지국가에도 심각한 문제를 야기한다. 낮은 생산성은 임금상승을 막고, 이것은 복지국가의 주요 재원인 사회보장세의 상승을 막아 복지국가 재원에 어려움을 준다. 이것은 특히 공적 연금에서 크게 나타난다. 일반적으로 연금급여액은 물가상승에 따라 조정되기 때문에 실질임금 상승이 이루어져야 연금재정이 안정적으로 확보될 수 있다. 따라서 실질임금 상승이 이루어지지 않으면 연금급여를 위해 더 높은 사회보장세를 필요로 하기 때문에 안정적인 연금재

정이 이루어지기 어렵다. 또한 저성장은 실업률을 높이고 이것은 사회
복지 급여의 필요성을 증가시키는 반면 복지재원은 줄어들게 만들어
이중으로 어려움을 야기한다.

　서비스산업이 확장되는 것은 또한 이른바 '서비스경제의 트릴레마'
(*trilemma*) 를 야기하여 복지국가에 어려움을 준다. 서비스산업에서 고
용은 두 가지 방법으로 늘릴 수 있다. 하나는 민간부문에서 매우 낮은
임금의 일자리를 많이 만들 수 있는데, 이렇게 되면 임금불평등이 크게
늘어난다. 다른 하나는 공공부문의 일자리를 창출하는 것인데, 이 경
우 임금은 인위적으로 어느 정도 높게 유지될 수 있으나 그 대신 정부예
산의 재정부담이 크게 늘어나 적자재정의 위험을 발생시킬 수 있다. 반
면 임금평등과 정부재정의 건전성을 유지하기 위해서는 낮은 임금을
주는 서비스산업에서의 고용이 늘지 않아야 되는데 이렇게 되면 실업
률이 높아지는 것을 감수해야 한다. 고용증대와 임금평등, 그리고 정
부재정의 건전성이라는 세 가지의 정부목표 사이에는 필연적으로 대체
관계가 발생하는 것이다.

　서비스산업이 확장되어 발생하는 이러한 '트릴레마'에 대하여 복지국
가들은 국가에 따라 서로 다르게 대응한다. 먼저 사회민주적 복지국가
들은 공공부문의 일자리를 창출하여 임금불평등을 발생시키지 않으면
서 고용은 증대시킨다. 그러나 이것은 정부재정에 압박을 준다.

　반면에 유럽대륙 국가들의 기독교민주적 복지체제에서는 공공부문
의 일자리 창출은 제한적이고 민간부문에서도 노동시장이 경직되어 있
고 높은 노동비용 때문에 고용증대가 어려워 결국 서비스산업의 고용
증가가 힘들게 된다. 이렇게 되어 복지국가를 위해 더욱 높은 사회보장
세가 필요하게 되고, 이것은 다시 고용증대를 더욱 어렵게 만드는 악순

환이 계속되어 지속적으로 높은 실업률이 유지될 수밖에 없는 상황에 처하게 된다.

마지막으로 자유주의적 복지국가모형에서는 민간부문에서 낮은 임금의 서비스부문 일자리를 많이 만들어 고용은 증대시키고 정부재정 압박의 문제는 피해갈 수 있다. 그러나 이 경우에는 임금불평등이 크게 늘어나고 빈곤문제가 심각해지는 문제를 갖고 있다.

2) 복지국가의 성숙

오늘날 복지국가들이 당면한 어려움에 기여한 두 번째의 요인은 복지국가의 성숙 그 자체에 있다고 할 수 있다. 널리 알려졌듯이, 오늘날의 서구 복지국가들은 2차 세계대전 이후부터 대략 1970년대 중반까지 실질 경제성장률보다 훨씬 높은 비율로 사회복지 지출을 확대하였다. 1970년대 중반 이후 사회복지 증가율이 어느 정도 둔화되었으나 사회복지 지출은 계속 증가하였다. 이것은 사회복지제도들이 성숙하여 수급자들의 숫자가 늘어나고, 높아진 생활수준에 맞추어 급여액도 증가하거나 급여자격조건을 완화시킨 것 등의 이유 때문이다.

사회복지 프로그램 가운데 특히 공적 연금과 건강서비스의 확대가 대부분의 복지국가들에 재정적 압박을 크게 준다. 이 두 가지 프로그램이 대부분의 서구 복지국가들의 경우 전체 사회복지 지출의 대략 3분의 2를 차지한다. 공적 연금만으로도 전체지출의 대략 40%를 차지한다. 이것은 물론 인구고령화 때문이기도 하지만 공적 연금이 성숙되고 확장되었다는 점이 더 중요하다.

예를 들면 미국의 경우 평균적인 연금 급여액이 1950년에는 남성 평균임금액의 33%였던 것이, 1980년경에는 55%로 크게 늘어났다. 또한 같은 기간에 연금수급자의 숫자가 노인들 가운데 16%에서 90%로 크게 늘어났다.

이렇게 급여액이 높아지고, 연금이 성숙되어 수급자의 숫자가 늘어나 대부분의 OECD 국가들에서 연금지출이 크게 늘어났다. 예를 들면 평균적으로 볼 때, 1960년에는 연금에 GDP의 4.6%를 지출했는데 1990년경에는 8.5%로 크게 늘어났다.

건강서비스 분야도 마찬가지이다. OECD 국가들의 경우 공공 건강 서비스의 수급자 수가 1960년에는 평균 72%였던 것이 1995년경에는 97%로 증가되었다. 따라서 지출액이 크게 늘어나게 되었는데 1960년 에는 평균적으로 GDP의 2.5%였던 것이 1991년에는 6%로 늘었다.

이렇게 연금과 건강서비스 둘만으로 볼 때에도 1960년의 GDP의 7%에서 1990년에는 14%로 대략 2배 이상 늘었다. 이것은 임금에서 차지하는 사회보장세의 비율이 그만큼 늘었다는 것을 의미하는데, 독일의 예를 들면 1965년에는 사회보장세가 총임금의 24%였던 것이 1996년에는 41%로 크게 늘었다. 이것은 한편으로는 노동비용이 그만큼 높아져 고용확대가 어렵다는 것을 말하고, 다른 한편으로는 근로자들의 가처분소득이 그만큼 줄어 소비가 줄고 생활수준이 그만큼 낮아졌다는 것을 의미한다.

이렇게 복지국가가 성숙되는 것은 다음의 세 가지 이유로 궁극적으로는 사회복지의 확대에 제동이 걸릴 수밖에 없다. 첫째, 사회복지 지출이 이렇게 GDP에서 차지하는 비율이 높아지게 되면, 지출을 더 이상 확대할 때의 기회비용이 크게 늘어난다. 사회복지 지출이 GDP에서 차지하는 비율이 15%일 때에 비해 30%일 때에 경제성장에 사용할 수 있는 사회적 자원이 줄어들어 발생하는 사회적 비용(*foregone resources*)이 더욱 커질 수 있는 것이다.

둘째, 이렇게 사회보장세가 높아지면 소득이 높은 사람들뿐만 아니라 평균수준이나 그 이하인 사람들에게도 높은 부담이 부여되기 때문에 높은 사회복지 지출에 대해 정치적인 저항세력이 확대될 수 있다.

셋째, 사회복지 수급자들의 수가 크게 늘어나게 되면 관대한 급여가 유발할 수 있는 사회적 비용이 더욱 커질 수 있다(예를 들면 관대한 급여 때문에 근로동기가 약해진다는 점). 이것은 사회복지 지출을 더욱 확대하는 데 어려움을 준다. 이러한 이유들로 복지국가가 성숙될수록 사회복지 지출의 사회적 비용에 대해 많은 사람들이 민감해지는 것이다.

복지국가가 성숙하여 사회복지 지출이 늘어날 때 국가가 할 수 있는 방법은 세금을 올리거나 사회복지 급여를 줄여야 한다. 그러나 정치가들은 이렇게 인기가 없는 고통스러운 방법을 택하지 않고 당장에 쉬운 재정적자의 방법을 택하는 경향이 있다. 그래서 많은 복지국가들에서는 지난 20년간 정부부채와 관련된 이자부담이 GDP의 대략 2%였던 것이 1994년에는 5%로 2배 이상 늘어났다. 이렇게 이자부담이 늘게 되면 사회복지에 대한 재정압박은 더욱 커지게 되고 이것은 시간이 가면 갈수록 더욱 그러하여 미래의 복지 지출은 한계에 도달할 수밖에 없는 것이다. 오늘날의 복지국가들의 모습이 바로 이러한 한계점에 도달한 것이라 할 수 있다.

3) 인구의 고령화

널리 알려졌듯이, 오늘날의 복지국가들은 출산율은 낮고 사람들은 오래 살아 전체 인구 대비 노인인구 비율이 과거에 비해 크게 증가하였다. OECD 국가들의 경우 평균적으로 볼 때 이 비율이 1960년에는 9.4%였던 것이 오늘날에는 대략 16% 정도로 늘었다. 더욱 심각한 문제는 노인인구 비율이 앞으로 훨씬 더 증가하여 2010~2035년 사이에는 많은 국가들에서 인구의 23%가 65세 이상 노인이라는 점이다. 지금까지는 노인인구의 비율이 높아 나타나는 문제들은 많은 수의 '베이비 붐'세대가 한창 일할 연령이기 때문에 어느 정도 해결되었다고 볼 수 있다. 문제는 이러한 세대들이 앞으로 10~20년 후에 노인이 되어 은퇴하고, 이들이 출산율이 낮아 숫자가 많지 않은 다음 세대들에게 도움을 받아야 한다는 점이 심각한 것이다.

OECD 국가들의 경우, 65세 이상 노인 1명 대비 근로가능 인구(15~64세) 비율이 1960년에는 7.5이던 것이 2006년에는 5.0 이하로 떨어졌다. 더욱 심각한 문제는 이것이 2040년경에는 반으로 줄어들어 노인 1명을 위하여 2.5명의 근로가능 인구밖에 없다는 점이다(OECD, 2008).

이리하여 사회복지 지출에 대한 재정압박은 커질 수밖에 없는데 특히 연금과 건강서비스가 그러하다. 현재와 같은 연금정책에서는 2000~2030년 사이에 OECD 국가들 평균적으로 GDP의 4%를 추가적으로 연금에 사용해야 한다. 현재도 매우 높은 조세부담률(사회보장세 포함) 때문에 재정압박이 있는데 앞으로 이 정도의 추가지출이 더 필요하다는 점에 대해 매우 심각하게 대처하지 않을 수밖에 없는 것이다.

유사하게 건강서비스 분야도 마찬가지다. 노인들이 건강서비스의 가장 큰 수급자이기 때문에 인구의 고령화는 곧 의료비지출의 급증을 야기하여, 2000~2030년 사이 인구의 고령화 그 자체만으로도 GDP의 1.7%를 건강서비스에 추가로 지출해야 한다. 연금과 합치면 매년 GDP의 5.7%를 노인인구의 고령화 때문에 추가로 지출해야만 한다.

4) 가족구조의 변화

복지국가의 변화에 영향을 줄 수 있는 마지막 요인은 가족구조의 변화 그 자체와 가족구조와 일과의 관계에서의 변화이다. 예를 들면 여성들의 노동시장 참여율이 높아진 점, 낮은 출산율, 높은 이혼율과 혼외출산율로 인한 단일부모(*single-parent*) 가구의 증가, 그리고 결혼하지 않고 독립가구로 사는 계층이나 노인단독 가구의 증가 등이다. 이러한 현상은 전통적으로 남성이 가구주로서 일하고 여성은 주부로서 아동이나 노인을 돌보는 역할을 하는 가구를 모델로 설계된 복지모형과는 맞지 않는 것이다.

일반적으로 한 나라의 사회복지의 모습은 국가, 시장, 그리고 가족의 삼자 사이의 역할분담에 의해 결정된다(Esping-Andersen, 2002). 다시 말해 사회복지제도가 어떻게 설계되어 있느냐에 따라 국가, 시장 그리고 가족의 역할에 서로 다른 영향을 줄 수 있다. 지금부터는 이러한 변화들을 자세히 논의하고자 한다.

(1) 높아진 여성의 노동시장 참여율

국가별로 차이는 있지만 최근에 OECD 국가들에서의 여성들의 노동시장 참여율은 과거에 비하여 크게 높아졌다. 1960년에 이러한 국가들에서 평균적으로 15~64세의 여성들의 노동시장 참가율은 34% 정도였는데, 2007년에는 이것이 약 62%로 크게 높아졌다(OECD, 2008).

이렇게 여성의 노동시장 참가율이 높아진 것은 복지국가에 여러 측면에서 영향을 준다. 우선 여성들이 소득을 얻게 되면 독립적이고 자율적인 가구를 형성할 능력이 커지는 이른바 '탈가족화'(*defamilialization*) 현상이 커진다. 이렇게 되면 여성들이 재정적으로 정부에 의존해서 살아야 할 필요성은 줄어드는 반면, 오히려 가뜩이나 모자라는 정부재정에 큰 도움을 줄 수 있다. 오늘날 어려운 복지국가의 재정문제를 해결하는 데 상당부분 도움을 줄 수 있는 것이다. 여성의 노동시장 참여율이 비교적 낮은 국가들(예, 보수주의적 복지국가)에서의 복지국가재정은 큰 어려움을 겪는 반면, 참여율이 높은 나라들에서는 상대적으로 덜하다.

그러나 많은 수의 여성들이 일을 하게 되면 다른 한편으로는 공공부문 사회복지 지출이 늘어난다. 왜냐하면 출산과 아동양육에 따른 비용이 증가되고 이것은 결국 국가가 부담해야 되기 때문이다. 또한 아동, 노인, 장애인 등에 대한 보호서비스를 이제 여성들이 가족 내에서 더 이상 제공하지 못하기 때문에 이러한 서비스를 국가가 부담하게 되면 그만큼 사회복지재정은 부담이 된다.

한편, 공공부문에서 사회복지 서비스를 큰 규모로 제공하면 이것은 한편으로는 여성들의 일자리를 창출하기 때문에 더욱 많은 여성들이 일하게 되고 이것은 다른 한편으로 정치적으로 더욱 많은 공공부문 사회서비스를 제공하도록 만들어 역동적으로 공공부문 사회복지 서비스부문의 지출이 늘어날 수밖에 없다. 그래서 스칸디나비아 국가들에서는 이러한 부문의 지출이 GDP의 3%를 넘는 정도이다.

(2) 낮은 출산율

여성들이 노동시장에 참여하는 비율이 높아진 것과 여권의 신장, 결혼문화의 변화 등으로 OECD 국가들의 출산율은 급격히 낮아지고 있다. 여기서 흥미로운 것은 여성들의 노동시장 참여율이 낮은 나라의 출산율이 참여율이 높은 나라보다 낮다는 점이다. 이것은 일과 아동양육을 동시에 할 수 있도록 하는 정책이나 여성을 위한 일자리가 여성의 노동시장 참여율이 낮은 국가에서는 일반적으로 적기 때문이다. 출산율을 높이기 위해서라도 각종 아동을 위한 사회복지 서비스가 필요하며, 여성들이 마음 놓고 일할 수 있도록 해야 하는 것이다.

이렇게 출산율이 낮으면 복지국가에 큰 영향을 줄 수 있다. 가장 큰문제는 앞에서 언급했듯이, 출산율이 낮아 노인인구 대 근로인구비율이 낮아져 앞으로의 복지국가재정에 큰 부담이 된다는 점이다.

(3) 단일부모가구의 증가

많은 OECD 국가들에서 이혼율이나 혼외출산율이 높아져 부 혹은 모가 혼자서 아이들을 키우고 살아가는 가구들이 크게 늘고 있다. 예를 들면 2000년 통계에 의하면 아동이 있는 가구들 가운데 한부모 가구의 비율은 미국은 28. 4%, 영국은 26. 4%, 오스트리아 23. 8%, 노르웨이 21. 8%, 스웨덴 19. 7% 등이다(OECD, 2008).

이렇게 단일부모가구 — 대개의 경우 여성이 가구주이다 — 가 증가하면 복지국가에 부담이 되는데, 가장 중요한 이유는 이러한 가구가 대개 소득이 낮아 빈곤가구가 될 가능성이 크기 때문이다. 이들은 대개 노동시장에서 벌 수 있는 능력이 적을 뿐만 아니라, 혼자서 아동을 양육해야 하는 책임감과 일을 동시에 해야 하는 큰 어려움에 봉착하기 때문이다. 예를 들면 2000년대 중반의 자료에 의하면 아동이 있는 한부모가구의 빈곤율은 미국은 47.5%, 독일 41.5%, 네덜란드 39%, 영국 24% 등이다(OECD, 2008).

(4) 단일 독립가구의 증가

특히 청소년이나 비교적 나이가 젊은 사람들 혹은 노인들이 단독으로 살아가는 가구가 증가하는 점이다. 그래서 가구 규모수는 줄어도 전체 가구수는 늘어나는 것이다. 예를 들면 1960년에 평균가구원수는 3.3명이던 것이 1980년대 말에는 2.6명으로 줄어든다.

가구원수가 적으면서 가구수가 커지는 것도 복지국가에 영향을 준다. 일반적으로 대가족을 포함하여 가구원수가 많으면 사회복지에 대한 필요는 상당부분 자체적으로 해결할 수 있어 국가에 의한 사회복지서비스가 상대적으로 적어도 된다. 반면에 혼자 사는 가구에서 문제가 발생하면 유일한 방법이 국가에 의존하게 되는 것이다.

지금까지 오늘날의 복지국가가 변화할 수밖에 없는 요인들을 논의하였다. 그렇다면 모든 복지국가들이 이러한 요인들 때문에 유사하게 크게 변화했는가? 모든 국가들이 복지재정에서 압박을 받는 것은 사실이나, 국가들 사이에 요인들에 따른 변화의 양상은 다르고, 또한 변화에 대한 압력은 있어도 어떤 국가들에서는 실제적으로 큰 변화가 이루어지지 않는다.

대표적인 것이 인구의 고령화에 따른 국가들의 대응양상이 다양하다는 점이다. 이러한 다양성은 급여의 관대성, 출산율, 여성의 노동시장 참여율 등의 다양한 요인에 따라 결정된다. 예를 들어, 보수적 복지국가들처럼 급여가 관대하고(즉, 급여액의 소득대체율이 높다), 출산율이 낮고, 여성의 노동시장 참여율이 낮은 국가들에서는 인구의 고령화가 복지국가에 주는 재정압박의 문제는 심각하다. 이러한 국가들에서는 앞으로 연금지출만으로도 GDP의 15% 이상을 지출해야 할 것으로 추계가 된다. 따라서 연금개혁에 대한 압박이 크다. 반면에 미국, 영국, 캐나다 등에서는 위 요인들의 심각성이 적어 앞으로도 GDP의 10% 미만을 연금에 사용할 것으로 추계된다. 미국의 경우 연금개혁에 대한 압박은 상대적으로 크지 않은 반면 의료서비스의 비용이 매우 크기 때문에 의료개혁에 대한 압박은 크다.

　　서비스산업의 확대로 인한 생산성 증가의 둔화문제도 국가에 따라 다르다. 그래서 사회민주적 국가들의 경우 재정부담이 문제가 되고, 기독교민주적 복지국가들의 경우는 높은 실업률이, 자유주의적 복지국가에서는 빈곤과 소득불평등이 문제가 된다.

　　또한 가족구조 변화의 문제도 국가들이 갖고 있는 사회복지정책이 어떠하냐에 따라 크게 다르다. 그래서 국가에 의한 사회복지 서비스가 발달된 나라에서는 이러한 변화에 적절히 대응해 나가는 반면, 그렇지 않은 국가에서는 여러 가지 측면에서 악순환을 해야 하는 경향이 있다.

　　요컨대, 복지국가에 대한 동일한 변화의 압력은 있으나 이러한 압력에 대한 대응방식은 국가들에 따라 크게 다르고 따라서 국가들 사이의 수렴현상은 나타나지 않는다.

4. 세 가지 차원의 변화

그렇다면 복지국가들은 얼마나 어떻게 변하고 있는가? 이것은 보는
관점에 따라 다른데 어떤 사람들은 복지국가는 이제 끝났다는, 즉 완전
히 와해되었다고 주장하는 반면, 어떤 사람들은 복지국가는 변하고 있
지만 그것은 매우 점증적으로 변하고 있을 뿐이라고 본다. 이러한 양극
단의 관점은 대개 이념적 입장을 반영한다고 볼 수 있어 전자의 경우는
대개 철두철미한 신자유주의자들의 관점이고, 후자는 복지국가주의자
의 관점이라 할 수 있다.

반면, 탈이념적이고 객관적 사실에 바탕을 둔 분석에 따르면 복지국
가는 외부적 환경의 변화에 대응하여 재구조화(*restructuring*) 되고 있다
고 본다. 이러한 재구조화의 변화형태는 흔히 세 가지로 분류할 수 있
다: 재상품화(*recommodification*), 비용억제(*cost containment*), 재정비
화(*recalibration*) 등(Pierson, 2001).

1) 재상품화

널리 알려졌듯이, 복지국가의 발전정도를 측정하는 하나의 지표로 탈
상품화(*de-commodification*) 라는 개념이 있다(Esping-Andersen, 1990).
일반적으로 자본주의사회에서 사람들은 자신들의 노동력을 일반상품처
럼 시장에서 팔아야만 생계가 유지된다. 실제로 본격적인 복지국가가 등
장하기 전에 대부분의 사람들은 이렇게 자신들의 노동력을 상품화해 살
았다. 그래서 만일 자신의 노동력을 상품화하지 못해 시장에서 팔지 못하
면 가족, 친척, 이웃 등의 도움을 받아 살거나 아니면 국가에 의한 최소한

의 도움으로 비참한 생활을 할 수밖에 없는 것이다.

복지국가의 등장은 사람들이 자신들의 노동력을 바로 이러한 상품화를 하지 않아도 최소한의 인간의 존엄성을 유지하면서 살 수 있도록 해주었다. 즉, 탈상품화하여 사람들이 시장에 의존하지 않고도 살아갈 수 있게 해준 것이다. 예를 들면 사람들이 어느 정도 나이가 들어 그들의 노동력을 팔아 생계를 유지할 필요가 없다고 판단하여 국민연금을 통하여 그들의 생계를 유지하거나 실업보험처럼 실업자가 되어, 즉 자신의 노동력을 팔려야 팔 수 없는 상황의 경우, 생계가 어려울 때 급여를 하여 살 수 있도록 해주는 것이다. 다른 말로 표현하면 사람들은 국가로부터의 사회복지 급여를 하나의 권리로써 받을 수 있게 된 것이다. 그래서 탈상품화의 정도가 높으면 높을수록 복지국가는 발전된 것으로 본 것이다. 실제로 2차 세계대전 이후의 복지국가의 확장기에는 대부분의 국가들에서 탈상품화의 정도는 계속 커졌다.

이렇게 탈상품화의 수준이 계속 커지다 보니 몇 가지 문제점이 나타났는데 우선 사회복지 급여의 수급자 수가 늘어나고 또한 급여수준도 높아져서 비용이 많이 들게 된다는 점이다. 사실 이 비용의 문제는 복지국가의 황금기에서 보듯이 지속적인 경제성장이 이루어질 때는 문제가 안 되나, 1970년대 말부터 서구 복지국가들의 경제성장이 둔화되면서부터는 탈상품화를 확대하는 데는 일정한 한계에 부딪치는 것이다.

무엇보다 중요한 것은 탈상품화가 확대되면 사람들이 자신들의 노동력을 팔지 않아도 살 수 있기 때문에 근로동기가 낮아질 수 있어 이러한 현상이 만연되면 자본주의가 작동하기 어려울 수 있다는 점이다. 본질적으로 자본주의가 작동하려면 상품화가 필요하며 사람들이 일을 통해 자신들의 노동력을 팔아야 한다. 그런데 많은 사람들이 탈상품화로 일을 하지 않게 되면 자본주의는 문제에 직면하게 된다. 탈상품화가 확대된다 해서 모든 복지국가들에서 사람들의 근로동기가 약화되는 것은 아니나, 어떤 경우에는 문제가 되는 것도 사실이다.

이러한 문제 때문에 재상품화의 필요성이 대두되어 지나치게 확대된 탈상품화를 다시 과거의 상품화로 되돌리자는 것이다. 그래서 사람들이 시장에서 일하여 자신들의 노동력을 팔아야만 생계를 유지할 수 있도록 하게 하는 것이다. 복지국가의 확대시기에 탈상품화가 복지국가의 발전을 측정하는 중요한 지표라면 오늘날과 같은 복지국가 변화의 시기에는 재상품화가 중요한 지표가 된다.

재상품화의 대표적인 방법은 탈상품화의 반대로 사회복지 수급의 자격을 까다롭게 하여 수급자 수와 급여액을 줄이고, 무엇보다 중요한 것은 다양한 방법으로 사람들의 근로동기를 강화시켜 사람들로 하여금 시장에서 일하도록 만드는 방법이다.

오늘날 복지국가의 변화시기에 모든 국가에서 재상품화를 강조하는 것은 아니며, 이것은 국가에 따라 다르다. 탈상품화로 인한 근로동기의 감소가 큰 국가들에서는 강조하는 반면에, 탈상품화가 확대되어도 사람들의 근로동기의 문제가 크지 않은, 즉 여전히 많은 사람들이 시장에 참여해 일을 하는 국가들에서는 별로 중요하게 여기지 않는다.

2) 비용 억제

복지국가 변화의 두 번째 형태는 사회복지 지출이 더 이상 늘어나는 것을 막는 것이다. 오늘날 서구 복지국가들은 많게는 GDP의 30% 이상을 사회복지에 사용하고 있다. 이것은 복지국가의 확장기에 사회복지

지출이 크게 늘어난 것에 기인한다. 오늘날처럼 복지국가들의 경제성장이 둔화되고 실업률이 높은 상황에서 이 정도 지출이 많은 국가들에서 부담이 되는 것은 사실이다. 그래서 가능한 한 사회복지 지출을 줄이거나 아니면 적어도 더 이상 사회복지 지출을 늘리려고 하지 않는다.

사실 사회복지 지출이 많거나 혹은 적거나 하는 것 그 자체는 복지국가의 목표를 이룰 수 있느냐의 문제와는 별개의 것이라 할 수 있다. 사회복지 지출을 많이 했다고 해서 복지국가의 목표(예, 빈곤이나 불평등 감소, 탈상품화 등)를 반드시 이루는 것은 아니다. 그래서 복지국가 확장의 시기에는 이러한 사회복지 지출 그 자체는 주요한 정책목표가 되지 않았다.

그런데 요즘의 복지국가들의 상황에서는 많은 나라들에서 사회복지 지출 그 자체를 줄이자는 것이 점차 중요한 정책목표가 되고 있다. 이것의 이유는 몇 가지가 있는데, 우선 가장 단순하지만 중요한 이유는 사회복지에 쓸 돈이 없다는 점이다. 서구의 복지국가들은 지난 20여 년간 경제가 좋지 않아서 경제성장이 둔화되고 실업률이 높아서 정부재정이 크게 악화되었다. 그 동안은 적자재정의 방법으로 사회복지 지출을 유지하였는데 이제는 더 이상 이러한 방법에 의존하기 어려울 정도로 국가부채의 규모가 커졌다. 특히 EMU(European Monetary Union)에 가입한 국가들은 일정규모 이상의 국가부채를 질 수 없기 때문에 적자재정을 통한 사회복지 지출을 유지하는 것이 점차 어려워지고 있다.

사회복지 지출이 높다는 것은 그만큼 조세부담률이 높다는 것으로, 높은 조세부담률로 인해 노동비용이 높아지고 이것은 다시 비숙련 저임금근로자들이 취업할 수 있는 가능성을 줄여 실업률이 지속적으로 높아질 수밖에 없다. 오늘날 서구 복지국가들의 가장 심각한 문제인 실업률을 낮추기 위해서라도 사회복지 지출을 줄여야 하는 것이다.

또한 정치적으로도 많은 나라에서 높은 조세부담률에 대한 저항이
중간층을 중심으로 커지고 있다. 이러한 계층의 사람들은 지난 수십 년
간 실질소득은 늘어나지 않은 상황에서 높아진 조세부담률에 대하여
크게 반발하였다. 그래서 사회복지 지출 그 자체를 일단 줄여야 한다는
주장이 점차 커지고 있는 것이다.

3) 재정비화

널리 알려졌듯이, 오늘날의 복지국가는 멀게는 19세기 말에서 시작
하여 가까이는 2차 세계대전 이후부터 크게 확대되어 오늘에 이른 것이
다. 그래서 어찌 보면 지금까지 유지했던 복지국가의 여러 제도들은 오
늘날의 상황과는 여러 가지 측면에서 맞지 않을 수 있다. 재정비화라는
것은 과거의 복지국가의 모습을 오늘날에 바뀐 복지국가에 대한 수요
나 목표에 맞게 수정하자는 것이다. 이 개념은 두 가지로 나눌 수 있는
데 하나는 합리화이고 다른 하나는 최신화(*updating*)이다.

(1) 합리화

사회복지 프로그램들은 각기 이루고자 하는 목표가 있다. 그런데 때
에 따라서는 외부환경의 변화나 프로그램 자체의 결함으로 프로그램의
주어진 목표를 이루는 데 비효율적이거나 기능이 약화될 수 있다. 합리
화라는 것은 바로 주어진 목표를 이루도록 프로그램의 효율성을 높이
는 방법으로 수정하는 것을 말한다.

대표적인 예가 스웨덴의 질병수당(*sickness pay*) 개혁이다. 질병수당

제도의 목표는 사람들이 질병에 걸려 일하지 못해도 생활은 유지할 수 있도록 하는 것이다. 그런데 이 제도는 급여가 관대하고 누구나 쉽게 자격을 얻다 보니 시간이 흐를수록 결근율이 높아졌다. 즉, 사람들이 이 제도를 오용하거나 남용하는 경향을 보였다. 이것은 1980년대 초에는 GDP에 2% 미만이던 것이 1988년에는 GDP의 3% 가까이를 이 제도에 지출한 것에서 볼 수 있다.

그래서 스웨덴에서는 이 제도를 바꾸어 급여의 소득대체율을 낮추거나 급여자격(예, 대기기간을 연장)을 까다롭게 하여 원래 의도했던 목표를 이루고 불필요한 오용이나 남용을 막고자 한 것이다. 그렇다고 이러한 합리화과정을 통해 정말로 질병으로 인해 일하지 못하는 사람들에게 불이익을 주는 것은 아니다.

이러한 합리화의 방법을 통해서도 비용을 절약할 수 있다. 그렇다면 합리화가 개념적으로 앞에서 논의한 비용억제의 방법과 어떻게 다른가? 합리화는 비용억제 자체가 목표가 아니라 주어진 목표를 어떻게 하면 효율적으로 이룰 수 있는가 하는 것이기 때문에 제공하는 서비스의 질을 떨어뜨리지 않으면서 부수적으로 비용억제가 이루어진다는 면에서 비용억제 그 자체가 목표인 방법과는 다른 것이다.

대표적인 예가 스웨덴의 건강서비스 프로그램의 개혁인데, 이것을 통해 프로그램의 인력을 재조직화하여 공공부문 종사자의 숫자를 줄여 비용을 어느 정도 줄였다. 그러나 이 과정을 통하여 공공부문의 생산성을 높여 일반소비자들에게는 양질의 서비스를 융통성 있게 제공할 수 있는 프로그램의 효율성을 높였다.

(2) 최신화

　이것은 사회가 변화함에 따라 발생하는 새롭게 인지되는 사회복지의 필요에 대응하기 위하여 기존의 프로그램을 수정하거나 혹은 새로운 프로그램을 만드는 것을 말한다. 일반적으로 어떤 제도는 과거 그대로 유지되는 속성이 있다〔이른바 '고착성'(stickiness)〕. 그래서 새로이 변화된 사회환경에서의 필요와 '괴리'가 발생한다. 최신화는 바로 이러한 괴리를 바로잡아 주는 것이라 할 수 있다.

　몇 가지 예를 들어보자. 오늘날 노인들의 수명은 계속 길어지기 때문에 기존의 의료보험으로는 노인들의 의료문제를 해결하는 데 한계가 있다. 그래서 독일을 비롯한 몇 나라에서는 장기요양보험제도를 만든 것이다. 오늘날에는 여성들이 노동시장에 대거 참여하는 반면 한편으로는 여전히 가족 내의 아동과 노인들에 대한 보호의 역할을 여성들이 맡고 있다. 그래서 몇 나라들은 여성들이 집안에서 무보수로 아동과 노인양육을 하는 것을 인정하여 보조하거나 연금의 가입기간으로 인정해 주는 제도를 만든다.

　오늘날 취업률, 특히 저숙련, 젊은 층의 취업률이 낮다. 그래서 이러한 사람들이 낮은 임금이라도 취업할 수 있도록 정부에서 보조하는 프로그램들이 여러 나라에서 시행되고 있다.

　마지막으로 민간부문 운영의 효율성을 강조하여 공적 연금의 운영은 민간시장에서 하도록 하되, 가입은 강제로 하는 사회보험과 민간보험의 중간형태를 띠는 보험제도를 오스트레일리아에서는 실시하고 있다.

　지금까지 세 가지 형태의 복지국가 변화의 모습에 대하여 논의하였다. 이러한 세 가지 유형은 복지국가들 혹은 프로그램 등에 따라 어느 것을 강조하느냐는 점에서 다르다. 예를 들면 노동시장정책의 영역에서는 대개 재상품화와 재정비화가 강조되는 경향이 있고, 연금이나 건강서비스에서는 비용억제의 방법이 강조되고, 다양한 가족정책의 경우에서 사회복지 프로그램들은 국가, 시장, 가족 3자간의 역할분담의 변화라는 측면에서 재정비화가 강조된다고 할 수 있다.

무엇보다 복지국가의 변화의 양상은 국가들에 따라 다르다는 점이다. 특히 흔히 분류하는 세 가지 복지국가체제는 서로 다른 변화의 모습을 보이고 있다. 지금부터 이것에 관해 자세히 논의하고자 한다.

5. 세 가지 복지체제의 변화 양상

널리 알려졌듯이, 복지국가들은 흔히 크게 세 가지 모형으로 분류된다. 그런데 오늘날 복지국가의 변화의 모습도 세 가지 복지국가모형에서 서로 다르게 나타나는 경향이 있다.

1) 자유주의적 복지국가

먼저 자유주의 복지국가모형의 특징을 간략히 이야기하면, 이러한 복지국가들은 조세부담률이 낮고 따라서 사회복지 지출이 상대적으로 낮다. 예를 들면 이러한 국가들에서의 GDP 대비 사회복지 지출은 OECD 국가들의 평균보다 낮아 대개 20% 미만이다.

또한 이러한 국가들에서는 공공부문의 사회복지 서비스(아동, 노인, 장애인을 위한 프로그램들)의 역할도 미미한 편이다. 따라서 영리적이든 비영리적이든 민간부문의 역할을 강조한다. 국가에 의한 사회보장 프로그램들 가운데에도 소득조사를 통해 급여하는 공공부조가 상대적으로 중요한 역할을 한다. 실제로 공공부조 수급자의 숫자가 다른 복지국가들에 비하여 많다. 마지막으로 중산층에게 유리한 각종 복지성 조세감면제도(*tax expenditure*)의 규모도 크다.

자유주의 복지국가들이 이러한 특징의 복지체제를 갖는 것은 몇 가지 정치적, 사회적 제도의 특성들에 기인한다. 첫째는, 국가 전체의 장기적인 이익을 고려하는 포괄적 이익집단(*encompassing interest group*)이 약하고, 자신들의 좁은 이익만을 추구하는 이익집단(*narrow interest group*)들이 강한 모습을 보인다는 점이다. 노동조합들은 분산되어 있어 강력한 중앙집권적인 영향력을 행사하지 못하고 개별적인 노조들이 좁은 자신들의 이익만을 추구하는 경향이 있다. 이러한 상황에서 노조 가입률도 낮을 수밖에 없다. 결과적으로 국가 전체의 이익과 관련된 정책에 대한 정치적 영향력이 약하다. 이러한 모습은 사용자집단도 마찬가지이다. 사용자집단도 분산되어 각자의 좁은 이익만을 추구하는 경향이 있다. 결과적으로, 큰 틀에서 국가전체의 이익과 관련된 정책에서 노사 간의 대타협으로 이루어지는 경우가 드물다. 이러한 상황에서 복지국가정책과 같은 큰 정책의 변화는 그때마다의 선거에서 어떤 정책이 표를 많이 얻을 수 있는가에 의해 결정되는 경향이 강하다. 이러한 환경에서는 숫자가 많거나 재원이 많아 선거에서 영향력이 강한 집단들이 추구하는 정책들이 채택될 가능성이 크다.

둘째, 사회복지 지출이 낮고 수급자 수도 상대적으로 적기 때문에 복지국가를 강하게 지지하는 핵심 지지집단도 적고 약하다. 이것은 위에서 언급한대로 이러한 국가들은 국민을 대상으로 하는 보편적 서비스가 적고 소득조사에 의존하는 프로그램들이 강하기 때문이다. 이렇게 공공부조가 강하게 되면 또한 공공부조 수급자와 이들을 위해 세금을 내는 납세자 사이의 분열을 야기하여 다수의 납세자들이 복지에 대한 저항감을 보이게 되고, 이것은 결국 선거에서 반복지적인 투표행태를 보이는 경향이 커지게 한다. 더욱 문제가 되는 것은 이러한 국가들에서는 저소득층의 투표율이 낮다는 점이다. 저소득층은 선거에서 돈이 없어 조직화가 약하고 따라서 선거동원율이 낮기 때문이다.

셋째, 이러한 국가들에서는 민간부문의 사회복지가 강하여 다수의 사람들이 민간부문의 사회복지 서비스에 크게 의존하기 때문에 국가복지에 대한 애착이나 관심이 적다. 대표적인 예가 미국에서의 의료보험이다. 미국에서는 65세 이상은 '메디케어'(Medicare)라는 사회보험에서, 빈자들은 '메디케이드'(Medicaid)라는 공공부조 제도에서 의료서비스를 제공하지만 대부분의 사람들은 민간보험을 통해서 의료서비스를 제공받고 있다. 따라서 이러한 상황에서 중간층 이상의 사람들은 민간보험과 관련된 정책이슈에만 관심이 있을 뿐 국가에 의한 전국민을 대상으로 하는 사회보험에는 관심이 없다. 실제로 미국 중산층의 상당수는 국가에 의한 사회보험으로서의 의료보험을 사회주의적 의료서비스로 생각하는 경향이 있다. 이렇게 다수의 중산층이 사회보험에 부정적인 태도를 보이기 때문에 오늘날까지 여러 번 시도되었던 의료개혁이 계속 실패하는 것이다. 한마디로 말하면, 선거정치가 중요한 나라에서 중요한 투표자들이 사회복지에 대한 지지가 약하고, 대신 반사회복지적 정책(예를 들면 세금감면)을 더 선호하는 것이다.

지금까지 자유주의 복지국가들에서 사회정치적 제도의 양상을 간략히 논의하였는데, 그렇다면 최근의 복지국가의 변화에서 어떤 모습을 보이는가? 가장 두드러진 특징은 전술한 세 가지 변화의 형태 가운데 재상품화를 강조한다는 점이다. 사실 이러한 국가들은 이미 OECD 국가들 가운데 가장 '상품화'가 되어 있어 '탈상품화'가 가장 약하다. 이러한 성격을 갖고 있는 국가들에서 복지국가가 어려움에 처하자 가장 강력하게 재상품화를 추진하는 것은 어쩌면 당연할지 모른다.

그래서 일을 할 수 있는 사람들에 대한 복지는 크게 삭감하거나 자격조건을 까다롭게 하고, 연방정부는 이러한 프로그램들에서 손을 빼고 주정부로 넘겨 일을 강조하는 프로그램들을 경쟁적으로 개발하도록 시킨다. 대표적인 예가 1996년의 복지개혁(*welfare reform*)을 통하여 미국에서 가장 중요한 복지제도의 하나인 AFDC(Aid to Families with Dependent Children: 아동부양가족세대보호제도)를 없애고 일을 강요하는 TANF(Temporary Assistance to Needy Families: 가족빈곤 구휼제)로 대체한 것이다.

또한 이러한 국가들에서는 임금유연성(*wage flexibilities*)정책을 강조하기 때문에 아무리 낮은 임금이라도 일을 하게 하기 위해서 일하지 않는 사람들에 대한 사회복지 급여액을 낮추는 것이다. 또한 일을 시키기 위해 미국의 EITC(Earned Income Tax Credit: 근로소득보전제도)처럼 이른바 'make work pay'하도록, 즉 아무리 저임금이라도 일을 하면 국가가 일정 정도 보조금을 준다. 실제로 오늘날 미국에서 EITC가 과거 AFDC보다 훨씬 규모가 큰 저소득층을 위한 사회복지제도가 되었다.

자유주의적 복지국가들에서는 또한 복지재정의 압박으로 비용억제의 방법도 강조한다. 그래서 막대한 정부부채를 줄이려고 하는데 이때 조세를 늘리는 방법보다는 복지 지출을 억제하는 방법을 택한다. 이 경우 가장 크게 삭감되는 프로그램들은 정치적 영향력이 적은 저소득층을 위한 것들이다. 반면에 강력한 이익집단(특히 노인집단)과 중간층의 지지를 받는 '메디케어'나 국민연금의 축소가 없는 특징을 보인다.

2) 사회민주적 복지국가

널리 알려졌듯이, 사회민주적 복지국가(*social democratic welfare state*) 모형은 몇 가지 특성들을 갖고 있다. 우선 광범위한 영역의 사회적 위험들을 해결하는 포괄적이고, 국민 모두를 대상으로 하는 보편적이며, 높은 소득대체율을 보이는 급여의 관대성이다. 또한 노인, 아동, 장애인 등을 대상으로 하는 공공부문의 서비스가 발전되어 있어 거의 모든 국민이 양질의 서비스를 받고 있다. 따라서 민간부문의 서비스는 제한적이라는 점이다. 마지막으로 남자나 여자 모두 노동시장 참여율을 높이기 위해 다양한 가족지원정책이나 노동시장정책이 발전되어 있다.

사회민주적 복지국가모형이 이루어진 데는 강력한 친복지국가동맹(*pro-welfare state coalition*)이 형성되어 있다는 점에 기인하는데 이것이 가능한 이유는 이러한 국가들의 몇 가지 사회적, 정치적 특성들 때문이다. 우선 이러한 국가들에서는 대개 노조가입률이 높고, 또한 노조가 중앙집권화되어 있어 노조들의 응집력과 통제력이 크다. 따라서 이러한 강력한 노조는 자연스럽게 정치적으로 강력한 사회민주적 정당들과 긴밀한 관계를 유지할 수 있다.

또한 주로 사회복지 서비스를 제공하는 근로자들로 구성된 공공부문 노조도 그것의 숫자나 응집력 등에서 정치적으로 강력하다. 이러한 국가들에서 여성들의 노동시장 참여율은 매우 높은데 이것을 가능하게 하는 것이 국가에 의한 다양한 복지서비스 때문이다. 따라서 여성들도 정치적으로 복지국가에 강한 지지를 보이는 경향이 있다.

마지막으로 복지국가와 관련된 주요 정책결정은 포괄적인 이익을 고려하는 사용자집단과 노조집단 간의 대화와 타협에 의해 결정되는 경향이 크기 때문에 광범위한 복지국가 지지세력의 입장이 잘 대변되고 있다. 이러한 이유들로 인해서 전체적으로 볼 때 일반적인 여론은 사회민주적 복지국가에 대한 높은 지지를 유지하고 있다고 볼 수 있다.

그래서 사회민주적 복지국가들에서의 최근의 복지국가의 변화의 모습은 이렇게 사회복지에 대해 정치적으로 광범위한 지지세력이 있다는 점에서 이해되어야 한다. 이것은 앞에서 논의한 자유주의적 복지국가 모형과 아주 다른 점이라 할 수 있다.

따라서 사회민주적 복지모형에서는 신자유주의의 가치를 강조하거나 복지국가는 실패한 것으로 주장하는 정치가들은 정치적 입지가 약하다. 대신 이러한 국가들에서는 최근에 복지국가가 당면한 어려운 난관을 어떻게 극복하느냐가 주요 현안이다.

오늘날 사회민주적 복지국가들이 당면한 최대 과제는 경제가 좋지 않아 실업률이 높은 상황에서 어떻게 복지국가를 유지, 적응할 수 있는가이다. 본질적으로 볼 때 사회민주적 복지모형 자체가 성공하기 위해서는 실업률이 대략 3% 정도 되어 복지재정의 측면에서 균형이 이루어져야 한다. 실업률이 높아 사회복지 지출의 필요성은 높아지는데 반대로 복지재원이 줄어드는 상황에서는 모델 자체가 성공하기 어렵다.

그런데 1990년대 들어 이러한 국가들의 실업률이 3% 이상이 되었기 때문에 구조조정의 필요성이 대두되었다. 그래서 비효율적인(낭비적인) 프로그램들의 급여액을 어느 정도 축소하거나, 다양한 사회복지 서비스를 효율적으로 운영하거나, 아니면 조세부담률을 높이는 정책 등이 필요하게 된 것이다. 이러한 정책들은 사회민주적 복지국가들 사이에서도 경제적 위기가 발생한 시점이나 정도에 따라 다르게 나타났다. 예를 들면 핀란드는 러시아와의 경제협력의 약화로 경제위기에 처하게 되자 가장 큰 복지개혁이 이루어졌고, 반면에 노르웨이는 석유생산 등으로 어느 정도 경제가 유지되었기 때문에 가장 약한 복지개혁이 이루어졌다.

사회민주적 복지국가의 최근의 변화된 모습을 이해하기 위해서는 지금까지 복지국가를 지탱해 온 강력한 친복지국가동맹이 어떻게 변화하였는지를 알아야 한다. 즉, 복지개혁정치(*welfare reform politics*)를 이해해야 한다.

일반적으로 사회민주적 복지국가의 복지개혁정치를 이해하기 위해서는 우선 널리 알려진 세계화의 시대에 국가 간의 치열한 경쟁에 '노출된' 부문인 무역부문(*trade sector*)과 '보호된' 부문인 비무역부문(예, 공공부문) 사이의 정치적 균열양상에 대한 이해가 필요하다. 흔히 이러한 두 부문의 정치적 균열이 복지국가 변화의 시기에 복지개혁에 큰 영향을 준다는 주장이 있는데 우선 이러한 주장에 대해 논의할 필요가 있다. 이것은 두 가지 측면에서 이야기할 수 있는데, 우선 민간부문(무역부문)의 '생산적인' 근로자들은 공공부문의 '비생산적인' 근로자들에 대하여 적대적이라는 관점이 있는데 이것은 일반화하기 어려운 과장된 점이 있다. 이러한 관점은 대개 신자유주의자들의 입장을 대변하는 것, 즉 일반적인 공공부문에 대한 비판 — 비효율적이고, 관료적이고, 자신들의 특혜적 이익만을 추구하는 행위를 한다는 것 — 에 근거할 뿐이다. 왜냐하면 사회민주적 복지국가모형에서 대규모 공공부문의 사회복지 서비스는 국가경제에 이로운 역할을 많이 하기 때문이다. 이러한 서비스의 대부분은 일반국민들의 인적 자본을 향상시키는 데 크게 기여한다.

적극적인 노동시장정책을 통한 훈련 및 교육 그리고 다양한 사회복지 서비스 등을 통하여 직접적으로는 수급자들의 인적 자본이 향상되고 또한 간접적으로는 이러한 서비스를 통해 많은 여성들이 한편으로는 일할 수 있어 기술향상이 이루어지고, 다른 한편으로는 자녀들의 양육이 수월해지기 때문에 출산율이 높아질 수 있어 사회적 자산이 늘어나기 때문이다. 실제로 이러한 국가들의 각종 여론조사에 따르면 대부분의 사람들은 공공부문의 사회복지 서비스 때문에 자신의 삶의 질이 높아졌다고 응답하여 이러한 서비스를 강하게 지지한다. 즉, 민간부문의 사람들이 공공부문에 대하여 적대적이라기보다는 상호보완적으로 인식한다.

둘째는 민간부문 근로자들이나 공공부문 근로자들이나 각기 고립된 개체들이 아니라는 점이다. 사회민주적 복지국가모형에서는 일반적으로 노동시장이 성 (gender) 에 따라 비교적 명확히 나뉘어 남성들은 주로 민간부문에서 일하고, 여성들은 공공부문에서 일하는 경향이 크다. 그래서 민간부문의 남성근로자가 공공부문의 여성근로자와 결혼할 가능성이 크고, 이 경우 그들의 자녀들이 공공부문의 아동복지서비스에 맡겨질 가능성이 크게 된다. 이 경우에 이 가족은 공공부문에 대하여 적대적이라기보다는 우호적이 될 수밖에 없다. 사회복지 서비스가 보편적으로 제공되는 한 사회복지에 대한 부문별 균열양상은 약화될 수밖에 없다.

일반적으로 민간부문 대 공공부문의 균열모습은 임금협상과정에서 크게 나타날 수 있다. 그래서 민간부문의 근로자들이 낸 세금으로 공공부문의 근로자들이 높은 임금을 받는 것에 대해 큰 저항이 있을 수 있다. 그래서 공공부문 노조 대 민간부문 노조 간의 첨예한 대립이 발생할 수 있다.

그러나 일종의 '사회적 임금'(social wage)이라 할 수 있는 사회복지 급여의 수준을 결정하는 데는 다르기 때문에, 임금협상에서 드러나는 무분별한 균열이 복지국가정치에 주는 영향은 미미하다고 볼 수 있다. 왜냐하면 이러한 복지국가들에서는 거의 모든 가구들이 공공부문의 사회복지 서비스에 의존해 있고 이러한 서비스들은 많은 가구들에게 직접적으로 일자리를 제공하거나 아니면 일과 가족의 필요(needs)를 해결해주기 때문이다.

이렇게 부문별 균열양상이 약하고, 따라서 공공부문을 축소시키자는 주장이 중요한 정치적 이슈가 약하다면, 사회민주적 복지국가들에서는 변화의 시기에서의 복지개혁 혹은 복지재구조화의 주된 초점은 무엇인가? 이러한 국가들의 변화의 초점은 고정된(더 늘어나기 어려운) 복지예산 내에서 사회복지 프로그램을 변화된 수요나 새로운 필요에 맞게 그리고 낭비가 심하고 오용과 남용이 많은 프로그램들을 효율적으로 운영하는 재정비화를 강조한다. 또한 복지재정의 한계에 부딪쳐 비용억제의 방법도 병행한다. 사실 비용억제는 어떠한 복지모형에서도 오늘날과 같은 복지재정이 제한적인 상황에서는 필연적이다.

그러나 앞의 자유주의 복지국가와 명확히 구분되는 것은 이러한 국가들에서는 아무리 상황이 어렵다 하더라도 복지국가를 포기한다고 할 수 있는 재상품화의 방법을 택하지 않는 점이다. 이것은 이러한 국가들의 복지모형은 높은 노동시장 참여율과 사회적 연대감에 기초하여 사람들이 일해야 한다는 의무감이 높다는 점에 바탕을 두고 있기 때문이다. 일과 복지 가운데 하나를 선택하는 것이 아니라, 누구나 일하고 누구나 복지를 받을 수 있다는 일과 복지의 조화에 기초하기 때문이다. 이러한 상황에서는 탈상품화를 해도 사람들이 일을 하기 때문에 높은 수준의 탈상품화에서도 사람들의 근로동기가 약화되지 않는 것이다. 따라서 요즈음 복지환경이 어렵다 하더라도 재상품화의 필요성이 적은 것이다.

사회민주적 복지국가들이 앞으로 경제적인 어려움을 해결하게 되면 장기적인 큰 문제는 '복지국가의 성숙 등의 이유로 발생하는 과대한 복지비용을 어떻게 억제할 수 있느냐'와 '이 과정에서 복지국가를 둘러싼 사회적 연대감을 어떻게 조화시킬 수 있느냐'는 점이다. 따라서 한편으로는 지속적으로 경제적 성과를 이루어 복지비용의 문제를 해결하고 다른 한편으로는 공공부문에서의 높은 질의 사회복지 서비스를 중상층에게도 계속하여 제공할 수 있어야 한다.

3) 보수주의적 복지국가

이 모형은 우선 사람들에 따라 다양한 이름으로 명명한다: ① 기존의 계층이나 지위의 질서를 유지한다는 의미에서 '보수적' 복지국가, ② 이러한 국가들은 대개 유럽대륙에 속해 있다 하여 대륙 복지국가, ③ 주로 기독교민주당(Christian Democratic)에 의해 이루어졌다는 면에서 기독교민주적 복지국가, ④ 이러한 복지제도의 기본틀은 비스마르크 시대의 사회입법에 근간을 두고 있기 때문에 '비스마르키안'(Bismarckian) 복지국가라 명명. 대표적인 국가들이 독일, 프랑스, 네덜란드 등이다.

이름이야 어떻게 부르든 이러한 복지모형에서의 특성들은 다음과 같다. 우선 사회복지 지출이 사회민주적 복지국가 정도만큼 높다는 것이고, 이러한 복지 지출은 대개 사회보장 프로그램(특히 사회보험)을 통한 이전(transfer) 지출이라는 점이다. 사회보험 가운데에도 특히 국민연금에 대한 지출이 매우 커 GDP의 10%를 넘는다. 이렇다 보니 사회보장세율이 매우 높다. 예를 들면 국민연금에 대한 기여율이 어떤 국가들은 20%가 넘는다.

이러한 국가들은 사회민주적 복지국가와 달리 공공부문의 고용이 적고, 따라서 공공부문의 사회복지 서비스도 미약한데 이것은 여성들의 낮은 노동시장 참여율의 원인이기도 하다.

사회보험 프로그램의 급여수준은 후하고 또한 계급 및 지위유지를 강조하여 직업별로 분리되어 직업에 따라 급여수준의 차이가 크다. 또한 조기퇴직연금이나 실업보험, 장애연금 등을 통하여 조기에 노동시장에서의 퇴출을 장려한다는 점에서 사회민주적 복지모형과 대조적이라 할 수 있다.

사회·정치 제도적 측면에서 보면, 보수주의적 복지국가들에서는 복지국가 관련정책들은 대개 조합주의적(corporatistic)으로 결정되는 경향이 있다. 예를 들면 대부분의 노동자들의 임금은 노조의 단체협상 과정의 결과로 결정된다. 선거제도에서는 많은 국가들에서 비례대표제를 도입하고 있기 때문에 군소정당들도 원내에 진출할 수 있어 단일정당이 지배하는 경향이 약하다. 그래서 어떤 정책이 통과되는 데에는 다중의 거부지점(multiple veto points)들이 있어 협상을 통해서만 정책이 채택되는 경향이 강하다. 이것은 이러한 국가들에서 복지개혁이 쉽게 이루어지기 어려운 이유 중의 하나이다.

보수적 복지국가들은 모두 EMU 회원이기 때문에 이른바 마스트리트(Maastricht) 협약의 여러 기준을 따라야 할 의무가 있다. 그 가운데 하나가 정부부채가 일정한 수준을 넘어서서는 안 된다는 것인데 이는 국가들의 복지국가와 관련된 재정정책에 큰 제한을 준다. 이것 때문에 모든 국가들은 복지재정을 긴축적으로 운영해야 한다.

이러한 국가들에서는 역사적으로 보면 대개 사회민주당이 스칸디나 비아 국가들보다 약하여 기독교민주당과 같은 중도우파가 복지국가정 책에서 중요한 역할을 하였다. 일반대중들의 복지국가에 대한 여론도 스칸디나비아 국가들보다는 약하지만 대체로 긍정적이라 할 수 있다.

보수적 복지국가들에서의 복지개혁의 필요성과 절박성은 앞에서 언 급한 두 가지 복지모형들보다 강하다. 즉, 복지국가와 관련된 문제들 이 많다. 예를 들면 많은 사람들이 정부지원을 받으면서 노동시장을 떠 나고 이들에 대한 후한 연금으로 인한 높은 비용, 비숙련노동자들의 높 은 실업률, 여성들의 낮은 노동시장 참여율과 낮은 출산율 등이다. 구 체적으로 보면, 높은 사회보장세로 인한 높은 노동비용 때문에 민간부 문의 일자리 창출이 어렵고 적자재정을 못 하는 상황에서 높은 재정부 담 때문에 공공부문의 일자리 창출도 어려워 높은 실업률을 유지할 수 밖에 없다.

한편 이렇게 실업률이 높고 노동시장 참여율이 낮은 것은 가뜩이나 열악한 복지재정을 더욱 악화시키기 때문에 사회보장세를 더욱 올려야 하는 악순환을 되풀이해야 한다. 젊은 층의 실업률을 낮추기 위해서는 고령근로자들을 노동시장에서 퇴출해야 하는데 이것은 다시 연금을 비 롯한 사회복지 급여를 증가시키기 때문에 이것도 복지재정을 더욱 악 화시킨다. 또한 여성들을 위한 공공부문의 사회복지 서비스가 적기 때 문에 여성들이 노동시장에 참여하기 어렵고, 아동양육도 부담이 되기 때문에 낮은 출산율로 이어지며 이것은 다시 장기적인 복지재정의 문제에 기여한다. 한마디로 이러한 모습은 '스스로 강화하는 악순환'(*self-reinforcing negative spiral*) 이라 할 수 있다.

이러한 문제를 해결하기 위해서는 크게 볼 때 두 가지의 복지개혁 방법이 필요하다. 하나는 무엇보다도 높은 실업률을 낮추기 위해 일자리를 많이 만들어 사람들의 고용기회를 높여야 한다. 특히 후기 산업사회의 특성에 비추어 서비스산업의 일자리를 만들어 사람들을 고용해야 한다. 그러나 이러한 국가들의 특성상 이러한 목표를 이루는 것이 쉽지 않다. 우선 이러한 일자리들은 대개 여성들이 대거 참여하는데, 여성들을 위한 사회복지 서비스는 제한되어 있기 때문에 여성들이 일과 아동 및 노인을 돌보는 것을 병행하기가 어려워 서비스산업의 일자리에서 일하기는 쉽지 않다.

앞에서 언급했듯이 노조의 단체협약을 통해 비교적 높은 임금을 받는 많은 수의 노동자들이 낮은 임금의 사회서비스부문의 일자리를 크게 확대하는 것에 반대한다. 왜냐하면 이렇게 낮은 임금의 일자리들이 많아지면 자신들의 임금에도 영향을 줄 수 있다고 보기 때문이다.

설사 이러한 노조의 반대가 없더라도, 높은 사회보장세로 인한 높은 노동비용과 이에 따른 노동자들의 보유임금(*reservation wage*) 이 높기 때문에 기업들은 생산성이 높아야 되는데, 일반적으로 낮은 생산성의 서비스산업에서의 일자리 창출에는 한계가 있다.

다른 하나의 방법은 사회보험 지출에서의 비용억제이다. 특히 이 국가들은 '연금수급자 국가'(*pensioner states*) 라 불릴 만큼 연금에 대한 지출이 많다. 사실 이렇게 사회보험 지출이 많기 때문에도 공공부문의 사회복지 서비스를 확대하는 것이 어렵다. 즉, 사회보험 분야의 비용절감이 이루어져야만 서비스부문의 일자리도 확충할 수 있는 것이다.

그런데 이러한 두 가지 방법이 성공하기는 쉽지 않다. 우선 기존의 사회보험 수급자들이 급여를 줄이거나 수급자격을 강화하는 것에 대해 기득권을 유지하고자 강하게 반대한다. 정치가들은 이들의 정치적 영향력 때문에 이렇게 정치적으로 인기가 없는 급여삭감에 적극적으로 나서기 어렵다.

또한 낮은 임금의 일자리들도 기존의 고임금 근로자들의 반대에 부딪힐 뿐만 아니라 기존의 '고임금/고기술'(high wage/high skill) 체제에 익숙한 사용자들도 '저임금/저기술'체제의 도입을 망설이는 것이다.

흔히들 이러한 모습을 '내부자 대 외부자'(insider vs outsider)의 균열로 보아 복지개혁을 둘러싼 대립을 설명한다. 이러한 국가들에서 내부자 대 외부자의 정치적 균열 때문에 복지개혁이 어려움을 겪는 것은 어느 정도 사실이나 이러한 균열을 불필요하게 과장하여 볼 필요는 없다. 왜냐하면 소비단위(복지단위)를 가구로 본다면 여기서 말하는 저숙련의 외부자들이란 대개 여성들이나 청소년층이고, 이들은 대개 경제적으로 동일한 가구에 사는 내부자에 의존하기 때문에 내부자와 외부자가 대립하는 것이 아니라 오히려 기존의 복지체제를 크게 뒤흔드는 것에 반대할 수 있기 때문이다.

따라서 이러한 국가들에서 복지개혁을 둘러싼 정치적 균열은 복지가 제도적으로 합리화되어야 하고 또한 재정적으로나 정치적으로 가능한 복지제도로 개선되어야 한다고 주장하는 집단들과 현재의 과대한 복지국가를 그대로 유지해야 한다거나 아니면 그 반대로 신자유주의적으로 현재의 복지체제를 급진적으로 바꾸어야 한다고 주장하는 집단들 사이에서 발생한다.

따라서 복지국가를 재구조화하는 데 있어서 중요한 정치적 쟁점은 복지국가에 대한 이른바 '신중도동맹'(New Middle Coalition)을 어떻게 결성할 수 있고 유지하느냐이다. 이러한 측면에서 이른바 '네덜란드의 기적'으로 불리는 네덜란드의 복지개혁을 성공적이라 평가하는 반면, 독일이나 프랑스는 이른바 '얼어붙은 복지국가'(frozen welfare state)로 복지개혁이 실패한 것으로 보는 경향이 있다.

보수적 복지국가들에서는 우선 복지체제를 완전히 신자유주의적으로 바꾸는 것은 어렵다. 우선 문자 그대로 이러한 국가들이 '보수적'이기 때문에 많은 사람들이 그들의 입지를 근본적으로 바꿀 수 있는 신자유주의적인 급진적 변화에 반대한다. 설사 그러한 방향이 원칙적으로 볼 때 바람직하다고 보는 사람들이 있다 하더라도, 일반여론이 자신들의 복지국가의 기본틀을 지지하고 있기 때문이다. 그럼에도 불구하고, 어떤 사람들은 현재의 과대한 복지국가를 앞으로도 계속 유지할 수 있는가에 대해서는 현실적으로 회의적이다. 이들은 장기적 관점에서 현재의 정책이 과연 유지될 수 있는가에 대해 회의적이다. 예를 들면 아무리 복지국가를 지지한다 하더라도 장기적으로 볼 때 현재의 연금제도는 개혁 없이는 유지하기 어렵다고 보는 것이다. 지금까지의 세 가지 복지국가모형에서의 복지개혁에 관한 논의를 간단히 요약하면 〈표 7-3〉과 같다.

그렇다면 이러한 국가들에서의 복지국가의 미래는 어떻게 될 것인가? 가장 중요한 변수는 이러한 국가들이 당면한 경제문제의 심각성에 달려 있다. 즉, 국가들의 경제성과가 어느 정도냐에 달려 있다. 그래서 성장률이 높고 실업률이 낮은 국가들에서는 복지개혁을 쉽게 그리고 낮은 수준에서 할 수 있고, 반면에 과대한 사회복지가 국가경제에 크게 해를 주는 국가에서는 보다 큰 복지개혁을 어렵게 이루어야 하는 과제

〈표 7-3〉 세 가지 복지국가체제의 변화의 모습

	자유주의 복지국가	사회민주적 복지국가	보수적 복지국가
복지국가에 대한 정치적 지지도	중간	강함	강함
복지개혁에 대한 압력 및 필요성	중간	중간	강함
개혁방법	재상품화 비용억제	비용억제 합리화	비용억제 최신화

를 갖는다. 그렇다고 이런 국가라 하더라도 복지국가를 완전히 와해시키기는 어렵다.

요컨대, 국가들의 개혁방향이 다르더라도 모든 국가들은 경제문제, 즉 복지재정문제가 가장 크기 때문에 비용억제의 상황, 즉 '영원한 긴축재정'(*permanent austerity*)의 상황에서 복지개혁이 이루어질 수밖에 없다.

제 3 부
복지국가의 쟁점

복지국가는 19세기 말 출현 이후 오늘날까지 정치적인 이념측면과 그것의 철학적 혹은 규범적인 정당성의 측면에서, 그리고 실용적 혹은 실증적인 측면에서 많은 논쟁을 불러일으켰다. 특히 이 논쟁은 복지국가가 크게 팽창되는 시기 (2차 세계대전 이후부터 1970년대 말) 와 위축되는 시기 (1980년대 이후) 에 걸쳐 극렬해져서 많은 학자들에 의해 복지국가에 대한 지지와 비판이 첨예하게 대립했다.

제 3부에서는 이러한 복지국가의 여러 가지 쟁점들을 논의한다. 먼저 8장에서는 복지국가의 필요성에 대하여 논의한다. 즉, 왜 국가가 사회복지를 제공해야만 되는가를 논의한다. 9장에서는 복지국가에 대한 여러 가지의 비판들을 소개하고, 이 비판들이 복지국가 지지자들에 의해서 어떻게 대응되는가를 논의한다. 10장에서는 최근 서구 복지국가들의 문제와 그 원인이 무엇인지를 논의하고, 11장에서는 사회복지와 경제성장과의 관계를 논의한다. 12장에서는 오늘날 서구 복지국가들이 겪는 문제점들을 좀더 심층적으로 알아보기 위하여 가장 성공적인 복지국가인 스웨덴이 어떻게 변

화하는가를 논의한다. 마지막으로 13장에서는 이른바 '복지국가의 위기' 시대에 자주 거론되는 민영화에 대하여 논의한다.

08

복지국가의 필요성

5장에서는 복지국가가 왜 도래하였고 발전하게 되었는가를 설명하였고, 복지국가가 발전하게 된 이유를 크게 다음과 같은 다섯 가지 논리로 설명하였다: (1) 산업화로 인한 사회복지 필요의 증가에 대한 대응, (2) 독점자본의 기능적 필요성, (3) 노동자계급의 힘 증대의 결과, (4) 이익집단들의 정치적 요구에 대한 대응 결과, (5) 국가구조의 특성으로 복지국가가 도래 및 발전.

이러한 설명들은 복지국가 발전을 역사발전의 거시적 관점에서 주로 사회정치적인 현상들에 초점을 맞추었다고 할 수 있다. 따라서 왜 국가가 국민들의 복지를 책임져야 하는가라는 질문에 답을 주는 데에는 한계가 있다. 다시 말해 국민들의 사회복지에 대한 필요를 시장이나 가족에 의해서 해결하는 것보다 국가가 해결하는 것이 더 바람직한 이유를 명확하게 제시하지 못했다.

사회복지의 재화나 서비스를 국가가 주도하여 제공해야 하는 이유는 크게 두 가지로 나눌 수 있다.[1] 하나는 규범적이고 가치적인 이유이고 다른 하나는 실증적이고 경제적 효율성의 이유이다. 복지국가의 필요성에 대한 논의에서 전통적으로 많이 거론되는 이유는 전자이다. 즉, 복지국가는 평등, 소득 재분배, 인간의 존엄성, 사회구성원의 유대 등의 가치를 구현하는 데 필요하다는 논리이다. 이러한 가치를 구현하기 위해서는 국가가 적극적으로 나서서 사회복지의 재화나 서비스를 국민들에게 제공하여야 한다고 보는 것이다. 이 관점은 지금까지 많은 연구가 되어 있기 때문에 여기서는 다루지 않고자 한다.[2]

사회복지를 국가가 주도해서 제공해야 하는 두 번째 이유는 국가가 제공하는 것이 다른 방법(시장이나 가족)에 의한 것보다 더 효율적으로 사회복지의 재화나 서비스를 제공할 수 있다는 것이다. 즉, 시장에서 이러한 재화들이 자발적으로 제공되는 것이 국가에 의하여 이루어지는 것보다 더 비효율적이라는 것이다. 이것을 흔히 '시장의 실패'(*market failure*)라 한다.

일반적으로 시장에서는 수요자와 공급자 간의 합리적인 선택을 바탕으로 하는 자유경쟁의 기제에 의하여 자원을 효율적으로 배분할 수 있는 큰 장점이 있다. 그러나 시장은 특정 조건에서는 어떤 재화들을 효율적으로 배분하지 못하는 한계를 지닌다. 일반적으로 시장에서 재화들이 효율적으로 배분되기 위해서는 다음의 7가지 조건이 필요하다:

---

1 여기서 국가가 주도한다는 의미는 국가가 국가예산으로 사회복지를 제공하는 것뿐만 아니라 국가가 민간부문에서의 사회복지의 재화나 서비스의 제공을 조정, 통제, 규제하는 것 모두를 포함한다.

2 이러한 측면에서의 대표적인 연구들은 티트머스(Titmuss, 1976), 타우니(Tawney, 1952), 롤스(Rawls, 1971), 오쿤(OKun, 1975), 르 그랑(Le Grand, 1982), 구딘(Goodin, 1990) 등이 있다.

(1) 공공재(*public goods*)가 아닌 사유재(*private goods*), (2) 재화의 거래에서 외부효과(*externality*)가 발생되지 말아야 함, (3) 재화에 대해 수요자와 공급자가 충분한 정보를 가지고 있어야 함, (4) 역의 선택(*adverse selection*)의 현상이 나타나지 말아야 함, (5) 도덕적 해이(*moral hazard*)의 문제가 심각하지 않아야 함, (6) 위험의 발생이 독립적이어야 함, (7) 규모의 경제(*economy of scale*)의 적은 효과.

다시 말해 이 조건들이 충족되지 않는 경우는 시장에서의 재화의 배분이 비효율적으로 되어 사회구성원들이 원하는 배분이 이루어지지 않는다. 따라서 이러한 상황에서는 국가가 개입하여야 '시장의 실패'를 해결할 수 있고, 결과적으로 사회적인 면에서 바람직한(효율적인) 자원의 배분이 이루어질 수 있다. 사회복지의 재화나 서비스는 바로 이러한 성격을 가지므로 시장에서보다는 국가가 제공하는 것이 바람직스럽다. 다시 말해 사회복지 재화나 서비스는 다음 7가지의 측면에서 시장에서 제공되면 비효율적으로 이루어질 수 있다.

1. 사회복지재화나 서비스의 공공재적 성격

사회복지의 재화나 서비스가 공공재의 성격을 갖는다는 것을 밝히기 위해서는 먼저 공공재의 특성을 이야기할 필요가 있다. 일반적으로 순수한 의미의 공공재[3]는 사유재와 달리 그 재화를 소비하는 데 있어 비경쟁적이고 비배타적인 성격을 갖는다(Rosen, 1988). 사유재를 사용

---

3 공공재는 다른 말로는 사회재 혹은 집합재로 불리기도 한다.

하기 위해서 개인은 비용을 지불해야 하고(경쟁적), 비용을 지불하지 않은 사람들에게는 그것의 사용을 막을 수 있다(배타적). 반면 공공재는 일단 그 재화가 제공되면 다른 사람들이 그 재화를 소비하는 데 드는 추가비용은 없고(비경쟁적), 또한 다른 사람들이 그 재화를 사용하는 것을 막기도 어려운(이의 실행을 위해서는 비용이 많이 든다) 재화를 말한다(비배타적).

자주 인용되는 순수한 의미의 공공재의 전형적인 예는 등대이다. 일단 등대불이 켜지면 등대 주위를 지나가는 모든 배는 그것의 혜택을 받는다. 즉, 등대 서비스에 대한 요금을 지불하지 않아도 똑같은 서비스를 받을 수 있고, 요금을 지불하지 않은 배를 서비스로부터 제외시키기도 어렵다(어떤 전자장치를 고안하여 그 장치를 구입한 배에게만 등대불이 비추어지게 하는 방법이 있을 수 있으나 이것은 비용이 많이 들어 현실적으로 비효율적이다).

이러한 공공재의 성격 때문에 시장기제에서는 이러한 재화의 공급이 비효율적으로 이루어진다. 일반적으로 공공재의 제공은 사회구성원들이 원하는 것이고 이득을 준다. 그러나 개인들은 이러한 재화에 대한 욕구가 있더라도 욕구를 숨겨서 일단 이 재화가 제공되면 비용을 지불하지 않고 혜택을 볼 수 있다. 이것은 흔히 '무임승차 현상'(*free-rider phenomenon*)이라 불린다. 문제는 개인의 효용을 극대화하려는 합리적인 사람이라면 모두 '무임승차'행위를 할 것이라는 데 있다. 따라서 어떤 공공재에 관한 욕구는 모두 있으나(즉 그 재화가 제공되면 사회적으로 바람직하다고 생각한다), 그 재화에 대한 지불을 하지 않게 되어 결과적으로 시장기제에만 맡겨 두면 그 재화는 제공되지 않거나 제공되어도 사회구성원들이 바라는 만큼 충분히 제공되지 않는다.

다시 말해 시장기제는 공공재에 대한 사람들의 욕구를 드러내게 할 수 없으므로 욕구에 대한 비용을 지불하도록 만들 수 없다. 따라서 공공재가 사회적으로 바람직한 정도로 제공되기 위해서는 국가에 의해 세금 형태로 강제적으로 국민들에게 그 재화에 대한 사용을 지불하도록 해야 한다. 앞의 등대의 예를 보면 어떤 민간기업도 등대서비스를 제공하여 이윤을 남기는 것은 불가능하기 때문에 결국 국가가 국가예산으로 등대를 지어 서비스를 제공할 수밖에 없다.

이 공공재 성격에 관한 논의를 바탕으로 지금부터는 사회복지의 재화와 서비스가 공공재의 성격을 갖고 있느냐 하는 문제를 논의하겠다. 일반적으로 어떤 재화가 공공재인가 아닌가를 정하는 것은 절대적인 기준이 있지는 않다. 그것은 시장의 상황과 기술발전의 수준에 달려 있다. 예를 들면 경찰서비스는 전통적으로 공공재로 분류하는 경향이 있는 반면, 오늘날에는 비용을 지불하는 특정 사람들을 위한 '경찰서비스'가 시장기제에서 많이 제공되고 있다(우리나라에서 '청원경찰'이라는 이름으로 이러한 서비스가 제공된다). 또한 기술의 발전으로 공공재 특성인 '비배타성'이 약화되어 비용을 지불하는 사람에게만 그 재화를 제공할 수도 있다(예를 들면 대표적인 공공재인 '맑은 공기'가 오늘날에는 시장에서 판매되어 비용을 지불한 사람들만 '맑은 공기'를 마실 수 있는 것이다).

따라서 많은 재화들은 순수한 의미의 공공재는 아니더라도 광범위한 의미의 공공재의 성격을 가질 수 있다. 흔히들 공공재로 불리는 대표적인 것이 국방서비스이다. 이것은 외부의 적으로부터 한 국가의 국민을 보호하는 서비스이다. 이 서비스가 공공재인 이유는 이러한 서비스를 어떤 사람들이 받는다 해도 다른 사람들이 이 서비스를 받는 데 영향을 주지 않고(비경쟁적) 어떤 사람도 이 서비스를 못 받도록 할 수도 없다

(비배타적).[4]

사회복지의 재화나 서비스도 바로 이러한 성격을 가진다. 이와 같은 재화나 서비스가 제공되면 국민 모두가 혜택을 받을 수 있다. 예를 들면 국가가 어떤 사회복지 프로그램을 통하여 그 나라의 모든 아동들의 건강과 교육수준을 높이면 그 아동들이 건전한 시민으로 성장하고 또한 생산성을 높여 사회전체가 이득을 보게 되는데, 이때의 혜택은 국민 모두가 받게 되는 것이다.

서로(Thurow, 1971)는 공공재의 개념을 더 확대하여 소득 재분배 자체를 공공재로 본다. 한 나라의 소득분배가 '공평'하게 이루어지면, 사회 구성원 모두 '좋은' 사회에서 사는 것으로부터 만족을 얻고, 누구도 그 만족으로부터 배제하지 못하기 때문에 공공재로 보는 것이다. 물론 어떠한 분배가 '공평'한 분배인가 하는 것에 대한 정의에 대하여 사람들에 따라 다를 수 있기 때문에 사람들은 주어진 소득분배의 정도에 대하여 서로 다른 가치를 부여할 수 있다. 그럼에도 불구하고 '적절한' 소득분배가 이루어진 사회에 사는 것에서 오는 만족감은(비록 다르다 해도) 다른 사람들의 만족감에 영향을 주지 않기(비경쟁적) 때문에 공공재로 여기는 것이다.

물론 사회복지에 필요한 재화나 서비스가 순수한 의미의(완전한) 공공재는 아니다. 많은 경우에 이것들은 시장기제에서 제공되어 이때는 경쟁적이고 배타적으로 거래가 이루어진다. 그러나 시장기제에서만 제공되기에는 사회전체에 주는 이득이 매우 크고, 커다란 이득에 비추

---

4 물론 이러한 성격도 완전한 것은 아니다. 외부의 적으로부터 보호를 받기 위하여 어떤 사람들은 비용을 지불하며, 예를 들면 용병과 같이 군인들을 고용할 수도 있다.

어볼 때 민간시장에서 이 재화나 서비스의 공급은 사회적으로 바람직한 수준으로 이루어지지 않는다. 전술한 것처럼 이 재화에 대한 욕구를 숨겨도, 즉 비용을 지불하지 않아도 다른 사람들이 지불하면 그것으로부터의 혜택을 볼 수 있기 때문에 사회적으로 효율적인 배분이 일어나지 않는다. 머스그레이브(Musgrave, 1959)는 이러한 사회복지의 재화나 서비스를 가치재(merit goods) 혹은 준공공재(quasi-public goods)라 불렀다. 이것은 어떤 재화의 제공이 사회적으로 바람직하나 개인들이 그 재화에 대한 욕구를 숨기거나 혹은 무지하여 그 재화의 필요성을 못 느낄 때, 시장기제에만 맡겨두지 않고 국가가 나서서 제공할 필요가 있는 재화나 서비스를 말한다.

2. 외부 효과

한 나라 국민들의 복지를 국가가 책임져야 하는 또 다른 이유는 이른바 외부효과(externality) 때문이다. 일반적으로 시장기제에서는 사람들이 재화나 서비스를 거래할 때 사람들의 행위는 다른 사람들의 복지에 시장가격의 변화로 영향을 주게 된다. 누군가가 어떤 행위들을 통하여 다른 사람들의 복지에 이득 혹은 해를 준다면 그 행위에 대하여 대가를 받거나 지불해야 한다.

그러나 어떤 경우에는 사람들의 행동이 다른 사람들의 복지에 시장가격의 변화 없이 영향을 줄 수 있다. 외부효과라는 것은 어떤 사람의 행동이 다른 사람의 복지에 시장기제 밖에서 영향을 주는 것을 말한다 (Rosen, 1988). 또한 외부효과가 나타나면 시장기제에서는 자원의 효율적인 배분이 이루어지기 어렵다. 예를 들면 아무도 소유하지 않는 강 상류에 공장을 소유하고 있는 갑이라는 사람이 공장 폐기물들을 그 강에 버린다면 강 하류에서 물고기를 잡아먹고 사는 을이라는 사람의 복지에 시장가격의 변화 없이 해를 준다. 갑은 강을 오염시킨 것에 대한 가격을 지불하지 않아도 되기 때문에 강을 비효율적으로 과대하게 사용하고, 그 결과로 을은 피해를 입게 된다. 이때 국가가 갑에게 강을 오염시킨 대가를 지불하게 해서 을을 보상하면 자원을 효율적으로(불필요하게 과대하게 사용하지 않는다는 면에서) 이용하게 되는 것이다.

외부효과는 흔히 긍정적인 외부효과와 부정적인 외부효과로 나뉜다. 긍정적인 외부효과는 어떤 사람의 행위를 통하여 다른 사람들이 어떤 대가를 지불하지 않고도 이득을 보는 것을 말한다. 예를 들면 우리 이웃의 어떤 사람이 자선을 해서 이웃의 가난한 사람들을 줄인다면 자선을 하지 않은 다른 사람도 가난한 사람들이 줄어든 것으로 인한 이득, 즉 범죄율 감소나 집값 상승 등으로 인한 이득을 볼 수 있는 것이다. 어떤 행위가 긍정적인 외부효과가 있는 경우는 일반적으로 그러한 행위는 그것이 가지고 있는 이른바 파급효과(*spillover effect*)에 비하여 적게 이루어진다. 왜냐하면 이러한 행위를 내가 안 해도 남이 하게 되면 나도 이익을 받을 수 있기 때문이다. 프리드먼(Friedman, 1962)은 이러한 현상을 '이웃효과'(*neighborhood effect*)라 부른다. 반면에 부정적인 외부효과는 오염된 강의 예처럼 한 사람의 행위가 그 행위에 대한 비용을 지불하지 않고 다른 사람들의 복지에 해를 주는 것을 말한다.

사회복지의 재화나 서비스를 국가가 제공해야 하는 이유는 바로 이러한 재화들이 긍정적인 외부효과를 많이 만들어내고, 이 외부효과에 비하여 시장기제를 통하여 재화나 서비스를 제공하게 되면 사회적으로 바람직한 수준의 공급이 이루어지지 않기 때문이다.

대표적인 사회복지의 재화나 서비스는 어떤 사람들의 근로소득이 일시적으로 중단되었거나 혹은 영구적으로 상실되었을 때 소득보장을 하는 것, 국민들의 건강을 높이는 것, 아동들의 교육수준을 높이는 것, 쾌적한 주거환경에 살게 하는 것 등이 있다. 이와 같은 것들은 받는 사람들에게 직접적으로 이득을 줄 뿐만 아니라 받지 않는 사람에게도 정신적인 혹은 물질적인 이득을 준다. 받는 사람은 인간다운 최소한의 생활을 할 수 있거나 그들의 생산성이 높아져 소득의 향상을 가져오는 직접적인 이득이 있다. 한편 이 재화나 서비스를 받지 않는 사람도 받는 사람들의 생활수준 향상으로 주위에 가난하거나 병든 사람과의 접촉가능성이 줄어들어 정신적인 부담감이 줄어들고, 더욱 중요한 사실은 이러한 사람들의 생산성 향상이 국가전체의 생산성 향상으로 이어져 소득의 증대를 가져올 수도 있으며 이들의 사회적 일탈행위(범죄)의 감소로 인한 물질적인 피해를 줄일 수 있는 것이다. 그리고 국가가 내가 할 일을 대신해서 이 일을 하게 되면 내가 실질적으로 지출할 수 있는 소득은 그만큼 증대된다.[5]

사회복지의 재화나 서비스가 이처럼 커다란 긍정적인 외부효과가 있다는 것만 가지고는 국가가 반드시 재화나 서비스를 제공할 필요는 없다. 문제는 앞에서 언급했듯이 사회복지의 재화나 서비스를 본인이 제

---

5 램프먼(Lampman, 1984)은 이러한 것을 2차적 수혜자(*secondary beneficiaries*)라 부른다. 예를 들면 노령의 부모를 부양해야만 하는 사람의 경우, 국가가 사회복지제도를 통해 이들의 생활을 책임지게 된다면 그 사람의 가처분소득은 이전보다 증가되며, 이때 1차적 수혜자(*primary beneficiaries*)는 노인들이고, 2차적 수혜자는 노인들을 부양해야만 하는 사람인 것이다.

공을 안 해도 다른 사람이 제공하면 본인도 그것의 이득을 볼 수 있기 때문에 민간부문의 자발적인 자선행위에 맡겨두면 사회적으로 바람직한 수준의 공급이 안 되는 데 있다. 개인의 효용을 극대화하려는 사람들은 이러한 재화나 서비스에 관한 지출을 자발적으로 지불하는, 즉 자선할 동기가 약하다는 데 있다. 실제로 사회복지의 역사를 볼 때 어느 국가에서나 민간부문의 자선을 통한 사회복지의 재화나 서비스는 극히 제한되었다는 사실이 이것을 뒷받침한다.

어떤 재화의 외부효과가 매우 커 한 나라의 국민 모두에게 영향을 줄 경우에는 이러한 재화는 공공재라 할 수 있다. 공공재와 외부효과라는 두 개념의 차이는 그것이 시장기제 내에서 해결이 되지 않고 외부에 주는 영향의 정도 차이라 할 수 있다(Rosen, 1988). 따라서 이 재화의 제공이 주는 긍정적인 외부효과가 크면 클수록, 이에 따라 재화에 대한 지불을 하지 않고도 혜택을 보는 사람이 많을수록, 재화들이 자발적인 시장기제에서 제공되기는 어렵기 때문에 이럴 경우는 결국 국가가 강제적으로 세금을 걷어서 공공재로서 국민 모두에게 제공하여야 한다.

3. 불완전한 정보

일반적으로 어떤 재화가 시장기제에서 효율적인 배분이 이루어지기 위해서는 수요자나 공급자 둘 다 그 재화의 질과 가격에 대한 충분한 정보를 갖고 효용을 극대화하는 합리적 선택이 있어야 한다. 따라서 어떤 재화에 대한 충분한 정보가 없는 경우, 시장에서 비록 소비자가 요구하는 형태의 재화가 배분되더라도 소비자가 진정으로 원하는 것이 아닌 경우가 있고 이러한 경우 비효율적인 배분이 될 가능성이 높다. 이 상황에서 재화의 소비자들보다 국가가 재화에 대한 정보를 더 많이 갖고 있다면 국가가 주도하여 재화를 제공하는 것이 더 효율적인 배분이 될 수 있다(Goodin, 1989; Barr, 1992).

재화들이 어떤 속성을 가지고 있으면 이처럼 불완전한 정보로 인한 시장에서의 배분이 비효율적으로 될 가능성을 높게 하는가? 일반적으로 특정 재화가 다음의 세 가지 속성을 갖고 있을 때 재화가 시장에서 효율적으로 배분이 어려워진다. 첫째, 재화에 대한 정보를 수집하거나 정보의 질을 높이는 데 비용이 많이 드는 경우이다. 어떤 정보들은 소비자가 접근하기 매우 어려울 수 있다. 둘째, 정보를 수집했다 하더라도 그 정보를 이해하는 데 매우 어려운 경우가 있다. 대개 전문적이고 세부적이고 기술적인 정보들이 이러한 속성을 가지고 있다. 대표적인 예가 의료서비스에 관한 정보이다. 셋째, 재화에 대한 잘못된 형태를 선택할 때 발생하는 손해가 매우 클 때이다. 올바른 정보에 따른 적절한 재화의 형태를 선택하지 못했을 때 많은 피해를 입게 될 수 있는 것을 말한다. 예를 들면 잘못된 형태의 의료서비스를 선택할 때는 생명을 잃을 수도 있는 것이다(Barr, 1992).

사회복지 재화나 서비스인 사회보험, 의료서비스, 교육서비스, 주택서비스 등은 위의 속성들을 많이 갖는다. 이러한 것들은 대개 매우 복잡한 기술적인 정보를 갖고 있어야만 올바른 선택이 이루어지기 때문에 시장기제에서 소비자들의 선택에 맡겨 배분이 이루어지게 되면 비효율적이 될 수 있다. 또한 이 재화나 서비스는 인간의 가장 기본적인 삶이라는 측면에서 매우 중요하기 때문에 소비자들의 선택에 맡겨 두어 잘못된 선택이 일어났을 경우 그 손실은 본인뿐만 아니라 사회적으로도 매우 크다. 따라서 이 재화나 서비스에 대한 기술적인 정보를 많이 갖고 있고 또한 관리하는 국가의 전문관료들에 의해서 제공하는 것이 바람직한 것이다. 두 가지의 예를 들어 설명하겠다.

흔히 사람들은 자신들의 미래에 대한 어떤 선택을 자기 스스로 결정하는 것이 가장 좋다고 가정한다. 그러나 이 가정은 어떤 경우에는 반드시 그렇지는 않다. 특히 미래에 발생할 수 있는 사건에 대한 경험이 과거에 전혀 없는 경우에는 자신들의 선택이 잘못될 가능성이 매우 크다. 예를 들어, 과거에 실업상태에 있어본 경험이 전혀 없는 사람의 경우는 실업시 얼마나 큰 고통을 받는지에 대해서 정확한 예측을 못 하기 때문에 이를 과소평가하여, 실업보험의 필요성을 못 느끼고 현재 높은 임금만을 고집할 가능성이 높다. 혹은 현재 젊은 근로자도 미래의 노령 시기의 필요(needs)에 대한 이해의 부족으로 연금의 필요성을 과소평가하여 현재 고임금(연금이 없는)을 선택할 것이다. 따라서 이때는 국가가 사회보험을 통하여 이러한 재화를 강제로 제공해야 사회적으로 바람직한 결과가 이루어질 수 있는 것이다.

사회복지의 재화나 서비스 가운데 정보의 문제가 가장 심각한 것은 의료서비스부문이다. 의료서비스에 대한 정보는 매우 복잡하고 전문적이어서 시장기제에만 맡겨두면 일반소비자들은 자기들에게 적합한 의료서비스가 무엇인지, 이 서비스를 어디에서 어떻게 구입해야 하는 것인지에 대한 정보가 매우 적어서 적절하지 못한 선택을 할 가능성이 높다. 일반적으로 어떤 재화나 서비스 공급자와 수요자 간에 재화에 대한 정보의 차이가 있을 때 (흔히 비대칭적 정보의 상황이라고 함), 정보가 많은 측(대개의 경우 공급자)에 의해서 그 재화의 형태, 질, 가격 등이 결정될 가능성이 높다.

대표적으로 의료서비스의 경우 공급자(의료전문가들)에 의하여 수요자(환자)가 받는 서비스의 형태, 질, 가격이 결정될 가능성이 높기 때문에 공급자는 그들의 이익을 추구하기 위하여 소비자의 이익을 극대화할 수 있는 서비스를 제공하지 않을 가능성이 높다. 예를 들면 불필요한 서비스를 높은 가격에 과잉 공급하는 경우나 필요한 서비스를 과소 공급하는 경우가 발생할 수 있다. 따라서 이 상황에서는 의료서비스에 대한 정보를 많이 가진 제3자(국가의 전문관료)가 개입하여 이러한 의료서비스의 공급자와 수요자 간의 불균형적 정보에서 나오는 문제들을 해결해야 한다. 이러한 불완전한 정보의 문제 때문에 특정 형태의 사회복지의 재화나 서비스는 국가가 주도하여 제공하는 것이 사회적으로 더 효율적인 것이 된다.

4. 역의 선택

오늘날 서구 복지국가들에서 가장 중요한 사회복지정책은 사회보험이다. 이렇게 강제적인 사회보험이 필요하게 된 가장 중요한 이유 중 하나가 바로 '역의 선택'의 문제이다. 역의 선택 문제는 앞에서 논의한 불완전한 정보의 문제로, 기본적으로 시장에서 미래에 발생할 위험에 대비한 보험(질병보험, 실업보험 등)을 공급하는 측(보험회사)이 보험에 가입하려는 사람들의 위험발생 가능성에 대한 정보를 충분히 갖지 못한 경우, 더 구체적으로는 보험가입자가 보험자보다 자기 자신의 위험발생 가능성에 대하여 더 많은 정보를 갖고 있는 경우에 나타나는 현상이다.

이렇게 되면 보험자는 보험가입자들에 대한 적정한 보험료를 책정하기 어렵게 되고, 보험에 가입할 위험이 발생할 가능성이 높은 사람들이 집중적으로 이 보험을 구입하게 되는 역의 선택의 문제가 발생하는 것이다. 이렇게 되면 보험회사는 이익을 남기기 위해서는 보험가입자들에게 높은 보험료를 부과할 수밖에 없다.

높은 보험료의 부과는 역의 선택 문제를 더욱 악화시켜 위험발생 가능성이 상대적으로 적다고 판단되는 사람들은 높은 보험료 때문에 가입을 회피하게 되고, 위험발생 가능성이 매우 높은 사람들만 가입을 하게 되어 보험회사는 이익을 위해 더욱 높은 보험료를 책정하게 되는 악순환이 계속되는 것이다. 이 악순환의 결과로 보험료는 매우 높아져서 대부분의 사람들은 보험에 가입하기에는 비용이 너무 많이 들어 가입을 못 하게 되고 결과적으로 보험상품은 민간시장에서 존재하기 어려워지는 것이다.

역의 선택 문제로 민간보험회사가 개인들을 대상으로 보험상품을 팔기 어려운 대표적인 예가 실업보험이다. 실업보험상품이 판매되면 실업이 될 가능성이 높은 사람들이 집중적으로 상품을 구입하게 되고 이때 보험회사는 어떤 사람이 실업이 될 가능성이 높은지를 판단하기에 많은 어려움을 갖게 된다. 무엇보다 보험에 가입하는 사람이 자기 자신의 실업할 가능성에 대하여 보험회사보다 더 많은 정보를 갖고 있기 때문에(실업할 가능성이 자신의 통제에 있기 때문에) 보험회사는 실업보험금 청구에 살아남기 위해서는 높은 보험료를 부과할 수밖에 없어진다. 결국 대부분의 사람들은 이러한 상품을 구입할 수 없게 되고, 시장에서 이러한 보험상품은 사라지게 되는 것이다. 오늘날 어떤 나라도 시장에서 개인을 대상으로 실업보험을 판매하는 경우는 없다는 것이 이 사실을 뒷받침해 준다.

실업보험 이외에 의료보험(건강보험)도 민간보험시장에서 보험상품으로 판매하기에는 역의 선택의 문제가 크다. 많은 경우 보험회사가 보험가입자의 질병에 관한 정확한 정보를 갖지 못하기 때문에 적정한 보험료의 책정이 어렵게 되는 상황에서 질병 발생 가능성이 높은 사람들이 보험에 집중적으로 가입하게 된다. 결국 보험료는 매우 높아져서 궁극적으로는 많은 사람들이 보험에 가입하기가 어렵다. 이것은 오늘날까지도 의료보험을 민간보험시장에서 주로 판매하는 미국에서 약 5천만 명의 사람들이 매우 높은 보험료 때문에 의료보험에 가입하지 못하는 것에서 알 수 있다.

따라서 역의 선택 문제를 해결하기 위해서는 보험을 집단적으로 가입하게 하여 비록 각 개인들에 대한 정확한 정보를 모르더라도 보험에 가입하는 사람들의 위험이 발생할 집단적 확률을 비교적 쉽게 알아낼 수 있기 때문에 이 확률을 바탕으로 적절한 보험료를 책정하면 된다. 집단의 크기가 크면 클수록 역의 선택 문제는 약화되기 때문에 결국 가장 큰 집단이 국가 구성원 전부를 강제로 가입하게 되면 가장 효율적으로 이루어질 수 있다. 바로 이 문제를 해결하기 위하여 복지국가 프로그램 가운데 가장 중요한 영역인 사회보험이 존재하는 것이다.

5. 도덕적 해이

불완전한 정보 때문에 민간시장에서 미래에 발생할 위험에 대비한 보험이 제공되기 어려운 또 하나의 이유는 이른바 '도덕적 해이'(*moral hazard*) 현상 때문이다. 일반적으로 도덕적 해이는 개인의 의도적인 행위가 보험이 대상으로 하는 위험의 발생가능성에 영향을 줄 수 있다는 데에서 비롯된다. 사람들은 일단 어떤 위험에 대비한 보험에 가입하고 그 위험이 발생해도 그에 따른 심리적 손해가 적다면, 보험에 가입을 하지 않았을 때보다 위험발생을 예방할 행위를 적게 할 동기가 부여되어 결과적으로 위험발생률이 높아진다. 이 결과로 가입자들의 보험료는 높아지고, 가입자는 줄어들어 결국 이 문제가 심각해지면 이러한 상품은 민간보험에서 제공되기 어렵게 되는 것이다(Barr, 1992).

도덕적 해이를 막기 위하여 민간보험에서는 여러 가지의 방법이 사용된다. 대상이 되는 위험이 자주 발생하는 경우에는 높은 보험료를 부과하고, 일정 이하의 위험(경미한 위험)이 발생할 경우에는 보험금을 지불하지 않고, 또는 위험이 발생해도 보험금의 일부만을 지불하고 나머지는 본인이 부담하게 하는 것이다. 그러나 이런 방법에도 불구하고 근본적인 도덕적 해이 문제는 해결하기 어렵다.

도덕적 해이 문제로서 심각한 대표적인 예가 실업보험이다. 만일 민간시장에서 이러한 실업보험을 판매한다고 가정해 보자. 어떤 사람이 실업이 되었을 때, 그것이 자발적인 실업인지 비자발적 실업인지 구분하기가 어렵다. 자기 자신의 실업여부는 자신의 일에 해당하는 행위에 상당부분 달려 있기 때문이다. 또한 실업된 상태의 '심리적 비용'은 다른 위험(예를 들면 질병에는 많은 고통이 따른다)에 비해서 적기 때문에 이러한 실업상태는 상당히 오래갈 수가 있다. 다시 말해 일단 실업보험에 가입하면 다른 보험에 비하여 비교적 쉽게 보험금을 받을 수 있고, 따라서 실업이 일어나지 않도록 노력할 동기가 적은 것이다.

실업보험보다는 약하지만 의료보험에서도 '도덕적 해이'의 문제가 심각할 수 있다. 그래서 사람들이 일단 의료보험에 가입하면 질병에 대한 예방을 할 동기가 약해져(특히 경미한 질병의 경우), 의료서비스를 불필요하게 과다하게 사용하여 보험료가 높아질 수 있다. 이 문제는 특히 민간보험에서의 주된 방식인 이른바 제3자 지불방식(*third-party payment*) 하에서의 행위별 수가제(*fee for service*)에서 더욱 심각해질 수 있다. 보험회사가 의료서비스 공급자인 의사와 수요자인 환자의 행위를 제대로 통제하지 못하는 상황에서 수요자는 의료서비스를 과대하게 소비하려고 하고 의사도 소비자의 경제적 능력에 상관없이 최대한도로 의료서비스를 제공하려는 동기를 갖는 것이다. 이렇게 되면 보험료는 크게 오를 수밖에 없게 된다.

'도덕적 해이'의 문제는 민간부문에서만의 문제가 아니라, 국가의 사회복지정책에서도 나타난다. 일반적으로 복지국가를 비판하는 논리에서 자주 거론되는 것이 이러한 도덕적 해이 문제이다(Gilder, 1981). 이러한 비판들은 복지국가 프로그램이 갖는 도덕적 해이의 문제 때문에 개인이 스스로 독립할 노력을 약화시키고, 복지 프로그램이 불필요하게 확대되었다는 점에 초점을 맞춘다. 따라서 많은 복지국가 프로그램들은 이 도덕적 해이 문제를 약화시키기 위한 많은 장치들을 갖고 있다(예를 들면 실업보험의 경우 비자발적인 실업여부에 관한 엄격한 심사, 실업이 된 후 적극적으로 일자리를 찾게 하는 방법, 정부에 의한 적극적인 노동시장정책으로 일자리를 제공하는 방법 등).

결국 도덕적 해이 문제는 어떤 서비스의 제공자가 수급자 행위에 대한 충분한 정보를 갖고 행위를 조정(monitor)하고 통제함으로써 해결될 수 있다. 이때 민간시장에서 개별적인 제공자가 조정 통제를 위한 정보를 구하기는 매우 어렵고 비용이 많이 들기 때문에 국가가 집단적으로 혹은 강제적으로 하는 것이 비용이 적게 들고 더 효율적인 것이다.

6. 위험발생의 상호의존

민간시장에서 어떤 보험상품이 제공되기 위해서는 그러한 상품을 제공하는 데 있어 보험회사는 재정안정이 이루어져야 한다. 재정안정이 이루어지기 위해서는 보험수리상 어떤 한 사람의 보험대상이 된 위험의 발생가능성이 다른 사람의 그러한 위험의 발생가능성과는 독립되어야만 전체적으로 재정안정이 이루어질 수 있다. 다시 말해 보험가입자들 가운데 일정한 비율은 위험이 발생하고, 일정한 비율은 위험이 발생하지 않아야 보험회사는 유지될 수 있는 것이다(Barr, 1992).

반면에 어떤 위험의 발생이 상호의존적일 때, 즉 어떤 사람의 위험발생과 다른 사람의 위험발생이 관련되어 있을 때는 이러한 재정안정은 이루어지기 어렵고 결국 민간시장에서는 이러한 위험에 대한 보험상품이 제공되기 어렵다. 예를 들면 실업보험의 경우 어느 한 개인이 실업할 가능성은 그 자신이 속한 회사나 산업만의 문제가 아니라 국가전체의 경제상황에도 달려 있다(극단적인 예로 대공황). 이러한 국가전체의 침체된 경제상황에서는 어떤 개인의 실업될 가능성과 다른 사람의 그

것이 서로 관련이 되어 있기 때문에 민간보험에서 이러한 보험을 제공하게 되면 필연적으로 재정파탄이 초래될 가능성이 높다. 민간보험회사에서는 실업이 안 된 사람으로부터 받은 보험료를 실업이 된 사람에게 보험금의 형태로 지급하는 것이 불확실해진다. 이 경우에는 국가만이 보장해 줄 수 있다.

또한 노령연금의 경우, 미래 물가수준의 불확실한 변동도 수혜자 모두에게 영향을 주기 때문에 미래 물가수준 예측이 불확실한 상황에서 민간보험회사의 재정안정은 불확실해지고 따라서 민간보험에서 이러한 연금이 제공되기에는 많은 위험이 따른다. 오늘날 많은 복지국가들에서 노령연금을 국가에 의한 부과연금(pay-as-you-go) 제도로 운영하는 것은 바로 이러한 미래의 물가수준이 불확실하기 때문이다. 또한 민간보험(기업연금)의 경우도 미래의 급여액의 불확실성을 막기 위하여 정부가 기금 조성과 급여의 수준 등에서 여러 가지의 규제를 한다(이러한 규제 대신에 세제상의 혜택을 준다). 즉, 민간부문에서의 기업연금도 준공적 연금이라 할 수 있다(Gordon, 1988). 이러한 정부에 의한 기업연금의 통제도 민간보험의 불확실한 재정안정 때문이다.

7. 규모의 경제

시장에서 어떤 재화가 효율적으로 배분되기 위해서는 어떤 경제주체도 시장력(market power)을 갖고 시장가격에 영향을 주지 않고, 많은 수의 공급자와 수요자의 거래에 의해서 그 재화의 가격이 형성되어야 한다. 만일 규모의 경제(economy of scale)가 존재하면 큰 경제주체는 재화를 단위당 싼 가격에 만들어 팔 수 있기 때문에 작은 경제주체를 몰아내고 시장을 지배하여 결과적으로 자원의 비효율적인 배분이 이루어질 수 있다. 이 경우는 국가가 개입하여 이와 같은 규모경제효과가 큰 재화를 제공하는 것이 사회적으로 바람직하다.

사회복지의 재화나 서비스는 이러한 규모경제의 속성을 많이 가지고 있다. 예를 들면 대중교육, 대량의 공공주택의 건설, 전국민 대상의 의료서비스나 사회보험 등이 이에 해당된다. 이러한 재화나 서비스들은 국가가 직접 제공하는 것이 단위당 비용이 적게 들며 민간부문의 여러 공급자들에 의하여 제공되는 것보다 필요한 거래비용(*transaction costs*)도 줄일 수 있다(Goodin, 1988).

09

복지국가의 비판과 대응

복지국가 확대에 대한 비판들은 여러 가지가 있다. 여기에는 규범적이고 가치지향적인 측면에서의 비판도 있고, 사실에 바탕을 둔 실증적 측면에서의 비판도 있다. 이 장에서는 후자에 초점을 맞추어, 다음 네 가지의 복지국가에 대한 비판들을 논의하고자 한다.

첫째는 복지국가는 경제성장을 저해시킨다는 비판, 둘째는 복지국가는 빈곤층을 오히려 증가시킨다는 비판, 셋째로는 복지국가는 빈곤층의 도덕성 훼손을 가져와 의존심을 높인다는 비판, 마지막으로 복지국가는 가족 구조의 변화를 가져와 불필요하게 사회복지의 수급자의 수를 늘린다는 비판이다.

1. 복지국가가 경제성장을 저해하는가?

복지국가를 논의하는 데 있어 자주 거론되고 복지국가를 반대하는 입장에서 가장 중요하게 사용되는 논거는 복지국가의 확대가 경제성장을 저해한다는 점이다. 이러한 주장을 뒷받침하는 이유들은 여러 가지가 있을 수 있으나 크게 나누면 세 가지로 설명할 수 있다. 첫째는 공공부문에서 사회복지에 대한 지출증가는 그 사회의 경제성장을 이끌어가는 산업생산부문(특히 대표적으로 제조업)에 투입할 수 있는 인력과 자본을 줄어들게 하여 경제성장을 위축시킨다는 것이다. 둘째는 복지국가의 많은 프로그램으로부터 혜택을 받는 수급자나 프로그램을 위해 세금을 내는 납세자 둘 다 근로할 동기가 약해져 노동공급이 줄어든다는 것이다. 셋째는 복지프로그램에 의해 사람들의 저축동기가 약해져 전체의 자본축적이 적어지게 되면, 결국 근로자들의 생산성이 저하되고 경제성장이 위축된다는 것이다.

1) 산업생산부문의 위축[1]

이 주장은 간단히 말하면 공공부문의 사회복지에 대한 과대한 지출로 생산부문에 사용할 인력과 자본이 줄어들어 경제성장이 이루어지기 어렵다는 것이다. 이러한 주장의 전제는, 한 나라의 경제행위는 시장에서 판매될 수 있는 상품을 만들어내는 생산부문과 공공부문의 사회복지 서비스와 같이 시장에서 판매되지 않는 비생산부문으로 나눌 때,

---

1 이것은 보다 광범위한 의미로 '탈산업화 논리'(*de-industrialization thesis*) 라 불리기도 한다(George & Wilding, 1984).

오로지 생산부문에서의 생산물의 증가에 의해서만 실질적으로 그 나라의 국민들의 생활수준이 향상될 수 있다고 본다(Bacon & Eltis, 1976).

이와 같은 전제하에서 '탈산업화 논리'의 핵심적인 주장은 공공부문에서 사회복지에 대한 과대한 지출이 직접적으로 생산부문의 위축을 야기한다는 점이다. 구체적인 이유는 다음과 같다. 자본주의경제발전단계에서 어떤 시점에 이르러서는 기술투자 등에 의한 생산성의 향상으로 불필요하게 된 노동력(*redundant worker*)이 많이 발생하게 된다. 이때 이 불필요한 노동력의 문제를 쉽게 해결하는 방법이 공공부문(특히 사회복지 부문)에서의 취업이라는 것이다. 이것이 가능한 것은 일반국민들의 사회복지 서비스에 대한 욕구가 증가하고 이러한 사회복지부문에서의 일자리를 만들어내는 것은 비교적 투자가 쉽고 비용이 적게 들기 때문이다. 문제는 많은 수의 사람들이 공공부문으로 흡수되고, 또한 이들이 이전에 갖고 있었던 생산성에 비하여 더 높은 임금을 요구하게 되면 노동력의 숫자가 줄어든 생산부문은 확대된 비생산부문을 위하여 더 많은 생산물을 만들어야 하는 부담을 갖게 되는 데 있다. 이때 생산부문의 생산성이 비생산부문에 필요로 하는 자원을 충분히 제공할 정도로 높지 않다면 결국 생산부문에서 생산성 향상을 위하여 사용하여야 할 자원은 줄어들 수밖에 없다.

이러한 상황은 두 가지로 해결될 수 있다. 하나는 생산부문의 근로자들이 이전보다 낮은 임금을 받는 것을 감수하는 것이고, 다른 하나는 자본가들이 이전보다 적은 이윤을 받아들여야 한다. 이때 만일 노동조합을 통한 노동자들의 힘이 강하여 근로자들의 임금을 낮출 수 없고 자본가들이 이윤을 유지하기 위하여 소비자들에게 그들이 만든 상품의 가격을 올리는 것이 경쟁력 때문에 한계가 있다면, 결국 자본가들의 이윤이 줄어들 수밖에 없다. 즉, 사회복지 서비스부문의 확대는 산업부문에서의 자본가들의 낮은 이윤을 유발시킨다.

낮은 이윤에서는 기업가들은 그들의 자본을 산업부문에 투자할 동기가 약하고 이윤이 높은 해외투자로 많이 빠져 나갈 수밖에 없다. 이렇게 되면 국내실업률은 높아지고 이 높은 실업문제를 해결하기 위해서 정부는 다시 공공부문에서 이 문제를 해결할 수밖에 없어 악순환은 계속된다는 것이다. 따라서 이 주장에서 이러한 악순환의 고리를 끊는 유일한 방법은 사회복지 서비스와 같은 공공부문의 지출을 대폭 줄이는 길뿐이라고 제시한다.

이러한 복지국가의 확대가 산업생산부문의 위축을 가져와 경제성장을 둔화시킨다는 주장은 이론적 측면과 경험적 연구의 두 가지 측면에서 비판을 받는다. 이론적 측면에서 이러한 주장을 비판하는 논리는 다음과 같다.

첫째, 사회복지 서비스와 같은 공공부문의 지나친 확대는 생산부문에 어느 정도 위축을 가져오지만 공공서비스의 확대가 생산부문 위축의 근본적이고 직접적인 원인은 아니라는 것이다. 공공부문의 확대와 생산부문의 위축은 보다 근본적으로 한 나라 경제의 경쟁력 약화에 기인한다. 낮은 경쟁력으로 인한 수출부진 등으로 생산부문이 위축되고, 이러한 위축된 생산부문 때문에 공공부문에서의 사회복지 서비스가 확대될 수밖에 없다(Thirlwall, 1982). 다시 말해 사회복지 서비스의 확대가 산업부문 위축의 원인이 아니라, 경쟁력의 약화로 인한 산업부문의 위축이 사회복지 서비스의 확대를 가져왔다는 것이다.

둘째, 복지국가에서의 사회복지 서비스의 확대는 많은 부분 노령인구 증가, 교육과 건강에의 투자의 필요성 등 때문이지 생산부문의 근로자들을 유인하는 부분은 적다는 것이다. '탈산업화 논리'의 핵심은 근로능력이 있는 사람들이 대량으로 생산부문에서 비생산부문으로 이전되는 것을 지적하는 것인데, 오늘날 대부분의 복지국가에서 가장 큰 프로그램인 국민연금은 근로능력이 없는 노인, 장애인 또는 유가족을 위한 것이기 때문에 이러한 논리와는 관련이 적다. 또한 대부분의 복지국가에서 두 번째 혹은 세 번째로 큰 건강과 교육 프로그램은 인적 자본에 대한 투자효과가 큰 것이지 생산부문에서 비생산부문으로의 근로자 이전의 문제와는 관계가 적은 것이다.

셋째, 사회복지 서비스의 확대가 모든 측면에서 반드시 비생산적이지 않고 어떤 영역(예를 들면 교육에의 투자)에서의 확대는 근로자들의 인적 자본의 향상을 가져와 생산성을 높이고 경제성장을 높인다(Denison, 1979; Lampman, 1984). 예를 들면 램프먼(Lampman, 1984)의 계산에 의하면 교육과 건강에 대한 사회복지 프로그램으로 인하여 국민총생산의 총 4%가 증가하는 것으로 나타났다. 또한 5장에서 보았듯이 맑시스트의 주장에 의하면 사회복지 서비스에 대한 국가의 지출은 자본가들의 자본축적과 노동력 재생산에 도움을 주기도 한다.

경험적인 측면에서의 비판은 다음과 같다.

첫째, 사회복지가 확대되면 산업생산부문이 위축된다는 주장은 일반화하기 어려워 국가에 따라 큰 차이를 보인다. 예를 들면 〈표 9-1〉에서 보듯이 1970~1980년대 말까지의 자료에 의하면, 이 시기의 스웨덴은 영국보다 사회복지에 대한 지출이나 공공부문의 총지출이 훨씬 많은데도 불구하고 실업률은 훨씬 낮게 유지되었다. 이것의 가장 큰 이유는 스웨덴 경제의 경쟁력이 영국보다 높아 생산부문에서의 실업 문제가 영국보다 심각하지 않기 때문이다. 다시 말해 영국경제의 경쟁력이 낮은 것에서 생산부문의 실업 문제가 매우 심각하게 되고, 공공부문에서 이것을 해결해야 할 필요성이 스웨덴보다 훨씬 높아져 이러한 '탈산업화 논리'에서 주장하는 현상들이 보이는 것이다.

둘째, 영국에서도 실증적인 조사에 의하면 사회복지의 증가로 공공부문의 일자리들이 증가하였으나 이러한 일자리는 산업부문의 근로자들로 충당되지는 않았고, 주로 새로이 노동시장에 들어오는 사람(주로 여성노동자)으로 채워졌다는 것이다(Klein et al, 1976). 산업부문에서 일자리를 잃은 사람은 주로 남자들이고 공공부문에서 일자리를 차지한 사람들은 주로 여자들이라는 것이다. 다시 말해 공공부문의 확대가 생산부문의 근로자들을 유인했다기보다는 생산부문의 근로자들은 그대로 실업상태로 남아 있는 것이다.

셋째, '생산부문의 위축' 논리가 맞으려면 공공부문에서 사회복지의 축소가 이루어지면 생산부문의 실업률이 감소되어야 한다. 영국의 경우 1980년대는 대처 행정부에 의해서 공공부문의 위축이 이루어진 시기였다. 이러한 공공부문의 위축은 '생산부문의 위축' 논리에 의하면, 생산부문의 실업률의 감소가 이루어져야 하는데 〈표 9-1〉에서 보듯이 오히려 실업률은 이전의 1970년대에 비하여 훨씬 높다(1970년대는 한 자리 숫자이나, 1980년대는 두 자리 숫자이다). 이 경우는 공공부문과 생산부문에서 둘 다 실업률이 높아지는 것이다. 이것이 의미하는 것은 공공부문의 확대가 생산부문의 근로자들을 유인하지 않았을 뿐만 아니라, 공공부문이라도 확대되지 않으면 그나마 생산부문의 실업률은 더욱 높아진다는 것을 말한다. 이것의 근본적인 이유는 전술한 영국경제의 경쟁력 상실이고, 이것은 공공부문이 확대되기 전에 이미 나타났기 때문이다(Burgess & Webb, 1974).

〈표 9-1〉 영국과 스웨덴의 실업률 비교 1970~1988

	스웨덴	영국
1970	1.2	2.4
1971	2.1	2.9
1972	2.2	3.1
1973	1.0	2.1
1974	1.6	2.2
1975	1.3	3.6
1976	1.3	4.8
1977	1.5	5.2
1978	1.8	5.1
1979	1.7	4.5
1980	1.6	6.1
1981	2.1	9.1
1982	2.7	10.4
1983	2.9	11.3
1984	2.6	11.5
1985	2.4	11.7
1986	2.2	11.8
1987	1.9	10.4
1988	1.6	8.2

▌출처: Mishra (1990: 125).

요약하면, 공공부문의 확대가 생산부문에 투입할 인력과 자본을 빼앗아 결국 경제성장을 둔화시켰다는 논리는 이론적으로나 실증적으로 약하다. 공공부문의 확대는 생산부문의 실패의 갭을 메우는 역할을 했을 뿐이다. 따라서 공공부문의 확대가 없었다면 생산부문의 확대가 있었을 것이라는 주장은 비논리적이고 비실증적이라 할 수 있다.

2) 노동력 공급의 감소

복지국가의 확대가 경제성장을 저해한다는 주장 가운데 가장 강력한 것이 사회복지의 확대로 수급자나 납세자의 근로동기가 약화되어 결국 국민총생산의 둔화를 가져와 성장률이 낮아진다는 것이다.

일반적으로 경제학이론에서는 사람들의 근로동기는 소득과 여가 가운데서 효용을 극대화하려는 합리적 선택에 의해 결정된다고 본다. 경제학에서는 소득효과(income effect)와 대체효과(substitution effect) 개념으로 설명한다(예를 들면 Ehrenberg &Smith, 1982). 소득효과라는 것은 임금률의 변화 없이 소득이 올라가면(내려가면), 여가에 대한 선호가 높아져 근로동기가 약화된다는 것(강화된다는 것)을 말한다. 반면에 대체효과는 소득에는 변화 없이(변화가 있다면 소득효과가 발생하기 때문) 임금률이 올라가면(내려가면), 여가에 대한 선호가 낮아져 근로동기가 높아지는 것(낮아지는 것)을 말한다.

순수 소득효과와 순수 대체효과만 나타나는 것은 드물고, 일반적으로 어떤 사람의 근로소득의 변화가 있다면 이러한 소득효과와 대체효과가 둘 다 나타난다.[2] 예를 들면 어떤 사람의 임금이 상승해서 근로소득이 증가하면 소득의 증가로 여가에 대한 선호가 높아져 근로시간을 단축하려는 소득효과가 나타나고, 한편으로는 임금률의 상승으로 여가의 비용이 높아지면(여가에 많은 시간을 보내면 이전보다 소득의 감소율이 더 커져) 여가에 대한 선호도가 낮아져 더 많이 일하려고 하는 대체효과도 나타난다. 따라서 이 사람이 임금의 상승으로 일을 더할 것인지 덜할 것인지는 이러한 두 효과 가운데 어떤 효과가 크게 나타나느냐에 달려 있다. 즉, 소득효과가 지배하면 근로동기가 약해지고, 반면 대체효과가 크면 더 많이 일하게 된다.

이러한 일반이론을 바탕으로 지금부터는 복지국가에서의 사회복지 프로그램의 확대가 국민의 근로동기에 주는 효과를 두 가지 측면에서 논의하고자 한다. 하나는 복지국가 프로그램들에 필요한 재정을 위하여 세금을 내야 하는 납세자의 측면이고, 다른 하나는 이러한 프로그램으로 혜택을 보는 수급자의 측면이다.

복지국가의 확대는 필연적으로 재원이 필요하고, 이를 위해서는 국민들에게 부과하는 세금을 올려야 한다. 특히 이때 세금이 누진적인 개인소득세 증가일 경우 사람들의 근로동기에 어떠한 영향을 줄 것인가? 한편으로는, 개인소득세가 높아지면 사람들의 가처분소득은 줄어들게 되어 이전과 같은 생활수준을 유지하기 위해서는 더 많이 일을 해야 하는 소득효과가 발생한다. 반면에 세금이 높아지면 이전보다 일한 시간만큼의 실질소득이 감소되어 그만큼 여가의 기회비용이 싸졌기 때문에 일을 안 하려고 하는 대체효과도 발생한다. 그러므로 복지국가의 확대로 세금이 오른다 해서 모든 사람들이 근로할 동기가 약해지는 것은 아니다. 이것은 소득효과와 대체효과 가운데 어느 것이 지배하느냐에 따

---

2 순수 소득효과의 예는 복권에 당첨되는 것 등이고, 순수 대체효과는 가처분소득의 변화 없이 임금률이 변화하는 경우를 말한다.

라 다르고 이것은 사람들에 따라 다르기 때문에 이론적으로는 알 수 없고 실증적인 조사가 필요하다.

또한 사람들의 근로동기는 소득효과와 대체효과의 경제적 동기 이외의 다른 여러 요인들에 의하여 결정된다. 어떤 사람들은 경제적 보상과 상관없이 일 자체가 좋아서 일을 많이 한다〔예를 들면 '일 중독자(worka-holic)'〕. 또한 어떤 사람들은 다른 동기들(예를 들면 명예, 사회적 책임감, 성취감 등) 때문에도 일을 열심히 한다. 사람들의 근로동기는 일에 대한 태도, 취향 등의 가치관에 따라 다른 것이다. 무엇보다도 대부분의 사람들은 자신들의 근로시간을 스스로 결정할 수 없다는 점이다. 대부분의 피고용자들의 근로시간은 노사관계의 협상에서 집합적으로 결정되기 때문에 선택의 여지가 적다.

따라서 세금의 증가가 근로동기를 감소시켰느냐는 문제는 경험적인 조사가 필요하고, 실제로 많은 조사들이 행해졌다. [3] 어떤 조사들은 세금으로 인하여 근로동기가 약해진다고 발표하고, 다른 조사들은 근로동기가 강화된다고 보기도 하나, 모든 조사들을 종합적으로 검토해 볼 때 세금의 증가는 납세자들의 근로동기에(긍정적이든, 부정적이든) 주는 영향은 무시할 만큼 작다는 것이다(Godfrey, 1975). 다만 주로 여성근로자나 청소년근로자가 속하는 2차 소득자(secondary earner)에게 주는 영향은 1차 소득자에 비하여 세금의 증대로 인한 근로의욕을 약화시키는 효과가 좀더 강하게 나타난다는 것이다. 또한 아주 적은 수의 매우 높은 소득을 올리는 사람들에게도 높은 세금(누진세제에서는 이러한

---

3 이러한 조사들에 대한 문헌연구들로는 앳킨슨과 스티글리츠(Atkinson & Stiglitz, 1980), 브라운(Brown, 1980), 조지와 윌딩(George & Wilding, 1984), 고드프리(Godfrey, 1975) 등을 참조한다.

고소득층에 대한 세율은 선진 산업국가에서는 한때 80%에 육박했다) 때문에 근로동기가 약화되는 것으로 나타났다. 또한 아주 소득이 낮은 계층에도 세금을 부과할 경우 이들의 근로동기가 약화되는 것으로 나타났다. 이유는 이들에게는 더 일했을 때 이득보다도 손해가 크기 때문이다. 즉, 더 많은 시간 일을 해 소득이 높아지면 지금까지 누렸던 사회복지 프로그램으로부터 혜택이 사라지기 때문이다. 이것은 흔히 '빈곤의 덫'(*poverty trap*)이라 불린다. 따라서 이들의 근로소득이 아주 높아져서 이러한 덫에서 벗어나지 않는 한 근로동기는 약화될 수밖에 없다.

이러한 세 가지의 경우(2차 소득자, 아주 높은 소득자, 아주 낮은 소득자)를 제외하면, 대부분의 근로소득자들에게는 그들에게 부과하는 세금이 높다하더라도 그들의 근로동기에는 별 영향을 안준다. 따라서 복지국가의 확대가 납세자의 근로동기를 약화시킨다는 주장은 설득력이 약하다.

이상의 납세자에 대한 영향과 달리 사회복지 프로그램의 수급자들의 근로의욕은 어떠한 형태를 보일 것인가에 관한 연구들은 훨씬 복잡하고 많은 논란을 제기하고 있다. 또한 이것은 프로그램의 내용에 따라 많은 차이를 보인다.

일반적으로 사회복지 프로그램들이 수급자들의 근로동기에 영향을 주는 것은 프로그램의 기본급여액 수준(*income guarantee*)과 급여감소율(*benefit reduction rate*)에 달려 있다. 만일 프로그램의 기본급여액이 높고 또한 급여감소율이 100%라면, 즉 근로소득이 있는 경우 근로소득만큼 전액 기본급여액에서 삭감할 경우 소득효과에 의해서 수급자는 근로동기가 약화될 뿐만 아니라, 대체효과에 의해서도 근로동기가 약화되어(실질임금률은 0이다) 이 경우는 수급자가 일할 동기가 약화되는 것이 명확하다.

따라서 오늘날의 복지국가들은 이러한 수급자들의 근로동기의 약화를 줄이기 위하여 사회복지 프로그램들의 기본급여액 수준과 급여감소율을 조정한다. 근로동기를 강화하기 위해서는 기본급여액도 줄이고 급여감소율도 줄여야 하는데 이렇게 되면 복지국가의 중요한 목표인 모든 국민의 기본적인 생활권의 보장을 이루는 데 문제가 있다. 반면에 기본급여액도 상당 수준을 유지하고 급여감소율만 감소하면, 전체 비용이 많이 드는 문제가 따른다(이것의 극단적인 방법은 급여감소율을 0으로 하는 경우인데, 이것은 근로여부에 상관없이 기본급여액을 받고 근로할 경우의 소득에 대하여도 전혀 감소를 안 시키는 것을 말한다). 주어진 사회복지예산에서는 이러한 방법을 시행하기에 한계가 있어 결국 어느 정도의 급여감소율을 필요로 한다. 따라서 이러한 성격을 갖고 있는 한 사회복지 프로그램들의 수급자들의 근로동기는 적어도 경제적인 동기의 측면에서는 어느 정도 약화될 수 있다. 문제는 과연 근로동기의 감소가 어느 정도인가에 있다. 이를 정확히 파악하기 위해서는 경험적인 조사들이 필요하다.

앞에서 언급했듯이 사회복지 프로그램들이 수급자의 근로동기에 미치는 영향은 프로그램 내용에 따라 다르다. 따라서 복지국가 프로그램으로 인한 전체 국민의 노동공급이 얼마나 줄어드는가를 알기 위해서는 각각의 프로그램들이 수급자들에게 미치는 영향을 조사해야 한다.

사회복지제도들 가운데 수급자들의 근로동기에 영향을 줄 수 있는 대표적인 제도들은 사회보험과 공공부조이다. 이 가운데 사회보험이 공공부조보다 수급자 혹은 대상자들의 근로동기의 약화에 미치는 영향이 더 크다. 가장 중요한 이유는 사회보험은 수급자 혹은 대상자의 숫자가 공공부조보다 훨씬 많기 때문이다. 사회보험 가운데는 국민연금이 수급자 혹은 대상자들의 근로동기 감소에 가장 큰 영향을 준다. 이것은 두 가지 이유 때문인데, 하나는 '은퇴소득조사제도'(retirement test)로 65세 이후에 일을 해서 일정한 소득이 발생했을 때 연금액이 줄어들기 때문이고, 다른 하나는 '조기퇴직제도'(early retirement)로 연금을 일찍 받기 위하여 65세 이전에 조기퇴직하기 때문이다.

반면에 실업보험의 노동력 감소 효과는 미미한 것으로 나타난다. 그이유는 대부분의 국가들에서 실업보험은 제도적으로 수급자 혹은 대상자들의 근로동기 약화를 막고 있기 때문이다. 실업급여를 받을 수 있는자격조건을 까다롭게 하거나(비자발적 실업이어야 하고, 실업기간 중 적극적으로 일자리를 찾아야 하고, 일자리 제안을 거부하지 못하게 하거나, 과거에 일정한 기간 일을 한 경력이 있어야 한다 등), 급여기간을 가능한 한단기간(6개월~2년)으로 제한한다.

실업보험은 다른 한편으로 오히려 근로동기를 강화시킬 수 있다. 이른바 '자격효과'(entitlement effect)로 실업급여를 받기 위해서는 과거의일정기간의 취업기간이 필요하기 때문에 근로동기를 강화시킬 수 있는것이다. 실제로 많은 실증적인 연구들에 의하면 실업보험의 노동력 감소 효과는 미미한 것으로 나타났다(Atkinson & Micklenight, 1991).

공공부조는 이론적으로 볼 때, 일을 해서 일정한 소득 이상이 되면급여를 받지 못하기 때문에 사회보험보다 근로동기의 약화가 더 클 수있다. 그러나 현실세계에서 공공부조의 근로동기의 약화의 문제는 덜심각한데, 그 이유는 공공부조의 수급자가 사회보험보다 훨씬 적고,공공부조의 수급자들은 대부분 근로능력이 없는 사람들이기 때문이다.

문제는 근로능력이 있는 수급자들인데 이 경우는 각종의 '근로연계

복지'(*workfare*)를 통하여 급여의 조건으로 일을 시키거나 급여기간을 제한하는 방법으로 근로동기의 약화를 막는다.

사회복지제도들로 인한 노동력 감소는 양적으로 크지 않고, 질적으로도 이러한 노동력 공급의 감소는 주로 노령층이나 아동을 키우는 여성세대주에서 나타나지 근로활동이 왕성한 연령층(25~55세)에서는 거의 나타나지 않는다는 점이다. 특히 사회복지제도를 통하여 국민들의 인적자본이 향상되어 생산성이 높아지고, 사회정치적·경제적 안정을 이룰 수 있어 국민총생산의 양을 증가시킨다는 점을 고려하면, 사회복지제도로 인한 약간의 노동력 공급의 감소는 무시할 수 있다.

3) 저축과 투자의 감소

한 나라의 경제가 지속적인 성장을 이루기 위해서는 생산에 필요한 인적 물적 자원들에 대한 투자가 이루어져 단위당 생산성이 높아야 한다. 이러한 투자가 이루어지기 위해서는 자본 축적이 있어야 하는데 이를 위해서는 어떤 형태로든 국가 전체의 저축이 증가되어야 한다.

복지국가의 확대가 경제성장을 저해한다는 다른 주장은 복지국가 프로그램으로 인하여 개인의 저축액(*personal saving*)이 줄어들어 국가 전체의 총체적 저축액(*aggregate saving*), 투자할 자원이 줄어들고 생산성이 높아지지 않아 결국 낮은 경제성장을 이룰 수밖에 없다는 것이다. 그래서 많은 사람들은 서구 복지국가들이 1980년대부터 오늘날까지 경제성장률이 낮아진 주요 이유로 사회복지의 확대로 인하여 생산성 향상을 위한 투자를 못 했기 때문이라고 해석한다(Abramovitz, 1981).

복지국가 프로그램들이 과연 국민들의 개인적 저축을 감소시켜 국가

전체의 저축액을 감소시키게 되고 결국 경제성장에 부정적인 영향을 주는가? 복지국가들이 갖고 있는 여러 가지 프로그램들 가운데 이러한 저축의 감소에 직접적이고 중요한 영향을 줄 수 있는 것은 국민연금이다. 왜냐하면 국민연금은 그 수급자의 규모가 가장 크고 또한 지출액이 가장 많고(대부분의 복지국가들에서 가장 규모가 커서 GDP의 10% 정도를 사용한다), 또한 그 속성상 저축감소를 유발할 가능성이 가장 크기 때문이다. 따라서 여기서는 이러한 국민연금에 초점을 맞추어 논의하고자 한다.

국민연금제도가 국가 전체의 저축액을 감소시킨다는 주장은 다음의 네 가지 가정하에 성립한다. 첫째, 사람들이 저축하는 주요 동기는 은퇴 후 생활에 대비하는 것이다. 둘째, 사람들의 경제행위가 생애주기 소득모형(*life-cycle income model*)에 입각하여 이루어져 미래에 받을 수 있는 연금은 현재시점에서 부의 축적으로 여겨(이것은 흔히 국민연금의 '*lifetime wealth effect*'라 부른다), 현재의 저축동기를 약화시킨다는 것이다. 셋째, 국가의 총체적 저축량의 측면에서 현재 일하는 근로자들의 저축량이 현재 은퇴한 사람들의 소비량보다 적어야 한다는 가정이다. 넷째, 국민연금제도가 적립방식(*funded system*)이 아닌 부과방식(*pay-as-you-go system*)으로 이루어져야 한다(Lesnoy & Leimer, 1985). 지금부터 이러한 가정에 관하여 이론적으로 논의한 후 경험적인 조사들을 소개하기로 한다.

첫째, 사람들의 저축동기는 다양해서 저축은 반드시 은퇴 후의 상황에 대비해서만 하는 것은 아니다. 사람들이 살아가는 동안의 어떤 재난에 대비해서도 저축을 하고, 또한 자식들에게 인적(교육에의 투자)인 면과 물적인 면에 도움을 주기 위해서도 저축을 한다. 따라서 사람들의 저축동기가 이러한 두 가지에 의하여 크게 영향을 받는다면 사람들은 국민연금제도가 있다고 해서 저축을 덜 하지는 않을 것이다. 특히 사람들의 노후생활이 자식들의 소득이전으로 주로 이루어진다면 자식들에 대하여 기여할 동기가 커져 저축액이 늘어날 수 있다. 결국 국민연금제도가 총체적 저축액에 미치는 영향은 사람들의 저축동기가 위의 세 가지 중 어느 것에 의하여 지배되느냐에 따라 달렸다.

둘째, 사람들이 미래에 받을 연금을 현재의 부의 축적으로 여겨 현재의 저축을 대체할 수 있다는 '생애주기모형'은 현실적으로 많은 사람에게 적용하기 어렵다. 많은 사람들은 그들 미래의 경제적 상황을 염두에 두고 현재의 지출과 저축행위들을 결정하지 않는다. 왜냐하면 이러한 결정을 하기 위해서는 생애소득수준, 이자율, 소비형태의 변화 등 많은 정보가 필요하고, 또한 일반적으로 많은 사람들은 먼 미래의 일보다는 가까운 현실을 고려하여 행동한다. 오히려 국민연금제도가 도입되어 은퇴가 강제되면서 은퇴 후의 생활에 대한 대비의 필요성이 더 높아지거나 혹은 이러한 제도의 도입으로 은퇴 후의 생활에서의 욕구 정도에 대한 정보를 알게 되어 저축의 필요성이 더 높아지게 될 수 있다〔이것은 연금제도의 '전시효과'(demonstration effect) 라 부른다〕.

셋째, 연금제도의 도입으로 국가의 총체적 저축량이 줄어든다는 가정은 현재 일하는 사람들의 저축액이 연금제도를 통해 급여를 받는 사람들의 소비량보다 적어야 한다는 것이다. 그러나 경제가 조금이라도 성장하는 상황에서는 노인세대보다도 젊은 세대의 숫자가 많을 뿐 아니라 후속세대가 앞의 세대보다 소득이 높기 때문에 일반적으로 현재 일하는 사람들의 저축액이 현재 은퇴한 사람들의 소비량보다 많을 가능성이 높다. 따라서 연금제도로 인한 총체적 저축액이 줄어들 가능성은 적다고 볼 수 있다.

넷째, 국민연금제도가 국가의 총체적 저축량에 영향을 줄 수 있는 것은 그 제도가 부과방식에만 완전히 의존할 때이다. 부과방식에서는 일정한 적립금 없이 현재의 근로자들이 낸 보험료를 현재 은퇴하는 노인들에게 지급하기 때문에, 앞의 세 조건이 성립되면 국가 전체의 저축량은 줄어들 수밖에 없다. 반면에 적립방식에서는 비록 앞의 이유로 개인저축은 줄어들지언정 국가 전체의 저축량에는 변화가 없다. 서구 복지국가들의 공적 연금제도는 대부분 이러한 부과방식의 형태를 갖고 있기 때문에 이와 같은 개연성이 높다. 그러나 이러한 국가들은 대부분기업연금(직업연금) 제도를 갖고 있고, 기업연금은 대부분 적립방식으로 운영되기 때문에 총체적 저축의 측면에서 상당부분 상쇄될 수 있다.

지금까지의 이론적 논의만 가지고는 국민연금제도가 국가의 총체적 저축량을 감소시켰는지 증가시켰는지를 알 수 없다. 따라서 지금부터는 경험적 연구들을 논의하고자 한다.

국민연금제도가 국민들의 개인저축동기를 크게 약화시킨다는 대표적인 경험적 연구는 펠드스타인(Feldstein, 1974)에 의해서 이루어졌다. 그에 의하면 미국의 국민연금(social security)은 미국인들의 개인저축을 약 38% 감소시키고, 결국 국민총생산의 15% 감소를 초래했다고 주장한다. 그러나 이 연구는 연구방법상 많은 문제점을 가진 것으로 평가되었다. 즉, 이 연구에서 사용한 미래에 받을 연금의 현재 가치에 대한 계산은 과대평가되었고 중요한 변수들을 포함시키지 않았다. 이러한 문제점들을 보완한 이후의 연구들은 비록 국민연금이 개인 저축량에 어떤 부정적인 영향을 미치는 것은 인정하지만, 통계적으로 무의미한 정도에 불과하다고 본다(Munnell, 1974; Barro, 1978; Lesnoy &

Leimer, 1985).

　더욱 중요한 점은 이렇게 무시할 만하고 불확실한 복지국가 프로그
램들의 저축감소에 대한 효과를 고려할 때, 이러한 문제 때문에 복지국
가 프로그램의 확대를 비판하는 것은 지나치다는 것이다. 왜냐하면 저
축량의 감소로 인한 자본축적의 문제를 해결하기 위해서는 투자액에
대한 세금면제, 중산층의 저축유인을 위한 제도, 그리고 단순히 정부
예산의 흑자운용 등의 금융, 재정정책으로도 가능하기 때문이다
(Okun, 1975).

2. 복지국가는 빈곤층을 증가시킨다는 비판

· 공급측면 경제로부터의 비판

　지금까지 복지국가의 확대는 경제성장을 저해한다는 비판들을 검토
하였다. 지금부터는 복지국가는 경제성장을 저해해서 결국 복지국가
가 이루고자 하는 빈곤해소의 목표를 성취하지 못할 뿐만 아니라 오히
려 빈곤층을 증가시킨다는 주장을 논의하고자 한다. 이러한 이른바 '공
급자측의 경제학'(supply-side economics)에서의 주장은, 빈곤을 해소하
는 가장 좋은 방법은 경제성장 그 자체에 있다고 본다(Murray, 1984;
Gilder, 1981).

　흔히 복지국가는 분배문제를 해결하기 위하여 필요하고, 이때 분배
의 문제는 '분배측면에서의 해결'(distribution-side solution)에만 초점을
맞추는 것으로 알려졌다. 어떤 사람들은 자원을 그들이 필요한 만큼보

다 적게 갖고 있고, 어떤 사람들은 불필요하게 많이 갖고 있다고 볼 때 복지국가는 결국 자원을 많이 가진 사람들로부터 적게 가진 사람들에게로 자원을 재분배하는 기능을 한다고 보는 것이다(Goodin, 1988).

반면에 '공급자측의 경제학'을 주장하는 사람들은 분배의 문제를 분배의 측면에서만 해결하려고 하는 데 문제가 있다고 보고, 분배의 문제는 결국 '공급측면에서의 해결'(supply-side solution)에서 이룰 수 있다고 본다. 주어진(고정된) 사회적 자원 내에서 부자들로부터 빈자들에게 재분배만 하다 보면, 앞에서 논의한 이유들로 결국 분배할 전체의 사회적 자원이 줄어들게 되는데 이때 제일 먼저 피해를 보는 집단은 빈곤층이라는 것이다. 따라서 '공급자측면'의 주장은 사회의 전체자원을 늘려야만 부자들에게 해를 주지 않고(경제성장에 해를 주지 않고), 빈곤층에게도 이른바 '낙수효과'(trickle-down effect)로 늘어난 자원 중의 일부가 돌아가 결국 빈곤을 해소할 수 있다고 보는 것이다.

이러한 '공급자측면'의 논리 자체는 일면 타당하다. 왜냐하면 재분배할 사회적 자원이 없으면 분배 자체가 불가능하기 때문이다. 경우에 따라서는 이러한 '공급자측면'의 정책이 분배문제를 해결하는 데 중요할 수 있다. 그러나 문제는 분배의 문제를 완전히 이러한 '공급자측면'의 방법만으로는 해결할 수 없다는 데 있다. 지금부터는 이러한 '공급자측면'의 논리의 한계를 실증적 측면과 이론적 측면에서 논의하고자 한다.

첫째, '공급자측면'의 논리가 타당하기 위해서는 무엇보다 그것의 핵심주장인 경제성장만으로, 즉 복지국가의 프로그램 없이도 빈곤율은 줄어들어야 하는 것을 실증적인 자료로 뒷받침해 주어야 하는데, 실증적인 자료는 이를 부정한다.

〈표 9-2〉에서 보듯이 미국에서 1965년에서 1983년 사이에 복지국가

프로그램으로부터의 소득을 포함하지 않은 소득(*pre-transfer income*)만으로 보았을 때 '빈곤갭'(*poverty gap*: 빈곤선 이하에 살고 있는 사람들을 빈곤선 이상으로 올리는 데 드는 총비용)은 지속적으로 증가한다.

예를 들면 1982년 불변가격으로 계산할 때 1965년에는 약 680억 달러였던 것이 1983년에는 약 1,160억 달러로 증가하였다. 반면에 사회복지 프로그램으로부터의 소득을 포함시켰을 때는 빈곤갭은 줄어들어 1965년에는 약 320억 달러, 1983년에는 약 460억 달러이다. 즉, 사회복지 프로그램 때문에 이 정도라도 빈곤갭을 줄일 수 있다.

〈표 9-2〉총 빈곤갭의 양 1965~1983(1982년 기준 10억 달러)

	사회복지소득 포함된 통계	사회복지소득 이전의 소득통계
1965	31.8	67.6
1968	27.1	65.1
1970	28.5	72.0
1972	27.9	78.3
1974	27.7	86.2
1976	28.3	92.9
1978	28.8	91.2
1979	30.8	92.1
1980	35.4	102.2
1981	40.1	108.4
1982	43.9	113.2
1983	45.6	116.2

▌출처: Danziger & Weinberg (1986: 59).

〈표 9-3〉 빈곤자 수 비율 1964~1986

	사회복지소득이 포함된 통계	사회복지소득 이전의 소득 통계
1964	19.0	–
1965	17.3	21.3
1966	14.7	–
1967	14.2	19.4
1968	12.8	18.2
1969	12.1	17.7
1970	12.6	18.8
1971	12.5	19.6
1972	11.9	19.2
1973	11.1	19.0
1974	11.2	20.3
1975	12.3	22.0
1976	11.8	21.0
1977	11.6	21.0
1978	11.4	20.2
1979	11.7	20.5
1980	13.0	21.9
1981	14.0	23.1
1982	15.0	24.0
1983	15.2	24.2
1984	14.4	22.9
1985	14.0	22.4
1986	13.9	–

▌출처: Danziger & Weinberg (1986: 54).

한편 빈곤율을 보면 〈표 9-3〉에서 보듯이(Danziger & Weinberg, 1986: 54), 사회복지 소득을 포함하지 않았을 때의 빈곤율은 조금씩 증가하는 데 비하여, 사회복지 지출을 많이 한 해의 빈곤율은 줄어든다. 예를 들면 미국역사에서 빈곤율이 가장 낮은 1973∼1974년의 경우 11.1∼11.2%인 데 비해, 이전소득을 포함하지 않았을 때의 빈곤율은 19∼20.3%이고, 이것은 그전에 비해 약간 증가한 수치이다. 또한 국가 간 비교를 보면 사회복지에 대한 지출을 많이 한 국가일수록 사회복지 소득 이전의 시장소득에서의 빈곤자를 사회복지 소득으로 빈곤에서 벗어나게 한 비율이 높다. 예를 들면 스웨덴의 경우 사회복지 소득 이전의 소득(pre-transfer income) 만으로 볼 때 빈곤율(여기서는 중위소득의 50% 이하의 소득자를 말한다)은 41%인데, 사회복지 프로그램으로 이 수치는 5%로 준다. 반면에 미국의 사회복지 소득 이전의 소득으로의 빈곤율은 27.3%인데 사회복지 프로그램으로 이 수치는 16.9%로 줄어든다. 이것이 의미하는 것은 결국 사회의 빈곤율을 적극적으로 해소하기 위해서는 결국 사회복지의 확대가 필요하다는 것이다. 분배의 문제는 결국 적극적인 분배정책만으로 확실히 해결되지, '공급자측면'이 주장하듯이 경제성장을 이루면 해결된다는 주장은 무리가 있다. 4

둘째, 위와 같은 실증적인 결과를 보이는 것은 적극적인 분배정책 없

---

4 경제성장만으로 빈곤율이 얼마나 줄어드는가는 국가나 시대에 따라 다를 수 있다. 예를 들면 우리나라는 1960년대 후반부터 1990년대 중반까지는 경제성장만으로 적어도 절대빈곤율을 줄였다(김태성, 1995). 그러나 1990년대 후반부터 오늘날까지는 경제성장에도 불구하고 빈곤율은 증가하고 있다(구인회, 2006). 미국의 경우도 1980년대 초반까지는 경제성장으로 빈곤율이 어느 정도 줄었으나, 1990년대 이후 오늘날까지는 경제성장만으로 빈곤율은 줄어들지 않고 있다(Freeman, 2001).

이 '공급자측면'의 정책에만 의존하면 부자는 빈자에 비하여 사회적 자원을 상대적으로 더 많이 차지하게 되는 데서 기인한다. '공급자측면'의 정책이 성공하여 부자와 빈자에게 사회적 자원이 배분될 때, 부자는 빈자에 비하여 처음부터 사회적 자원의 몫이 컸기 때문에 결과적으로 부자가 갖는 사회적 자원과 빈자가 갖는 그것과 차이는 더 늘어나는 것이다(Goodin, 1988). 이것은 복지국가 프로그램들로부터의 소득을 빼고 순수하게 시장경제에서의 소득만으로 볼 때, 서구 산업사회들에서의 소득불평등은 지난 40년간 지속적으로 증가하였다는 사실을 실증적인 조사들이 뒷받침하는 것이다(Danziger & Gottschalk, 1981; Danziger & Plitrick, 1974).

부자를 빈자에 비해 상대적으로 더 부자로 만드는 이러한 '공급자측면'의 정책은 규범적인 측면에서도 문제가 있다. '공급자측면'의 장점은 그것이 성공하면 부자나 빈자 모두에게 해를 주지 않는다는 데 있다. 그러나 이것은 기존의 사회적 자원의 분배상태가 정당한 것으로 인정될 때만 적용된다. 만일 부자가 갖고 있는 사회적 자원의 정당성이 인정되지 않을 때는 '공급자측면'의 정책은 사회정의라는 부분에서 바람직하지 못하다. 예를 들면 어떤 사람이 자신의 부를 처음에 정당하지 못한 방법으로 축적했다면, '공급자측면'의 정책에 의하여 이 사람의 부를 늘려주기보다는 '분배정책'에 의하여 이 사람의 부를 빼앗아 빈자들에게 재분배하는 것이 정의로운 것이다.

또한 '공급자측면'의 정책에 의하여 부자와 빈자가 갖는 사회적 자원의 차이를 더 벌려 놓으면 앞장에서 논의한 부정적 외부효과(*negative externality*)를 발생시켜 결국 빈자가 해를 보게 된다. 이것의 대표적인 예가 상대적 빈곤(*relative poverty*) 혹은 상대적 박탈감(*relative depriva-*

tion)이다. 부자의 부의 크기가 빈자의 그것보다 상대적으로 커지면, 빈자는 절대적 빈곤(*absolute poverty*)은 벗어났다 해도 상대적으로 빈곤감 내지 박탈감을 느끼게 되는 것이다. 따라서 우리가 빈곤을 상대적 개념으로 측정한다면 '공급자측면'의 정책은 성공한다고 해도 빈곤을 줄어들게 하기보다는 늘리는 결과가 된다.

셋째, '공급자측면'의 정책들은 사회적 자원의 절대량을 증가시킬지는 모르지만 사회구성원들의 사회계층상에서의 '상대적 위치'(*relative position*)를 변동시키기는 어렵다. '좋은' 위치는 상대적으로 결정되기 때문에 '공급자측면'의 정책들로는 이러한 '좋은' 위치의 수를 늘리는 데 한계가 있고, 따라서 누가 '좋은' 위치를 차지하느냐 하는 것은 사회의 집단들 사이의 경쟁에 의하여 결정되고 이때의 방법이 '분배정책'인 것이다. 그러므로 사회가 평등을 목표로 추구한다면 분배정책에 의하여 이러한 '상대적 위치'상의 변화가 있어야 한다. 예를 들면 단순히 가난한 사람들의 교육수준을 높인다고 해서 그들의 사회계층상의 위치가 변동되는 것은 아니다. 왜냐하면 가난하지 않은 사람들의 교육수준은 더욱 오르게 되어(높아진 빈자들의 교육수준에 대처하기 위하여, 즉 자기들의 상대적 위치를 유지하기 위하여), 결국 빈자들의 '상대적 위치'는 변하지 않을 가능성이 높기 때문이다(Thurow, 1975). 오늘날의 이른바 학력 인플레이션(*credential inflation*) 현상이 이를 뒷받침한다. 따라서 이 경우는 부자들의 교육수준을 동결시키거나, 이것이 불가능할 경우는 분배정책에 의해서 부자들의 사회적 자원을 빈자들에게 주는 방법만이 해결책이 된다.

넷째, '공급자측면'의 정책들이 설사 분배의 문제를 어느 정도 해결한다 하더라도 그것은 분배정책에 의한 것보다 느리고 또한 불확실하다. 이른바 '낙수효과'(trickle-down effect)가 의미하는 것처럼 — 즉 부자에게 돌아갈 자원의 양이 증가하면, 결국 조금씩 이러한 자원의 일부가 빈자에게도 돌아간다는 것 — '공급자측면'의 정책이 빈자에게 영향을 주는 데는 많은 시간이 필요한 것이다.

중요한 사실은 빈자의 문제는 당장의 생존의 문제라는 데에 있다. 즉, 복지국가의 대상이 되는 대부분의 사람들에게는 현재의 인간다운 생활이 문제가 된다. 다시 말해 '공급자측면'의 정책에 의하여 몇 년 후 보다 나은 생활을 할 수 있을 때까지 기다릴 여유가 없다는 것이다. 예를 들면 자주 인용하는 실업문제에 대한 '공급자측면'의 정책들은 기업가들에게 여러 가지 혜택을 주어(조세감면, 직접적인 보조, 투자촉진을 위한 여러 가지의 환경조성 등) 일자리를 많이 만들고 실업자들이 취업하도록 하여 그들의 소득을 높이는 데 있다. 이때 소요되는 시간은 실업자에게 직접적인 소득이전의 시간보다 훨씬 많이 소요되고, 무엇보다 실업자는 생활을 위해 당장 소득이 필요하기 때문에 장기간의 기다림은 문제가 된다.

더 중요한 것은 이러한 '공급자측면'의 정책의 효과가 불확실한 데 있다. 즉, '공급자측면'의 정책에 의하여 그 대상이 되는 사람들의 소득이 향상될 수 있는지가 불확실하다(Haveman & Palmer, 1982). 위의 예를 보면 기업가들에 투자를 한다 해서 반드시 일자리가 확대된다는 보장은 없고(노동 대신에 기계로 대체할 수도 있고, 또한 단순히 다른 용도로 사용할 수도 있다), 설사 일자리가 만들어졌다 하더라도 문제의 실업자가 그 자리를 차지한다는 보장도 없으며, 또한 차지한다 하더라도 거기서의 임금이 최소생활을 유지할 수준인지도 불확실한 것이다. 따라서 목표가 가난한 사람들의 소득을 높이는 것이라면 빈자들에게 직접적으로 소득이전을 해주는 것이 더 효율적이다.

　요약하면 분배의 문제를 '공급측면'으로 해결하려는 방법은 실증적인 자료에 근거하면 사실에 맞지 않는 허구이고, 오히려 분배의 문제를 악화시키는 결과를 초래하게 된다. 또한 '공급측면'의 방법은 근본적인 분배문제를 해결하는 데 한계가 있고, 마지막으로 그것의 효과가 느리고 불확실하다. 따라서 분배의 문제를 확실하게 해결하기 위해서는 사회복지정책이 필요한 것이다.

3. 의존성

　복지국가를 비판하는 사람들의 또 다른 주장은 복지국가 프로그램들은 수급자들의 도덕성을 훼손하여, 스스로 자립할 수 있는데도 불구하고 프로그램에 의존하여 살아가려고 하는 의존성(*dependency*)을 키워, 결국 복지국가가 확대될수록 이러한 사람들의 숫자는 늘어날 수밖에 없다는 것이다. 따라서 비판자들은 빈자를 이른바 '자격 있는 빈자' (*deserving poor*)와 '자격 없는 빈자'(*undeserving poor*)로 구분하여 복지국가는 '자격 있는 빈자'만을 대상으로 해야 한다고 주장한다. 여기서는 이러한 주장에 대하여 두 가지로 나누어 논의하고자 한다: (1) 실증적인 차원에서 복지국가 프로그램이 과연 얼마나 의존적인 수급자를 증가시키는가, (2) 규범적인 측면에서 복지국가 프로그램을 받을 자격이 있다는 것이 무엇을 의미하는가.

1) 실증적 측면

복지국가 프로그램들이 수급자들의 의존성을 높이는지의 여부를 실증적으로 분석하는 데는 한계가 있다. 왜냐하면 사람들이 복지국가 프로그램에 의존하게 되는 데는 여러 가지 이유가 있는데, 이러한 여러 가지 변수들을 통제하고, 순수한 의존성(즉 스스로 자립할 수 있는데도 불구하고 복지국가에 의존하는 것)의 정도를 아는 것은 매우 어렵다. 또한 자립(self-reliance)할 수 있는 상태가 어떤 것인지도 판단하기 어렵다. 다시 말해 복지국가 프로그램들이 수급자들의 가치관이나 태도에 변화를 주어 이러한 의존성을 유발시켰는지, 아니면 여러 가지 이유로 수급자들이 선택의 여지없이 불가피하게 복지국가 프로그램의 수급자로 남게 되었는지를 구분하는 것은 매우 어려운 것이다.

이러한 한계 때문에 '복지국가에의 의존성'에 관한 대부분의 연구들은 사람들이 얼마나 오랫동안 복지국가 프로그램에 의존하면서 살아가는가에 초점을 두고 있다. 또한 이러한 연구들은 대부분 복지국가 프로그램들 가운데 공공부조 프로그램에 초점을 맞춘다. 왜냐하면 다른 두 가지의 복지국가 프로그램인 보편적인 프로그램과 사회보험은 수급자들이 급여를 일종의 권리(전자는 이른바 '사회권'으로서, 후자는 '계약상의 권리')로서 받기 때문에 '의존성'의 문제가 사회적인 쟁점이 될 수 없다(예를 들면 은퇴 후 연금에 의존하여 살아가는 것은 여기서 말하는 의미의 '의존성'이 아닌 것이다). 반면에 공공부조 프로그램은 소득과 자산조사에 의하여 일정소득 이하의 사람에 대해서만 급여하기 때문에 '의존'과 '독립'의 선택의 여지가 있고, '독립'할 수 있는데도 '의존'한다는 것이 쟁점이 되는 것이다. 따라서 여기서는 이러한 문제들에 초점을 맞추어 기술하고자 한다.

'복지국가에의 의존성'이 얼마나 되는가를 알기 위해서는 우선 공공부조의 실질적 혹은 잠재적 수급자들(빈곤자들)의 빈곤기간을 아는 것이 중요하다. 왜냐하면 빈곤한 사람들이 단기적으로 빈곤하다면 이러한 사람들이 복지국가 프로그램에 오랫동안 의존할 필요가 없기 때문이다. 즉, 장기적으로 빈곤한 사람들의 숫자가 어느 정도인가를 아는 것이 '복지국가에의 의존성' 여부를 가리는 지표가 될 수 있다. 미국에서의 이러한 빈곤기간에 대한 조사들에 의하면 일반적으로 장기간 빈곤자의 숫자는 적은 것으로 나타난다. 예를 들면 어떤 조사에 의하면 1969년에서 1978년에 걸친 10년 동안 미국사람들의 약 25%가 그 기간 동안 1년은 빈곤선 이하의 소득에서 산 것으로 나타난 반면, 10년 내내 빈곤한 사람들은 0.7%에 불과하고, 8년 이상 빈곤한 사람들은 약 2.6%이다. 장기간 빈곤자의 정의는 사람에 따라 다를 수 있겠지만, 8년 이상을 장기간 빈곤자로 본다면 이 숫자는 적다고 볼 수 있다 (Duncan et al., 1984).

위의 조사는 일정기간(1969~1978년) 동안의 빈곤율의 변화만을 분석했기 때문에 어떤 사람이 장기간 빈곤자인지 여부를 정확히 알아내는 데는 문제가 있다. 어떤 사람이 이 기간 동안 단지 1, 2년간 빈곤했다 해서 그 사람을 단기간 빈곤자로 단언하기 어렵다. 왜냐하면 그 사람의 장기간 빈곤이 그 기간 내에 막 시작할 수도 있고 혹은 방금 끝났을 수도 있기 때문이다.

이러한 문제를 해결한 조사에 의하면 대부분의 사람들은 그들이 살아가는 동안 빈곤을 단지 1, 2년 정도 짧게 경험하지만 어느 한 시점에서 가난한 사람들의 약 60%는 장기간 빈곤자로 밝혀졌다(Bane &

Ellwood, 1986). 이러한 현상은 장기간 빈곤자의 숫자는 단기간 빈곤자의 숫자에 비해 압도적으로 적지만 장기간 빈곤자는 어느 한 시점에 빈곤자로 등장할 가능성이 매우 높기 때문에 발생한다. 다시 말해 서로 다른 많은 수의 사람들이 어느 한 해의 빈곤인구의 40%를 돌아가면서 차지하는 반면에, 극소수의 장기간 빈곤자는 장기간의 빈곤기간 (*poverty spell*) 때문에 그 해의 빈곤인구의 60%를 점유한다는 것이다. 그 사회의 모든 사람들을 놓고 볼 때 대부분의 사람들의 빈곤은 단기간이지만 어느 시점의 빈곤인구는 장기간 빈곤자들이 많다는 것이다.

이러한 조사들보다 더 직접적으로 '복지국가에의 의존성' 여부를 알 수 있는 것은 공공부조의 수급자들이 수급을 받는 기간에 관한 조사이다. 미국의 대표적인 공공부조인 AFDC(Aid to Families with Dependent Children)의 수급자들을 조사한 결과에 의하면, 수급자들의 약 48%는 AFDC으로부터 1, 2년 동안 수급을 받고 반면에 10년 이상 지속적인 AFDC수급자는 약 10%이다(Ellwood, 1986).

그러나 이 조사는 1년 중의 어느 한 달이라도 AFDC로부터 급여를 받으면 그 해의 수급자로 간주했기 때문에 '장기간 수급자'의 숫자를 과대평가할 수 있다. 따라서 월별자료들을 가지고 조사한 연구들은 대개 '장기간 수급자'의 비율이 이 조사보다 적게 나타난다(Blank, 1989; O'Neill et al., 1984). 또한 많은 AFDC수급자들은 1년 중의 어느 기간은 일하고, 어느 기간은 급여를 받기 때문에 여기서 '장기간 수급자'로 판정받는 사람이 반드시 'AFDC에 대한 의존성'이 높다고 볼 수 없다. 왜냐하면 진정한 의존성이란 그들의 생활이 AFDC로부터의 소득에 전적으로 달려 있을 때를 말하기 때문이다.

무엇보다 중요한 것은 진정한 '복지국가에의 의존성'을 밝히기 위해서는 이러한 공공부조의 수급자들의 가치관이나 태도에 변화를 주어 일하기보다는 이러한 프로그램에 의존하려고 하는 성향을 유발시켰는 지 여부를 알아야 한다. 이러한 측면에서의 조사는 앞에서 언급했듯이, 조사방법상의 어려움이 있지만 몇 개의 조사들은 대개 '장기간 수급자'는 불가피하게 이러한 프로그램에 남아 있게 된다고 주장한다. 이 것은 '장기간 수급자'들이 대개 노령층이거나, 교육수준이 낮거나, 건 강이 나쁘거나, 자녀가 많거나 여성세대주라는 사실이 뒷받침한다 (Plant, 1984; Blank, 1986). 다시 말해 '장기 수급자'들은 일을 하려고 해도, 즉 공공부조에서 벗어나려고 해도 할 수가 없는 것이지 이러한 프로그램이 그들의 도덕성을 훼손하여 이 프로그램에 의도적으로 의존 하도록 만들었다고 보는 것은 무리다. 또한 일부의 '장기수급자'들이 이러한 '의존성'을 보인다 해도 그 숫자는 전체 수급자에 비하여 극소수 이기 때문에 복지국가의 확대가 '의존성'을 유발시킨다는 주장은 무리 가 있다고 할 수 있다.

2) 규범적인 측면

'복지국가에의 의존성'의 문제가 사회적인 쟁점이 되는 근원적인 이 유는 복지국가 프로그램들(특히 공공부조)로부터 급여를 받을 '자격'이 없는 사람들이 급여를 받는다는 데 있다. 오늘날 복지국가의 확대를 비 판하는 사람들도 복지국가 프로그램의 '자격'이 있는 사람들이 이러한 프로그램에 의존하여 살아가는 것은 받아들인다. 따라서 이러한 '의존 성'의 문제는 결국 복지국가 프로그램의 '자격' 여부의 문제로 귀착된 다. 여기서는 이러한 문제에 관해 논의하고자 한다.

어떤 사람들이 복지국가 프로그램의 자격이 있는가? 이러한 문제는 복지국가의 시작 이후 오늘날까지, 이른바 '자격 있는 빈자' 대 '자격 없는 빈자'의 논쟁으로 끊임없이 제기되어 왔다. 이러한 논쟁들은 대개 서로 다른 가치나 이념들을 바탕으로 이루어지는데 이 가운데 핵심적인 문제는 결국 복지국가에 의존하게 된 것이 누구의 책임인가의 문제인 것이다. 자기 자신의 잘못으로 복지국가 프로그램에 의존하는 것은 '자격'이 없는 것이고, 자기 자신의 잘못이 아닌 제3의 이유로 의존하는 것은 '자격'이 있는 것이다.

문제는 복지국가 프로그램에 의존하는 것이 누구의 책임인가를 규명하는 것이 어렵다는 데 있다. 특히 오늘날과 같은 복잡한 산업사회에서는 이러한 규명이 더욱 어렵다. 예를 들면 공장에서 일하던 근로자가 사고를 당했을 때, 그것의 책임이 일부는 본인에게 있다 하더라도 한편으로는 동료근로자 혹은 사용자 모두의 책임일 수도 있다. 따라서 오늘날 복지국가들의 산업재해보상보험은 이른바 '무과실 원칙'(*no-fault principle*) 제도를 채택하여 개인적인 책임 유무를 따지지 않는다.

이렇게 개인의 잘못여부를 명확히 가리기 어려운 상황에서는 복지국가 프로그램의 '자격' 여부를 판정하는 것은 어렵기 때문에 명확한 개인책임이 드러나지 않는 한 복지국가 프로그램에의 필요가 있는 모든 사람들은 복지국가 프로그램의 자격이 있다고 보는 것이 합리적이다. 다시 말해 복지국가 프로그램들에 의존하는 것이 개인적 잘못인지의 여부가 불확실한 경우, 복지국가 프로그램에 자격이 있느냐 없느냐를 따지는 것보다는 그들을 돕는 것이 사회적으로 바람직한지를 따지는 것이 적절하다.

지금까지는 '개인의 잘못' 여부가 불확실하기 때문에, 복지국가에의

'자격' 여부 논쟁이 무의미하다고 보았다. 그렇다면 '개인의 잘못'이 명확하다면 복지국가 프로그램에 전혀 '자격'이 없는가? 이것은 다음의 세 가지 관점에서 이야기할 수 있다. 첫째, 설사 개인적 잘못이라 하더라도 그것으로 인한 결과적 손해가 매우 큰 경우에는 복지국가 프로그램의 '자격'이 될 수 있다. 어떤 사람들이 어떤 잘못된 판단으로 어떠한 행위를 할 때, 확률적으로 예상했던 것보다 훨씬 더 큰 불행을 당했을 때 비록 그것이 그 사람의 잘못된 판단으로 이루어졌다 해도 그 불행의 모든 것이 그 사람의 책임이라고 간주하는 것은 무리다. 예를 들면 안전벨트를 매지 않고 운전한 사람이 사고를 당하여 큰 중상을 입었을 때, 만일 사고가 날 확률이 1%였다면 그 사람은 그 사고로 인한 불행의 1%만 '책임'이 있다고 보는 것이다. 또한 실업 후의 비참한 생활을 예상하지 못하여 실업에 대비할 준비를 못 했다 해서 실업 후의 모든 책임이 본인에게 있다고 보는 것도 지나친 것이다. 복지국가의 많은 프로그램들은 바로 이러한 성격을 갖고 있는 것이다.

둘째, 복지국가에의 '자격' 여부를 따지는 것보다 복지국가에의 '필요'를 따지는 것이 바람직하다. 예를 들면 가해자와 피해자가 명확하고 가해자가 피해자보다 부상을 더 입은 교통사고의 경우, 비록 가해자가 잘못했더라도 치료에 대한 필요가 가해자가 더 크다면 가해자에 대한 치료를 먼저 하는 것이 순리이다. 이때는 누구의 책임인가보다는 누가 먼저 치료를 받아야 하는가 하는 기준이 중요한 것이다. 마찬가지로 많은 사회복지 프로그램의 수급자를 결정할 때는 '자격'의 문제가 아니라 '필요'의 문제가 우선적인 기준이 되어야 한다.

셋째, 복지국가 프로그램의 임무는 '필요'에 대한 재화나 서비스를 제공하는 것이지 누구의 잘못을 판단하는 것은 아니다. 앞의 예에서 병

원은 치료만 하는 곳이지 누구의 잘못인지를 가리는 역할은 하지 않는
다. 이러한 역할은 법원에서 한다. 복지국가에의 '자격' 여부는 다른 사
회제도(사회적 규범 혹은 가치를 결정하는 제도)에서 결정하는 것이지 복
지국가 프로그램에서 하는 것이 아니다.

4. 가족구조의 변화

복지국가의 확대를 비판하는 또 하나의 주장은 복지국가 프로그램들
은 가족구조의 변화를 야기해서 복지국가 프로그램들에의 막대한 지출
에도 불구하고 그 대상자는 줄어들지 않아 결국 역설적으로 복지국가
때문에 '빈곤'을 유발한다는 것이다. 즉, 복지국가 프로그램들은 노인
단독세대를 유발시키고 이혼율을 증가시키거나 미혼모들을 많이 발생
시키며 혹은 결혼을 꺼리게 만들어 여성세대주 등 빈곤할 가능성이 높
은 가구(남성세대주에 비하여)를 증가시키고, 결국 많은 지출에도 불구
하고 빈곤가구가 줄어들지 않는 것이다(Blinder, 1980).

실제로 선진 산업국가들에서는 지난 30년간에 걸쳐 노인세대주나 여
성세대주 가구가 증가하였다. 예를 들면 아동이 있는 여성세대주 가구
는 1960년대에는 10% 정도이었는데 2000년대 중반의 자료에 의하면
20% 정도로 2배 이상 많아졌다(OECD, 2008). 또한 이러한 가구들이
남성세대주 가구에 비해 빈곤할 가능성이 높은 것도 사실이다. 예를 들
면 미국의 경우 사회복지 소득 이전의 소득으로 볼 때의 빈곤율을 보
면, 노인세대 가구의 빈곤율은 최소한 50%가 넘고(백인은 53%, 흑인
은 72%), 여성세대 가구주(특히 자녀가 있는)의 빈곤율도 백인은 50%

이고 흑인은 약 70%에 육박한다(Danziger et al. , 1986).

따라서 오늘날의 복지국가 프로그램의 주대상자가 이러한 노인세대
주와 여성세대주 가구이고 이러한 세대들의 지난 20년간의 증가가 없
었다면 그동안의 복지국가 프로그램의 지출로 빈곤율은 많이 감소되었
을 것이다. 예를 들면 미국의 한 조사에 의하면 1980년대의 모든 가구
의 세대주의 나이와 성(性)이 1960년대의 그것과 같다면, 그동안의 사
회복지 프로그램에의 많은 지출로 1980년대의 빈곤율은 실제 빈곤율보
다 약 23%는 줄어들었을 것으로 추측한다(Ross, 1985). 그동안에 여
성세대주와 노인세대주가 많이 증가하였기 때문에 빈곤율이 높아진 것
이다.

그러나 문제는 이러한 가족구조의 변화가 사회복지 프로그램의 확대
때문인가라는 점이다. 한 사회의 가족구조가 변하는 것은 여러 가지 원
인이 있다. 산업사회에서의 필요성, 가치관의 변화, 취향의 변화 등이
있으므로 사회복지 프로그램이 가족구조의 변화를 가져왔다는 것을 밝
히기 위해서는 이러한 모든 변수들을 통제하고 순수한 '사회복지 효과'
를 밝혀야 한다. 여기서는 이러한 문제를 이론적인 측면과 실증적인 측
면으로 나누어 논의해 보기로 한다.

1) 이론적 측면

가족구조의 변화를 일으키는 요인들을 크게 둘로 나누면 하나는 사
회적 요인이고 다른 하나는 경제적 요인이라 할 수 있다. 사회적 요인
은 산업화에 따라 발생한 사회구조의 변화와 그로 인한 가족구조의 변
화를 설명하고(예를 들면 Wilensky & Lebeaux, 1965), 경제적 요인은

가족구조의 변화를 가족구성원들의 경제적 상황 변화로 인한 효용을 극대화하려는 행위의 변화로 설명한다(예를 들면 Becker, 1981). 복지국가 프로그램들이 가족구조의 변화를 유발시킬 수 있다는 이론적인 배경은 후자에 속한다.

어떤 가구의 구성원들의 소득이 변화하였을 때 그들이 그 가구를 떠나거나(노인의 경우 노인단독세대를 구성하여, 아내인 경우는 이혼하여 독립가구를 마련해서 청소년의 경우 부모를 떠나서 등) 혹은 남거나 하는 결정은 흔히 소득효과(income effect)와 독립효과(independent effect)로 설명한다. 소득효과는 가구내의 전통적인 주소득자 이외의 구성원이 소득을 가졌을 때 이 사람의 소득으로 인한 전체가구의 소비수준의 향상으로 전체 구성원들의 효용(만족감)이 증가하여 가구 내의 결속을 강하게 해주는 효과를 말한다. 반면에 독립효과는 소득이 있는 가구원은 더 이상 다른 가구원의 소득에 의존하지 않아도 되기 때문에(자율적 생활), 그리고 개인적인 삶을 영위할 수 있기 때문에 이 사람이 그 가구를 떠날 가능성을 높이는 효과를 말한다. 따라서 어떤 가구 내의 주소득자 이외의 소득자가 생겼을 때, 이 사람이 그 가구를 떠나는 여부는 이러한 소득효과와 독립효과 가운데 어느 것이 강하느냐에 달려 있다.

복지국가 프로그램은 가족구조와 관련하여 크게 두 가지로 나눌 수 있는데, 하나는 복지국가 프로그램으로부터의 소득과 가족구조의 형태와 무관한 유형이고, 다른 하나는 밀접한 관계가 있는 유형이다. 전자에 해당하는 것은 사회보험 유형으로 이것은 특정한 형태의 가족구조에 상관없이 급여를 하는 형태이다(따라서 이 경우는 상기의 소득효과와 독립효과가 둘 다 나타난다). 반면에 공공부조 유형은 일반적으로 특정한 가족구조(노인세대, 여성세대주 등)에게만 급여를 하기 때문에(더 정확히 말하면 범주적 공공부조 프로그램의 경우) 이 경우는 독립효과가 클 가능성이 높아 가족구조를 해체시킬 수 있다. 왜냐하면 이러한 프로그램으로부터 급여를 받기 위해서는 기존의 가구로부터 독립해야만 하기 때문이다. 복지국가 프로그램이 가족구조의 변화를 가져와 빈곤해결을 어렵게 만든다는 주장은 바로 이 공공부조 프로그램의 속성에 초점을 맞춘 것이다. 그러나 앞에서 언급했듯이 가족구조의 변화는 사회적 요인에 의해서도 영향을 받기 때문에 이와 같은 경제적 설명만으로는 복지국가 프로그램의 가족구조 불안정에 주는 효과를 알 수가 없다. 따라서 지금부터는 실증적 연구를 검토해 보기로 한다.

2) 실증적 측면

복지국가 프로그램이 가족구조의 변화에 영향을 주었는지에 관한 실증적인 연구들은 1970년대 이후 특히 미국을 중심으로 많이 이루어졌다(1970년대 이후 등장한 많은 연구들을 종합 정리한 논문으로는 Bishop, 1980; Moffitt, 1992 등이 있다). 이러한 연구들은 대부분 복지국가 프로그램들(특히 공공부조)이 여성세대주(특히 자녀가 있는 여성세대주)의 증가에 영향을 미치는 효과를 분석하였다. 그 이유는 서구사회에서는 일반적으로 노인세대의 증가는 사회적으로 받아들여지기 때문에 노인세대에 대한 사회복지의 급여는 이른바 '자격 있는 빈자'에 대한 급여로 인정되어 사회적인 쟁점이 되는 경우가 드물다. 반면에 여성세대주의 증가는 상당부분 비도덕적인 것으로 여겨(예를 들면 이혼, 미혼모, 사생아의 출산 등) 사회적인 쟁점이 될 뿐만 아니라, 오늘날 빈곤가구 가운데 이러한 여성세대주 가구가 가장 높은 비율을 차지하는 이른바 '빈곤의 여성화'(*feminization of poverty*) 현상 때문이기도 하다.

복지국가 프로그램이 여성세대주 가구를 증가시켰는지에 관한 실증적인 연구는 크게 세 가지로 나눌 수 있는데, 하나는 급여수준의 차이와 여성세대주 가구의 비율을 횡단적으로(*cross-sectional studies*) 조사한 유형이고, 다른 하나는 급여수준의 변화와 여성세대주 가구의 비율이 시간적으로 변화가 있는가를 밝히는 유형이고(*time-series studies*), 마지막으로 실험적인 방법이다〔미국에서는 1960년대 말부터 부의 소득세(*negative income tax*) 제도를 실험적으로 몇 개의 도시에 실제로 시행하였다〕. 많은 연구들은 조사방법의 차이에 따라 서로 상이한 연구결과를 보인다. 어떤 연구는 복지국가 프로그램이 여성세대주 가구의 증가에 커다란 영향을 미친다고 발표하고(Ellwood & Bane, 1984), 반면에 어떤 연구는 그 효과가 작다고 본다(Hutchens et al., 1989). 전반적으로 볼 때 복지국가 프로그램이 여성세대주의 증가에 영향을 주되 그것의 크기는 작다고 볼 수 있다.

여성세대주 증가의 구체적인 이유는 비합법적인 아동의 출산(*out-of wedlock childbearing*), 이혼의 증가 혹은 재혼율의 감소, 그리고 미혼모의 생활형태의 변화 때문이다. 복지국가 프로그램이 이러한 세 가지의 기제에 주는 효과를 보면 일반적으로 대부분의 조사는 복지국가 프로그램이 비합법적인 아동의 출산을 증가시켰다는 점은 부정한다. 반면에 이러한 프로그램이 이혼율을 증가시키거나 재혼율을 감소시키는 데에는 어느 정도 영향을 주었다고 한다. 그리고 복지국가 프로그램이 미혼모들의 생활방식(거주형태)을 변화시키면서 여성세대주의 증가에 영향을 주었다고 볼 수 있다. 이러한 사회복지 프로그램들이 이전까지는 자기의 부모나 친척과 함께 살던 미혼모들을 대거 독립가구에서 살도

록 영향을 주었다는 것이다(복지국가 프로그램이 여성세대주 가구의 증가
에 준 효과의 4분의 3은 바로 이러한 기제에 의한 것이라고 본다. Bane &
Ellwood, 1984).

전체적으로 볼 때 복지국가 프로그램과 여성세대주의 증가와의 관계
는 아직 실증적으로 명확히 밝혀지지 못했다고 볼 수 있다. 그 이유는
조사방법의 한계에도 있지만 무엇보다도 여성세대주 증가의 현상은 경
제적 변수로는 설명하지 못하는 많은 사회적, 문화적 요인에 의해 일어
나기 때문이다. 따라서 사회복지 프로그램들이 가족구조의 변화를 야
기하여 불필요하게 프로그램 수급자의 숫자를 늘렸다는 주장은 실증적
으로 확실하게 뒷받침되고 있지 않다.

5. 지하경제의 확대

복지국가가 확대되면 일반조세나 사회보장성 조세의 부담이 증가할
수밖에 없다. 조세부담이 증가하면 사용자, 피고용자, 자영업자 등 모
두가 소득신고를 제대로 안 할 동기가 커질 수 있어 그만큼 지하경제의
규모가 커질 수 있다.

특히 사용자들의 경우 사회보장성 조세 때문에 피고용자들을 위한
사회보장세(국민연금, 건강보험, 실업보험 등)를 부담해야 하기 때문에,
사회보장세를 부담해야 하는 정규직 근로자들보다는 이러한 부담이 없
거나 상대적으로 적은, 혹은 임금명부에도 아예 없는 비정규직 근로자
들을 고용하려는 동기가 커질 수 있다.

지하경제가 커지게 되면 사회적 자원은 탈세가 용이하거나 사회보장

세 부담이 없는 부문으로 집중될 수 있어 결국 사회 전체의 자원의 배분이 비효율적으로 이루어져 결국 국가경제에 해가 될 수 있다. 또한 지하경제가 커지게 되면, 즉 많은 사람들이 세금을 제대로 안 내게 되면 지금까지 정직하게 세금을 납부하는 사람들도 세금을 안 내려 하는 조세저항이 커지게 되고, 정치적으로 조세수입을 늘리는 데 큰 어려움에 부딪히게 되어 결국 경제성장을 위한 투자를 어렵게 만든다.

복지국가의 확대로 인한 조세부담의 증가로 사람들의 탈세 동기가 커질 수 있는 것은 어느 정도 사실이라 하더라도, 실증적인 자료들에 따르면 복지국가의 확대가 직접적으로 지하경제를 늘렸다는 주장은 한계가 있다.

가장 중요한 이유는 한 나라의 지하경제의 규모는 조세체계, 소득파악의 정도, 국민들 사이의 연대감(신뢰)의 정도, 조세에 대한 가치관 등의 다양한 요인들에 의하여 결정되기 때문이다. 예를 들어, 아무리 탈세할 동기가 크다 하더라도 국민들의 소득파악이 정확히 되어 있는 나라에서는 실제로 행동에 옮기기가 어려운 것이다.

이러한 이유로 서구 복지국가들 가운데 사회복지를 위한 조세부담이 큰 국가라 해서 지하경제의 규모가 큰 것은 아니다. 예를 들면 복지 선진국인 스웨덴을 비롯한 스칸디나비아 국가들의 지하경제의 규모는 비교적 낮아 GDP의 5% 미만인 반면, 이들보다 사회복지가 발전이 안된 이탈리아나 스페인은 10~20%대로 높다(Esping-Andersen, 1996). 특히 사회복지를 위한 조세부담이 매우 낮은 우리나라의 경우 지하경제의 규모가 GDP의 15% 이상이라는 사실이 이를 더욱 뒷받침한다(유일호, 1995).

10

오늘날 서구 복지국가의 문제점과 그 원인

9장에서는 서구 복지국가에의 비판과 그에 대한 대응을 1980년대까지 의 상황을 중심으로 개괄적으로 이론적으로 다루었다. 복지국가에 대한 비판들 가운데 가장 자주 거론되는 것은 복지국가의 확대가 국가경제에 미치는 부정적 영향이다. 그래서 이 장에서는 복지국가의 확대와 국가경제와의 관계를 중심으로 오늘날의 서구 복지국가들이 가지고 있는 문제점들과 그 원인에 관하여 객관적인 자료를 통하여 논의하고자 한다.

최근 서구의 복지국가들은 여러 가지 측면에서 많은 어려움을 겪고 있다. 이러한 국가들은 1970년대 후반 지속적으로 낮은 경제성장률과 높은 실업률로 인해 고도로 발전된 사회복지제도들을 뒷받침할 재정능력이 줄어들게 되어 사회복지제도들을 구조조정하고 있다. 특히 그동안 사회복지와 경제, 양자 모두의 성공적인 수행으로 복지국가의 상징으로 주목받아 왔던 스웨덴 역시 1990년대에 들어와서 실업률이 10%

가까이 올라가고 경제성장률은 마이너스로 되자, 사회복지 프로그램을 부분적이나마 축소하려는 움직임을 보이고 있다.

그렇다면 정말 서구 복지국가는 이제 한계에 왔는가? 이 질문에 답하기 위해서는 오늘날의 서구 복지국가들이 어려움에 처하게 된 문제의 근원이 무엇인가를 밝혀내야 한다. 여기서는 문제의 원인에 대한 다양한 논의 가운데서도 특히 가장 중요하다고 생각되는 사회복지와 국가경제간의 관계에 초점을 맞추어 논의를 전개하고자 한다.

사회복지와 국가경제와의 관계에 관한 논의는 크게 세 가지로 구분될 수 있다.

첫째는 서구 복지국가들의 지나친 사회복지의 확대가 직접적으로 국가경제를 나쁘게 만들었고 나빠진 경제 때문에 사회복지가 부담이 되고 있다는 논리이다. 문제의 근원은 사회복지 그 자체에 있다고 보는 관점이다. 이것은 복지국가를 비판하는 사람들의 주된 관점이다.

둘째는 반대의 인과관계로, 1980년대부터 서구의 복지국가들은 사회복지와 관련이 없는 다른 이유들로 인해 국가경제가 나빠졌으며, 나빠진 경제 상태에서 사회복지가 부담이 되고 있다는 논리이다. 이 관점에 의하면 문제의 근원은 서구 복지국가들의 경제 그 자체에 있는 것이다. 사회복지가 희생자이며, 이른바 '희생자를 비난'(blaming the victim)해서는 안 된다는 관점이기도 하다.

셋째는 위의 두 가지 관점과 달리 문제의 근원을 정치적 혹은 이념적인 측면에 있다고 보는 것이다. 1980년대 이후에 나타나기 시작한 세계적인 정치적·이념적 환경의 변화가 사회복지와 국가경제 모두에 영향을 미쳐 오늘날 서구 복지국가들의 문제를 야기했다는 논리이다.

1. 최근 서구 복지국가의 변화와 대응

4장에서 논의했듯이 오늘날의 서구 복지국가는 19세기 말에서 20세기 초 사이에 복지국가로의 길에 들어섰으며, 특히 2차 세계대전 이후부터 1970년대 중반까지 급속한 확대와 더불어 성숙의 단계에 접어들었다. 그러나 1970년대의 두 번에 걸친 오일쇼크 이후 상황은 변화하였으며, 특히 1980년대의 전환기에 들어서면서부터는 여러 측면에서 과거와는 상이한 양상을 보이고 있다. 여기에서는 1980년대 이후 서구 복지국가의 모습이 이전의 모습과 비교해서 어떻게 변화되었는지를 다음 4가지의 측면에서 간략히 논의하고자 한다. 사회복지 지출의 규모, 국가경제의 상황, 빈곤과 소득불평등의 정도, 그리고 세부적인 사회복지 정책의 내용 등이 그것이다.

1) 사회복지 지출규모의 변화

〈표 10-1〉에서 보는 바와 같이, 서구 복지국가들은 1980년대 이후와 이전에서 GDP에서 사회복지 지출이 차지하는 비율이 뚜렷한 차이를 보인다. 대부분의 국가들에서 1960년부터 1980년까지의 20년 동안 사회복지 지출은 매우 큰 폭으로 증가하였다. 예를 들면 스웨덴의 경우 1960년에는 GDP의 10.8%를 사회복지에 지출하던 것이 1980년에는 32%로 그 비율이 약 3배 가까이 증가하였으며, 그 밖의 국가들의 경우도 이에는 미치지 못하지만 2배 혹은 그 이상으로 증가하였다. 문자 그대로 이 시기는 복지국가의 황금기였다.

이와 같은 상황은 1980년대 들어서면서 급격히 변화하여 1980년부

터 1990년까지의 10년 동안, 서구 복지국가의 사회복지 지출 증가율은
둔화되었다. OECD 국가 평균으로 볼 때, GDP 대비 사회복지 지출은
1980년 20.1%에서 1990년 21.8%로 1.7% 증가하는 것에 그쳤다. 이

〈표 10-1〉 주요 서구 복지국가들의 GDP 대비 사회복지 지출의 변화추세

국가 \ 연도	1960	1970	1980	1990	1995	2005	2010
캐나다	9.12	11.80	14.37	18.79	18.2	16.5	18.7
노르웨이	7.85	16.13	22.40	28.74	27.6	21.9	23.0
스웨덴	10.83	16.76	32.42	33.13	33.0	29.7	28.3
미국	7.26	10.38	14.10	14.58	15.8	15.9	19.8
벨기에	–	19.26	25.44	25.21	28.8	26.4	29.5
프랑스	13.42	16.68	23.85	26.49	–	29.2	32.4
독일	18.10	19.53	25.40	23.47	27.1	26.8	27.1
영국	10.21	13.20	21.30	22.34	22.4	21.1	23.8
이탈리아	13.10	16.94	19.75	24.96	23.7	25.0	27.7
OECD 전체평균	10.10	14.00	20.10	21.80		20.6	
OECD, EC 회원국 평균[1]			21.60	22.30			
OECD, 비EC 회원국 평균[2]			18.20	21.20			

▌1) EC국가는 영국, 독일, 프랑스, 이탈리아 등임.
 2) 비EC국가는 미국, 스웨덴, 노르웨이, 캐나다, 오스트리아 등임.
▌출처: OECD, New Orientations For Social Policy, 1994.
　　　OECD, Social Expenditure Database, 1999.
　　　OECD, Social Expenditure Database, 2012.

현상은 이후에도 계속되어, 오늘날까지도 유사하게 나타나고 있다.

그럼에도 불구하고, 오늘날 서구 복지국가들은 사회복지 지출규모의 면에서 볼 때, 이전 시기에 비해 지출증가율이 다소 낮아지긴 하였지만 GDP 대비 사회복지 지출의 비율은 비슷하게 유지되고 있거나, 어떤 국가들은 오히려 늘었다. 예를 들면 독일은 1980년의 25.4%에서 2010년에는 27.1%로, 프랑스도 1980년에는 23.85%에서 2010년에는 32.4%로 증가하였다. 그렇다면 1980년대 이후 서구 복지국가들은 위기 상황에서 다양한 방법으로 사회복지 프로그램 축소 혹은 재조정을 도모하였음에도 불구하고 사회복지의 지출규모는 왜 줄지 않고 과거와 비슷하거나 오히려 늘었는가?

이것은 크게 두 가지로 설명될 수 있다. 그 하나는 정치적 이유로, 사회복지의 수급자 수가 많고(예를 들면, 노인) 이들은 민주주의 정치에서 선거정치나 이익집단정치를 통하여 정치적 힘을 행사하고 있기 때문에 이들에 대한 프로그램을 축소하는 것이 쉽지 않다는 점이다. 다른 하나의 이유는 경제적인 것으로, 이 시기의 어려워진 경제적 상황이 사회복지의 필요(need)를 오히려 증가시켰다는 점이다. 특히 이 시기의 대량실업은 실업보험이나 공공부조 등에 의존하는 인구를 크게 증가시켰다.

예를 들면 독일의 경우 공공부조에 의존하는 실업자의 비율은 1970년에 1%에 불과하였으나 1986년에 그 비율은 33%로 크게 증가하였다 (Room, 1990). 다시 말해 비록 이 시기에 사회복지의 질과 내용(자격, 급여액 등) 면에서 볼 때는 위축되었지만 필요의 증가(노인, 실업자, 여성세대주 가구 등의 증가)로 많은 국가에서 이 시기에도 사회복지 지출의 규모는 오히려 증가하였던 것이다(Alestalo & Uusitalo, 1992). 이에

덧붙여, 의료수가 상승도 사회복지 지출을 늘리는 것에 기여하였다.

요컨대, 1980년대 이후 현재에 이르기까지 서구 복지국가들의 사회복지 지출을 줄이기 위한 다양한 시도의 결과로서 사회적 보호의 내용과 질에 상당한 변화를 가져왔음에도 불구하고 경제적, 정치적, 인구학적 이유 등으로 인해 실질적인 사회복지 지출의 규모는 이 기간 동안 줄지 않고 다소 늘어난 것이다.

2) 서구 복지국가의 경제적 상황 변화

서구 복지국가들은 2차 세계대전 이후 1970년대 초반까지만 해도 비교적 높은 경제성장률과 완전고용에 가까운 낮은 실업률을 기록하며 역사상 유례가 없는 장기적인 호황을 누렸다. 〈표 10-2〉와 〈표 10-3〉에서 보는 바와 같이, 1970년까지만 해도 경제성장률은 평균 5%대를 기록하였으며, 실업률은 평균 3%대를 유지하였다. 그러나 이러한 상황은 두 번에 걸친 유가파동을 거치면서 급격히 변화하여, 1980년대에 들어서면서 서구 복지국가들은 평균적으로 3% 미만의 경제성장률과 10%대에 이르는 높은 실업률을 기록하였다. 특히 영국, 프랑스와 이탈리아 등의 나라들은 이 기간 동안 몇 년간에 걸쳐 지속적으로 두 자리 수의 실업률을 경험하였다.

이와 같은 상황은 오늘날까지도 지속되어 경제성장률은 낮고 실업률은 높은 상태에 있다. 특히, 경제와 복지의 성공적인 통합모델(이른바 '스웨덴모델')로서 각광받았던 스웨덴조차도 1990년대 들어서면서 '위기'의 징후를 보이기 시작하였다. 스웨덴은 1990년대 초 한때 실업률은 10% 가까이 높아졌고, 경제성장률은 마이너스를 기록하였다. 이

〈표 10-2〉 실질경제성장률의 변화 추이

(단위: %)

연도 국가	1960 ~1968	1971 ~1978	1979 ~1990	1990 ~1994	2000	2005	2010
미국	4.5	3.3	2.6	2.0	4.1	3.1	2.4
독일	4.1	2.7	2.0	3.1	3.3	0.8	4.0
프랑스	5.4	3.3	2.8	1.2	3.8	1.9	1.6
영국	3.0	2.4	2.1	0.9	4.2	2.8	1.8
이탈리아	5.7	3.7	2.4	1.0	3.9	1.1	1.7
스웨덴	–	1.9	2.2	−0.2	4.6	3.2	6.3
OECD 평균	5.1	3.6	2.7	1.8	4.1	3.0	2.2

❙출처: OECD, Economic Outlook, December 1995; OECD, Economic Outlook, 2012.

〈표 10-3〉 실업률의 변화추이

(단위: %)

연도 국가	1960	1970	1980 ~1990 (평균)	1994	2000	2007
미국	5.4	5.0	7.1	6.1	4.0	4.6
영국	1.3	2.8	8.7	9.2	5.5	5.3
독일	1.0	1.0	6.7	9.6	7.5	8.4
프랑스	1.4	3.0	9.0	12.2	9.0	8.3
이탈리아	5.5	5.0	10.4	11.3	10.1	6.1
스웨덴	1.2	1.5	2.5	8.0	5.6	6.1
캐나다	6.5	6.8	9.2	10.4	6.8	6.0
OECD 평균 (유럽국가)	2.9	3.5	8.7	11.2	6.2	5.6

❙출처: OECD, Economic Outlook, December 1995; OECD, Employment Outlook, 2008.

후 2000년대 들어서서 경제상황은 다소 호전되었지만, 과거의 완전고용의 시대는 지나갔다. 이렇게 서구 복지국가들의 나빠진 경제상황에서는 사회복지가 부담이 될 수밖에 없는 것이다.

3) 빈곤과 소득불평등의 변화

지금까지 서술한 바와 같이 1980년대 들어와서 사회복지는 정체되고, 경제성장률은 낮아진 대신 실업률은 높아지는 장기적인 불황국면이 계속되고 있다. 또한 후술하겠지만 산업구조의 변화로 인해 서비스산업에 종사하는 근로자의 비율이 높아지고, 특히 서비스산업 가운데서도 파트타임, 임시직 고용 등의 저임금근로자의 비율이 크게 상승하고 있다. 이와 같은 현상의 결과로서 대부분의 국가에서 빈곤율은 증가하고, 소득불평등도 또한 심해지는 이른바 '새로운 빈곤'(new poverty) 시대로 접어들게 되었다(Room, 1990).

〈표 10-4〉와 〈표 10-5〉에서 보는 바와 같이, 많은 국가에서 1970년대 이후부터 오늘날에 이르기까지 빈곤율은 높아지고 있고 소득불평등은 커지고 있는 추세에 있다. 특히 이러한 변화는 전통적으로 복지후진국으로 분류되었던 미국에서는 물론이고, 최상위의 복지국가에 속하는 스웨덴이나 노르웨이 등에서도 발생하였다는 점에 주목할 필요가 있다. 결국 1980년대부터 서구 복지국가들이 변화하면서 결과적으로 가장 피해를 보는 집단은 다름 아닌 빈자를 비롯한 사회적으로 취약한 계층에 속하는 사람들이다.

〈표 10-4〉 OECD 국가들의 빈곤율

(단위: %)

	1970년대 중반	1980년대 중반	1990년	1990년대 중반	2000년	2000년대 중반
호주				11.40	12.20	12.40
오스트리아		6.10		7.40	9.30	6.60
벨기에		14.60		10.80	10.40	8.80
캐나다	14.40	10.70		9.50	10.30	12.00
체코			3.20	4.30	4.30	5.80
덴마크		6.00	6.20	4.70	5.10	5.30
핀란드	9.90	5.10		4.90	6.40	7.30
프랑스		8.30	7.20	7.50	7.20	7.10
독일		6.30	6.60	8.50	9.20	11.00
그리스	17.80	13.40		13.90	13.50	12.60
헝가리			6.30	7.40	8.20	7.10
아이슬란드						7.10
아일랜드		10.60		11.00	15.40	14.80
이탈리아		10.30	10.70	14.20	11.80	11.40
일본		12.00		13.70	15.30	14.90
한국						14.60

〈표 10-4〉계속

	1970년대 중반	1980년대 중반	1990년	1990년대 중반	2000년	2000년대 중반
룩셈부르크		5.40		5.50	5.50	8.10
멕시코		20.70		21.70	21.50	18.40
네덜란드				6.30	6.80	7.70
뉴질랜드		6.20	9.00	8.40	9.80	10.80
노르웨이		6.40		7.10	6.30	6.80
폴란드					11.20	14.60
포르투갈	16.20		13.80	14.60	13.70	12.90
슬로바키아						8.10
스페인		14.10	10.70	11.80	13.70	14.10
스웨덴	3.80	3.30	3.60	3.70	5.30	5.30
스위스					7.50	8.70
터키		16.40		16.20		17.50
영국				10.90	10.20	8.30
미국	15.40	17.90	18.10	16.70	17.10	17.10
OECD 평균						10.58

▌주: 여기서의 빈곤율은 상대빈곤율로 가처분소득의 중위소득의 50% 미만의 가구들의 비율을 말한다.
▌출처: OECD, Growing Unequal Income Distribution and Poverty in OECD Countries.

〈표 10-5〉 OECD 국가들의 소득불평등: 지니계수

	1970년대 중반	1980년대 중반	1990년	1990년대 중반	2000년	2000년대 중반
호주				0.309	0.317	0.301
오스트리아		0.236		0.238	0.252	0.265
벨기에		0.274		0.287	0.289	0.271
캐나다	0.295	0.287		0.283	0.301	0.317
체코			0.232	0.257	0.260	0.268
덴마크		0.221	0.226	0.215	0.226	0.232
핀란드	0.235	0.207		0.228	0.261	0.269
프랑스		0.313	0.302	0.281	0.281	0.281
독일		0.257	0.258	0.272	0.270	0.298
그리스	0.412	0.336		0.336	0.345	0.321
헝가리			0.273	0.293	0.293	0.291
아이슬란드						0.280
아일랜드		0.331		0.324	0.304	0.328
이탈리아		0.309	0.297	0.348	0.343	0.352
일본		0.304		0.323	0.337	0.321
한국						0.312

〈표 10-5〉계속

	1970년대 중반	1980년대 중반	1990년	1990년대 중반	2000년	2000년대 중반
룩셈부르크		0.247		0.259	0.261	0.258
멕시코		0.452		0.519	0.507	0.474
네덜란드	0.251	0.259	0.278	0.282	0.278	0.271
뉴질랜드		0.271	0.318	0.335	0.339	0.335
노르웨이		0.234		0.256	0.261	0.276
폴란드					0.316	0.372
포르투갈	0.354		0.329	0.359	0.356	0.385
슬로바키아						0.268
스페인		0.371	0.337	0.343	0.342	0.319
스웨덴	0.212	0.198	0.209	0.211	0.243	0.234
스위스					0.279	0.276
터키		0.434		0.490		0.430
영국	0.282	0.325	0.373	0.354	0.370	0.335
미국	0.316	0.338	0.349	0.361	0.357	0.381
OECD평균						0.311

┃주: 가처분소득 기준.
┃출처: OECD, Growing Unequal Income Distribution and Poverty in OECD Countries.

4) 사회복지정책내용의 변화

1980년대 들어오면서 많은 서구 복지국가들은 사회복지에 어느 정도 부담을 느끼기 시작하면서 사회복지정책을 다소 축소하려는 경향을 보였다. 그러나 이 경향이 모든 국가에서 동일한 내용과 방향으로 진행된 것은 아니었다. 대부분의 국가에서 공통적으로 주된 사회복지정책의 기본적인 골격은 그대로 둔 채 부분적인 내용만 개혁하여 왔다는 점이다. 이 개혁의 내용 가운데 특히 중요한 것들을 요약하면 다음과 같다.

첫째, 사회복지 급여의 소득대체율(*income replacement rate*)을 줄이는 것이다. 지금까지 서구 복지국가들의 사회복지 급여액의 소득대체율은 높아서 EC국가들 평균적으로 볼 때, 연금의 경우 80%, 실업보험의 경우 60%, 질병수당의 경우 약 70%에 이른다(EC, 1993). 이 가운데 특히 근로동기가 문제가 되는(근로능력이 있는 사람을 대상으로 하는) 실업보험과 질병수당이 대체율 삭감의 주요 대상이 되고 있다. 그리고 많은 국가들이 연금의 경우에도 연금급여액을 매년 물가나 임금상승에 연동하여 자동적으로 조정하던 이전까지의 방식을 수정하여 조정기간을 연장하였으며, 특히 스웨덴의 경우 파트타임 근로자를 위한 연금급여액을 줄였다(Stephens, 1996).

둘째, 사회복지 수급자격을 까다롭게 하는 것이다. 연금의 완전급여를 받을 수 있는 퇴직연령을 상향조정하거나, 질병수당 혹은 실업보험을 받기 위한 대기기간(*waiting days*)을 연장 또는 새로이 도입하거나, 연금기여기간을 연장하는 등의 개혁이 여기에 해당한다. 예를 들면 스웨덴에서는 실업보험에 대한 1일의 대기기간을 신설하였으며, 2중 체계의 연금에서 소득비례연금(*earning-related pension*)에 대한 기여기간을 연장하였을 뿐만 아니라, 이전까지 사용자만 부담하던 기여금을 피용자에게도 부담시켰다(OECD, 1995). 또한 1998년의 연금개혁으로 그동안의 기초연금제도를 없애고 대신 소득조사에 의한 최저보장연금으로 바꾸었고, 확정급여방식의 소득비례연금을 확정기여방식의 소득비례연금으로 바꾸었다(주은선, 2012).

셋째, 이른바 '근로연계복지'(work-fare)를 강조하는 것이다. 이러한 예는 실업보험이나 공공부조 프로그램의 수급자가 되기 위해서는 일정한 일이나 훈련을 받아야 하는 등의 조건을 강화하는 정책 등에서 찾아볼 수 있다.

넷째, 사회복지 프로그램의 운영효율성을 높이기 위하여 사회복지 전달체계에서의 민영화와 분권화를 추진하는 것이다. 교육이나 탁아서비스에서 민간부문과의 경쟁을 유도하기 위한 각종의 정책들이 여기에 해당한다. '교육증서'(voucher)를 부모에게 주어 사립과 공립학교 가운데 자율적으로 선택하게 하는 제도 등이 그 대표적인 예이다.

마지막으로, 사회복지의 부담을 줄이기 위한 개혁은 한계세율을 낮추고자 하는 시도로 나타난다. 〈표 10-6〉에서 보듯이, 1978년에서 1992년 사이에 대부분의 국가에서 한계세율을 크게 낮추었다. 또한 〈표 10-7〉에서 보듯이 일반조세와 사회보장성 조세가 국내총생산에서 차지하는 비율인 국민부담률이 2000년대 이후 고도로 발전된 복지국가들에서 낮아지는 추세이다.

지금까지 살펴본 바와 같이, 오늘날의 서구 복지국가들은 2차 세계대전 이후 1970년대 중반까지의 상황과는 달리 경제적 사정이 악화됨에 따라 사회복지에 대한 필요(need) 또한 늘어났다. 그러나 이러한 경제적 상황과 더불어 1980년대 이후 사회복지에 대한 다양한 비판이 제

<표 10-6> 총 한계 세율

	1978	1992
독 일	66.0	63.8
프랑스	57.1	63.4
노르웨이	70.1	62.9
스웨덴	75.4	62.6
영 국	51.6	50.4
미 국	44.3	38.5

▌주: 여기에서 총 한계 세율이란 평균소득자가 총소득에서 부담하는 모든 종류의
세(소득세, 사회보장조세, 소비세 등)의 한계세율을 말한다.
▌출처: OECD, Jobs Study: Evidence and Explanation, 1994.

기되면서 오히려 사회복지를 축소하려는 다양한 시도들이 나타나기 시
작하였다. 그 결과 많은 국가들의 빈곤과 소득불평등은 이전에 비해 오
히려 증가하고 있다. 그렇다면 서구 복지국가는 1980년대 이후 왜 이렇
게 되었는가? 지금부터는 이러한 문제에 대해 본격적으로 논의해 보고
자 한다.

<표 10-7> OECD 국가들의 국민부담률

(단위: %)

	1975	1985	1990	1995	2000	2005	2006	2007
호주	25.8	28.3	28.5	28.8	31.1	30.8	30.6	
오스트리아	36.7	40.9	39.6	41.2	42.6	42.1	41.7	41.9
벨기에	39.5	44.4	42.0	43.6	44.9	44.8	44.5	44.4
캐나다	32.0	32.5	35.9	35.6	35.6	33.4	33.3	33.3
체코				37.5	35.3	37.5	36.9	36.4
덴마크	38.4	46.1	46.5	48.8	49.4	50.7	49.1	48.9
핀란드	36.5	39.7	43.5	45.7	47.2	43.9	43.5	43.0
프랑스	35.4	42.8	42.0	42.9	44.4	43.9	44.2	43.6
독일	34.3	36.1	34.8	37.2	37.2	34.8	35.6	36.2
그리스	19.4	25.5	26.2	28.9	34.1	31.3	31.3	
헝가리				41.3	38.0	37.2	37.1	39.3
아이슬란드	30.0	28.2	30.9	31.2	37.2	40.7	41.5	41.4
아일랜드	28.7	34.6	33.1	32.5	31.7	30.6	31.9	32.2
이탈리아	25.4	33.6	37.8	40.1	42.3	40.9	42.1	43.3
일본	20.9	27.4	29.1	26.8	27.0	27.4	27.9	
한국	15.1	16.4	18.9	19.4	23.6	25.5	26.8	28.7

	1975	1985	1990	1995	2000	2005	2006	2007
룩셈부르크	32.8	39.5	35.7	37.1	39.1	37.8	35.9	36.9
멕시코		17.0	17.3	16.7	18.5	19.9	20.6	20.5
네덜란드	40.7	42.4	42.9	41.5	39.7	38.8	39.3	38.0
뉴질랜드	28.5	31.1	37.4	36.6	33.6	37.5	36.7	36.0
노르웨이	39.2	42.6	41.0	40.9	42.6	43.5	43.9	43.4
폴란드				36.2	31.6	32.9	33.5	
포르투갈	19.7	25.2	27.7	31.7	34.1	34.7	35.7	36.6
슬로바키아				33.8	31.8	29.8	29.8	
스페인	18.4	27.6	32.5	32.1	34.2	35.8	36.6	37.2
스웨덴	41.2	47.3	52.2	47.5	51.8	49.5	49.1	48.2
스위스	23.9	25.5	25.8	27.7	30.0	29.2	29.6	29.7
터키	11.9	11.5	14.9	16.8	24.2	24.3	24.5	23.7
영국	35.2	37.6	36.1	34.5	37.1	36.3	37.1	36.6
미국	25.6	25.6	27.3	27.9	29.9	27.3	28.0	28.3
OECD 평균	29.4	32.7	33.8	34.8	36.1	35.8	35.9	36.8

▌주: 2007년 추정치.
▌산정방법: 국민부담률 = (조세+사회보장기여금) / 국내총생산 × 100
▌출처: OECD, Revenue Statistics 1965~2007, 2008.

2. 무엇이 문제인가?

지금까지 제시한 바와 같이 오늘날의 서구 복지국가들은 여러 측면에서 상당한 어려움을 겪고 있다. 한편으로는 낮은 경제성장률과 높은 실업률, 그리고 국가재정 적자폭의 확대와 같은 전반적인 경제적 사정의 악화로부터, 비록 아직은 대부분의 국가에서 GDP 대비 사회복지 지출의 비율이 크게 감소하지는 않았지만 다른 한편으로는 여러 가지 사회복지 프로그램의 축소로부터 오는 어려움이 그것이다. 그 결과로서 전반적인 국민들의 복지 혹은 삶의 질은 과거에 비해 상대적으로 열악해지고 있으며, 그중에서도 특히 저소득층을 비롯한 사회적 취약계층의 생활수준은 더욱 나빠져 빈곤율이나 소득불평등도도 커지고 있는 상황이다.

일반적으로 국가경제가 좋지 않으면 국가의 지출능력은 감소되는 데 비해 실업자의 증가, 연금수급자의 증가 등으로 인한 사회복지에 대한 수요(need)는 커지게 되어 사회복지 지출의 필요성은 높아지게 된다.[1] 그러나 이러한 지출증가의 필요성에도 불구하고 경제적 능력 이상으로 사회복지 지출을 확대하게 되면 국가경제는 더욱 나빠지게 되는 악순환에 빠지게 된다. 따라서 이 악순환의 고리를 끊기 위해서는 오늘날 서구 복지국가가 직면해 있는 문제의 원인을 명확하게 알아야 할 필요

---

[1] 수요중심의 케인즈 경제학에서는 사회복지의 역순환적 기능을 강조하고 있는데, 이에 의하면 불경기 때 국가 재정적자를 통해 사회복지 지출을 늘려 수요를 창출함으로써 경기부양에 도움을 주어 경제순환의 폭을 줄이는 기능을 한다는 것이다. 그러나 이러한 가정은 1970년대 중반 이후의 지속적인 스태그플레이션하에서는 여지없이 무너지고 말았다.

가 있다.

그렇다면 무엇이 문제인가? 오늘날 전 세계적 신자유주의의 분위기에서, 그리고 언론매체 등에서의 서구 복지국가들에 대한 보도를 통해서, 많은 사람들은 오늘날 서구 복지국가들의 문제를 야기한 주원인을 이들의 지나친 사회복지 지출에서 찾는 경향이 있다. 과연 그러한가?

오늘날 서구 복지국가들이 직면하고 있는 문제의 원인들은 다양하고, 또한 이러한 원인들은 서로 복잡하게 얽혀서 문제의 원인과 결과를 명확하기 구분하는 것은 쉽지 않으며, 따라서 어떤 특정의 원인이 문제의 가장 중요한 원인이라고 단정하기도 또한 어렵다. 그럼에도 불구하고, 이에 대한 논의는 크게 사회복지와 국가경제와의 관계에 초점이 맞추어지고 있으며 이러한 관계에서 문제의 원인을 찾는 관점은 다시 다음과 같은 세 가지로 나눌 수 있다.

첫째는 이른바 '복지국가의 실패'(*welfare state failure*)의 관점으로 과대한 사회복지 지출이 직접적으로 국가경제를 어렵게 만들었다는 설명이고, 둘째는 이른바 '시장 실패'(*market failure*)의 관점으로 서구 복지국가들의 시장경제가 실패하여 그들의 경제가 어렵게 되어 사회복지의 문제가 부담이 되었다는 설명이며, 셋째는 정치적 관점으로 오늘날의 서구 복지국가의 문제를 이데올로기의 변화, 코포라티즘의 약화, 계급 역학관계(자본가계급 대 노동자계급)의 변화 등과 같은 정치적 변수로 설명한다.

1) 과대한 사회복지 지출이 서구 복지국가들의 국가경제를 어렵게 만들었는가?

이 문제는 지난 1970년대부터 보다 근본적인 차원에서의 평등과 효율의 관계에 관한 논의에서부터 구체적으로는 사회복지 지출과 경제성장과의 관계에 대한 논의에 이르기까지 많은 논쟁이 있었으나, 아직 객관적이고 과학적인 명확한 답은 없는 상황이다.[2] 일반적으로 지나친 사회복지의 확대가 국가경제에 직접적으로 해를 줄 수 있다는 논리들 가운데 자주 거론되는 것들은 다음의 여섯 가지이다.[3]

(1) 사회복지가 확대되면, 사용자의 입장에서는 일반조세나 각종의 사회보장성 조세(각종의 사회보험부담액)의 부담이 커져서 총노동비용이 커지게 되며, 이에 따라 생산하는 재화나 서비스의 가격이 높아져 경쟁력이 약화되어 국가경제에 해가 될 수 있다는 것이다.

(2) 근로자의 입장에서는, 한편으로는 높은 일반조세나 사회보장성 조세의 부담 때문에(대체효과), 그리고 일을 하지 않고서도 후한 사회복지급여(사회복지급여의 높은 소득대체율)를 받기 때문에(소득효과), 근로동기나 근로시간이 줄어 국가총생산이 줄어든다는 것이다.

(3) 한편으로는 높은 조세부담으로 인해 저축할 수 있는 가처분소득이 줄어들어서, 다른 한편으로는 위험의 발생(노령, 실업, 장애, 질병 등)에 대한 철저한 사회보장으로 인해 개인의 저축동기가 줄어들게 되

---

2 이 연구들의 대표적인 것들은 다음과 같다. Okun(1973), Le Grand(1991), Blank(1994), Kenworthy(1995), Atkinson(1995), Slemrod(1995).

3 이러한 논의는 9장에서 자세히 다루었기 때문에 여기서는 중복을 피하고자 가능한 한 간략하게 다루고 새로운 자료들을 제시한다.

고 결과적으로 투자율이 낮아져서 생산성이 저하되어 국가총생산이 줄어든다는 것이다.

(4) 사회적 자원(자본이나 노동)의 비효율적인 배분이 발생하여 생산성이 높은 부문으로의 사회적 자원의 배분이 이루어지지 않는다는 점이다. 특히 사회복지의 확대로 노동시장의 경직성(*labor market rigidity*)을 야기하여 생산성에 따른 노동배분(*labor allocation*)이 효율적으로 이루어지지 않아 경제성장에 해가 된다는 논리이다.

(5) 사회복지의 확대는 불필요한 가족해체를 유발하여 노인단독 가구나 여성세대주 가구를 증가시키고 생산에 참여할 수 있는 인력을 줄게 하는 반면 사회복지 의존율을 높여 경제에 해가 된다는 것이다.

(6) 높은 조세부담에서는 사용자나 근로자 모두 탈세의 동기를 높여서 지하경제의 규모를 크게 할 수 있으며, 결국 이로 인해 효율적인 자원배분이 왜곡되어 경제에 해가 된다는 것이다.

그러나 사회복지의 확대가 경제에 해를 준다는 이와 같은 일반적인 여섯 가지의 논리는 오늘날의 서구 복지국가의 문제점을 설명하기에 이론적 혹은 실증적인 측면에서 많은 논란과 한계가 있다.

우선, 사회복지 확대로 인한 노동비용이 커져서 국제경쟁력이 떨어진다는 논리는 실증적으로 뒷받침되지 못한다. 실제로 서구 복지국가들에서 사용자가 부담하는 사회보험부담금이 총노동비용에서 차지하는 비율이 일반적으로 높다는 것은 사실이다. 예를 들면 2010년 통계에 의하면 프랑스는 30%, 스웨덴 24%, 벨기에 23%, 독일 16%, 영국 10%, 미국 9% 등이다(OECD, 2010). 그러나 사회보험 부담률이 높다고 해서 반드시 경쟁력이 떨어지는 것은 아니다. 예를 들면 스웨덴이나 독일의 부담률이 영국의 그것보다 높다고 해서 이들 국가가 영국에 비해 경쟁력이 떨어지거나 국가경제가 더 나쁜 상황은 아니다. 오히려 지난 20여 년간의 경제성장률이나 실업률로 나타난 경제지표로 볼 때 영국의 경제적 상황은 스웨덴이나 독일의 상황보다 더 좋지 못했다 (OECD, 2012).

요컨대 사용자가 부담하는 사회보험부담금이 높다고 해서 이것이 경쟁력에 직접적이고 결정적인 영향을 주는 것은 아니다. 비록 노동비용이 커지게 되면 가격경쟁력에서 불리한 것은 사실이지만, 진정한 경쟁력은 생산하는 재화나 서비스의 질의 경쟁력이며 이것을 높이기 위해서는 인적 또는 물적 자본에의 투자를 통하여 생산성을 높여야 하는 것이다. 오늘날 서구 복지국가들은 오래 전부터 재화나 서비스의 질의 경쟁력에서 후발 산업국가들보다 앞서 있다. 사회복지가 확대됨에 따라 사용자가 부담하는 노동비용이 커졌다는 이유만으로 서구 복지국가들의 국가경제의 경쟁력이 떨어졌다는 논리는 설득력이 약하다. 만일 오늘날 이러한 국가들의 진정한 질의 경쟁력이 떨어졌다면 이것은 이러한 국가들의 생산성 향상을 위한 인적, 물적 자본투자의 실패에서 그 원인을 찾아야 할 것이다(Baily, 1993).

둘째, 사회복지의 확대가 사람들의 근로동기나 근로시간을 줄인다는 논리 또한 비판의 소지가 있다. 이러한 비판은 9장에서 자세히 논의했듯이 실증적 뒷받침이 부족하다.

그런데 이 문제는 국가들의 성격에 따라서도 또한 큰 차이를 보인다. 스웨덴을 비롯한 스칸디나비아 국가들의 사회복지정책은 적극적 노동시장정책을 통해 가능한 한 노동시장 참여를 유도하여 전체적인 노동시장 참여율이 높을 뿐만 아니라 특히 노령층이나 여성들의 노동시장 참여율 또한 높다. 반면에 독일이나 프랑스 등의 사회복지정책은 소득보장의 측면을 강조하여 노령층이나 여성의 노동시장에의 참여가 낮은 경향이 있다(Esping-Andersen, 1996). 실제로 전체적인 노동시장 참여율을 보면 스웨덴을 비롯한 스칸디나비아 국가들은 1980년대 이후 80% 정도를 유지한 반면, 독일이나 프랑스 등의 유럽국가들의 그것은 70%대이다. 특히 노령층이나 여성에 초점을 맞추면 더욱 차이가 난다. 2000년대 후반 통계에 따르면 고령층(55~64세)의 경제활동 비율을 보면 스웨덴은 70% 정도인 데 비해 프랑스나 독일은 각각 41%, 58% 정도이고, 여성의 경우 스웨덴은 80%에 육박하나, 유럽국가들은 대략 60%대에 머문다(OECD, 2008). 사회복지와 노동시장참여와의 관계의 문제는 국가들의 사회복지정책의 성격에 따라 달라서 일반화하기 어렵다고 볼 수 있다.

셋째, 사회복지의 확대로 개인 저축이 줄어들어 투자가 줄어서 결과적으로 생산성 향상이 안 된다는 점이다. 이것도 9장에서 자세히 논의했듯이 실증적으로 뒷받침이 안 되고, 무엇보다도 개인 저축이 어느 정도 줄어든다 하더라도 정부의 재정·금융 정책으로 투자를 유인할 수 있고, 게다가 오늘날에는 해외투자가 국내 총투자에서 차지하는 비율이 커지는 추세에 있기 때문에 큰 문제는 없다고 할 수 있다.

넷째, 사회복지가 사회적 자원의 효율적인 배분에 장애가 된다는 점이다. 여기에서는 특히 노동시장의 경직성의 문제에 초점이 맞추어진다. 오늘날 점점 기술의 중요성이 커지고, 급속한 기술변화에 대해 발빠르게 대응해야 할 필요성이 증가하고 있다. 특히 이른바 '포스트포디즘'적인 다품종소량생산의 생산방식이 확대됨에 따라 적절한 기술을 가진 노동력의 수요와 공급이 제때에 이루어질 필요성도 증가하고 있다. 오늘날의 격심한 세계경쟁에서는 노동시장의 유연성(*flexibility*) 요구가 이전보다 더욱 중요한 이슈로 제기되고 있다.

　사회복지의 확대가 이러한 노동시장의 유연성에 어느 정도 해를 주는 것도 완전히 부인할 수는 없는 사실이다. 예를 들면 후한 실업보험제도는 근로자들의 보유임금(reserve wage)을 높임으로써 이들로 하여금 적극적으로 재취업하려 하거나 생산성 향상(기술습득을 위한 투자를 통하여)을 위해 노력하려는 동기를 약화시킬 수 있다. 또한 높은 해고수당(severance pay)이나 높은 사회보장성조세의 부담은 사용자들로 하여금 노동력에 대한 수요가 줄거나 이윤이 낮아질 때 생산성이 낮은 노동력을 쉽게 해고하기 어렵게 하고, 그 반대의 경우 새로운 노동력을 고용하기 어렵게 할 수 있다. 이로 인한 노동시장의 경직성은 효율적인 노동력 배분을 어렵게 하고 결국 국가경제의 생산성을 떨어뜨릴 수 있다는 것이다.

　그러나 비록 사회복지가 노동시장의 유연성에 어느 정도 해를 준다 하더라도, 노동시장의 경직성에 영향을 주는 근본적이고 더 중요한 요인은 노사관계의 단체협약에서 찾아야 한다(Blank, 1994). 오늘날 서구 복지국가들은 그동안의 강력한 노동조합의 힘을 바탕으로 노동자들에 대한 고용, 해고, 임금, 근로시간 등의 여러 가지 근로조건 등에서 노동자들의 이익을 크게 신장시켰으며, 노동자들의 삶의 질을 크게 향상시킨 것은 사실이다. 그러나 바로 이 근로조건이 오늘날 서구 복지국가의 경제상황 변화로 인하여 노동시장의 유연성에 장애가 되고 있는 것이다. 경기가 침체하여 노동수요가 적을 때에도 임금을 줄이거나 해고하기가 어렵고, 새로운 산업에서 노동수요가 발생하여도 신속한 신규고용이나 노동이동을 어렵게 만드는 이른바 '기술부적합'(skill mismatches) 현상이 일어나 생산성이 떨어진다. 요컨대, 오늘날 서구 복지국가들에서의 노동시장 유연성의 주된 장애는 노사관계에서 찾아야 하며 순수한 사회복지 프로그램 그 자체의 탓으로 돌려서는 안 된다.

다섯째, 사회복지의 확대가 불필요한 가족해체를 유발시켜 생산활동에 참여할 수 있는 사람들의 숫자를 줄이는 반면 복지수급자의 숫자를 늘려 국가경제에 해가 된다는 주장이다. 7장에서 설명했듯이 오늘날 노인단독 가구 세대와 아이를 키우는 여성세대주 가구가 크게 늘어난 것은 사실이다.

그렇다면 이렇게 노인이나 여성세대주 가구가 증가한 것에 사회복지가 얼마나 영향을 주었는가? 사실 이 문제를 과학적으로 정확히 밝히기는 어렵다. 다만 노인이나 여성세대주 가구가 증가한 것은 오늘날의 현상만은 아니라는 데 주의할 필요가 있다. 이러한 현상은 멀리는 20세기 들어와서부터, 가까이는 2차 세계대전 이후부터 나타나기 시작한 현상이라 할 수 있다. 다시 말해 이것은 산업사회 혹은 후기 산업사회의 일반적 특성, 즉 생활양식(*life-style*)의 변화, 결혼, 이혼, 자식, 부모에 관한 가치관의 변화 등에서 혹은 국가들의 사회문화적 환경의 차이에서 그 원인을 찾아야 한다. 예를 들면 서구 복지국가들 가운데서도 가족결속을 강조하는 가톨릭 전통이 강한 국가인 이탈리아, 스페인, 프랑스 등에서의 노인단독 가구의 비율은 비교적 낮아 노인들 가운데 약 30~40% 정도가 여전히 자식들과 함께 살고 있으며, 유교적 전통이 강한 일본의 경우는 약 70% 가까이 자식들과 같이 사는 것으로 나타났다(OECD, 1994).

또한 설사 사회복지의 확대로 노인이나 여성세대주 가구가 증가한다 하더라도, 이들이 국가경제에 미치는 부정적인 영향은 미미하다고 할 수 있다. 그리고 이들의 노동시장 참여를 군이 필요로 한다면 국가정책으로 이를 유도할 수도 있을 것이다. 위에서 언급했듯이 스웨덴은 특히 여성의 노동시장참여를 장려하는 각종의 사회정책을 실시함으로써 이들의 노동시장 참여율을 여타의 국가들에 비해 크게 높였다.

무엇보다도 중요한 것은 사회복지의 존재이유가 바로 이러한 산업사회의 현상인 노인이나 여성세대주 증가에 대비한 것이라는 것을 생각하면, 이 문제는 어떻게 보면 해결되어야 할 문제라기보다는 문제 해결의 결과라고 할 수 있다.

마지막으로 사회복지의 확대가 지하경제를 늘려 국가경제에 해가 된다는 점이다. 이 주장도 실증적인 뒷받침이 미약하다. 비록 사회복지의 부담으로 사람들이 탈세의 동기가 커지는 것은 사실이나 실제로 행동으로 옮기기 위하여서는 조세체계, 소득파악의 정확성 여부, 국민들 사이의 연대감의 정도, 조세에 대한 가치관 등의 측면에서의 조건 등 여러 사회적 조건들에 따라 다르게 나타날 수 있다. 실제로 서구 복지 국가들 사이에서 사회복지의 부담이 큰 나라라고 해서 지하경제의 규모가 큰 것은 아니다. 예를 들면 스웨덴을 비롯한 복지 선진국들인 스칸디나비아 국가들의 지하경제의 규모는 비교적 낮아 GDP의 5% 이내인 반면, 이탈리아, 스페인 등의 그것은 상당히 높아 10~20%대에 이른다(Esping-Andersen, 1996). 무엇보다도 사회복지의 부담이 매우 낮은 우리나라가 오히려 큰 규모(대략 GDP의 15% 이상)의 지하경제를 갖고 있는 것이 이를 잘 말해준다(유일호, 1995).

지금까지 보았듯이 사회복지의 확대가 국가경제에 해를 줄 수 있는 것으로 거론되는 요인들 자체도 실증적인 측면에서 볼 때 불확실하다고 할 수 있다. 더구나 사회복지가 국가경제에 미치는 순기능적 역할을 감안한다면, 전체적으로 볼 때 사회복지의 확대가 국가경제에 해를 준다는 주장들은 더욱 그 근거가 미약해진다. 널리 알려진 바와 같이, 사회복지가 확대되면 첫째, 인적 자본의 향상을 통하여 근로자들의 생산성을 높일 수 있고, 둘째, 총수요관리를 통해 경제안정에 도움이 되며, 셋째, 기술변화에 대한 대응을 용이하게 할 수 있고, 넷째, 사회적·정치적 안정을 이룰 수 있으며, 다섯째, 미래의 불확실성을 제거하는 등의 기능을 통해 국가경제에 여러 가지 도움을 줄 수 있다(김태성, 1996). 실제로 많은 실증적 연구들이 이러한 관점을 뒷받침하고 있다(Kenworthy, 1996; Friedland & Sanders, 1985).

요컨대, 사회복지의 확대가 국가경제에 직접적으로 해를 준다는 주장은 실증적으로 명확히 뒷받침되지 않고 있기 때문에 아주 보수적으로 이야기한다 해도 사회복지와 국가경제와의 관계는 불명확하다고 보는 것이 타당하다.

그럼에도 불구하고 1990년대 이후부터 오늘날까지는 사회복지와 국가경제와의 관계를 다소 부정적인 것으로 보는 관점이 늘어나는 경향이다. 이 경향은 위에서의 논의들이 주로 1980년대 중반까지의 상황에 대한 자료를 근거로 해서 전개된 것인데 반하여, 그 이후, 즉 1980년대 중후반에서 오늘날까지의 이들 서구 복지국가들의 국가경제적 상황이 이전과 또 다른 방향으로 전개되고 있는 데 기인한다고 볼 수 있다.

예를 들면 그 동안 경제나 복지 모두에서 성공적인 복지국가로 알려졌던 스웨덴의 경우 1980년대 말 1990년대 초에 이르러 국가경제가 극도로 나빠져 마이너스 경제성장을 기록하였고, 그 동안 다른 유럽대륙의 복지국가들과 달리 아주 낮았던 실업률 또한 8~9% 대로 크게 높아진 것에서, 혹은 유럽대륙 복지국가들의 경제가 1980년대 말 이후에도 미국의 회복세와는 대조적으로 회복의 기미가 보이지 않은데서 찾을 수 있다. 또한 사회복지와 국가경제의 관계에 대한 최근의 실증적인 연구에서 1980년대부터는 이들의 관계가 이전의 다소 엇갈리는 결과와 대조적으로, 다소 부정적으로 밝혀진 것 또한 이러한 경향을 뒷받침하고 있다(Pfaller & Gough, 1991).

그렇다면 왜 사회복지와 국가경제의 관계의 부정적인 측면이 1980년대 중반 후 특히 오늘날에 와서 이전에 비해 더욱 크게 부각되는가?

이것은 크게 보면 두 가지로 설명할 수 있다. 하나는 사회복지가 국가경제에 미치는 부정적인 효과가 시간을 두고 늦게 나타날 수 있다는 점(*delayed effects*)이며, 다른 하나는 이른바 오늘날의 '지구경제'(*global economy*)의 현상 때문이다.

서구의 복지국가들은 대부분 2차 세계대전 이후 1970년대 말까지 크게 확장하다가 1980년대 이후부터 정체상태에 있다고 볼 수 있으며, 이때 사회복지의 확대가 국가경제에 미치는 부정적인 효과가 확대된 시기에 당장 나타나기보다는 시간을 두고 서서히 나타나는데 그것이 오늘날에 와서야 나타나기 시작한다는 것이다. 이것은 크게 세 가지의 논리로 설명된다(Lindbeck, 1995).

첫째, 사회복지가 확대시의 개인의 행동(근로, 저축, 탈세, 가족해체, 복지의 오용 및 남용 등)에는 조세제도와 사회복지제도에 대한 다양한 정보가 필요하고 적응하는 것에는 일정한 비용이 동반되기 때문에 시간이 필요하다는 것이다.

둘째, 개인의 행동은 또한 그 사회의 관습, 규범, 태도, 윤리 등에 의해 좌우되기 때문에 사회복지의 급여가 사람들에 미치는 경제적 동기만으로 쉽게 사람들의 행동변화를 야기하지 않는다는 것이다. 예를 들면 사회복지급여가 아무리 후하다 해도 대부분의 사람들은 사회복지 프로그램을 남용하지 않으며 정직하게 조세제도에 따를 뿐만 아니라, 어떤 사람들은 자신들이 자격이 되는 프로그램(대표적으로 실업급여나 공공부조)을 신청조차 하지 않는다. 이러한 관습과 규범은 동기부여와 통제체제에 대한 사회적 제도(social institution)에 의해 형성되는데, 후한 복지정책이 오래 지속되면 새로운 동기부여와 통제체제가 서서히 형성되어 기존의 관습과 규범을 벗어나게 된다. 따라서 복지정책이 오래 지속되면 새로운 동기와 통제체제에서 가치관이 형성된 세대에서는 탈세, 복지의 오용 및 남용 등의 기존관습에 대한 도전이 강하게 나타날 수 있다.

셋째, 개인의 행동은 대개 집합적 행위(collective action)에 따라 결정되는데 여기에도 일정한 시간이 필요하다는 것이다. 예를 들면 근로시간에 대한 개인의 선택은 대개 노조와 사용자 간의 단체협약에서의 여러 조건에 따라 좌우되기 때문에 복지정책이 변화에 따라 즉각적으로 반응하지 못할 수 있다.

이렇게 사회복지의 확대가 경제에 해를 주는 효과가 서서히 늦게 나타날 수 있다는 논리는 최근의 서구 복지국가들의 문제점을 설명하는 하나의 관점이 될 수 있는 것이 사실이다. 그러나 문제는 이 논리가 아직 실증적인 연구에 의하여 뒷받침되지 못하고 있다는 점이다. 어찌 보면 이러한 관점은 현재의 사회과학방법론의 한계 내에서 실증적으로 밝혀내기란 상당히 어려울 것으로 보이며, 당분간은 이 문제는 상당한 논란거리로 남을 것 같다.

사회복지의 확대가 국가경제에 해를 주는 효과가 오늘날 두드러지게 나타날 수 있다는 두 번째의 근거로 제시되는 것은 이른바 오늘날 가속화되고 있는 '지구경제'(global economy)라는 것과 관련이 있다.

복지국가는 성격상 국민국가의 형성 및 공고화와 밀접한 관계가 있었다. 얼마 전까지만 해도 한 국가 테두리 내에서의 사회복지와 경제정책은 외부의 영향으로부터 비교적 자유로운 가운데 국가 내의 자율적이고 독립적인 정책으로서 복지와 경제의 조화로운 정책이 가능했다. 그러나 1980년대 이후 이러한 국민국가의 경계는 경제영역에서부터 붕괴되기 시작하였다. 다시 말해 경제에 국경이 없어지고 국제경쟁이 치열해진 이른바 '지구경제'에 들어서서 노동과 자본이 이전보다 자유롭게 이동할 수 있는 가능성이 커지자 사회복지와 국가경제 간의 관계에서 부정적인 측면이 좀더 부각될 수 있게 된 것이다. 우선, 치열한 국제경쟁 상황에서 서구 복지국가들의 높은 조세와 사회보장성 조세부담이 경쟁력(특히, 가격경쟁력)에서 다른 국가들, 특히 일찍부터 일본, 최근에는 신흥 산업국가들(NICs)보다 불리하게 되었으며, 이러한 가격경쟁력의 저하로 인해 이들 국가는 국제무역에서 상대적으로 불리한 입장에 처하게 될 수 있다는 것이다.

둘째는 국내의 높은 조세부담과 고노동비용은 국내투자에서의 이윤율을 감소시켜 기업의 국내투자유인을 감소시킬 수 있다. 따라서 이들 기업은 해외투자에 주력하는 다국적 기업으로 변모를 시도하게 되었으며, 국내경제는 위축되어 실업률이 증가한다는 것이다. 또한 오늘날에는 국제금융에 크게 영향을 받기 때문에, 이전의 케인즈적 접근방식에 따라 국가의 재정정책이나 금융정책을 통해 총수요를 관리하여 성장, 고용, 분배정책을 적절하게 채택할 수 있는 여지도 줄어들 수 있다.

위에서 보듯이 오늘날 이른바 '지구경제'의 상황에서 서구 복지국가들의 높은 사회복지 부담이 국가경제에 해를 줄 수 있는 가능성이 과거에 비해 더 커질 수 있다는 것은 어느 정도 사실이다. 따라서 오늘날의 서구 복지국가는 새로운 시대에 맞게 적응해야 할 필요성 또한 높은 것이 사실이다. 그러나 '지구경제'의 상황이라고 해서 높은 사회복지 지출이 반드시 국가경제에 해를 주는 것은 아니다. 정확히 말하면 오늘날 서구 복지국가들의 나빠진 국가경제의 상황이 때마침 '지구경제'와 맞물려 사회복지의 문제가 좀더 심각해졌다고 보는 것이 타당하다. 서구 복지국가들의 국가경제만 좋았다면 '지구경제'의 상황이 사회복지의 문제에 그렇게 큰 영향을 주지는 않았을 것이다. 요컨대 문제는 서구 복지국가들의 나빠진 국가경제에 있다.

2) 서구 복지국가들의 경제의 실패

지금까지는 서구의 복지국가들에서 사회복지의 확대가 국가경제를 나쁘게 만들었다는 주장에 대하여 논의하였다. 지금부터는 반대의 인과관계로, 어떤 다른 요인들에 의하여 서구의 복지국가들의 경제가 나빠지게 되었으며, 이로 인해 사회복지가 부담이 되었다는 이른바 '희생자를 비난하는'(blaming the victim) 관점을 논의하고자 한다.

앞에서도 언급한 바와 같이 서구의 복지국가들은 빠르게는 1970년대 중반 이후, 늦어도 1980년대 이후에는 전반적인 경제적 상황이 이전과 비교하여 뚜렷이 나빠졌다. 예를 들면 1960년대의 이러한 국가들의 연평균 경제성장률은 평균 5%에 이르렀으며, 반면에 실업률은 평균 3% 이내로 비교적 낮게 유지되었다. 그러나 1970년대 중반 이후부터 나빠지기 시작한 상황은 1980년대에 들어 더욱 악화되면서 연평균성장률은 평균 2% 정도에 그친 반면, 실업률은 평균 8%에 이르렀다.

이와 같은 서구 복지국가들의 1970년대 이후 지속적인 경제적 침체는 어떤 요인에 의해 설명가능한가? 이는 사회복지와 비교적 무관한 많은 요인들에 의해 설명될 수 있는데 크게 다음의 세 가지를 들 수 있다.

첫째, 가장 단순한 그러나 가장 중요하고 근본적인 원인은 인구학적 측면에서 찾을 수 있다. 인구의 고령화와 출산율의 감소, 여성세대주 가구의 증가 등으로 생산활동에 참여할 수 있는 절대인구의 수가 줄어드는 반면, 사회복지의 수요는 증가되어 이것이 경제에 해가 된다는 것이다. 이것은 의학수준의 발전과 생활수준의 향상 등으로 인한 노인수명의 연장과 산업사회의 생활양식에 변화로 인한 가족구조의 변화에 기인하는 것이므로 사회복지와는 비교적 무관하다 할 수 있다.

오늘날 서구 복지국가들에서 노인이 전체 인구에서 차지하는 비율은 약 17~20%대이다. 예를 들면 2010년 기준으로 볼 때 독일은 20.3%, 이탈리아 20.4%, 스웨덴 18.8%, 프랑스 16.9%, 벨기에 17.5% 등이다(OECD, 2008). 이것은 1960년대의 10~12%대에 비하여 약 5% 이상 증가한 것이다. 이러한 수치는 오늘날 국제시장에서 이러한 국가들에 강력하게 도전하는 신흥 공업국가들의 노인인구비가 6~9%대에 불과한 것과 비교해 볼 때 매우 높은 것으로, 적어도 국가총생산이라는 절대적인 측면에서 볼 때 크게 불리한 것이다. 다른 측면으로, 단순한 노인인구 비율보다 더 중요한 요소는 노인인구 대 근로가능한 인구의 비율, 즉 의존율(dependency ratio)이다. 보통 65세 이상 노인 1인당 15~64세의 노동가능한 인구수의 비율로 나타내는 이러한 의존율은 이들 서구 복지국가의 경우 1960년대에 평균수치가 7.5명이던 것이 2006년에는 4.8명으로 감소하였다. 특히 독일, 이탈리아, 프랑스 등의 유럽대륙 국가들의 의존율은 대략 3.2명에 불과하다. 더군다나 사회복지의 필요가 가장 크고 또한 비용도 많이 드는 80세 이상의 노인층의 인구 또한 크게 증가하여, 1960년에 비하여 오늘날 대부분 3배 가까이 증가하였다(OECD, 2008). 이와 함께 이혼율의 증가나 미혼모의 증가 등으로 아이를 키우는 여성세대주 가구도 크게 증가하고 있으며, 이들 가구들도 사회복지의 필요가 크기 때문에 국가경제에 적지 않은 부담을 주고 있는 것이 사실이다.

요컨대 이와 같이 산업사회 혹은 후기 산업사회의 특성으로 생산활동에 참여할 수 있는 절대인구의 수는 줄어드는 반면, 사회복지의 필요는 오히려 증가하는 것이 오늘날의 치열한 국제경쟁의 상황에서 이러한 국가들의 국가경제를 불리하게 만드는 가장 근본적인 이유라 할 수 있다.

둘째, 산업구조의 변화이다. 이는 이른바 '탈산업화'(*deindustrialization*)의 현상으로 전통적으로 생산성이 높고 비교적 고임금인 제조업의 비중(고용비율이나 총생산에 기여비율)이 줄어드는 대신 생산성이 낮은 서비스업의 비중이 커지는 현상을 말한다. 1960년대까지만 해도 서비스산업부문에의 고용인구가 전체의 40%대에 머물렀던 서구 복지국가의 산업구조는 1990년경부터는 이들 부분에서의 고용이 60%대로 늘어나면서 크게 변화하고 있다(OECD, 1994). 이와 같은 서비스산업 중심으로의 산업구조의 변화는 그 자체로 국가경제의 생산성을 저하시켜 특히 오늘날과 같은 치열한 국제경쟁의 상황에서 매우 불리한 요인으로 작용하고 있다. 실제로 서구 복지국가들의 생산성은 크게 둔화되어, 1960년대 OECD 평균 연 4% 정도였던 생산성 증가율은 1980년대의 경우 1.5%에 그쳤다(OECD, 1994).

그리고 기술의 중요성이 날로 증가함에 따라, 특히 1980년대 이후 전문적이고 숙련된 노동의 필요성은 높아진 반면, 반숙련 혹은 미숙련 노동이 주종을 이루는 제조업은 줄어들어 이른바 '양극화'현상이 두드러지게 나타나고 있다. 양극화 현상으로 다수의 반숙련 혹은 미숙련의 생산직 근로자들이 서비스업으로 대거 몰리게 되어 전체적으로 국가경제의 생산성이 떨어지게 된 것이다. 또한 기술의 중요성은 노동시장의 유연성과 기술의 시의적절한 공급을 어느 때보다 필요로 하는데, 그동안의 노사관계로 인한 노동시장의 경직성으로 이것이 원활히 이루어지지 못하여 국가경제에 해를 주게 된 것이다.

셋째, 1970년대의 두 번에 걸친 유가파동(oil shock)으로 국제 이자율이 높아지고, 전 세계적으로 경기가 침체하자 서구 복지국가들의 경제는 과거에 비하여 나빠지기 시작하였다는 점이다. 이때까지의 세계시장은 서구 산업국가들의 자본집약적이고 고(高)에너지, 고기술집약적인 산업에 의하여 주도되었는데, 이러한 유가파동으로 에너지가격이 크게 오르고 이자율이 높아지자 생산성 향상을 위한 투자가 어려움을 겪게 되었다. 반면에 상대적으로 노동집약적이거나 에너지를 적게 사용하는 산업이 주효하던 후발 산업국가들(특히 4개의 아시아 국가들)의 경쟁력이 높아지면서, 서구 복지국가들은 이들에 비해 상대적으로 불리한 위치에 놓였다. 실제로 1976~1990년까지의 세계시장점유율을 보면 OECD 국가들은 평균적으로 그 기간 동안 약 3%가 줄어든 대신, 한국, 대만, 홍콩, 싱가포르 등 4개 아시아 국가들은 평균 약 20%로 크게 증가하였다(OECD, 1994).

이렇게 사회복지와 무관한 이유들로 서구 복지국가들의 국가경제가 1980년대에 들어서 급격히 나빠지자 과대한 사회복지는 재정적으로 부담이 되었는데, 이때 정치적인 이유 등으로 사회복지 지출은 쉽게 줄일 수 없어 국가경제는 더욱 악화되는 악순환을 거듭하게 된다. 사회복지와 국가경제와의 인과관계에서 최초의 원인은 서구 복지국가들의 나빠진 국가경제에 있다고 할 수 있다. 다시 말해 서구의 복지국가들이 1980년대에 들어와서도 국가경제가 계속 좋았다면 오늘날과 같은 복지국가의 문제는 없었을 것이다.

3) 정치적 문제

널리 알려진 바와 같이 오늘날의 서구 복지국가들은 2차 세계대전 후에 급격히 확대되기 시작하였다. 2차 대전을 전후로 한 복지국가의 급속한 확대는 무엇보다도 전쟁기간이나 후의 적으로부터의 내부적 단결이 강화된 데서 기인한다. 크게는 국민적 연대감(*solidarity*)이 높아지고, 작게는 사용자와 근로자 사이의 합의를 바탕으로 한 이른바 '합의의 정치'(*consensus politics*)가 용이해졌고, 이 요인이 사회복지정책의 확대를 가능하게 하였다는 것이다(Heclo, 1982).

이러한 요인과 더불어 이 시기의 높은 경제성장률과 낮은 실업률은 자본과 노동 사이의 합의구축을 비교적 용이하게 하였으며, 따라서 비록 사회복지의 확대가 자본에 다소 부담이 되더라도 이를 사회적 합의(산업평화)를 위한 투자로 인식하게 하였다.

또한 2차 대전 후의 동서 냉전상황에서 이념의 첨예한 대립은 각 이념의 우월성을 강조하는 이른바 '이념경쟁'을 낳았다. 이와 같은 경쟁의 상황에서 서구의 산업자본주의국가들은 순수한 사회주의와 순수한 시장경제의 중간형태로서, 시장경제를 유지하면서도 사회주의의 장점(빈곤, 불평등 해결, 모든 국민의 생활충족 등)을 충족시키는 것이 가능하다는 것을 보여주는 형태로서 '복지국가'를 선호하였다(Mishra, 1993).

이와 같이 복지국가를 선호하는 이념적 분위기, 그리고 전반적인 국민들의 결속력이 높았던 상황에서, 마지막으로 사용자, 근로자, 그리고 국가의 이른바 '3자주의'(tripartism)의 조합주의적(corporatist) 정책결정으로 사회복지와 경제의 조화로운 발전이 가능하였다(대표적으로 스웨덴). 또한 이러한 구도에서는 사회복지가 크게 확대되어도 그것이 경제에 미치는 부정적인 효과가 나타나기 어려운 반면, 스웨덴과 같은 '동일노동에 대한 동일임금'이라는 연대임금정책(solidarity wage policy)도 가능하게 된 것이다.

이렇게 복지국가의 확대에 유리하게 작용했던 정치적, 이념적 조건들은 1980년대부터 바뀌기 시작하는데, 바로 이처럼 변화한 정치적, 이념적 상황에서 오늘날 복지국가에서의 문제의 원인을 찾을 수 있다.

첫째는 1980년대부터 이념적인 측면에서의 신보수주의적 분위기가 때마침 발생한 소련을 비롯한 동구권 사회주의 국가의 몰락과 맞물려 사회주의는 실패한 것으로 보는 경향이 팽배해졌다. 이러한 상황에서 첨예한 이념대립 시기의 복지국가의 사회주의적 요소에 대한 선호는 더 이상 불필요한 것으로 받아들여지고, 철저한 시장경제의 논리가 지배하기 시작하였다. 특히 미국의 레이건, 영국의 대처에 의하여 주도된 신보수주의체제에서, 이 두 국가들의 이른바 '공급측 경제'(supply-side economics) 정책은 세금을 줄이고 사회복지를 축소하는 방식으로 경쟁력을 높이려는 정책을 시도하였다. 이러한 영미국가들의 신보수주의적 움직임에 대해 위협을 느낀 유럽의 복지국가들 역시 이에 대처하기 위해 복지국가 재편의 필요성을 재인식하게 된 것이다.

둘째는 2차 세계대전 이후 형성되었던 자본과 노동의 합의구축의 분위기가 더 이상 지속하기 어려운 상황으로 변화하였다. 이와 같은 상황은 여러 측면에서 설명할 수 있다. 먼저 1970년대에 두 번에 걸친 유가

파동으로 서구 복지국가들의 경제적 상황의 악화에 따른 대량실업은 노동의 힘을 상대적으로 약화시켰다. 자본측도 나빠진 경제적 상황에서 증가하는 사회복지에 대한 부담능력이 감소하였을 뿐만 아니라, 더 이상 이를 사회적 합의를 위한 투자로서 인식하지 않게 된 것이다.

합의구축의 분위기를 위축시킨 또 하나의 요인으로, 후발 산업국가들의 도전과 '지구경제'(경제의 지구화 또는 세계화)를 들 수 있다. 서구 복지국가들은 이들 후발 국가들의 도전에 대응하기 위해 고기술산업에의 투자의 필요성이 높아지게 되었으며, 또한 이른바 지구경제의 시대에 자본과 노동이 자유롭게 이동가능하게 되고 해외에서의 생산활동이 크게 늘어나자 국내노동의 힘이 상대적으로 위축되는 반면, 자본의 힘은 상대적으로 커지게 된 것이다. 이러한 상황에서 자본은 전통적인 3자주의에서 탈퇴하려는 움직임을 보여, 중앙정부 수준에서의 중앙집중적인 노사협상이 어렵게 되었다. 실제로 스웨덴의 경우 자본의 대표 조직인 SAF가 국가적 차원에서의 협상에 더 이상 참여하지 않고, 지역적, 지방적 차원에서의 협상에만 응하고 있다(Stephens, 1996).

셋째, 후기 산업사회의 산업과 산업구조 및 직업구조의 변화로 2차 세계대전 이래 서구국가들에서 강력한 노동조합의 가장 큰 지주로서의 역할을 했던 제조업에 근무하는 다수의 동질적인 육체노동자들의 숫자가 감소한 점이다. 서비스업 및 공공부문 근로자의 급속한 확대로 노동 조직은 다양화, 분절화 하기 시작하였으며 따라서 전국가적 차원에서의 응집력 있는 고도의 중앙집중적인 노동조합(centralized and national-level labor union)의 형태에서, 분절화되고 지역적인 노동조합 (decentralized and local-level labor union)의 형태로 변화하여, 전체적인 노조의 힘이 약화되고 있는 실정이다.

넷째, 위와 유사하게 후기 산업사회의 일반적 특성으로 대규모조직 (예, 노동 대 자본) 보다 소규모의 다양한 조직들이 많이 생기고 이들의 정치적 영향력 또한 점차 커지고 있다는 점이다. 예를 들면 여성, 노인, 인종, 환경 등으로 나뉜 다양한 조직들이 큰 구도의 '자본 대 노동'의 정치보다 더 중요한 영향을 행사하게 되었다는 점이다(Pierson, 1991).

이렇게 소규모 집단들이 많아지면 전체로서 노동자 자체의 응집력이 약해져서 노동의 힘이 약해질 뿐만 아니라, 정치적으로 국가전체의 이익에 반하는 결정이 증가할 수 있다. 일반적으로 말하자면 이른바 대규모 조직이면서 사회구성원 대다수에게 영향을 주는 '포괄적' 집단(*encompassing organization*)(예, 스웨덴의 LO)은 사회전체의 이익을 항상 염두에 두고 있기 때문에 조직의 이익과 사회의 이익을 같은 것으로 생각하여, 사회전체에 큰 손실을 줄 수 있는 재분배정책은 반대하고 효율적인 정책을 선호하는 경향이 있다. 반면에 소규모의 특별 이익집단(*special interest group*)은 사회전체의 이익이라는 차원은 무시하고, 자신들만의 이익만을 위한 정책을 선호하여, 재분배정책을 통하여 자신들의 이익을 챙기는 경향이 있다(Olson, 1995).

오늘날의 복지국가의 문제는 바로 이러한 포괄적 조직(*encompassing organization*)이 와해되고, 소규모의 좁은 이익을 추구하는 집단이 많아져 경제와 복지 모두가 실패하는 것이다. 예를 들면 인구수도 많지 않고 동질적인 스웨덴, 오스트리아 등은 1980년대까지만 해도 포괄적 조직이 지배적이었지만 오늘날에서는 이러한 조직이 와해되어 문제가 되는 것이다(Crepaz, 1992; Lewin, 1994).

지금까지 논의해 온 바와 같이, 오늘날의 서구의 복지국가들이 여러 가지의 어려움에 봉착하게 된 가장 중요한 원인은 1980년대에 들어와서부터 세계경제환경의 변화로 이들 국가들의 국가경제가 나빠졌고, 정치적, 이념적 환경의 변화로 사회복지에 대한 지지가 약해져 전체적으로 볼 때 사회복지가 부담이 되게 된 점이다. 물론 이러한 국가들의 지나친 사회복지 확대가 1980년대 들어와서부터 국가경제에 부분적으로 해를 준 것은 사실이고, 어찌 보면 일정한 성장의 한계(*growth to limit*)에 도달하였다고 볼 수도 있으나 그 자체가 오늘날 서구 복지국가가 봉착한 문제의 근본적인 원인이라고 할 수는 없다.

11

사회복지와 경제성장의 관계

사회복지와 경제성장의 관계는 오랫동안 사회과학의 대표적인 논쟁 중의 하나였다. 특히 우리나라처럼 사회복지를 확대하는 과정에 있는 국가들에서는 이러한 논쟁은 치열하고 정치적으로도 중요하다.

사회복지와 경제성장의 관계를 둘러싼 논쟁은 크게 보면 두 가지다. 하나는 경제성장만으로 사회복지 문제를 해결할 수 있느냐의 문제이다. 구체적으로는 경제성장만으로 빈곤이나 소득불평등을 줄일 수 있느냐이다. 사실 경제성장만으로 빈곤이 줄어들 수 있다면 가장 바람직할 수 있다. 왜냐하면 빈곤문제를 해결하기 위하여 사회복지를 확대하면 일정한 사회적 비용이 들기 때문이다. 다른 하나는 사회복지를 확대하면 경제성장에 해를 주느냐의 문제이다. 사실 이 문제가 사회복지와 경제성장의 관계에서 핵심적인 쟁점이라 할 수 있다. 사회복지의 확대를 주장하는 사람들은 사회복지를 확대하면 경제성장에 이롭다고 보는 반면, 경제성장을 강조하는 사람들은 사회복지는 경제성장에 해롭다고 본다.

1. 경제성장만으로 빈곤이나 소득불평등을 줄일 수 있는가?

많은 사람들이 경제성장 그 자체가 빈곤이나 소득불평등을 줄이는 가장 효과적인 방법이라고 생각하는 경향이 있다. 경제성장이 높으면 빈곤이나 소득불평등이 줄고, 경제성장이 낮으면 빈곤이나 소득불평등이 커진다는 것이다. 국가들 사이의 경제발전 수준이나 시대에 따라 다르지만, 실제로 과거에는 이러한 경우가 많았다.

예를 들면 우리나라에서는 1960년대 중반부터 1990년대 후반의 이른바 'IMF 외환위기' 시기 이전까지 연평균 약 8%의 높은 경제성장을 이루었는데 이 시기에 빈곤(적어도 절대빈곤)이나 소득불평등이 줄었다. 가장 극적인 예를 보면 1980년의 중위소득(물가상승을 고려한 불변가격으로 환산한 액수)의 50%의 소득수준을 절대적 빈곤선이라 했을 때, 1966년에는 우리나라 사람들의 약 50%가 이러한 빈곤선 이하에서 살았는데 1992년에는 약 1%의 사람들만이 빈곤선 이하에서 살았다(김태성, 1995). 그런데 이 시기에 우리나라에서는 사회복지정책을 비롯한 분배정책들이 매우 미미하였기 때문에 경제성장 그 자체 때문에 빈곤이나 소득불평등이 줄었다고 보는 것이 무리가 없다고 하겠다. 사실 이러한 경험으로 우리나라에서는 '성장제일주의' 가치가 지배하게 되었고, 그래서 유달리 많은 사람들이 '성장주의자'가 되었다고 볼 수 있다.

한편 우리나라보다 경제발전 수준이 높은 미국의 경우에도, 1960년대의 높은 경제성장의 시기에는 공식적인 빈곤율이 10% 포인트나 줄어든 반면에 〔여기에는 이 시기에 이른바 '빈곤과의 전쟁'(*war on poverty*)을 통해 분배정책을 확대한 것도 부분적으로 기여한다〕, 1980년대 초에 경제성장이 둔화되자 빈곤율이 크게 높아졌다(Cutler & Katz, 1991).

그래서 이른바 '공급측면의 경제학'(*supply-side economics*)을 강조하는 사람들은 경제성장 그 자체가 가장 효과적인 분배정책이라고 주장한다. 이러한 사람들은 재화나 서비스를 공급하는 사람들에게 세금을 줄여주는 방법 등으로 그들의 생산활동을 촉진시키면 분배할 사회적 자원이 늘게 되는데 이것이 이른바 낙수효과에 의해 저소득층의 소득을 올려 결국 빈곤이나 소득불평등이 준다고 생각하는 것이다.

이 주장에 따르면 전통적으로 수요 측면을 강조하는 직접적인 분배정책들은 오히려 궁극적으로 빈곤이나 소득불평등을 늘린다. 왜냐하면 분배정책을 위하여 세금을 올리거나 분배정책에 의존하여 사는 사람들이 많아지면 사람들의 생산활동이 둔화되어 결국 분배할 자원이 줄어들어 궁극적으로 저소득층들에 돌아갈 몫 자체가 오히려 줄기 때문이라는 것이다(Murray, 1984).

그렇다면 이 주장은 모든 국가에서나 모든 시기에서 유효한가? 그렇지 않다. 특히 오늘날 경제발전 수준이 어느 정도 이상 되는 국가들에서는 이러한 주장이 맞지 않는다. 예를 들면 우리나라의 경우 외환위기 이후인 2000년대에 들어와서 경제성장이 어느 정도 이루어졌는데도 불구하고 소득불평등은 오히려 늘어나는 현상이 나타난다. 미국의 경우도 1980년대 중반의 호경기에도 불구하고 과거와는 달리 빈곤이나 소득불평등이 늘었다. 사실 이러한 현상은 오늘날 대부분의 선진 산업국가들에서 비슷하게 나타나고 있다. 이제는 과거와 달리 '떠오르는 파도가 모든 배를 끌어올리는'(*rising tides raise all boats*) 낙수효과가 나타나지 않거나 크게 둔화된 것이다.

왜 이러한가? 왜 어떤 경우에는 경제성장만으로도 빈곤이나 소득불평등이 줄어드는데 어떤 경우에는 그렇지 못한가? 이에 대해서는 이론적으로나 실증적인 측면에서 많은 논란이 있다. 지금부터는 이러한 논란에 대하여 논의하기로 한다. 먼저 이론적인 측면을 보자.

1) 경제성장으로 빈곤이나 소득불평등이 줄어들 수 있는 논리

경제성장으로 빈곤이나 소득불평등이 줄어들 수 있는 이유들은 여러 가지가 있을 수 있으나, 크게 보면 다음의 네 가지로 요약할 수 있다.

첫째, '공급측 경제학'의 핵심 논리로 경제성장이 지속되면 생산활동이 커져서 일자리들이 늘어나 노동에 대한 수요가 많아져서 실업자들을 비롯한 저숙련 근로자들이 일자리를 잡을 기회가 높아져 결국 이러한 사람들의 소득이 향상된다는 점이다. 사실 경제발전 수준이 일정한 단계에 이르기 이전의 산업구조에서 기술의 중요성이 그렇게 크지 않은 상태에서는 이러한 논리가 설득력이 있다. 실제로 과거에는 많은 국가들에서 이러한 주장이 실증적으로 입증되었다.

둘째, 단순히 일자리가 늘어나는 것이 아니라 고임금 일자리가 많이 생겨 기존의 저임금 근로자들이 이러한 일자리들을 차지할 수 있어 그들의 소득이 향상될 수 있다는 점이다. 경제성장이 낮은 시기에는 저숙련(저임금) 근로자들이 아무(임금이 낮은) 일자리라도 잡으려고 하지만, 고성장의 시기에는 이러한 사람들이 고임금 일자리들을 차지할 가능성이 커지는 것이다.

그 이유는 다음의 세 가지로 설명할 수 있는데, 하나는 일반적으로 경제성장이 빠르게 이루어지는 시기에는 숙련 근로자들의 임금이 저숙련 근로자들의 임금보다 더 빠르게 상승하는 경향이 있다. 이때 기업들은 숙련 근로자들의 높은 임금을 감당하기 힘들어 저숙련 근로자들로 대체하려는 경향이 있는데 이렇게 되면 저숙련 근로자들의 임금도 자연스럽게 상승할 수 있는 것이다.

다른 하나는 이른바 내부노동시장 이론(*internal labor market theory*)에 의하면 어떤 기업들은 근로자들의 이직을 막거나 이들의 근로의욕을 고취하기 위하여 생산성이 높은 양질의 근로자들에게 높은 임금을 주는 경향이 있다. 그런데 경제성장이 빠르게 이루어지는 시기에는 기업들이 양질의 근로자들을 구하기가 어려워 저임금 근로자들도 채용하는 경향이 있어 저임금 근로자들도 높은 임금을 받을 수 있다는 것이다(Okun, 1973).

마지막으로 경제성장이 오랫동안 지속되면 사회에 전반적인 기술 향상이 이루어지는데 이때 이른바 '기술 전파'(*skill diffusion*) 현상으로 저숙련 근로자들의 기술도 향상되어 이로 인해 이들의 임금이 상승할 수 있는 것이다.

셋째, 지금까지는 노동에 대한 수요의 측면만 논의했는데 노동공급의 측면도 중요할 수 있다. 경제성장이 지속되어 일자리들이 늘어났을 때 학력, 숙련 정도, 연령, 성 등에 따른 근로자 집단들의 노동공급의 차이에 따라 집단별 임금 차이가 나타날 수 있다. 예를 들면 숙련 정도가 높거나 학력이 높거나 연령이 장년층이거나 남성인 일반적으로 고임금 근로자들의 노동공급이 숙련 정도가 낮거나 학력이 낮거나 연령이 어리거나 여성인 저임금 근로자들의 노동공급보다 많으면 후자의 근로자 집단들의 임금이 상대적으로 높아질 수 있어 임금불평등이 줄수 있는 것이다. 이것은 미국에서의 실증적인 자료에 의하여 뒷받침되는데, 미국에서는 1970년대에 학력별 소득불평등이 줄었는데 그 이유는 고학력 근로자들의 노동공급양이 저학력 근로자들의 그것보다 훨씬 커서 전자의 임금이 후자의 임금에 비하여 상대적으로 줄었기 때문이다(Cutler & Katz, 1991).

넷째, 경제성장이 지속되면 전반적인 소득 향상으로 국민들의 세금 부담능력이 커질 수 있어 국가재정이 확대되는 경향이 있다. 이때 두 가지의 이유로 저소득층의 소득이 높아질 수 있다. 하나는 널리 알려진 '산업화 이론'에서 주장하듯이 경제성장이 지속되면 국가의 재정능력도 커지고 국민들의 국가의 분배정책에 대한 필요(needs)도 커져 직접적인 분배정책이 확대되어 저소득층의 소득이 향상될 수 있다.

다른 하나는 정부 지출을 통한 서비스들은, 특히 오늘날 크게 늘어나고 있는 사회 서비스들은 대개 비숙련 근로자들(특히, 여성 근로자)에 대한 수요를 높이게 되어 이들이 일자리를 잡거나 임금이 올라갈 수 있다는 점이다. 예를 들면 스웨덴의 소득불평등이 낮은 이유 가운데 하나는 이 나라의 대규모의 정부에 의한 사회서비스 분야에 많은 수의 여성 근로자들이 취업하고 있기 때문이다.

2) 경제성장으로 빈곤이나 소득불평등이 늘어날 수 있는 논리

위와는 반대로 경제성장은 빈곤이나 소득불평등을 오히려 늘릴 수 있는데, 그 이유는 다음과 같다. 첫째, 경제성장이 지속되어 경제발전이 일정한 수준을 넘어서면 요소소득(factor income)의 측면에서 국민총소득 가운데 노동에 주어지는 소득보다 자본에 돌아가는 소득의 비중이 커질 수 있다. 이때 저소득층은 주로 노동소득에 의존하기 때문에 고소득층의 소득이 상대적으로 높아져 소득불평등은 커질 수 있다.

최근에 선진 산업국가에서 기업들의 생산성은 높아지나 근로자들의 실질임금은 오르지 않는 현상들이 나타나는데, 그 이유 가운데 하나는 기업의 소득이 주로 자본에게 돌아가기 때문이다. 이러한 현상은 특히 자본집중적인 산업이 노동집중적인 산업보다 중요해지는 오늘날의 선진산업사회에서 많이 나타날 수 있다.

둘째, 위에서 언급했듯이 경제성장으로 소득불평등이나 빈곤이 줄어들 수 있는 핵심적인 기제는 경제성장으로 저숙련 근로자들이나 실업자들을 위한 일자리들이 많이 만들어지는 것이다. 또한 오늘날에는 경제성장으로 일자리가 늘어나지 않는 '고용 없는 성장'(*jobless growth*) 현상이 많이 나타나고 있다는 점이다. 특히 이러한 현상은 기술집약적인 산업의 비중이 커질수록 더 많이 나타난다.

셋째, '고용 없는 성장'의 세부적인 이유는 기술발전과 이로 인한 산업이나 직업구조의 변화 때문이다. 기술이 발전하여 기술의 중요성이 커지면 그 자체로 고학력 혹은 고숙련 근로자들에 대한 수요가 증가하는 반면에, 저학력 혹은 저숙련 근로자들에 대한 수요는 줄어든다. 이때 고학력 혹은 고숙련 근로자들의 공급이 적절히 이루어지지 않으면, 즉 일자리와 기술이 적절히 부합되지 않으면(이것을 흔히 '일자리와 기술 부적합론'(*job-skill mismatch thesis*) 이라 부른다) 고학력 혹은 고숙련 근로자들의 임금이 크게 상승하여 소득불평등이 커지는 것이다.

그리고 기술발전은 산업구조와 직업구조 변화를 가져와 소득불평등을 크게 할 수 있다. 일반적으로 1960~1970년대까지만 해도 선진 산업국가들에서도 제조업에서 일하는 근로자들이 다수였다. 제조업은 전통적으로 임금 수준이 높고 기술이나 학력 측면에서 비교적 동질적인 사람들이 일을 하기 때문에 임금격차가 작아 경제성장으로 제조업 일자리들이 늘어나면 자연스럽게 소득불평등이 줄어들 수 있었다.

그런데 1980년대부터는 서비스산업에서 일하는 사람들의 숫자가 더 많아지는데, 서비스산업은 속성상 기술 차이가 커서 임금 격차가 크기 때문에 서비스산업의 비중이 커지면 경제성장으로 일자리가 늘어난다 하더라도 임금불평등은 커지는 것이다.

이것은 세부적으로 두 가지로 설명할 수 있다. 하나는 기술발전이 이루어지면 일반적으로 고숙련 근로자들의 생산성이 저숙련 근로자들의 생산성보다 높아지기 때문에 발전된 기술을 필요로 하는 서비스산업 (예를 들면 IT 산업)에서는 고숙련 근로자들에 대한 수요만 있고, 저숙련 근로자들에 대한 수요는 기술이 중요하지 않은 산업(예를 들면 사회 서비스산업)에만 있다는 점이다.

다른 하나는 점차 커지는 시장의 세계화와 이로 인한 치열한 국제경쟁 때문에 저숙련 근로자들을 필요로 하는 산업은 해외로 나가게 되어 (outsourcing), 국내에는 상대적으로 적은 숫자의 고숙련 근로자들을 필요로 하는 고기술 산업만 남게 되는 경향이 있다. 이 상황에서 제조업에서 밀려난 많은 수의 저숙련 혹은 반숙련 근로자들이 서비스산업으로 진입하게 되는데, 이렇게 되면 서비스산업에서의 임금 격차는 더욱 커지게 되는 셈이다.

이러한 이른바 '탈산업화'(deindustrialization) 혹은 '일자리의 양극화' (job polarization) 현상 때문에, 전통적인 제조업에서의 임금 격차가 작은 이른바 '중간층 일자리'(middle class job)의 숫자는 줄고 대신 '고임금 일자리'와 '저임금 일자리'의 숫자가 늘어나 결국 소득불평등이나 빈곤이 커지게 되는 것이다.

이것은 상기의 미국의 사례에서 볼 수 있다. 미국에서 1960년대에는 임금불평등이 줄어들고 1980년대에는 임금불평등이 늘어나는데, 그 이유는 1960년대에는 제조업에서의 저학력 근로자들의 고용이 크게 늘어난 반면에, 1980년대에는 이러한 근로자들이 약 25% 줄었기 때문이다(Cutler & Katz, 1991).

넷째, 지속적인 경제성장으로 경제발전이 일정한 수준 이상이 되면 노인 가구와 단일 부모가구(특히 여성세대주 가구)의 숫자가 크게 늘어날 수 있다. 실제로 오늘날 선진 산업국가들에서는 이러한 가구들의 숫자가 과거에 비하여 크게 늘어났다. 그런데 문제는 이러한 가구들은 속성상 노동시장에서 불리하기 때문에 소득이 낮거나 빈곤할 가능성이 크다. 따라서 경제성장으로 전반적인 국민들의 실질적인 소득이 늘어나도 이와 같은 가구가 늘어나면 빈곤이나 소득불평등은 줄어들지 않고 오히려 늘어날 수 있다.

또한 경제수준이 어느 정도가 되면 여성들의 경제활동참가율이 높아지는데 이때 가구소득불평등에 두 가지의 서로 상반된 영향이 나타날 수 있다. 한편으로는 가구 내의 주 소득자(primary earner)의 소득이 낮은 경우 가구 내의 2차 소득자(secondary earner)인 여성들이 일을 해서 주 소득자의 소득을 보충하면 가구소득이 높아질 수 있어 가구소득불평등이 낮아질 수 있다.

다른 한편으로는 소득이 높은 사람들이 소득이 높은 배우자와 같이 사는 현상(이것을 흔히 'positive assortive mating'이라 한다)이 있을 경우에는 여성들의 경제활동참가율이 높으면 가구소득불평등은 커진다. 실제로 미국에서의 어떤 연구에 의하면 1980년대에 남편과 부인의 소득의 상관관계가 과거보다 높은 것으로 나타났다. 남편의 소득이 높을수록 부인의 소득도 높거나, 아니면 남편의 소득이 낮을수록 부인의 소득도 낮은 것이다. 가구소득불평등이 가구 내의 주 소득자의 소득불평등보다 커지는 것이다.

지금까지 경제성장으로 빈곤이나 소득불평등이 줄어드는가 아니면 늘어나는가에 대한 이론적인 논의를 하였다. 어떤 경우에는 경제성장으로 빈곤이나 소득불평등이 줄어들고, 반대로 어떤 경우에는 빈곤이나 소득불평등이 늘어나기 때문에 이론적인 논의만으로는 불명확하다. 그래서 실증적인 조사가 필요한데, 지금부터는 경제성장과 빈곤이나 소득불평등의 관계에 대한 실증적인 연구들을 보기로 한다.

3) 실증적인 연구들

경제성장과 빈곤 혹은 소득불평등과의 관계를 실증적으로 분석하는 연구들은 크게 보면 두 가지로 나눌 수 있다. 하나는 국가들을 분석 단위로 하여 각 국가들의 경제발전 수준과 소득불평등의 관계를 비교·분석하는 것이고, 다른 하나는 국가 내에서 연도별로 경제성장과 빈곤이나 소득불평등의 관계가 어떻게 변하는가를 분석하는 것이다.

먼저 전자의 연구들을 검토하자. 사실 이 연구들은 경제발전 수준과 소득불평등의 관계를 분석하는 것이기 때문에 엄밀히 말한다면 경제성장과 소득불평등의 관계를 분석하는 것은 아니다. 그럼에도 불구하고 이 연구들을 검토할 필요가 있는데, 그 이유는 한 나라의 경제발전 수준은 오랜 기간에 걸친 경제성장에 달려 있어서 이러한 연구들을 통하여 경제성장이 소득불평등에 미치는 장기적인 효과에 대한 이해를 높일 수 있기 때문이다.

이러한 국가들 간의 비교 연구는 쿠즈네츠(Kuznets, 1963) 이후로 많이 있어 왔는데, 아직도 많은 논란이 있다. 이 연구들은 크게 보면 세 가지의 연구결과로 요약할 수 있다. 첫째, 경제성장이 지속될수록 저소득층의 소득이 지속적으로 높아져서 소득불평등이 감소한다는 것이다(Hewitt, 1976). 이 결과는 대개 경제발전 수준이 높은 국가들의 소득불평등이 경제발전 수준이 낮은 국가들(특히 저개발 국가들)의 소득불평등보다 낮은 것을 보여준다고 볼 수 있다. 다시 말해 경제발전 수준이 매우 높은 국가들과 경제수준이 매우 낮은 국가들과 비교하면 이와 같은 결과가 당연히 나타날 수 있는 것이다.

둘째, 경제발전의 초기 단계에서는 소득의 불평등이 커지지만 후기에서는 저소득층의 소득이 높아져 소득불평등이 줄어든다(Kuznets, 1963; Ahluwalia, 1976). 경제발전의 초기 단계에서 소득불평등이 커지는 것은 이른바 불균형 발전 때문이다. 이것은 남미국가들에서 흔히 나타났는데 경제가 핵심부문(core sector)을 중심으로 발전하여 주변부문(periphery sector)과의 차이가 커져서 소득불평등이 커지는 것이다. 이후에 경제발전 수준이 어느 단계를 넘어서면 불균형 발전의 모습은 사라지고, 앞의 이론적인 논의에서 언급했듯이, 이 단계가 되면 저숙련 근로자들에게 '기술 전파' 현상으로 기술 발전이 이루어지거나 고임금 일자리들이 주어질 수 있어 저소득 근로자들의 소득이 올라가서 소득불평등이 줄어들 수 있는 것이다.

셋째, 두 번째와 반대로 경제발전의 초기 단계에서는 소득불평등이 줄어드나 후기 단계에서는 오히려 소득불평등이 커진다(Jackman, 1975). 이 결과는 오늘날의 선진 산업국가들의 경제발전단계와 소득불평등의 관계를 잘 보여준다고 할 수 있다. 오늘날의 선진 산업국가들은 1960년대까지만 해도 제조업 중심으로 고임금의 일자리들이 많아서 저숙련 근로자들이 일자리들을 차지하여 그들의 소득이 높아졌으나,

1980년 이후 산업구조의 변화나 기술 양극화 등의 이유로 이와 같은 국가들에서 소득불평등이 커진다.

다음으로 국가 내의 경제성장과 빈곤이나 소득불평등과의 관계를 시계열 자료를 통하여 직접적으로 분석하는 연구들을 보자. 이러한 연구들은 국가들의 경제발전 수준 혹은 시기에 따라 서로 다른 결과들을 보여준다. 앞에서 언급했듯이 우리나라의 경우는 2인 이상의 도시 근로자 가구만을 분석했을 때 1966~1992년 사이에 경제성장으로 실질 중위소득이 5배 이상 높아졌고 절대빈곤도 크게 줄어들었으며, 1979~1992년 사이에는 소득불평등도 줄어든다. 예를 들면 5분위 계층의 소득점유율로 볼 때 1979년에는 가장 못사는 20%의 가구가 전체 소득의 7.9%를, 가장 잘사는 20% 가구가 전체소득의 39.3%를 차지하였는데, 1992년에는 이 수치가 각각 9.5%, 35.8%로 나타나 소득불평등이 줄었다는 것을 보여준다. 이는 지니계수로 볼 때도 뒷받침되는데, 1979년의 지니계수는 0.339이었는데 1992년에는 0.285로 줄어든다 (김태성, 1995).

그러나 2000년 이후에는 경제성장이 빈곤이나 소득불평등을 줄이는 효과가 크게 약화되어 이후에는 경제성장에도 불구하고 소득불평등이 늘어난다. 예를 들어, 구인회(2006)에 따르면 1980년대 후반부터 외환위기 발생 시점인 1997년까지는 소득불평등이 꾸준히 완화되어 1997년의 지니계수는 0.284였으나, 외환위기 이후 다시 소득분배가 악화되어 2002년의 지니계수는 0.314로 나타났다.

그렇다면 경제발전 수준이 우리보다 높은 미국의 경우는 어떠한가? 미국의 연구들도 시기별로 다르게 나타나는데, 우선 블랭크와 블라인더(Blank & Blinder, 1986)는 1950년대부터 1970년대 사이에 경제성장으로 실업률이 1%p 줄어들면 빈곤율도 1%p 줄어든다고 보고한다. 또한 커틀러와 카츠(Cutler & Katz, 1991)에 의하면 1959~1982년까지는 경제성장으로 중위소득이 올라가거나 실업률이 낮아져 빈곤율이 줄어들거나 소득불평등이 줄어든다.

반면에 블랭크와 카드(Blank & Card, 1993)은 1967~1991년 사이의 자료를 분석한 결과 경제성장으로 인한 실업률의 감소나 중위소득의 증가가 소득불평등을 줄이는 데 기여하지 못한다고 보고한다. 또한 커틀러와 카츠(Cutler & Katz, 1991)에 의하면 1983년 이후부터는 경제성장으로 빈곤이나 소득불평등이 줄어들지 않고 오히려 늘어난다. 그 주요 이유는 주 소득자(*primary earner*)들 사이의 임금불평등이 커졌기 때문이다.

또한 프리먼(Freeman, 2001)에 의하면 1960년대에는 경제성장이 빈곤율을 크게 줄였으나 그 이후에는 경제성장이 빈곤에 미치는 영향이 크게 둔화되었거나 오히려 빈곤율을 높였다. 구체적으로 보면 1959년부터 1969년까지는 1인당 국민소득의 성장률이 34.6%이었고 이 기간 동안 빈곤율은 18.5%에서 9.7%로 낮아졌다. 이 기간 동안에는 경제성장의 낙수효과가 뚜렷이 나타났다.

그러나 그 이후부터는 이러한 효과가 크게 둔화되는데, 1969~1979년에는 1인당 국민소득 성장률이 23.8%이었는데 빈곤율은 9.7%에서 9.2%로 낮아진 것에 불과하다. 특히 1979~1989년에는 1인당 국민소득 성장률이 22.9%인데도 불구하고 빈곤율은 9.2%에서 10.3%로 오히려 늘었다. 이후 1989~1999년에는 성장률이 22.2%인데 빈곤율은 10.3%에서 9.3%로 약간 낮아졌다. 지난 30년간 전체로 볼 때, 1인당 국민소득 성장률은 73%인 반면에 이 기간 동안의 빈곤율은

1969년의 9.7%에서 1999년의 9.3%로 0.4% 포인트 낮아진 것에 불과한 것이다.

지금까지 소개한 연구들은 모두 시장소득, 즉 과세 전 소득(pre-tax income)이 아닌 과세 후 소득에다 이전소득까지 합한 가구 총소득을 분석하였다. 그런데 이 소득을 사용하면 경제성장이 빈곤이나 소득불평등에 미치는 영향을 정확히 알아내기가 어렵다. 왜냐하면 빈곤이나 소득불평등의 정도는 세금이나 이전소득에 따라 달라질 수 있기 때문이다. 따라서 경제성장의 효과를 좀더 명확히 알기 위해서는 시장소득을 사용하여 경제성장이 시장소득의 변화에 어떠한 영향을 주었는지를 분석해야 한다.

시장소득(market income)만을 분석한 단지거와 플로닉(Danziger & Plotnick, 1977)에 의하면 미국에서 1965~1974년 사이 경제성장이 지속된 결과로 가구의 실질소득이 높아졌는데, 시장소득의 불평등은 커졌으며 지니계수는 0.4406에서 0.4765로 증가했다. 또한 좀더 긴 기간을 분석한 블라인더(Blinder, 1980)에 의하면 미국에서 1947~1977년 사이의 30년간 그 동안의 경제성장으로 미국인들의 실질소득이 약 2배 이상 높아졌으나, 소득불평등의 정도는 거의 변화가 없거나 오히려 약간 늘었다.

한편 빈곤에 초점을 맞출 경우 빈곤한 사람들의 시장소득만으로 볼 때 '빈곤갭'(poverty gap)은 지난 1963~1983년 사이에 경제성장에도 불구하고 지속적으로 증가하였다. 예를 들면 1982년의 불변가격으로 1965년의 빈곤갭은 676억 달러였는데, 그간의 경제성장에도 불구하고 1983년의 빈곤갭은 1,162억 달러에 이른다(Danziger & Weinberg, 1986).

그런데 지금까지 언급한 연구들은 그 동안의 가족구조의 변화로 인해 빈곤할 가능성이 큰 가구(노인 가구, 여성세대주 가구 등)들이 대폭 증가한 점을 고려하지 않았다. 사실 경제성장으로 빈곤이나 소득불평등이 줄었음에도 이러한 가구들이 대폭 늘어나 경제성장의 효과가 희석될 수 있다. 따라서 가족구조의 변화를 통제한 후의 경제성장과 소득불평등의 관계를 분석할 필요가 있다.

커틀러와 카츠(Cutler & Katz, 1991)에 의하면 가족구조의 변화는 빈곤이나 소득불평등의 정도에 어느 정도 영향을 준다. 예를 들면 가족구조가 변화하지 않았다면 1989년의 빈곤율은 공식적인 빈곤율보다 1%p 낮아질 수 있었다는 것이다. 그런데 이러한 가족구조의 변화로 인하여 빈곤이나 소득불평등이 커지는 것은 1970년대까지는 어느 정도 나타나는데 1980년대 이후에는 가족구조의 변화가 큰 설명력을 갖지 못하고 있다. 앞에서 언급했듯이 1980년대 이후에는 가구주의 임금불평등이 커지는 것이 더 중요하다.

이와 유사하게 블랭크와 카드(Blank & Card, 1993)도 가족구조가 변화하지 않았다면, 1967~1991년 사이에 가장 잘사는 가구들 20%의 소득은 줄고 나머지 80%의 가구들의 소득은 올라갔을 것으로 분석한다. 가족구조의 변화가 소득불평등을 늘리는 효과를 나타낸다. 그러나 더 중요한 것은 노동시장에서의 임금불평등이고, 가족구조의 변화가 이러한 임금불평등이 가구소득의 불평등에 미치는 영향을 약화시키지는 못한다고 결론짓는다.

지금까지 경제성장이 빈곤이나 소득불평등에 미치는 영향에 관하여 이론적인 측면과 실증적인 측면에서 검토하였다. 위에서 논의했듯이 어떤 경우(국가나 시기)에는 성장이 빈곤이나 소득불평등을 줄이고, 어떤 경우에는 빈곤이나 소득불평등을 오히려 늘린다. 그렇다면 결론은 무엇인가? 지금까지의 논의를 종합해 보면 다음과 같은 결론을 내릴 수 있다.

첫째, 경제성장을 통하여 빈곤이나 소득불평등을 줄이기 위해서는 산업과 직업구조가 저소득층의 소득을 높일 수 있는 방향으로 이루어져야 한다. 선진 산업국가들의 경우 1960~1970년대까지는 제조업의 비중이 커서 경제성장이 이루어지면 비숙련 혹은 반숙련 근로자들의 임금이 상승하여 소득불평등이 줄어들 수 있었다. 그런데 1980년 이후부터는 기술의 중요성이 커지고 기술 차이가 큰 서비스산업의 비중이 커지면서 경제성장은 고숙련 근로자와 비숙련 근로자 사이의 임금 격차를 크게 하여 결국 소득불평등을 늘렸다. 한마디로 말하여 경제발전 수준이 어느 정도 이상이 되면 산업과 직업구조가 저소득층에게 불리한 방향으로 바뀌게 되어, 이러한 상황에서의 경제성장은 소득불평등을 높이는 것이다.

둘째, 경제성장이 소득불평등을 줄일 수 있는 것은 노동이 가능한 인구들 사이의 임금불평등의 완화를 통해서이다. 그런데 경제성장이 지속되어 경제발전이 어느 수준 이상이 되면 비노동 인구(노인, 여성세대주 등)도 크게 늘어나기 때문에 노동인구의 임금불평등 감소에도 불구하고 사회 전체의 소득불평등은 줄어들기 어렵다.

다만 경제성장으로 사회 전반적인 소득이 증가하면 이러한 비노동 인구에 대한 분배정책을 실시하는 데 상대적으로 좋은 여건을 갖추게 될 수는 있으나, 그렇다고 하여 반드시 비노동 인구들에 대한 분배정책이 채택되는 것은 아니다. 이것은 국가들의 정치적, 사회적, 문화적 등의 차이에 따른 지배 가치의 차이에 따라 다를 수 있다. 예를 들면 우리나라는 오랫동안 높은 경제성장을 이루었지만 분배정책은 등한시하였다. 반면에 스웨덴은 이른바 '스웨덴 모델'을 통하여 경제성장을 이루면서 동시에 분배정책도 확대하였다. 다시 말해 경제성장 그 자체가 사회의 비노동 인구를 비롯한 취약계층을 위한 분배정책의 확대를 보장하는 것은 아니다. 경제성장은 소득불평등 감소의 필요조건은 되지만 충분조건은 아닌 것이다.

셋째, 경제성장을 통하여 빈곤이나 소득불평등을 감소시킬 수 있다는 낙수효과는 경제성장을 통하여 일자리들(특히 고임금)이 많이 생겨 결국 이러한 일자리들이 저소득층 사람들에게도 돌아간다는 것이다. 그러나 이 과정에는 일정한 시간이 필요하고, 또한 저소득층 사람들이 이러한 일자리들을 차지할 수 있는지도 불확실하다. 반면에 적극적인 분배정책(예를 들면 소득보장정책)은 빠른 시간 내에 확실하게 저소득층의 소득을 높일 수 있는 것이다.

결론적으로 경제성장만으로 빈곤이나 소득불평등이 줄어들 수 있다면 더 이상 좋은 것이 없다. 왜냐하면 적극적인 분배정책들은 어떤 경우에 자본주의경제에 어느 정도 해를 줄 수가 있기 때문이다. 그러나 지금까지 논의했듯이, 경제성장만으로 빈곤이나 소득불평등이 줄어들 수 있을지는 불확실하고, 기껏해야 경제성장은 적극적인 분배를 위한 필요조건에 지나지 않는다.

2. 사회복지를 확대하면 경제성장에 해로운가?

사회복지와 경제성장의 관계를 둘러싼 또 하나의 논쟁은 사회복지를 확대하면 경제성장에 해를 주느냐의 문제이다. 일반적으로 사회복지의 확대를 반대하는 사람들의 가장 중요한 논리는 사회복지를 강조하다 보면 경제성장에 해를 준다는 점이다. 실제로 많은 사람들은 오늘날 서구 복지국가들이 지난 20~30년 동안에 경제성장률이 낮은 것은 지나친 사회복지 때문이라고 생각하는 경향이 있다.

과연 그러한가? 먼저 이론적인 측면에서 볼 때, 사회복지의 확대는 경제성장에 이로울 수도 있고 또한 해로울 수도 있다. 앞에서 언급했듯이 사회복지를 확대하면 여러 가지 이유로 경제성장에 이로울 수 있다.

첫째는 널리 알려졌듯이, 사회복지를 확대하면 인적자본의 향상으로 생산성이 증가하여 경제성장에 기여한다는 점이다. 지속적인 경제성장이 이루어지기 위해서는 정신적 혹은 육체적으로 건강한 노동력이 지속적으로 공급되어야 하는데 여기에 사회복지정책이 크게 기여하는 것이다.

예를 들면 무상의무교육, 저소득 아동들을 위한 다양한 인적자본 향상을 위한 프로그램, 노동력 재생산을 위한 각종의 사회보험, 영양, 의료, 주거 향상을 위한 다양한 프로그램, 적극적 노동시장정책 등이다.

둘째는 사회복지는 사람들의 소득불안정 혹은 불확실성을 줄임으로써 경제성장에 기여할 수 있다. 사회복지의 가장 중요한 목표 가운데 하나는 사람들이 살아가는 동안에 부딪히는 여러 가지의 위험들(노령, 장애, 실업, 질병)로 인한 소득불안정을 감소시키는 것이다. 복지국가들의 핵심제도인 4대 사회보험이 그러한 기능을 한다. 이렇게 사회보험을 통하여 소득불안정을 해결하면 사람들의 심리적 안정감이 커져 생산성 향상을 이룰 수 있는 것이다.

셋째는 사회복지는 또한 사회통합을 이룰 수 있어 정치적·사회적 안정을 이루어 경제성장에 기여할 수 있다. 실제로 서구 복지국가들의 역사적 발전 과정을 볼 때, 사회복지의 확대는 국가의 정치적 · 사회적 안정을 추구하기 위하여 이루어졌다고 볼 수 있다(예, 독일의 비스마르크의 사회입법, 미국의 1930년대의 사회보장법 등). 정치적 · 사회적 안정은 경제성장에 크게 기여할 수 있다. 정치적 · 사회적으로 안정이 되어야만 투자를 비롯한 사람들의 경제적 행위가 활성화되고, 노사갈등이 줄어들며 범죄 등의 사회적 일탈 행위가 줄어 경제성장을 높일 수 있는 것이다.

넷째는 사회복지는 노인이나 가난한 사람들의 구매력을 높여 산업활동을 촉진시켜 경제성장에 기여한다. 이것은 특히 불경기에 그러한데 이때의 많은 수의 실업자들이나 저소득층의 사람들의 구매력을 높일 수 있는 것이다. 반면에 호경기 때에는 사회복지급여가 줄어드는 대신 사회보험료를 많이 걷을 수 있어 물가상승을 억제할 수 있다. 사회복지 제도들은 이른바 '자동경제 안정장치'의 기능을 통하여 경제성장에 기여할 수 있다(Lampman, 1984).

마지막으로 사회복지는 기술변화에 대한 적응을 용이하게 하여 경제성장에 기여할 수 있다. 오늘날 기술은 빠른 속도로 변하고 있고 기술의 중요성이 더 커지고 있다. 따라서 노동자들은 새로운 기술을 습득하거나, 새로운 산업에 빨리 적응할 필요성이 높아진다. 이 목표를 이루기 위해서 사회복지 프로그램들은 중요한 역할을 한다. 예를 들면 새로운 기술을 배우는 비용, 기술을 배우는 동안의 소득보장, 새로운 산업 지역으로의 이전과 정착비용, 새로운 직장을 구하는 데 드는 비용 등을 사회복지 프로그램을 통하여 해결할 수 있다(Abramovitz, 1981).

이러한 이유들로 사회복지를 확대하면 경제성장에 이롭다는 주장은 많은 실증적인 연구들에 의하여 뒷받침되고 있다(Atkinson, 1995;

Slemrod, 1995).

반면에 9장에서 자세히 논의했듯이, 사회복지의 확대가 경제성장을 저해한다는 주장도 많고 이러한 주장들 역시 많은 실증적 연구들에 의하여 뒷받침되고 있다(Landau, 1985; Marlow, 1986). 그렇다면 어느 입장이 옳은가? 결론부터 이야기하면 사회복지가 경제성장에 이로운지 아니면 해로운지는 이론적으로나 실증적으로나 모두 불명확하다고 할 수 있다.

왜 이러한가? 가장 중요한 이유는 오늘날까지 사회복지와 경제성장의 관계에 대한 실증적인 연구들이 갖고 있는 한계 때문이다. 지금부터는 이러한 실증적 연구들을 둘러싼 쟁점들에 관하여 논의하고자 한다. 그래야만 사회복지와 경제성장의 관계에 대한 이해를 좀더 높일 수 있기 때문이다.

사회복지와 경제성장의 관계에 관한 실증적인 연구들은 크게 보면 두 가지 형태로 나눌 수 있다. 하나는 이른바 '미시적 접근'(bottom-up)으로 개별 사회복지정책들이나 다양한 형태의 조세들이 경제성장에 어떤 영향을 주는지를 분석하는 것이다. 예를 들면 국민연금이 저축이나 투자를 감소시켜 경제성장에 어떤 영향을 주는지를 분석하거나, 개인 소득세의 세율 변화가 경제성장에 어떤 영향을 주는지를 분석하는 것 등이다. 그런데 이 연구들은 개별 정책마다 다르기 때문에 사회복지정책이 성장에 총체적으로 어떤 영향을 주는지 알 수 없는 한계가 있다.

다른 하나는 이른바 '거시적 접근'(top-down)의 형태로, 집합적인 자료인 GDP 대비 사회복지정책지출과 1인당 GDP 혹은 성장률을 사용하여 국가 간 비교(cross-sectional)나 국가 내의 시계열 분석(time-series)을 하는 것이다. 그래서 GDP 대비 사회복지정책지출의 비율이 높을수록 1인당 GDP나 성장률이 늘어나는지 줄어드는지를 분석하는 것이다. 이러한 '거시적 접근' 방식이 경제성장과 사회복지의 관계를 총체적으로 보여줄 수 있고 오늘날 특히 이러한 연구들이 논란이 많이 되기때문에 여기서는 '거시적 접근'의 연구들에 관하여 논의하고자 한다.

오늘날 전 세계 국가들을 분석하면, 일반적으로 1인당 GDP가 높은부자 국가일수록 가난한 국가들에 비해서 GDP 대비 사회복지정책지출의 비율이 높다. 또한 오늘날 선진 산업국가들, 예를 들면 미국의 경우를 보면 1929~1992년 기간 동안 GDP 대비 사회복지정책의 지출이많을수록 1인당 GDP도 높아진다(Slemrod, 1995).

이상의 두 가지 사실로 볼 때 단순히 보면 사회복지정책을 확대하면경제성장에 이롭다고 해석할 수 있다. 그러나 이런 식의 해석은 다음의몇 가지 이유로 주의를 필요로 한다.

첫째, 사회복지정책과 경제수준이나 경제성장과의 인과관계를 명확히 밝히기 어렵다는 점이다. 먼저 위에서처럼 1인당 소득수준과 사회복지정책의 수준이 정(正)의 상관관계를 갖고 있다 하여 사회복지정책이 확대되어 1인당 소득수준이 높아졌다고 해석할 수 없다. 왜냐하면와그너의 법칙이 말하듯이, 소득수준이 높아지면 사람들의 사회복지정책에 대한 요구도 늘어나고 또한 세금부담능력도 커지기 때문에 사회복지정책의 규모가 커질 수 있기 때문이다. 만일 후자라면 사회복지정책이 확대되어 1인당 소득수준이 높아졌다고 말할 수 없다. 반대의인과관계인 것이다.

한편 사회복지정책과 경제성장과의 관계가 부(否)의 상관관계를 보일 때, 즉 사회복지정책이 커지면 경제성장이 낮아질 때 사회복지정책때문에 경제성장이 낮아졌다고 해석할 수 있다. 그러나 이 해석도 위험하다. 왜냐하면 경제성장이 둔화되어 사회복지정책을 확대할 수밖에 없는 경우도 있기 때문이다. 예를 들면 경제성장이 둔화되면 실업률이 높아지는 등의 이유로 빈곤층이 늘어나서 사회복지정책의 필요(*needs*) 가 높아져서 국가가 사회복지정책을 확대할 수밖에 없는 것이다. 이것 은 최근 우리나라에서 'IMF 외환위기'의 시기에 경제성장이 크게 둔화 되어 실업자들이 크게 늘어나자 사회복지정책을 일시적이나마 확대한 예에서도 볼 수 있다. 만일 이렇다면 인과관계는 반대로 사회복지정책 이 경제성장을 둔화시킨 것이 아니라, 경제성장이 둔화되어 사회복지 정책이 확대된 것이다.

둘째, 사회복지정책에의 지출의 성격이 국가들마다 다르다는 점이 다. 사회복지정책과 경제성장과의 관계를 국가들 사이를 횡단적으로 분석하는 연구들은 대부분 독립변수로서 GDP 대비 사회복지정책 지 출의 비율을 사용한다. 따라서 이 변수가 중요한데 문제는 사회복지정 책지출의 성격이 국가들마다 다르다는 점이다. 어떤 국가들은 사회복 지정책 지출이 많은 것이 단순히 사회복지정책에 대한 필요(*needs*)가 많아서 그러하다. 예를 들면 노인인구, 실업자, 빈곤자, 여성세대주 가구 등 사회복지정책을 필요로 하는 사람들이 많아서 GDP 대비 사회 복지정책지출 비율이 높은 것이다.

반면에 어떤 국가들은 사회복지정책지출이 많은 것이 사회복지정책 의 내용 때문에 그렇다. 예를 들면 사회복지정책들의 급여 수준이 높거 나(소득대체율이 높다), 수급자격조건이 까다롭지 않아 많은 사람들이 (특히 근로능력이 있는 사람들을 포함하여) 급여를 받는 것이다.

이 두 가지 경우는 사회복지정책이 경제성장에 영향을 주는 점에서 차이가 있다. 사회복지정책이 경제성장에 해를 줄 수 있는 것은 논리적으로 볼 때 전자보다는 주로 후자의 경우 때문이라 할 수 있다. 예를 들면 급여액과 소득대체율이 높으면 사람들의 근로동기가 약해질 가능성이 크다든지, 급여자격이 관대하면 근로능력 있는 사람들도 일을 하지 않고 급여를 받으려고 하기 때문이다.

그런데 거의 모든 실증적인 연구들은 단순히 GDP 대비 사회복지정책지출의 비율만을 사용할 뿐 이 비율이 사회복지정책에의 필요가 많아서인지 아니면 사회복지정책의 내용 때문에 그러한지 구분하지 못하고 있는 것이다.

셋째, 사회복지정책의 규모를 측정하는 데에 문제가 있다는 점이다. 국가들마다 사회복지정책의 형태는 차이가 있다. 예를 들면 오늘날 유럽의 복지국가들을 포함한 많은 국가들에서는 아동이 있는 가구들에게 가족수당을 지급한다. 반면에 우리나라나 미국을 비롯한 많은 국가들에서는 가족수당 대신에 아동이 있는 가구들에게 조세지출(*tax expenditure*)의 형태로 세금을 감면해 준다.

이 두 가지 제도는 아동이 있는 가구들에게 국가에 의하여 혜택이 주어진다는 점에서 기능적으로 동일한 역할을 한다고 볼 수 있다. 그런데 문제는 가족수당은 사회복지정책지출에 포함되는 반면, 아동을 위한 조세지출은 포함되지 않는다는 점이다. 이렇게 되면 사회복지정책지출이 높은 것이 경제성장에 미치는 영향이 과대평가될 수 있는 것이다.

넷째, 사회복지정책이 경제성장에 이로운 점들을 측정하기가 어렵다는 점이다. 앞에서 논의했듯이 사회복지정책은 경제성장에 여러 가지 측면에서 도움을 줄 수 있다. 그런데 문제는 이러한 이로운 점들은 측정하기가 어려운 것이다. 예를 들면 오늘날 가장 규모가 큰 사회복지정책인 사회보험들은 사람들이 살아가는 동안에 부딪히는 다양한 위험들을 해결해 주는데 이것은 여러 가지 측면에서 경제성장에 도움을 준다. 사회보험은 무엇보다도 사람들의 노동력을 유지시켜 준다는 점에서 경제성장에 도움을 준다. 예를 들면 질병에 걸렸을 때 의료서비스를 받을 수 있고 치료 기간 동안 생활비를 받을 수 있어 노동력의 재생산이 가능해지는 것이다.

또한 미래에 부딪힐 수 있는 위험을 해결하기 때문에 불확실성의 감소라는 정신적·심리적인 이득을 주는데 이 역시 경제성장에 기여할 수 있다. 또한 사회복지정책은 사회·정치적 안정이라는 이득을 주는데 이것도 경제성장에 다양한 이유로 기여할 수 있다.

문제는 이 사회복지정책의 편익들은 계량화하기가 어렵기 때문에 측정하기가 힘들다는 점이다. 그래서 실증적인 연구들에서 사회복지정책이 경제성장에 주는 긍정적인 효과가 과소평가될 수 있는 것이다.

다섯째, 사회복지정책이 경제성장에 미치는 영향은 또한 임금, 고용, 근로시간 등의 근로조건을 결정하는 방식에 따라 다를 수 있다는 점이다. '조합주의적'(*corporatist*) 국가에서는 임금, 고용, 노동시간 등의 근로조건이 국가, 노동을 대표하는 조직, 자본을 대표하는 조직의 3자의 협상으로 중앙집권적으로 집합적으로 결정된다. 반면에 어떤 국가들에서는 근로조건이 개별 노동자들과 개별 기업 혹은 산업들 사이에서 분권적으로 개별적으로 결정된다.

이 두 가지 형태의 국가들 중 일반적으로 조합주의적 국가들에서는 사회복지정책이 확대되어도 경제성장에 주는 부정적인 효과가 후자의 국가들에 비하여 적다. 왜냐하면 조합주의적 국가들에서는 노동조건이 집합적으로 결정되기 때문에 사회복지정책의 확대로 세금이 올라간다 해도 개인 노동자들의 입장에서의 행위의 변화의 여지가 적기 때문이다. 예를 들면 조합주의 국가들에서는 높은 세금으로 인한 노동공급의 감소가 비조합주의적인 국가들에 비하여 적게 나타나는 것이다 (Freeman, 1997).

여섯째, 국가들 사이의 사회문화적인 차이도 사회복지정책과 경제성장의 관계에 영향을 줄 수 있다. 예를 들면 동질적이고 국민들 사이에 신뢰감이 크고 연대의식이 강한 국가와 이질적이고 국민들 사이에 신뢰감이 약하고 연대의식이 약한 국가 사이에는 사회복지정책이 경제성장에 미치는 영향에 차이가 있다. 전자의 국가에서는 높은 세금에도 불구하고 탈세행위가 적거나 근로동기가 약화되지 않는 반면에, 후자의 경우 납세자와 사회복지정책의 수급자 사이의 반목이 커서 세금이 높아지면 쉽게 탈세할 동기가 커지거나 사회복지정책이 확대되면 쉽게 일을 안 하고 사회복지정책의 수급자가 되려고 하는 경향이 크다. 그래서 전자의 국가들에서는 사회복지정책이 확대되어도 경제성장에 미치는 부정적인 효과가 후자의 국가들에 비하여 적게 나타나는 것이다.

일곱째, 국가들이 갖고 있는 사회복지정책들의 세부적인 형태의 차이도 중요하다. 예를 들면 보편적인 사회서비스를 강조하는 국가와 일정한 자산이나 소득 이하의 사람들에게만 급여하는 공공부조를 강조하는 국가의 경우, 전자의 경우가 사회복지정책이 경제성장에 미치는 부정적인 효과가 후자의 경우보다 적다. 스웨덴처럼 적극적 노동시장정책을 통해 일을 하는 경우 많은 서비스가 급여되기 때문에 아무리 사회복지정책이 후해도 경제성장에 미치는 부정적인 효과는 적을 것이다.

여덟째, 정부지출을 요하는 사회복지정책들 이외에 사회복지를 위한 정부의 여러 제도들도 경제성장에 중요한 영향을 줄 수 있다는 점이다. 예를 들면 최저임금제도, 누진적인 소득세제 등을 비롯한 정부의 각종의 규제정책들도 경제성장에 큰 영향을 줄 수 있다. 만일 이러한 제도들이 경제성장에 해를 준다면 실증적인 연구들에서 정부지출의 사회복지정책들의 부정적인 효과가 과대평가될 수 있다.

아홉째, 민간부문의 사회복지정책도 경제성장에 영향을 줄 수 있기 때문에 공공부문의 사회복지정책이 경제성장에 미치는 영향을 과대평가할 수 있다. 예를 들면 미국에서의 대학교육은 대부분 민간재원에 의존하는 반면에 유럽국가에서의 대학교육은 대부분 정부재원에 의존한다. 그런데 미국에서는 많은 학생들이 소득/자산조사를 근거로 장학금을 받을 수 있는데 이때 이 학생들의 부모들에게는 소득이 늘어나면 장학금을 못 받기 때문에 실질적으로 묵시적인 (*implicit*) 세금이 부과되는 효과가 나타난다. 이러한 효과는 노동력 공급의 감소를 가져올 수 있어 경제성장에 해를 줄 수 있다. 이렇게 볼 때 대학교육을 정부재정에 의존하는 유럽국가들의 경제성장에 미치는 부정적인 효과가 미국과 비교해 볼 때 과대평가될 수 있는 것이다(Slemrod, 1995).

지금까지 사회복지가 성장에 해로운지에 대하여 이론적인 측면과 실증적인 측면에서의 쟁점들을 논의하였다. 그렇다면 결론은 무엇인가? 사회복지정책을 확대하면 경제성장에 해로운가? 답은 '모른다'이다. 이론적이나 실증적인 측면 모두에서 불명확하다.

따라서 사회복지와 성장의 관계의 문제는 결국 이념적인 문제로 귀착된다. 그래서 이념적으로 사회복지정책을 확대하기를 원하는 사람들은 사회복지정책이 경제성장에 이롭다고 믿는 것이고, 반대로 이념적으로 사회복지정책을 축소하기를 원하는 사람들은 사회복지정책은 경제성장에 해롭다고 믿는 것이다.

12

복지국가의 한계
스웨덴으로부터의 교훈

지금까지 앞의 여러 장들에 걸쳐서 오늘날의 복지국가들에서의 쟁점들을 논의하였다. 그런데 사실 복지국가들 사이에도 이러한 쟁점들에서 차이가 있기 때문에 복지국가 전체에 관한 일반적인 논의는 일정부분 피상적일 수밖에 없는 한계가 있다. 그래서 이 장에서는 가장 성공적인 복지국가로 알려진 스웨덴을 사례로 택해서 오늘날의 복지국가에서의 쟁점을 조금 더 심층적·미시적으로 분석하고자 한다.

10장에서 논의했듯이 오늘날 서구 복지국가들은 과거와 달리 여러 가지 어려움에 봉착해 있다. 이를 복지국가의 위기, 정체, 실패 등 어떻게 부르건 간에 어려움을 겪고 있다는 사실은 명백하다. 특히 그 동안 가장 성공적인 복지국가로 일컬어져 온 스웨덴도 오늘날 어떤 한계에 도달한 것으로 보여, 복지국가 이념의 지지자들에게는 커다란 실망을 주고 있다.

'스웨덴 모델'(swedish model)이라 이름 붙여질 정도로 스웨덴 복지국가 모형은 여러 측면에서 독특하였고, 많은 사람들은 이를 평등과 효율을 동시에 이룬 모델로 평가하였다. 평등의 가치를 구현하기 위해 '스웨덴 모델'은 사회복지의 확대를 추구하였고, 이에 각종 사회복지 지표〔GDP 대비 사회복지비 지출비율(OECD, 1994), 대상 포괄성, 자격의 보편성, 재원의 누진성, 급여수준의 관대성과 같은 주요 사회복지 프로그램의 내용, 그리고 이른바 '탈상품화 지수'(decommodification)(Esping-Andersen, 1990)〕로 볼 때 서구 복지국가 가운데에서 최고의 수준을 보였다. 그 최종적인 결과는 서구 복지국가들 가운데 스웨덴이 가장 낮은 소득불평등과 빈곤율을 보인 것이다.

사회복지가 크게 확대되면 경제적 효율성이 어느 정도 약화될 수 있는데, '스웨덴 모델'은 예외적인 모습을 보였다. 1980년대 말까지 스웨덴은 꾸준한 경제성장률을 기록한데다가 다른 유럽국가들이 높은 실업률을 나타낼 때 낮은 실업률을 유지한 것이다.[1] 이에 따라 '스웨덴 모델'은 평등과 효율 양자를 모두 얻은 것으로 평가받을 수 있었다. 그러나 '스웨덴 모델'은 1990년대에 들어 느닷없이 한계를 보이면서,[2] 경제성장률은 유례없이 1991년부터 1993년까지 3년에 걸쳐 마이너스를 기록하고 있고, 1990년대 초에는 실업률은 8%대로 크게 증가하였다. 이후

---

[1] 다른 EU회원국은 1980년대 내내 평균 10%대를 웃도는 높은 실업률을 기록한 반면, 스웨덴은 3% 이내의 실업률을 유지했다(OECD, 1998).

[2] 엄밀히 말하여 '스웨덴 모델'이 한계를 보이기 시작한 것은 빠르게는 1970년대 중반 이후고 늦어도 1980년대부터라고 볼 수 있다. 1990년대에 나타난 문제는 그동안 오랫동안 축적되어 온 문제가 모습을 드러낸 것이라 할 수 있다. 언제부터 '스웨덴 모델'이 한계를 보이는가는 규명하는 것 자체가 '스웨덴 모델'의 성공과 실패를 설명하는 데에 중요하기 때문에 이 글에서는 뒤에서 이 부분을 상세히 다룰 것이다.

오늘날까지 실업률은 5~6%대, 경제성장률은 2000년에는 4.6%, 2005년에는 3.2%, 2010년에는 6.3%로 높아졌다(OECD, 2012). 또한 일부 사회복지 프로그램들이 축소되어 그 결과 소득불평등 및 빈곤율이 높아졌다. 예를 들면 지니계수는 1981년에 0.199이었던 것에 비해 1992년에는 0.229로 증가하였다(Gottschalk & Smeeding, 1997). 이후에도 소득불평등은 높아져 2000년대 중반에도 0.24 정도이다(OECD, 2008).

과연 오늘날의 상황을 '스웨덴 모델'의 한계로 단정할 수 있는가? 우선 이런 주장에서의 '한계'의 정의를 명확히 할 필요가 있다. 왜냐하면 우선 경제성장률로 볼 때 앞에서 언급한 3년간의 마이너스 성장기 이후부터는 유럽국가들의 평균치와 뚜렷한 차이가 없고(Korpi, 1996; Dowrick, 1996),[3] 1970~1990년 사이의 평균 성장률이 1인당 국민소득이 스웨덴과 유사한 수준인 독일, 스위스, 네덜란드 등의 국가들과 비슷하며, 오늘날 대부분의 여타 OECD 국가들도 여전히 스웨덴만큼 실업률이 높기 때문이다.

이렇게 평균적인 유럽국가들과 경제성장률 및 실업률이 비슷해졌음에도 불구하고 스웨덴의 소득불평등은 다른 OECD 국가들보다 여전히 낮다. 또한 유럽국가들에 비하여 상대적으로 낮은 실업률을 유지하고 있는 미국의 소득불평등은 지니계수로 볼 때 0.381로 스웨덴의 0.24와 비교해 볼 때 더욱 높다. 이렇게 볼 때 과연 스웨덴 모델은 '한계'상황에

---

3 문제는 OECD 평균성장률보다는 낮은데 이것은 터키, 그리스, 포르투갈 등 상대적으로 가난한 국가들이 포함되었기 때문인 것으로 보인다. 왜냐하면 이들 국가들의 성장률은 이른바 'catch-up' 효과 때문에 성장률이 다른 부자국가들보다 높기 때문이다.

도달했는가?

이 글에서 '한계'라 지적하는 것은 '스웨덴 모델'의 과거와 현재를 비교할 때 그러하다는 것이다. 과거에 성공한 만큼 오늘날 그렇지 못하다는 것이다. 더 구체적으로는 낮은 실업률을 유지시켰던 완전고용정책을 포기하고 고도로 발달되었던 사회복지 프로그램을 구조조정하는 현상을 가리키는 것이다.

그렇다면 왜 과거의 성공이 오늘날로 이어지고 있지 아니한가? 무엇이 변화했는가? 왜 완전고용정책을 포기해야만 했었는가? 이러한 질문들에 대한 설명은 다양한데[4] 여기서는 이 중 세 가지에 초점을 맞추어 논의하고자 한다. [5] 첫째는 세계경제 환경의 변화이고, 둘째는 산업 및 직업구조의 변화이고, 셋째는 조합주의의 변화이다.

이 측면에서 지금까지 연구는 단편적이고 나열적이라는 한계를 보이고 세 가지 변수들 간의 인과관계를 체계적으로 보여주지 못하였다. 따라서 여기서는 기존의 한계를 극복하기 위해 세 가지 변수들의 인과 관계에 초점을 맞추어 스웨덴 복지국가의 '한계'를 설명하고자 한다.

즉 여기서는 다음의 네 가지 측면을 분석하고자 하는 것이다. 첫째, 세계 경제환경의 변화가 직접적으로 국내 거시경제정책의 변화를 가져온 점, 둘째, 세계 경제환경의 변화가 조합주의의 변화를 통해 간접적

---

4 '스웨덴 모델'의 한계에 관한 다양한 관점들에 관해서는 Lundberg (1985), Bosworth et al. (1987), Olsen (1996), Meidner (1992), Lindbeck (1997), Freeman et al. (1997) 등을 참고.

5 이 글에서 다루는 관점들 이외의 것으로서 대표적인 것이 스웨덴의 과다한 복지국가 팽창 그 자체가 오늘날의 문제를 야기했다는 견해 — 이른바 '복지국가 실패'(welfare state failure)의 관점 — 이다. 그러나 이러한 견해는 명확하게 실증적으로 뒷받침되고 있지 않다. 이에 관한 자세한 논의는 10장에서 다루었다.

으로 경제정책의 변화를 야기한 점, 셋째, 산업·직업구조의 변화가 직접적으로 경제정책의 변화를 가져온 점, 넷째, 산업·직업구조의 변화가 조합주의의 변화를 통해 간접적으로 국내거시경제 정책의 변화를 가져온 측면을 살펴보고자 한다.

최근 린드벡(Lindbeck, 1997)이 스웨덴 복지국가를 비판하는 그의 논문 제목을 "스웨덴의 실험"(Swedish Experiment)으로 하였듯이, 스웨덴 모델은 국가전체를 하나의 실험대상으로 그 성패를 실험한 사례로 볼 수 있다. 모든 실험이 그렇듯이 우리는 이러한 '실험'에서 여러 가지 교훈을 얻을 수 있다.

우리나라는 1990년대 말 이른바 'IMF 외환위기'를 맞이하여 마이너스 성장, 대량실업, 임금저하 등으로 생활이 어려워진 사람들이 크게 늘어났고,[6] 정부는 이를 해결하기 위해 막대한 자금을 실업구제를 비롯한 사회복지비용으로 지출하고 있다. 1997년의 공공부조 총지출액이 5천억 원 미만이었으나 1998년에서 1999년 사이 실직자에 대한 생계대책 비용으로 쓰이는 돈만 10조 원에 달한다.

물론 오늘날의 많은 유럽국가들도 지난 20여 년 동안 10% 가까운 실업률을 기록해 왔지만 이러한 국가들에서는 잘 발달된 사회복지제도 때문에 국민들의 고통이 그렇게 크지 않다고 할 수 있다. 그런데 우리 국민들은 사회복지제도가 미비한 상태에서 이러한 사태를 맞이하여 훨씬 더 큰 고통을 감수해야만 한다. 그러나 우리 국민 일반과 정책결정자들이 IMF 외환위기를 맞이하여 값비싼 대가를 지불하면서 사회복지

---

6 지난 30년 간 연평균 8%의 높은 성장률과 3% 미만의 실업률, 1인당 국민소득 2만 달러 달성 등의 성과와 비교해 보면 그야말로 6·25전쟁 이후 최대의 위기라 할 수 있다.

제도의 필요성을 절감하게 되었다는 점은 사회복지 발전을 원하는 사람들의 입장에서는 큰 소득으로 볼 수도 있다.

따라서 우리는 지금부터 차분히 한국 복지국가 모형을 만들어 나갈 때라 할 수 있다. 그러므로 이 시점에서 스웨덴 복지국가의 '한계'에 관한 연구는 많은 함의를 제공한다. 스웨덴 복지국가의 한계를 논의하기 위해서는 우선 간략히 과거 스웨덴 모델이 어떻게 성공할 수 있었는지, 스웨덴 모델의 한계가 무엇을 의미하는지, 그리고 그것이 언제부터 시작된 것인지를 밝혀야 한다.

1. 스웨덴 모델의 성공

스웨덴 모델의 여러 핵심들 중, 완전고용정책과 포괄적이고 보편적이고, 후한 급여를 제공하는 사회복지정책을 통해 평등의 가치를 강조한 것이 그중 하나이다. 특히 1990년대 초까지 지난 30여 년간 약 2%의 낮은 실업률을 유지토록 한 완전고용정책이 중요하다.

완전고용정책은 여러 측면에서 잘 발달된 사회복지정책을 가능하게 한다. 우선 완전고용정책을 통해 낮은 실업률을 유지하게 되면 사회복지에 대한 필요(need)는 줄어드는 반면, 사회복지에 쓰일 재원은 늘어나 후한 사회복지정책을 펼 수 있다. 또한 완전고용정책은 시장소득 자체에서의 소득불평등을 줄일 수 있어 사회복지정책과 조세를 통한 소득불평등 감소효과를 더욱 증폭시킬 수 있다. 마지막으로 완전고용정책은 노동계급의 힘을 자본의 그것에 비해 상대적으로 크게 만들어 강해진 단결력과 협상력을 통해 자본으로부터 양보를 이끌어낼 수 있다.

그렇다면 어떻게 해서 스웨덴은 이렇게 오랫동안 완전고용정책을 유지할 수 있었는가? 이것은 몇 가지로 설명할 수 있는데 첫째는 대외적인 경제환경의 호조건이고, 둘째는 조합주의의 성공이고, 셋째는 국내 거시경제정책의 성공이며, 마지막은 잘 발달된 사회복지정책이다.

널리 알려져 있듯이 스웨덴은 인구 9백만 정도의 소국으로서 내수에는 한계가 있어 수출에 의존한 성장전략을 추진할 수밖에 없고, 당연히 세계 경제환경이라는 변수가 더욱 중요해진다. 2차 세계대전 이후 세계 무역이 크게 확대되었고, 특히 스웨덴의 주요 교역상대국인 유럽의 OECD 국가들과 미국은 1970년대 중반의 유가파동 이전까지 호경기를 이루어[7] 스웨덴의 수출상품에 대한 수요가 높았다. 따라서 스웨덴의 경제정책은 수출경쟁력을 강조하는데 이를 위해 스웨덴 특유의 몇 가지 정책들이 중요해진다.

먼저 흔히 '렌-마이드너 모델'(Rhen-Meidner model)로 알려진 변형된 케인지안 정책이 주효했다. 전반적인 유효수요 확충을 강조하는 일반적인 케인즈 방식의 정책은 물가상승을 유발할 가능성이 있다고 보아, 이 모델은 물가상승 없는 완전고용을 이루기 위해 선택적인 수요확충 및 공급측면을 강조하는 것이 특징이다(Milner, 1996; Meidner, 1992).

이 모델의 핵심은 연대임금정책(*solidarities wage policy*)과 적극적 노동시장정책(*active labour market policy*)이다. 이 모델은 단순히 상대적인 노동수요의 차이에 따른 임금차이는 비효율적이라고 전제한다. 스웨덴과 같은 완전고용 및 강한 노동조합이 존재하는 상황에서는 항상 임

---

7 예를 들어, 1960년에서 1973년에 이르기까지 이러한 국가들은 대부분 연평균 4%대의 비교적 높은 성장률을 기록하였다(OECD, 1998).

금상승 압박이 존재하여 특정산업 및 부문에서의 노동수요 증가로 인한 임금상승은 다른 분야에도 영향을 주어 전체적으로 생산성 향상 없이 물가상승이 이루어질 수 있다.

이 문제를 해결하기 위하여 필요한 것이 연대임금정책으로서 이는 '동일노동에 대한 동일임금'(*equal pay for equal work*)의 구호에서 보이듯이 산업 간, 기업 간 생산성 및 이윤율 차이에 상관없이 동일한 일을 하면 동일한 임금을 주는 정책이다. 이는 1970년대 중반에 이른바 '모든 노동에 동일한 임금'(*equal pay for all work*)이라는 구호로 더욱 확대되어 같은 산업 혹은 기업 내에서 직무간의 기술차이에 따른 임금차이도 줄이는 것으로 확대된다.

이것은 스웨덴 모델의 주목표인 평등추구도 고려한 것이지만 더 중요한 것은 스웨덴 기업 혹은 산업의 생산성과 효율성을 높이는 것이다. 생산성이 낮은, 주로 노동집약적인 기업의 근로자들에게 상대적으로 높은 임금을 줌으로써 이러한 비효율적이고 생산성이 낮은 기업들은 퇴출되고, 효율적이고 생산성이 높은 기업들만 남게 된다. 이때 퇴출된 기업의 근로자들은 적극적 노동시장정책 프로그램의 훈련 및 재배치 과정을 통하여 효율적이고 자본집중적인 부문으로 이동하게 된다. 사회적 자원이 생산성이 낮은 곳에서 높은 곳으로 이동하는 것이다 (Hibbs & Locking, 1995).[8]

이것이 가능하기 위해서는 몇 가지 조건이 필요하다. 첫째, 임금은

---

8 힙스와 로킹(Hibbs & Locking, 1995)은 연대임금정책을 통하여 생산성이 낮은 곳에서 높은 곳으로 사회적 자원 이전이 얼마만큼 이루어졌는지 그 수준을 경험적으로 밝히고 있다. 그러나 더욱 확대된 연대임금 연대임금정책, 즉 기업 내 평등 확보를 위한 'equal pay for all work'정책은 생산성을 떨어뜨렸다고 한다.

기업이나 산업수준이 아니라 중앙수준의 전체적인 단체협상을 통해 결정되어야 한다. 왜냐하면 개별기업이나 산업수준에서 임금이 결정되면 생산성이 낮은 기업의 노동조합은 퇴출에 대한 저항이 높은 반면 생산성이 높은 기업 및 산업의 노조는 임금상승을 요구하기 때문이다. 스웨덴의 조합주의에서의 강력한 LO와 SAF 같은 이른바 최상위 조직 (*peak organization*), 혹은 포괄적 조직(*encompassing organization*)이 있었기에 연대임금정책이 가능하였다.

둘째, 기업의 이윤을 가능한 한 낮게 하고 이윤이 생기면 소비보다는 투자를 하게 하는 정책이 필요하다. 일반적으로 단순히 수요가 늘어 이윤이 많이 생기면 기업들은 생산성 향상을 위한 동기보다는 완전고용 상태에서는 노동공급의 부족에서 발생하는 임금향상을 꾀하게 된다. 이윤이 낮아야, 즉 임금이 낮아야 새로운 기술개발 등을 통해 생산성을 높여야 살아남기 때문이다.

이를 위해서 정부의 재정정책이 필요하다. 조세정책으로는 이윤 가운데 재투자에 대해 세금을 면제하고, 소비에 대해서는 높은 세율을 부과한다. 또한 정부재정으로 전략산업에 투자하는 것이 중요해지는데, 이때 중요한 역할을 한 것이 1959년에 생긴 소득비례연금의 부분 적립된 기금(이른바 AP기금)과 이후 기업의 초과이윤으로 만든 투자보유기금(*investment revenue fund*), 그리고 1982년의 임노동자 기금(*wage earner fund*)이다.

또한 국내 자본시장을 정부가 통제하는 상황에서 투자촉진을 위해 정부는 금융정책을 통해 낮은 이자율을 유지하고, 정부의 여신정책을 통해 선택적으로 낮은 이자의 여신을 주어 산업과 기업의 경쟁력을 키운다. 또한 이러한 자율적인 금융정책이 가능하기 위해서는 정부의 외환거래에 대한 통제가 필요하였다. 정부의 자율적인 재정 및 금융정책 상황에서만이 낮은 이자율로 선별적인 투자가 가능하였고 이것으로 기업들의 낮은 이윤을 유도할 수 있는 것이다.

셋째, 보편적이고 포괄적이고 후한 사회복지 프로그램이 있어야만 일자리를 잃어도 기본적인 생활을 영위할 수 있기 때문에 기술변화 및 생산성의 문제에 따른 재훈련, 재배치 등에 대한 저항이 적다. 프로그램이 보편적이기 때문에 어느 직장에서도 혜택을 볼 수 있기 때문에 직장이동에 대한 두려움이 없다. 또한 재훈련 기간 동안의 본인과 가족의 여러 가지 사회복지 필요(예, 의료서비스)도 이전과 다름없이 해결할 수 있는 것이다. 또한 '탈상품화' 현상 때문에 노동의 힘이 상대적으로 클 수 있어 자본과의 협상을 유리하게 끌고 나갈 수 있다.

지금까지 스웨덴 모델이 어떻게 성공할 수 있었는지를 간략히 논의하였다. 요약하면 세계 경제의 호경기, 중앙 수준의 노사 간 단체협상이 잘 이루어졌다는 점, 그리고 정부의 자본시장 통제가 가능하여 재정 및 금융정책을 적절히 사용할 수 있었다는 점, 보편적이고 포괄적이고 후한 사회복지 프로그램이 있었다는 점 등의 여러 가지 좋은 조건에서 완전고용정책을 이루고 생산성도 떨어지지 않고 잘 발전된 사회복지 프로그램을 갖고 결과적으로 빈곤과 소득불평등을 크게 줄일 수 있었다. 이렇던 것이 빠르게는 1970년대 중반 늦게는 1980년대부터 스웨덴 모델은 서서히 삐걱거리기 시작한다. 지금부터는 이에 대해 자세히 논의하도록 하겠다.

2. 스웨덴 복지국가의 한계 ① : 그 의미와 시기

이 글의 초점은 스웨덴 복지국가가 왜 한계에 도달하였는가를 규명하는 것이다. 이를 위해서는 먼저 한계의 의미가 무엇이며 언제부터 그러한 한계가 나타나기 시작하였는지를 알아볼 필요가 있다. 왜냐하면 이러한 점들이 명확하지 않으면 한계에 대한 설명이 혼란스럽기 때문이다. 극단적인 경우 한계가 아님에도 불구하고 한계에 대한 설명이 나올 수 있기 때문이다.

앞에서 언급하였듯이 스웨덴 복지국가를 모두가 부러워했던 이유는 사회복지 지출수준이 상당히 높은 상황에서도 오랜 기간 낮은 실업률과 꾸준한 경제성장을 이루어 그 결과, 소득불평등 및 빈곤율을 감소시켰다는 점, 즉 평등과 효율을 동시에 이루었다는 점이다. 따라서 한계를 알려면 이러한 측면들이 언제부터, 얼마나 나빠졌는지를 정확히 이해해야 한다.

7장에서 논의했듯이 복지국가의 발전 정도의 국가 간 비교방법에는 여러 가지가 있지만 가장 쉽게 그리고 널리 사용하는 방법은 GDP 대비 사회복지 지출의 비율이다. 이 지표만으로 볼 때 스웨덴의 복지비 지출은 1970년대 초까지만 해도 OECD 국가들 가운데 평균보다 약간 높은 수준이었다. 1970년에 독일, 벨기에 등은 약 GDP의 20%를 사회복지 지출에 사용한 반면 스웨덴은 17% 정도였다(OECD, 1994).

이 상황이 〈표 10-1〉에서 보듯이 1970년대 중반부터 스웨덴은 사회복지 지출을 크게 늘리기 시작하였고,[9] 1980년경부터 스웨덴은 사회복

---

9 그래서 린드벡(Lindbeck, 1997) 같은 사람들은 이 시기부터 스웨덴이 다른 유럽국가들과 다른 진정한 의미의 '스웨덴 모델'의 실험을 시작하였다고 본다.

지비 지출이 가장 높은 국가가 되었다. 1980년 사회복지비 지출은 GDP의 32. 4%로서 다른 유럽국가보다 압도적으로 많아졌다. 이에 비해 독일, 벨기에 등의 경우는 25. 4%에 머물렀고 OECD 평균도 20%에 불과하였다. 1980년경 이후부터는 사회복지비 지출 증가율이 크게 둔화되어, 1990년에는 GDP의 33. 1%였고, 1991년부터 1993년까지는 약간의 증가추세를 보이다가, 1994년부터는 정체 내지는 약간의 감소 추세를 나타내었다. 하지만 스웨덴은 오늘날에도 여전히 GDP의 30% 가까이의 높은 사회복지비 지출 수준을 유지하고 있으며 OECD 국가들 가운데 사회복지비 지출 수준이 가장 높은 나라 중의 하나이다.

한편 스웨덴은 이르면 1980년대 중반부터, 특히 1991년부터 보수당 정권에서 질병수당이나 실업보험 급여의 대기기간을 늘리는 등의 방식으로 사회복지 프로그램을 축소 내지 재편하고 있다. [10]

이렇게 사회복지 프로그램의 축소가 이루어지는데도 불구하고 왜 사회복지비 지출비율은 크게 감소하지 않는가? 이는 크게 보면 두 가지로 설명할 수 있다. 하나는, 1991년 이후부터 실업률이 크게 늘어나 실업자들과 빈자들의 사회복지에 대한 필요가 크게 늘어났다는 점이고, 더 중요한 이유는 사회복지 프로그램이 많이 변한다 하더라도 스웨덴 사회복지체계의 기본골격은 변하지 않았다는 점이다. 스웨덴 복지국가는 여전히 높은 사회복지 지출과 포괄적이고, 보편적이고, 후한 사회복지체계의 기본골격을 유지하고 있다는 것이다. 따라서 적어도 이런 점에서, 스웨덴 복지국가가 한계에 도달했다고 표현하는 것은 무리라 할 수 있다.

---

10 1991년에서 1996년 사이에 스웨덴은 사회복지 프로그램과 관련하여 약 300개의 규정을 바꾸었다(Lindbeck, 1997).

스웨덴 복지국가의 '한계'를 이야기할 때 두 번째로 자주 거론되는 것이 경제성장률과 생산성의 문제이다. 스웨덴이 다른 OECD 국가들에 비해 성장률이 뒤떨어졌는가? 그렇다면 낮은 성장률의 문제는 언제부터 시작되는가?

논쟁의 초점은 스웨덴의 사회복지 지출이 다른 국가들보다 상대적으로 크게 늘어나던 1970년대 중반부터 과연 스웨덴의 경제성장률이 떨어졌는가이다. 우선 스웨덴이 1970년대 중반부터 성장률이 낮아진 것은 사실이다. 1960년에서 1973년 사이의 실질 경제성장률은 3.4%인데 반해, 1973년에서 1979년 사이의 실질경제 성장률은 1.5%, 1979년에서 1989년 사이에는 1.8%, 특히 1990년대 초의 3년 동안에는 마이너스 성장률을 기록한다.[11]

그렇다면 다른 국가들은 어떠한가? 1970년대 중반부터 스웨덴의 복지 지출은 다른 OECD 국가들에 비해 크게 늘어나는데 이것과 성장률이 어떤 관계를 이루느냐 하는 것이다. 스웨덴 모델의 한계를 강조하는 사람들은(Lindbeck, 1997; Henreckson, 1996) 1970년에서 1989년 사이 스웨덴의 평균 경제성장률이 2%인 것에 비해, OECD 평균은 3% 대임을 강조하여 스웨덴 모델은 경제성장률 면에서 한계를 보였다고 주장한다.

그러나 OECD 평균 경제성장률이 스웨덴의 그것을 상회하는 이유는 비교적 가난한 국가들(그리스, 포르투갈, 아일랜드, 터키 등)을 포함함으로써, 다른 조건이 유사하면 유럽 내의 1인당 국민소득이 높은 다른 국가들보다 가난한 국가들의 성장률이 높아지는 이른바 '따라잡기/수

---

11 1994년 이후 약간씩 스웨덴의 경제성장률이 높아지기는 하였다. 예를 들면 2000년에는 4.6%, 2005년에는 3.2%, 2010년에는 6.3%이다.

렴'(catch-up/convergence hypothesis) 효과가 나타났기 때문이라고 볼 수 있다. 따라서 이러한 국가들을 제외하면 독일의 경제성장률은 2.3%, 스위스는 1.6%, 네덜란드는 2.3% 등으로서 OECD 평균보다 낮고 스웨덴과 큰 차이가 없다(Korpi, 1996; Dowrick, 1996).[12] 특히 1973년에서 1989년 사이에 복지비 지출이 낮은 자유주의 복지국가라 할 수 있는 미국과 영국의 성장률은 각각 1.4%, 1.8%이었던 것에 비해 스웨덴은 1.7%이었던 것을 고려해 볼 때 스웨덴의 복지비 지출이 높은 것이 경제성장률을 둔화시켰다는 주장은 설득력이 약하다.

또한 노동생산성 증가율(이것이 과대한 복지국가의 효율성 문제와 더 밀접한 관계가 있다)로 볼 때, 스웨덴은 1973년에서 1979년 사이에 1.5%, 1979년에서 1989년 사이에 1.7%의 노동생산성 증가율을 기록하였는데 이는 OECD 평균인 1.4%, 1.6%보다 높다.

요컨대 1973년의 유가파동 이후 세계경제가 침체됨으로써 모든 OECD 국가들이 성장률이 크게 둔화되었고 수출에 의존하는 입장이었던 스웨덴도 마찬가지였다는 것이다. 특히 1970년대 중반 이후는 스웨덴이 사회복지를 크게 확대하는 시기였다는 점을 고려하면 이 정도의 경제성장률 하락을 '한계'라고 표현하는 것은 무리라고 본다. 다만 1991년에서 1993년 3년간의 마이너스 성장을 고려할 필요가 있는데 이것은 그 당시의 일시적인 경제정책의 실패에 기인한 것으로 볼 수 있다. 왜냐하면 경제성장률이 1994년에 3.3%, 1995년에 3.8%로 살아나고, 2000년대 들어와서도 4% 이상의 경제성장률을 이루었기 때문이다.[13]

---

12 이러한 논쟁에 대해서는 Economic Journal (1996) 특집을 참조하라.
13 스웨덴이 1991년에서 1993년의 3년간 마이너스 성장을 하게 된 중요한 이유는

셋째는 실업률의 문제이다. 스웨덴 복지국가의 '한계'를 이야기할 때 가장 확실한 근거를 제공하는 것이 이것이다. 스웨덴 모델은 처음부터 완전고용정책을 강조하여 1960년에서 1980년대 말까지 30여 년간 약 2% 정도의 실업률을 유지하였다. 특히 1970년대 초의 오일 쇼크 이후 많은 유럽과 미국의 실업률은 높아지기 시작하여 1980년대에는 10% 대에 육박하는 등 다른 OECD 국가들의 실업률이 급증한 것에 비교할 때 이러한 낮은 실업률은 경이로울 정도이다.

그러나 1990년대 들어와서는 상황이 변하여, 실업률은 크게 높아져 1994년에는 8%에 이르고 이후 2000년대에도 6% 가까운 실업률을 기록하고 있다. 스웨덴 모델의 성공은 완전고용정책에 크게 의존했다고 볼 때, 이처럼 높은 실업률은 스웨덴 모델의 한계를 직접적으로 나타낸 것이라 할 수 있다.

넷째는 상기의 요소들의 결과라 할 수 있는 소득불평등과 빈곤율의 문제이다. 스웨덴 복지국가의 궁극적인 성공은 소득불평등이나 빈곤율이 크게 줄어든 것이다. 예를 들어, 1960년대 후반 스웨덴의 지니계수가 0.28이던 것이 1980년대 초반에 0.2로 줄었다(Atkinson et al., 1995). 그러나 1980년대 후반 이후부터 소득분배 상황이 악화되기 시작하여 1987년에 0.22로 증가하였고, 오늘날에는(2000년대 중반) 대략

다음과 같다. 1980년대 중반 즈음에 이미 과열된 경제상황하에서 스웨덴 정부는 여신규제를 푸는데, 이때 많은 사람들이 낮은 이자율로 대출을 받아 부동산, 주식 등에 투자를 하여 거품이 발생한다. 1980년대 말에 이러한 거품이 사라지자 부동산 가격은 폭락하게 되고, 많은 건설회사와 은행들이 파산하게 되었으며, 국내 민간소비가 크게 위축되어 대규모의 불경기가 발생하게 된다. 여기에 이 시기에는 세계경제도 불경기에 처했기 때문에, 이 둘이 맞물려 스웨덴은 3년 동안 마이너스 성장을 기록하게 된 것이다(Meidner, 1992; Moene, 1995).

0.24로 늘어났다. 빈곤율(상대빈곤율)도 1980년대 중반에는 3.3%이
던 것이 2000년대 중반에는 5.3%로 크게 늘어났다. 그렇다면 왜 소득
불평등도와 빈곤율이 증가하였는가?

스웨덴의 소득불평등과 빈곤율이 늘어난 것은 어느 정도 복지국가의
축소 때문이기도 하지만 더 중요한 이유는 시장소득(market income)에
서의 불평등이 증가하였다는 사실이다. 시장소득의 불평등도가 커진
이유로는 전통적으로 임금격차가 적은 제조업보다는 임금격차가 큰 서
비스업이 크게 확대되었고, 그리고 이른바 지구경제(global economy)
시대에 자본집중적인 산업이 성장하고 이러한 산업들에서는 숙련노동
자들에 대한 수요가 많아 자연히 숙련노동자 대 비숙련 노동자간의 임
금격차가 커지게 되었다는 점 등을 지적할 수 있다(Wood, 1989;
Gottschalk & Smeeding, 1997).

그러나 이렇게 높아진 스웨덴의 소득불평등과 빈곤율도 상기의 다른
지표와 마찬가지로 다른 OECD 국가에 비교해보면 여전히 낮은 편이
다. 2000년대 중반의 자료에 의하면, 소득불평등의 정도를 나타내는
지니계수를 보면 프랑스는 0.28, 영국 0.33, 미국 0.38이며, 빈곤율
로 보면 미국 17%, 영국 8.3% 등이다(OECD, 2009).

지금까지 논의로 볼 때 스웨덴 복지국가의 '한계'는 무엇을 의미하는
가? 이상의 네 가지 지표로 보면 스웨덴은 다른 OECD 국가들과 비교
해볼 때 사회복지 지출비율이 여전히 높고, 사회복지정책은 여전히 포
괄적이며 후하며, 빈곤율과 소득불평등도 낮다. 1973년 이후 여러 상
황이 나빠졌음에도 불구하고 이 정도 수준을 유지하고 있는 것을 높이
평가할 만하다.

다만 여기에서 '한계'라 한다면, 다른 나라와 비교해서가 아니라 스

웨덴 자체로 볼 때 과거에 비해 나빠졌다는 것을 일컫는 것이다. 스웨덴 모델은 독특한 복지국가 모형이라 할 수 있는데, 이것이 어느 정도 한계에 이르렀다는 것이다. 특히 스웨덴 모델의 핵심인 완전고용정책이 무너지고 결과적으로 실업률이 크게 늘어나고 소득불평등이 늘어났다는 점에서 한계라 할 수 있다. 이 장에서 스웨덴 모델의 한계는 완전고용정책의 한계라는 의미로 해석하면 되겠다.

3. 스웨덴 복지국가의 한계 ②

왜 스웨덴 모델은 한계를 나타내기 시작하는가? 더 구체적으로는 왜 스웨덴이 지난 30년 이상 추구해 왔던 완전고용정책을 더 이상 이룰 수 없는가? 이러한 문제를 설명하는 관점들은 다양하지만 여기에서는 다음의 네 가지 요인으로 설명하고자 한다.

〈그림 12-1〉에서 보듯이 스웨덴 복지국가의 한계는 다음과 같이 네 가지로 설명할 수 있다. [14] 첫째는 세계경제 환경의 변화가 직접적으로 스웨덴의 국내 거시경제정책의 변화에 영향을 주어 스웨덴 모델의 한

---

14 이 글에서는 스웨덴 복지국가의 한계의 원인으로 이른바 외생변수(*exogenous variables*)에 초점을 맞추었다. 세계 경제 환경의 변화와 직업 및 산업구조의 변화가 조합주의와 국내 거시경제 정책에 어떠한 영향을 주었는가를 밝히는 것이다. 그런데 스웨덴 복지국가의 한계는 조합주의와 국내 거시경제정책의 내생변수(*endogenous variables*) 그 자체 내에서의 변화에서도 설명할 수 있다. 예를 들면 조합주의 변화에서, LO가 주장한 Wage Earner Fund와 2차 연대임금정책이 SAF의 격렬한 반대를 불러일으켜 정치적으로 실패했다는 점, 국내 거시경제정책 실패는 앞에서 언급한 1980년대 중반의 여신정책 실패 등을 이야기할 수 있다.

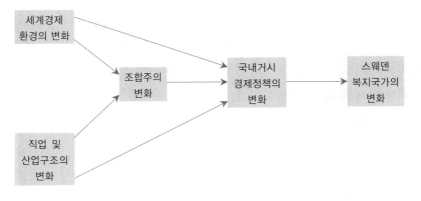

〈그림 12-1〉스웨덴 복지국가의 한계 모형

계를 야기한 것이다. 둘째는 세계 경제환경의 변화가 스웨덴 조합주의
의 변화에 영향을 주고 이것이 다시 거시경제정책의 변화를 야기했다.
셋째는 스웨덴의 산업 및 직업구조의 변화가 직접적으로 거시경제정책
의 변화를 야기한 것, 넷째는 산업 및 직업구조의 변화가 간접적으로
조합주의의 변화에 영향을 주고 이것이 거시경제정책의 변화를 일으키
는 것이다.

1) 세계 경제환경 변화의 직접효과

널리 알려졌듯이 스웨덴의 인구는 9백만 정도로서 국내수요에는 한
계가 있기 때문에 경제성장은 수출에 크게 의존한다. 스웨덴 GDP의
대략 2분의 1 이상은 수출로 형성되는 것이다. 따라서 스웨덴 경제는
세계경제 환경의 변화에 의해 크게 영향을 받는다. 세계 경제환경이라
는 변수는 스웨덴 모델이 성공했을 때나 오늘날처럼 한계를 보일 때나

항상 영향을 주는 이미 주어진, 즉 스웨덴 자체로는 어떻게 할 수 없는 기본조건인 것이다. 그렇다면 세계 경제환경이 언제, 어떻게 변하였기에 스웨덴 모델은 한계를 보이고 있는가? 스웨덴 모델의 한계에 영향을 줄 수 있는 세계 경제환경 변화는 EU의 탄생 등 여러 가지가 있을 수 있으나, 여기서는 1970년대 중반 이후 세계적 불경기와 자본의 국제화 (지구경제, *global economy*) 두 가지에 초점을 맞춘다.

(1) 세계적 불경기

스웨덴이 완전고용정책을 가시적으로 포기한 것은 1990년대 초이지만, 완전고용정책을 포기할 수밖에 없는 근본적인 이유는 1970년대 초부터 시작되었다고 볼 수 있다. 즉, 1973년의 1차 석유파동과 1979년의 2차 석유파동으로 세계적인 불경기가 시작한 시점으로 거슬러 올라가는 것이다.

스웨덴의 주 교역상대국들인 서구 선진 산업국가들은 1973년 이후 높은 물가, 낮은 생산성, 낮은 성장률 등 극도의 경기침체를 겪는다. 또한 국제적으로 이자율이 높아진다. 이러한 상황에서 이들 국가들은 거시경제정책적으로 물가상승이 있더라도 경기부양책으로 실업률을 낮출 것이냐, 아니면 실업률을 높이더라도 물가안정을 주요 정책기조로 할 것이냐 하는 선택에 직면하는데 대부분 국가들은 물가안정을 주요 정책기조로서 선택한다(Notermans, 1994; Huber et al., 1998).

이에 대부분의 선진 산업국가들이 1980년대 초에 들면서 물가상승률은 억제되고, 대신 실업률은 높아지게 된다. 예를 들면 스웨덴 크로나가 독일의 마르크와 연계(*pegging*) 되어 있을 정도로 밀접한 경제관계를 맺고 있는 주교역상대국 독일의 경우도, 물가상승률은 1970년대 5%,

1980년대에는 3%대에 머물지만 실업률은 크게 높아져 1980년대에는 독일의 실업률이 약 7%에 달한다.

대부분의 국가들이 이렇게 실업문제를 희생하면서 물가안정을 택한 것과 달리, 스웨덴은 기존의 완전고용정책을 고수한다. 왜냐하면 완전고용정책은 그 자체가 스웨덴 모델의 핵심이고 또한 스웨덴 모델이 추구하는 또 하나의 목표인 평등을 이루기 위해서도 포기할 수 없는 것이기 때문이었다. 완전고용정책을 포기하면 평등의 가치를 이루는 것이 그만큼 어렵게 되기 때문이다. 또한 스웨덴의 강력한 노동조합 조직인 LO의 반대 때문에도 정치적으로 실행하기 어려웠다.

그러나 주요 교역상대국들의 불경기, 높은 실업률, 실질 구매력 감소 등으로 수출이 부진해지는 상황에서 스웨덴은 완전고용정책을 고수하는 것이 어렵게 되었다. 그래서 스웨덴은 1970년대 중반부터 경기 활성화 정책으로서, 실업률이 높아지는 것을 막기 위하여 사회복지 지출을 비롯한 공공지출을 크게 늘린다. 1970년의 스웨덴의 공공지출은 GDP 대비 약 40% 수준인데, 이것이 1970년대 중반 이후부터는 65% 이상으로 크게 늘어난다(OECD, 1995). 또한 직접적인 공공부문 고용 창출을 크게 늘려 1970년에서 1985년 사이 스웨덴 전체 노동력의 약 15%를 공공부문에 취업시켰다(Rosen, 1996).

이러한 상황에서 스웨덴 경제는 적어도 두 가지 측면에서 어려움을 겪게 된다. 첫째, 다른 국가들의 물가안정정책으로 스웨덴의 물가가 상대적으로 높아지자(스웨덴은 1970년대 10년 동안 평균 9%의 높은 물가상승률을 기록하고, 그 이후에도 크게 줄지 않는다), 이것은 임금상승이란 압박을 가져오고 결국 수출가격 경쟁력을 떨어뜨린다. 이렇게 되면 실업률은 높아질 수밖에 없다.

이 문제를 해결하기 위하여, 즉 수출가격 경쟁력을 높이기 위하여 스웨덴은 1970년대 중반(1976년) 두 번에 걸친 스웨덴 크로나 평가절하를 단행한다. 이러한 평가절하로 수출경쟁력은 일시적으로 살아나 실업률이 올라가는 것을 막을 수 있었다. 그러나 이러한 평가절하의 효과는 물가상승이 곧이어 나타나기 때문에 오래가지 못하고, 일정 기간이 지나면 또 문제가 된다. 따라서 1980년대 초(1981~1982)에도 다시 두 번에 걸쳐 크로나의 평가절하를 단행하였다.

이렇게 되풀이되는 평가절하는 물가상승을 더욱 부추기게 되고, 또한 환율이 불안정해지면 스웨덴 화폐의 대외신인도를 떨어뜨려 자본유출 가능성이 높아지게 된다. 특히 국내 자본시장 통제력이 약화된 상황에서는 더욱 그러하다. 결과적으로 투자에 대한 수익률이 불안정해지기 때문에 국내나 국외에서의 투자 모두가 위축되고, 장기적으로 볼 때 성장률이 저하되어 결과적으로 실업률은 높아진다. 따라서 스웨덴은 1985년부터 더 이상의 평가절하를 하지 않는 환율안정정책을 택한다.[15] 이를 위해서는 긴축적인 금융정책이 필요하다. 이자율을 높여서, 즉 크로나에 대한 수요를 높여서 외국으로의 자본유출을 줄이고 국내로의 자본유입이 커져야 하는 것이다. 또 이렇게 하면 국제수지상의 적자와 재정적자의 문제를 해결할 수 있다(Notermans, 1994).

이렇게 고이자율의 긴축적인 금융정책을 통해서 환율안정과 물가안정의 목표를 어느 정도 이룰 수 있다. 그러나 생산성 향상이 이루어지지 않는 상황에서 환율안정은 국내 투자위축과 수출가격 경쟁력 상실을 가져와 수출부진으로 인한 실업률 상승을 가져올 수밖에 없다.

---

15 또한 스웨덴은 1991년 스웨덴 크로나(Krona)를 유럽통화 단위인 ECU에 연계 (*pegging*)하게 되는데, 이것도 환율안정을 취할 수밖에 없는 상황을 야기한다.

둘째, 경기부양을 목적으로 하는 정부의 재정 팽창정책으로 인한 높은 공공지출은 정부의 재정적자를 크게 늘린다. 1982년 스웨덴 정부의 재정적자는 GDP의 9.5% 수준에 이르렀다. 재정적자가 지속적으로 장기간 증가하면 물가상승 압력은 더욱 커지게 되어 이것은 다시 수출경쟁력의 저하로 인한 국제수지와 재정적자를 되풀이하게 할 뿐이다. 또한 스웨덴은 이러한 정부 재정적자를 해결하기 위하여 해외로부터 자본을 대량 차입하는데, 이러한 해외자본은 효율성을 중시하고, 정부의 재정 및 금융정책의 자율성을 일정정도 제한하게 되어 긴축재정을 강화하는 결과를 가져온다.

(2) 자본의 국제화: 자본이동성 증가

1970년대 초 브레턴우즈(Bretton Woods) 체제의 달러에 대한 고정환율체제가 무너지면서 유동환율체제(*floating system*: 각국의 화폐가 국제자본시장에서의 수요와 공급에 의하여 그 가치가 결정되는 방식)로 되면서 국가 간의 자본이동은 크게 늘어난다(Obstfeld, 1998). 2차 세계대전 이후부터 1970년대 초까지의 브레턴우즈체제에서는 자유무역을 강조하지만 환율안정을 강조하였기 때문에 자본이동은 제한되어 국내 자본시장정책의 자율성은 상당히 보장되었지만 1970년대 이후부터는 상황이 바뀌는 것이다.

이러한 변화에는 정보통신기술의 발달로 국가 간의 금융거래가 용이해진 점, 다국적 기업이 크게 늘었다는 점 등도 기여하였다. 따라서 1973년에는 미국, 독일 등의 국가들이 국제 자본거래 통제를 풀고, 1980년대에 들어와서는 거의 모든 선진 산업국가들이 자본시장 규제를 푼다. 스웨덴의 경우도 예외는 아니어서, 1960년에서 1973년까지의 자본이동 규모를 나타내는 지표인 순자본 유출률이 GDP의 0.7%이던 것이, 1974년에서 1989년에는 1.5%, 1990년에서 1996년 사이에는 2.1%로 계속 증가한다(Obstfeld, 1998).

이렇게 국가 간 자본이동 규모가 커지는 것이 어떻게 스웨덴의 완전고용정책을 포기하게 만들었는가? 이것은 적어도 세 가지로 설명할 수 있다. 첫째, 유동환율체제 그 자체의 속성에서 찾을 수 있다. 미국, 독일과 같이 큰 나라들은 그들의 화폐가 세계자본 시장에서 유동하게 내버려두어도, 즉 화폐에 대한 수요와 공급에 의하여 그 가치가 결정되어도 화폐가치의 불안정성이 적지만, 스웨덴과 같은 작은 국가들의 화폐는 시장에 맡겨두면 화폐가치가 불안정해질 가능성이 높아지므로 이러한 불안정성을 피하기 위해 주요국 화폐와 연계해야 할 필요성이 높다. 스웨덴의 경우 1991년 이전에는 독일 마르크와, 이후에는 ECU와 연계하였다. 그런데 이렇게 연계된 상태에서, 환율을 유지하기 위해서는 연계된 국가의 금융정책(이자율, 물가상승률)과 유사한 정책이 이루어져야 한다. 독일은 1970년대부터 고이자율의 긴축적인 금융정책으로 물가상승 억제정책을 폈는데, 스웨덴도 환율안정을 위해서는 이러한 정책을 택할 수밖에 없는 것이다(Moses, 1993). 이러한 긴축정책의 상황에서는 팽창정책인 완전고용정책을 포기하고, 물가상승을 억제하는 정책을 택하게 되는 것이다.

둘째, 스웨덴의 주요한 교역상대국인 유럽국가가 EMS(European Monetary System)에 가입하면서, 국가들 간의 외환거래 통제가 줄고 자본이동이 커지자, 자국화폐의 안정을 위해서는 외환(주요 화폐인 달러나 독일 마르크)을 많이 보유하는 것이 중요해지는데 이를 위해서는 스웨덴도 인플레이션을 줄이고 고이자율 정책을 펴는 것이 필요해진다. 따라서 금융긴축정책이 필요하고 이를 위해서는 완전고용정책과 같은 재정팽창정책을 포기해야 된다.

셋째, 스웨덴은 1980년대 중반까지는 그런대로 국내 자본시장에 대한 통제가 이루어져서 낮은 이자율의 여신정책과 투자정책을 선별적으로 수행하였다. 그러나 위에서 언급했듯이 지속적인 고물가 상황에서는 낮은 이자율의 은행대출에 대한 수요가 계속 증가하기 때문에 이자율 상승압력 때문에 정부 통제하의 낮은 이자율의 여신할당 정책의 실효성이 크게 떨어지게 된다. 이렇게 하여 1980년대 중반 이후부터는 국내 자본시장에 대한 규제를 풀자 자본이동의 문제가 중요해지기 시작한다. 이렇게 되자 낮은 이자율, 고물가로 국내자본이 해외로 유출되는 경향이 높아졌고 이를 막기 위해서 고이자율과 저물가 정책을 펴야 되고, 이를 위해서는 완전고용정책을 포기해야 한다.

2) 세계경제 환경변화의 간접효과: 조합주의 약화

앞에서 논의했듯이, 스웨덴 모델의 성공에 기여한 중요한 요인 중의 하나가 노동과 자본의 역사적 대타협으로 알려진 1939년의 '살츠요바덴 협약'(Saltsjobaden Agreement) 이래 지속된 노동과 자본의 중앙에서의 단체협상(*centralized bargaining*)이 성공적이었다는 점이다. 노동과 자본 간의 중앙에서의 단체협상이 가능한 것은 크게 보면 노동과 자본의 힘이 균형을 이루었기 때문이라고 볼 수 있다. 일반적으로 자본주의 사회에서는 생산수단을 독점하는 자본의 힘이 큰 경향이 있지만, 스웨덴에서는 노동의 힘이 자본의 힘에 버금갈 정도로 컸다(Olsen, 1991). 스웨덴에서의 노동의 힘이 상대적으로 클 수 있었던 이유는 오랜 동안의 완전고용상태에서 노동시장에서의 노동의 입지가 커졌다는 점, 잘 발전된 사회복지제도 때문에 노동의 상품화 정도가 비교적 적었다는 점〔이른바 탈상품화 현상(*decommodification*)〕, 또한 전반적인 스웨덴 사회의 강한 연대감과 평등의 가치를 강조하는 분위기 등이라고 할 수 있다.

이렇게 노동의 힘이 커진 상황에서는 자본도 타협을 하게 되는데 이때 노동과 자본의 각자의 이익이 별 무리 없이 추구될 수 있다. 예를 들면 스웨덴 모델의 대표적인 정책인 연대임금정책(*solidarities wage policy*)은 자본과 노동 둘 다의 이익이 적절히 반영된 것이라 할 수 있다. 자본의 입장에서는 건설산업과 같이 국내시장에 의존하는 산업들에서의 임금인상이 수출산업에서의 임금인상으로 파급될 것에 대한 우려, 자본집중적인 기업들에서는 연대임금정책을 통한 임금억제(*wage constraint*)가 유리하다는 판단에서 이러한 임금정책을 받아들인 것이다. 한편 노동 측은 이러한 연대임금정책을 통하여 완전고용을 이룰 수 있고, 또한 평등과 노동의 연대감을 높일 수 있기 때문에 장기적으로 보면 노동에 유리한 것으로 보았기 때문에 타협이 가능했다.

그러나 노사 간의 단체협상이 빠르게는 1970년대 중반부터 흔들리기 시작하여 1980년대 초에는 일부 경영자협회(대표적으로 VF: Engineering Employers' Association)가 중앙에서의 단체협상에 참여하지 않고, 1990년에는 급기야 스웨덴 경영자를 대표하는 SAF도 참여하지 않게 된다(Olsen, 1996). 그 이유는 후술할 직업 및 산업구조의 변화, 스웨덴 내부에서의 노동과 자본의 갈등 등 여러 가지가 있을 수 있으나 여기에서는 세계 경제환경 변화와 관련된 부분만을 논의하고자 한다.

일반적으로 경기가 호황이고, 완전고용상태에서는 노동시장에서의 노동의 입지는 강화되고, 또한 노동의 단결력은 커진다. 스웨덴도 1970년대 중반 이전까지는 그러하였다. 더욱이 스웨덴은 유달리 노조 조직률이 높았고 또한 노조의 전폭적인 지지를 받는 사회민주당이 장기집권하여 스웨덴의 노동의 힘은 더욱 커졌다고 할 수 있다.[16]

그러던 것이 전술한 1970년대 초부터 세계적인 불경기로 고실업의 상황이 되어서 전에 비하여 선진 산업국가들에서의 노동의 입지는 크게 약화된다. 비록 스웨덴은 이러한 불경기의 상황에서 완전고용정책을 유지하기 위하여 대규모의 공공지출을 통한 공공부문의 일자리 창출과 다양한 환율 및 금융정책으로 1990년대 초까지 실업률을 낮게 유지하였다. 그러나 이러한 외면적인 모습과 달리 그 이면에서는 고실업의 압박이 항상 있어왔고, 따라서 전과 달리 자본에 비해 노동이 약세를 취할 수밖에 없었던 것이 사실이다. 특히 스웨덴의 주교역상대국들에서의 실업률 증가로 인한 노동입지의 약화는 스웨덴에서의 노동과 자본의 힘 관계에도 영향을 미쳤다.

사실 이러한 세계적 불경기로 인한, 일반적인 노동입지 약화보다 더 심각한 영향을 주는 것은 자본의 국제화 현상이다. 스웨덴은 전통적으로 자본집중도가 높아 수출지향적인 대기업 중심으로 스웨덴 경제를 끌고 나갔다. 예를 들면 5백 인 이상의 근로자를 고용하는 대기업에 근무하는 근로자가 전체 근로자의 61%에 이른다. 이것은 이 비율이 독일 35.8%, 프랑스 40%, 영국 30%, EU 평균이 30%인 것에 비하면 매우 높은 것이다(Olsen, 1996).

---

16 스웨덴 최대 노조연합체인 LO와 사민당은 이른바 '집합적 제휴'(collective affiliation) 관계로 LO회원은 자동적으로 사민당 당원이 된다. 이러한 관계는 1990년에 공식적으로 종결된다(Olsen, 1996).

그 이유는 여러 가지가 있을 수 있으나, 스웨덴 모델의 요소들인 연대임금정책, 그리고 선별적으로 낮은 이자율을 적용시키는 스웨덴 정부의 여신할당정책도 기여한다. 연대임금정책에서는 규모가 작고 비효율적인 기업은 도태되고, 자본집중적이고 생산성이 높은 기업이 임금 억제에 힘입어 더욱 커지게 된다. 또한 낮은 이자의 정부여신할당도 생산적인 대기업에 집중된다. 따라서 국가 간의 자본이동이 적고 정부가 국내자본시장 통제가 가능한 시기에는 이러한 효율적인 대기업 중심의 발전전략은 성공할 수 있었고, 경제구조가 이렇게 대기업 중심으로 형성되면 노동이나 자본은 대규모로 조직이 되어 중앙에서의 단체협상이 용이해진다(Cameron, 1998; Rodrik, 1998).

그러다가 1970년대 중반부터, 앞에서 논의했듯이 국가 간 자본이동이 많아지고 국가의 자본시장 통제가 어려워지기 시작하자 스웨덴의 대기업 중심체제는 그 전과 반대로 중앙에서의 단체협상을 파기하기 시작한다. 이러한 대기업들은 점차 다국적 기업화되어 국내시장보다는 해외시장을 더 중요하게 된다. 예를 들어, 1983년에 스웨덴에서 가장 큰 20개 다국적기업의 총매출액의 76%가 해외시장에서 벌어들인 것이었다. 또한 외국에 직접투자, 현지생산은 크게 늘어나 1986년 경 여덟 개의 가장 큰 다국적기업이 해외에서 고용한 근로자가 37만 명으로서 이것은 1965년에 비해 2배 이상으로 증가한 것이다(Olsen, 1991). 이런 추세는 점점 더 강해져서 1990년 초에는 가장 큰 23개 다국적기업의 해외고용이 67만 명인데 반해 이들에 의한 국내 고용인구는 30만 명에 불과하여, 해외고용이 2배 이상으로 증가한다(Olsen, 1996).

이렇게 해외시장 의존도가 높아지고, 현지노동을 고용하는 현지생산이 크게 늘자, 이러한 다국적기업들에게 자연히 국내노동과의 타협,

협상의 중요성은 덜해질 수밖에 없다. 또한 이러한 기업들은 고숙련 노동자들에 대한 수요가 높은데 기존의 연대임금정책, 특히 직업 간의 임금차이를 줄이려는 2차 연대임금정책 때문에 고임금을 줄 수 없자, 이른바 '임금 드리프트'(*wage drift*)를 선도하여 연대임금정책을 파기하면서 고임금을 주기 시작한다. 이것은 역사의 아이러니라 할 수 있다. 왜냐하면 바로 이러한 기업들이 과거 자본이동이 비교적 적었던 시기에 수출경쟁력을 높이기 위하여 임금억제(*wage constraint*)를 선도하여 노동과의 단체협상을 하였고 그 결과 연대임금정책이 성공하였기 때문이다. 이것은 일종의 '배신'이라 할 수 있겠다.

어쨌든 해외의존도가 가장 큰 경영자 연합체 VF가 1983년에 제일 먼저 노동과의 중앙에서의 단체협상을 포기하면서 고숙련 노동자들에게 고임금을 주었고 이때부터 VF의 영향력은 커지게 되었다. 이후 LO의 파트너인 경영자총연합회 SAF는 급격히 약화되어 기구가 크게 축소되고 회비도 크게 줄어들어 1990년에는 중앙에서의 노동과의 단체협상도 포기하고, 이후에는 자본의 입장을 대변하는 홍보기능을 강조하게 된다(Olson, 1996).

자본이동이 많아지고 다국적기업이 중요해지자 이들 기업들은 점차로 국내 자본시장 규제를 받지 않게 된다. 왜냐하면 이러한 기업들은 해외에서 낮은 이자율의 자본을 쉽게 차입할 수 있기 때문이다. 이렇게 되자 이런 기업들은 국내의 각종 거시경제정책, 특히 금융정책으로부터 영향을 덜 받게 되고, 이것은 그만큼 그들의 힘을 높여 결과적으로 노동과의 단체협상에서 우위에 서게 한다.

3) 직업 및 산업구조의 변화

일반적으로 복지국가의 성장에 필요한 전제조건 중의 하나로 흔히 이야기되는 것이 이른바 '포디즘'(Fordism)으로 명명되는 체제이다. 이는 대규모 공장의 조립라인에서 단순노동자 혹은 반숙련 노동자들을 대규모로 고용하여 대량생산을 하는 제조업 중심의 직업 및 산업구조, 이러한 생산체제와 결합된 대량소비가 이루어지는 체제를 말한다 (Jessop, 1988; Lash&Urry, 1987).

이러한 대량생산과 대량소비의 사회체계는 적어도 두 가지 측면에서 복지국가 성장에 기여한다. 하나는 국가 거시경제정책, 예를 들면 케인즈적인 방식의 운영이 용이하다는 점이다. 전통적으로 제조업은 서비스업에 비하여 노동자들 사이의 기술차이가 크지 않아 임금격차가 적다. 이렇게 때문에 스웨덴에서의 동일노동/동일임금의 연대임금정책이 성공할 가능성이 크다. 왜냐하면 임금차이가 적기 때문에 기술차이에 따른 임금 차이가 적다해서 큰 불만이 없기 때문이다. 또한 이러한 제조업 중심의 생산체계에서는 단순 혹은 반숙련 노동인력에 대한 수요가 꾸준히 있어 적극적 노동시장정책도 비교적 쉽게 성공할 수 있다. 이러한 것들이 뒷받침되어 스웨덴은 오랫동안 완전고용정책을 이룰 수 있는 것이다.

다른 하나는 비교적 동질적인 노동을 활용하는 대규모 생산의 제조업 중심에서는 노동과 자본의 이익을 대변하는 조직이 대규모화, 동질화, 중앙집권화되어 결속력이 높아 중앙에서의 단체협상이 가능하게 되는, 즉 조합주의의 성공을 야기한다는 점도 복지국가의 성장에 기여하는 점이다.

1970년대 이후 서구 산업사회들은 점차로 서비스업 비중이 커져 1960년대까지만 해도 서비스산업에서의 고용인구가 전체의 40%이던 것이 1980년대 말이면 60%에 이른다. 흔히 '포스트 포디즘' 혹은 '탈산업화'(deindustrialization)로 일컫는 생산 및 소비체제로 변하는데, 이것은 두 가지 측면에서 전통적인 복지국가 성장에 한계를 부과한다.

　　첫째, '탈산업화'의 체계에서는 다품종소량생산, 즉 질적 생산이 중요해져 자연히 기술이 중요해지고 또한 기술차이가 커진다. 이렇게 숙련 노동자에 대한 수요가 많아지는 것은 스웨덴 모델의 핵심 중의 하나였던 연대임금정책 자체를 어렵게 만든다. 왜냐하면 기술차이에 따른 임금차이가 큰 상황에서는 연대임금정책을 성공적으로 끌고 가는 데에는 한계가 있기 때문이다.

　　특히 연대임금정책의 두 번째 단계의 구호인 이른바 'equal pay for all work'에서 보듯이, 첫 번째 단계의 '동일노동 동일임금'의 구호가 직업 간 임금차이를 인정하는 것과 달리 두 번째 단계에서는 직업 간의 임금차이를 줄이려는 것이기 때문에 기술차이에 따른 임금차이를 두고자 하는 사용자의 이익과 정면 배치된다. 이렇게 되자 많은 기업과 산업에서 임금 드리프트현상이 발생하여 연대임금정책에서 제시하는 임금수준을 벗어나 고임금을 주는 현상이 발생한다. 또한 적극적 노동시장정책도 고기술에 대한 수요가 많고 단순 혹은 반숙련 노동에 대한 수요가 적자 그 실효성이 줄어든다. 왜냐하면 반숙련 노동의 시대에는 기술습득이 비교적 단기간 내에 이루어질 수 있게 하고 수요가 많은 산업 및 지역에의 이동을 쉽게 하는 적극적 노동시장정책이 유효했던 반면에 숙련노동의 시대에서는 기술습득이 비교적 장기간 걸리는 기술부족에 의한 구조적 실업의 형태를 띠기 때문에 그 유효성이 떨어진다. 이것도 스웨덴 모델의 주목표인 완전고용정책을 수행하기 어렵게 만든다.

둘째, 서비스산업의 비중 증가는 스웨덴의 조합주의(특히 중앙에서의 대단위 조직의 노사협정)을 어렵게 만든다. 스웨덴의 LO나 SAF는 상당히 동질적인 대다수의 육체노동자와 이들을 고용하는 기업들이 주축을 이루었고 이러한 동질성을 바탕으로 노사협정이 이루어졌었다. 그러나 서비스산업의 비중이 커지자 LO 내에서는 더 이상 육체노동자가 지배적인 주도권을 행사할 수 없어 노조 내부의 분열이 나타난다. 특히 육체노동자 대 정신노동자들의 분열이 두드러진다. 이를 쉽게 보여주는 것이 LO 조직률의 변화인데, 1955년에는 LO 회원이 다른 모든 노조회원의 3.5배이던 것이 1990년대 초에 이르면 겨우 1.3배에 불과하다(Lindbeck, 1997).

조합주의의 약화에 영향을 주는 또 하나의 요소는 공공부문 노조가 점차 강해지는 현상이다. 공공부문 근로자는 1985년 즈음에는 전체 근로자의 38%에 이르며, 특히 여성노동자의 58%에 이른다. 이 부문은 수출경쟁력과는 직접적인 관계가 적어 연대임금정책이 추구하는 임금억제의 필요성이 적은 부문이다. 따라서 공공부문의 노조의 힘이 강해지자 LO와 SAF 사이의 임금억제타협이 점차 어려워진다.[17] 또한 이 부문은, 특히 여성노동자들 사이에서 파트타임 직무가 많기 때문에 이것도 노동자들의 연대를 약화시키는 것에 기여한다. 실제로 1965년 이후 풀타임 피용자는 별로 증가하지 않고 대부분의 직무를 파트타임 피용자 증가로 해결한다(Flanagan, 1987).

---

17 실제로 1980년대 들어와서는 공공노조가 전통적으로 LO 내의 가장 강한 노조인 금속노조보다 LO 내에서 더 강한 영향력을 발휘하는 것도 LO와 SAF의 단체협상을 어렵게 만드는 요인이다.

올슨(Olson, 1986)이 지적했듯이, 이 현상을 LO나 SAF와 같은 포괄집단(encompassing organization)에도 일정 시간이 지나면 많은 하부조직들이 발생하고, 이러한 조직들은 자신들의 좁은 이익(narrow interest)만을 추구하게 되어 포괄집단은 결국 와해된다는 것으로 설명할 수 있다.

4. 결론과 함의

지금까지 스웨덴 복지국가의 '한계'가 의미하는 바와 그러한 '한계'의 원인에 대해 논의하였다. 오늘날 스웨덴은 다른 서구 복지국가들과 비교해 볼 때 여전히 복지 선진국이라 할 수 있다. GDP 대비 사회복지 지출도 가장 높은 나라 중 하나이고, 사회복지 프로그램의 내용도 포괄성 및 보편성을 갖추고 급여수준도 후하며, 소득불평등과 빈곤율도 가장 낮은 나라 중의 하나이다. 한편 거시경제지표로 볼 때도 스웨덴은 다른 유럽국가들과 실업률, 물가상승률, 경제성장률 등에서 비슷하다. 이렇게 다른 유럽국가들과 비슷한 거시경제 상황에서 높은 수준의 복지국가를 그런대로 유지하고 있는 것을 '한계'라 지칭하는 것은 다소 무리가 있다.

그래서 이 글에서의 '한계'의 의미는 여타 서구 복지국가들과는 다른 '스웨덴 모델'이 어떤 한계에 도달했다는 의미이다. 스웨덴 모델의 두 가지 핵심가치인 완전고용과 평등의 추구가 일정한 한계에 도달했던 것이다. 특히 완전고용정책을 포기함으로써 더 이상 낮은 실업률을 유지 못 하게 되는 측면이 중요하다. 왜냐하면 실업률이 높으면 복지의 필요성은 높아지는데 재원은 줄어들고, 또한 노동의 힘은 약해지기 때문에 복지국가를 확대하는 것은 현실적으로 어렵기 때문이다. 즉, 스웨덴 모델은 여기에서 일정한 한계에 봉착하게 되는 것이다.

그렇다면 왜 완전고용정책을 포기해야만 했는가? 이 장에서는 그 요인을 세 가지로 설명하였다. 첫째, 세계적 경제환경의 변화이다. 1970년대 초부터 시작된 서구 복지국가들의 경기침체의 상황에서 스웨덴의 주된 교역국들이 실업문제를 희생하면서 물가안정정책을 채택하게 되자 스웨덴의 저실업/고물가 정책은 일정한 한계에 봉착하는데 이를 해결하기 위하여 정부는 재정팽창정책을 취하게 되었다. 그러나 이 또한 재정적자의 문제를 야기해 완전고용정책의 한계를 야기한다. 또한 자본의 국제화도 가능한 한 물가상승을 줄여야 하는 고이자율의 정책을 펼 수밖에 없는 상황으로 만들어 완전고용정책을 포기하게 만든다.

둘째, 세계 경제환경의 변화는 또한 스웨덴 조합주의를 약화시키는 간접적인 영향을 통해서도 스웨덴 복지국가의 한계를 야기한다. 세계적인 불경기로 노동의 입지가 전에 비하여 약해졌고 또한 자본의 국제화로 자본의 힘이 커져 노사협상이 어렵게 된 것이다.

셋째, 직업 및 산업구조의 변화의 측면에서 복지국가의 성장에 바탕이 되는 제조업이 서비스업보다 비중이 적어지고, 미숙련 혹은 반숙련 노동자보다 숙련 노동자의 수요가 많아진 상황에서 완전고용정책을 추구하기가 어려졌다. 이러한 상황에서 노동조합의 분열 대립이 심화되어 결국 노동의 힘을 약화시키고, 조합주의가 약화되어 이것이 간접적으로 복지국가의 한계에 영향을 주게 되었음을 지적하였다.

그렇다면 스웨덴 복지국가의 미래는 어떻게 될 것인가? 우선 스웨덴 모델의 핵심인 완전고용정책을 앞으로 적어도 단기간 내에 다시 채택하기가 어렵기 때문에 과거와 같은 복지국가의 성장은 기대하기 어려위 스웨덴 복지국가는 일정한 한계 속에서 변화될 것이다. 하지만 그렇다고 해서 스웨덴 복지국가가 그 기본틀을 바꿀 만큼 변화는 없을 것이다. 그 이유는 적어도 다음의 네 가지로 설명할 수 있다.

(1) 일반적으로 어떤 제도(*institution*)나 체계(*system*)가 오랜 기간 지속되면 이후 그것을 바꾸는 것은 쉽지 않다. 스웨덴은 거대한 복지국가라는 하나의 통합된 체계(*integrated system*)로 지난 약 30년간 유지되었기 때문에 이제 와서 그것을 전면적으로 바꾸는 것은 힘들다. 왜냐하면 그러한 통합된 체계 내의 하부단위들이 서로 긴밀히 연결되어 있기 때문이다(Freeman, 1995). 예를 들면 사회복지 지출을 크게 줄이기 위하여 사회복지 프로그램들을 대폭 축소하게 되면 실업률은 현재보다도 크게 높아지게 된다. 왜냐하면 스웨덴 복지국가의 특징은 잘 발전된 사회복지 프로그램 때문에 많은 사람들이 일을 할 수 있게 하는 것에 있기 때문이다. 일례로 잘 발달된 아동복지 프로그램 때문에 많은 주부들이 일을 할 수 있는 것이다(Kolberg & Esping-Andersen, 1992). 따라서 어느 수준 이상으로 실업률이 높아진 상황은 스웨덴 복지국가 전체가 작동하는 것에 커다란 위험을 야기한다.

(2) 사회복지체계의 기본틀을 바꾸기 어려운 또 하나의 이유는 정치적인 것이다. 스웨덴 전체 투표자의 약 65%가 그들의 소득 대부분을 공공부문에서 받는다. 즉, 공공부문 취업을 통한 임금 아니면 사회복지 소득인 것이다. 이러한 상황에서 어떤 정당 혹은 정치가가 그 기본틀을 바꾸려고 하겠는가?

(3) 스웨덴 복지국가의 '한계'에 영향을 준 높은 자본이동 현상에도 일정한 한계가 있기 때문이다. 왜냐하면 자본이동이 너무 지나치게 되

면 자본에 대한 과세는 점차 어려워지고, 따라서 복지국가의 재원은 점차 노동관련 조세에 더욱 의존하게 되는데 이렇게 되면 노동의 저항이 커지게 된다. 결과적으로 자본이동 자체에 대한 전체 국민의 저항이 커지게 되어 자본이동을 제한하는 정책이 지지를 받게 될 수 있다(Obstfeld, 1998). 최근 많은 나라에서 점차 커지는 자본이동 현상에 대해 우려와 비판이 커지는 것이 이를 반영한다.

(4) 스웨덴 복지국가를 근본적으로 뒷받침하는 것은 역사적으로 오랫동안 걸쳐 형성된 스웨덴 국민들의 가치들(평등, 연대, 동질성)인데 이러한 가치나 문화들은 속성상 쉽게 변하지 않는다(Milner, 1986). 예를 들면 스웨덴의 연대임금정책의 성공에는 다른 이유들도 있지만 무엇보다도 스웨덴 국민들이 평등과 연대라는 가치를 중시하기 때문에 근본적으로 가능했던 것이다. 예를 들어, 미국과 같은 '거친 개인주의'(rugged individualism)의 가치를 강조하는 국가라면 이러한 정책은 애초부터 불가능하다고 볼 수 있다.

최근에 우리나라도 사회복지를 확대하는 추세에 있다. 이러한 상황에서 많은 사람들이 우리나라가 지향해야 할 복지국가 모형이 무엇인지에 대하여 관심을 보이고 있다. 일부 사람들은 우리나라도 '스웨덴 모델'을 지향하여 복지국가를 만들어야 한다고 주장한다.

그러나 본질적으로 혹은 현실적으로 볼 때 우리나라가 스웨덴과 같은 복지국가를 이루는 것은 거의 불가능하다고 할 수 있다. 왜냐하면 우리나라는 스웨덴 모델의 성공의 주요인들인 강력한 노동조합을 바탕으로 한 사회민주당의 장기집권, 강력한 노동의 정치세력을 바탕으로 한 노사 간의 단체협상이 성공할 수 있는 사회민주적 조합주의의 성공,

그리고 스웨덴 국민들의 평등의 가치를 구현하기 위한 연대의식 등의 요소들이 현재도 없을 뿐만 아니라, 앞으로도 상당한 기간 동안 존재할 가능성이 극히 희박하기 때문이다.

이렇게 볼 때 우리의 복지국가의 길은 비교적 자명하여 두 가지의 길을 예상할 수 있다. 하나는, 산업화 이론에서 주장하듯이 경제발전을 계속 이루어 사회복지에 사용할 자원을 늘려, 앞으로 계속 늘어날 수밖에 없는 사회복지에의 필요(*need*)를 해결하는 정도로 사회복지가 확대되는 방식이다.

다른 하나는 사회복지의 확대를 추진하는 노동계급의 정치적 힘이 약한 상황에서는 민주화를 바탕으로 다양한 이익집단들의 정치에 의하여 사회복지가 확대되는 길이다.

이 두 가지의 모형은 '스웨덴 모델'과는 거리가 멀어 우리나라가 스웨덴과 같은 이상적인 복지국가가 되기는 어렵다. 특히 오늘날의 지구경제의 시대, 그리고 제조업이 줄고 서비스산업이 커지는 시대에서는 더욱이 우리의 복지국가가 크게 확대되기에는 한계가 있다고 할 수 있다.

13

민영화 논의

10장에서 살펴본 '복지국가의 위기'로 인해 나타난 문제들을 해결하기 위하여 자주 제시되는 방법이 공공부문의 사회복지를 민간부문으로 이양하는 민영화(*privatization*)의 전략이다. 공공부문의 사회복지에의 지나친 부담으로 인하여 생기는 여러 가지의 경제적 비효율성의 문제들, 정부재정의 적자, 그리고 궁극적으로 정부에 대한 신뢰감의 상실 등의 문제를 해결하기 위해서는 사회복지 서비스나 재화를 민간부문에서 제공하는 것이 바람직하다는 논리이다.

민영화에 대한 관점은 크게 두 가지로 나눌 수 있다. 하나는 자유경쟁 시장기제의 우월성을 지나치게 강조하여 거의 모든 사회복지 서비스나 재화는 민간부문에서 제공해야 하며, 공공부문의 역할은 극히 일부분으로 제한되어야 한다는 관점이다(Friedman, 1962; Savas, 1982). 다른 하나의 관점은 이른바 '복지 혼합'(*welfare mix*) 혹은 '복지 다원주의'(*welfare pluralism*)의 입장으로, 사회복지의 재화나 서비스는 공공부문과 민간부문에서 적절한 역할 분담을 통하여 제공되어야 한다는 관점이다. 특정의 사회복지 서비스나 재화는 공공부문 혹은 민간부문에서 제공되는 것이 바람직하기 때문에 공공부문과 민간부문의 역할 분담이 필요하며, 민영화는 바로 이러한 맥락에서 필요하다는 것이다 (Rose, 1986; Johnson, 1987).

전자의 관점은 8장의 복지국가의 필요성에서 논의되었듯이 이론적으로 문제가 있을 뿐만 아니라 현실적으로도 그러한 방식의 적용은 불가능하다. 오늘날 민영화가 가장 확대된 영국과 미국에서도 그 나라의 사회복지 서비스와 재화의 대부분은 여전히 공공부문의 재원으로 제공되고 있다는 사실이 이러한 주장을 뒷받침한다.

따라서 이 장에서는 후자의 관점에 초점을 맞추어 사회복지의 재화나 서비스의 공공부문과 민간부문의 적절한 역할분담에 관해 논하고자 한다.

1. 복지 혼합

사회구성원들의 복지는 세 가지 사회적 제도들, 즉 가족, 시장 그리고 국가의 조합에 의하여 이루어진다. 복지는 우선 가족 내 혹은 가족 간의 복지이전(*intra or inter-family welfare transfer*)에 의하여 주로 이루어지며, 시장에서의 여러 기제 및 국가에 의해 제공되기도 한다.

복지를 제공하는 이러한 세 가지 사회적 제도들은 역사적으로 그 중요성이 변해왔다. 산업화 이전에는 대부분 가족이 가장 중요한 복지제공의 역할을 하였고, 반면 국가의 역할은 매우 적었다. 그러나 산업화가 이루어지면서 점차 국가의 역할은 커지는 반면, 가족이나 시장의 민간부문의 역할은 줄어든다(Rose, 1986).

산업화가 이루어진 국가들 가운데도 이러한 세 가지 기준 가운데 어느 것을 상대적으로 강조하느냐는 서로 다르다. 어떤 나라들은 사회복지가 국가에 의하여 주도적으로 이루어지는 반면, 어떤 나라들에서는 민간부문의 사회복지 역할을 상대적으로 중요시 여긴다. 예를 들면 가장 발전된 복지국가로 여겨지는 스웨덴은 국민들의 복지를 국가가 주도하여 해결한다. 한 조사에 의하면 스웨덴 국민들 가운데 경제활동이 가장 적극적인 25~55세 가운데 약 80%가 사회복지제도로부터 현금급여를 받는 것으로 조사되었다. 따라서 경제활동이 미약한 다른 연령층을 모두 포함하고 현금급여 이외의 모든 사회복지 서비스를 포함하면 스웨덴 국민의 거의 대부분이 국가에 의한 사회복지의 수급자라 할 수 있다(Rainwater et al., 1986). 반면에 미국과 같은 나라는 사회복지에서 민간부문의 역할을 다른 유럽의 복지국가들에 비하여 강조한다. 예를 들면 〈표 13-1〉에서 볼 수 있듯이, 유럽의 많은 복지국가들이 그들의 총 사회복지 지출의 대부분을 국가에 의한 사회복지 지출에 의존하는데, 미국은 국가의 사회복지 지출이 GDP의 16%에 지나지 않으나 민간부문의 사회복지 지출이 상대적으로 커서, 총 사회복지 지출은 약 26%에 이르게 된다(OECD, 2008). 또한 한국과 같은 나라는 사회복지에서 가족의 역할이 다른 국가들에 비하여 중요하게 간주되고 또한 강조된다. 예를 들면 가족에 의한 사회복지는 대략 GDP의 9%로, 2000년대 중반의 우리의 공공부문의 사회복지가 대략 6%인 것에 비하여 크다(김진욱, 2005).

<표 13-1> 사회복지에 대한 총 지출과 공공부문의 지출(2005)

(GDP 대비 %)

국 가	총 지출	공공부문 지출
스웨덴	32.5	30.1
프랑스	32.2	29.6
독일	29.8	27.9
일본	22.4	19.1
영국	28.2	21.9
미국	26.0	16.2

▌출처: OECD(2008).

사회복지를 제공하는 데 있어 가족, 시장, 국가의 세 가지 제도들은 사회복지의 영역에 따라 각기 장점과 단점을 가진다. 특정 영역에서는 특정 제도가 상대적 우위를 가지며, 또한 상호보완적인 역할을 한다. 예를 들면 건강의 경우 예방과 치료는 국가가 주도적인 역할을 하고, 요양 서비스는 가족이 보완적인 역할을 할 수 있다. 따라서 가족, 시장, 국가의 세 가지 제도들의 사회복지 영역들에서의 적절한 역할분담은 매우 중요한 과제이다.

2. 공공부문과 민간부문의 개념

오늘날 선진 산업국가들에서 사회복지를 제공하는 데 있어 공공부문과 민간부문을 엄격히 구분하는 것은 힘들다. 왜냐하면 많은 사회복지가 공공부문과 민간부문의 혼합된 형태로 이루어지기 때문이다. 따라서 공공부문과 민간부문이라는 용어의 사용시 이러한 개념을 규명하는 작업이 필요하다.

순수한 공공부문은 사회복지를 제공하는 기관의 소유자가 정부이고, 재원은 전부 정부예산에서 나오며, 그것의 운영을 공무원들이 하는 형태이다. 반면에 순수한 민간부문은 사회복지를 제공하는 기관의 소유자가 민간인이고, 그 재원도 민간인에게서 나오며, 운영도 민간인이 하고, 또한 정부로부터의 규제도 받지 않아 정부로부터의 세제상 혜택이 없으며, 따라서 정부에 대한 책임도 갖고 있지 않는 형태이다.

복지국가가 발전되기 이전에는 이러한 순수한 형태의 공공부문과 민간부문이 많이 존재하였으나, 오늘날 이러한 순수 형태는 오히려 드물다. 특히 순수한 민간부문의 형태는 오늘날의 복지국가들에서 발견하기가 어렵다. 왜냐하면 거의 모든 형태의 민간부문은 정부로부터 규제를 받으며 그 대가로 세제 혜택 등을 받기 때문이다. 예를 들면 오늘날 많은 나라에서 광범위하게 시행되며 민간부문의 영역으로 알려진 기업복지의 경우도 순수한 민간부문이 아니다. 왜냐하면 운영은 민간부분에서 이루어지고 있지만, 그것의 재원은 많은 부분이 정부로부터의 세제 혜택을 통해 이루어지기 때문이다. 다시 말해 이 경우에 정부가 세금을 감면해 주지 않고 세금을 걷어서 정부가 직접 제공해 줄 수도 있기 때문에 순수한 민간부문이라 할 수 없다. 따라서 오늘날 제공되는 대부분의 사회복지 형태는 이러한 양극단의 연속선 중간에 위치하기 때문에, 우리가 공공부문과 민간부문을 구분할 때는 이러한 양극단의 어느 쪽에 좀더 가까운가를 기준으로 해야 한다. 이를 위해서는 공공부문과 민간부문의 개념을 좀더 세분화하여 볼 필요가 있다.

어떤 연구는 사회복지에서 공공부문과 민간부문을 구분할 때 사회복지를 생산해 내는 측면(*production*)과 사회복지를 소비하는 측면(*consumption*)으로 나누어 분석한다(Starr, 1989). 전자의 경우는 사회복지를 누가 제공하느냐의 측면에서 공공부문과 민간부문으로 나눌 수 있다. 후자의 경우는 사회복지를 소비할 때 누가 부담하느냐에 따라 구분이 되는 것이다. 따라서 이러한 두 가지 기준만으로도 4가지 형태의 공공부문과 민간부문의 개념이 이루어질 수 있다.

또한 어떤 연구는 상기의 생산과 소비의 개념을 구체화하여 급여와 재원의 측면에서 공공부문과 민간부문의 개념화를 한다(Glennerster, 1985). 〈그림 13-1〉에서 보듯이, 이 연구는 공공부문과 민간부문을 두 가지의 차원에서 여섯 가지의 형태로 구분하였다. 〈그림 13-1〉의 왼쪽에 속하는 형태들은 사회복지의 재화와 서비스가 공공기관에서 제공되는 것이지만 그것을 위한 재원에 따라서는 완전공공, 완전민간, 그리고 부분공공-부분민간의 셋으로 구분할 수 있다. 순수한 의미의 공공부문은 공공기관에서 사회복지를 제공하고, 또한 그것의 재원을 완전히 공공의 재원(국민의 세금)에 의존하는 것이다. 이러한 의미의 공공부문은 1980년대 이후 점차 줄어드는 추세에 있어 공공기관에서 사회복지를 제공해도 그것의 재원을 부분적으로 민간부문에서 충당하는 경향이 있다(대표적인 예는 수급자의 일부 부담). 사회복지를 위한 재원에서 공공과 민간이 혼합되는 형태로 이루어지는 것이다.

한편 사회복지를 민간기관에서 제공할 때도 그 재원의 출처에 따라 세 가지로 구분할 수 있다. 첫째는 재원이 완전히 공공으로 이루어지는 형태이고, 둘째는 순수한 의미의 민간부문으로 급여와 재원의 제공이 완전히 민간부문에서 이루어지는 형태이며, 셋째는 급여는 민간에서

〈그림 13-1〉 공공부문과 민간부문의 형태

급 여

		공 공		민 간	
재 원	공 공	공공급여 완전공공재원	공공급여, 부분공공, 부분민간재원	민간급여, 부분공공, 부분민간재원	민간급여 완전공공재원
	민 간	공공급여 완전민간재원			민간급여 완전민간재원

▌출처: Glennerster (1985: 5).

제공하나 그 재원을 공공부문과 민간부문에서 부분적으로 충당하는 형태이다. 오늘날 순수한 의미의 민간부문, 즉 급여와 재원이 완전히 민간부문에서 제공되는 형태는 매우 적고, 이른바 '운영은 민간, 재원은 정부' 형태인 첫 번째 유형이 서구의 복지국가에서 많이 이루어져 왔다. 그러나 이러한 형태도 이른바 '복지국가의 위기' 시대에 정부재원의 한계로 말미암아 점차 세 번째 유형이 지배적이 되는 추세이다. 한국에서 최근에 많이 등장하는 종합사회복지관과 건강보험제도가 이러한 세 번째 유형에 속한다.

공공부문과 민간부문의 개념을 좀더 세분화하여 분석한 연구는 저지와 냅(Judge & Knapp, 1985)에 의하여 이루어졌다. 이 연구에는 〈그림 13-2〉처럼 생산과 재원의 두 가지 차원에서 각기 네 가지의 서로 다른 유형으로 공공부문과 민간부문의 형태들을 구분하였다.

즉, 이 연구는 사회복지를 누가 제공하느냐에 따라 공공기관, 영리추구의 민간기관, 비영리 민간기관 그리고 가족과 같은 비공식의 형태로 나누었다. 또한 이것에 필요한 재원에서도 공적 재원, 특정의 개인

재원 \ 생산	공 공	영리 민간	비영리 민간	비공식
공 공				
민간-집합적				
민간-개별적				
재원 불필요				

▎출처: Judge & Knapp (1985: 133).

부담이 없는 집합적인 민간재원, 개별적인 민간재원(수급자 부담), 그리고 재원이 불필요한 형태, 네 가지로 구분하였다. 따라서 이 분류에 의하면 다양한 형태의 공공부문과 민간부문의 개념들이 나타날 수 있다.

　이상에서 보듯이 오늘날 공공부문과 민간부문의 개념을 명확히 구분하는 것은 어려운 일이다. 따라서 우리가 공공부문과 민간부문의 용어를 사용할 때는 그것의 구체적 내용들에 대한 이해가 더욱 필요한데 이것은 뒤에서 다시 언급하기로 한다.

3. 시장의 실패 대 정부의 실패

　사회복지의 재화나 서비스가 공공부문과 민간부문 어느 쪽에서 제공되는 것이 바람직한가 하는 일반적인 논의는 많이 이루어졌다. 공공부문과 민간부문은 사회적 자원의 효율적 배분, 평등, 자유 등의 관점에서 각기 장점과 단점을 가지고 있다.

1) 사회복지가 공공부문에서 이루어져야 하는 이유

사회복지의 재화나 서비스가 공공부문에서 주로 제공되어야 하는 가장 중요한 이유는 '시장의 실패'(*market failure*)에 기인한다. 이것에 관하여는 8장의 '복지국가의 필요성'에서 자세히 설명하였기 때문에 여기서는 간략히 요약하여 다음 일곱 가지 근거로 설명한다: (1) 이러한 사회복지의 재화나 서비스가 공공재적 성격을 많이 갖고 있다, (2) 사회복지를 통한 긍정적 외부효과, (3) 서비스의 제공자나 소비자의 불완전한 정보, (4) '역의 선택'의 문제, (5) '도덕적 해이'(*moral hazard*) 현상, (6) '위험발생의 상호의존성'(*inter- dependent probability*), (7) 규모의 경제.

이러한 것들은 '시장의 실패'라는 측면에서 공공부문이 민간부문보다 사회복지의 재화나 서비스를 제공하는 것이 사회적으로 바람직한 이유들로서 논의된 것이었다. 그러나 이러한 이유보다 좀더 중요할 수 있는 규범적인 이유에서도 공공부문이 사회복지의 주요 제공자가 되어야 한다고 주장하는데 그것은 다음과 같다.

첫째, 사회복지 서비스를 공공부문에서 제공하게 되면 필요(*need*)를 기준으로 하기 때문에 지불할 능력을 기준으로 하는 민간부문에서보다 평등의 가치를 높게 구현할 수 있다(Walker, 1984). 즉, 사회구성원들 사이의 불평등을 감소시키기 위해서는 공공부문에서 제공되어야 한다는 것이다. 특히 인간생존에 필수적인 재화나 서비스(예를 들면 음식이나 의료서비스 등)는 사회구성원 모두가 평등하게 가져야 한다는 이른바 '물품평등주의'(*commodity egalitarianism*)의 측면에서 적어도 이러한 재화나 서비스는 공공부문에서 제공될 필요성이 높다(Tobin, 1970).

둘째, 사회복지 서비스를 공공부문에서 제공하면 개인적 이기주의보다는 이타주의의 가치가 중시되고, 따라서 개별적 차이보다는 사회통합이라는 더욱 광범위한 사회목표를 이룰 수 있다(Titmuss, 1970).

2) 사회복지 서비스를 민간부문에서 제공해야 하는 이유

사회복지 재화나 서비스를 민간부문에서 제공해야 하는 이유는 주로 '정부의 실패'(*government failure*) 혹은 '비(非)시장의 실패'(*non-market failure*)의 개념에서 나오는데 그것들에 대해 상세히 살펴보면 다음과 같다(Rhoads, 1985; Wolf, 1979).

첫째, 공공부문은 민간부문보다 사회복지 서비스를 제공하는 데 있어 경쟁체제가 성립되기 어렵기 때문에 서비스를 독점적으로 제공할 가능성이 높아서 여러 가지 문제가 발생한다. 소비자들의 서비스에 대한 수요의 질과 양의 변화에 대해서 신속하고 융통성 있는 대응이 어려워 불필요한 서비스를 많이 제공하거나, 필요한 서비스를 적게 제공할 가능성이 높다. 또한 경쟁이 없는 상태에서는 서비스의 개선, 예를 들면 창의적인 프로그램 개발 등의 노력이 미흡할 수 있다. 또한 독점된 서비스는 불필요하게 높은 비용에서 제공되어도 유지될 가능성이 있다.

둘째, 공공부문은 기본적으로 소유자가 정부(더 정확히 말하면 일반국민)이기 때문에, 상기와 같은 비효율적인 운영을 방지할 수 있는 동기강화가 어렵다. 다시 말해 비효율적인 수행에 대한 제재가 어렵다. 반면에, 민간부문에서는 비효율적인 운영을 하는 것에 대한 직접적인 책임추궁이 용이하게 이루어질 수 있다(예를 들면 궁극적인 방법으로는 소유포기의 위협). 즉, 민간부문에서는 효율적인 운영에 대한 동기부여를 높일 수 있다.

셋째, 공공부문에서의 사회복지 서비스 제공은 자기이익을 추구하는 특정 이익집단들의 요구에 정치적으로 응하기 쉽고 혹은 이러한 서비스를 제공하는 공공부문 종사자들의 이익을 추구하는 과정에서 불필요한 서비스의 확대와 낭비를 가져올 수 있다(Niskanen, 1971). 공공부문에서의 사회복지 서비스는 특정한 이익을 추구하는 이익집단, 이들의 이익을 대변하는 정치가들, 그리고 이러한 서비스를 관장하는 공공부문 관료들의 이익이 합치될 때 불필요하게 확대될 수 있다. 이러한 불필요한 공공부문 서비스 확대를 막기가 구조적으로 어려운 것은 상기의 잘 조직화된 집단들에게 집중적 이익이 돌아가도 그러한 서비스의 확대로 인한 비용부담은 비조직화된 전국민에게 분담된다. 따라서 특정 개인의 부담은 적어 대부분의 국민들에게는 위와 같은 결과에 대한 반대 동기가 적기 때문이다(Olson, 1965).

지금까지 사회복지의 재화나 서비스가 공공부문과 민간부문 어느 쪽에서 제공되는 것이 바람직한가에 대한 매우 일반적인 이론들을 논의하였다. 그러나 이러한 일반이론들은 순수한 공공부문과 민간부문을 대상으로 하는데, 오늘날은 공공부문과 민간부문의 혼합형태가 지배적이기 때문에 이러한 논의들을 직접 적용하기에는 한계가 있다. 따라서 지금부터 어떠한 혼합형태가 있는가를 살펴본 후, 이러한 일반이론보다 좀더 구체적인 기준들을 분석하여 바람직한 공공부문과 민간부문의 역할분담의 모형을 제시할 필요가 있다.

4. 공공부문과 민간부문 혼합 유형들

사회복지의 재화나 서비스를 제공하는 형태들은 순수 공공부문과 순수 민간부문의 양극단 사이에 다양한 혼합유형들로 존재한다. 이러한 형태들을 분류하는 데는 다음의 세 가지 측면을 고려하는 것이 유용하다. 첫째, 누가 서비스를 제공하는가? 둘째, 누가 비용을 지불하는가? 셋째, 누가 조정하는가? (Savas, 1982) .

여기서는 이러한 측면에서 다양한 혼합유형들을 논의하고자 한다.

1) 순수 공공부문의 형태

이러한 형태에서는 서비스 조정자, 제공자, 지불자가 동일한 정부이다. 이 형태는 전술한 공공부문의 장점과 단점을 가장 뚜렷하게 보인다. 오늘날 이러한 형태는 복지국가가 확대되던 시기에 비해 줄어드는 추세에 있다고 할 수 있다.

2) 준정부기관의 형태

오늘날 어떤 사회복지 서비스들은 정부가 준정부기관에 의뢰하여 제공되기도 한다. 이 경우에 서비스 조정자는 정부이고 또한 서비스에 대한 재원도 정부에서 나오는 반면, 준정부기관은 서비스의 제공자 역할을 한다.

이러한 준정부기관을 통하여 서비스를 제공하는 이유는, 첫째로 어떤 사회복지 서비스는 정부가 직접 제공하면 국민들 사이에 논란이 많아 정치적인 위험이 따르기 때문이고(예를 들면 낙태를 포함한 가족계획 서비스), 둘째로 정부기관이 서비스를 제공할 때 수반되는 관료제도의 비효율성을 피하기 위해서, 셋째로 새롭고 창의적인 사회복지 프로그램을 시행할 때 발생할 수 있는 여러 가지 위험들을 피하기 위하여, 그리고 마지막으로 과대한 정부부담에 대한 비판들을 피하려는 수단이다 (Rein, 1989). 이 형태는 순수 공공부문보다는 운영상의 융통성을 높일 수 있지만 기본적으로는 공공부문의 성격을 크게 벗어나지 못한다.

3) 민간부문과의 계약의 형태

이 형태는 특정의 사회복지 서비스를 정부가 특정의 민간기관과 계약하여 구입하는 형식으로 소비자에게 제공해 주는 방법이다. 정부가 특정 서비스를 지정하여 민간기관이 소비자에게 제공토록 하고 그때 소요되는 재원을 정부가 부담하는 것이다. 이 경우는 서비스 조정자와 지불자가 정부이고, 서비스 제공자는 민간기관이다. 이것은 민간부문 운영의 효율성을 살리는 데 그 주요 목적이 있다.

이러한 형태는 전통적으로 비영리 사회복지기관과 주로 계약이 이루어져 왔으나, 최근에는 영리를 추구하는 민간기관과의 계약도 많다. 예를 들면 오늘날 미국에는 영리추구를 위하여 노인요양원(*nursing home*)을 운영하는 기관들이 많이 있는데, 이러한 기관들의 수입의 약 3분의 2는 정부로부터 나온다(Gilbert, 1984).

4) 민간부문에서의 재정 보조

이러한 형태는 정부가 사회복지 서비스를 제공하는 민간기관에 재정적으로 보조를 해주는 방법이다. 상기의 '계약'의 형태는 정부가 특정의 서비스를 지정하여 민간기관에 재정지원을 하는 것이라면, 이 형태는 민간기관에 일반적 재정지원(*grants*)을 하는 것이다. 따라서 이것은 민간기관의 다양한 서비스 제공의 융통성을 높여 소비자들의 서비스 선택의 폭을 넓힐 수 있다. 다시 말해 이것은 '계약'의 방법보다 민간부문의 장점들을 더 살릴 수 있다(Rein, 1989).

5) 증서

이것은 정부가 특정의 사회복지 재화나 서비스를 구입할 수 있는 증서(*voucher*)를 소비자에게 제공하여, 소비자들이 민간부문에서 서비스를 이용하게 하는 방법이다. 상기의 재정보조 방법은 정부가 서비스 제공자에게 재정보조를 하는 것이라면, 이것은 정부가 소비자에게 직접 보조를 주는 것이다. 따라서 소비자들의 서비스 선택의 자유는 더 넓어진다. 이 방법은 서비스 제공자들 사이의 경쟁을 높일 수 있기 때문에 서비스의 질이 높아질 수 있고, 또한 서비스의 가격도 낮아질 수 있다. 이러한 예는 미국에서 광범위하게 사용되는 '식료품 할인 구매권'(*food stamp*)이다.

6) 상환

이 형태는 소비자들이 민간부문에서 사회복지 서비스를 구입하게 하고 그것에 대한 지출을 소비자들에게 상환(reimbursements) 해 주는 방법이다. 이것은 정부로부터 민간부문에로의 재정지출 유형들 가운데 가장 민간부문적인 요소가 강조되는 형태이다. 이것은 상기의 증서 유형보다 더욱 소비자 선택을 높이고, 또한 다양한 사회복지 서비스 제공자들 사이의 경쟁도 더욱 높일 수 있다. 그러나 이 방법은 민간부문의 단점들도 크게 나타날 수 있다. 예를 들면 소비자들의 불완전한 정보하에서 서비스 제공자들에 의한 그들의 서비스 욕구가 왜곡될 수 있고, 또한 소비자들의 오용과 남용의 문제도 심각해질 수 있다. 이러한 문제를 막기 위한 하나의 방법으로, 대개 일부상환 — 즉, 서비스비용의 일부는 소비자 자신이 지불하는 것 — 의 방법을 택한다.

7) 세제혜택

지금까지는 어떤 형태로든 사회복지 서비스에 대하여 정부가 직접적인 재정지출을 하는 형태라면, 세제혜택의 방법은 정부의 '간접적인' 지출의 형태이다. 겉으로는 서비스에 대한 지출이 민간부문에서 이루어진 것처럼 보이지만 궁극적인 지출의 부담자는 정부인 것이다. 이러한 세제혜택의 대상은 여러 형태인데, 첫째는 사회복지 재화나 서비스를 제공하는 사회복지기관에 여러 형태의 세제혜택을 주는 형태가 있고, 둘째는 일반 소비자들에게 사회복지 서비스를 구입할 때 혹은 사회복지의 욕구가 많을 때 세제상의 혜택을 준다. 전자의 예는, 의료서비스를 받을 때 소요되는 비용을 세금계산에서 면제해 주는 것 등이고, 후자의 예는 아동, 노인, 장애자 등이 있는 가족에게 세제상의 혜택을 주는 것이다. 셋째의 방법은 사회복지기관이 아닌 일반 기업들의 사용자에게 세제상의 혜택을 주어 여러 형태의 기업복지를 제공토록 하는 방법이다.

지금까지의 순수 공공부문과 준정부기관을 제외한 다섯 가지의 공공부문과 민간부문의 혼합유형은 직접적이든 간접적이든 정부의 재정지출이 필요한 유형들이다. 서비스의 조정자와 지출자는 정부이고, 서비스 제공자만이 민간부문에서 이루어진다. 반면에 지금부터 설명할 세 가지의 유형은 정부의 재정지출이 없는 혼합유형이다. 정부는 서비스 조정자의 역할만을 하고, 서비스의 지출과 제공은 민간부문에서 이루어지는 형태이다.

8) 독점권

이 형태는 정부가 민간부문의 사회복지 서비스 제공자에게 일정한 종류의 서비스를 제공할 수 있는 독점권(*franchises*)을 주는 방법이다. 이것은 민간부문의 지나친 경쟁으로 인한 문제들(예를 들면 서비스의 중복, 특정지역에서의 서비스 부재 혹은 집중 등)을 해결하고, 또한 제한된 정부재원에서 정부의 사회복지 서비스에의 지출이 어려울 때 민간부문의 장점을 최대한도로 살릴 수 있는 장점이 있다.

9) 의무화

이것은 정부의 재정지원 없이 사회복지 서비스 기관이 아닌 일반 기업들로 하여금 일정한 사회복지 서비스를 제공토록 의무화(*Mandate*)하는 방법이다. 예를 들면 기업들이 일정한 수의 장애인 혹은 노인을 고용하는 것을 의무화하는 방법 등이다.

10) 규제

이 방법은 공공부문과 민간부문의 혼합유형들 가운데 정부의 역할이 가장 소극적인 형태이다. 민간부문의 사회복지 서비스 제공자들에게 일정한 규제를 하여(예를 들면 서비스의 질, 가격, 종류 등에서), 서비스를 소비하는 사람들을 서비스 제공자로부터 보호하는 것이다.

11) 순수 민간부문

이것은 전술한 것처럼 서비스 조정자, 제공자, 지출자가 모두 민간부문에서 이루어진다. 그러나 이러한 순수 민간부문의 형태로 제공되는 사회복지의 재화나 서비스는 오늘날 매우 적다. 예를 들면 가족구성원들 사이에 이루어지는 사회복지 서비스도 많은 부분 정부로부터 세제혜택 등을 받는다.

5. 공공부문과 민간부문의 역할분담의 기준들

지금까지 사회복지의 재화나 서비스를 제공하는 데 있어 공공부문과 민간부문의 다양한 형태의 혼합된 유형들을 소개하였다. 이러한 유형들은 각기 특정의 사회복지 서비스를 제공하는 데 장점을 갖고 있다. 따라서 지금부터는 어떤 사회복지의 재화나 서비스를 어떤 부문에서 어떻게 혼합된 형태로 제공하는 것이 바람직한가를 결정하는 기준들을 분석할 필요가 있다.

이러한 기준들은 다양한데 여기서는 크게 둘로 나누어 논의하고자 한다. 하나는 사회복지 재화나 서비스가 갖고 있는 속성의 측면이고, 다른 하나는 이러한 서비스를 제공하는 형태들이 갖고 있는 속성의 측면이다.

1) 재화나 서비스의 속성 측면

사회복지 재화나 서비스를 어떤 형태로 제공하는 것이 바람직한가를 결정하기 위해서는 먼저, 그러한 재화나 서비스의 속성을 고려해야 한다. 여기서는 이러한 속성들을 네 가지의 측면에서 논의하고자 한다.

첫째, 재화나 서비스의 공공재적인 성격의 정도와 그것들의 외부효과의 정도를 고려해야 한다. 8장에서 언급한 것처럼 어떤 재화나 서비스가 공공재적인 성격이 강하면, 이러한 재화들은 민간부문에서는 사회적으로 바람직한 공급보다 적게 이루어지기 때문에 공공부문에서 제공해야 할 필요성이 높아진다. 또한 이러한 재화들이 민간부문에서의 거래에서는 나타나지 않는 긍정적인 외부효과가 크다면 공공부문에서 이러한 재화를 제공해야 한다.

둘째, 어떤 재화나 서비스를 소비자들이 선택하는 데 있어 이러한 재화들에 대한 정보를 소비자들이 많이 갖고 있지 않거나 혹은 갖기에는 비용이 많이 드는 재화들은 공공부문에서 제공하는 것이 바람직하다. 이러한 재화들에 대한 소비자들의 불완전한 정보에서 발생할 수 있는 문제들이 심각할수록 공공부문에서 이러한 재화들이 제공되어야 할 필요성이 높아지는 것이다.

셋째, 어떤 재화나 서비스는 그 속성상 여러 부문에서 보완적으로 제공되는 것이 바람직할 수 있다. 즉, 이러한 재화는 어느 한쪽 부문에서 제공될 때, 다른 부문에서의 제공이 필요 없는 대체적인 성격을 갖고 있는 것이 아니라, 다른 부문에서 보완적으로 제공되어야만 바람직한 공급이 이루어질 수 있는 것이다. 이러한 재화나 서비스는 대개 그것들의 세부적이고 구체적인 내용이 명확하지 않거나 예측하기 어려운 성격을 갖는다.

넷째, 어떤 재화나 서비스는 민간부문에서 제공할 제공자의 숫자도 고려해야 한다. 어떤 재화나 서비스의 제공이 사회적으로 필요한데 그 속성상 민간부문에서 제공되기가 어려울 수 있는데(예를 들면 사회보험 성격을 갖고 있는 재화들), 이때는 공공부문에서 제공되어야 할 필요성이 높아진다.

2) 서비스 제공 형태의 속성 측면

어떤 사회복지의 재화나 서비스를 어떠한 형태에서 제공하는 것이 바람직한가를 알기 위해서는 서비스 제공의 형태가 갖는 특성들도 고려해야 하는데, 여기서 크게 다섯 가지의 측면에서 논의하고자 한다.

첫째, 어떤 형태가 사회복지의 주요 가치인 평등(소득 재분배)을 구현하는 데 유리한가 하는 측면이다. 전술한 여러 가지 사회복지의 제공 형태들은 이러한 평등의 가치를 구현하는 데 있어 서로 다르다. 순수 공공부문 쪽에 가까울수록 이러한 평등의 가치는 강조되는 반면, 순수 민간부문 쪽에 가까울수록 이러한 가치는 무시되는 경향이 있다.

둘째, 어떤 형태가 서비스를 제공하는 데 있어 경쟁체제의 장점을 살릴 수 있느냐 하는 점도 중요하다. 일반적으로 서비스 제공자가 독점화되는 것보다는 여러 개의 제공자가 경쟁적으로 제공하는 것이 바람직한데, 이러한 측면에서 소비자들의 필요에 대한 대응이 융통성 있게 그리고 신속하게 이루어질 수 있는 것이다.

셋째, 어떤 형태가 소비자들의 선택의 폭을 넓힐 수 있느냐 하는 측면도 고려해야 한다. 어떤 형태는 소비자들의 다양한 사회복지 서비스에 대한 필요들 가운데 선택할 폭을 넓히는 반면(예를 들면 상환의 방법), 어떤 형태는 특정의 서비스를 특정의 제공자에게서 구입하도록 제한한다.

넷째, 어떤 형태가 소비자들이 서비스를 이용하는 데서의 남용과 오용을 줄일 수 있는가 하는 측면도 중요하다. 일반적으로, 전술한 바와 같이 소비자의 선택의 폭을 넓히는 형태는 이러한 오용과 남용의 문제가 심각해질 수 있고, 반면에 소비자 선택의 폭을 줄이면 이러한 문제는 덜 심각하다.

다섯째, 어떤 형태가 개별적 공평성(individual equity)의 가치를 크게 반영할 수 있는가의 문제도 고려해야 한다. 어떤 형태는 서비스를 제공하는 데 있어 소비자들의 개인적 차이를 크게 고려하는 반면, 어떤 형태는 이러한 개인적 차이를 무시한다. 일반적으로 민간부문 쪽에 가까울수록 이러한 개별적 공평성의 가치가 크게 반영된다.

6. 사회복지의 주요 영역에서의 적용

지금까지 사회복지의 재화와 서비스가 제공될 수 있는 형태들과 이러한 형태를 선택하는 기준들을 논의하였다. 지금부터는 사회복지의 주요 영역인 소득보장, 건강, 교육, 주택, 그리고 개별적 사회서비스의 다섯 가지 영역에서 공공부문과 민간부문의 역할분담이 어떤 형태로 이루어지는 것이 바람직한가를 논의한다.

1) 소득보장

오늘날 서구의 복지국가들이 대상으로 하는 여러 가지 사회복지영역들 가운데 그 나라의 사회적 자원을 가장 많이 사용하는 영역이 소득보장이고, 이러한 소득보장은 대부분 공공부문에서 주로 이루어진다(대부분의 복지국가에서는 그 나라의 사회복지 지출의 반 이상을 이 영역에 사용한다).

소득보장이 대부분 공공부문에서 이루어지는 가장 큰 이유는 이것이 공공재적인 성격이 강하여 민간부문에서 국민들의 소득보장을 이루는데는 한계가 있기 때문이다(예를 들면 이웃의 빈곤한 사람들이 누군가의 지출에 의하여 줄어든다면 지출하지 않는 사람도 빈곤계층의 감소로 인한 혜택을 볼 수 있기 때문에, 민간부문에서는 자발적인 소득보장을 위한 지출이 발생하는 데는 한계가 있다). 특히 한 나라의 국민들에게 인간답게 살 수 있는 최소한의 소득보장을 해주는 것은 민간부문 내에서 이루어질 수 없는 외부효과가 크기 때문에도 이러한 것은 공공부문에서 이루어져야 한다.

반면에 이러한 최소한의 소득보장 이상의 소득보장정책 영역에서는 이것이 갖는 공공재적 성격이 약해지며, 따라서 이를 반드시 공공부문에서 제공할 필요가 없고 민간부문과의 다양한 혼합의 유형이 바람직하다. 이러한 유형에서는 국가가 사용자에게 세제혜택을 주어 다양한 기업복지의 차원에서 소득보장을 이루게 할 수 있고 개별적 공평성의 가치를 높일 수 있다. 또한 일반국민들에게 직접 세제혜택을 주어 가족 내 혹은 가족 간의 소득이전을 권장하여 소득보장을 이룰 수도 있다. 특히 한국과 같은 유교문화권 국가에서의 강한 가족결속에서는 순수한 가족 내 혹은 가족 간의 소득이전 방법도 소득보장을 이루는 데 크게 기여할 수 있다.

2) 건강

서구 복지국가 발전의 역사를 통해 볼 때, 가장 먼저 국가가 주도하여 제공된 사회복지의 영역이 건강이다(최초의 근대적 의미의 국가주도 사회보험은 1883년의 독일의 의료보험이다). 이것의 이유는 건강도 소득보장처럼 공공재적 성격이 강하고, 특히 산업사회에서 필요로 하는 건강한 노동력의 지속적인 공급이라는 측면에서 민간부문에서 이루어질 수 없는 외부효과가 매우 크다는 점이다. 또한 이러한 서비스가 민간부문에서 제공되어 일반 소비자들이 선택하게 될 때 필요로 하는 정보가 다른 것들에 비하여 많고 복잡하여, 불완전한 정보에서 발생하는 문제가 심각해질 수도 있기 때문에도 공공부문에서 주도해야 할 필요성이 높다.

반면에 건강에 관련된 모든 서비스를 공공부문에서 제공할 필요는 없다. 왜냐하면 건강 서비스는 부문 간에 보완적으로 제공될 필요성이 높기 때문이다. 예를 들면 건강 서비스를 예방, 치료, 그리고 요양으로 크게 나눈다면 예방과 치료는 공공부문에서 제공하고 요양은 민간부문(특히 가족)에서 제공하는 것이 효율적이다. 오늘날 서구 복지국가들이 갖고 있는 가장 큰 문제점의 하나가 노인의 장기적 요양도 국가가 제공함으로써 오는 건강서비스에 대한 정부재원의 한계이다.

또한 이러한 예방과 치료의 서비스도 국가가 주도하되 반드시 순수 공공부문의 형태(즉, 서비스 조정자, 지출자, 그리고 제공자가 국가인 형태)로 할 필요는 적고, 국가는 서비스의 조정자와 지출자의 역할만 하고, 서비스의 제공자는 민간부문에서 이루어지는 것이 바람직할 수 있다. 이렇게 함으로써 서비스 제공자들 사이의 경쟁을 높일 수 있고, 또한 소비자들의 선택의 폭을 넓힐 수 있다.

3) 교육

이것은 건강처럼 산업사회에서 필요로 하는 훈련된 노동력의 공급이라는 측면에서 공공재적인 성격이 강하고, 또한 외부효과도 크기 때문에 서구의 복지국가들에서도 공공부문이 주로 이러한 서비스를 제공한다. 특히, 교육서비스 가운데에서 기본교육(고등학교까지의 교육)은 이러한 공공재적 성격을 강하게 갖고 있기 때문에 국가가 주도해야 할 필요성이 높다. 반면에 고등교육(대학교육)은 이러한 공공재적 성격이 약하기 때문에 공공부문에서 이러한 서비스를 제공할 필요성은 약해진 다(적어도 순수 공공부문의 형태로 제공할 필요성은 약해진다). 또한 기본 교육도 전술한 것처럼, 소비자 선택의 폭, 경쟁, 그리고 개별적 공평성 이라는 측면에서 서비스 조정자와 지출은 정부에서 하고, 서비스의 제 공은 민간부문에서 하는 것도 바람직하다.

4) 주택

이것은 상기의 세 가지 서비스보다 공공재적인 성격이 약하고 또한 외부효과도 상대적으로 적어(많은 사람들이 열악한 주택에 거주해도 그것 이 사회 전체에 미치는 부정적인 효과는 상대적으로 적다는 의미에서), 공 공부문에서 이러한 서비스를 주도할 필요성은 약하다. 실제로 서구의 복지국가들에서도 이 영역에서는 공공부문의 역할은 상기의 세 가지 영역에서보다 훨씬 약하다. 이 영역에서는 공공부문과 민간부문의 혼 합의 유형은 정부에 의한 공공주택의 제공, 민간부문서비스 제공자에 의 보조, 소비자에의 직접 보조(예, 주택수당), 그리고 소비자에 대한 세제혜택 등의 방법이 있는데, 이 가운데 소비자에게의 직접보조와 세 제혜택의 방법이 민간부문서비스 제공자들의 경쟁을 유발시키고, 또 한 소비자선택의 폭을 넓힐 수 있는 장점이 있다.

5) 개별적 사회서비스

이것은 위의 네 가지의 서비스보다 공공재적 성격이 약하기 때문에 공공부문에서 이러한 서비스를 제공할 필요성이 가장 약하다. 이러한 서비스는 서구의 복지국가들에서도 전통적으로 민간부문의 역할이 크다. 특히 국가가 재정지원을 해도 서비스의 운영은 민간부문에서 하는 경향이 크다. 이러한 경우에, 경쟁과 소비자 선택의 문제를 고려해 민간 사회복지기관 보조(*grants*), 증서(*voucher*), 상환(*reimbursement*) 등의 방법이 바람직하다. 또한 이러한 서비스는 가족 내 혹은 가족 간에 이루어지는 것이 효율적이기 때문에 정부로부터 가족에 대한 세제혜택을 통하여 이러한 서비스가 가족에서 이루어지도록 유도하는 것이 바람직하다.

제 4 부

한국의 복지현실과 미래

제1부에서 제3부에 이르기까지 복지국가에 대한 논의는 모두 유럽과 미주의 선진국을 중심으로 진행되었다. 그 이유는 역사적 현상으로서의 복지국가가 이들 선진국에서 가장 먼저 출현했고, 또 가장 높은 수준으로 발전되었기 때문이다.

그러면 지금까지의 논의를 한국에 적용하면 한국의 복지 역사와 현실에 대해 어떤 함의를 도출할 수 있는가? 한국의 국가형성은 어떠했으며, 또 어떻게 변화해 왔는가? 한국은 지금 복지국가의 단계에 접어들었다고 규정할 수 있는가? 한국에서 앞으로 복지국가의 내실화를 위해 복지개혁을 추진한다면 그것은 어떤 방향으로 어떻게 이루어져야 하는가?

제4부에서는 이러한 질문들을 중심으로 한국의 국가형성 과정과 국가복지의 현황을 살펴보고 이어 복지국가의 발전전망을 모색해 보고자 한다. 현재 학계에서는 그간 한국의 복지국가가 많은 성장을 해왔음에도 불구하고 복지발전의 수준이 미흡하다는 비판과 함께 한국이 과연 복지국가인가에 대해 많은 의문이 제기되고 있다.

그러나 1985년 이후의 정치적·경제적·사회적 격변으로 인해 촉발된 중요한 사회정책적 변화들이 그간 꾸준히 축적되어 1988년 이후에는 복지국가의 기틀이 마련된 것이 사실이다. 그리고 문민정부와 국민의 정부를 거치면서 민주주의의 공고화와 함께 복지국가의 제도적 기반이 대폭 확충되었다. 이런 점에서 한국의 복지 역사와 현실, 그리고 그 미래를 검토하는 작업은 매우 중요한 일이다.

14

한국의 국가와 국가복지의 현실

해방 이후 한국의 국가형성 (*state formation*) 과 성격변화 과정을 검토
해 보면 한국은 유럽의 전형적인 패턴, 즉 정복·약탈국가, 발전국가,
민주국가의 단계를 거쳐 복지국가 단계로 진입하는 역사적 패턴을 따
라 왔다고 할 수 있다. 그러나 유럽에서도 그러했지만 이 과정은 결코
역사적 반전과 파행 없이 선형적으로 진화해 온 과정은 아니었다. 왜냐
하면 1공화국으로부터 2공화국으로의 전환은 민주국가를 등장하게 했
지만, 곧 군사 쿠데타에 의해 그 민주국가가 붕괴되는 역사적 반전이
있었기 때문이다.

그러면 좀더 구체적으로 한국에서의 국가형성은 어떻게 이루어졌는
가? 이 문제를 살펴보기 위해 〈그림 14-1〉을 제시했다. 이를 참조하여
해방 직후의 상황을 살펴보면, 이 시기는 강압력을 독점한 일본의 식민

〈그림 14-1〉 한국의 국가형성 과정

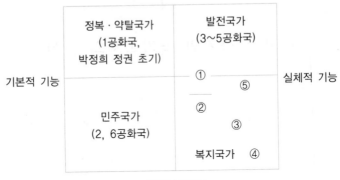

폐쇄적/권위적

정복 · 약탈국가 (1공화국, 박정희 정권 초기)	발전국가 (3~5공화국)
민주국가 (2, 6공화국)	

기본적 기능   ①   ⑤   실체적 기능

②   ③   복지국가 ④

개방적/민주적

■ 주: 이 책 〈표 1-1〉 참조.
　　① 노태우 정부, ② 문민정부, ③ 국민의 정부, ④ 노무현 정부, ⑤ 이명박 정부

국가가 한반도로부터 퇴장함으로써 일시에 정치권력의 진공상태, 즉
'무국가'(no state) 상태가 초래되었다. 이러한 상황은 강압력의 축적수
준이 낮고 강압력이 다양한 정치집단에게 널리 분산되던 상황이라고
볼 수 있다(Tilly, 1990:23 참조). 이 시기에 우파, 중도파, 좌파 간에
정치권력을 독점하고 국가형성을 주도하기 위한 치열한 투쟁(무력충돌
포함)이 끊임없이 발생했던 것만 보아도 이 당시 무정부적 상황이 얼마
나 심각했는가를 짐작할 수 있다.

　이러한 상황에서 이승만을 중심으로 하는 우파세력은 미군정이라는
'외부국가'로부터 군사력과 경찰력 등의 지원을 받아 중도파를 비롯한
모든 좌파세력을 체계적으로 정복하고 토벌하여 드디어 1948년에 강압
력을 독점한 정복·약탈국가를 수립하였다. 그리하여 해방 이후 3년

동안 국가형성을 위해 진행된 제 세력 간의 투쟁은 하나의 세력에게 강압력이 집중되는 방향으로 결말이 나게 되었다(성경륭, 1992b: 22~23). 그러나 남로당을 비롯한 많은 좌파세력이 지하활동과 무력투쟁을 전개하고 있던 상태에서 국가수립은 완벽한 것은 아니었다. 국가형성의 불완전성은 결국 6·25전쟁의 진행과 종결 과정에서 내부의 적이 효과적으로 제거됨으로써 해소되었다고 할 수 있다.

6·25전쟁의 종전과 함께 남한에 정착된 국가는 미군정의 지원에 의해 엄청나게 축적된 강압력을 하나의 권력중심으로 집중시킨 국가로서, 명실공히 정복·약탈국가의 면모를 보였다. 이 국가는 그 후 '국가보안법'(1948년 제정)을 무기로 반대자들을 강경하게 탄압하고 정복하는 행위를 자행했고, 또 동의형성 과정 없이 사회로부터 각종 인적·물적 자원을 엄청나게 추출했으나 곧 정당성의 문제에 휘말려 4·19 학생혁명에 의해 무너지고 말았다. 그러나 이 혁명을 통해 수립된 2공화국의 민주국가는 경제사회개혁에 실패하고 국가의 기본적 기능인 질서유지 기능을 수행하는 데도 실패하여 무질서와 혼란의 '프레토리안적 상황'(praetorian situation)을 초래하고 말았다.

이런 가운데 1961년 박정희를 중심으로 하는 군부세력이 쿠데타를 일으켜 선거를 통해 정당성을 부여받은 2공화국을 불법적으로 붕괴시키고 1공화국보다 더욱 강력한 정복·약탈국가를 수립하였다. 박정희 정권의 통제에 들어간 국가를 정복·약탈국가로 부르는 이유는 정치적 수사야 어떠하든 군부세력이 저항적인 시민사회를 무력으로 정복했고, 국민적 합의의 형성이 결여된 채 사회로부터 각종 자원을 강압적으로 추출해 가는 국가였기 때문이다.

이처럼 국가가 사회를 무력으로 정복하는 경우 국가의 자율성(state

autonomy)과 국가의 능력(*state capacity*)이 모두 엄청나게 증가하여 국가가 사회에 대하여 절대적이고 비대칭적인 우위를 차지하게 되는 결과가 초래된다(Barkey & Parikh, 1991: 525참조). 한국의 경우에는 두 가지 이유로 이러한 현상이 특히 두드러지게 나타났다. 첫째, 해방 직후 미군정과 우파세력에 의해 좌파 및 민족주의 세력이 제거되었고, 농지개혁에 의한 지주계급의 몰락으로 사회 내에 강력한 도전세력이 이미 효과적으로 제거되었으며, 6·25전쟁을 통해 국가의 강압력이 현저히 증가했다. 둘째, 자본주의적 산업화의 미진으로 국가의 지배에 대해 강력하게 영향력을 행사할 수 있는 자본가계급 및 노동계급 역시 제대로 성장하지 못했다.

그러나 이러한 정복·약탈국가는 모든 면에서 완벽히 자유로운 것은 아니었다. 왜냐하면 군사 쿠데타는 그 이전까지의 정치적 '정당화 공식'(*legitimation formula*)인 민주주의 원리를 정면으로 위반했고, 남북 간 군사적 대치상황에서 국가 자체를 존립시켜야 하는 부담을 안고 있었기 때문이다. 이런 제약조건 속에서 박정희 정권의 정복·약탈국가는 정치체제 공고화와 정당성 획득을 위해 국가개입과 시장기제를 적절히 결합하는 수출주도형 산업화 전략을 채택하게 되었다.

그러나 이 전략은 부존자원과 산업자본이 현저히 부족한 조건 속에서 값싼 노동력에 바탕을 둔 노동집약적 산업화와 조립가공에 의한 수출주도 산업화의 형태를 띨 수밖에 없었다(Deyo, Haggard, Koo, 1987; Deyo, 1987). 따라서 박정희 정권의 정복·약탈국가가 정당성의 위기, 남북 간 군사적 대치라는 제약 속에서 경제적 성과를 극대화하려는 '발전국가'(*developmental state*)로 변신하고자 했을 때, 정치적 반대세력과 노동계급을 효과적으로 통제하는 것은 성공적 산업화의 필수적 전제조

458

건이었다. 그리하여 박정희 정권하 발전국가는 '반공법'(1961년), '집회 및 시위에 관한 법률'(1962년), '국가보위법'(1971년) 등 각종 반민주 악법을 통하여, 그리고 1963년, 1969년, 1973년의 주요 노동법 개정을 통해 정치적 반대세력과 노동계급을 체계적으로 억압하는 조치를 취했다.

이러한 정치적 정지작업을 토대로 3~5공화국에 이르는 기간 동안 한국의 발전은 연 평균 10% 대의 높은 경제성장을 지속할 수 있었다. 그러나 억압적 발전국가에 의해 높은 수준의 경제발전이 지속되자, 계급구조가 급격히 변화하고 다양한 계급(신중간계급과 노동계급 등)과 정치세력(야당, 사회운동세력, 학생세력 등) 간의 저항연합 형성이 촉진되어 억압적 발전국가에 대해, 혹은 보수적 정치세력과 자본가계급 사이의 지배연합에 대해 체계적인 저항이 일어나게 되었다(Rueschemeyer, Stephens, Stephens, 1992: 5~7 참조).

1980년 초반 '서울의 봄'을 무력으로 정복한 전두환 정권의 정복·약탈국가도 곧 정당성 확보를 위해 박정희 정권의 발전국가를 계승하였고, 동시에 새로운 국내외적 조건 속에서 발전국가의 경제기능과 정치적 통제기능을 더욱 고도화하였다. 그러나 전두환 정권의 발전국가는 박정희 정권의 발전국가가 그러했듯이, 자신의 경제적 성공에도 불구하고 1987년 6월 다계급적 저항연합에 의한 민주화 요구에 정치적으로 굴복하는 고통을 당하게 되었다. 그러나 이러한 고통은 전두환 정권으로서는 고통이었지만 정복·약탈국가, 억압적 발전국가를 민주국가로 전환시키고자 했던 모든 국민들에게는 커다란 환희였다고 할 수 있다.

1987년의 민주화 대투쟁 이후 억압적 발전국가는 여러 정치세력의 참여하에 민주국가로 이행하기 위한 준비작업을 진행하여, 1988년 6공화국의 출범과 함께 제한적 형태의 민주국가가 탄생하게 되었다. 그러나 억압적 발전국가로부터 제한적 민주국가로의 전환은 정치적 차원에서의 민주화뿐만 아니라 사회적·경제적 차원에서의 민주화를 동시에 수반하는 것이었다. 1987년 6·29선언 직후 그간 억압적 발전국가에 의해 체계적으로 억눌려 온 노동계급이 전국적 수준에서 광범위한 노동운동을 전개하여 한국의 정치경제체제를 일시에 마비시켰고, 바로 이러한 파괴력이 사회경제적 민주화의 원동력이 되었다.

이런 상황에서 1986년에 제정된 '국민연금법'과 '최저임금법'의 시행령 및 시행규칙이 1987년 후반기에 제정되고, '의료보험법' 개정이 이루어져 한국 역사상 최초로 원초적 수준의 복지국가가 태동하는 기틀이 마련되었다. 이러한 제 법률을 복지국가 형성의 기초로 보는 이유는 '국민연금법'과 개정된 '의료보험법'이 모두 보편주의를 지향하는 제도였고, '최저임금법'은 1963년에 제정된 '산업재해보상보험법'과 함께 노동계급의 근로조건을 보호하는 가장 중요한 제도였기 때문이다.

이렇게 볼 때, 한국에서는 정복·약탈국가와 억압적 발전국가에 의한 오랜 기간의 통치가 끝나면서 민주국가와 복지국가가 거의 동시적으로 출범하게 되었음을 알 수 있다. 그러나 중요한 것은 6공화국 아래에서의 한국은 아직도 사상의 자유, 집회 및 결사의 자유 등을 상당히 제약하고 있다는 점에서 완벽한 의미의 민주국가가 아니었으며, 또한 복지제도의 포괄성, 복지 수혜자의 보편성, 복지혜택의 적절성과 재분배성 등의 측면에서 볼 때 지극히 초보적 수준의 복지국가에 지나지 않았다는 사실이다.

2. 한국의 복지 역사 (제1공화국~제5공화국)

1절에서는 한국의 국가가 정복·약탈국가 - 발전국가 - 민주국가 - 복지국가의 단계를 거쳐 진화해 온 것으로 정리했지만, 각 단계(혹은 시기)에서 어떤 복지제도가 수립되었고 국가에 의한 복지제공은 어떤 방식으로 이루어졌는가에 대한 논의는 이루어지지 않았다. 그러므로 국가복지의 측면에서 한국의 국가가 어떤 과정을 거쳐 1987년 이후 초보적 복지국가의 단계에 진입하게 되었는가를 규명하기 위해서는 복지의 역사를 개관해 볼 필요가 있다.

먼저, 이승만 정권의 1공화국은 강압력을 축적·집중하여 사회에 대한 지배력을 극대화하는 데 초점을 둔 정복·약탈국가였기 때문에 국민의 복지를 증진하는 것에는 전혀 관심을 기울이지 않았다. 그리하여 이 시기에는 오직 국가와 특수한 관계를 갖는 집단(군인, 경찰, 공무원)들의 충성심을 확보하기 위해 국가가 이들 집단에게만 특수주의적 복지혜택을 제공하였다. 이 시기에 제정된 '군사원호법'(1950년), '경찰원호법'(1951년), '공무원연금법'(1960년) 등은 모두 국민을 위한 복지가 아니라, 정복·약탈국가의 내부 종사자를 위해 국민으로부터 추출한 자원을 바탕으로 이들 집단에게 특혜적 복지를 제공하는 제도였다.

그러나 이 시기의 정복·약탈국가가 전쟁 난민과 빈민을 위해 구호활동을 하지 않은 것은 아니다. 6·25전쟁으로 인해 발생한 요구호 대상자의 수는 1951~1953년 기간에 거의 1천만 명에 이르렀고, 1954~1957년 사이에는 대략 300~400만 명 정도였던 것으로 기록되어 있는데(하상락, 1989: 89), 이들을 위해 이승만 정권은 1955~1959년 사이에 방대한 규모의 국방비를 지출하는 외에 정부예산의 3.8~5.9%를 요구호 대상자를 위한 구호비로 지출하였다. 그러나 이 당시의 구호 수준은 피구호자 1인당 1일 양곡 3합 또는 소맥 250g에 1일 3환(圜) 정도의 부식비를 지급하는 데 그쳐 실제로는 최소한의 구호가 이루어졌을 뿐이었다(하상락, 1989: 90).

종합적으로 볼 때 이승만 정권의 1공화국은 본질적으로 강압력을 독점하여 사회에 대한 통치를 확고히 하고자 한 정복·약탈국가였고, 국민의 복지에 대해서는 극소한의 구호활동만 수행한 복지빈곤국의 전형이었다고 할 수 있다.

1공화국이 복지 빈곤국의 전형이었다면, 이러한 전형은 3~5공화국의 기간 동안에도 그대로 지속되었다. 그러면 왜 이러한 모델이 근본적 변화 없이 유지되었는가? 박정희 정권하의 발전국가가 국가주도의 산업화를 시도하던 당시의 경제적 조건은 1인당 국민소득이 약 80달러 정도로(1961년의 경우) 극심한 빈곤이 만연한 상태였다. 따라서 이러한 상태에서는 산업화를 통해 취업기회가 주어지기만 하면 별도로 복지혜택을 제공하지 않더라도 값싼 노동력이 거의 무제한적으로 공급될 수 있었다.[1]

그러므로 박정희 정권은 한편으로는 국가자원의 결핍으로, 다른 한편으로는 저임금에 바탕을 둔 수출주도 산업화의 효율적 추진을 위해 빈민과 노동계급에 대해 철저히 반복지적 정책으로 일관하였다. 그리하여 국가는 국가와 특수한 관련을 맺는 집단들, 예컨대 군인, 경찰,

---

1 3공화국 출범시(1963년) 농업인구는 전체 경제활동 인구의 63%를 차지했고, 농촌사회는 1940년대 말과 1950년대에 걸쳐 이루어진 농지개혁의 결과 다수의 소규모 자작농으로 구성되어 있었다. 바로 이 농업인구가 산업화를 위해 값싼 노동력을 제공한 주요 원천이었다.

공무원, 국가유공자 등을 위해서는 그들의 충성을 확보하기 위해 다양한 복지혜택을 제공하였지만, 산업화를 위해 효과적으로 동원되어야 할 빈민과 노동계급을 위해서는 프롤레타리아화를 촉진하는 차원에서 실효성 있는 복지제공을 거의 하지 않았다(성경륭, 1991b).

국가가 수출주도형 산업화를 위해 반복지적 전략을 채택했다면 반복지는 구체적으로 어떻게 구현되었는가? 〈표 14-1〉에서는 국가가 1961~1986년 기간 동안 빈민과 노동계급을 위해 어떤 복지제도를 실시했는가를 보여준다. 〈표 14-1〉에서 나타나는 것처럼 국가는 1961년 '보호할 가치가 있는 빈민'(deserving poor)[2]을 위해 '생활보호법'을 제정하였는데, 이 법의 주요 내용은 자유 자본주의의 시장 메커니즘을 효율적으로 작동시키기 위해 (1) 수혜자의 '자립정신'을 강조하고 '자활' 조성을 그 원칙으로 천명하였으며, (2) 보편주의가 아니라 철저히 선별주의(selectivism)의 원칙에 입각하였고, (3) 열등수급(less eligibility)의 기준에 따라 공공부조를 제공한다는 것이었다(성경륭, 1991b:119~120).

그리하여 억압적 발전국가에 의해 제정된 '생활보호법'은 마치 빈민 부랑자들의 소요를 방지하고 노동의 강요를 통해 자본주의적 산업화를 촉진하려 했던 영국의 '구빈법'(Poor Law)처럼(Fraser, 1973; Day, 1989) 두 가지의 중요한 정치경제적 기능을 수행하였다. 첫째, 생활보호법은 빈민의 생활안정보다는 빈민들로부터 초래될 잠재적·현재적 불안정을 예방하는 데 중점을 두었다. 둘째, 이 법은 빈민들을 쥐어짜서 노동시장으로 몰아내는 기능, 즉 노동의 상품화(commodification of labor)를 촉진하여 궁극적으로는 수출주도형 산업화를 위해 값싼 노동

---

2 이들은 65세 이상의 고령자, 18세 미만의 아동, 저소득 임산부, 불구·폐질자, 기타 요보호자로서 부양의무자가 없는 근로능력 상실자들을 지칭한다.

〈표 14-1〉 산업화, 노동계급의 성장, 주요 국가복지

연도	비농업 비율	노조 조직률	노사분규	복지제도	보사부 예산(%)
1960			256		4.76
1961			122	생활보호법	2.56
1962			0	재해구호법	2.28
1963	27.0	20.3	70	산재보험법 의료보험법	3.98
1964		23.3	7		3.62
1965	41.4	22.4	12		3.34
1966		22.7	12		3.06
1967		22.2	18		2.97
1968		21.1	16	자활지도사업	3.35
1969		21.3	7		2.84
1970	49.6	20.0	4		1.92
1971		19.7	10		2.40
1972		20.4	0		1.55
1973		20.4	0	국민복지연금법	1.57
1974		22.1	58		1.14
1975	54.1	23.0	133		2.69
1976		23.3	110	의료보험법개정	1.83
1977		24.3	96		1.94
1978		24.0	102		1.89
1979		23.6	105		2.52
1980	66.0	20.1	407		2.73

연도	비농업 비율	노조 조직률	노사분규	복지제도	보사부 예산(%)
1981		19.6	186		2.35
1982		19.1	88		2.67
1983		18.1	98		2.72
1984		16.8	114		2.75
1985	75.1	15.7	265		2.89
1986		16.2	276	국민연금법 최저임금법	2.90

▌출처: 비농업 비율(2차・3차산업종사자/전산업종사자), Koo (1990).
　　　노조 조직률, 노사분규, 한국노동연구원(1992), Song (1992).
　　　복지제도, 함철호 (1988).
　　　보사부 예산, 보사부 내부자료 (1991), 성경륭 (1991b).

력을 공급하는 기능을 수행하였다.

　생활보호법과 동일한 맥락에서 1962년에 제정된 '재해구호법'은 국가가 각종 재해발생으로 피해를 입은 이재민을 위해 임시적 구호를 제공하도록 했고, 1968년에 제정된 '자활지도사업에 관한 임시조치법'은[3] 자립능력이 있는 실업자와 영세민을 위해 자조 근로사업을 실시하여

―――
3 '자활지도사업에 관한 임시조치법'은 1968년에 제정되었지만, 자조 근로사업을 통해 자활능력이 있는 실업자와 영세민들에게 생계비를 보조하는 프로그램은 이미 1964년 사라호 태풍으로 발생한 수많은 이재민을 돕기 위해 미국의 잉여농산물과 국가의 재정지원으로 실시되기 시작하였다(하상락, 1989: 93~94). 따라서 1962년의 '재해구호법'은 이재민 구호는 물론 자활능력이 있는 빈민을 위한 근로사업의 기초를 제공하였고, 이후 1968년의 임시조치법은 이러한 사업의 법적 근거를 사후적으로 마련한 것으로 보인다.

이들이 생계비를 마련할 수 있도록 하였다. 하상락(1989: 94)에 의하면 이러한 자조 근로사업의 목표는 다음과 같다: (1) 영세민의 자활, (2) 유휴노동력의 활용, (3) 지역사회개발, (4) 경제개발에의 기여 등이었고, 주요 사업내용은 개간사업, 치수 및 관개(灌溉)사업, 경지정리사업, 도로사업, 도시개발사업 등.

이렇게 볼 때 '재해구호법'과 '자활지도사업에 관한 임시조치법'은 입법취지에서 '생활보호법'과 일치하는 것을 알 수 있고, 차이가 있다면 전자의 두 법이 생계비 보조를 빈민(이재민, 실업자, 영세민)의 노동에 직접 연계시킴으로써 노동의 상품화를 보다 적극적으로 촉진하고자 했다는 점이다. 오페(Offe, 1984: 93)식으로 말하면 '노동 – 구제'의 연계는 빈민으로 하여금 그들의 노동에 대해 국가가 제공하는 최소한의 복지혜택에만 오로지 의지하게 함으로써, 빈민이 (1) 약탈, (2) 구걸, (3) 의존(가족과 국가 등에) 등의 '도피경로'(*escape routes*)로 빠지는 것을 차단하여 '적극적 프롤레타리아화'(*active proletarianization*)를 유도하는 사회정책의 일환이라고 할 수 있다.

그러나 구호사업에서 제공되는 생계비 지원이 1일 양곡 3.5kg에 불과하고 또 20일 이상은 취로를 못 하게 하였기 때문에(하상락, 1989: 95), 이 구호사업이 자활능력을 갖춘 빈민의 생활안정과 사회보장을 위해 실시된 것은 아니었던 것으로 보인다. 결국 '생활보호법', '재해구호법', '자활지도사업에 관한 임시조치법'을 통해 발전국가가 추구했던 것은 한편으로는 빈민들로부터 초래될 사회적 불안정을 완화·예방하고, 다른 한편으로는 최소한의 복지혜택만 제공함으로써 노동의 상품화를 촉진하여 수출주도형 산업화에 기여하게 하는 것이었다.

이상이 빈민통제와 구제를 위한 국가의 조치였다면, 노동계급에 대한 국가의 복지개입은 어떤 제도를 통해 어떤 방식으로 이루어졌는가? 1963년 민정으로 이양한 박정희 정권의 억압적 발전국가는 '산업재해 보상보험법'과 '의료보험법'을 제정하여 산업화 과정에서 취약한 위치에 놓일 수밖에 없는 노동계급을 보호하는 듯한, 일견 진취적인 사회정책 노선을 취했다. 그러나 1963년의 '의료보험법'은 강제보험이 아니라 임의보험의 성격을 지니고 있었기 때문에 상징적 의미 이외에 아무런 실질적 효과를 갖지 못했다(차흥봉, 1992: 277).

그러므로 이 법은 1976년의 개정을 통해 500인 이상의 사업장을 대상으로 강제적 의료보험을 실시하기 위한 법 규정이 마련되기 전까지는 산업화 과정에서 노동계급이 입게 되는 건강상의 문제에 대해 전혀 의료적 보호를 제공할 수 없었다. 이런 점에서 '의료보험법'은 노동계급을 위해 국가가 아무런 도움도 주지 않으면서 마치 큰 도움을 줄 것이라는 환상을 심는, 허구적 반복지 전략의 하나였다고 볼 수 있다.

이와는 달리 '산업재해보상보험법'은 산업재해에 대한 사용자의 책임을 규정하고 재해 자체에 대한 보상은 물론 재해로부터 비롯되는 손실에 대한 생활보장을 규정함으로써 상당히 근대적인 성격을 지니고 출발하였다. 그러나 이 법도 500인 이상의 노동자를 고용하고 재정능력을 갖춘 광업과 제조업 분야의 기업체만을 강제적용 대상으로 지정하여 실제로 산업재해가 더 많이 발생하는 중소기업이 제외되는 문제를 안고 있었으며, 또 보상수준이 재해 정도에 비해 현저히 낮다는 문제점도 지니고 있었다(이인재, 1990: 9~10; 장명국, 1989: 43~44).

물론 산재보험 제도는 그 적용대상 업체의 범위를 1965년 200인 이상, 1966년 150인 이상, 1969년 50인 이상, 1974년 16인 이상, 1982년 10인 이상으로 계속 확대해 왔지만(이인재, 1990: 9), 낮은 보상수준은 현재까지도 줄곧 문제가 되고 있다.[4] 이렇게 볼 때 그간의 산재보상 제도는 산업재해로부터 비롯되는 건강상의 장해와 소득상의 손실을 보전하여 노동자들을 사회보장적 차원에서 적절히 보호해 오지는 못했다고 볼 수 있다.

한편 1963년부터 본격적으로 시작된 산업화가 10년이 경과한 1973년에 국가는 노동계급의 노후생활을 안정시킨다는 취지로 '국민복지연금법'을 제정했다. 이 법은 가입자와 고용주가 똑같이 기여금을 내고 퇴직시 노령연금, 장해연금, 유족연금 등을 지급받을 수 있도록 규정했으나, 가입자의 범위를 중간 이상의 고소득 근로계층(월 5만 원 이상)으로 한정하였고 또 산업화의 1세대가 아직 젊다는 점을 이용하여 연금기금을 경제개발을 위한 자원으로 동원할 목적을 지니고 있었다(전남진, 1987: 430~444).

이런 점에서 이 법은 출발부터 매우 도구적인 성격을 지니고 있었으며 전체 노동계급의 장래 생활안정을 보장한다는 목적보다는 중간층 이상의 노동계급을 선택적으로 포섭하려는 의도를 지니고 있었다고 볼 수 있다. 그러나 이런 문제에도 불구하고 만약 실시되었더라면 노동계급의 시장 의존성을 조금이라도 완화시킬 수도 있었을 이 법은 시행령이 마련되지 않아 실시가 보류되다가 끝내 무용지물이 되고 말았다.

'의료보험법', '산업재해보상보험법', '국민복지연금법'에 관한 이상의 논의를 종합하면, 1961~1985년 기간의 산업화와 반복지적 사회정책에 대해 다음과 같은 네 가지 결론을 도출할 수 있다. 첫째, 억압적 발전국가는 자본가계급(특히 대자본가)과 매우 폐쇄적인 지배연합을

---

4 산재보상 수준의 비현실성, 작업환경의 열악성, 산업안전관리의 미숙성 등에 관해서는 장명국(1989: IV부 산재체험기)을 참조할 것.

형성하여 노동집약적 수출주도 산업화를 추진하면서 노동계급을 위해서는 실효성 있는 복지정책을 전혀 실시하지 않았다. 산재보험제도가 다소 예외이긴 하지만 이 제도도 적용범위가 너무나 협소하고 보상수준이 매우 낮은 많은 문제를 지니고 있었다.

둘째, 국가로부터 사회보장이 제공되지 않은 노동계급은 이중적 고통을 당하게 되었다. 즉, (1) 노동의 상품화가 강요되고 또 노동력의 공급수준이 높은 상황에서[5] 노동계급은 시장과 자본의 폭력(구직자 상호간의 경쟁, 저임금, 해고나 실업 등)에 아무런 사회보장적 완충장치 없이 그대로 노출되었으며, (2) 국가에 의해 강압적으로 수립된 배제적 국가조합주의체제[6]는 노동계급의 자주적 의식화 - 조직화 - 동원 - 집단행동을 원천적으로 봉쇄하여 시장과 자본이 행사하는 폭력의 효과를 줄이기는커녕 오히려 증폭시키는 데 기여했다(적어도 시장기제를 왜곡하지 않았다).[7]

---

5 농촌으로부터 거의 무제한적으로 이루어지던 노동력 공급은 1972년 유신 이후 중화학공업화가 시작되면서 현저히 둔화되기 시작했고, 이때부터 노동계급의 실질임금이 증가하고 동시에 조직력과 저항력이 신장되기 시작했다(Song, 1992: 23~24).

6 이것은 아무런 복지혜택의 제공 없이 국가에 의해 수직적으로 편입·통제되는 노동조합체제를 말한다. 한국의 경우 3공화국 이후 국가-한국노총-산별노조-단위노조의 수직적 국가조합주의체제가 유지되었다. 노동통제체제의 효과성은 〈표 14-1〉에서 낮은 노조조직률과 현저히 적은 노사분규로 입증되었다.

7 발렌주엘라(Valenzuela, 1989: 448~449)는 노동계급에 대한 억제전략(*containment strategy*)을 '국가조합주의적 전략'과 '시장기제적 전략'으로 구분한다. 전자는 중앙집중화된 노동조직(즉, 노조일원주의)을 국가가 직접 통제하면서 노동계급의 이익을 부분적·선택적으로 포섭하는 전략이고(스테판의 포섭적 국가조합주의와 유사), 후자는 개별 작업장 수준으로 분산된 노동조직(즉, 노조 다원주의)을 국가가 각종 제약을 부과하여 무력화시킴으로써 노동조직이 시장

셋째, 빈민과 노동계급에 대한 국가의 사회정책은 노동의 상품화와 프롤레타리아화를 촉진하기 위해 철저한 열등수급과 비보호의 원칙을 견지함으로써 내적 일관성을 지니고 있었고, 이런 점에서 발전국가에 의한 반복지 전략은 의도적이고 계획적이었다고 볼 수 있다.

넷째, 권위주의 국가의 반복지 전략은 복지예산 지출 면에서도 그대로 나타났다. 〈표 14-1〉에서 제시된 것처럼 1961~1986년까지의 보건사회부 예산은 전체 예산의 평균 2.57% 수준인데, 이 기간 중 국방예산이 30% 내외, 경제개발 예산이 20% 내외였던 것을 고려하면 권위주의 국가의 반복지 전략이 얼마나 극심했는가를 알 수 있다.

억압적 발전국가에 의한 이상과 같은 반복지 전략이 어떤 특성을 갖는지를 분명히 인식하기 위해 1961~1986년간의 한국의 경험을 1880년대의 독일의 경험[8]과 비교해 보면 다음과 같은 두 가지 점에서 뚜렷한 차이를 발견할 수 있다. 첫째, 독일의 경우 제한적 민주주의의 수립과 더불어 사회민주주의 세력의 정치적 진출이 일찍이 이루어졌으나,

---

의 요구에 전혀 저항하지 못하게 하는 무차별적 배제전략이다. 발렌주엘라의 논의를 한국에 적용하여 한국의 노동통제전략을 시장기제에 의한 전략으로 파악하는 분석으로는 송호근(1991: 310~314)과, 동일한 의미를 지니면서 이를 '국가일원주의'의 개념으로 파악하는 임현진·김병국(1991: 137~142)이 있다. 그러나 과연 발렌주엘라의 구분이 한국에 그대로 적용될 수 있는가? 저자가 보기에 한국 경우는 박정희 정권 이후 배제적 국가조합주의와 시장기제가 '혼합된 형태'를 유지해 왔으며, 전두환 정권의 수립과 더불어 기업별 노조주의가 법제화되어 국가조합주의의 기본구조에서 시장기제가 더욱 강화된 것으로 생각된다. 발렌주엘라(같은 논문: 448) 자신도 두 기제의 혼합형태가 존재할 수 있음을 분명히 밝히고 있다.

8 1880년대 독일의 정치경제적 상황과 사회보험 제도의 수립과정에 대해서는 이 책의 3장 3절을 참조할 것.

한국의 경우 사회주의 계열의 진보세력은 해방정국, 6·25전쟁, 5·16 군사쿠데타를 거치면서 체계적으로 정복됨으로써 이 세력은 산업화가 본격화되기 이전에 이미 정치적으로 거의 완벽히 무장해제 되었다.

둘째, 따라서, 독일의 사회정책은 사회민주주의 세력과 노동계급 간의 저항연합 형성을 효과적으로 차단하고 후발 산업화를 가속화하기 위해 억압전략과 포섭적 복지전략을 배합하는 형태로 나타났다. 그러나 한국의 경우 사회의 주요 도전세력을 무력적으로 제압한 정복국가가 배제적 국가조합주의체제의 구축을 통해 거의 모든 이익집단을 오직 통제의 목적으로 국가에 수직적으로 편입해 들였기 때문에 노동계급은 산업화를 위해 정치적 억압과 경제적 동원의 대상이 되었을 뿐 포섭적 복지전략의 대상은 아니었다. 그러므로 한국의 경우 노동계급은 반복지적 억압전략에 의해 오로지 산업화의 도구, 시장기제의 수인이 되고 말았다.

3. 정치민주화와 정치경제적 위기

비유적으로 말해 정치체제의 민주화 과정은 해빙(*unfreezing*), 개방(*opening*), 재결빙(*refreezing*)의 3단계[9]를 거친다고 볼 수 있다. 이렇게 볼 때 전두환 정권의 억압적 발전국가가 해빙을 시작한 것은 1983년 말부터 학원자율화 조치와 정치적 자유화 조치를 취하면서부터라고 판단

---

9 혹은 이 과정을 오도넬·슈미터(O'Donnell & Schmitter, 1986: 6~14)처럼 자유화(*liberalization*), 민주화(*democratization*), 공고화(*consolidation*)의 3단계로 나누어볼 수도 있다.

된다. 그러나 보다 더 결정적인 계기는 1985년 2월에 실시된 12대 국회의원 선거라고 할 수 있다. 그 이유는 1979년 YH사건의 발발과 함께 형성되었다가 1980~1983년의 무력적 탄압기에 거의 완벽히 정복·파괴된 중간집단(학생집단과 사회운동집단)-노동계급-야당 정치세력 간의 저항연합이 1985년의 선거를 매개로 재결성되는 계기를 맞이하게 되었기 때문이다.

이 선거에서 한 달 만에 조직된 신민당(신한민주당)은 선거운동 기간 동안 학생과 지식인들의 적극적인 지원을 받았고, 신중간계급과 노동계급으로부터도 많은 지지표를 얻어내었다.[10] 그러나 1985년 2월의 선거를 통한 저항연합(저항적 선거연합) 형성은 신민당이라는 선명야당을 제도권 정치로 진입시키는 데 큰 기여를 하였지만 이 저항연합이 내부적으로 강한 응집성을 지니고 있었던 것은 아니었다. 왜냐하면 신민당의 기본노선은 '형식적'(혹은 절차적) 민주주의를 수립하는 것이었고 또 민주화를 위해 압력과 타협의 정치를 추구하려 했던 데 반해, 다양한 도전세력(학생운동세력, 재야 민중민주운동세력, 노동운동세력 등)들의 기본노선은 형식과 절차보다는 경제사회 변혁을 위한 '실체적' 민주주의를 더 중시하였고 대결과 투쟁의 정치를 통해 군부정권의 즉각적 퇴진과 민중정권의 수립을 이루겠다는 것이었기 때문이다.[11]

---

10 1985년 12대 국회의원 선거에서 민정당은 35.3%, 신민당은 29.2%, 민한당은 19.5%, 국민당은 9.2%를 획득했다. 그러나 서울, 부산, 대구, 인천, 광주의 5대 도시에서는 민정당 28.4%, 신민당 40.2%, 기타 31.4%로서 민정당이 대패했음을 알 수 있고, 신민당은 대도시의 신중간계급과 노동계급으로부터 압도적인 지지를 받았다(Im, 1989: 233~236 참조).

11 형식적 민주주의와 실체적 민주주의의 개념에 대해서는 보비오(Bobbio, 1989: 157~158)를 참고할 것.

민주주의의 내용과 민주화의 방식에 대한 이러한 갈등은 그 후 개헌 운동이 본격화된 1986년에 접어들어 더욱 뚜렷하게 드러나기 시작했다. 그리하여 야당 - 도전세력 간의 저항연합의 형성과 해체가 반복되고, 전두환 정권에 대한 저항과 정권으로부터의 억압도 반복되어 1986년 한 해 동안 개헌문제에 관해서는 아무런 진전이 이루어지지 않은 채 지리한 대치전이 계속되었다. 그러나 1987년에 접어들어 박종철 고문치사 사건의 폭로, 4·13호헌조치 등과 같은 대형 사건들이 터지면서 민주적 개방의 물꼬가 트이기 시작했다.

이러한 사건들을 계기로 야당과 도전세력들은 그간의 갈등관계를 극복하고 정치체제의 민주화를 우선적으로 달성하기 위해 오직 직선제 개헌과 군사정권 퇴진이라는 두 가지 현안목표만을 내걸고 1987년 5월 27일 국민운동본부(민주헌법쟁취 국민운동본부)라는 대규모 저항연합을 결성하게 되었다. 이처럼 광범위한 조직력과 동원력을 갖춘 국민운동본부는 6월 10일 전두환 정권이 차기 대통령선거를 위해 노태우 후보를 선출하자 이에 대항하여 전국적 동원을 시작하였다. 이에 따라 6월 29일 노태우 후보로부터 이른바 '6·29선언'이 나올 때까지 19일 동안 전국 각 지역으로부터 연인원 4~5백만 명이 동원된 엄청난 저항운동이 전개되었다(한국기독교 사회문제연구원, 1987: 80).

그람시식으로 말해 개별 운동영역의 투쟁을 '진지전'(*war of position*)이라고 한다면, 국민운동본부에 의해 주도되고 동원된 19일간의 6월 항쟁은 억압적 발전국가(그리고 동시에 정복국가의 성격을 가지고 있는)를 도전세력이 재정복하고자 하는 '전면전'(*war of frontal attack*)의 성격을 띠고 있었다고 할 수 있다. 이러한 6월 항쟁의 특이성은 (1) 사회의 주요 도전세력과 야당이 모두 국민운동본부라는 정상조직(*peak organi-*

zation)에 의해 포괄되었고, (2) 이 조직에 의해 민주주의의 내용과 민주화의 방식에 대한 집단 간 차이가 조정되었으며, (3) 이 조직에 의해 기획되는 동시다발적·전국적 동원이 이루어진 결과, (4) 엄청난 규모의 반정권 투쟁이 가능했다는 데에 있다.[12] 이렇게 볼 때 직선제 개헌안을 수용하는 6·29선언은 6월 항쟁의 전면전에 대해 전두환 정권이 채택한 온건 타협전략(혹은 생존전략)의 일환으로 보인다.[13]

그러면 무엇이 전두환 정권으로 하여금 초기의 강경 억압전략으로부터 민주화 타협전략으로 선회하게 했는가? 이 문제에 대해서는 다음의 세 가지 요인이 중요하게 작용한 것으로 보인다.

(1) 위의 (1)에서 (4)까지 지적된 것처럼 건국 후 최대의 저항연합이 주도한 엄청난 규모의 전면적 동원은 무엇보다도 경찰력으로는 제압이 불가능한 상황을 초래하여 군사력 이외의 모든 억압력을 무력화시켰고 전두환 정권을 통치불능의 위기로 몰아갔다.

(2) 이러한 상황에서 전두환 정권이 군대를 동원하지 못한 것은 첫

---

12 틸리(Tilly, 1978: 95~97)에 따르면 사회운동 조직에 의한 집단행동의 규모 (*magnitude of collective action*)는 〈참여자의 수×집단행동의 빈도×지속일수〉에 의해 규정될 수 있다고 한다. 이 논리를 6월 항쟁에 적용시키면 19일간 연인원 4~5백만 명(일일 평균 20여만 명)이 전국 각지에서 다발적으로 전개한 민주화 투쟁의 규모가 어느 정도였는지 대략 추정해 볼 수 있다.

13 6·29선언을 민중저항에 대한 전두환 정권의 항복선언으로만 보는 것은 지나치게 단순한 해석이라고 생각된다. 물론 항복의 측면이 없는 것은 아니지만 정권이 양보를 통해 권력 재생산을 위한 여러 수단(즉 김대중의 사면복권과 야권분열)을 선택할 수 있는 상황이라면, 6·29선언은 (1) 민중저항에 밀려 초기의 선택(즉 간선제에 의한 대통령선거)이 강제적으로 포기당하는 측면과 (2) 집권세력이 보다 의도적이고 적극적으로 국면타개를 위해 온건 타협전략으로 전환하는 측면을 모두 가지고 있는 것으로 보는 것이 옳다고 판단된다.

째, 6월 항쟁에 중산층(화이트칼라를 비롯한 많은 중간계급 성원과 도시의 자영업자층)이 대거 참여하였고, 둘째, 만약 군대를 동원하면 그 군대가 민주화세력으로 이탈하여 전두환 정권을 공격하지 않는다는 보장이 없었기 때문이다.[14]

(3) 이들 요인 외에 올림픽의 개최, 미국으로부터의 민주화 수용압력이라는 두 가지 외부조건이 전두환 정권의 선택을 규정하는 제약요인으로 작용하였다.

따라서 민주적 개방이 일어날 수 있었던 것은 (1)의 추동요인, (2)의 내부적 제약요인, (3)의 외부적 제약요인 등이 결합되어 전두환 정권으로 하여금 전략상의 변화, 즉 강경 억압전략으로부터 민주화 타협전략으로의 전환을 초래한 결과였다고 할 수 있다.

저항연합의 형성과 민주적 개방에 관한 이상의 논의를 종합할 때 이일련의 과정이 노동계급과 일반 국민을 위한 사회정책에 대해서는 어떤 함의를 가지고 있었는가? 무엇보다도 6·29선언은 직선제 개헌을 수용하고 김대중의 정치권을 회복시킨다는 것을 주된 내용으로 하고 있었을 뿐 노동계급을 위한 사회경제적 개혁이나 국민복지를 향상하기 위한 조치, 예컨대 노동3권의 완전한 보장, 노사관계 민주화, 사회보장정책의 확대 등에 대해서는 어떠한 언급도 포함하고 있지 않았다.[15]

---

14 민중동원이 전국적으로 이루어지고 있는 상황에서는 경찰력이 마비되었다고 해서 군사력에 의한 억압이 반드시 성공하리라는 보장이 없다. 왜냐하면 1986년의 필리핀의 예에서 보듯 민중동원을 제압하기 위해 동원된 군대가 역쿠데타를 일으켜 권위주의 정권을 강제 퇴진시킬 수도 있기 때문이다. 전두환 자신도 이 문제를 분명히 알고 있었던 것으로 알려지고 있다(김성익, 1992: 386).

15 6·29선언의 8개 항목은 ① 대통령 직선제로의 개헌과 연내 대통령선거, ② 대

그 이유는 무엇인가? 가장 중요한 이유는 아마도 6월 항쟁을 주도한 저항연합의 성격과 이 연합에 의해 조직적으로 이루어진 민중동원의 패턴에서 발견될 수 있을 것이다. 먼저 국민운동본부로 상징되는 저항 연합의 구성세력을 보면 그 주도세력은 종교인, 지식인, 재야 운동가, 야당 정치인 등 다양한 중간집단과 정치집단이었고 노동운동세력은 도전연합에서 매우 미미한 위치를 차지하고 있었다.[16] 한편 국민운동본 부에 의해 이루어진 민중동원의 패턴을 보면 주요 참여세력은 학생집단, 다양한 중간집단, 사무직・전문직 등의 중간계급, 도시 프티 부르주아지와 도시빈민, 노동계급 등이었지만 노동계급이 가장 중심적 참여세력은 아니었다고 볼 수 있다(한국기독교 사회문제연구원, 1987: 88 ~95).

　이처럼 노동운동세력이 국민운동본부의 주요 구성세력이 아니었고, 또 노동계급이 전면적 민중동원에서도 중심적 세력이 아니었다는 사실 로부터 다음의 두 가지 중요한 결론을 도출할 수 있다. 하나는 6월 항쟁 은 중간집단과 중간계급 주도의 운동이었다. 또 다른 하나는 그 결과 6・29선언은 이들 중간집단과 중간계급의 대통령 직선제 개헌요구에

　통령선거법의 개정, ③ 김대중의 사면・복권과 정치범의 사면, ④ 국민 기본권 의 신장, ⑤ 언론자유의 창달, ⑥ 지방자치제의 실시와 대학의 자율화, ⑦ 정당 의 자유로운 정치활동 보장, ⑧ 과감한 사회정화 조치 등이다.
16 국민운동본부 발기인 2,196명 중 노동운동의 지도자는 39명에 불과했다 (1.8%). 이처럼 노동운동세력이 국민운동본부의 결성에 주도적으로 참여하 지 못하고 또 6월 항쟁에서 중심적 세력이 되지 못한 것은, 첫째 박정희 정권 이 후 배제적 국가조합주의체제에 의한 동원예방 기제(preemptive mechanism)가 효과적으로 작동해 왔고, 둘째 특히 1985년 4월 이후의 전투적 노동운동이 전 두환 정권으로부터 가장 많은 탄압을 받아 지도력을 크게 상실한 데서 비롯된 것으로 보인다.

부응하여 형식적 민주주의에 국한된 매우 협소한 민주화 선언으로 귀착되었다.

따라서 1983년 이후 억압적 발전국가의 해빙과 함께 분출된 급진적이고 전투적인 노동운동이 지향했던 제반 혁신적 사회경제개혁(노동3권 보장, 경제민주화 등)과 노동계급 및 일반 국민에 대한 보다 향상된 사회보장체계를 마련하는 것은 건국 이후 최대 규모라고 불리는 저항연합과 이 연합에 의해 주도된 전국적 민중동원에 의해서도 성취되지 못했다. 따라서 정치민주화를 넘어선 사회경제개혁과 복지개혁은 결국 6·29선언 이후 7~9월 동안 그리고 1989년까지 전국적으로 폭발한 제2차의 전면적 동원, 즉 노동계급에 의해 주도된 치열한 노동운동에 의해 부분적으로 성취될 수밖에 없었다.

위에서 살펴본 대로 노동계급은 국민운동본부의 주요 구성세력도 아니었고 또 6월 항쟁의 중심적 참여세력도 아니었다. 그러나 6·29선언은 대통령 직선제와 국민의 기본권 신장을 약속함으로써 노동계급에게도 노동3권의 보장을 암시하였고 그 결과 새로이 민주화되어 가는 정치공간 속에서 한국 역사상 전대미문의 폭발적 노동운동이 1987년 7~9월 기간에 집중적으로 분출하게 되었다. 〈표 14-2〉에서 제시된 바와 같이 철저히 반복지적 억압전략으로 일관해 온 전두환 정권의 7년 통치기간(1980~1986) 동안 연평균 205건의 노사분규가 발생한 데 비해, 1987년에는 무려 3,749건의 노사분규가 발생했고, 그것도 6·29선언 직후 7~9월 3개월 동안 3,241건(1987년 전체의 86%)이 발생하는 놀라운 일이 일어났다.

이러한 사실은 그간 배제적 국가조합주의와 시장기제에 억눌려 온 노동계급의 고통과 분노가 얼마나 극심하고 강렬하였는가를 극명하게

〈표 14-2〉 정치민주화와 노동운동의 분출

연도	비농업 비율	노사분규	노동조합 수	조합원 수(천)	노조 조직률
1986	76.4	276	2,675	1,036	15.5
1987	78.1	3,749	4,103	1,267	17.3
1988	79.3	1,873	6,164	1,707	22.0
1989	80.5	1,616	7,883	1,932	23.4
1990	81.7	322	7,698	1,887	21.7
1991	83.3	234	7,656	1,803	19.8

▌주: 비농업 비율 = 2차·3차산업 종사자 / 전산업 종사자 × 100
▌출처: 한국노동연구원, 〈분기별 노동동향분석〉(4분의 2분기), 1992.

보여주었다. 이처럼 폭발적이고 집중적인 노사분규는 비록 그 정도는
약화되었지만 1988년과 1989년까지도 그대로 지속되어 정치체제의 민
주화라는 '정치적 전환'(political transition)은 필연적으로 노동계급의 동
원과 집단행동에 따른 '사회경제적 전환'(socio-economic transition)을 수
반할 수밖에 없음을 뚜렷이 보여주었다.

노동운동의 분출과 함께 노동조합의 조직화에도 일대 격변이 일어났
다. 1986년에 2,675개, 그리고 1987년 6월 30일 현재 2,742개에 불과
하던 노동조합은 7~9월 노동자 대투쟁을 거치면서 1천여 개가 증가하
여 1987년 12월 말에 이르면 4,103개로 늘어나게 되었다. 이와 같은 노
조결성 운동은 1990년 이후 감소세로 반전되기 전까지 급속하게 진행
되어 노조 수는 1988년에 6,164개, 1989년에 7,883개까지 증가했다.
이와 더불어 노조원의 수도 빠르게 증가하여 1986년 103만 명에서
1987년에 126만 명, 1988년에 170만 명에 이르렀고, 1989년에는 한국

역사상 최고 수준인 193만 명에 다다르게 되었다. 노조 조직률의 변화도 노조원의 증가와 유사한 패턴을 보였다.

그러면 이러한 노동운동이 국가 - 자본의 폐쇄적 지배연합에는 어떤 영향을 주었는가? 6 · 29선언 이후의 노동운동은 무엇보다도 폐쇄적 지배연합이 구축한 배제적 국가조합주의체제에서 오랫동안 침묵 · 충성 · 순종을 강요받았던 노동계급이 민주화되는 정치공간 속에서 일거에 주장 · 모반 · 저항 모드로 전환하여 지배연합의 지배구조와 지배방식을 송두리째 뒤흔들어 놓았다. 그뿐 아니라 노동계급의 집단행동은 중간집단(학생, 지식인, 종교인 등)과 정치집단(야당) 등에 의한 집단행동과는 달리 자본주의적 생산과정을 부분적 혹은 전면적으로 마비시킴으로써 축적과정과 지배과정을 동시에, 그리고 직접적으로 교란시켰다(Valenzuela, 1987: 447 참조).

결국 6 · 29선언 이후의 노동운동은, 허쉬만(Hirschman, 1970) 식으로 말하면, 권위주의적 지배구조에서 '주장'(voice)의 기회가 거부된 채 오직 '충성'(loyalty)과 '침묵'(silence)만을 강요당했던 노동계급이 민주화의 과정 속에서 새로이 부여된 주장의 무기 또는 '퇴장'(exit)의 위협을 유감없이 사용함으로써 발전국가와 자본가계급을 불안과 공포 속에 몰아넣었고 동시에 여러 형태의 정치경제적 위기를 초래한 것으로 이해된다.

그러면 노동자 대투쟁으로 촉발된 정치경제적 위기의 구체적 내용은 무엇인가? 6 · 29선언 이후의 노동운동은 대략 다음과 같은 네 종류의 위기[17]를 초래하였다: (1) 통치의 위기(crisis of government), (2) 체제의

---

17 이 네 가지 위기의 개념과 라틴 아메리카에 대한 적용에 관해서는 오도넬 (O'Donnell, 1988: 24~31) 을 참고할 것.

위기(*crisis of regime*), (3) 축적의 위기(*crisis of accumulation*), (4) 계급지배의 위기(*crisis of class domination*). 이 중 (1)과 (2)는 주로 국가에, (3)과 (4)는 주로 자본가계급에 관한 위기이다.

먼저 통치의 위기는 노동계급에 의한 대규모의 집단행동이 국가의 억압능력(특히 경찰력)을 상회하여 통치불가능성(*ungovernability*)의 상황을 조성함으로써 발생했다. 이러한 상황은 6·29선언 직전국민운동본부에 의한 대규모의 민중동원을 국가가 효과적으로 억압할 수 없었다는 데서도 이미 나타났지만, 6·29선언 이후에는 대통령 직선제와 민주화를 약속한 상태였으므로 억압력을 과거처럼 상시적으로 사용할 수 없었기 때문에 더욱 극단적 수준으로 고조되었다.

그뿐 아니라 전두환 정권은 선거를 통해 권력을 재생산해야만 하는 제약조건에 직면하고 있었는데, 만약 모든 노동운동을 국가의 강압력을 동원하여 무력적으로 정복하게 되면 1987년 당시 전체 경제활동 인구 중 약 80%에 달하는 노동계급(2·3차 산업 종사자: 〈표 14-2〉참조)으로부터 많은 표를 상실하여 권력재생산에 실패할 위험성도 지니고 있었다. 그 결과 전두환 정권은 전국적으로 전개되는 폭발적 노동운동에 대해 방관적 자세를 취할 수밖에 없었다. 이런 상황에서 들불처럼 번진 노사분규는 자본 - 노동 간의 당사자 협상으로 해결되거나, 아니면 침묵하는 공적 폭력에 대신하여 자본이 사적 폭력(구사대)을 동원함으로써 억압적으로 해소되고 말았다.

통치의 위기는 그러나 국가가 방관적 자세를 취하고 자본이 사적 폭력을 동원한다고 해서 해결될 그런 성질의 문제는 아니었다. 왜냐하면 억압적 발전국가에서 군사정권이 철권통치를 하는 동안 정치적 지배와 경제적 축적과정에 대해 한 번도 변변한 영향력을 행사하지 못했던 노동계급이 6·29선언 이후 이제 엄청난 저항력과 위협성을 보여주었고, 또 앞으로도 계속 저항적이고 위협적일 수 있다는 것을 국가와 자본가계급에게 분명히 입증했기 때문이다.

따라서 향후 정치체제의 민주화가 본격적으로 이루어질 경우 자본주의라는 경제체제를 민주주의라는 정치체제와 어떻게 결합시킬 것인가하는 보다 근본적인 체제의 위기문제가 민주화의 초기부터 일찌감치 나타나게 되었다.[18] 즉, 이 문제는 국가 - 자본의 폐쇄적 지배연합이 노동계급에 대한 과거의 절대적 비대칭성을 이제 뚜렷이 상실해가는 마당에 민주주의라는 정치적 외피(*political shell*)를 가지고 어떻게 저항적이고 위협적인 노동계급을 통제할 수 있고 또 어떻게 자본주의경제를 안정적으로 유지할 수 있는가의 문제였다.[19]

한편 축적의 위기는 노동계급의 광범위한 동원과 집단행동으로 말미암아 자본가계급에게 직접적으로 가해지는 생산차질과 이윤손실의 위기를 의미한다. 〈표 14-3〉은 1987년 이후 1991년까지 노사분규에 참여한 노동자의 수, 노동손실일 수, 생산차질액, 수출차질액을 보여준다. 〈표 14-3〉에 의하면, 1987년 이래 분규 참여자의 수는 지속적으

---

18 여기서 정치체제란 ① 국가권력의 조직방식, ② 정부구성의 방식, ③ 시민참여의 방식이 특정한 방향으로 조합되어 규칙성 있는 지배구조를 형성한 것을 말한다(Cardoso, 1979: 38; O'Donnell&Schmitter, 1986: 73; Seong, 1990: 52). 이 정의에 따라 정치체제를 크게 권위주의체제, 전체주의체제, 민주주의체제로 분류할 수 있다(Linz, 1975; Macridis, 1986 참조).

19 만약 노동운동의 분출로 노동계급의 조직력과 투쟁력이 강화되고 그 결과 과거의 자본-노동 간 세력불균형이 현저히 감소하여 계급균형상태(즉, *class balance*)로 전환되면, 민주화는 유산되고(*aborted democratization*) 고도로 억압적인 보나파르트 체제나 파시스트 체제가 등장할 수도 있다고 한다(Przeworski, 1990: 41~44 참조).

<표 14-3> 노사분규에 따른 경제적 손실

연도	분규참가자 수 (천 명)	노동손실일 수 (천 일)	생산차질액 (억 원)	수출차질액 (백만 달러)
1987	1,262	6,947	27,782	537
1988	293	5,401	32,020	732
1989	409	6,351	41,995	1,363
1990	134	4,487	14,387	314
1991	175	3,258	12,317	238

▌출처: 한국노동연구원, 〈분기별 노동동향분석〉(4분의 1분기), 1992.

로 줄어들었으나 생산차질액과 수출차질액은 1989년까지 계속 증가하여 1989년의 경우 생산차질액은 4조 2천억 원, 수출차질액은 13억 6천만 달러에 이르렀음을 알 수 있다.

이러한 손실들은 국가 - 자본의 폐쇄적 지배연합이 저임금에 기초하여 추진해 온 수출주도 산업화가 민주화 과정에서 노동계급의 강력한 저항에 의해 정면에서 반격을 받은 결과 필연적으로 초래된 손실들이었다. 그러나 그 연유야 어떠하든 이러한 손실들은 자본가계급에게는 뼈아픈 손실이었다. 그러므로 이제 축적의 위기는 자본가계급이 과거에 경험하지 않았던 새로운 고통이며, 이 고통은 노동계급의 행위에 대한 통제력의 약화, 노사관계의 예측가능성 감소 등에 의해 더욱 심화될 수밖에 없게 되었다.

그런데 한국의 경우 특이한 점은 정치체제의 민주화와 노동운동의 분출이 모두 경제적 호황기에 일어났다는 점이다. 〈표 14-4〉는 경제성

〈표 14-4〉 노동운동과 거시경제적 지표

연도	경제성장률	인플레율	무역수지 (백만 달러)	고정자본형성 증가율
1986	12.9	2.8	4,206	12.0
1987	13.0	3.0	7,659	16.5
1988	12.4	7.1	11,445	13.4
1989	6.8	5.7	4,597	16.9
1990	9.3	8.6	−2,004	24.0
1991	8.4	9.7	−7,065	11.9

▎출처: 한국노동연구원, 〈분기별 노동동향분석〉(4분의 1분기), 1992.

장률과 고정자본형성 증가율이 1987년 이후에도 계속 높은 수준을 유지해 왔음을 보여준다. 따라서 거시경제적으로 보아 치열한 노동운동에 의해 초래된 축적의 위기는 많은 생산차질과 이윤손실에도 불구하고 그렇게 심각한 것은 아니었던 것으로 보인다. 그 이유는 과거에 누적된 독점이윤과 지속적인 경제성장에 의해 자본은 노동계급의 요구, 특히 임금인상에 대한 요구를 수용할 수 있는 상당한 여력을 가지고 있었고, 그 결과 임금인상과 이윤손실이 동시에 발생하더라도 만족할 만한 수준의 이윤축적이 가능했기 때문이다. 아마 이러한 현상은 대기업과 성장산업의 경우 더욱 뚜렷하게 나타났던 것으로 보인다. 그러나 미시적으로 보면 중소기업의 경우와 한계산업(예: 신발, 섬유, 의류 등)에 속한 기업의 경우에는 노동운동에 따른 축적의 위기가 매우 치명적이었던 것으로 보인다.

거시적 측면과 미시적 측면을 종합하면 다음과 같은 결론을 이끌어
낼 수 있다.

(1) 노동운동에 따른 생산차질과 수출차질, 임금인상과 이로 인한
    인플레의 증가는 시간이 흐를수록 누적되어 경제 전체로 볼 때
    매우 부정적인 결과를 초래했다.
(2) 이러한 부정적 결과는 자본가계급이 기업단위의 산업민주주의
    와 경제민주주의를 지체시키고 기술혁신에 큰 성과를 내지 못함
    으로써 그 효과가 증폭되었다.
(3) 1990년 이후 무역수지가 적자로 반전된 것은 (1)과 (2)의 결론을
    뒷받침한다.

이 세 가지 결론은 결국 국제경제에 과도하게 노출된 한국의 수출주
도형 개방경제가 국내적 요인 즉, 민주화와 노동운동에 얼마나 취약한
가를 잘 보여주고 동시에 이런 구조 속에 놓여 있는 자본가계급 역시 국
내적 요인에 의해 초래되는 축적의 위기에 얼마나 취약한가를 뚜렷이
보여준다.

마지막으로, 6·29선언 이후 노동운동은 계급지배의 위기를 초래했
다. 계급지배의 위기란 자본가계급에 대한 노동계급의 다음과 같은 반
란적 행위들, 즉 공장을 점유하여 자본가의 소유권 행사를 봉쇄하거
나, 생산과정을 조직·통제하기 위한 자본가(및 그의 대리인인 경영자)
의 독점적 권위를 부인하거나, 그들에게 폭력을 행사하거나, 자본가에
게 자본의 사회화와 경영통제의 민주화 등 자본주의의 경계를 넘는 심
각한 도전들을 감행할 때 나타난다. 오도넬(O'Donnell, 1988: 26)에 의

하면, 이러한 위기는 자본주의의 기본 세포조직이라 할 수 있는 개별 기업 내에서 발생하는 위기이기 때문에 '세포적 지배의 위기'(*crisis of cellular domination*) 라고 불릴 수 있고, 이 경우 자본주의사회 재생산을 보증해야 하는 자본주의국가도 즉각 위기에 처하게 되므로 자본주의국가의 '극단적 정치위기'(*supreme political crisis*) 가 초래된다고 한다.

한국의 경우 위에서 예시한 반란적 행위들이 노동계급에 의해 모두 시도되었기 때문에 계급지배의 위기가 조성되었다고 말할 수 있다. 그러나 1987년 6월 29일 이후 자본 - 노동 간에 전면적 계급전쟁(*class war*)[20]이 일어났다고 보기는 힘들다. 그 이유는 비록 자본가계급에 대한 노동계급의 반란적 도전이 치열하게 그리고 다발적으로 감행되었다고는 하지만, 배제적 국가조합주의체제에서 상급노조와 분절된 노동계급이 대부분의 경우 파편화된 노동운동을 전개하였고, 그 결과 노동계급의 전체적 저항력은 자본주의사회와 국가를 뒤흔들 정도로 강력한 것은 아니었기 때문이다.

따라서 6 · 29선언 이후의 상황을 종합적으로 검토하면, 국가가 보나파르트적 개입을 하거나 혹은 민주화 과정에 놓여 있던 전두환 정권이 권위주의로 다시 회귀해야 할 정도의 심각한 계급지배의 위기가 초래된 것은 아니었다고 이해할 수 있다. 그러나 자본가계급의 입장에서 보면 노동계급이 일삼는 모든 반란적 행위는 엄청나게 놀랍고 두려운 것이었으며, 더욱이 이런 행위들이 일시적인 현상이 아니라 장기화될 수도 있는 것이었기 때문에 그들의 위협감은 현저히 증폭되었던 것이 사실이다.

---

20 예컨대 정영태(1990a: 185) 같은 학자는 6 · 29선언 직후의 노동운동을 "거의 계급전쟁에 가까운 격렬한 것이었다"고 묘사하고 있다.

    그러면 정치체제의 민주화 과정에서 직면하게 된 이상의 네 가지 위기들에 대해 국가 - 자본의 지배연합은 어떤 방식으로 대응했는가? 이 위기들에 관한 국가 - 자본의 기본적 대응전략은 대략 다음의 3가지였다고 생각된다.

⑴ 우선 6월 항쟁을 주도한 건국 이후 최대 규모의 저항연합을 분열·무력화시킨다.
⑵ 노동계급의 과도한 요구와 저항을 효과적으로 차단하기 위해 억압구조를 다소 완화된 형태로 제도화한다.
⑶ 자본주의와 민주주의의 구조적 갈등을 부분적으로 해소하고 노동계급에 대한 정치경제적 지배를 효율화하기 위해 억압전략, 헤게모니전략을 지속적으로 활용하되 포섭적 복지전략을 보다 본격적으로 채택한다.

    이러한 세 가지 대응전략 중 ⑴과 ⑵를 통해 저항연합을 분열시키거나 노동계급의 요구를 억제하는 것만으로는 노동계급에 대한 지배연합의 효과적인 통제를 보장할 수가 없었다. 그 이유는 정치체제가 일단 민주화되고 나면, 노동계급은 자신들의 공통의 이익이 제대로 충족되지 않을 때 민주주의가 보장하는 결사의 자유(비록 여러 가지로 제약·왜곡되어 있다고 하더라도)를 활용하여 민주적 절차에 따라 조직적 투쟁을 전개할 수 있고, 이를 통해 자본주의의 경제과정을 합법적으로 교란시키는 것은 물론 지배연합을 강력하게 위협할 수도 있었기 때문이다.
    따라서 지배연합은 위 ⑶의 전략 즉, 복지전략(국가복지와 기업복지)을 통해 노동계급의 물질적 이익을 충족시킴으로써 그들을 더 효과적으로 지배하려는 시도를 하게 되었다. 이러한 복지전략은 기본적으로 노동계급의 이익을 증진시키고 사회적 위험으로부터 노동계급을 보호하며, 지배연합에 대한 의존성과 자발적 충성심을 증가시킴으로써, 노동계급의 반국가적 · 반보수적 · 반자본적 의식화 - 조직화 - 동원 - 집단행동의 연결고리를 뿌리로부터 단절시키려는 목표를 지향하는 것이었다. 이런 점에서 복지전략은 저항연합과 노동계급에 대한 억압전략을 보완하는 강력한 '보충수단'으로서의 의미를 가지고 있었다.

한국의 경우 1987년 이후 국가와 자본의 노동계급에 대한 일련의 복지제공은 노동운동이 폭발적이었던 것처럼 폭발적으로 이루어졌고, 이런 점에서 이와 같은 유형의 복지제공을 노동계급에 대한 일종의 복지공세(*welfare offensive*)라고 부를 수 있을 정도였다(성경륭, 1991b: 135). 그러나 국가 - 자본의 지배연합에 의한 이러한 복지전략은 억압전략과 헤게모니전략과의 배합 속에서 채택되었다는 점이 지적되어야 한다. [21] 국가와 자본은 반민주적 노동악법 조항을 존속시켜 노동계급

---

21 베버(Weber, 1968: 212~215)에 의하면 지배(*domination*)는 강제력과 자발적 동의의 함수이다. 그람시는 이 명제를 받아들이면서 동의의 물질적 기초(*material basis of consent*)를 강조한다(Przeworski, 1985: 133~136 참조). 그러나 동의를 구성하는 요소에는 물질적 요소 외에 순수 이데올로기적 요소가 존재한다고 볼 수 있다. 이러한 논의를 종합하면 다음과 같은 명제를 도출할 수 있다. $O = f\{F, C(M, I)\}$ ($O = obedience$, 즉 지배의 결과인 복종; $F = force$, 무력; $C = consent$, 동의; $M = material\ basis$, 즉 물질적 기초인 복지; $I = ideology$, 이데올로기). 이 명제를 중심으로 1987년 6월 이후의 상황변화를 다음과 같이 분석해 볼 수 있다. 이 시기에 노동계급과 일반국민이 낮은 수준의 복종($low\ O$), 즉 높은 수준의 저항적 · 반란적 행위를 보이자 새롭게 민주화되어 가는 상황에서 강제력의 사용에 제약이 가해진($low\ F$) 국가 - 자본의 지배연합은 지배의 전통적 요소인 이데올로기를 적극적으로 활용하여($high\ I$) 헤게모니전략을 구사하는 한편, 새로운 복지제도를 공세적으로 수립 · 시행하고 복지비 지출을 증가시킴

의 조직화-동원-집단행동의 각 단계에 대해 복수노조 금지, 기업노조주의, 제3자 개입금지, 냉각기간의 직권중재, 공적·사적 폭력 등의 다양한 제약구조를 부과했고, 노동계급이 이를 어길 경우 어느 단계에서라도 국가의 억압력이 발동될 수 있는 제도적 장치를 마련하였다. 그리고 실제로 국가는 1989년 중반부터 몇몇 인사의 방북사건으로 조성된 '공안정국' 이후 국가의 억압력을 최대한 활용하여 자주적 노동운동을 효과적으로 분쇄하였다.

한편 헤게모니전략은 의식화-조직화-동원-집단행동의 각 단계에서 노동계급에게 적용되는 국가의 억압을 정당화하고, 나아가 노동계급이 자신의 이익을 반성적으로 인식함에 있어 자본주의에 대한 '대안적'체제를 모색하거나 이것을 전파하는 것을 억제하기 위해 활용되었다. 예컨대 노사협조주의, 기업가족주의, 기업공동체주의, 산업평화주의, 경제살리기 운동, 기업문화운동, 내탓이오 운동, 그리고 공산권 몰락의 필연론과 자본주의의 우월론, 프란시스 후쿠야먀류의 역사의 종언론(공산주의의 몰락과 자유민주주의의 최종적 승리) 등이 국가와 자본이 헤게모니전략의 일환으로 활용하는 이데올로기와 도구적 이론들이었다.

결국 국가-자본의 지배연합은 억압적 발전국가로부터 민주국가가 태동하는 와중에 발생한 대규모의 노동운동을 효과적으로 제압하고 노동계급에 대한 지배역량을 강화하기 위해 종래의 억압전략과 헤게모니전략 외에 복지전략을 채택하여 이 세 가지 전략을 종합적으로 활용하기 시작했다. 그러나 정치체제가 형식적 수준에서나마 민주화되면서

───
으로써(high M) 높은 수준의 복종(high O)을 확보하고 지배의 효과를 극대화하고자 하였다고 진단할 수 있다.

과거처럼 억압일변도의 노동통제를 할 수 없게 되었기 때문에 지배연합은 이제 복지전략에 보다 치중할 수밖에 없었고, 그 결과 국가복지와 기업복지가 모두 엄청나게 증가하게 되었다.

그러나 권위주의의 유산이 곳곳에 남아 있고 형식적 민주주의마저도 채 완성되지 못한 '제한적 민주국가'에서는 보수적 지배연합에 의해 추구되는 복지전략은 노동계급의 단기적 이익(예컨대, 다양한 삶의 위험에 대한 사회보험적 보호)을 부분적으로 증진시키는 순기능을 하면서도, 노동계급의 자주적 의식화 - 조직화 - 동원 - 집단행동을 원천적으로 약화시킴으로써 노동운동의 '뒤늦은 성장과 때 이른 쇠퇴'를 촉진하고 장기적 이익(예컨대, 참여와 공유를 위한 자본주의체제의 개혁)의 실현을 원천 봉쇄시키는 문제도 동시에 지니고 있다고 볼 수 있다.

4. 복지국가로의 진입(제6공화국)

1절에서 살펴본 대로 박정희 군사정권과 전두환 군사정권은 '프레토리안적 상황'을 빌미로 국가권력을 찬탈하고 사회를 점령한 뒤 정복·약탈국가를 수립했다. 그러나 정당성의 획득과 국가적 이익(즉, 국가 자체의 존립)의 확보를 위해 이 정복·약탈국가는 자본가계급과 폐쇄적인 지배연합을 형성하여 수출주도 산업화를 추진하는 발전국가로 전환하였다. 그리하여 수출주도 산업화의 효율적 추진을 위해 박정희, 전두환의 발전국가는 다양한 중간집단과 정치집단을 무력적으로 탄압한 것은 물론 배제적 국가조합주의와 반복지적 억압전략을 통해 노동계급과 중간집단을 효과적으로 통제하는 데 전력을 기울여왔다.

그러나 1987년의 6월 항쟁과 7~9월 노동자 대투쟁은 한편으로 사회 위에 군림하던 정복국가와 발전국가를 사회와의 타협으로 공존을 모색할 수밖에 없는 (제한적) 민주국가로 전환시켰고,[22] 다른 한편으로 지배연합의 노동계급에 대한 지배전략을 배제적·억압적 반복지 전략으로부터 포섭적 복지전략으로 변모시키고, 새로이 형성된 민주국가의 기능적 변환을 거의 동시적으로 초래하여 4반세기에 걸친 압축적 산업화 후 한국에서도 드디어 복지국가가 탄생하는 계기를 조성하였다.

그러면 어떤 근거로 1987년 후반 이후 한국에서도 복지국가가 태동하기 시작했다고 규정할 수 있는가? 〈표 14-5〉는 1986~1992년 기간 즉, 민주화운동이 본격화되던 시기부터 6공화국의 전 기간 동안 국가가 어떤 복지제도를 수립·시행하고 어느 정도의 복지예산을 지출했는가를 보여준다. 〈표 14-5〉의 주요 내용을 요약하면 다음과 같다.

(1) 1986년에 제정된 '최저임금법'과 '국민연금법'의 시행령 및 시행규칙이 1987년에 제정되어 두 법이 모두 1988년 1월 1일부터 실시될 수 있게 되었다.

(2) 1987년에 '의료보험법'이 확대 개정되었다.

(3) 1989년에 '산업재해보상보험법'이 확대 개정되었다.

---

22 민주국가(*democratic state*)는 무엇보다도 국민의 기본권을 보장하고 선거를 통해 국가권력이 구성되기 때문에 국가의 사회에 대한 일방적 군림과 독재가 불가능한 국가형태이다. 따라서 정복·약탈국가로부터 민주국가로 국가형태의 전환이 일어나면 국가와 사회 사이에는 타협, 협상, 협약 등을 통해 상호공존하고자 하는 새로운 질서가 수립된다. 국가와 사회의 관계를 이런 관점에서 파악하는 저작에 대해서는 틸리(Tilly, 1975; 1990)와 포지(Poggi, 1978; 1990)를 참조할 것.

⑷ 1990년에 장애인의 고용을 촉진하기 위한 '장애인고용 촉진 등에 관한 법률'이 제정되었다.

⑸ 노동자에 대한 기업의 복지 지출을 촉진하기 위해 1991년에 '사내복지기금법'이 제정되었다.

⑹ 국가조합주의체제를 유지하되 그 기능의 변화, 즉 배제로부터 포섭으로의 전환을 위해 1992년에 노동은행이 설립되었다.

〈표 14-5〉 민주화와 복지국가의 제도적 기반 확충

연도	복지제도	보사부 예산(%)	사회보장 예산(%)
1986	a) 최저임금법 b) 국민연금법	2.90	–
1987	위 a), b)의 시행령 · 시행규칙	3.27	3.7
1988	의료보험법 개정	3.88	4.5
1989		4.21	5.2
1990	산재보험법 개정	5.02	6.6
1991	장애인고용촉진법	4.66	7.0
1992	사내복지기금법	4.66	–
1993	노동은행 설립 고용보험법		

출처: 보사부 예산=(보사부예산/정부전체예산), 보사부 내부자료.
　　사회보장 예산=(사회보장예산/정부일반회계예산), 보사부 (1992).
　　사회보장 예산=국민연금, 의료보호 및 의료보험, 산재보험, 보훈복지, 근로자복지,
　　　　　　　　생활보호, 복지서비스 등을 위한 예산.

먼저 '최저임금법'은 중간집단과 야당의 강력한 저항연합이 직선제 개헌을 위해 광범위한 민중동원을 시작하고 노동운동이 급진화되던 1986년도의 12월에 제정되었으나, 이 법의 실시를 위한 시행령과 시행규칙은 6·29선언 직후 폭발적 노동운동이 전국적으로 확산되던 1987년 7월과 11월에 각각 제정되었다.

이 법률의 목적을 보면 동법 1조에서 "이 법은 근로자에 대하여 임금의 최저수준을 보장하여 근로자의 생활안정과 노동력의 질적 향상을 기함으로써 국민경제의 건전한 발전에 이바지함을 목적으로 한다"고 규정하여, 노사관계에서 자본가보다 취약한 위치에 놓일 수밖에 없는 노동자를 위해 국가가 자본가의 최저임금 제공의무를 강제할 것이라는 점을 분명히 밝히고 있다. 이러한 목적을 달성하기 위해 '최저임금법'은 3조 1항에서 "이 법은 근로기준법의 적용을 받는 사업 또는 사업장에 적용한다"고 하여 그 적용범위를 상시 10인 이상의 근로자를 고용하는 제조업·광업·건설업으로 지정하였다(시행령 2조).

'최저임금법'의 목적 규정과 적용범위 규정을 볼 때 이 법은 다음의 두 가지 서로 상반된 특성을 가지고 있었던 것으로 보인다. 첫째, 이 법은 그간 자본의 독점적 권한 영역 혹은 노사 간 단체협상의 영역으로 간주되어 온 임금결정 과정에 국가가 개입하여 노동자에게 최저임금을 지급하게 하는 강제성에 입각하고 있다. 둘째, 그러나 이 법은 상시 10인 이상의 근로자를 고용하는 제조업·광업·건설업에만 적용을 제한함으로써 실제로 이 법의 적용이 가장 절실히 요구되는 9인 이하의 소기업과 농업, 어업, 수산업, 임업과 도소매업, 음식·숙박업 등의 산업을 제외하고 있어[23] 완벽한 보편주의가 아니라 제한적 보편주의의 원칙을 취하고 있다. 그러므로 '최저임금법'은 한국 복지성장에서 신기원을 수립하기는 했지만 적용범위상 많은 제약으로 말미암아 노동계급의 실질적 생활안정을 보장하는 것과 많은 거리가 있었다고 볼 수 있다.

'최저임금법'과 함께 1986년 12월에 제정된 '국민연금법'의 경우에도 노동운동이 전국적으로 분출하던 1987년 8월과 10월에 시행령과 시행규칙이 각각 제정되었다. 이 법은 1973년에 제정되어 실시가 보류되었던 '국민복지연금법'을 계승하는 법으로서 노령연금, 장해연금, 유족연금, 반환일시금 등의 급여를 제공하여 국민의 생활안정을 이루고자 하는 목적을 지니고 있었다.

이러한 목적을 달성하기 위해 '국민연금법'은 6조에서 "18세 이상 60세 미만의 국민은 국민연금의 가입대상이 된다"고 규정하고 있으나, 시행령 19조에서 "상시 10인 이상의 근로자를 사용하는 사업장"을 당연적용 사업장으로 규정하여 상당한 제한성을 두고 있다.[24] 그러나 동법 8조 2항에서 "… 당연적용 사업장 이외의 사용자가 … 18세 이상 60세 미만의 근로자 3분의 2 이상의 동의에 의하여 … 국민연금관리공단에 신청을 하는 경우" 임의적용 사업장이 될 수 있음을 규정하고, 또한 동법 10조에 당연적용 사업장과 임의적용 사업장의 가입자가 아니라 하더라도 "… 국민연금관리공단에 신청을 하는 경우 지역가입자가 될 수 있다"고 함으로써 '국민연금법'은 외형적으로는 '최저임금법'보다 보편주의 원칙에 다소 근접하는 보완조항들을 두고 있다.[25]

---

23 이러한 제한에 주목하여 김록호 등(1989: 152~153)은 '최저임금법'은 소기업 (9인 이하 고용)과 저임금 산업에 종사하는 노동계급을 타기업(10인 이상 고용)과 타산업이 간접적으로 착취하는 것을 용인하고 있다고 비판한다.

24 이 제한으로 5~9인 규모의 영세사업장이 국민연금제도의 적용을 면제받게 되었는데 그 비율은 1988년 현재 전체사업장 11만 6,728개의 37.0%를 점한다 (노동부, 1988).

그 이후 국민연금은 그 적용범위를 1995년 7월 농어촌 지역주민으로 확대하고, 1999년 4월부터 도시지역 주민에게까지 적용함으로써, 전 국민 연금가입이 가능하게 되어, 보편주의적 사회보장제도에 한 발 더 다가서게 되었다.

'최저임금법', '국민연금법'과 함께 3대 (보편주의적) 사회입법으로 일컬어지는 '의료보험법'은 박정희 군사정권이 민정으로 이양되던 시기인 1963년 12월에 최초로 제정되었다.[26] 그러나 이 법은 강제보험 방식이 아니라 임의보험 방식을 채택했기 때문에 전혀 실효성 있는 의료보장 법이 되지 못했다. 그 후 이 법은 1970년 8월에 강제보험 원칙을 채택 하는 방향으로 개정이 이루어졌는데 이 개정법마저도 시행령이 마련되지 못해 실시가 유보되었다. 이와 같은 많은 우여곡절을 겪은 끝에 '의료보험법'은 1976년 12월에 전면적으로 개정되고, 1977년 3월과 4월에 각각 시행령과 시행규칙이 마련되어 동년 7월부터 500인 이상을 고용하는 대기업 근로자를 대상으로 최초로 실시되기 시작했다. 그 이후 '의료보험법'은 수차례의 개정을 통해 1979년 7월부터 300인 이상, 1981년 1월부터 100인 이상, 1986년 4월부터 16인 이상을 고용하는 사업장으로 점차 적용범위가 확대되어 왔다 (보건사회부, 1989: 163).

---

25 1988년의 경우 당연적용 가입자는 442만여 명 (가입률 85.3%), 임의적용 가입 자는 9,985명, 지역가입자는 1,372명으로 전체 가입자의 수는 443만 2,724명 이었다 (보건사회부, 1989: 208). 1990년의 경우 당연적용 가입자는 460여만 명, 임의적용 가입자 3만3,034명, 지역가입자 8,274명으로서 전체 수는 465만 1,678명이었다 (보건사회부, 1991: 282). 그러나 1990년 국민연금 가입자는 전체 가입대상 인구의 51%에 불과한 실정이다 (보사부, 1992: 248).

26 '의료보험법'의 제정과 개정의 역사 및 그 내용에 대해서는 차흥봉 (1992: 276~281) 을 참조할 것.

이처럼 꾸준히 확대되어 오던 의료보험 제도는 노동운동이 전국을 휩쓸고 대통령선거를 목전에 두고 있던 1987년 12월 4일에 매우 중요한 법개정이 이루어졌고, 이를 통해 전국민 개보험 시대를 여는 역사적 전기가 마련되었다. 1987년의 법 개정 내용을 요약하면 다음과 같다.

(1) 의료보험의 당연적용 범위를 5인 이상의 상시근로자를 고용하는 사업장으로 확대한다.
(2) 당연적용을 받지 못하는 근로자와 개인이 "지역조합 또는 직종조합을 설립하고자 할 때에는 5인 이상의 발기인이 정관을 작성하여 조합원이 될 자 3분의 2 이상의 동의를 얻어 보건사회부장관의 허락을 받아야 한다"(동법 19조 1항) 고 하여 농어촌지역 (1988년 1월 1일부터) 과 도시지역 (1989년 7월부터) 의 주민들도 의료보험 혜택을 받을 수 있게 하였다.

그 결과 1989년 7월 1일부터는 한국 역사상 최초로 전국민이 의료보험 혹은 의료보호에 의해 의료보장을 받을 수 있는 체제가 수립되었다. 〈표 14-6〉은 1991년도의 의료보장 현황을 보여준다. 〈표 14-6〉에 따르면 전국민의 93% (4,032만 명) 는 의료보험에 의해, 나머지 7% (288만 명) 는 의료보호에 의해 의료보장을 받고 있음을 알 수 있다.[27]

지금까지 최저임금제, 국민연금제, 그리고 의료보험제를 살펴보았는데 이 세 제도의 공통적 특징을 도출해 보면 다음과 같다.

---

27 전국민 의료보장을 위한 체제가 수립된 것은 1989년 7월이었지만, 실제로 이 체제에 의해 전국민 의료보장이 최초로 실현된 것은 1990년부터였다 (보사부, 1991: 241).

<표 14-6> 1991년도 의료보장 현황

(단위: 만 명)

구분	의료보험			의료보호		
	직장	공무원 교육자	지역	1종	2종	의료부조
적용인구	1,583	489	1,960	69	183	36
소계	4,032(93%)			288(7%)		

(1) 발생사적으로 보아 이 세 제도의 구체화를 위한 조치(최저임금 제와 국민연금제의 경우 시행령 및 시행규칙의 제정, 의료보험 제의 경우 확대 개정)는 모두 1987년의 6월 항쟁과 그 이후의 노 동자 대투쟁에 후속하여 취해졌다. [28]

(2) 이 세 제도는 임금결정 혹은 복지제공에서 국가가 일정한 기준을 강제하기 때문에 강제성의 원칙에 입각하고 있다.

(3) 적용범위상의 차이가 있으나 세 제도는 대체로 보편주의적 지향 성을 가지고 있다.

(4) 그러나 이 제도들이 (3)에서처럼 모두 보편주의를 지향한다고 하더라도 그 핵심적 적용대상은 2·3차산업에 종사하는 노동계 급(혹은 임금취득 계층)이다. [29]

---

28 최저임금제와 국민연금제의 경우 그 시행령과 시행규칙이 1987년 후반기에 제 정되었다는 것은 중요한 의미를 갖는다. 왜냐하면 이 제도들은 1973년에 제정 된 '국민복지연금법'처럼 시행령과 시행규칙이 만들어지지 않아 사문화될 수도 있었기 때문이다. 1973년의 경우와는 달리 1987년 후반기는 이 제도들의 시행 을 강요하는 사회적 힘이 존재했고, 국가와 지배연합의 입장에서는 심각한 상황 적 절박성도 존재했다고 볼 수 있다.

1986~1987년 기간 동안 민주화 과정을 관리하던 전두환 정권의 5공화국에 의해 복지국가의 중요한 제도적 기반이 수립되었다면, 1988년 2월에 출범한 6공화국은 이제 '갓 태동한 복지국가'(nascent welfare state)의 초기적 확장을 담당하는 역할을 수행했다. 즉, 6공화국은 (1) 1989년 '산업재해보상보험법'의 개정, (2) 1990년 '장애자고용촉진 등에 관한 법률'의 제정, (3) 1991년 '사내복지기금법'의 제정을 통해 복지수혜자의 범위를 확대하거나((1)과 (2)의 경우) 복지제공자의 범위를 확대하는((3)의 경우) 입법조치들을 취했다.

먼저 '산업재해보상보험법'의 개정내용을 보면 두 가지 중요한 사항이 발견된다. 첫째, 1986년의 개정 때까지도 남아 있던 적용대상의 면제규정(동법 시행령 2조)이 1989년의 개정으로 완전히 제거되어, 5인 이상의 상시 근로자를 고용하는 모든 사업 또는 사업장은 산재보험의 당연적용 대상이 되게 하였다.[30] 둘째, 그동안 산재보험업무의 관리를 위해 국가가 전혀 재정부담을 하지 않았으나 1989년의 법개정으로 국가가 재정부담의 의무를 지게 됨으로써 산재보험제도에 대한 국가의 책임이 증대되었다.

1990년에 제정된 '장애인고용촉진 등에 관한 법률'은 300인 이상의 상시 근로자를 고용하는 사업장을 대상으로 전체 근로자의 1%를 장애

---

29 최저임금제의 경우는 명백히 노동계급을 주 대상으로 하고 있고, 국민연금과 의료보험의 경우에도 모두 당연적용 사업장에 대한 규정을 두고 있으므로 이 두 제도 역시 노동계급을 주요 대상으로 상정하고 있다고 할 수 있다.

30 1986년까지 산재보험의 적용이 면제된 경우는 ① 9인 이하의 근로자를 상시고용하는 사업장과 ② 농업·수렵업·임업·어업, 도소매업, 금융·보험·부동산업, 사회·개인서비스업 등이었다. 1986년 12월의 산재보험법 개정에서는 ①의 제한이 4인 이하로 바뀌었지만 ②의 제한은 그대로 남아 있었다.

인 법정 고용비율로 설정하여 장애인 고용을 촉진하도록 규정하고 있다. 이를 위해 6공화국 정부는 1991년에 장애인 고용의 기준을 고시하였는데, 이 고시에 따르면 장애인 고용의 법정 비율을 어기는 경우 그 비율에 미달하는 수에 대해 1인당 월 12만 원씩(1991년도 월평균 최저임금액의 60%)의 장애인고용 부담금을 물리고, 그 반면 법정비율을 초과하여 고용하는 경우 1인당 월 6만 원의 장애인고용 촉진금을 지급할 것이라고 밝혔다(〈조선일보〉, 1991. 10. 21).

산재보험 제도의 확대개정과 장애인고용을 촉진하는 법률의 제정이 모두 복지 수혜자의 범위를 확대하는 제도적 조치였다면, 1991년에 제정된 '사내복지기금법'은 복지 제공자의 범위를 국가뿐만 아니라 민간기업체로 확대하는 제도적 조치였다. 이 법은 각 기업으로 하여금 전년도 세전 순이익의 5% 범위 안에서 노사대표의 협의에 의해 일정액의 사내복지기금을 조성하고, 세제혜택이 보장되는 이 기금으로 노동자들에 대한 생활지원과 자금대출 등에 활용하도록 함으로써 노동자들의 생활안정을 도모하려는 취지로 제정되었다.

1984년의 '사내복지기금 운영준칙'에 뿌리를 두고 있는 이 법은 1987년 7월 이후 전국적으로 확산된 강력한 노동운동에 대응하여 국가가 노동계급을 위해 복지제공을 확대해 온 것에 대한 기업 측의 복지제공 책임을 요구하는 입법이었다. 이런 점에서 이 법은 노동계급의 의식화-조직화-동원-집단행동을 그 뿌리에서부터 제거하기 위해 국가-자본의 지배연합이 공통의 이해관심과 전략을 가지고 입법화 작업을 추진했음을 보여주는 대표적인 법제도라고 볼 수 있다. 그리고 실제로 이런 유형의 법률은 기업별 노조체제를 가지고 있는 한국의 현실에서 개별 기업과 노조의 이기적 협력을 촉진한 반면 노동계급 전체의 연대를 약화시킴으로써 모든 노동자와 사회구성원들이 함께 혜택을 볼 수 있는 공공재로서의 보편적 복지국가의 발전을 방해했다고 평가할 수 있다 (양재진, 2005; 양재진·정의룡, 2012).

법률적 근거를 가지고 있지는 않지만 노동계급에 대한 사회정책으로 매우 의미 있는 조치는 6공화국 정부가 1992년 3월에 들어와 노동자를 위한 생활자금 대부와 주택자금 대부 등을 담당할 '노동은행'의 설립을 인가한 것이다(실제로는 '평화은행'으로 개업함). 시중은행의 형태로 설립된 노동은행이 중요한 의미를 갖는 이유는 이 은행의 설립이 바로 한국노총에 의해 집요하게 추진되어 왔기 때문이다. 먼저 노동은행의 출자지분 구성을 보면 (1) 노총과 산하 산별노련 6백억 원, (2) 3개 시중은행 6백억 원, (3) 5개 경제단체 3백억 원, (4) 개별 노동자로부터의 주식공모 1천5백억 원으로서(합계 3천억 원 규모), 이 은행의 대주주는 한국노총으로 계획되었다.

그러면 무엇 때문에 한국노총이 노동은행의 설립에 그토록 적극적이었고 또 이 은행의 대주주가 되려고 그렇게 노력했는가? 아마도 이 문제는 다음의 두 가지 요인, 즉 한국노총의 생존전략과 국가의 노동포섭전략에 의해 설명될 수 있을 것으로 보인다. 먼저 한국노총은 전두환 정권의 1987년 4·13 호헌조치를 공개적으로 지지한 여러 단체들 중의 하나였고, 또 6월 항쟁과 그 후의 노동자 대투쟁에서 정치 민주화와 경제사회적 민주화를 위해 어떤 역할도 담당한 바가 없었기 때문에 1987년 이후 감당하기 힘든 정당성 위기에 직면해왔다. 따라서 만약 한국노총이 생활자금과 주택자금 면의 생활고와[31] 함께 시중은행의 높은 문턱

---

31 참고로 1986년 이후 지가 상승률, 주택가 상승률, 전세가 상승률, 소비자물가 상승률, 실질임금 상승률을 살펴보면 다음과 같다(백욱인, 1992: 84).

에서 오는 은행고 등의 이중 고통을 겪고 있는 노동계급을 위해 각종 금융지원을 전담하는 은행을 설립할 수 있다면, 이는 곧 정당성의 위기를 해결하는 것은 물론 노총조직의 생존을 보다 확고히 하는 계기가 될 수 있을 것이다.

한편 1987년 이후 노동계급의 엄청난 도전에 직면해왔던 국가는 국가대로 특히 1990년 1월의 전노협 창설에 자극받아 어떻게든 한국노총을 정점으로 하는 국가조합주의체제를 계속 유지함으로써 노동계급의 조직공간을 민주노조(즉, 기초단위의 민주노조와 전노협)에 의해 잠식당하지 않게 할 필요가 있었다. 이런 점에서 국가는 과거의 배제적 국가조합주의체제가 지닌 '선점효과'(preemptive effect)를 십분 활용하고 노동계급의 민주노조로의 이탈을 막기 위해 '배제적' 국가조합주의체제를 '포섭적'(혹은 융합적) 국가조합주의체제로 전환해야만 할 중대한 기로에 놓여 있었다.

따라서 국가는 1987년 11월~1988년 4월의 노동법개정에서 국가조합주의체제의 유지를 위해 존속시켰던 복수노조금지, 제3자 개입금지, 노조의 정치참여금지 등의 효과를 증진시키고 민주노조에 의한 노총체제의 붕괴를 방지하기 위해 한국노총의 노동은행 설립을 인가했다

〈표〉 1986년 이후의 각종 상승률

	1986	1987	1988	1989	1990	1991
지가 상승률(전국)	7.3	14.6	27.4	31.9	20.6	11.2
주택가 상승률(전도시)	−5.9	7.3	16.0	14.5	20.4	1.2
전세가 상승률(전도시)	5.4	18.3	14.6	19.4	19.0	2.9
소비자물가 상승률(전도시)	2.9	3.0	7.1	5.7	8.6	10.6
실질임금 상승률(전산업)	5.3	6.9	7.8	14.5	9.4	−9.4

출처: 건설부, 〈지가동향〉(1991.11); 주택은행, 〈주택금융〉(1991.12).

고 할 수 있다. 결국 국가는 민주화되는 정치공간 속에서 노동계급을 억압일변도로 통제하기가 불가능해지자 물질적 포섭전략으로 전환하게 된 것이고 이 전략의 일환으로 노동은행의 설립이 승인된 것이다. 종합하면 노동은행의 설립은 노동통제의 효과를 증진하고자 하는 국가와 스스로의 생존을 도모하려는 한국노총의 합작품이라고 할 수 있고, 이 은행의 설립을 계기로 배제적 국가조합주의는 포섭적 국가조합주의로 기능적 전환을 이루게 되었다.

1987년 6월 이후 국가는 최저임금제와 국민연금제의 실시를 위한 시행령과 시행규칙의 제정, 의료보험 대상자의 확대와 전국민 의료보장체제의 수립, 산재보험의 확대실시, 사내복지기금 제도의 법제화, 그리고 노동은행의 설립 등을 통해 노동계급을 포섭하려는 사회정책을 광범위하게 실시하는 한편 여러 가지 복지프로그램들을 추가적으로 실시하여 노동계급을 체제 내로 포획해 들이고 보수화시키는 데 전력을 기울여왔다. 이러한 복지프로그램들은 다음과 같다.

(1) 제조업 생산직에 10년 이상 근무한 노동자에게 우선 분양되는 근로자 주택 10만 호 건설.
(2) 노동자를 비롯한 모든 봉급생활자들에게 연리 12~13%의 높은 이자율을 적용하는 비과세 장기저축제도의 실시.
(3) 노동자를 위한 생필품 구판장의 설치.
(4) 우리사주 제도의 활성화와 노동자 자녀를 위한 장학사업 실시.
(5) 근로자 종합복지시설의 확충.

이러한 복지프로그램 외에 6공화국은 '고용보험법'의 제정을 기획했는데 이 법은 문민정부에 들어와 1993년 12월에 법제화가 이루어졌다. 이 법의 주 내용은 일본식 고용보험 제도를 본떠 노동자들의 자발적 실업을 억제하고, 노동자들이 부득이 실직되었을 경우 적극적으로 직업알선과 직업훈련을 받는 것을 강제하여 이것을 조건으로 고용보험의 혜택을 받을 수 있게 하는 내용을 포함하고 있다. 따라서 이 법은 에스핑-안데르센(Esping-Andersen, 1990: 23~26)이 서구의 사회민주적 복지체제와 관련하여 논의한 바의 '노동의 탈상품화'(*decommodification of labor*)를 위해 추진되지는 않겠지만, 실업이 될 경우 아무런 대책 없이 시장의 정글로 내던져졌던 과거와 달리 노동의 상품화를 전제로 일시적 보호를 제공받는 것은 가능하게 되었다.

이상으로 1987년 이후 국가가 노동계급 및 일반 국민을 대상으로 어떠한 복지제도와 복지 프로그램을 수립하고 시행해왔는가를 논의했다. 지금까지의 논의를 종합하면 다음과 같은 여섯 가지의 결론을 이끌어낼 수 있다.

(1) 노동집약적 수출주도 산업화가 공격적으로 추진된 1961~1986년 기간 동안 오직 '산업재해보상보험법'(1963)과 '의료보험법'(1976)의 두 복지제도만으로 지탱되어 온 반복지적 · 억압적 사회정책이 1987년 6월 이후 복지확장적 사회정책으로 전환되어 일종의 '복지폭증'(*welfare explosion*)이 일어났다.

(2) 이러한 복지폭증을 촉발시킨 요인은 발전국가 – 자본가계급의 폐쇄적 지배연합에 대한 민중적 저항(1987년의 6월 항쟁)과 노동계급의 저항(1987년 7~9월 노동자 대투쟁과 그 이후의 노동운동)이었다.

(3) 이 저항들은 통치의 위기, 체제의 위기, 축적의 위기, 계급지배의 위기와 같은 총체적 위기를 초래하여 지배연합으로 하여금 억압전략과 헤게모니전략 외에 새로이 포섭적 복지전략을 폭넓게 채택하도록 하였다.

(4) 포섭적 복지전략은 전국민을 대상으로 하는 보편주의적 지향을 가지고 있었으나 그 중심대상은 노동계급이었다.

(5) 노동계급에 대한 복지전략은 노동계급의 물질적 '이익'을 증진하고 다양한 삶의 위험에 대한 집합적 사회보장을 제공함으로써 노동계급의 보수성과 체제 순응성을 함양하는 것을 추구하였다.

(6) 위 (5)와 관련하여 발전국가-자본의 지배연합은 새로운 복지전략을 통해 노동계급의 자주적 의식화-조직화-동원-집단행동의 연결고리를 뿌리로부터, 즉 이익·불이익에 대한 의식화의 수준에서부터 단절시키고 타 사회운동조직이나 정당조직의 노동계급에 대한 영향력을 무력화시키려는 전략 목표를 추구하였다.

이와 같은 결론들을 간단하게 요약하면 1987년 6월 이후의 복지폭증은 결국 두 요인 즉, (1) 1987년 5월의 저항연합 형성 (국민운동본부) 과 이 연합에 의해 동원된 6월 항쟁, 그리고 (2) 6·29선언 이후 분출한 폭발적 노동운동에 의해 결정되었다고 할 수 있다. 그 이유는 박정희·전두환 정권이 관리하던 발전국가는 국가가 많은 복지비용을 지불하지 않더라도 무력적 억압, 배제적 국가조합주의, 시장기제의 배합을 통해 노동계급을 효율적으로 통제할 수 있었던 데 반해, 1987년 6월 이후 상황은 질적으로 그리고 근본적으로 변화하여 과거의 전략만으로는 도저히 관리가 불가능한 상황이 조성되었기 때문이다.

다시 말해 일단 (1)의 요인에 의해 정치체제가 민주화되어 정복국가와 발전국가로부터 민주국가로의 전환이 이루어지고, (2)의 요인에 의해 반노동적 국가 - 자본의 지배연합에 대한 노동계급의 전투적 저항이 전개되면, 복지비용을 확대 지출하는 것 이외에는 보수적 국가권력의 정권재창출과 자본가계급의 안정적 이윤확보를 보장할 수단이 사라지게 된다. 따라서 국가가 복지제도를 확충하고 복지 지출을 증가시키게된 것은 노동계급과 일반 국민에 대한 국가와 자본의 시혜나 이타주의의 발로가 아니라 광범위한 민중저항과 노동운동의 압박에 따른 필연적 결과라고 보아야 한다. 또한 그것은 일차적으로 보수적 정치권력과 자본가계급 이익을 보호하기 위한 전략적 선택이었다고 보아야 한다.

그러므로 복지국가는 자본주의적 산업화와 경제성장에 따라 자연스럽게 그리고 자동적으로 수립된 것이 아니고, 발전국가와 자본의 폐쇄적 지배연합에 대한 일반 국민과 노동계급의 강력한 저항을 통해 매우 갈등적인 과정을 거쳐 형성된 것을 확인할 수 있다. 그러나 중요한 점은 19세기 후반 독일의 경험에서 잘 알 수 있듯이 복지국가의 탄생은 단지 일반 국민과 노동계급의 저항에 의해서만이 아니라 이러한 저항에 대한 지배연합의 적극적 대응전략에 의해 복지국가의 등장 시기와 복지국가의 내용이 결정되었다는 것이다. 결국 복지국가의 등장과 발전은 일반국민과 노동계급을 한편으로 하고 국가와 자본가계급을 다른 한편으로 하는 전략적 상호작용의 결과였다고 결론지을 수 있다.

15

민주주의의 공고화와 복지국가의 발전
문민정부와 국민의 정부시기

1. 민주화의 진전과 복지민주주의의 발전

한국 현대사에서 1987년의 6월 항쟁은 정치체제를 민주화시키고 복지국가의 발전을 촉진하는 결정적인 계기로 작용했다. 주지하듯 권위주의 정권에 대한 광범위하고 강력한 민중저항은 기존의 국가권력 형성 및 행사방식과 사회 지배방식에 근본적인 변화를 초래하였다. 그리하여 권위주의 정치체제가 빠르게 민주화되면서 노동계급과 국민을 일방적으로 억압하고 배제하던 한국의 발전국가는 이들의 정치참여를 허용하고 복지를 증진시키는 민주 - 복지국가로 점진적인 전환을 하기에 이르렀다.

그러나 이 시기 이후부터 최근까지의 변화를 모두 고려할 때 6월 항쟁을 통해 등장한 노태우 정부는 매우 제한적인 의미의 민주정부였고,

---
* 이 장은 〈한국사회복지학〉 46권 3호: 145~177에 수록된 논문을 바탕으로 하고 있음

이 정부가 발전시킨 복지국가도 지극히 초보적 수준의 복지국가였다는 점을 지적하지 않을 수 없다. 노태우 정부는 전두환 군사정권과 정치엘리트의 충원, 정책노선, 국가 - 사회의 지배연합 형성 등 여러 측면에서 고도의 연속성을 지니고 있었으며, 노동관계법과 국가보안법 등 법제도적 측면에서도 많은 반민주적 요소를 지니고 있었기 때문이다. 또한 노태우 정부가 발전시킨 복지국가는 고용보험과 같은 중요한 사회보장 제도를 결여하고 있었고, 국민연금과 의료보험 등 여타 사회보장 제도에서도 많은 제약요소를 지니고 있었다. 사회보장 예산의 측면에서 보더라도 노태우 정부는 복지 후진국의 수준(전체예산 중 보건복지 예산이 4~5% 수준)을 벗어나지 못했다고 평가할 수 있다.

이런 상황에서 등장한 '문민정부'와 '국민의 정부'는 세 가지 면에서 노태우 정부와 구별되는 뚜렷한 특징을 보였다. 첫째, 노태우 정부와 달리 문민정부와 국민의 정부는 수십 년 동안 민주화를 위해 투쟁해온 정치세력들이 구성한 정부였기 때문에 훨씬 높은 수준의 민주적 정당성을 가지고 있었고, 이런 까닭에 민주주의를 정착시키고 확대시키는 데 더 강한 의지를 가지고 있었다. 둘째, 그뿐 아니라 이 두 정부는 국가 - 자본의 폐쇄적 지배연합 구조 속에서 노동계급과 일반 국민을 배제와 통제의 대상으로 설정했던 노태우 정부와 달리 폐쇄적 지배연합 구조를 상당한 정도 개방하여 일반 국민과 노동계급의 요구 및 이익을 국가정책에 반영하는 높은 정치적 개방성과 반응성을 보였다. 셋째, 이러한 변화와 함께 국민들에 대한 복지혜택의 제공이 국가의 시혜가 아니라 주권자인 국민이 당연히 누려야 하는 사회적 권리(social right)라는 점이 폭넓게 인식되기 시작했고, 이에 따라 복지국가의 발전이 본격적으로 이루어지기 시작했다.

〈그림 15-1〉 민주주의의 확산

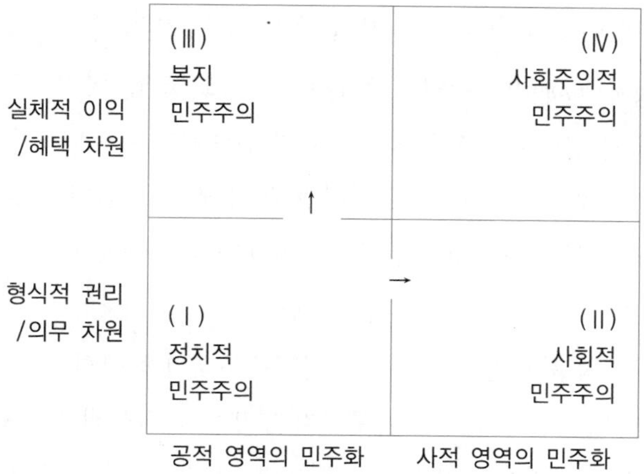

	공적 영역의 민주화	사적 영역의 민주화
실체적 이익 /혜택 차원	(Ⅲ) 복지 민주주의	(Ⅳ) 사회주의적 민주주의
형식적 권리 /의무 차원	(Ⅰ) 정치적 민주주의	(Ⅱ) 사회적 민주주의

    그렇다면 민주화와 복지국가의 발전은 어떤 관계를 가지는가? 민주
주의와 관련된 어떤 요소와 기제들이 복지국가의 발전을 촉진하는가?
이 문제를 살펴보기 위해 〈그림 15-1〉을 제시했다. 〈그림 15-1〉은 민
주화와 관련하여 슈미터와 오도넬(Schmitter & O'Donnell, 1986: 13)
이 개념화한 것인데, 그들에 따르면 민주주의는 국가권력의 구성 및 행
사를 중심으로 하는 '공적 영역'에서 사적 상호작용과 거래를 중심으로
하는 '사적·사회적 영역'으로, 그리고 법적 권리와 의무를 보장하는
'형식적 차원'에서 구체적 이익과 혜택을 제공하는 '실체적 차원'으로 끊
임없이 확산되는 경향이 있다고 한다.
    즉 국민들에게 자유권(*civil rights*)과 정치권(*political rights*)과 같은
형식적 차원의 권리를 부여함으로써 공적 영역에서 정치 민주화가 이
루어지고 나면(Ⅰ 분면), 이러한 민주주의 원리는 두 방향으로 확산된다

는 것이다. 첫째는 자유와 평등을 중심가치로 하는 민주주의 이념이 권력과 지배현상이 존재하는 모든 사적 영역(정확하게 말하면 사적 통치기구, *private government*), 예컨대 기업조직, 학교조직, 병원조직, 결사체 조직 등으로 전이되어 사회적 민주화가 진행된다(II 분면). 둘째, 이러한 변화와 함께 국민들에게 형식적 차원의 권리를 넘어 실질적으로 이익과 혜택을 부여하는 복지민주주의(*welfare democracy*)를 발전시키는 강한 경향성이 나타나게 된다(III 분면). [1]

그러면 민주적 체제변동과 함께 복지민주주의가 등장하는 이유는 무엇인가? 무엇보다도 민주화가 이루어지면 새롭게 결사권(단결권, 단체행동권 등)과 투표권 등 시민권을 부여받은 국민들은 자유롭게 그것을 행사할 수 있게 되고, 이런 상황에서 권력을 장악하려고 하는 정당들은 투표극대화를 위해 복지증진을 원하는 국민들의 요구를 적극적으로 수용하지 않을 수 없게 된다. 그 결과 국민의 정치적 지지와 정부의 복지제공 사이에는 강력한 교환관계가 성립하게 된다. 노사관계에서도 반복적 노사갈등이 모두에게 손해를 가져온다는 것이 분명해지면, 노(勞)와 사(使)는 급여와 복지 등 물질적 조건의 향상과 생산성 향상을 서로 교환하는 사회적 협약을 추진하게 되고, 이로 인해 민간영역의 복지가 빠르게 증가하게 된다.

이런 이유로 말미암아 선진 민주국가들이 오랜 시간에 걸쳐 복지국

---

1 〈그림 15-1〉에서 IV분면은 가상적 상태를 상정하는 것으로 이해된다. 현실적으로 존재했던 어떤 사회주의 국가도 공적 영역은 물론 사적 영역에서 민주주의를 제대로 실천하지 않았으며, 형식적 측면의 권리와 실체적 측면의 혜택을 국민들에게 제대로 제공하지 않았기 때문이다. 오히려 현실 사회주의 국가들은 전체주의 혹은 그에 가까운 국민통제체제를 구축하였고, 지배계급에게 권력과 물질적 혜택을 과도하게 집중시켜서 새로운 불평등을 심화시킨 것으로 알려지고 있다.

가로 진화하게 된 것은 결코 역사적 우연이 아니라고 볼 수 있다. 또한 민주화의 진전이 궁극적으로 복지국가를 태동시킨다고 하는 이 명제는 1970년대 중반 이후 세계 곳곳에서 신자유주의 세력이 등장하여 복지 국가를 공격하고 재편하는 강력한 시도를 보였음에도 불구하고 여전히 변함없는 타당성을 입증해 주고 있다. 신자유주의 세력이 맹위를 떨친 1980년대와 90년대를 지나오는 동안 선진 각국의 복지 지출은 감소하기는커녕 지속적으로 증가해 왔기 때문이다. 2 이것을 보면 민주화와 복지국가 사이에는 매우 강한 '선택적 친화성'이 존재하는 것을 확인할 수 있다(Pierson, 1996 참조).

이상의 논의는 문민정부와 국민의 정부에서 이루어진 복지발전을 이해하는 데에도 중요한 함의를 제공한다. 무엇보다도 정치 민주화가 노사관계 등 사회적 영역의 민주화를 촉진하면서 동시에 복지민주주의를 발전시키는 강한 선택적 친화성을 가지고 있다는 발견은 1993년 이후 지금까지 진행되어온 한국사회의 민주화와 복지발전을 이해하는 데 시사하는 바가 매우 많다. 우리 자신이 바로 그러한 변화의 소용돌이 속을 지나왔고, 또 지금도 그러하기 때문이다.

그러나 민주화가 복지발전을 촉진하는 과정은 결코 조화롭고 평화로운 과정이 아니라는 점을 이해해야 한다. 시장에서의 거래와는 달리 복지영역에서의 교환은 비용 부담자와 혜택 수혜자 사이의 불일치 정도

---

2 참고로 스웨덴의 경우 GDP 대비 사회보장비의 비율은 1980년에 30.4%, 1985
년 31.6%, 1990년 32.6%, 1995년 33.4%였고, 독일의 경우 각각 25.0%,
25.5%, 23.8%, 29.61%였다. 한편 신자유주의 세력의 영향이 컸던 영국의 경
우 18.3%, 21.0%, 19.8%, 22.8%였고, 미국의 경우 12.4%, 13.0%,
14.1%, 16.3%였다(OECD, 1999). 이것을 보면 신자유주의 세력의 공격에도
불구하고 거의 모든 주요 국가에서 사회보장비의 비중이 증가했음을 알 수 있다.

가 높은 관계로 (예: 공공부조의 경우 100% 불일치 존재) 복지민주주의의 발전 과정은 필연적으로 갈등과 대결이 만연하는 각축장이 될 수밖에 없다. 실제로 문민정부 시대부터 복지개혁과 노동관계법을 둘러싸고 빚어진 노사갈등과 노정(勞政) 갈등은 복지발전이 얼마나 고통스럽고 힘든 과정인지를 잘 보여준다.

이런 점을 염두에 두고 다음에서는 문민정부와 국민의 정부에서 복지발전이 어떻게 이루어졌는지를 소개하고, 두 정부가 어떤 점에서 공통점을 보였고 또 어떤 점에서 차이점을 보였는지를 설명하고자 한다. 결론부터 미리 이야기한다면 문민정부는 국민의 정부보다 더 좋은 경제사회적 조건에서 출발하였지만 결국 자신의 친자본적 보수성향으로 인해 야심차게 기획했던 복지개혁 프로그램을 실천하는 데 실패함으로써 복지분야에서 큰 업적을 남기지 못했고, 반대로 국민의 정부는 IMF 외환금융위기라는 절체절명의 위기상황에서 출발했으면서도 '국민기초생활보장'과 '생산적 복지'라는 큰 틀 아래 복지제도와 프로그램, 그리고 예산면에서 획기적 발전을 이루었다고 평가할 수 있다. 그렇다면 두 정부에서 실제로 복지분야에 어떤 변화가 일어났는가? 또한 복지분야에서 두 정부의 실적이 큰 차이를 보인 이유는 무엇인가?

2. 문민정부와 복지개혁의 좌절

1) 문민정부의 등장배경과 성격

문민정부는 매우 복합적 성격을 갖는 정부였다. 민정당, 민주당, 공화당이라는 이질적인 세 정당 사이의 합당을 통해 탄생한 정부라는 점에서도 복합적이었고, 다양한 계층과 지역적 지지기반에 넓게 뿌리를 두고 있었다는 점에서도 복합적이었다. 게다가 민주주의의 정통성을 가지고 태동한 역사적 정부라는 자부심 속에서 문민개혁과 국가경쟁력 강화라는 이질적 목표를 동시에 추구하고자 했다는 점에서도 복합적 성격을 가지고 있었다.

이와 같은 복합성을 내재한 문민정부는 출범 초기부터 과거 수십 년 동안의 군부독재에 의해 누적된 부정부패와 정경유착의 적폐를 해소하고 군부 출신의 정치 엘리트에 대한 과감한 인적 청산을 통해 국가의 도덕적·문민적 토대를 새롭게 다지고자 했다. 이와 함께 노태우 정부의 집권기간에 심화된 노사갈등과 이로 인해 약화된 국가경쟁력의 기반을 다시 강화하고자 '신경제 100일 계획'과 같은 강력한 경제부흥 정책을 추진하였다.

그러나 복지발전이라는 관점에서 문민정부의 초기 정책들을 검토해 볼 때 우리는 문민정부의 주도세력들이 1992년과 1993년의 경제상황을 다소 과장되게 인식했거나, 아니면 정확히 인식을 했지만 그것을 외부에 과장하지 않았나 하는 의구심을 가지게 된다. 그 이유는 다음과 같다. 〈그림 15-2〉에 의하면 1992년과 1993년의 경제성장률은 각각 5.1%와 5.5% 수준을 유지하고 있었고, 실업률은 2.4%와 2.8%로써

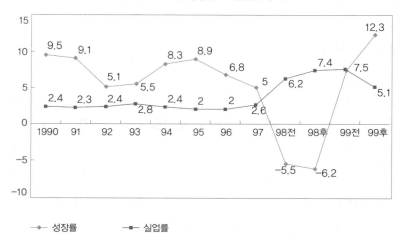

매우 낮은 수준에 머물러 있었다. 이 정도의 성장률은 이 시기 전후의 8~9%대의 성장률에 비하면 상대적으로 낮은 수준이지만 1980년과 1998년의 마이너스 성장률, 그리고 여러 선진국의 2~3%대의 성장률과 비교하면 여전히 높은 수준이었다.

그런데 〈그림 15-7〉을 보면 1989년까지 이어지던 국제수지 흑자 행진이 1990~1992년에 접어들어 3년 연속 적자(20~83억 달러 범위)로 반전된 것을 알 수 있다. 또한 〈그림 15-3〉와 〈그림 15-4〉를 보면 1987년의 민주적 개방 이후 급속히 성장한 노동계급의 조직력(노조원 수와 노조조합의 수)과 투쟁력(파업에 따른 노동손실일 수)이 문민정부가 출범하던 시기에도 여전히 강력하게 유지되고 있었으며, 이런 조직력과 투쟁력에 힘입어 1990~1993년 사이의 임금 상승률이 생산성 상승률을 1~5%p 상회하는 특이한 현상이 발생하게 되었다(한국은행,

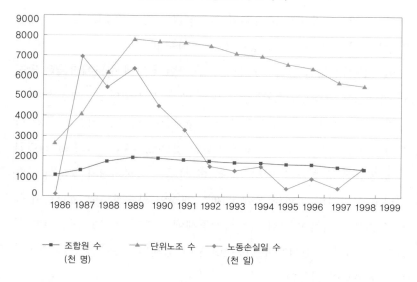

〈그림 15-3〉 노동관련 주요 추이

┌─ 조합원 수   ─▲─ 단위노조 수   ─◆─ 노동손실일 수
│   (천 명)   (천 일)

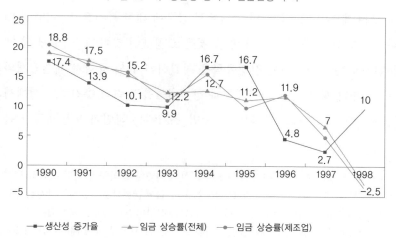

〈그림 15-4〉 생산성 증가와 임금인상 추이

─■─생산성 증가율   ─▲─임금 상승률(전체)   ─●─임금 상승률(제조업)

http://www.bok.or.kr; 재정경제부, 2000a). 특히 제조업의 경우 1992
년도 생산성 증가율은 10.1%였으나 임금 상승률은 15.7%로서 임금
인상분이 무려 5.6%p 더 많은 것을 보여주고 있다.

이러한 사실들을 종합하면 문민정부 출범 초기에 주도세력들은 당시
의 한국경제가 상당히 중대한 문제 상황에 빠져 있었고, 그것은 바로
강력한 조직력과 투쟁력을 확보한 노동계급이 생산성 상승을 훨씬 상
회하는 임금인상을 요구한 데서 비롯된 것으로 (다소 과장되게) 진단하
고 있었음을 유추할 수 있다. 또한 이 시기는 이른바 3저 호황이 막을
내리고 공산권의 붕괴와 함께 국제적 개방이 가속화되던 시기로서 실
제로 많은 기업들이 격화되는 국제경쟁에 이기지 못하고 도산하고 있
었다. 그리하여 경제계와 언론계로부터 경제위기론이 상당히 광범위
하게 유포되어 있었다. [3]

문민정부의 주도세력들은 바로 이런 점에 주목했던 것으로 보인다.
그리하여 경제위기를 극복하기 위해서는 한국병을 치유해야 하고, 또
한 모든 계층이 고통분담의 차원에서 정부에 대한 복지요구, 기업에 대
한 임금인상 요구 등을 자제해 줄 것을 요청했던 것이다. 이렇게 볼 때
문민정부는 부정부패와 정경유착을 척결하기 위해 공직자 재산공개와
금융실명제 등과 같은 사정개혁과 경제개혁을 강력히 추진하는 선에서
국가개혁을 시도했을 뿐 적어도 출범 초기에는 국민과 노동계급의 복

---

3 1992년 말 대통령 선거 시기에 이루어진 한 조사연구에 의하면 가장 시급히 해결
해야 할 과제로서 중산층은 경제회복(24%), 물가안정(18%), 정국안정(15%)
을 지적했고, 노동자층은 물가안정(24%), 정국안정(15%), 경제회복(14%)
을 지적했다(박상훈, 1996: 201). 이것을 보면 이 시기에 어느 계층이건 경제회
복과 물가안정을 매우 중요하게 인식하고 있었음을 발견할 수 있다.

지증진을 위한 복지개혁을 전혀 염두에 두지 않았던 것으로 이해된다.

그런데 국가의 도덕적 기초를 강화하기 위한 사정개혁(司正改革) 마저도 1993년 6월 이후에 접어들어서는 보수세력과 보수언론의 강력한 반격에 직면하게 되었고, 그 결과 문민정부의 개혁노선은 큰 시련을 겪게 되었다(박상훈, 1996: 194). 이 시기를 기점으로 '무노동 부분임금'을 옹호하는 등 이른바 신노동정책을 추진하던 당시 이인제 노동부 장관에 대한 경제계와 언론계의 공격이 시작되었고, 한완상 통일원 장관의 햇볕론이 보수 우익세력의 공격을 받았으며, 사정개혁으로 희생된 정치인과 고위 공직자들이 지역주의(특히 TK 지역) 정서를 동원하여 개혁노선 전반에 대해 문제를 제기하기 시작했던 것이다.

이와 함께 국가-자본의 지배연합, 보다 구체적으로는 여권 정치인, 고위 관료, 장성급 군부 관료 등 국가부문 엘리트와 대자본, 그리고 친자본적·보수적 언론인 등 민간부문 엘리트로 구성되는 지배연합 내부에는 심각한 균열이 발생하였다(최장집, 1996: 253). 이런 상황에서 문민정부는 한편으로는 지배연합 내부의 균열과 갈등을 봉합하고, 다른 한편으로는 경제활성화를 도모하기 위해 1994년부터 국제화를 국정목표로 제시하면서 국가경쟁력 강화에 국정의 중점을 두게 되었다. 그리하여 사정개혁을 중심으로 하는 개혁노선은 1년 만에 퇴조하게 되었고, 이런 변화의 연장선상에서 복지개혁의 과제는 의제로 설정되지도 못하는 운명에 놓이게 되었다.

국정의 기조가 개혁으로부터 국가경쟁력으로 바뀌면서 민주화 운동 세력, 특히 노동운동 세력과 통일운동 세력에 대해서는 강력한 통제조치들이 가해지기 시작했다. 현대중공업 등 파업현장에는 엄청난 경찰력이 파견되어 파업이 물리적으로 봉쇄되었으며, 통일운동에 대해서는 원천봉쇄와 지도자 구속이라는 철퇴가 가해졌다. 이처럼 노동운동과 통일운동에 대한 억압적 기조가 유지되면서 1994년과 95년의 임금상승률은 생산성 상승률 아래로 크게 억제되었고(〈그림 15-4〉참조), 파업의 빈도와 파업에 따른 노동손실 일수는 1990년대에 접어들어 최저치로 줄어들었으며(〈그림 15-3〉참조), 경제성장률은 8. 3%, 8. 9%로 급증하였다(〈그림 15-2〉참조).

종합적으로 보면 1993년의 시점에서 복지개혁은 문민정부의 일차적 국정과제로 설정되지 못했다고 결론지을 수 있다. 그 이유는 신정부의 주도세력들이 당시의 경제상황을 과도하게 위기상황으로 인식하여 경제활성화와 국가경쟁력 강화를 핵심적 정책과제로 채택했기 때문이다. 복지를 도외시하고 경제성장에 주력했던 초기의 정책기조는 1994년에 접어들어 개혁노선과 국가경쟁력 노선 사이의 균형이 후자로 기울면서 더욱 확고하게 자리를 잡게 되었다.

2) 문민정부의 복지확충 노력

1995년은 국가경쟁력 강화에 중점을 두었던 문민정부가 경제성장과 복지개혁을 병행하는 쪽으로 방향을 급선회한 중요한 전환점을 이루었다. 앞서 지적한 바와 같이 집권 초기의 개혁노선이 퇴조하면서 국가경쟁력 노선으로 국정방향을 설정한 문민정부는 경제활성화에 일정 정도 성공을 거두었다. 이런 상황에서 1994년 하반기의 APEC 정상회담을 계기로 새롭게 세계화에 눈길을 돌리게 된 김영삼 대통령은 1995년 3월 코펜하겐 사회개발정상회의 참가를 분기점으로 하여 복지개혁에 강한 관심을 기울이기 시작했다. 그는 우선 1995년 3월 23일에 '삶의 질의 세계화를 위한 대통령의 복지구상'이라는 문건을 발표하여 복지개혁의 방향과 기본원칙을 제시하였다. 그리고 이 구상을 구체화하기 위해 5월 8일에는 국민복지기획단을 구성하였다.

그러면 김영삼 대통령이 하필 이 시기에 복지개혁에 대해 강한 의지를 보인 이유는 무엇인가? 대체로 세 가지의 이유를 생각해 볼 수 있다. 첫째, 1994년에 이룬 경제적 성과(8.3%의 경제성장률 달성)에 대한 자신감이 복지개혁을 추진하게 된 밑바탕이 되었다. 둘째, 1996년에 예정된 15대 총선에 대비하기 위해서는 복지정치적 측면에서 일반 국민과 서민층을 대상으로 실질적인 복지혜택을 제공하는 것이 필요했다. 셋째, 김영삼 대통령은 문민정부의 주요 업적의 하나로 1994년부터 선진국 클럽인 OECD 가입계획을 추진하고 있었는데(1996년에 가입 실현), 이때 저급한 복지수준은 OECD 가입에 장애요인이 되는 것은 물론 가입 이후에도 선진국으로서의 위상을 손상시키는 부정적 요소가 될 것으로 우려했다. 1995년의 복지개혁 시도는 바로 이러한 요인들이 복합적으로 작용한 가운데 이루어진 것으로 보인다.

그렇다면 문민정부의 복지개혁 구상은 구체적으로 어떤 내용을 가지고 있었는가? 이것을 살펴보기 위해 〈표 15-1〉을 제시했다. 〈표 15-1〉에 의하면 국민복지 증진을 위한 대통령의 복지구상과 국민복지기획단의 정책제안은 실로 야심찬 내용을 담고 있었음을 발견할 수 있다. 우선 이 구상은 '통일된 세계중심국가' 건설을 그 목표로 삼고 있고, 부민안국(富民安國)의 국민복지적 가치를 달성하기 위해 경제개발과 사회개발의 조화를 추구하고자 하였다. 그리고 복지개혁을 추진하기 위한 원칙으로서 최저수준 보장, 생산적 복지, 공동체적 복지 등과 같은 원칙도 제시하였다. 이와 함께 (1) 최저생계비의 완전보장이라는 매우 강력한 공공부조 시스템을 도입하고, (2) 4대 사회보험을 대폭 확충하여 위험의 사각지대를 제거해 나가기 위한 적극적인 방안을 제시하였으며, (3) 사회적 취약계층을 지원하기 위한 방안과, (4) 민간부문의 복지참여를 증진하기 위한 방안도 제시하였다. 그리고 세계 32위에 머

〈표 15-1〉 '삶의 질 세계화를 위한 국민복지 구상'의 주요 내용

구 분	주요 내용
기본 방향	통일된 세계중심국가를 건설하기 위해 부민안국을 이념으로 국민복지를 증진함. 이를 위해 경제개발과 사회개발을 상호보완함
주요 원칙	① 최저수준 보장의 원칙, ② 생산적 복지의 원칙, ③ 공동체적 복지의 원칙, ④ 정보화 · 효율화의 원칙, ⑤ 안전중시의 원칙
국민복지 기획단의 주요 정책 제안	· 최저생계비 완전 보장: 1998년까지 점차 확대. 보충급여제 도입 · 국민연금: 1998년까지 도시자영자 확대, 1999년 이후 전국민 확대 · 의료보험: 급여기간을 240일에서 매년 30일씩 확대하여 2000년에는 기간 제한 완전 철폐 · 산재보험: 1999년까지 5인 미만 사업장 근로자와 사무금융업종까지 확대 · 고용보험: 1998년까지 10~29인 사업장, 2000년까지 5~9인 사업장으로 확대 · 사회보험관리운영 개선: 현재의 분립체제를 유지하면서 정보공유, 징수기준의 일원화 등을 통해 효율성 증진 · 사회적 취약계층에 대한 지원 확대: 노인, 장애인, 여성 · 민간부문의 복지참여 확대: 복지기부에 대한 유인제공(기업의 면세 범위를 7%에서 20%로 확대, 개인소득의 면세 범위도 현행 7%에서 상향조정), 자원봉사활동 촉진 · 복지재정 확충: 향후 2010년까지 사회보장 및 복지예산을 일반회계 예산 증가율의 1.2배 수준 유지

❙ 출처: 김영삼 (1995); 국민복지기획단 (1996).

물러 있는 한국의 사회복지 수준을 세계 11위권으로 끌어올리기 위해 2010년까지 매년 복지부문의 예산을 일반회계 예산 증가율의 1.2배 수준을 유지하도록 제안하고 있다. 그러나 이처럼 야심차고 방대한 국민복지 구상은 후술하는 여러 가지 이유로 말미암아 추진에 실패하고 말았다. 그 대신 문민정부는 〈표 15-2〉에 요약된 것과 같은 지극히 소박한 정도의 업적을 올리는 데 그쳤다. 이 가운데 중요한 업적 몇 가지를 소개하면 (1) 고용보험제도의 시행('고용보험법'의 제정은 1993년에, 시행령과 시행규칙의 제정은 1995년에 이루어짐), (2) '국민연금법'의 개정을 통한 농어민 연금제도의 실시(1995년), (3) 국민 최저생활 보장을 구체화하기 위해 최저생계비의 측정과 공표를 의무화한 '사회보장기본법'의 제정(1995), (4) 공무원·교원 의료보험조합과 지역 의료보험조합의 통합을 위한 '국민의료보험법'의 제정(1997), (5) 민간복지의 활성화를 위한 '사회복지공동모금법'의 제정(1997) 등이다.

그러나 이 중에서 고용보험법의 제정은 노태우 정부 시절인 1991년 8월 23일 경제장관 회의에서 제도 도입이 결정된 이후 '제7차 경제사회개발 5개년 계획'(1992~1997)에 반영된 것이어서 엄격히 말해 문민정부의 업적으로 보기는 어렵다.[4] 물론 도입여부, 적용범위, 급여수준 등과 관련하여 노사갈등이 심했던 이 제도를 법제화하고, 1995년 7월 1

---

4 발생사적 관점에서 보면, 고용보험법 도입에 관한 최초 논의는 1981년 제5차 경제사회개발 5개년 계획을 수립하던 당시로 거슬러 올라간다고 한다. 그 이후 1986년에 제6차 경제사회개발 5개년 계획이 수립되던 시점에서도 고용보험법의 도입이 적극적으로 검토되었다고 한다(유길상·이철수, 1996: 133). 이것을 보면 고용보험법은 산업화의 진전에 따라 적절한 시기에 반드시 도입되었어야 할 제도이나 우리나라의 경우 이 제도에 수반되는 비용 때문에 상당히 지체되었다는 것을 알 수 있다.

<표 15-2> 문민정부의 복지정책 성과

연도	사회보장 예산비율	보건복지부 예산비율	복지정책상의 주요 변화
1993	6.35	4.35	고용보험법 제정
1994	6.04	4.10	사회보장심의위원회 및 의료보장개혁위원회 구성
1995	5.64	3.82	고용보험법 시행령 제정 및 시행 국민복지기획단 구성 국민연금법 개정 (농어민 연금 실시) 사회보장기본법 제정
1996	6.00	4.03	삶의 질 세계화를 위한 국민복지 기본구상 발표 노사관계개혁위원회 구성
1997	6.23	4.22	국민의료보험법 제정 (공·교 및 지역의보 통합) 사회복지공동모금법 제정

▌출처: 복지개혁백서편찬위원회 (1997).

일을 기해 최초로 시행했다는 것은 문민정부의 업적이라고 볼 수 있으나, 발의와 기본 계획은 노태우 정부의 공적으로 보아야 할 것이다. 문민정부가 복지분야에 깊은 관심을 가지지 않았다는 것은 사회복지 분야에 투입된 예산의 변화를 보면 분명히 확인할 수 있다. 〈표 15-2〉와 〈그림 15-5〉에 정리된 것처럼, 문민정부는 1993년부터 1995년까지의 집권 전반기 동안에는 경제활성화에 치중한 나머지 보건복지부문과 사회보장부문 전체의 정부예산 대비 비중이 점차 축소되었던 것이다. 그리하여 1995년도의 경우 보건복지부 예산의 비중은 중앙정부의 일반회계 예산 대비 3.82%에 불과한 수준으로 크게 줄어들었다(사회보장 예산 비중은 5.64%). 이 수치는 제한적 민주주의체제라고 평가받는 노태

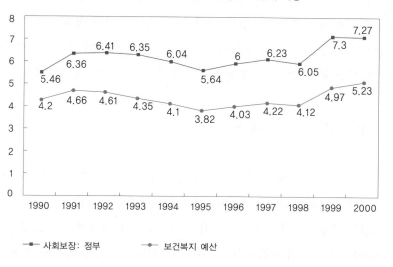

〈그림 15-5〉 일반회계 중 복지관련 예산의 비중

━■━ 사회보장: 정부   ━●━ 보건복지 예산

우 정부가 복지분야에 투자한 것보다 훨씬 낮은 수준으로서 문민정부
가 복지문제에 얼마나 소홀했던가를 잘 보여준다.[5]

이런 가운데 문민정부는 위에서 서술한 바와 같이 1995년도에 접어
들어 복지개혁을 위한 일련의 작업에 착수하였고, 이런 작업의 일환으
로 1996년부터 복지분야에 대한 투자를 일정 정도 늘리기 시작했다.

즉, 일반회계 대비 보건복지 예산은 1996년도에 4. 03%, 1997년도
에 4. 22%까지(사회보장 전체 예산은 각각 6. 0%와 6. 23%) 증액한 것이
다. 이것을 보면 전반기 동안 경쟁력 강화 노선에 치중했던 문민정부가
'경제와 복지의 병행'정책으로 방향을 전환한 1995년 이후 복지부문에

---

5 노태우 정부는 1991년의 경우 보건복지 부문의 예산을 4. 66%까지, 1992년도의
경우 사회보장 전체 예산을 6. 41%까지 증액시켰다.

대한 투자를 증가시키기 위해 나름대로 많은 노력을 했다는 것을 어느 정도 인정하지 않을 수 없다. 그러나 문민정부 5년 내내 보건복지부 예산은 노태우 정부 수준을 넘어본 적이 한 번도 없었다. 이것이 민주적 정통성을 확보했다고 자부한 문민정부의 초라한 복지성적표이다.

3) 문민정부의 복지성과 평가

전체적으로 볼 때 문민정부는 초기의 경쟁력 강화일변도 정책노선을 시정하고 복지개혁을 병행하기 위해 국민복지기획단을 구성하고 개혁방안을 마련하는 등 나름대로 적극적인 노력을 기울였으나 그것을 실천하는 데는 거의 전적으로 실패하고 말았다. 왜 그렇게 되었는가? 대체로 세 가지의 요인을 생각해 볼 수 있다.

첫째, 문민정부는 온건 민주세력과 구체제의 지배세력이 민주와 보수의 모순적 지배연합(ruling coalition)을 결성한 3당 합당에 그 뿌리를 두고 있었다. 그런데 문민정부의 핵심세력인 온건 민주세력이 사정개혁, 경제개혁(금융실명제, 부동산실명제 등), 인적 청산, 역사 바로 세우기 등의 개혁작업을 추진하게 되자 지배연합의 다른 분파인 구체제의 보수적 지배세력들은 개혁의 대상으로 전락하게 되었고, 이런 상황에서 문민정부의 개혁작업에 갖가지 방식으로 저항하기 시작하였다. 이들은 사정의 편파성 시비와 지역주의 정서(PK와 TK 논란)를 불러일으키고, 재계와 보수 언론의 지원을 받아 경제위기론을 조성·전파함으로써 문민정부 내 개혁세력의 입지를 약화시키고 문민정부 전체의 개혁기조를 끊임없이 뒤흔들었다.

특히 세계화, 경제개방, 국가경쟁력, 시장만능주의 등 신자유주의 이념에 경도된 정부 내 고위 경제관료들은 복지개혁이 발의되고 추진되는 일련의 과정에서 시종일관 부정적 자세를 견지하였고, 노동개혁의 경우에는 그것을 적극적으로 방해하는 역할까지 하였다. 그리하여 문민정부는 "소수의 온건개혁파가 보수세력의 대해(大海)에 압도되는 상황"에 처하게 되었고, 그 결과 복지개혁을 비롯한 주요 개혁들이 좌초되는 비운을 맞이하게 되었다(최장집, 1996: 271).

둘째, 정부 내에서 온건 개혁세력이 소수에 불과하다면 문민정부는 마땅히 시민사회에서 개혁의 동반자를 찾아 정부 – 시민사회 사이의 수직적 개혁연합을 형성했어야만 했다(성경륭, 1996). 그러나 문민정부는 이러한 시도를 거의 하지 않았다. 의료보험의 경우 보건의료인 연대회의(건강사회를 위한 보건의료인 연대회의)와 같은 시민운동조직이 1992년 대통령 선거 때부터 의료보험 통합일원화를 위한 운동을 전개했고, 1994년에는 의보연대회의(의료보험통합일원화 및 보험적용 확대를 위한 범국민 연대회의)가 결성되어 역시 의료보험 관리기구의 통합과 진료일수 제한의 폐지 등을 위한 노력을 기울였으나 문민정부는 이들과의 협력을 끝까지 외면하였다(전광석, 2000 참조). 심지어 국민복지기획단(1996: 55~60)은 수많은 시민단체와 노동단체들이 의료보험 통합을 강력하게 요구하는데도 불구하고 최종 보고서에서 "일선 관리기구 사이의 정보공유 등을 통해 효율성을 높이되 현재의 분립적 조합체제는 그대로 유지한다"고 명시함으로써 통합요구를 정면에서 거부하고 있다. 이것을 보면 문민정부가 시민사회와의 개혁연합 형성에 얼마나 무관심했는가를 잘 알 수 있다.

개혁연합의 형성에 실패하여 문제를 악화시킨 사례는 노동법 개정의 경우에도 발견된다. 문민정부는 그간 소홀했던 노동분야의 개혁을 위해 1996년 5월에 공익대표, 노동대표, 경제계대표들을 참여시킨 가운데 노사관계개혁위원회(노개위)를 설립하여 노사합의로 노동관계법의 개정을 추진하고자 하였다. 그러나 노동시장의 유연성 증진에 관심이 있는 경제계와 고용의 안정성 및 노사관계의 민주화에 관심이 있는 노동계 사이에는 처음부터 근본적인 차이가 존재했고, 따라서 노사합의로 노동법을 개정한다는 것은 기본적으로 한계가 있었다. 그럼에도 불구하고 노개위는 노사 간의 이견을 조정하고 수정안을 작성하여(미합의는 2차 과제로 연기) 정부에 제출함으로써 노사합의의 최소한의 틀을 유지하고자 했다. 그러나 노개위의 수정안을 접수한 정부는 노개위가 내부적으로 토의를 거쳐 마련한 조정안을 무시하고 쟁점이 되는 주요 사항들(예: 정리해고, 복수노조, 변형근로, 노조전임자 급여 등)을 노동시장의 유연성을 극대화한다는 관점에서 독단적으로 개악함으로써 노사합의의 기본틀까지 깨뜨리는 우를 범하였다(유범상, 1999 참조).

그리하여 이 정부안이 1996년 12월 26일에 변칙 처리되자 정부와 노동계, 정부와 범시민사회는 서로 화해하기 힘든 적대적 관계로 변모하게 되었다. 그 결과, 1997년 중반까지 전개된 일련의 파업과 대정부 투쟁은 출범 초기부터 강한 조직력과 투쟁력을 가진 노동계급이 경제회생의 가장 큰 부담이 되는 것으로 인식했던 문민정부에게 다시 한 번 결정적 타격을 가했다고 볼 수 있다. 말하자면 강한 노동계급 때문에 경제적 어려움이 초래되었다는 믿음 아래 노동계급을 지속적으로 억제하고 배제하려고 했던 문민정부가 노동계급의 반격으로 실제로 중대한 정치적 타격을 받는 역설적 상황에 직면하게 된 것이다.[6]

---

6 문민정부 시대에도 조직화된 노동계급은 파업, 압력행사, 집단적 투표 등을 통해 경제계와 정치권에 강력한 영향력을 행사할 수 있었다. 이런 점에 비추어 노

그러나 한 걸음 물러서서 생각해 보면 노동계급이 문민정부를 공격하게 된 가장 중요한 이유는 문민정부가 노개위의 틀 속에서 이루어진 최소한의 노사합의마저도 무시하는 과오를 범했기 때문이다. 이것을 보면 문민정부가 노동문제에서(그리고 복지문제까지) 과연 개혁적 의지를 가지고 있었는지 의심하지 않을 수 없다. 다르게 생각하면 1996년부터는 보수 관료세력과 보수 정치세력이 재벌과 언론의 지원을 받아 정국의 주도권을 장악했기 때문이라고 풀이할 수도 있는데, 그 어떤 경우든 결과에는 아무런 차이가 없다. 김영삼 대통령을 비롯한 문민정부의 온건 개혁세력들이 개혁성을 결여했거나 이들이 보수 기득권세력과 시장만능주의세력을 적절히 제어하지 못했거나, 아니면 그 양자이거나 간에 노동계급과 시민사회는 문민정부의 중요한 정책결정 과정에서 배제되었고 이에 따라 노동개혁과 복지개혁은 실패로 귀착되고 말았던 것이다.

셋째, 다소 지엽적인 문제이지만 문민정부의 복지개혁을 좌절시킨 다른 요인의 하나는 김영삼 대통령의 측근과 자제가 부정부패에 연루되어 처벌을 받게 된 것이다. 문민정부는 출범 초부터 사정개혁을 중심으로 국가의 도덕적 기반을 강화하고 이를 통해 경제사회개혁을 선도

조조직률의 감소를(1989년에 19.8%였던 조직률이 1997년에는 12.2%로 감소함) 노동계급이 발휘할 수 있는 정치경제적 영향력의 약화로 이해하는 것은 매우 잘못된 시각이다. 노동계급은 비록 양대 노총으로 분열되어 있기는 하지만 여전히 148만의 조직노동자와 5,700여 개의 단위노조를 가지고 있었다(1997년). 한국사회에서 어느 부문을 보더라도 이만한 수의 조직과 회원을 갖춘 조직을 발견하기가 쉽지 않다. 이렇게 볼 때 문민정부시기의 노동계급은 친노동적 사회협약의 체결과 실천을 강제할 정도로 강한 힘을 가지고 있었던 것은 아니지만, 강력한 정치경제적 거부권(veto power)을 행사할 수 있는 정도의 힘은 보유하고 있었던 것으로 보인다.

〈그림 15-6〉 복지관련 예산 증가 추이

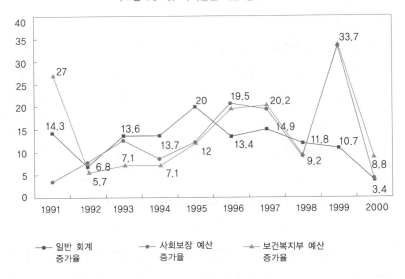

하려는 강한 도덕주의적 노선을 가지고 있었다. 그런데 바로 대통령의 측근과 자제가 비리에 연루되어 처벌을 받는다고 하는 것은 대통령과 정권이 발휘할 수 있는 도덕적 모범성과 이로부터 비롯되는 정치사회적 기강이 무너진다는 것을 의미한다. 불행하게도 문민정부의 경우 이러한 도덕적 붕괴가 정권의 마지막 해인 1997년과 결합되어 1년 내내 레임덕에 빠진 것과 비슷한 현상이 발생하였다. 그 결과 1995년 하반기에 마련된 야심찬 복지개혁 구상은 1996년도의 노동법 개정 파동을 거치고, 1997년의 도덕적·정치적 붕괴 상태에 직면하여 아무도 관심을 기울이지 않는 가운데 실종되고 말았다.

그런데 여기서 한 가지 지적할 것은 문민정부가 수립한 복지개혁 방안의 주요 내용들이 거의 모두 실천되지 않은 것은 사실이지만, 〈그림

15-6>에서 보는 것처럼 복지부문의 예산을 일반회계 예산의 증가율보다 더 높게 책정하겠다는 '국민복지 기본구상'의 재정확충 약속만은 충실히 지켰다는 점이다.

원래 국민복지기획단은 이 보고서에서 한국의 낙후된 복지수준을 개선하기 위해서는 복지부문의 예산증가율을 2010년까지 매년 일반재정 증가율의 1.2배를 유지해야 한다고 권고하였는데, 문민정부는 1996년과 1997년도에 실제로 일반재정 증가율(각각 13.4%와 14.9%)의 1.2배를 상회하는 수준으로 보건복지 예산을 증액함으로써(19.5%와 20.2%) 기획단의 권고를 제대로 이행한 것이다. 이렇게 볼 때 문민정부의 복지개혁 시도는 전체적으로는 실패했다고 하더라도 예산확충 부분만은 충실히 지켜진 것으로 결론지을 수 있다. 그러나 이런 부분적 성과에도 불구하고 문민정부는 1995년을 전후하여 환율과 국제수지 관리에 결정적인 정책과오를 범했다는 것을 지적하지 않을 수 없다. 〈그림 15-7〉에 제시된 것처럼 문민정부는 1995년을 전후하여 달러 대비 원화의 환율을 (인위적으로) 너무 낮게 유지함으로써 1995년도에 85억 달러, 1996년도에 230억 달러, 그리고 1997년도에 82억 달러에 달하는 엄청난 국제수지 적자를 초래하고 말았다. 국제수지 적자가 이처럼 눈덩이처럼 늘어나게 된 것은 원화 고평가에 따른 수입 증가 외에 OECD 가입(1996년)으로 인해 우리나라의 국가 신인도가 높아졌고, 그에 따라 외국자본이 많이 유입된 데 기인하는 바도 크다. 그러나 더욱 중요한 것은 1996년의 국회의원 선거와 OECD 가입을 앞두고 국민소득 1만 달러 돌파를 문민정부가 이룩한 가장 큰 성과의 하나로서, 그리고 세계중심국가 진입의 뚜렷한 징표로서 과시하고자 했던 문민정부의 어리석음과 만용이 낳은 씻을 수 없는 정책실패가 결정적 요인이었다고

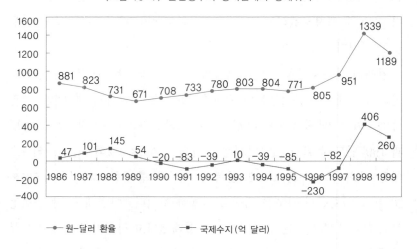

〈그림 15-7〉 문민정부의 정책실패와 경제위기

												1339	
													1189

원-달러 환율   국제수지 (억 달러)

판단된다. 7

　이러한 정책적 과오는 결과적으로 1997년 하반기에 외환금융 위기라는 국가 초유의 경제위기를 초래하는 하나의 원인 (遠因) 으로 작용하였다. 외환금융 위기를 초래한 단기적 요인은 물론 한보와 기아 등 대기업의 도산, 격렬한 노사갈등, 대선을 앞둔 정치권의 정략적 이용, 그리고 정부의 무기력한 대응 등 여러 가지가 있었으나 핵심적인 정책실패 요인을 든다면 단연 1995년을 전후한 환율관리의 실패 (또는 환율의 정

──
7　달러 표시 1인당 국민소득은 1994년에 8,998달러였으나 1995년에는 무려 10,823달러로 급상승하였고, 1996년에는 11,380달러까지 올라갔다. 그러나 이듬해 연말의 외환금융위기와 함께 1997년의 국민소득은 10,307달러로 감소하였으며, 1998년도에는 6,823달러까지 급감하였다 (통계청, www. nso. go. kr). 이것을 보면 1995년도의 원화 고평가가 상당한 정치적 의도를 가지고 있었음을 충분히 짐작할 수 있다.

치적 관리) 와 준비 없는 외환·자본자유화였다고 보아야 할 것이다 (김
왕식, 1999: 270~272). [8] 아무튼 상황이 전대미문의 급격한 경제위기로
치닫자 문민정부는 IMF로의 경제주권 이전, 고금리, 대량 부도와 실
업, 사회해체 등 정치·경제·사회 각 분야의 총체적 위기를 차기 정부
에게 남긴 채 급속히 붕괴되고 말았다.

3. 국민의 정부와 복지국가의 본격적 발전

1) '국민의 정부'의 등장배경과 성격

1998년 2월에 등장한 국민의 정부는 최악의 역사적 조건 속에서 탄
생했다. 무엇보다도 6·25 이후 최대의 국난이라고 알려진 외환금융위
기는 일반 국민에게 상상할 수 없을 만큼 가혹한 경제사회적 고통을 안
겨주었으며 새로이 출범하는 신정부에게는 시시각각으로 진행되는 위
기에 숨 쉴 틈 없이 대처해야 하는 긴박감을 안겨주었다. 1998년 중반
까지 고금리에 따른 자금난으로 하루에 100개 내외의 크고 작은 기업들
이 도산했고, 이와 함께 1990년대 내내 2~3%대에 머물렀던 실업률은
7~8%대로 급상승하였다 (〈그림 15-2〉 참조). [9]

---

8 정진영 (1999: 53~58) 은 달러화 및 엔화의 변화에 매우 민감한 원화에 대한 관리
를 적절하게 하지 못한 것이 외환금융 위기의 중요한 원인의 하나라고 주장한다.
즉, 엔-달러의 관계가 1995년을 기점으로 급속히 엔고에서 엔저로 전환하였는
데, 이 시기에 거꾸로 한국은 달러에 대해 상대적으로 높은 원화가치를 유지하고
있었기 때문에 국제수지 적자가 누적되고 경쟁력이 급속히 떨어졌다는 것이다.
9 부도기업의 수는 1997년 하반까지만 해도 월 1,000개 내외였으나 외환금융위기

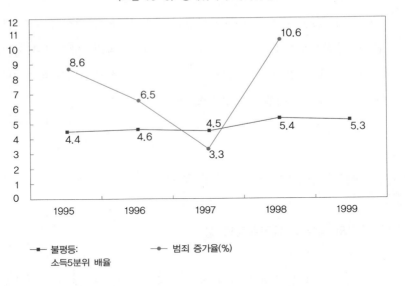

〈그림 15-8〉 경제위기와 사회위기

■ 불평등:
소득5분위 배율   ● 범죄 증가율(%)

　이러한 변화와 더불어 〈그림 15-8〉에서 보는 바와 같이 소득 불평등
과 범죄율이 급속히 증가하였다(통계청, 1999; 통계청, www. nso. go. kr
/cgi-bin/sws_999. cgi). 〈그림 15-8〉에 따르면, 도시근로자 가구의 5
분위별 가계소득에서 1분위 계층(최하위 20%)의 소득에 대한 5분위 계
층(최상위 20%)의 소득비율인 소득5분위 배율은 1997년에 4. 5배였으
나 외환금융 위기를 겪은 1998년에 접어들어서는 5. 4배로 급증한 것으
로 나타난다. 범죄 증가율에서도 1997년까지 지속적으로 감소하던 증
가율이 1998년에 들어와서는 10. 6%로 크게 증가한 것을 보여주고 있

———
　직후인 1997년 12월에는 3, 197개, 1998년 2월에는 3, 377개까지 증가하였다.
또한 1996년에 2%, 1997년에 2. 6% 수준이던 실업률은 1999년 2월에 접어들어
8. 6%(178만 명)까지 치솟았다.

다.[10] 이와 함께 개인 단위에서는 알코올 중독, 가출, 자살 등 갖가지 부적응 행동이 확산되었고, 가족단위에서는 가정폭력, 이혼, 자녀나 노부모 방기 등 여러 가지 가정해체 현상이 확산됨으로써 사회 전체의 연대성과 통합력이 약화되었고, 그 대신 분열과 해체의 경향성이 심화되는 심각한 사회문제를 드러내기에 이르렀다(성경륭, 1998).

그런데 국민의 정부가 직면했던 문제는 비단 경제사회적 위기에만 국한된 것은 아니었다. 이 문제 외에도 국민회의[11]와 자민련 사이의 연립정부의 성격을 갖는 국민의 정부는 보다 근본적인 두 가지 정치적 문제도 가지고 있었다. 첫째, 연립정부의 핵심 축인 국민회의는 의석 수 분포에서 원내 제2당에 불과하기 때문에 단독으로는 어떤 일도 할 수 없는 정치적 제약을 가지고 있었다. 말하자면 국민의 정부는 소수 정부 (*minority government*) 의 지위를 가지고 있었던 것이다.

둘째, 지지기반과 정치적 노선에서 상당히 큰 이질성을 가지고 있는 국민회의와 자민련은 내각제 개헌을 매개로 연립정부를 구성했으나, 이러한 이질성으로 인해 매우 높은 정치적 불안정성을 내장하고 있었다. 달리 말하면 국민회의는 호남권과 수도권을 지역적 지지기반으로 삼으면서 중산층과 서민의 이익을 중시하는 정당이고 온건 개혁노선을 추구하는 정당이었다. 그 반면 자민련은 충청권을 지지기반으로 삼으면서 중상층과 대기업의 이익을 중시하고 보수적 노선을 추구하는 정당이었다. 이렇게 볼 때 국민의 정부에서 국민회의측이 발휘할 수 있는

---

10 1998년도의 전년대비 전체 범죄증가율은 10. 6%이지만 재산범죄와 강력범죄의 경우 그 증가율은 각각 18. 8%와 15. 8%로서 훨씬 높은 수준이다.

11 국민회의는 2000년 1월 20일 창당된 새천년민주당과 통합함으로써 자동 소멸되었다.

정치적 자율성과 정책적 독자성은 연합의 이질성으로 인해 상당부분 제약을 받을 수밖에 없었다.

이러한 제약요인 외에 국민의 정부는 정부출범 이전에 IMF와 체결한 기본협정들을 이행해야만 하는 외부적·국제적 제약조건도 가지고 있었다. IMF로부터 구제금융을 받는 조건으로 1997년 12월 한국 정부는 IMF와 다음 7개 사항에 합의한 바 있다: (1) 통화 및 재정 긴축을 통한 경상수지 개선과 물가상승 억제(1998년 경제성장률 3% 이내, 1998년 물가상승률 5% 이내, 98/99 경상수지 적자 GDP 1% 이내), (2) 금융산업 구조조정과 자기자본 확충(부실 금융기관 구조조정 및 퇴출, 금융기관 건전성 제고 등), (3) 금융시장기능 및 감독기능 강화(한은 독립성 보장, 통합 금융감독기관 설립 등), (4) 기업지배구조 개선(국제기준 회계제도 도입, 상호지급보증제 개선 등), (5) 자본시장 자유화 지속(외국인 주식취득한도 확대, 채권시장 조기개방 등), (6) 무역자유화 촉진(수입선 다변화 제도 및 무역관련 보조금 폐지), (7) 정보공개(외환 및 금융정보의 정기적 공개 등) 등. 따라서 국민의 정부는 국제기구와 체결한 협정으로 인해 정책형성과 추진의 자율성을 외부적으로 제한받는 문제에도 직면해 있었던 것이다.

종합하면 국민의 정부는 단독정부 구성의 불가능성, 연립정부 내부의 정치적 이질성, 국제기구와의 협정에 따른 자율성의 제약 등과 같은 악조건 속에서 외환금융 공황으로부터 초래된 총체적인 경제사회 위기를 해결해야만 하는 참으로 고통스러운 상황에 처해 있었다고 볼 수 있다. 그러나 다음에서 살펴보는 것처럼 국민의 정부는 IMF로부터 구제금융을 받은 지 불과 2년 이내에 경제위기를 극복하고 지식기반사회로의 도약을 위한 새로운 준비를 시작하였다. 또한 경제위기와 함께 사회적 불평등과 사회해체 현상이 심화되고 있는 상황 속에서 불평등을 개선하고 사회적 통합력을 증진하기 위해 국민기초생활보장과 생산적 복지를 기본노선으로 하는 복지개혁을 추진하여 상당히 의미 있는 성과를 보였다. 그리하여 국민의 정부는 '최악의 정치경제적 조건' 속에서 나름대로 '최선의 복지성과'를 달성했다고 평가할 수 있다. 어떻게 해서 이러한 일이 가능했는가? 먼저 국민의 정부에서 이루어진 복지확충 노력을 정리한 다음 그 이유를 분석하고자 한다.

2) 국민의 정부의 복지확충 노력

외환금융 공황과 그에 따른 경제사회적 위기를 해결하기 위해 국민의 정부가 가장 먼저 한 일은 출범 직전인 1998년 1월 15일 노사정 (勞使政) 위원회라는 사회협약 기구를 구성하여 노·사·정 3자의 협력과 합의로 위기상황을 공동으로 풀어나가고자 한 것이었다. 그리하여 이 기구에서는 2월 6일 〈표 15-3〉에 정리된 것과 같은 10개 항목에 대한 노사정 협약을 체결함으로써 문민정부 후반기에 노동계의 극심한 반발을 초래했던 정리해고제와 파견노동제를 비롯한 몇 가지 주요 사안에 관해 2월 14일 법제화를 이루어냈다 (노중기, 1999 참조).

그 이후 노사정위원회는 노사 간의 이해가 엇갈리는 중대한 사안이 발생할 때마다 노동자측과 사용자측이 번갈아 위원회에 반발하고 이탈함으로써 많은 우여곡절을 겪었으나, 한국 역사상 최초의 사회협약 기구인 노사정위원회가 1999년에 법적 지위를 부여받게 되면서 문민정부 시대와 그 이전 시대에 철저히 무시되었던 노동개혁과 복지개혁을 이루는 데 많은 기여를 할 수 있었다. 특히 노사정위원회는 복지분야에서

〈표 15-3〉 노사정위원회의 주요 협약내용

주요 쟁점	세부 내용
1. 기업의 경영 투명성 확보 및 구조조정 촉진방안	결합재무제표 작성, 상호채무보증금지, 부채비율 축소, 책임경영체제 확립, 경쟁력 제고
2. 물가안정 및 경제운용	물가상승률 9%로 안정, 공공요금 인상자제
3. 고용안정 및 실업대책	고용보험 확충, 퇴직·실직 근로자 생계지원, 취업알선 및 직업훈련 강화, 일자리 창출, 고용안정 지원
4. 사회보장제도 확충	4대 사회보험통합, 세제개편, 임금채권 보장기금 설치
5. 임금안정과 노사협력 증진	부당해고 및 부당노동행위 근절, 단체교섭 강화, 노사협력지원센터의 개설, 임금체계 개선
6. 노동기본권 보장 및 민주적 노사관계 확립	공무원노조 결성권 보장, 노조의 정치활동 보장, 단체협약의 해지통보기간 연장, 노동업무를 지방으로 이관
7. 노동시장 유연성 제고	정리해고 명문화, 해고회피 노력, 파견근로자보호법 제정
8. 수출증대 및 국제수지개선	수출촉진을 위한 비상대책기구 결성, 근로의욕 고취
9. 경제위기 극복을 위한 기타 사항	사교육비 절감, 규제개혁, 금융자율화
10. 국민대통합을 위한 건의	정치개혁 추진, 산업평화 정착, 노사정위원회의 법제화
2차 개혁과제	경영참가법, 우리사주 활성화, 일용근로자 고용보험 적용 실업대책 확충, 공공부문 노사정협의체 구성, 노조전임자 임금지급 문제, 공익사업장 범위, 해고자 복직 문제 등

▮출처: 노동부 (1998).

4대 사회보험의 통합 운영, 사회보험의 적용확대 및 급여수준 개선, 실직자의 생활안정 등 사회보장 전반의 확충을 이룰 수 있도록 강한 추동력을 제공하였다. 이렇게 볼 때 노사정위원회는 노동개혁은 물론 한국의 복지발전을 위해 매우 중요한 역할을 담당했음을 알 수 있다.

그러나 노사정위원회의 역할을 지나치게 과대평가해서는 안 될 것이다. 왜냐하면 민주적 조합주의(democratic corporatism)의 한국적 유형이라고 볼 수 있는 노사정위원회는 노동계급이 강력한 조직력을 가지고 있을 때(즉, 높은 수준의 노조 조직률과 높은 수준의 수평적·수직적 통합성을 가지고 있을 때), 그리고 정부가 노사협력에 수반되는 사회적 비용을 상당부분 부담하고 노사정 합의를 철저하게 집행할 때 그 실효성이 살아나기 때문이다(송호근, 1999; 강명세, 1999). 그러나 민주적 조합주의를 성공적으로 성립·유지시켰던 서구 선진국과 비교하여 우리나라의 경우 노동계급의 조직률은 낮았고(1999년에 11.9% 수준), 한국노총과 민주노총의 분립으로 노동조직의 통합성도 매우 낮았다. 게다가 경제위기가 점차 해소됨에 따라 초기의 긴박감이 줄어들면서 노사정 합의사항을 철저히 이행하려는 정부와 기업의 의지도 함께 퇴색되었다. 그리하여 시간의 흐름에 따라 노사정위원회의 위상과 역할은 점차 약화되었고, 이로 인해 사회협약으로 노사공동의 문제를 해결하는 것은 점점 어려워지고 말았다.

그러면 복지분야에서는 어떤 변화들이 일어났는가? 대체로 다음과 같은 다섯 가지 측면에서 획기적 발전이 진행되었다.

첫째, 4대 사회보험의 적용범위가 대폭 확대되고 통합 운영을 위한 기본방향이 설정되었다. 먼저 고용보험의 경우 1998년부터 1인 이상의 근로자를 고용하는 사업장까지 적용범위가 확대되었고, 국민연금의 경우 1999년부터 전국민으로 확대되었으며, 산재보험은 2000년 7월부터 1인 이상을 고용하는 전 사업장으로 확대되었다. 의료보험의 경우 1997년에 제정된 '국민의료보험법'에 의거하여 공무원·교원 의료보험과 지역의료보험이 1998년에 일차 통합을 이루었으며, 다시 1999년에 제정된 '국민건강보험법'에 따라 직장의료보험까지를 포함한 모든 조합이 2000년 7월부터 국민건강보험공단으로 통합되기에 이르렀다.

이렇게 볼 때 극심한 경제사회적 위기가 진행된 국민의 정부 초기 2년 동안 사회보험 분야에서는 대대적인 확대 조치가 이루어졌고, 이로써 제도적 측면에서는 중요한 사회적 위험을 대부분 보호하는 포괄적 사회보장 시스템이 우리나라에도 구축되기에 이르렀다. 사회보험의 통합운영과 관련해서는 (1) 의료보험, 국민연금, 고용보험, 산재보험을 모두 통합하는 방안과 (2) 의료보험과 국민연금, 고용보험과 산재보험을 각각 통합하는 2 : 2 통합방안이 검토되었는데 명확한 결론에는 도달하지 못하고 말았다(이은경, 1999: 34~35).

둘째, 공공부조 제도에서도 획기적인 진전이 있었다. 지금까지 우리나라 공공부조 제도의 근간은 1961년에 제정된 '생활보호법'인데, 이 법은 그간 잔여적·시혜적 성격의 복지제도로서 많은 비판을 받았다. 그뿐 아니라 급여를 제공할 때에도 인간다운 삶을 영위할 수 있는 최저 생계비가 얼마인지를 객관적으로 조사하지 않고 정부의 보건복지 예산의 범위 내에서 매우 제한적인 지원을 하였다(조흥식, 1999). 이러한 문제를 해결하기 위해 국민의 정부는 1999년 9월에 '국민기초생활보장법'을 제정하여 자력으로 생계유지가 곤란한 경우 국가로부터 지원을 받는 것을 사회권적 권리로 인정하고, 공공부조 제도를 특정집단이 아니라 모든 국민에게 적용하는 보편적인 복지제도로 전환하였다.[12] 그리하여 취업자가 일시적으로 실업을 하여 생계가 어려울 때에도 언제든지 국가의 지원을 받을 수 있게 되어 사회안전망의 중요한 틀이 구축되었다. 또한 지원을 하는 방식도 매년 최저생계비와 개별 가구의 수입을 객관적으로 조사하여 그 차액에 대해 보충급여를 실시하는 방향으로 바뀌었다.

셋째, 노인, 장애인, 여성, 편부모 가정 등 사회적 취약계층에 대한 사회복지 서비스에도 큰 변화가 있었다. 몇 가지 예를 들면 (1) 1998년 7월부터 국민연금을 받지 않는 65세 이상의 저소득 노인에게 경로연금 (2~5만 원) 지원, (2) 2000년부터 장애인의 범주를 만성신장, 심장질환, 만성중증정신질환, 자폐증까지 넓혀 국가의 보호를 확대하고 장애수당(현재 월 4.5만 원)을 단계적으로 현실화, (3) 가정폭력으로부터 여성을 보호하기 위해 1998년 7월에 '가정폭력방지법'을 제정하고 가정폭력상담소 16개소 운영, (4) 1999년 하반기부터 농어촌지역 저소득층 자녀를 위한 무상 보육사업을 2002년까지 전국으로 확대하고 만 5세 미만의 저소득층 자녀를 위해 보육료 지원, (5) 저소득 편부모 가정의 생활기반을 조성하기 위해 생업자금 융자대상을 확대하고 2001년까지 자녀들의 학비를 인문계 고교생에게도 확대 지원, (6) 그 외 사회복지관과 재가복지봉사센터의 설치를 확대하고(1999년에 각각 338개소와 295개소) 가정 내 노인보호를 위해 가정봉사원 파견센터를 확대 설치(1999년에 74개소) 등이 중요한 변화의 사례들이다(차흥봉, 1999; 보건복지부, 1999 참조).

---

12 이 법은 저소득층에게 생계급여, 교육급여, 자활급여, 해산급여, 장제급여 외에 주거급여를 제공할 수 있도록 규정하고 있는데 주거급여가 포함된 것은 새 법의 큰 진전으로 평가할 수 있다.

넷째, 국민의 정부에 들어와 민간복지의 활성화를 위해서도 많은 변화가 이루어졌다. 먼저 국민의 정부는 1997년에 제정된 '사회복지공동모금법'이 민간중심의 모금활동에 대해 정부가 과도하게 개입할 수 있는 여지를 가지고 있다는 비판을 수용하여 1998년 11월에 '사회복지공동모금회법'을 새로 제정하였다. 이 법에서는 민간 자율성을 더 많이 보장하고 공동모금회가 사용할 수 있는 경비도 전체 모금액의 10%까지(종전 2%) 인정함으로써 민간주도의 모금활동을 활성화할 수 있는 제도적 여건을 조성하였다. 또한 1999년에는 '소비자생활협동조합법'을 제정하여 저소득층 주민들이 자발적으로 조합을 결성하여 자활사업(예컨대 농수산물이나 환경물품을 공급하거나 가공하여 공급하는 사업)을 전개할 수 있는 제도적 근거를 마련하였다.

다섯째, 국민의 정부는 7~8%에 달하는 대량실업 문제에 대응하기 위해 1차 사회안전망으로 불리는 각종 사회보험제도를 확대하는 한편 2차 사회안전망에 해당하는 공공부조 제도를 확충하여 대략 100만 명의 한계실업자 중 1998년에는 31만 명을, 그리고 1999년에는 76만 명을 한시적 생활보호 대상자로 선정하여 생계지원을 하였다(보건복지부, 1999). 그 외에 노인과 여성 등 취약계층을 위한 특별 취로사업을 실시하여 1998년에는 1만7천 명, 1999년에는 6만3천 명에게 일자리를 제공하였다. 그리고 저소득층 밀집지역 주민들의 자립유도를 위해 자활지원센터를 2000년까지 전국에 확대 설치하고, 2000년 10월부터 국민기초생활보장 제도가 실시되면서 저소득층 주민들이 생업자금을 합쳐서 자활공동체를 설립하고 공동으로 자활사업을 추진할 수 있도록 지원하기 시작했다.

한편 복지예산의 측면에서도 국민의 정부는 큰 성과를 보였다. 〈표

15-2〉, 〈표 15-4〉, 〈그림 15-5〉, 〈그림 15-6〉를 종합적으로 검토하면 우리는 일반회계 예산 중 사회보장 예산과 보건복지 예산이 차지하는 비중이 2000년의 경우 각각 7.27%와 5.23%로서 국민의 정부에 들어와 복지수준이 역대 최고의 수준에 도달한 것을 발견할 수 있다. 복지예산의 증가율 측면에서도 국민의 정부가 금융 및 기업 구조조정에 치중한 1998년을 제외하면 1999년에 역시 역대 최고수준을 보였고

〈표 15-4〉 국민의 정부의 복지정책 성과

연도	사회보장 예산비율(%)	보건복지부 예산비율(%)	복지정책상의 주요 변화
1998	6.05	4.12	노사정위원회 출범 고용보험 1인 사업장까지 확대 실직자복지대책 수립 및 시행 공무원-교원 의보 및 지역의보 통합 총리실 산하 4대 사회보험통합기획단 구성 사회복지공동모금회법 제정
1999	7.30	4.97	국민건강보험법 제정(의료보험 전체 통합) 전국민 연금실시 국민기초생활보장법 제정 소비자생활협동조합법 제정 교원노조 합법화, 민주노총 합법화 노사정위원회 법제화
2000	7.27	5.23	산재보험 1인 사업장까지 확대 국민기초생활보장 제도 시행 의료보험의 통합운영 의료보험 급여의 365일 연중 실시

(33.7%), 2000년의 경우 증가율은 8.8%에 불과하지만 일반회계 증가율(3.4%)의 2배를 상회하는 높은 수준의 증가율을 보였다. 이것을 보면 국민의 정부는 제도 및 프로그램 차원 외에 예산면에서도 높은 수준의 복지발전을 이룬 것으로 평가할 수 있다.

지금까지 살펴본 바와 같이 국민의 정부는 집권 초기 2년 동안 여러 측면에서 획기적인 복지개혁을 추진해 왔다. 그러던 중 김대중 대통령이 1999년 8·15 경축사에서 향후의 복지개혁을 '생산적 복지'의 관점에서 추진하겠다는 의사를 표명한 이후 이 개념에 대한 관심이 크게 고조되었다. 그렇다면 생산적 복지는 어떤 의미를 지니고 있는가? 김대중 대통령의 복지정책을 실천하기 위해 설립된 '삶의 질 향상 기획단'에서는 생산적 복지를 "모든 국민이 인간적 존엄성과 자긍심을 유지할 수 있도록 기초적인 생활을 보장함과 동시에 자립적이고 주체적으로 경제·사회활동에 참여할 수 있는 기회를 확대하고 분배의 형평성을 제고함으로써 삶의 질을 향상시키고 사회발전을 추구하는 국정이념"으로 규정하고 있다(1999: 33). 정책기획위원회(1999: 4)는 20세기의 전통적 복지와 비교하여 생산적 복지를 〈표 15-5〉와 같이 정리하고 있다.

〈표 15-5〉에 따르면 생산적 복지의 가장 핵심적인 내용은 소비일변도의 복지가 아니라 복지와 시장경제가 상호보완적 관계를 가질 수 있도록 인간개발(혹은 인적자본 개발)을 통해 개인과 사회의 생산성을 모두 향상시키는 복지라는 것을 알 수 있다.

생산적 복지에 관한 이상의 논의는 향후의 복지정책이 어디에 중점을 두어야 하는가를 결정한다는 점에서 중요한 의미를 갖는다. 이 문제에 대해 삶의 질 향상 기획단이 (1) 국민기초생활보장제도와 4대 사회보험을 통한 국민기본생활의 보장을 대전제로, (2) 일자리 창출과 인

〈표 15-5〉 전통적 복지와 생산적 복지의 비교

20세기의 전통적 복지	21세기의 생산적 복지
· 소비적(소모적) 복지 · 구호중심 시혜적 복지 · 소득 재분배 위주의 복지 · 소극적 · 사후적 복지 · 시장저해적 복지	· 인간개발을 통한 생산성 향상 · 자활중심 복지 · 복지로 시장경제를 활성화하는 생산기여적 복지 · 적극적 · 예방적 복지 · 개혁적 · 시장친화적 복지

간개발을 통한 고용안정, ⑶ 제3섹터 형 자활사업의 확대, ⑷ 지역사회 중심 민관협력 강화, ⑸ 노동참여복지 증진과 산업민주주의 실현, ⑹ 조세정의의 구현과 복지재정의 확충 등을 강조하고 있음에 주목할 필요가 있다(1999). 아무튼 생산적 복지가 민주주의와 시장경제를 보완하는 새로운 국정이념으로 제시된 뒤 실제로 국민의 정부는 그것을 구체화하기 위해 국민기초생활의 보장, 사회보험의 내실화, 평생교육 시스템의 확충, 훈련 바우처 제도 확대 등을 추진하여 민주화 이후 등장한 초기적 복지국가의 토대를 확고히 구축하는 성과를 남겼다.

3) 국민의 정부의 복지성과 평가

위에서 살펴본 것처럼 외환금융위기와 경제사회 위기의 심연에서 출발한 국민의 정부는 집권 2년 만에 일단 이 위기들을 성공적으로 해소하고[13] 심화되는 사회적 불평등과 사회해체 문제를 해결하기 위한 복지개혁에도 상당히 큰 성과를 보였다. 노사정위원회의 법제화를 통한 노

·사·정 협력체제의 제도화, 4대 사회보험과 국민기초생활보장법을 주축으로 하는 포괄적 사회보장 시스템의 구축, 복지예산의 대폭 증액 등은 모두 국민의 정부가 직면했던 최악의 조건하에서 달성된 성과들이다. 이렇게 보면 국민의 정부가 이룩한 복지개혁은 대공황기에 미국의 루즈벨트 행정부가 추진했던 복지개혁과 2차 세계대전 후반기에 영국의 처칠 정부가 추진했던 복지개혁과 유사한 성격의 의미 있는 개혁이라고 평가할 수 있다.

그렇다면 최악의 경제사회적 위기에서도 상당히 좋은 복지개혁의 성과가 가능했던 이유는 무엇인가? 크게 다섯 가지 요인을 생각해볼 수 있다. 첫째는 외환금융 공황이 초래한 상황적 절박성과 이에 따른 국가 자율성의 확대였다. 일반적으로 통상적 조건일 경우 국가는 자본과 노동, 수많은 이익집단의 요구에 일상적으로 노출되기 때문에 국가의 자율성은 현저히 제약받게 된다. 자본주의 발전과 시민사회의 발전이 고도화된 경우 국가는 자율적 존재라기보다는 오히려 다양한 계급이익과 집단이익의 포로가 되거나 아니면 이러한 이익들을 반영하고 조정하는 다원주의적 중재자의 역할을 수행하는 데 머무는 것이 보통이다.

그러나 지극히 짧은 시간에 급격한 외환금융 공황이 발생하고 아무

---

13 1997년 말 89억 달러에 불과하던 가용 외환보유고는 1998년 말에 648억 달러, 1999년 말에는 723억 달러까지 증가하였다. 이것을 보면 1997년 12월 이후의 극심한 외환금융 공황은 해소되었다고 볼 수 있다. 한편 1997년에 10,307달러 수준이었던 1인당 국민소득은 1998년에 6,823달러까지 급락하였으나 1999년에 들어와 8,500달러까지 회복되었다. 1998년 내내 7% 대를 유지하였던 실업률은 1999년 2월 말에 8.6%까지 급상승하였지만 1999년 12월에는 4.4%까지 하락하였다. 이것으로 큰 경제사회적 위기가 해소되었다고 보아도 무방하다고 판단된다(재정경제부, 2000b 참조).

도 통제할 수 없는 경제위기가 상당기간 지속되면 지금까지 여러 사회계급과 이익집단들이 국가에 대해 통상적으로 행사할 수 있었던 영향력은 대폭 줄어들게 마련이다. 그 대신 한국의 국가와 IMF가 체결한 구제금융 이행조건의 큰 틀 속에서 기업들은 생존을 위해 이행조건(예: 투명성 증진을 위한 연결재무제표의 작성, 부채비율 200% 이하 감축 등)을 수용하는 것은 물론 이 조건의 집행자인 국가의 통제에도 순응해야 하는 매우 불리한 여건에 처하게 되었다. 문민정부시기까지 고용안정을 확보하기 위해 정리해고제 등의 도입에 극렬하게 저항했던 노동계급도 자세를 낮추고 국가에 순응하기는 마찬가지였다. 이제 외환금융 공황이 발생한 상황에서 만약 노동계급이 강경한 자세를 계속 견지한다면 고용조정을 하지 못해 도산하는 기업들이 속출할 것이고, 그렇게 되면 대공황 시기와 유사한 대량실업이 발생하여 노동계급 전체의 생존을 위태롭게 할 것이라는 인식과 불안감이 널리 확산되었기 때문이다. 이에 따라 노동계급은 노사정위원회라는 사회협약 기구에서 정리해고제의 법제화에 자발적으로 동의하였고, 그 결과 상황이 악화될 경우 해고당할 수 있는 위험에 스스로를 내던지게 되었다. 그리하여 국가와 자본에 대한 노동계급의 저항능력은 적어도 경제위기가 지속되는 일정한 기간 동안은 현저히 약화되었다.

외환금융 공황의 발생이라는 '예외적'이고 '일시적'인 상황에서 자본과 노동의 위상이 약화되는 것에 반비례하여 국가의 자율적 공간은 상대적으로 크게 확대되었다. 이 시기에 국가는 구제금융의 이행조건을 집행하면서 부채비율이 높고 도산의 가능성이 많은 대부분의 기업들에 대해 사실상의 생사여탈권을 행사하였다. 또한 기업의 고용조정을 승인하거나 억제함으로써, 그리고 실업자들에 대한 지원조치를 확대하거나 축소함으로써 노동계급에 대해서도 사실상의 생사여탈권을 행사하였다고 볼 수 있다. 바로 이러한 예외적 상황이 국가의 자율성을 대폭 신장시킨 중요한 조건이 되었다.[14]

그리하여 최악의 조건에서 국가의 관리를 맡은 국민의 정부는 자신의 많은 내적 취약성(단독정부 수립의 곤란성, 정책노선상의 이질성을 내포한 연립정권 등)에도 불구하고 자본과 노동을 효과적으로 통제할 수 있었고, 그 결과 자본에게 많은 부담이 되는 복지개혁을 강력하게 추진할 수 있었다. 또한 이러한 예외적 상황은 모든 정당과 정파들로 하여금 위기극복이라는 대명제를 초당파적으로 받아들이도록 함으로써 연립정부내의 자민련 측을 제어하는 것은 물론 국민의 정부가 추진하는 경제개혁 및 복지개혁에 대한 야당의 공격도 약화시키는 중요한 방패막이가 되었다. 이렇게 볼 때 외환금융 공황과 그에 따른 심대한 경제사회적 위기는 적어도 이 위기가 지속된 일정한 기간 동안 국민의 정부를 위해 일종의 '만병통치약'과 같은 구실을 했음을 발견할 수 있다.

국민의 정부에서 대대적 복지개혁을 가능하게 했던 두 번째 요인은 노동조합과 시민사회의 조직적인 노력이었다. 앞서 살펴본 것처럼 민

---

14 국가의 자율성에 관해서는 그간 상대적 자율성이론, 포기이론, 약(弱) 부르주아이론, 계급균형이론, 구조적 종속이론 등 다양한 이론이 개진되었다 (Przeworski, 1990 참조). 그러나 이 이론들은 한국의 경우처럼 급격한 외환금융위기가 발생함에 따라 통상적 상황이 예외적 상황으로 급변하고, 이로 인해 자본과 노동의 영향력이 일시적으로 약화되면서 국가의 자율성이 확대된 사례에 대해서는 별다른 설명력을 갖지 못한다. 왜냐하면 한국의 상황은 낮은 자본주의 발전단계에서 오는 약 부르주아 상황도 아니고, 자본과 노동이 치열한 투쟁을 벌임으로써 조성된 계급균형 상태도 아니며, 이런 경우에 발생하는 자본가계급의 국가권력 포기도 아니기 때문이다. 따라서 앞으로 한국의 경험을 이론화하기 위한 새로운 시도가 이루어져야 할 것이다.

주노총과 한국노총 등 노동단체는 국민의 정부 출범 이전부터 노사정 위원회에 참여하여 복지개혁을 노사정 합의의 중요한 과제로 요구한 바 있거니와 그 이후에도 지속적으로 자신들의 요구를 관철시키기 위해 노력하였다. 예컨대 민주노총은 건강연대와 참여연대 등 시민단체와 협력하여 의료보험통합을 반대하는 직장조합 대표이사협의회, 대기업 경영주, 한국노총, 보건복지부 내 친조합주의적 관료세력 등의 저항을 무릅쓰고 1999년 1월에 '국민건강보험법'의 법제화를 주도하였고, 이로써 의료보험통합의 법적 기초를 마련하는 데 큰 기여를 하였다 (엄형식, 1999 참조). [15]

'국민기초생활보장법'의 경우에는 참여연대와 경실련 등 30여 개 시민단체들이 발의를 하고 여기에 민주노총과 한국노총, 친복지 성향의 정치인, 그리고 사회복지학계와 종교계가 가세하여 입법을 성사시킨 사례이다(1999년 8월 입법). 그러나 이 경우에도 방대한 예산을 수반하는 복지투자에 소극적인 관료세력과 보수적 정치세력, 그리고 세금인상을 우려한 기업들의 강력한 저항이 있었고, 이 이유로 말미암아 1998년 7월에 입법 청원된 법안의 통과가 1년 이상 지연되었다.

의료보험 통합과 국민기초생활보장법의 제정 사례는 복지개혁이 단순히 상황의 산물이 아님을 보여준다. 말하자면 극심한 경제사회적 위기가 존재한다고 해서 복지부문의 개혁이 자동적으로 이루어지지는 않는다는 것이다. 복지부문은 비용 지불자와 혜택 수혜자 사이에 불일치의 정도가 매우 크기 때문이다. 따라서 노동조직들과 많은 시민단체들의 조직적 연대활동이 없었더라면 사회보험 확대와 국민기초생활보장

---

15 한국노총이 의료보험 통합에 반대한 이유는 자신의 산하 회원조직인 직장의보 노조가 통합에 반대했기 때문이다.

과 같은 복지개혁이 발의조차 되지 않았거나, 발의가 되었더라도 그 규모가 축소되었거나, 아니면 시행이 연기되는 문제가 발생했을 가능성이 컸을 것으로 추측된다. 그만큼 노동조직과 시민단체의 협력과 투쟁이 중요한 기여를 했다고 볼 수 있다.

복지발전 과정에서 노동조직 외에 시민단체가 큰 기여를 했다는 것은 뚜렷한 한국적 특수성이다. 일반적으로 서구의 경우 복지국가를 발전시킨 중요한 요소는 노동계급의 조직력과 정치력이었다. 그러나 한국의 경우 노동계급의 조직력은 매우 약하고 노동계급의 이익을 정치적으로 대변해 줄 수 있는 정당도 존재하지 않기 때문에 정치력도 매우 취약하다. 노동계급을 중심으로 서구의 복지발전 경험을 설명하기 위해 제안된 '권력자원 이론'(power resource theory)은 한국의 경험을 제대로 설명하지 못한다고 보아야 한다(Korpi, 1983; Olsen & O'Connor, 1998 참조). 이런 점을 고려하여 권력자원이론의 논리적 틀은 유지하되(즉, 약자의 입장에서 복지개혁을 추동하는 세력은 자신의 권력자원을 최대한 동원해야 함) 주체의 범위를 확장시킴으로써 한국 현실에 대한 설명력을 높일 필요가 있다. 이 경우 우리는 어떤 사안, 어떤 조건에서 노동조직과 시민단체 사이에 정치연합이 형성되고 복지개혁을 위해 큰 힘을 발휘하는지를 이론적·경험적으로 해명해야만 할 것이다.

셋째, 경제위기에서도 복지개혁의 성과를 크게 달성할 수 있게 한 다른 요인의 하나는 바로 국민의 정부가 지닌 친복지적·개혁적 성향이었다. 일반적으로 절박한 외환금융 공황에서 경제위기에 대처하는 방안으로는 (1) 철저한 시장논리에 따라 대대적 구조조정과 고용조정을 추구하는 신자유주의적 노선과 (2) 시장-복지가 상호보완적·상생적 관계를 갖도록 하는 생산적 복지노선 두 가지를 생각해 볼 수 있다. 국민의 정부는 이 두 가지 방안 중 후자의 방안을 선택하였다. 이것을 어떻게 설명할 수 있는가?

여러 가지 설명이 가능하겠지만 가장 설득력이 있는 것은 특정 정권의 정치적 성향 혹은 정책노선이라고 생각된다. 국민의 정부, 특히 김대중 대통령이 집권 이전부터 가지고 있던 친복지적·친노동적 성향이 경제위기에 대처하는 방향을 선험적으로 결정했다는 해석이 가능하다 (강명세, 1999: 162; 송호근, 1999: 324). 이런 성향이 있었기에 국민의 정부는 노동조직과 시민단체의 복지 요구를 전향적으로 수용하는 개방적인 태도를 취할 수 있었던 것으로 이해된다. 물론 정권 내부에 존재하는 보수적 정치세력과 여전히 성장신화에 사로잡혀 있던 관료집단들이 사안에 따라 복지개혁에 저항한 것이 사실이지만, 그럼에도 불구하고 국민의 정부가 문민정부와 달리 노동조직과 시민단체에 대해 더 개방적이고 포용적인 입장을 견지할 수 있었던 것은 친복지적·친노동적 성향 때문이었다고 생각된다.

넷째, 국민의 정부가 극심한 경제위기의 심연에서 대규모 국가재정이 소요되는 큰 복지개혁을 추진할 수 있었던 데에는 국제통화기금 (IMF)과 세계은행(World Bank) 같은 국제기구의 요구도 중요하게 작용했다. 신광영(2012)에 의하면, 이들 국제기구는 복지기반이 취약한 한국에서 급격한 경제구조조정 정책을 추진할 경우 기업도산과 실업이 증가하고 빈곤이 확산되어 심각한 사회적 해체현상이 발생할 것을 우려하여, 국제통화기금은 1998년 4월에, 그리고 세계은행은 1998년 9월에 각각 한국정부에 대해 사회안전망의 확충을 강하게 요구했다고 한다. 한국에 구제금융을 제공한 두 국제기구가 예기치 않게 사회안전망의 구축을 요구하게 되자 복지재정 확대에 소극적이던 경제관료들이

태도를 바꾸는 데 큰 기여를 했다. 이러한 사실은 김대중 정부가 신자유주의 노선으로 기울지 않고 생산적 복지 노선을 채택하게 된 외적 요인으로 작용했다고 판단된다.

이렇게 볼 때 국민의 정부를 '종속적 신자유주의'로 규정하고, 노사정위원회를 '사회 코포라티즘의 탈을 쓴 국가 코포라티즘'으로 이해하며, 한국의 복지체제를 '복지국가 없는 신자유주의'로만 이해하는 시각은(손호철, 1998: 255~263) 대단히 일면적이라고 판단된다. 또한 국민의 정부에서 추진된 복지개혁이 근로복지의 강조, 재상품화 전략의 채택, 국가의 재정부담 최소화, 복지다원주의의 추구 등과 같은 요소를 지니고 있었기 때문에 그것을 '신자유주의 노선에 입각한 사회정책'으로 평가한 것도(정무권, 1998: 21~225) 매우 편협한 시각이라고 판단된다. 국민의 정부에서 이루어진 복지개혁은 부분적으로 복지다원주의의 추구 등과 같은 요소도 가지고 있지만, 전체적으로는 국민기초생활보장과 전국민 사회보장과 같은 보다 중요한 요소를 더 많이 포함하고 있기 때문이다.

다섯째, 국민의 정부에서 복지개혁을 촉진한 다른 요인은 2000년 4월에 예정된 국회의원 선거였다고 판단된다. 앞서도 지적한 바와 같이 국민의 정부는 국민회의만으로 단독집권을 할 수 없었던 소수정부였다. 그러므로 다음 선거에서 반수를 넘는 제1당이 되고자 하는 열망이 다른 어떤 정당보다 강할 수밖에 없었다. 1999년에 대통령 비서실에 '복지노동수석실'을 신설하고 그 산하에 '삶의 질 향상 기획단'을 설치한 것, 8·15 경축사 이후 생산적 복지확충을 국정의 주요 목표로 설정한 것 등은 모두 복지 자체의 중요성과 함께 차기선거를 통해 국회에서 다수 의석을 차지하기 위한 정치적 노력의 일환이었다고 보아야 한다.

이렇게 보면 국민의 정부에서 대대적 복지개혁이 이루어질 수 있었던 것은 어느 한 요인에 의해서만 촉발된 것은 아니다. 그것은 외환금융위기에 따른 국가의 자율성 신장, 시민사회의 강력한 요구, 정권의 친복지적 성향, 국제기구의 요구, 선거기제의 작동과 같은 여러 요인들이 복합적으로 상호작용하는 가운데 가능했던 것이라고 결론지을 수 있다.

4. 문민정부와 국민의 정부 비교

　이상으로 문민정부와 국민의 정부에서 이루어진 복지부문의 변화를 살펴보았다. 그러면 두 정부가 보여준 공통점과 차이점은 무엇인가? 먼저 공통점을 보면, 두 정부 모두 형식적 민주주의의 틀 속에서 국민의 직접선거로 등장하여 과거의 권위주의 정권과 구별되는 분명한 민주적 정통성을 가지고 있었다는 점, 민주화의 진전과 함께 선거경쟁이 심화되고 민주적 계급투쟁(democratic class struggle)으로서의 노사대립이 격화되면서 형식적 민주주의를 넘어 복지민주주의라는 실체적 민주주의로 발전하려 한 점이 유사하다. 또한 두 정부 모두 국회의원 선거가 실시되는 당해 연도나 그 전년도에(즉, 1996년과 2000년) 복지투자를 대폭 늘린 점도 공통점이다. 뿐만 아니라 시대적 상황과 주체적 조건에 따라 어느 쪽을 더 중시하느냐의 차이는 있었지만 문민정부와 국민의 정부 모두 시장과 복지를 함께 중시하려고 한 태도를 보였다.

　그러나 이러한 공통점에도 불구하고 두 정부 사이에는 더 많은 결정적인 차이점이 존재했다. 우선 문민정부가 출발하던 시점의 경제적 여건도 상당히 안 좋았지만, 국민의 정부는 외환금융위기라는 최악의 조건에서 출발하였다. 정치적 측면에서도 3당 합당으로 탄생한 문민정부는 국회에서 압도적 제1당의 위치를 가지고 있었으나 국민의 정부는 소수 정부에 불과했다. 그러나 이와 같은 악조건에도 불구하고, 아니 이러한 경제적 악조건 때문에 국민의 정부는 역설적으로 매우 높은 국가 자율성을 향유할 수 있었다. 이 극단적 위기로 인해 자본과 노동, 그리고 여타의 조직화된 이익집단들이 국가에 대해 행사할 수 있었던 영향력이 일시에 약화되었기 때문이다. 그리하여 국민의 정부는 온갖 악조건을 무릅쓰고 통상적 시기라면 상상하기 힘들 정도의 많은 복지개혁을 짧은 시간 안에 추진할 수 있었다.

한편 두 정부는 시민사회와의 관계에서도 큰 차이점을 보였다. 먼저 문민정부의 경우 몇몇 사안에서 노동조직 및 시민단체 등과 공동의 협의구조를 발전시키기는 했지만 그것은 매우 제한된 범위에 국한되었고, 그나마 협의된 내용을 정부가 번복하여 기본적으로 시민사회를 배척하고 무시하는 입장을 견지하였다. 그러나 그렇다고 해서 문민정부가 시민사회의 주요 지도자들을 '개별적'으로 포섭·활용하지 않았다는 것은 아니다. 문제가 되는 것은 시민사회의 여러 조직화된 세력들에게 스스로를 '집단적'으로 대표할 수 있는 공간을 마련해 주지 않거나, 아니면 그런 대표방식 자체를 아예 배제하려 든 관료적 우월주의(또는 국가주의)의 유산이 강하게 유지되고 있었다는 것이다(임혁백, 1994: 14장; 송호근, 1999: 3장).

그 반면 국민의 정부는 출범 직전부터 노사정위원회를 발족시켜 노동계급에게 '집단적' 대표권을 부여하였고, 그 이후 일련의 복지개혁 과정에서 노동조직과 시민단체의 집단적 의사를 수용하기 위한 노력을 상당히 진지하게 기울였다. 물론 정권 내부에 시민사회의 집단적 요구를 받아들이는 데 대해 비판적 태도를 가진 보수적 정치세력과 관료세력이 없는 것은 아니었다. 그러나 문민정부와 비교하여 국민의 정부는 시민사회에 대해 상대적으로 더 개방적이고 더 포용적인 입장을 견지했다. 말하자면 정부와 시민사회 사이에 복지개혁을 위한 '느슨한 협력 네트워크' 혹은 '느슨한 개혁연합'이 형성되었다고도 볼 수 있다. 바로 이런 특징이 약간의 굴절과 파행을 거치면서도 국민의 정부가 대규모 복지개혁을 추진할 수 있었던 정치적·사회적 기반이 되었다.

문민정부와 국민의 정부에서 나타나는 다른 차이점의 하나는 두 정부의 성향과 정책노선이 뚜렷하게 달랐다는 점이다. 물론 두 정부는 선거를 통해 심판을 받고 정권을 재창출해야 한다는 것을 잘 알고 있었기 때문에 시장과 복지를 모두 중시할 수밖에 없었으나, 문민정부는 시장과 국가경쟁력을 상대적으로 더 중시했고 국민의 정부는 시장과 복지를 균형 있게 중시하는 접근을 취했다고 볼 수 있다.

흥미로운 것은 1996년의 선거를 앞두고 1995년도부터 대대적 복지개혁을 단행하려 했던 문민정부가 그것의 실천에는 실패했다는 것이다. 그러나 정치경제적으로 최악의 조건에서 출발한 국민의 정부는 당연히 불요불급한 정부지출(복지 지출 포함)을 줄이면서 대규모 구조조정과 고용조정을 시도하는 신자유주의 노선을 추종할 것으로 기대되었으나, 실제로는 시장노선과 생산적 복지노선을 병행했다. 문민정부와 국민의 정부 사이에 존재하는 이러한 차이를 무엇으로 설명할 것인가? 그것은 결국 각 정부의 상황 '판단'과 정치적 '선택'에 관한 문제이므로 다른 여러 객관적 요인들만큼이나 각 정부가 가지고 있는 주관적 신념과 철학으로서의 정치적 성향이 중요하다고 본다.

이런 점에 비추어 볼 때 문민정부가 가지고 있던 보수적 성격과 신자유주의적 성향이 자신의 복지개혁을 좌절시킨 큰 요인의 하나였고, 국민의 정부가 가지고 있던 개혁적 성격과 친복지적 성향이 어려운 여건 속에서도 복지개혁을 추진할 수 있도록 한 강력한 추동력의 하나였다고 결론지을 수 있다.

그러면 국민의 정부 이후의 상황은 어떻게 전개될 것으로 예상할 수 있는가? 국민의 정부 집권 2년 만에 경제위기가 해소되어 외환금융 공황으로 조성된 '예외적'이고 '일시적'인 상황이 통상적 상황으로 전환되면 그간 진전된 복지개혁에는 어떤 변화가 올 것인가? 국민의 정부가 끝나갈 시점에서 이 문제에 대해 정확한 예측을 하기는 매우 어렵다. 그러나 위에서 제시한 것처럼 '예외적 상황에 의해 현저히 신장된 국가의 자율성이 국민의 정부가 추진한 복지개혁의 가장 중요한 지렛대였다'는 이론적 명제를 반대로 생각해 보면 그 미래는 다소 부정적으로 흐를 가능성이 높다고 판단된다. 그 이유는 극단적 경제위기가 해소되고 상황이 안정되면 그간 숨을 죽였던 경제단체, 노동단체, 시민단체 등의 요구와 저항이 증가하고, 이에 따라 국가의 자율성이 상당히 줄어들 것이기 때문이다. 따라서 추가적 복지확대를 위한 개혁작업은 매우 지난한 일이 될 가능성이 높다. 경우에 따라서는 이미 이루어진 복지개혁의 축소를 요구하는 목소리가 증가할 수도 있다.

그러나 우리는 미래가 어떤 모습으로 다가오든지 간에 국민의 정부에서 이루어진 복지의 성과가 앞으로도 계속 유지·발전되어야 한다고 믿는다. 그 이유는 시장경제와 복지체제를 함께 발전시켜야만 시장경쟁에서 초래되는 불평등과 빈곤, 그리고 그로 인한 사회해체와 정치사회적 불안정(범죄와 폭동 등)을 예방하여 '지속가능한 시장경제', '살 만한 사회'를 건설할 수 있다고 보기 때문이다. 동시에 인적 자본을 중시하는 생산적 복지의 확충을 통해 시장과 복지가 공생적 구조로 진화해야만 지식기반경제 시대에 요구되는 국제경쟁력을 자력으로 함양할 수 있고, 동시에 지난 반세기 동안 모든 국민의 투쟁으로 이룩한 민주주의를 확고하게 정착시킬 수도 있게 될 것이다. 민주주의는 시장경제의 이름 아래 실업과 빈곤, 불평등과 불안정이 만연하는 상황에서는 뿌리를 내릴 수 없는 매우 취약한 제도이다. 따라서 시장경제와 생산적 복지, 그리고 민주주의와 안정된 복지 기반 사이에는 강한 '선택적 친화성'이 존재함을 분명히 인식해야만 한다.

16

정치경쟁의 심화와 복지국가의 발전
노무현 정부와 이명박 정부의 비교

1. 정치적 기제에 의한 복지발전

 지난 반세기 동안 한국사회는 선 성장 후 복지의 기조 아래 고도성장을 추구해왔다. 그러나 이 발전주의의 정책기조로 인해 한국사회는 경제적으로는 선진국에 진입하게 되었지만, 복지와 분배가 급속도로 악화되어 사회적 지속가능성은 물론 경제적 지속가능성까지 위협받는 상황에 이르렀다. 이 가운데 1997년에 발생한 외환위기는 역설적으로 그간 억제된 복지 분야의 발전을 촉진하는 새로운 계기를 조성하였다.

 경제위기가 고조된 상황에서 등장한 김대중 정부는 집권 이후 국민기초생활보장제도를 도입하고, 사회보험 가입 대상자와 복지지출을 크게 확대함으로써 한국의 국가를 성장에 집착하는 발전국가에서 복지를 국민의 사회권으로 보장하는 '맹아적 복지국가'(*embryonic welfare*

---

* 이 장은 〈한국사회학〉 제 48집 제 1호: 71-132에 수록된 논문을 바탕으로 하고 있음.

state) 로 전환시키기 시작했다 (Ramesh, 2003). [1] 한국 현대사의 긴 흐름에서 볼 때, 김대중 정부의 이 같은 복지개혁이 갖는 중요한 의미는 빈곤에 대한 국가의 보호를 최초로 국민의 기본권의 하나로 제도화했다는 것이며, 그 결과 국민 대중의 기본생계가 시장의존성에서 벗어날 수 있는 단초를 마련했다는 점이다.

이런 역사적 의의에도 불구하고, 김대중 정부가 수립한 복지국가는 현대사회에서 발생하는 다양한 사회경제적 위험에 대한 사회보장의 범위와 수준면에서 아직 초보적 단계를 넘어서지 못했다는 점을 지적하지 않을 수 없다. 이 시기에 빈곤, 질병, 실업, 퇴직 등 구사회위험 (*old social risks*) 에 대응하기 위해 공공부조와 사회보험을 중심으로 소득보장을 강화하는 중요한 진전이 있었던 것은 사실이다. 그러나 1990년대 이후 한국사회에서 빠르게 진행된 탈산업화와 고용구조의 변화, 저출산과 가족구조의 변화, 고령화와 인구구조의 변화 등에 따른 노동시장의 양극화, 자녀양육, 노인돌봄, 여성 경력단절 등 급증하는 신사회위험 (*new social risks*) 에 대응하기 위한 사회서비스 분야의 발전이 지체되어 사회보장체계에 중대한 결함이 노정되기에 이르렀다.

이런 시대적 조건 속에서 등장한 노무현 정부와 이명박 정부는 김대중 정부의 복지성과를 이어받으면서도 김대중 정부시기의 제한적 복지개혁을 넘어서는 중요한 복지발전을 이루었다고 평가할 수 있다. 이 두 시기에 공공부조와 사회보험 분야의 대상자와 지출이 과거보다 크게 늘어난 것은 물론 아동·여성·노인을 위한 가족정책 분야와 고용확대 및 고용안정성 증진을 위한 노동시장정책 분야에서도 중대한 진전이

---

1 이 시기에 등장한 복지국가를 '초기적 복지국가' (*emerging welfare state*) 로 부르기도 한다 (Lee, 1999).

있었기 때문이다.

그런데 흥미롭게도 김대중 정부의 복지개혁은 국가부도 사태라는 절체절명의 경제위기에 의해 촉발된 것이지만, 노무현 정부와 이명박 정부의 경우 그 같은 극단적 수준의 경제위기가 부재했거나 아니면 위기의 정도가 상대적으로 훨씬 낮은 상태에서 복지확대가 이루어졌다. 물론 두 정부 모두 정권 초기에 상당한 정도의 경기침체가 발생하여[2] 복지수요가 크게 증가한 것은 사실이다. 그러나 두 정부의 임기 전체를 놓고 볼 때, 경제위기 요인으로 환원되지 않는 정치적 메커니즘이 복지발전을 촉진하는 더 중요한 기제로 작용했다고 판단된다. 특이한 점은 정치적 메커니즘이 중요한 역할을 했다고 하더라도 서구의 복지국가 발전을 분석하는 데 가장 많은 설명력을 가지고 있는 것으로 알려진 권력자원이론(*power resource theory*)이 두 시기의 복지국가 발전을 제대로 설명하지 못한다는 것이다. 그 이유는 권력자원이론의 경우 좌파정당과 노동계급의 연합에 의한 권력자원 동원이 유럽의 복지국가 발전을 촉진한 동력이라고 설명했지만(Korpi, 1983, 2006; Esping-Anderson, 1990; Korpi & Palme, 2003), 노무현 정부와 이명박 정부의 두 시기에는 주변화한 좌파정당과 10% 내외의 낮은 노조조직률을 기록한 노동계급이 복지발전을 주도하는 원동력으로 전혀 작용하지 못했기 때문이다(신진욱, 2011; 정태환, 2012; 고세훈, 2012).[3]

---

2 김대중 정부의 집권 초기인 1998년의 경제성장률은 -6.9%였다. 이에 비해, 노무현 정부의 집권 첫해인 2003년의 경제성장률은 2.8%였고, 이명박 정부의 집권 이듬해인 2009년의 경제성장률은 0.3%였다(e나라지표, 시계열 자료).

3 좌파정당이 주변화 되어 있고 노조조직률이 낮다는 것은 좌파정당과 노동계급의 권력자원동원 수준이 낮다는 것을 의미하고, 바로 이런 요인에 의해 한국의 복지발전 수준이 유럽의 복지 선진국에 비해 낮다고 설명할 수도 있다. 따라서 비

그러면 노무현 정부와 이명박 정부가 집권한 지난 10년 동안 복지발전을 추동한 핵심적인 동력은 무엇인가? 이 연구는 한국사회의 정치제도가 갖는 경쟁조장적 특성과 치열한 정당 간 선거경쟁, 그리고 정당과 사회계층 및 사회집단이 맺는 정치연합의 성격과 지향이 두 정부시기의 복지발전을 가져온 중심적 동력이라는 관점에서 문제에 접근하고자 한다. 이러한 관점은 생산력의 발전을 중시하는 산업주의나 생산관계의 변화를 강조하는 자본주의 작동이 복지발전을 가져온다는 기능주의적 설명과 다르게 (Kerr et al., 1960; O'Connor, 1973), 성장과 복지를 둘러싼 정당과 사회세력의 연합과 갈등을 중심으로 복지발전을 이해하는 복지정치 (*welfare politics*)에 주목한다 (Myles & Quadagno, 2002; Häusermann, Picot, Geering, 2010; 권혁용, 2010; 정태환, 2012; 김윤태, 2012; 김영순, 2013).

독재 시기는 물론 민주화 이후 김대중 정부가 집권한 시기까지만 해도 복지의 저발전 혹은 복지발전은 주로 정부와 관료들의 정책결정에 의해 좌우되었다 (신광영, 2012; 고세훈, 2013). 따라서 이 기간 동안 정당, 노동조합, 경영자단체, 다양한 시민사회 집단 등이 중심이 되는 복지정치는 거의 활성화되지 못했다. 그러나 3김 시대가 끝나고 노무현 정부가 등장하면서부터 정치경쟁과 복지정책 결정은 중대한 질적 변화를 보이기 시작했다. 그동안 권력형성과 유지를 안정적으로 담보해주던 지역주의와 지역균열이 과거보다 크게 약화되면서 정당 간 경쟁이

교론적 관점에서는 한국의 경우에도 권력자원이론의 적실성이 낮은 것이 아니라 상당히 높다고 볼 수도 있다. 그럼에도 불구하고 권력자원이론은 노무현 정부와 이명박 정부시기에 복지제도와 지출면에서 매우 중요한 복지발전이 이루어진 것을 설명하는 데에는 많은 한계를 갖는다.

복지와 분배문제를 둘러싼 사회계층 및 사회집단 간 대결을 중심으로 새롭게 재편되었던 것이다. 그리하여 노무현 정부와 이명박 정부에 들어와 그간 복지정책을 부차적 이슈로 취급하던 진보와 보수진영의 주요 정당들이 복지정치의 중심적 행위자로 급속히 부상하였고, 이런 가운데 정당-계층-집단의 상이한 정치연합이 복지이슈의 선취를 통해 선거경쟁에서 이기고자 복지정치를 전면화하기 시작했다. 그 결과 복지정치의 작동에 의해 복지정책이 결정되고 복지발전이 촉진되는 중대한 변화가 나타나게 되었다(김영순, 2011; 신광영, 2012; 김윤태, 2012; 정태환, 2012; 마인섭, 2012).

이런 관점에서 이 장에서는 세 가지 연구목적을 추구하고자 한다. 첫째, 이 장은 노무현 정부와 이명박 정부 두 시기에 이루어진 복지발전 과정과 주요 정책내용을 분석하고자 한다. 이를 위해 복지정치의 구조와 작동방식을 설명하는 정치경쟁 중심의 새로운 분석모델을 제시하고, 이 틀 속에서 각 시기별로 복지제도와 복지지출이 어떻게 확대되었는지를 분석할 것이다. 둘째, 이 장은 정치이념과 정책노선에서 뚜렷한 차이를 보였던 노무현 정부와 이명박 정부가 복지제도의 설계와 집행방식, 그리고 복지성과 면에서 어떤 질적 차이를 보였는지도 설명하고자 한다. 셋째, 이 장은 두 정부시기에 이루어진 많은 성과에도 불구하고 한국의 복지지출과 효과가 여전히 복지 선진국에 비해 크게 뒤떨어지는 구조적·정치적 이유를 설명하고자 한다.

이런 연구작업을 위해 이 장에서는 통시적 관점에서 노무현 정부와 이명박 정부를 비교하는 비교분석 방법을 채택하고자 한다. 보다 구체적으로는 비교분석의 두 가지 중심적 방법인 일치법과 차이법을 모두 적용하여 이념적으로 상이한 정책노선을 지향하는 두 정부에서 공통적으로 복지확대가 일어난 이유와 상이한 정책노선이 상이한 정책설계와 복지제공 방식으로 귀결된 메커니즘도 설명하고자 한다.[4] 나아가 두 시기 사이의 공통점과 차이점을 밝히기 위해 정부와 국제기구에서 발표하는 다양한 사회복지 관련 통계자료를 분석하고, 동시에 한국사회과학데이터센터(KSDC)가 16대 및 17대 대통령선거 직후 실시한 대선서베이 자료도 분석하고자 한다.

2. 복지국가 발전을 설명하기 위한 이론적 분석 모델

1) 진보정권과 보수정권하에서의 복지확대

이념과 정책노선 면에서 큰 차이를 보인 노무현 정부와 이명박 정부가 집권기간 동안에 공통적으로 복지지출을 상당히 큰 폭으로 증액시켰다는 것은 역사적 아이러니이다. 그러나 다른 나라의 경우를 보더라도 진보정권에서만이 아니라 보수정권에서도 복지국가 발전의 중대한 진전이 이루어진 것은 폭넓게 관찰되는 현상이다(양재진·정의룡, 2012; 김윤태, 2012). 이런 점을 생각할 때, 노무현 정부와 이명박 정부가 복지정책의 설계와 집행에서 어떤 차이를 보였는지 분석하기 전에 먼저 두 정부에서 모두 복지확대가 이루어졌다는 공통점을 확인하는 것이 중요하다.

그러면 실제로 두 정부에서 복지확대가 어느 정도로 이루어졌는가?

---

4 비교분석 방법에 대해서는 Lijphart(1971), 김용학(1995), Ragin & Rubinson (2009) 등을 참고할 것.

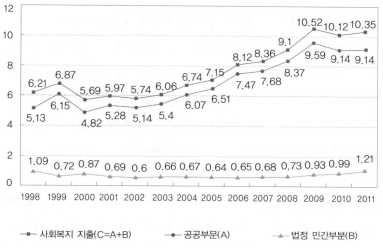

〈그림 16-1〉 GDP 대비 공공복지 및 법정 민간복지 지출의 비중 변화

(단위: %)

■ 사회복지 지출(C=A+B) ● 공공부문(A) ▲ 법정 민간부분(B)

▌주: 2012년의 공공복지 비율은 9.3% 수준.
▌출처: 보건복지부 (2012).

〈그림 16-1〉에 의하면 김대중 정부에서 GDP 대비 5% 초반대에 머물렀던 공공복지 지출 비율은 노무현 정부에서 7% 후반대까지 크게 증가했고, 이명박 정부에서는 다시 9% 초반대까지 증가하였다. 이러한 사실은 공공복지 지출의 비율이 박정희 정부의 전시기 (1961~1979)에 1% 미만대, 전두환 정부 시기 (1980~1988)에 1% 후반대, 노태우 정부시기 (1988~1993)에 2% 후반대, 김영삼 정부시기 (1993~1998)에 3~4% 초반대에 머물렀던 것을 생각하면 엄청난 변화라고 볼 수 있다 (한국개발연구원, 1990; 기획예산처, 2005). 그리고 윤석명 (2007)이 2006년 시점에서 인구고령화와 제도성숙을 중심으로 미래 공공복지 지출 증가를 추정했을 때, GDP 대비 비율이 2015년 6.9%, 2020년

8.3%에 도달할 것으로 예측된 것과 비교하여 노무현 정부와 이명박 정부에서 공공복지 지출이 크게 증가한 것은 고령화와 제도성숙 외에 매우 강력한 정치적 기제가 작동하고 있음을 잘 보여준다.

역대 정부와 비교하여 노무현 정부와 이명박 정부에 들어와 공공복지 지출의 비율이 큰 폭으로 증가했다는 것은 이 두 시기에 김대중 정부로부터 물려받은 맹아적 복지국가의 성장이 상당히 빠르게 진행됐다는 것을 의미한다. 또한 〈그림16-1〉처럼 이 두 시기에 법정 민간복지 지출 비율에 큰 변화가 없었다는 것도 대체로 복지확대가 국가중심으로 이루어졌다는 사실을 뒷받침한다. 2002년부터 2011년 사이에 공공복지 비율은 4%p 증가한 반면 민간복지 지출은 0.5%p 증가에 그쳤는데, 이를 보면 한국의 복지확대가 과거의 재정적 보수주의의 틀을 벗어나 점차 국가복지의 확대로 나아가고 있음을 발견할 수 있다. 지난 10년간 공공부조가 증가하고, 가족복지와 노동시장정책 분야의 사회서비스 투자가 크게 늘어난 것이 공공복지 지출의 확대로 귀결된 것이다.

역대 정부와 비교할 때 노무현 정부와 이명박 정부에 들어와 복지지출이 과거보다 크게 늘어난 것은 중대한 진전이다. 그러나 OECD 회원국들과 국제비교를 할 경우 한국의 복지지출 수준은 여전히 매우 낮은 단계에 머물러 있는 것이 현실이다. 〈그림 16-2〉에 제시된 것처럼 이들 국가와 비교할 때 한국은 국민부담률과 공공복지지출 면에서 최하위 수준에 머물고 있는 것이 발견된다. 2007년의 경우, 한국은 복지국가의 세 가지 유형이 드러난다: (1) 고부담-고혜택 복지국가, (2) 중부담-중혜택 복지국가, (3) 저부담-저혜택 복지국가(세 번째 유형의 전형적 사례에 속함). 이 시기에 GDP 대비 국민부담률은 26.5%였으며, 공공복지지출 비율은 7.7%에 불과했다.

〈그림 16-2〉 OECD 회원국의 GDP 대비 국민부담률과 공공복지지출 비중
(2007년과 2011년 비교)

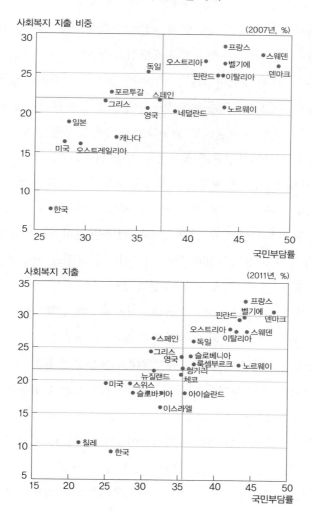

주 1: 2007년 그래프는 유근춘·국중호·김태은(2012)이 작성, 2011년 그래프는 필자가 작성.
주 2: 실선은 OECD 평균치(2007년의 조세부담율과 공공사회복지 지출 비율은 각각 37.5%와 21.7%; 2011년의 경우 각각 35.6%와 21.7%).
출처: http://stats.oecd.org

2011년에 접어들어 한국의 GDP 대비 국민부담률은 25.9%로 약간 줄어들었으나 공공복지 지출 비율은 9.1%로 꽤 큰 폭으로 늘어났다. 이명박 정부의 감세정책으로 인해 국민부담률은 약간 줄어들었지만, 그 반면 복지 지출은 경로의존성과 제도성숙 등 여러 가지 요인에 의해 지속적으로 확대된 것이다(김원섭·남윤철, 2011). 그리하여 한국의 복지지출 규모는 OECD 국가들의 평균치에 다소 근접해가는 변화를 보였다. 그러나 약간의 진전에도 불구하고 한국은 노무현 정부와 이명박 정부를 통틀어 국민부담률과 공공복지 지출 면에서 여전히 OECD 회원국 중 저부담-저혜택 최하위권 복지국가에 머물러 있는 상황이다.

〈그림 16-1〉과 〈그림 16-2〉에 제시된 자료를 토대로 다음의 두 가지 중요한 결론을 이끌어낼 수 있다. 첫째, 이념을 달리하는 노무현 정부와 이명박 정부가 경제성장과 복지 저발전의 불균형을 시정하기 위해 나름대로 많은 정책노력을 기울인 결과 공통적으로 상당히 큰 규모의 복지확대를 이루었다. 둘째, 그러나, 신자유주의 정책노선을 견지한 이명박 정부가 재정확대와 복지확대를 동시에 추구한 노무현 정부의 정책기조에서 이탈하여 감세와 복지확대라는 모순적 정책을 추진함으로써 일정 정도 복지확대를 이루었으나 바로 그 모순적 성격으로 인해 복지발전의 지속가능성과 확장성이 구조적으로 제약받는 문제가 발생하게 되었다. 다시 말해 재정적 제약성이 기존 복지제도의 지속가능성을 위협하거나 새로운 복지정책의 도입을 원천적으로 억제하게 된 것이다. 결국 이명박 정부가 추진한 감세와 복지확대 정책은 미래의 복지발전을 억제하는 족쇄와 같은 작용을 하고 있음을 확인할 수 있다.

2) 이론적 분석 모델과 연구가설

그러면 노무현 정부와 이명박 정부시기에 이루어진 복지확대를 어떻게 설명할 수 있는가? 나아가 두 정부 사이의 정책 차이와 이명박 정부에 의해 구축된 모순적 복지체제의 등장을 어떻게 설명할 수 있는가? 이 문제를 규명하기 위해 〈그림 16-3〉에 분석 모델을 제시했다. 이 모델은 크게 세 부분으로 구성되어 있다: (1) 정치제도와 사회경제적 균열구조로 구성되는 '배경변수', (2) 정치경쟁·선거경쟁과 정치연합 형성으로 구성되는 '과정변수', (3) 복지정책과 복지성과라는 '종속변수'.

먼저 정치제도와 사회경제적 균열구조는 정치경쟁과 선거경쟁의 강도와 방향을 결정하는 요소들이다. 정치제도의 경우, 한국사회는 소선거구제, 다수제(*majoritarian rule*),[5] 양당제, 대통령제를 채택하고 있는데, 이러한 제도들은 한결같이 승자독식을 조장하여 정치경쟁과 선거경쟁을 증가시키고 격렬하게 만드는 경향이 있다. 또한 이러한 제도들은 중위투표자 이론(*median voter theory*)의 예측과는 달리(Downs, 1957), 경쟁하는 정당들로 하여금 외형적으로는 중도적으로 보이지만 다수의 개별 정책쟁점에서는 뚜렷한 선호를 가지고 있는 유권자들 사이에 존재하는 차이의 크기와 방향성에 더욱 집중하게 만든다(Macdonald, Rabinowitz, Listhaug, 1997). 그리하여 그 차이를 활용하여 득표를 극대화하고자 하는 정당들은 중위투표자로 수렴하는 것이 아니라 진보 또는 보수의 의견을 가진 유권자들을 적극적으로 동원하게 되고, 이로 인해 정당의 선거전략과 유권자들의 선호는 갈수록 양극

---

5 다수제란 국회의원 당선자를 결정하거나 의회 의안 결정을 할 때 한 표라도 많이 획득하는 쪽이 승리하도록 하는 결정방식을 의미한다.

<그림 16-3> 이론적 분석 모델

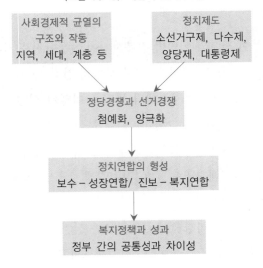

화(*polarization*) 되는 경향이 있다. [6] 그러므로 소선거구제, 다수제, 양당제와 같은 정치제도는 정치경쟁과 선거경쟁의 방향을 진보진영과 보수진영 사이의 대결로 양극화시키게 된다.

이렇듯 한국사회가 채택하고 있는 정치제도들은 모두 정치경쟁과 선거경쟁의 격렬성과 양극화를 증가시키는 강한 경향성을 가지고 있다. 여기서 한 걸음 더 나아가, 이들 제도들은 다음과 같은 두 가지 이유로 복지국가의 발전을 저해하거나 낮은 수준의 복지국가를 형성하도록 하

---

6 이런 이론적 관점에서 브루어와 스톤캐시(Brewer & Stonecash, 2009)는 미국의 민주당과 공화당, 그리고 양당의 지지자들이 이념과 정책노선의 측면에서 장기적으로, 특히 1960년대 말 이후 양극화가 확대되는 추세를 보이고 있다고 지적한다.

는 경향이 있음도 이해해야 한다. 첫째, 마노우(Manow, 2009)가 지적하듯 소선거구제, 다수제, 양당제를 채택하는 나라의 경우 증세를 두려워하는 중산층 유권자들이 자신들보다 증세를 더 기피하는 상위계층 유권자와 연합하여 선거에서 보수적(또는 중도우파적) 정당의 승리를 위해 노력하고, 그 결과 미국에서 보는 것과 같은 낮은 수준의 복지국가(즉, 자유주의 복지체제)를 탄생시키는 경향이 있다.[7] 이와 달리 중대 선거구제, 비례대표제, 다당제, 의원내각제를 채택하는 나라의 경우, 산업자본주의 사회의 특성상 전체 유권자 중 노동자 계층의 비율이 가장 높고 따라서 노동자들이 지지하는 진보적(또는 중도좌파적) 정당이 제1당이 될 가능성이 많으므로, 다수의 중산층 유권자들은 노동자들과 연합하여 상위계층에 대한 높은 과세를 통해 자신들도 광범위한 복지혜택을 누리기 위해 진보적 정권을 탄생시키는 경향이 있다(Manow, 2009; Iversen & Soskice, 2006). 그 결과, 유럽의 노르딕 국가들에서 보는 것처럼 고부담-고혜택의 수준 높은 복지국가(즉, 사민주의적 복지체제)가 등장하게 된다.[8]

---

[7] 영국의 경우는 의원내각제를 채택하고 있지만 동시에 소선거구제, 다수제, 양당제의 특징을 가지고 있기 때문에 미국과 유사하게 자유주의적 복지체제 유형을 발전시켰다.

[8] 마노우(Manow, 2009)의 연구에 의하면, 1945~1998년 기간 동안 비례대표제(다당제)를 채택한 나라들에서 보수 우파정권이 집권한 기간은 전체의 26%에 불과한 반면, 다수제(양당제)를 채택한 경우 그 기간은 무려 75%에 달한다고 한다. 이것을 보면 정치제도가 선거를 통해 탄생하는 정권의 유형과 복지국가의 유형에 결정적 영향을 미치는 것을 확인할 수 있다. 이 이론에서 다소 예외적인 나라들은 독일, 벨기에, 네덜란드, 이탈리아, 프랑스, 오스트리아 등 유럽국가들이다. 이 나라들은 근대 국가의 등장과정에서 자본과 노동의 경제적 균열구조 외에 구교와 신교의 종교적 균열구조가 강력하게 존속해온 나라들인데, 대개 기

둘째, 비례대표제, 다당제, 의원내각제를 채택하는 나라들은 집권과 재집권을 위해 타 정당은 물론 다양한 사회세력들과 협력하고 연합해야 하며, 집권기간 중에는 국가적 수준과 산업부문 수준에서 노사갈등을 줄이기 위해, 나아가 노동자들의 기업특수적·산업특수적 기술습득을 증진하기 위해 노사정위원회와 같은 다양한 조정장치를 발전시키게 되는데, 바로 이러한 협력장치가 조정시장경제(*coordinated market economy*)와 복지국가를 발전시키는 제도적 촉진작용을 한다(Hall & Soskice, 2001; Iversen&Stephens, 2008). 이에 반해 소선거구제, 다수제, 양당제, 대통령제를 채택하는 나라들의 경우 정치경쟁이 주로 보수와 진보의 양 진영 사이에서 진행되므로 정치세력 간·사회세력 간 협력과 연합의 필요성이 적고, 따라서 시장경제 내에서 활동하는 다양한 계급조직과 이익집단 사이의 협력을 조율하기 위해 정당과 정부가 주도하는 조정장치가 발달할 가능성도 적다. 그 결과 이들 나라는 자유시장경제(*liberal market economy*)와 낮은 수준의 복지국가를 발전시키는 경향이 있다.

이런 이론적 관점에서 볼 때, 정치제도는 한국의 복지국가 발전에 상충하는 두 가지 효과를 미칠 것이라는 가설을 제시할 수 있다. 먼저, 소선거구제, 다수제, 양당제, 대통령제라는 정치제도는 상위계층과 중산층 유권자의 연합을 촉진하여 보수 정당의 집권에 유리한 여건을 조성하고,[9] 동시에 사회계층 간 조정기제를 결여한 자유시장경제를 구축

———

민당이 자본가, 중산층, 노동자들을 포괄하는 범계층적 선거연합을 구축하여 사회통합적 복지정책을 추진함으로써 복지지출의 규모가 사회민주주의 복지국가보다는 다소 적지만 자유주의 복지국가보다는 훨씬 큰 보수적(조합주의적) 복지국가를 발전시켰다.

하여 높은 수준의 복지국가 발전을 저해할 것으로 전망할 수 있다(강명세, 2008; 조홍식, 2010). 그러나 다른 한편으로 한국의 정치제도는 정당간 경쟁을 증폭시키고 양극화시킴으로써 복지정치를 활성화하고, 이를 통해 지속적·장기적으로 복지발전을 추동할 수 있는 강력한 긍정적 효과를 발휘할 것으로 예상할 수 있다.

그런데 정치제도가 복지발전에 미치는 억제적 효과와 촉진적 효과가 어느 시기에 어떻게 나타날 것인가 하는 문제는 사회경제적 균열구조의 종류와 발현 양태에 달려있다고 보아야 한다. 이 문제를 연구한 립셋과 로칸(Lipset & Rokkan, 1967)에 의하면, 서구의 경우 근대화 과정의 두 하위과정인 국가혁명(*national revolution*)과 산업혁명(*industrial revolution*)에서 발생한 국가-지방의 균열, 국가-교회의 균열, 농업부문-산업부문의 균열, 자본-노동의 균열 등 네 가지 균열 중 근대화 과정에서 국가와 산업부문이 승리함으로써 최종적으로 자본과 노동의 균열이 정치경쟁을 조직하는 중심적 균열구조로 자리 잡게 되었다고 한다. 그리고 이 균열이 좌우 이념정당과 결합되어 복지국가의 발전을 촉진했다고 분석한다.

한국의 경우 균열구조의 변화는 유럽과 매우 상이한 과정으로 전개되었다. 우선 해방 이후 강력한 반공국가·군사국가가 등장하여 자신에게 도전하는 정치사회세력을 제압하여 국가의 지배력을 확고히 한

---

9 이런 이론적 예측과 달리, 한국사회에서 중산층(중간 소득계층)은 실제 선거에서 진보적 선택과 보수적 선택을 오가는 유동투표자(*swing voter*)의 특성을 보였고, 저소득층의 다수는 주로 보수적 선택 경향을 보였다. 복지에 대한 태도에서는 특이하게도 중산층이 저소득층보다 더 친복지적 태도를 보였다. 자세한 내용은 3절과 4절에서 살펴본다.

것은 서구와 유사한 점이다. 그러나 국가가 농지개혁을 주도하여 지주세력을 실질적으로 붕괴시키고, 그 결과 국가의 후원 속에서 급속히 성장한 산업세력이 농업세력을 압도하게 된 것은 서구와 상이한 경험이다. 또한 이 과정에서 자본과 노동의 계급균열이 국가의 강력한 통제와 반공주의에 의해 억압·왜곡됨으로써 이 균열이 오랫동안 복지정치를 활성화하는 중심축으로 작용하지 못한 점도 한국의 독특한 경험이다.

그 대신에 한국사회의 경우 오랜 독재시기에 독재와 반독재의 균열이 정치의 중심적 균열구조로 자리 잡았고, 민주화 이후에는 영남과 호남의 대결을 기축으로 하는 지역균열이 중심적 균열구조로 작동하였다 (Seong, 2013). 그러나 3김 시대가 끝난 뒤 최초로 치러진 2002년 16대 대선부터는 지역균열이 상대적으로 약화되면서 새로운 균열구조, 즉 외환금융위기 이후 심화된 사회경제적 양극화의 영향을 크게 받은 세대(청년세대와 노인세대)와 계층·계급(하위층과 중간층, 비정규직 노동자와 자영업자)을 중심으로 하는 세대균열과 계층·계급균열이 정치경쟁과 선거경쟁의 새로운 대결구조로 부상하기 시작했다. 그리하여 지역균열의 상대적 퇴조와 새로운 균열구조의 등장이 노무현 정부와 이명박 정부에 들어와 복지발전을 촉진하는 중요한 조건을 형성하게 되었다. 이상의 논의를 종합하면, 두 정부시기에 접어들어 복지정치가 활성화되고 상당히 큰 복지발전이 이루어진 것은 거시적으로 볼 때 균열구조의 변화에 의해 촉발된 것이라는 가설을 제시할 수 있다.

정치제도와 사회경제적 균열구조가 배경변수를 구성한다면, 정치경쟁·선거경쟁과 정치연합 형성은 복지발전의 형태와 수준을 결정하는 과정변수로 작용한다. 앞서 설명한 것처럼, 정치제도와 사회경제적 균열구조는 한국사회의 정치경쟁과 선거경쟁의 강도와 방향성을 결정하는 강력한 구조적 요인으로 작용하는데, 실제 대통령 선거국면에서 정치세력 간 경쟁의 정도와 방향성은 이들 요인이 후보단일화, 현직정부에 대한 회고적 평가, 대안세력에 대한 전망적 평가, 핵심 정책공약의 매력도 등 단기적 요인들과 상호작용을 통해 구체화된다(Lewis-Beck, Jacoby, Norpoth, Weisberg, 2008).

노무현 정부와 이명박 정부시기에 상당히 주목할 만한 복지국가 발전이 이루어진 것을 설명하기 위해 우리가 정치경쟁과 선거경쟁에 주목하는 이유는 좌파정당과 노동조합의 연합에 의한 권력자원 동원을 중시하는 권력자원이론의 설명력이 한국사회에서는 그다지 크지 않기 때문이다. 무엇보다도 이 두 시기에는 복지국가 발전을 추동할 만한 노동조합의 조직력 확대와 좌파정당의 정치력 확대가 없었다.[10] 그럼에도 불구하고 노무현 정부 5년 동안 GDP 대비 공공복지 지출의 비율이 2.93%p나 증가했고, 이명박 정부 기간 동안(2008~2012)에는 0.93%p가 증가하는 특이한 현상이 발생했다. 그러면 무엇으로 이 약진을 설명할 것인가? 우리는 그 해답이 한국사회에서 끊임없이 경쟁을 조장하는 정치제도의 작용과 균열구조의 변화에서 비롯되는 정치경쟁과 선거경쟁, 즉 정치적 경쟁 메커니즘에 있다고 판단한다.

이런 점을 고려하여 다음의 두 가지 예측을 제시할 수 있다. 첫째, 경쟁조장적 정치제도의 특징과 균열구조의 변화에 의해 고조될 가능성

---

10 2004년 총선에서 정당투표제가 도입되어 정당별 득표율이 비례대표 배분에 반영됨으로써 민주노동당의 의회진출이 가능해진 것은 좌파정당의 정치력이 확장된 것으로 볼 수도 있다. 그러나 민주노동당은 2004년 총선에서 10명(비례대표 8명), 2008년 총선에서 5명(비례대표 3명) 만 당선시킴으로써 현실적 영향력은 극히 미미했다고 보아야 할 것이다.

이 있는 정치경쟁과 선거경쟁이 후보단일화 등으로 인해 보수정당과 진보정당 어느 일방도 상대방을 쉽게 제압할 수 없는 힘의 균형에 도달하면 경쟁의 정도는 사생결단식의 대결로 증폭될 가능성이 있다. 둘째, 이로 인해 선거에서 승리하고자 하는 정당들은 득표 극대화를 위해 적극적으로 새로운 균열구조를 발굴·동원하려고 하게 되고, 이 과정에서 약화되는 지역균열과 병행하여(혹은 그것을 대체하여) 외환위기 이후 점증해온 사회경제적 문제의 해결을 위해 유권자들의 잠재적 요구가 많은 복지이슈를 새롭게 쟁점화할 가능성이 크다.[11]

이 두 가지 예측에 기초하여 노무현 정부와 이명박 정부의 비교연구를 통해 검증할 세 가지 연구가설을 다음과 같이 제시해볼 수 있다.

(1) 경쟁성 가설(competitiveness hypothesis)

좌파정당과 노동조합이 연대하여 복지국가 발전을 견인한 유럽의 복지 선진국과 달리 노무현 정부와 이명박 정부에서는 그러한 조건이 갖추어지지 않았지만 정치제도와 균열구조의 변화가 정당 간 경쟁을 증폭시킴으로써 복지발전을 촉진시켰다. 이런 점에 주목하여, 경쟁성이 증가할수록 선거과정에서 더 많은 복지공약이 제시되고, 그 결과로 선거 이후 집권하는 정치세력은 복지확대 노력을 증가시킬 것이라는 경쟁성 가설을 제시할 수 있다(Hicks & Swank, 1984; Myles & Quadagno, 2002; Carbone, 2012 참조). 이 가설이 타당하다면 과거 안보정치와 성장정치가 중심이 된 한국 정치가 민주화 이후 정당 간 경쟁성이 증폭되

---

11 이신용(2010)은 민주주의 또는 위임민주주의 사회에서 정당들이 선거경쟁에서 승리하기 위해 유권자들에게 강한 단기적 유인효과를 갖는 복지정책을 매우 중요한 정치적 수단으로 활용한다고 한다.

면서 지역주의 정치를 경과하며 점차 복지정치가 중심이 되는 새로운
단계로 진화해온 과정을 설명할 수 있다.

(2) 정파성 가설(partisanship hypothesis)

어떤 정당이 집권하느냐는 복지발전의 수준과 내용을 결정하는 매우
중요한 요소이다. 왜냐하면 여러 나라에서 진보정당은 대체로 복지확
대와 분배개선을 추구하고, 보수정당은 성장증진과 복지축소(또는 복
지 최소화)를 추구하기 때문이다(Hibbs, 1977; Korpi, 1983; Esping-
Anderson, 1990; Allan & Scruggs, 2004; Häusermann, Picot &
Geering, 2010; 권혁용, 2010). 이러한 정파적 차이는 대부분의 경우 자
본과 노동의 계급균열에 기초하고 있는데, 특이하게도 한국에서는 이
계급균열이 권위주의 정권에 의해 장기간 억압되고 지역균열에 의해 대
체되어 복지발전이 지체되어 왔다.

그러나 민주화 이후, 특히 3김 시대가 끝난 2002년 대선에서부터 계
급·계층균열이 지역균열 및 세대균열과 병행하여 발현되면서 새로운
현상이 나타났다. 즉, 진보와 보수정당들이 종교균열에 기반을 두어 통
합정당을 발전시킨 유럽국가들과 유사하게 자신들의 정치노선에 따라
지역이익과 세대이익에 더해 계급·계층이익을 통합적으로 대변하는
현상이 나타나기 시작했던 것이다(Manow, 2009; Iversen & Soskice,
2006). 그리하여 유럽의 노르딕 국가에서 볼 수 있는 계급정당은 아니
지만 다계급적·다계층적 통합정당이 형성되어 상이한 정파적 노선을
추구하기에 이르렀다.

이런 변화를 고려하여 우리는 두 가지 정파성 가설을 제시할 수 있
다. 첫째, 한국사회의 경쟁조장적 정치제도 속에서 계급·계층균열이

부상하게 되면 장기간 지역대결의 좁은 테두리 내에서 경쟁해온 다계급적·다계층적 통합정당들은 최대한의 복지(포괄적·보편적 복지)를 추구하는 진보정당과 최소한의 복지(잔여적·선별적 복지)를 추구하는 보수정당으로 정치적 분화를 겪게 될 것이다. 둘째, 이 분화과정을 통해 선거경쟁에서 승리한 정당은 자신의 정책노선에 따라 특정 내용과 수준의 복지정책을 추진하게 되고, 그에 따라 빈곤과 불평등에 대한 상이한 결과가 초래될 것이다. 특히 보수정당에 비해 진보정당이 집권하는 경우 더 큰 규모의 복지확대가 이루어지고 나아가 더 많은 복지성과가 발생할 것이다.

(3) 정치연합 가설(political coalition hypothesis)

특정 정책노선을 추구하는 정당은 선거승리를 위해 다양한 지지집단과 정치연합을 구성하는데 정당과 정치연합의 관계에 대해서도 두 가지 하위가설을 제시할 수 있다. 첫째, 성장증진과 복지최소화를 추구하는 보수정당은 상위층을 중심으로 중상위층의 지지를 받는 친성장 정치연합을 조직하고, 복지확대와 분배개선을 추구하는 진보정당은 하위층을 중심으로 중하위층을 견인하는 친복지 정치연합을 조직하게 될 것이다(Manow, 2009; Iversen & Soskice, 2006). 둘째, 진보정당이 확장성·정합성·견고성[12]이 높은 정치연합을 형성할 경우 복지확

---

12 확장성은 연합할 수 있는 사회집단 및 계층의 범위에 관한 문제이며, 정합성은 복지와 재분배를 추구하는 정당(진보정당)과 계층(저소득층) 또는 성장을 추구하는 정당(보수정당)과 계층(상위계층)의 이념적 일치성을 의미한다. 한편 견고성이란 정당과 집단·계층 사이의 정치연합이 쉽게 와해되지 않고 긴 시간 동안 지속되는 정도를 뜻한다.

대의 가능성이 증가할 것이며, 반대로 보수정당이 이러한 성격이 높은 정치연합을 형성할수록 현상유지 또는 복지축소의 결과가 나타날 것이다(Esping-Andersen, 1990; Iversen & Soscice, 2006; 김영순, 2013). [13]

3. 노무현 정부시기의 복지국가 발전

1) 선거경쟁과 정치연합 형성

한국사회가 채택하고 있는 소선거구제, 다수제, 양당제, 대통령제는 경쟁조장적 성격을 갖는 정치제도이지만 그 자체로는 정태적 속성을 갖는다. 이런 제도의 틀 속에서 2002년 대선을 전후하여 선거경쟁을 증폭시키고 사회구성원들을 정치적 소용돌이로 몰아간 강력한 동력은 외환위기 이후 심화된 사회경제적 불평등과 그에 따른 세대균열과 계급·계층균열의 부상이었다(강원택, 2003; 마인섭, 2003; 신광영, 2012). 이런 가운데 이 시기에는 3김의 퇴장과 함께 지역주의가 과거에 비해 상당히 약화되는 새로운 변화도 나타났다.

그러나 사회경제적 불평등의 증가로 인해 경제적 압박이 가중되는

---

13 김영순(2012)은 스웨덴, 독일, 호주 등에 관한 연구에서 노동계급이 중간계급 유권자와 연합한 스웨덴에서는 사민당의 집권기간이 길고 더 포괄적이며 경제적 충격에 더 강한 복지국가가 등장했으며, 노동계급이 중간계급과의 선거연합을 이루지 못한 독일과 호주에서는 덜 포괄적이고 더 계층화되거나 더 불안정한 복지국가가 형성되었다고 한다. 이것을 보면 노동계급이 중간계급과 정치연합을 형성하느냐 못하느냐가 진보정권의 집권과 복지국가의 형태에 결정적 영향력을 미쳤다는 것을 알 수 있다.

세대(청년과 노인세대)와 계층(하위층과 중간층)을 중심으로 새로운 균열구조가 부상하기 시작했다는 사실만으로 복지확대가 쉽게 이루어지지는 않는다. 그 이유는 복지확대는 필연적으로 조세증가, 사회보험 부담 증가, 정부 세출부문의 재조정 등 큰 규모의 자원재분배가 수반되고 이 과정에서 다양한 정치사회집단과 이익집단 간에 '복지전쟁'이라고 부를 수도 있는 대규모 갈등이 발생하기 때문이다. 즉, 이런 정치적 갈등과 고통, 정권의 위험과 불안정을 무릅쓰고 복지발전을 이루기 위해서는 권력자원이론이 제시하듯 노동계급의 대규모 조직화, 노동계급과 중산층의 광범위한 선거연합, 좌파정당의 집권과 같은 강력한 정치적 조건이 형성되어야 한다. 그런데 특이하게도 노무현 정부시기에는 이런 조건이 제대로 갖추어지지 않은 상태에서도 상당한 수준의 복지발전이 이루어졌다. 그러면 그것을 가능하게 한 조건은 무엇인가?

앞서 제시된 분석모델에 의하면, 노무현 정부시기에는 세 가지 조건이 갖춰져 있다: (1) 정치경쟁과 선거경쟁의 높은 경쟁성, (2) 대통령 후보와 정당의 높은 정파성, (3) 광범위한 정치연합의 형성. 먼저 2002년 대선 시기에는 민주화 이후 정치적 경쟁성이 가장 높은 수준까지 도달했다. 잘 알려져 있듯이 선거과정의 초기에는 노무현 후보의 지지도가 매우 낮았고, 측근 비리로 인해 김대중 정부에 대한 비판적 여론이 비등했다. 이런 틈새에서 정몽준 후보가 대선참여를 선언하자 범개혁 진영이 분열되었고, 그로 인해 한나라당의 이회창 후보가 확고한 우위를 차지하여 승세를 굳히는 듯했다. 그러나 노무현 후보가 행정수도 이전 공약을 제시한 가운데 정몽준 후보와 단일화를 실현하자 진보와 보수 양 진영 간에 힘의 균형이 회복되기 시작했고, 뒤이어 대선의 균형추가 빠른 속도로 노무현 후보로 기울었다. 그리하여 선거의 판세가 시시각각 변화하며 아무도 그 결과를 예측할 수 없는 고도의 경쟁상황이 꽤 긴 시간 동안 지속되었으며, 그 속에서 노무현 후보는 불과 57만 표 차이로(48.9% 대 46.9%) 초박빙의 승리를 거두었다.[14]

다음으로 정파성 문제를 보면, 이회창 후보와 한나라당은 명백하게 안보와 성장을 중시하며 선별적 복지를 강조하는 보수적 정책노선을 추구한 반면, 노무현 후보와 민주당은 민주주의와 평화를 중시하며 성장과 복지의 선순환을 모색하는 진보적 정책노선을 추구했다고 볼 수 있다(박찬욱, 2006; 현재호, 2004).[15] 물론 이념적 측면에서 노무현 후보와 민주당의 입장을 성장보다 복지와 분배를 더 우선시하는 좌파로 볼 수는 없다. 그러나 한국의 정치지형이 안보, 성장, 선별적 복지에 과도하게 우편향되어 있던 현실을 고려할 때, 당시 전체적으로 중도노

---

14 2002년 대선 이외에도 여러 선거에서 정치적 경쟁성이 고조된 경우가 나타났다. 4당간 선거경쟁이 벌어진 1987년 대선, DJP 연대가 이루어진 1997년 대선, 박근혜 후보와 문재인 후보가 양자 대결을 벌인 2012년의 대선에서도 치열한 경쟁이 벌어졌다. 그 반면 3당 합당 이후 치러진 1992년의 대선과 진보개혁 진영의 분열이 극심했던 2007년 대선에서는 그 경쟁의 정도가 훨씬 낮았고, 결국 김영삼 후보와 이명박 후보가 각각 압승을 거두었다. 흥미롭게도 의미 있는 복지발전이 이루어진 것은 모두 치열한 경쟁을 거쳐 정권이 탄생한 경우였다. 4자 대결을 통해 등장한 노태우 정부는 국민연금제도를 실시하고 의료보험을 전국민에게 확대하였으며, 고용보험의 도입을 추진하였다. 김대중 정부의 경우 국민기초생활보장제도를 도입하고 사회보험의 적용범위를 대폭 확대하였다. 노무현 정부는 소득보장을 확대하는 것은 물론 그간 취약했던 사회서비스 분야의 확충을 도모했다. 박근혜 후보와 문재인 후보의 경쟁에서는 대한민국 역사상 최초로 복지국가 건설이 최대의 선거 쟁점으로 부상하였다.
15 16대 대선에서 노무현 후보와 이회창 후보를 지지한 유권자들의 평균 이념 점수는 5점 척도에서 각각 2.56(중도진보성향)과 3.24(보수성향)였다(t-test의 결과, p = .000). 이것을 보면 노무현 후보와 이회창 후보의 지지자들도 서로 상이한 이념성향을 가지고 있었음이 발견된다.

〈표 16-1〉 2002년 16대 대선에서의 노무현 후보 지지집단 분석

(단위: %)

지역	세대	계층	직업	학력
호남권: 87.8 충청권: 73.8 수도권: 59.3 강원권: 50.0 영남권: 31.3	20대: 67.6 30대: 61.1 40대: 48.5 50대: 45.7 60대 이상: 50.9	하위층: 56.1 중하위층: 52.8 중간층: 55.9 중상위층: 63.8 상위층: 46.0	농어민 상층: 81.8 학생과 청년: 71.4 농어민 하층: 63.0 전문직: 62.2 생산직: 55.4 주부: 50.8 고위공무원 · 기업체 간부: 47.1 무직 · 퇴직자: 47.0	중졸 이하: 51.2 고졸: 53.2 대재 이상: 61.7

▌노무현 후보의 지지율은 55.4%, 이회창 후보의 지지율은 38.9%(실제 대선결과는 노무현 후보 48.9%,
이회창 후보 46.6%로 상당히 큰 차이를 보임).
▌출처: 한국사회과학데이터센터(2002).

선을 견지했던 노무현 후보와 민주당은 강력한 진보적 잠재력을 가지
고 있었으며, 실제로 노무현 정부는 집권 후 복지정책의 측면에서 적극
적으로 중도진보 또는 진보의 길을 걸었다고 평가할 수 있다.

마지막으로 16대 대선에서의 후보별 지지기반을 분석해볼 때(〈표
16-1〉참조), 대선과정에서 노무현 후보와 민주당은 호남권과 충청권의
지역연합을 토대로 40대 이하의 젊은 층, 계층적으로는 하위층과 중간
층(중상위층까지 포함), 직업상으로는 농민, 생산직, 전문직 유권자들
과 광범위한 선거연합을 형성했음이 드러난다. 이로써 정치연합의 측
면에서도 복지확대를 강력하게 추진할 수 있는 친복지 연합이 구축되
었다고 볼 수 있다. 그러나 특이한 점은 복지확대의 가장 큰 수혜집단
이 될 수 있는 50대와 60대 이상의 고령층, 무직자와 퇴직자, 그리고

주부집단의 노무현 후보 지지가 상대적으로 적었다는 것이다. [16] 우리 사회의 최하위층 내지 취약계층을 구성하는 이들은 오히려 상위층 및 고위직 유권자들과 결합하여 이회창 후보와 한나라당을 상대적으로 더 많이 지지했던 것으로 드러났다.

민주화 이후 2012년 대선까지도 노인과 무직자·퇴직자 등의 최하층 유권자들이 왜 진보정당(민주당 계열)을 외면하고 보수정당(새누리당 계열)을 상대적으로 더 많이 지지해왔는지는 쉽게 풀리지 않는 수수께 끼인데, 이 문제에 하나의 실마리를 제공하는 요소가 인지능력을 결정 하는 교육수준이다. 〈표 16-1〉에 제시된 것처럼 교육수준이 낮은 유권 자들일수록 상대적으로 보수정당 후보를 더 지지하고, 반대로 교육수 준이 높은 유권자들은 진보정당을 더 지지하는 것으로 나타난다. 이것 은 보수정당이 제시하는 안보와 성장논리는 비교적 쉽게 이해할 수 있 는 '쉬운 쟁점'(*easy issue*)이고, 진보정당이 제시하는 증세와 복지논리 (특히 보편적 복지논리)는 상당히 복잡한 추론을 해야만 이해할 수 있는 '어려운 쟁점'(*hard issue*)이기 때문으로 풀이된다. [17]

---

16 MBC와 한국리서치의 선거후 조사에 의하면, 50대와 60대 이상의 노무현 후보 에 대한 지지율은 각각 40.1%와 34.9%로 나타났다. 다른 조사도 이와 비슷한 결과를 보여주며, 주부의 경우 54 대 46의 비율로 이회창 후보 지지가 더 많은 것으로 나타났다(박찬욱, 2006). 이것을 볼 때, 이 연구가 분석하고 있는 한국 사회과학데이터센터의 서베이 자료는 노무현 당선자에 대한 긍정적 응답을 더 많이 포함하고 있는 것으로 판단된다. 따라서 이 점은 주의를 요한다.

17 카마인과 스팀슨(Carmines & Stimson, 1980)에 의하면, '쉬운 쟁점'은 기술적 문제보다는 상징적 문제를 다루고, 수단보다는 목표를 지향하며, 장기간 대중 적 관심의 초점이 되어왔다는 특징을 갖는다. 이런 면에서 보면, 복지쟁점은 조 세 및 재원배분과 관련된 복잡한 기술적 문제와 수단적 과제를 내포하고 있으며 최근에 들어와 대중들에게 부각되기 시작한 새로운 쟁점이라고 볼 수 있다. 따

이상에서 살펴본 것처럼, 2002년 16대 대선에서 나타난 정치경쟁과 선거경쟁의 높은 경쟁성, 노무현 후보와 민주당의 높은 정파성, 그리고 광범위한 정치연합의 형성은 노무현 정부가 추진한 복지확대 정책의 정치적 토대가 되었던 것을 확인할 수 있다. 물론 이 시기에 구축된 정치연합의 경우 정당과 지지집단 사이의 정합성과 견고성이 취약했던 것은 분명하지만, 당시 지역주의 극복과 정치개혁을 주장한 노무현 후보와 민주당을 중심으로 상당히 확장성이 높은 폭넓은 정치연합이 형성된 것은 사실이다.

이 연구의 분석모델에서 제시한 연구가설은 지역주의가 퇴조하는 상황에서 선거경쟁의 경쟁성이 높고, 후보와 정당의 정파성이 강하며, 넓은 정치연합이 형성될 경우 그 결과는 복지정책에 대한 유권자와 정당 모두의 관심이 증가하고 선거후 복지확대가 이루어질 가능성이 크다는 것이었다. 그러면 16대 대선에서 복지정책은 어느 정도 중요한 정책으로 부각되었는가? 2002년 대선과 2004년 총선에 참여한 주요 정당의 선거강령을 대상으로 내용분석을 시도한 이지호의 연구(2009)에 의하면, 이 선거에 참여한 8개 정당의 강령을 문장 단위로 나누어 분석할 경우 이미 16대 대선부터 주요 정당들이 '복지확대'를 가장 중요한 정책공약으로 제시하기 시작했던 것으로 드러난다. 〈표 16-2〉에 제시한 것처럼, 2002년의 16대 대선과 곧 이어 실시된 2004년의 17대 총선에 참여한 8개 정당은 모두 복지확대를 가장 중요한 정책공약으로 제시했으며, 그 다음으로 '민주주의'와 '기술과 인프라' 등을 제시하였다.

이러한 사실은 16대 대선을 뒤흔든 정책공약이 '행정수도 이전'이었

라서 복지쟁점은 쉬운 쟁점이 아니라 어려운 쟁점이며, 그런 만큼 그것을 이해하는 인지능력이 매우 중요하게 작용한다고 보아야 한다.

〈표 16-2〉 16대 대선과 17대 총선 참여 8개 정당의 선거강령 내용분석

정책범주	평균	표준편차
복지확대	7.86	2.37
민주주의	7.41	3.88
기술·인프라	6.30	2.67
농업	6.27	1.06
문화	6.07	2.28
정치부패	5.55	2.90
교육확대	5.20	2.44
시장규제	4.95	2.93
환경보호	4.72	1.46
여성	4.68	3.32

▌출처: 이지호 (2009: 129).

다는 사실과 크게 상치되는 의외의 결과이다. 그러나 이 결과는 균열구
조의 변화와 복지정치의 활성화라는 긴 시대적 흐름에서 볼 때 기존의
균열구조가 약화되고 새로운 균열구조가 등장하는 정치적 전환기에서
발생했던 현상으로 이해할 수 있다. 즉, 16대 대선은 지역주의를 상징
하던 3김이 이제 막 퇴장하였으나 아직도 과거의 선거를 지배하던 지역
균열이 상당한 영향력을 유지하고 있었고, 그런 가운데 참여민주주의
를 갈망하는 젊은 세대와 복지·분배개혁을 요구하는 저소득층과 중간
층의 열망이 선거의 수면 위로 새롭게 부상하던 교체기의 선거였던 것
이다. 그리하여 이 시기에 빠르게 부각된 세대균열과 계층균열은 그 이
후 10년 동안의 정치적 발효과정을 거친 뒤 2012년의 18대 대선에 이르
러 선거결과를 좌우하는 최대의 균열구조로 확고하게 자리 잡았다. 그

러므로 우리는 바로 이 세대균열과 계층균열이 한국사회의 복지발전을 추동하는 구조적 조건이 되었다는 것을 분명히 확인할 수 있다.

정책공약의 성격이라는 측면에서 보면, 16대 대선 당시 선거의 승패를 좌우했던 행정수도 이전 공약은 일종의 승리쟁점으로서 '현저성' (*salience*) 이 가장 높은 공약이었다. 이에 비해 복지확대 공약은 그보다 현저성은 다소 떨어졌지만 그 당시에나 그 이후에 대중들의 절박한 사회경제적 관심을 반영한 '중요성'(*importance*) 이 가장 높은 공약이었다고 평가할 수 있다. 놀라운 점은 이러한 현상에 대해 2002년 대선과 2004년 총선에 참여한 주요 정당들이 모두 현저성은 약간 떨어지지만 중요성이 높은 복지정책에 대해 그것을 가장 비중이 큰 선거강령으로 채택할 만큼 이미 충분한 이해를 하고 있었다는 사실이다. 말하자면 지역대결을 부추기며 특정 지역으로부터 몰표를 획득하거나 아니면 DJP 연대처럼 지역연합을 형성하여 손쉽게 선거경쟁에서 이기고자 하던 시대가 서서히 지나가고 있으므로,[18] 새롭게 득표를 극대화할 수 있는 가장 강력한 수단은 복지확대를 통해 유권자들의 요구를 충족시키고 그것을 통해 효과적으로 표를 얻을 수 있다는 자각이 정당에서 일어나고 있었던 것이다(이신용, 2010). 이 시기 이후의 역사는 이러한 자각이

---

18 그럼에도 불구하고 지역균열은 16대, 17대, 18대 대선에서 모두 중요한 작용을 했다는 사실을 과소평가해서는 안 된다. 16대의 경우 행정수도 이전 공약을 매개로 호남권 유권자와 충청권 유권자 사이에 일종의 정책연합이 형성되어 진보적 대통령의 당선을 가능하게 했다고 볼 수 있고, 17대와 18대의 경우 이명박 후보와 박근혜 후보는 모두 영남권 유권자와 수도권 지역의 보수적 유권자가 연합하여 승리할 수 있었다고 볼 수 있다. 그러나 지역대결과 지역연합이 선거의 결과를 거의 사전적으로 결정하던 과거와 달리 이 세 선거 모두 지역주의가 크게 약화되었고 선거결과의 불확실성은 훨씬 증가하였으며, 그만큼 복지정책을 중심으로 세대균열과 계층균열이 작용하는 범위는 확대되었다.

점진적이고 극명하게 현실화되어간 과정이었음을 잘 보여준다.

2) 복지정책의 설계와 집행: 소득보장형 사회투자 복지국가

〈표 16-2〉가 보여주는 것처럼 16대 대선에 참여한 모든 정당들은 복
지확대를 가장 중요한 공약으로 내세웠다. 그러나 민주당과 한나라당
사이에 이념지향과 정책설계에서 중요한 차이가 존재했던 것을 잊어서
는 안 된다. 민주당은 국가복지의 확충이라는 관점에서 공공부조와 사
회보험의 확대를 통해 소득보장을 강화하고, 아동, 여성, 노인, 장애
인을 위한 사회서비스를 대폭 확대하려는 계획을 제시하였다(새천년민
주당, 2002). 한나라당의 경우, 아동 여성, 노인, 장애인 등 각 인구집
단을 위해 다양한 복지메뉴를 제시한 것은 비슷하였으나, 어떤 복지시
스템을 구축하여 국민들의 삶을 어떻게 보장할 것인지에 대한 종합적
구상을 결여한 채 소극적 국가기능과 적극적 시장기능의 결합을 추구
하였다. 또한 건강보험의 분리운영과 의약분업의 재검토와 같은 정책
공약에서 보는 것처럼 특정 이익집단의 요구에 더 충실히 부응하여 계
층분절적 복지를 추진하려는 의사도 드러내었다(한나라당, 2002). 다
른 중요한 차이의 하나는 민주당이 고령사회기본법의 제정과 비전2030
계획의 구상처럼 전국민을 대상으로 하는 '제도적 · 프로그램중심적 접
근'(*programmatic approach*) 을 추구한 데 반해, 한나라당은 그런 고려 없
이 특정 집단을 대상으로 한 '특수주의적 · 표적중심적 접근'(*particu-
laristic approach*) 을 추구했다는 것이다.[19] 이것은 민주당이 제도적 · 보

---

19 복지정책에 대한 정당들의 상이한 접근 유형에 대해서는 키첼트와 윌킨슨
   (Kitschelt & Wilkinson, 2007) 을 참조할 것.

편적 복지체제를 구축하는 정책노선을 채택하고 있었고, 한나라당은 잔여적·선별적 복지체제를 구축하는 정책노선을 채택한 데서 발생한 차이였다고 볼 수 있다.

이런 차이 속에서 탄생한 노무현 정부는 대선시기의 선거경쟁이 치열했던 만큼, 그리고 외환위기 이후 심화된 양극화로 인해 지지집단의 사회경제적 고통이 컸던 만큼 정치적으로 실현가능한 최대치의 복지개혁과 복지지출 확대를 추구하였다. 우선 정부 출범 직후에는 성장중심의 발전주의적·생산주의적 복지정책을 넘어서서 성장과 복지의 선순환이라는 새로운 정책노선을 추구할 것이라는 정책의지를 표명했고, 이 틀 속에서 국가복지의 확대, 사회서비스의 확대, 복지정책 결정과정에서의 국민참여 확대 등을 중심으로 하는 '참여복지'를 추진하겠다는 다소 일반론적 입장을 견지하였다(보건복지부, 2004). 따라서 초기단계에서는 노무현 정부의 복지정책이 구체적으로 어떤 목표를 지향하고 어떤 복지체제를 구축할 것인지가 분명하지 않았다.

그러나 시간이 흐름에 따라 노무현 정부는 과거 발전국가 시기의 발전주의(생산주의) 복지국가와 김대중 정부시기의 생산적 복지국가를 뛰어넘는 새로운 단계의 복지국가를 설계하고 추진하려 했음이 드러났다. 노무현 정부가 추진한 다양한 복지정책을 하나의 통합개념으로 정리하는 것은 상당히 어렵지만, 한국의 복지체제에서 가장 취약한 소득보장을 확충함과 동시에 사회투자적 복지의 확대를 통해 복지와 성장의 선순환 체계를 구축하고자 체계적으로 노력한 점을 고려하여 노무현 정부는 '소득보장형 사회투자 복지국가'(또는 소득보장형 사회투자국가)를 지향했다고 이해할 수 있다(이혜경, 2007; 임채원, 2007; 김윤태, 2010b; 양재진, 2007, 2012 참조).[20]

그러면 노무현 정부는 어떤 시대적 과제에 직면했으며, 왜 소득보장형 사회투자 복지국가라는 복합적 개념의 복지국가를 추구했는가? 노무현 정부는 출범 직후부터 집권기간 내내 세계화, 사회경제적 양극화, 탈산업화, 저출산·고령화의 네 가지 시대적 과제에 직면했다고 볼 수 있다(김영순, 2008; 조흥식, 2010; 이혜경, 2013 참조). 우선 세계화는 수출주도형 성장을 추구한 박정희 발전모델의 특성, 김영삼 정부가 추진한 급속한 시장개방과 그로 인한 외환금융위기의 발생, 그 직후 등장한 김대중 정부의 금융시장 개방과 노동시장 유연화 등에 따라 노무현 정부 등장 이후 세계시장의 변동에 대한 방어막이 빠르게 약화되는 가운데 지속적으로 한국경제와 사회에 넓고 강한 영향을 미쳤다. 이와 함께 충실한 사회보장체계가 결여된 상태에서 실업의 증가, 비정규직의 확대, 빈곤과 불평등의 확산 등으로 국민 대중의 사회경제적 고통이 증폭되고 양극화가 심화되었다. 이런 흐름 속에서 1990년을 기점으로 정보화와 자동화가 급진전되면서 제조업 고용이 감소하고, 그 반면 서비스 산업의 고용비중이 50% 이상으로 급격히 상승하는 탈산업화가 진행되어 고용구조, 소득구조, 여성의 경제활동 참가 등 여러 측면에서 산업혁명에 버금가는 변화가 발생하기 시작했다.[21] 마지막으로

---

20 물론 이것은 노무현 정부가 소득보장과 사회투자국가의 핵심 요소들을 모두 잘 충족시켰다는 것을 의미하는 것은 아니다. 이것은 노무현 정부가 소득보장과 사회투자를 결합하는 복지국가를 규범적 모델로 설정하고 이것을 실현하기 위해 노력했다는 것을 뜻한다.

21 1980년에 38.6%에 불과했던 서비스 산업의 고용비중은 1990년에 47.7%, 2000년에 61.2%를 넘어선 다음 2005년에는 65.1%, 2011년에는 68.8%까지 증가하였다(KB금융지주경영연구소, 2013). 탈산업화 과정이 여러 경제선진국에서 산업혁명에 버금가는 광범위하고 충격적인 영향을 미친다는 지적은 마일즈와 콰다그노(Myles & Quadagno, 2002)가 제시하였다.

1990년 이후에는 출산율의 급락과 고령화율의 급증이라는 저출산·고령화가 빠르게 진행되었다. 1982년 직후 2명 이하로 떨어지기 시작한 출산율은 1990년 1. 60, 2000년 1. 51로 감소한 뒤 2005년에는 1. 08까지 떨어지는 심각한 추세를 보였다. 한편 1980년에 3. 8%이던 고령화 비율은 1990년에 5. 1%, 2000년에 7. 2%로 증가한 이후 2005년에는 9. 3%로 가파르게 치솟았다.

노무현 정부가 등장하기 이전 시기에는 대체로 세계화와 양극화의 정도가 낮았고, 고용구조의 중심은 제조업이었으며, 저출산·고령화의 문제가 덜 심각했다고 볼 수 있다. 그런데 세계화, 양극화, 탈산업화, 저출산·고령화의 추세는 1990년대에 들어와 서서히 가속화되기 시작했으며, 1997년 말 외환금융위기를 겪게 되면서부터는 네 가지 추세가 모두 증폭작용과 상승작용을 통해 특정 시기의 정부와 사회가 감당하기 어려운 엄청난 복합적 문제를 만들어내었다. 이런 가운데 김대중 정부시기까지 구축된 복지체제는 실업, 빈곤, 비정규직, 자녀양육, 노후불안에 시달리는 다수 국민들의 사회경제적 고통을 해결하기에는 턱없이 부족한 생산적 복지의 제도적 틀과 재정적 보수주의의 제약에 갇혀 있었다. 그리하여 노무현 정부는 폭발적으로 증가하는 국민 대중들의 고통에 대해 국가도, 시장도, 가족도 어떻게 손써 볼 수 없는 총체적 난국에 직면했다고 볼 수 있다.

이런 문제상황에 대응하여 노무현 정부는 복지정책을 다음의 세 가지 관점에서 설계하고 집행하였다. 첫째, 성장과 복지·분배의 선순환이라는 '동반성장'의 관점에서 복지문제의 해결을 시도하였다(국민경제자문회의, 2006). 외환위기 이후 발생하는 복지문제의 핵심은 결국 국내외 경제구조의 변동에 그 뿌리가 있으므로 경제정책과 복지정책을 통합적으로 관리하여 고용을 증진하는 복지친화적 성장과 인적자본 향상을 통해 성장을 촉진하는 성장친화적 복지를 추진해야 한다는 것이 노무현 정부의 기본인식이었다.

둘째, 탈산업화와 저출산·고령화의 동시적 진행은 질병, 실업, 퇴직 등에 따른 소득상실이라는 구사회위험(*old social risks*) 외에 저출산과 고령화에 따른 자녀 임신과 출산, 자녀양육, 노인돌봄, 여성의 경제활동 참여와 경력단절 등과 같은 신사회위험(*new social risks*)을 양산하였다. 따라서 노무현 정부는 구사회위험과 신사회위험에 동시에 대응하는 복지체제를 설계하고자 하였다(김영순, 2008; 조흥식, 2010; 이혜경, 2013). 나아가 노무현 정부는 '남성 단일부양자 모델'(*male bread-winner model*)에서 '2인부양자 모델'(*dual-earner model*)로의 전환도 적극적으로 추진하였다(Fleckenstein & Lee, 2012). 이런 전환을 시도한 이유는 남성은 직장에 나가고 여성은 가정을 돌보는 전통적 성별분업 구조로는 남성 가장의 증가하는 고용불안정과 소득불안정을 해소하는 것이 불가능하게 되었기 때문이다.

셋째, 경제와 복지의 통합적 고려, 신·구 사회위험에 대한 동시 대응, 남성부양자 모델에서 2인부양자 모델로의 전환을 실현하기 위해 노무현 정부가 구축한 복지체제의 형태는 소득보장형 사회투자 복지국가였다. 이 새로운 복지국가체제의 일차적 목표인 소득보장 확대를 위해 노무현 정부는 세계화와 외환금융위기로 인해 심화된 사회경제적 양극화와 빈곤문제에 대응하기에는 국민기초생활보장제도에 의해 뒷받침되는 공공부조의 대상이 적고 급여수준이 낮으므로 이 제도를 확대하는 한편, 긴급복지지원제도, 근로장려세제(EITC), 기초노령연금 등 새로운 소득보장 제도를 도입하였다(〈표 16-3〉참조). 또한 사회보험 적용의 대상범위를 확대하고 급여수준을 증액하여 소득보장의 확충을 도모하였다. 이와 함께, 노무현 정부는 소득보장만으로는 세계화, 양극화, 탈산업화에 능동적으로 대응할 수 없다는 판단하에 국민들의 인적자본과 직업능력을 향상시키는 적극적 노동시장정책을 통해 사회투자를 확대하는 정책을 추진하였다. 소득보장을 '소극적 복지'로 이해한다면, 사회투자는 국민들의 인적 자본을 증진하여 노동시장의 변동에 유연하게 대응하고자 하는 '적극적 복지'로 이해할 수 있는데(김윤태, 2010a), 노무현 정부가 구축하고자 한 소득보장형 사회투자 복지국가는 결국 소극적 복지와 적극적 복지를 통합하여 시대적 필요에 부응하는 새로운 복지체제의 창출을 지향하였다.

이렇게 볼 때, 노무현 정부는 발전주의(생산주의)와 가족주의의 원리에 의해 설계된 기존의 복지국가 모델을 그대로 답습한 것이 아니라 공공부조와 사회보험을 최대한 확장하고 사회투자의 관점에서 사회서비스 분야를 적극적으로 확충함으로써 과거의 경로를 따르는 경로의존(*path dependence*)에서 벗어나 새로운 경로를 만들고 새로운 모델로 이행하는 경로변경(*path shifting*)과 경로형성(*path shaping*)의 길을 걸었다고 이해할 수 있다.[22] 이로써 발전국가 시대 이래 수십 년 동안 한국의 복지발전에 족쇄처럼 작용했던 발전주의·가족주의 복지모델[23]을 청산하고 복지의 탈가족화·국가화·사회화를 이룰 수 있는 계기를 만들

---

22 경로형성과 경로변경에 대해서는 각각 콕스(Cox, 2001)와 모건(Morgan, 2013)을 참고할 것.
23 발전주의·가족주의 복지국가 모델은 복지를 성장에 종속시키고 잔여적 개념의 공공부조와 사회보험, 그리고 가족의 복지책임을 중시하는 복지모델을 의미한다(Kwon & Holliday, 2007).

었다. [24]

그러면 이처럼 새로운 복지체제 속에서 노무현 정부는 구체적으로 어떤 정책을 추진했는가? 이 물음에 답하기 위해 〈표 16-3〉을 제시했다. 이 표의 하단에서 보는 것처럼, 노무현 정부는 새로운 복지체제를 구축하기 위해 집권초기부터 〈참여복지5개년계획〉, 〈국가고용전략〉, 〈2006~2011 저출산·고령사회기본계획〉과 같은 중요한 국가 복지 계획을 수립하였고, 2006년 8월에는 미래 한국사회의 복지비전이라고 부를 수 있는 〈비전2030〉을 작성하였다. [25] 세계화, 양극화, 탈산업화, 저출산·고령화라는 복합적 문제에 대응하기 위해 작성된 이들 계획은 모두 선 성장 후 복지라는 발전주의 시기의 논리로는 심화되는 국민대중의 사회경제적 고통을 해결할 수 없는 것은 물론 더 이상 지속적인 성장도 어렵다는 문제의식을 바탕으로 하고 있었다. 그리하여 복지를 성장에 종속적인 위치가 아니라 성장과 대등한 위치에 올려놓고 국민대중의 구매력을 증진하는 복지확대를 통해 성장동력을 만들어내고, 다시 성장을 통해 복지를 증진할 수 있는 복지-성장 선순환의 새로운 정책설계도를 제시하였다.

이런 관점에 입각하여 노무현 정부는 공공부조와 사회보험의 전면적 확대를 추진하였고, 김대중 정부시기까지 저발전 상태에 머물러 있던 사회서비스 분야를 획기적으로 발전시키는 정책들을 추진하였다. 먼

---

24 이런 변화에 대해 이혜경(2011: 4)은 "참여정부는 양극화, 동반성장, 사회투자론을 결합함으로써 미래 한국의 어떤 정부도 그로부터의 근본적인 이탈이 쉽지 않은 새로운 복지국가로의 궤도를 출발시켰다"고 주장하고 있다.

25 〈비전2030〉에서는 2030년의 우리나라 1인당 GDP를 4만 9천 달러, 복지지출 규모를 OECD 회원국 평균수준인 GDP 대비 21% 정도로 설정했다.

〈표 16-3〉 노무현 정부의 주요 복지정책

정책	주요 내용	비고
공공부조	· 국민기초생활보장제도 확충	기준 완화
	· 장애수당 확대(7만 → 9만 원): 대상자 증가(11만 → 39.8만 명), 예산증액(518억 → 3,130억 원)	
	· 긴급복지지원법 제정(2005.12) 및 시행(2008.2)	신규
	· 근로장려세제(EITC) 도입(2006.12): 2009년 시행	신규
	· 기초노령연금 도입(2007.4): 65세 이상 노인 60% 대상, 국민연금 가입자의 수급 전 3년간 평균 소득 월액의 5% 지급	신규
사회보험	· 국민건강보험 적용 확대(비정규직 포함), 보장성 확대 (본인부담률을 1987년의 62.4%에서 2005년 37.7%로 감축): 145만 → 185만	
	· 국민연금 적용 확대(2003.7 이후 1인 이상 사업장, 1개월 이상 임시직, 월 80시간 이상 시간제 근로자 대상)	
	· 국민연금 개혁(급여율 축소, 기초노령연금 도입)	신규
	· 산업재해보험 적용 확대(2003년 법 개정, 2천만 원 미만의 건설공사 적용, 농림어업 5인 미만 기업 적용)	
사회보험	· 고용보험 적용 확대(2004년부터 일용근로자와 전체 어업 종사자, 2천만 원 이상 건설업, 60세 이후 고용자의 고용보험 적용 허용)	신규
복지행정	· 복지서비스 지방이양(67개 사업, 5,959억 원)	신규
	· 사회복지사업법 개정(2003.7): 바우처 제도 도입(장애인활동보조, 노인돌봄(종합), 지역사회서비스 투자사업)	신규
	· 사회보험 적용 · 징수 일원화(4대 사회보험 통합 징수 추진)	신규

〈표 16-3〉계속

정책	주요 내용	비고
사회 서비스	· 보육확대 : 산전후 휴가급여, 육아휴직제도, 보육료 지원확대(0~4세 아동은 빈곤층과 차상위계층까지, 5세 아동은 도시근로자 가구 평균소득 100% 이하까지)	확대 신규
	· 아동복지 확대 : 만 5세아 무상교육, 방과 후 학교, 아동발달지원계좌, 희망스타트 프로그램(빈곤아동의 전인적 발달 지원)	확대 신규
	· 노인복지 : 돌봄서비스 확대, 치매노인 지원체계 구축, 노인직종 교육훈련 확대, 노인 일자리	신규
	· 노인장기요양보험 제도 도입(2007.4)	신규
	· 비정규직보호법 시행(2007.7)	신규
	· 장애인복지 확대: 교육훈련 강화, 취업알선 서비스 확대, 장애인차별금지법 제정(2007.3)	확대 신규
	· 적극적 노동시장정책 : 일자리 창출(사회서비스 분야 일자리 확대), 청년실업대책, 직업능력개발과 취업훈련, 고용정보서비스 제공	확대 신규
복지 계획 수립	· 참여복지5개년계획(2004.11): 국가복지 확대, 사회서비스 확대, 국민참여 확대	신규
	· 국가고용전략(2004.2): 성장-고용-복지의 선순환	신규
	· 제 1차 중장기 보육계획(2006~2010): 새싹플랜 수립(2006.7)	신규
	· 저출산 · 고령사회기본계획 수립(2006~2010): 새로마지플랜 2010(2006.8); 32조 원 투입	신규
	· 비전 2030(2006.7): 2030년 OECD 평균 정도로 복지수준 확대	신규

저 공공부조의 경우, 국민기초생활보장제도와 장애수당의 적용범위를 확대하여 최저생계비 이하에 속하는 빈곤계층을 위한 소득보장을 강화하고자 하였다. [26] 나아가 갑작스럽게 빈곤에 빠져 생활상의 곤란을 겪는 가정과 근로빈곤층, 그리고 국민연금의 혜택을 받지 못하는 노인빈곤자들을 위해 각각 긴급복지지원제도, 근로장려세제, 기초노령연금을 새롭게 제도화하여 최소한의 소득보장이 가능하도록 하였다.

사회보험의 경우, 김대중 정부시기에 전국민이 4대 보험의 대상이 될 수 있도록 가입자의 범위를 확대하는 조치를 취했으나 비정규직의 대다수가 실제로 가입혜택을 받지 못하고 있던 현실을 개선하기 위해 농림어업 분야와 임시직으로 적용범위를 확대하는 조치를 취했다. 그 결과 2002년부터 2007년까지 비정규직의 국민연금 적용률은 21.6%에서 33.3%로, 건강보험은 24.9%에서 35.0%로, 고용보험은 23.2%에서 32.2%로 10% 정도 증가하였다(김영순, 2008). 그 외에도 고령이나 노인성 질병 등으로 목욕이나 집안일 등 일상생활을 혼자서 수행하기 어려운 노인들을 위해 신체활동과 가사활동 지원 등을 제공하기 위한 노인 장기요양보험법이 2007년 4월에 제정되었는데, 이 제도는 노인돌봄 서비스를 국가가 책임지는 것을 넘어서서 과거 오랫동안 노인돌봄에 매여 있던 여성들의 노동시장 참여를 촉진하여 2인부양자 모델을 확산시키는 중요한 계기를 만들었다.

사회서비스 분야는 노무현 정부에 들어와 가장 큰 진전이 있었던 분

---

26 국민기초생활보장의 확대를 위해 부양의무자의 범위 축소(1촌 직계혈족과 그 배우자), 부양의무자의 소득 기준 확대(최저생계비의 130%)를 추진하여 2002년에 135만 명이던 수급자의 수를 2007년 167만 명까지 확대하였다. 2002년에 11만 명이던 장애수당 지급 대상자도 2007년에 39만 8천명까지 늘렸다.

야이다. 노무현 정부는 소득보장만으로는 구사회위험과 신사회위험을 동시에 해결하는 것이 불가능하다는 인식하에 사회투자의 차원에서 아동보육과 교육, 노인돌봄 서비스의 탈가족화와 국가화를 적극 추진하였다. 또한 노동시장에 진입하기 직전의 청년을 위한 직업훈련과 고용정보 제공을 활성화하고, 노동시장에 진입했으나 고용불안정과 저임금으로 고통을 겪고 있는 다수 국민들을 위해 교육훈련 및 고용정보 제공 등의 적극적 노동시장정책을 대폭 확대하였다. 나아가 장애인과 노인, 여성들도 확대된 노동시장정책의 지원을 받아 고용가능성을 높이고 소득을 증진할 수 있는 다양한 서비스를 제공하였다.

복지행정의 측면에서도 여러 가지 변화가 진행되었다. 우선 지방분권 정책의 일환으로 67개의 복지사업이 지방으로 이양되었다. 이어 민간시장을 활용하여 사회서비스 제공을 활성화한다는 취지에서 바우처 제도가 도입되었다. 바우처 제도의 도입은 수요자에게 선택권을 부여한다는 측면에서, 그리고 사회서비스 분야의 일자리를 늘린다는 측면에서 많은 기대를 모았다. 그런데 복지사업의 지방이양과 바우처 제도의 도입은 예상치 않게 복지행정체계를 이원화시키는 결과도 가져왔다 (남찬섭, 2009). 공공부조와 일반 복지사업의 경우 안전행정부가 지방정부의 업무를 관리하는 데 반해, 정부보조금으로 운영되는 바우처 제도는 직간접적으로 복지부의 관리를 받게 되어 복지부와 지역사회 내 민간 복지기관 사이에 별도의 행정라인이 형성된 것이다. 여기에 노인장기요양보험의 관리기구로 건강보험관리공단이 선정되면서 복지부가 지역사회의 사회서비스 제공과정에 깊숙이 관여하게 되어 복지행정의 이중구조는 더욱 심화되었다. 이런 변화 외에 4대 사회보험의 적용과 징수를 일원화하는 작업도 진행되었다.

〈표 16-4〉 노무현 정부시기의 복지지출 변동 (예산편성 연도 기준, 10억 원)

		2004	2005	2006	2007	2008
사회복지	기초생활보장	3,865	4,662	5,450	6,576	7,264
	공적연금	11,869	14,096	15,590	17,173	19,670
	보육 · 가족 · 여성	456	648	846	1,198	1,668
	노인 · 청소년	601	459	477	727	2,221
	노동	8,764	9,773	11,055	12,233	12,500
보건의료		4,796	5,287	5,675	5,452	6,040
주택복지		9,304	11,830	14,882	13,429	13,575
사회복지 총계		46,914	56,666	64,144	68,145	75,560

❙ 주: 사회복지 총계에는 일부 예산(보훈예산, 사회복지일반 예산, 기타 예산)이 빠져 있음.
　　2003년도 사회복지 전체 예산은 41조 원 규모임.
❙ 출처: 고경환 (2012).

〈표 16-4〉는 노무현 정부에서 진행된 복지개혁의 결과가 복지지출에 어떻게 반영되어 있는지를 보여준다.[27] 〈표 16-4〉에 의하면, 소득보장 분야와 사회서비스 분야가 모두 고르게 증가했으나 그중에서도 사회서비스 분야의 증가가 훨씬 가파르게 진행된 것으로 나타난다. 기초생활 보장은 거의 두 배 정도 늘어난 데 비해, 보육 · 여성 · 가족 분야와 노인 · 청소년 분야의 경우 거의 네 배 가까이 늘어난 것이다. 교육복지 예산은 규모 자체가 워낙 크기 때문에 1. 4배 정도 늘어나는 데 그쳤다. 이것을 보면 노무현 정부가 소득보장형 사회투자 복지국가라는 새로운 복지

27 〈표 16-4〉는 참여정부가 실제로 편성한 예산을 제시하였다. 그래서 이전 정부에서 편성된 2003년 예산과 지출은 빠져있다.

체제를 구축하기 위해 어떤 노력을 얼마만큼 기울였는지를 재확인할 수 있다. 그러나 유의해야 할 것은 전체 복지예산 중 공공부조와 공적연금이 차지하는 비중이 아직 사회서비스 분야 비중보다 월등히 커다는 것이다. 다시 말해 이전 정부시기까지 형성된 한국의 복지체제가 과도하게 공공부조와 사회보험 중심으로 구축되어 있다는 것을 의미한다.

한 가지 더 언급할 것은 노무현 정부의 복지확대 노력의 결과 2004년부터 정부 재정에서 차지하는 복지지출의 비중이 경제와 국방을 제치고 1위로 올라섰다는 사실이다(정책기획위원회, 2007). 복지재정의 비중은 2004년에 24.5%를 넘어선 이후 계속 1위를 유지하고 있는데 (2006년에 27.9% 수준), 이것은 한국의 국가가 복지확대의 방향으로 불가역적으로 발전하고 있음을 보여준다.

3) 복지정치와 정치연합의 변동

노무현 정부는 지역균열의 상대적 쇠퇴와 세대균열과 계층균열의 부상에 따른 사회경제적 균열구조의 변동 속에서 치열한 선거경쟁을 거쳐 탄생하였다. 이런 특징 외에 자신을 지지한 서민층과 중간층의 복지를 적극적으로 확대하여 성장과 복지의 선순환을 이루고자 한 정파성 요인으로 인해 노무현 정부는 자신이 감당할 수 있는 최대한의 복지확대를 추구하였다. 이런 노력을 기울이는 과정에서 소득보장형 사회투자 복지국가라는 새로운 복지체제 모형을 만들어 이 방향으로의 경로변경도 시도하였다. 그리하여 소득보장과 사회투자 확대를 위한 많은 제도들이 새로 입법화되었고 복지지출이 대폭 증가하여 정부재정 구조상 복지재정이 1위를 차지하는 획기적 성과를 달성하였다.

그러나 노무현 정부가 추진한 복지정책에 대해서는 여러 측면에서 많은 비판이 뒤따르는 것도 사실이다. 분명한 복지모델과 철학이 정립되지 않아 제도와 프로그램 사이에 상이한 원리(사민주의와 신자유주의)가 충돌한다는 비판(김영순, 2008), 복지정책의 기조가 시장경쟁과 민영화를 강조하는 신자유주의 노선을 추종했다는 비판(김순영, 2011; 주은선, 2011; 강병익, 2009), 복지재정의 확대가 미미했고 노동연계복지가 확대되었다는 비판(조영훈, 2008), 많은 개선에도 불구하고 사회보험에서 광범위한 사각지대가 존재한다는 비판(양재진, 2013), 다양한 복지확대 노력이 이루어졌지만 사회적 양극화가 더욱 확대되었다는 비판(신동면, 2007; 이태수, 2009), 복지행정체계의 이중구조가 심화되고 중앙부처와 관료의 통제가 지속된다는 비판(남찬섭, 2009) 등이 그것이다.

이런 비판에도 불구하고 노무현 정부는 자신의 복지개혁 노력을 통해, 나아가 복지정치의 활성화를 통해 한국의 복지발전에 중요한 기여를 한 것으로 판단된다. 특히 복지정치의 활성화와 관련해서 볼 때, 노무현 정부의 경우 대통령과 정부가 새로운 국가 복지계획의 수립, 복지제도 입법, 재정배분 등을 주도함으로써 정치사회적 논쟁을 불러일으키고 다양한 정치행위자들을 이 과정에 끌어들였다. 그리하여 정부가 주도한 연금개혁에서 보듯 그 이전까지 복지정책의 수립과 집행에서 다소 수동적 태도를 보이던 정당들을 복지정치의 중심에 서도록 하였고, 이와 함께 노조, 경영자단체, 다양한 이익단체와 시민단체들도 정책대안을 제시하거나 정책연합을 형성하도록 유도하였다(김영순, 2011).

노무현 정부의 시기에는 이처럼 대통령과 정부로부터 발원한 '위로부터의 정치화' 외에도 시민단체가 중심이 된 '아래로부터의 정치화' 과정이 다양하게 전개되어 복지정치를 활성화하였다. 가장 대표적인 사례가 '서울시 학교급식조례제정운동본부'가 추진한 무상급식 운동이다. 이 단체는 2004년에 14만 명의 서명을 받아 서울시 의회에 무상급식을 촉구하는 조례제정을 청원하였다(신광영, 2012). 이 운동이 전국으로 확산되는 과정에서 2006년 지방선거가 실시되자 전북 도지사로 출마한 민노당 후보가 무상급식을 정책공약으로 제시하기도 하였다. 당시 이 공약은 큰 주목을 받지 못했지만, 무상급식은 이후 이명박 정부에 들어와서도 2009년 교육감 선거와 2010년 지방선거에서 가장 강력한 선거쟁점의 하나로 부상하여 복지정책의 상징적 이슈가 되었다. 복지정치가 위와 아래의 양방향에서 활성화되자 정당과 국회도 적극적 반응을 보이기 시작했다. 〈표 16-5〉는 노무현 정부시기의 17대 국회 임기 동안 행해진 정당대표 연설을 분석한 박찬표(2008)의 연구결과인데, 이 표를 보면 정부와 시민사회에서 복지정책을 둘러싼 논쟁, 대결, 연합의 복지정치가 활발하게 진행되던 시기에 주요 정당의 대표들도 복지이슈에 대해 매우 빈번하게 언급한 것을 발견할 수 있다. 열린우리당, 한나라당, 민노당 세 당의 대표는 '경제'를 가장 많이 언급했지만 그에 버금가는 높은 빈도로 '복지 및 삶의 질'을 강조한 것이다.

이로 미루어 우리는 노무현 정부시기 동안 국가(대통령과 정부), 정치사회(정당과 국회), 시민사회의 모든 영역에서 복지정치가 전면화되고 있었던 것을 확인할 수 있다. 그리하여 성장을 넘어서서 복지와 분배가 현실정치의 핵심과제로 부각되고 이것을 중심으로 대결과 타협, 참여와 동원이 이루어지는 '복지정치의 에스컬레이션' 과정이 이 시기에 증폭되기 시작했음을 발견할 수 있다. 결국 이런 정치적 발효과정이

〈표 16-5〉 국회 대표연설에서 각 이슈영역이 차지하는 비중

(단위: %)

	열린우리당	한나라당	민주노동당	전체평균
대외관계	22.9	19.9	18.6	20.5
자유·민주주의	6.7	9.3	12.0	9.3
정부	4.1	19.8	0.9	8.3
경제	10.5	23.3	33.6	29.1
복지·삶의 질	26.4	20.7	19.1	22.0
사회구조	0.9	4.0	0.0	1.7
사회집단	8.5	2.9	16.0	9.1

▎출처: 박찬표(2008 : 20).

2010년 지방선거와 그 이후의 선거로 이어져 복지정치의 폭발을 예비한 것이라고 볼 수 있다.

그런데 소득보장형 사회투자 복지국가의 기틀을 만들고 전면적 복지확대 정책을 주도했던 노무현 정권이 집권 여당의 분열과 지지연합의 와해를 겪게 된 것은 정치적 아이러니라고 보지 않을 수 없다. 상황이 이렇게 반전된 이유는 노무현 정부가 연금개혁 과정에서 연금재정의 안정성 확보라는 보수적 목표를 달성하기 위해 보험료율을 올리고 급여율을 낮추는 데 집착하였기 때문이다(김영순, 2011). 그 결과, 자신의 정치적 토대가 되었던 복지연합의 구성원들이 대거 이탈하도록 방치하여 복지개혁에서 이룬 여러 성과에 대한 긍정적 평가를 제대로 향유하지도 못하고 정권재창출에도 실패하는 비운을 맞이하게 되었던 것이다. 이것은 결국 노무현 정부를 탄생시킨 느슨한 정치연합의 정합성과 견고성이 취약한 데서 발생한 문제인데, 이것을 다른 측면에서 보면

노무현 정부가 복지정책의 추진과정에서 복지연합을 형성하고 유지하는 데 매우 미숙했던 것을 보여주는 중요한 사례이기도 하다.

4. 이명박 정부시기의 복지국가 발전

1) 선거경쟁과 정치연합의 형성

노무현 정부는 세계화, 양극화, 탈산업화, 저출산·고령화라는 복합적 위기에 대응하기 위해 발전주의적 복지국가의 틀을 벗어나 소득보장형 사회투자 복지국가를 건설하고자 나름대로 최대한의 노력을 기울였다. 그러나 진보적 복지정책을 추진하면서도 한미FTA 체결과 같은 신자유주의적 개방정책을 추진하는 모순적 정책행보를 보였고, 또 연금개혁을 추진하는 과정에서 야당은 물론 진보세력과 자신의 지지세력으로부터도 강력한 비판을 받아 점차 고립의 길로 빠져들게 되었다. 그리하여 집권 초기에 복지와 분배를 목표로 형성된 상당히 넓은 정치연합이 점진적 붕괴과정을 거치면서 이명박 정권의 등장으로 귀결되고 말았다.

이런 흐름 속에서 등장한 이명박 정부는 정치경쟁 구도의 측면에서 볼 때 다음과 같은 세 가지 특징을 보였다. 첫째, 이명박 한나라당 후보는 17대 대선 기간 내내 정동영 대통합민주신당 후보에 대해 절대적 우세를 보였으며 최종적으로 531만 표라는 엄청난 표 차이로 압승을 거두었다.[28] 따라서 17대 대선의 경쟁성은 16대와 비교하여 크게 낮은 수준이었다. 둘째, 정파성의 측면에서 보면, 감세, 규제완화, 친기업 정

<표 16-6> 17대 대선에서의 이명박 후보 지지집단 분석

(단위: %)

지역	세대	계층	직업	학력
영남권: 74.1 강원권: 66.7 수도권: 57.4 충청권: 42.1 호남권: 5.6	20대: 44.3 30대: 52.3 40대: 58.4 50대: 61.3 60대 이상: 70.4	하위층: 67.2 중하위층: 61.0 중간층: 50.9 중상위층: 51.8 상위층: 46.4	무직·퇴직자: 74.2 판매·영업· 서비스직: 70.3 자영업자: 62.0 주부: 58.8	중졸 이하: 66.2 고졸: 63.2 대재 이상: 49.5

❙ 이명박 후보 지지율 57.3%, 정동영 후보 지지율 20.4%(실제 득표율은 이명박 후보 48.7%, 정동영 후보 26.1%로 서베이 결과와 차이가 있음).
❙ 출처: 한국사회과학데이터센터 (2007).

책, 대규모 토목공사 등을 통해 7%대의 고성장을 달성하고자 한 이명박 정부는 복지와 분배보다는 성장을 훨씬 중시하는 매우 강한 발전주의적 정파성을 보였다. 셋째, <표 16-6>에서 보는 것처럼, 이명박 정부는 대선과정에서 영남권, 수도권, 강원권을 중심으로 하는 지역연합을 기초로 50대 이상의 노장년 세대가 가세하는 광범위한 보수적 정치연합의 지지를 받았다. 특이한 점은 이 연합구조 위에 하위층과 중하위층 등 저소득계층, 무직·퇴직자, 판매·영업·서비스직, 자영업자 등의 하위 직업집단, 학력 면에서는 저학력 유권자 집단이 성장을 추구하는 이명박 후보의 강력한 연합세력으로 참여했다는 것이다. 이러한 사실로 미루어 이명박 정부의 친성장 연합은 확장성, 보수성, 내적 복

---

28 17대 대선이 이렇게 진행된 데에는 노무현 정부의 정치연합 붕괴, 노무현 정부에 대한 국민들의 징벌적 회고투표, 민주당 내부의 분열, 정동영 후보의 전략적 실수(현직 대통령과의 정치적 결별 등) 등 여러 요인이 작용하였다.

〈표 16-7〉17대 대선과 18대 총선 참여 11개 정당의 선거강령 내용분석

정책범주	평균	표준편차
복지확대	12.14	5.17
기술 · 인프라	6.99	4.39
교육확대	6.18	1.85
경제적 유인	5.97	6.50
환경보호	5.30	2.36
시장규제	4.91	3.84
농 업	4.19	2.28
문 화	3.83	2.38
비특권 소수자	3.54	2.08
여 성	2.98	2.75

▌출처: 이지호 (2009: 129).

잡성 등의 특징을 보이는 것을 알 수 있다.

17대 대선과정을 통해 나타난 선거경쟁의 낮은 경쟁성, 높은 정파
성, 넓은 정치연합 등의 특징으로 미루어볼 때, 이명박 후보와 한나라
당은 복지보다는 성장을 더 중시하고, 또 복지증진도 분배와 복지지출
의 확대보다는 성장과 일자리 확대를 통해 이루고자 했으리라고 예측
할 수 있다. 그럼에도 불구하고, 17대 대선과 뒤이어 개최된 18대 총선
에서는 한나라당을 비롯한 주요 정당들이 모두 복지확대를 더 많이 강
조한 것으로 드러난다. 이 두 선거에 참여한 11개 정당의 선거강령을
분석한 이지호(2009)의 연구에 의하면(〈표 16-7〉참조), '복지확대'는
다른 이슈보다 압도적으로 높은 빈도를 보이고 있고, 그것도 2002년 대
선과 2004년 총선과 비교할 때 평균 빈도가 1.5배나 많은 것으로 나타

난다. 또한 정당별 차이의 분석에서, 한나라당은 경제적 유인을 16.52 회, 복지확대를 13.93회, 통합민주당은 복지확대를 13.37회, 기술과 인프라 구축을 9.47회, 민주노동당은 복지확대를 16.37회, 시장규제 를 7.41회 언급한 것으로 밝혀졌다(이지호, 2009: 131). 이것을 보면 17대 대선과 18대 총선에서 가장 중심적 이슈로 부상한 주제는 단연 복 지확대였던 것을 확인할 수 있다.

어떤 선거보다도 복지확대가 강조된 17대 대선과 18대 총선은 성장 을 중시한 이명박 후보와 한나라당에게 이념과 정책노선상의 큰 긴장 을 유발했을 것으로 짐작할 수 있다. 특히 다수의 저소득층과 하위직 종사자들이 정치연합의 핵심 구성원으로 참여했기 때문에 복지와 성장 사이의 내적 긴장은 더욱 컸을 것으로 생각된다. 이런 가운데 그들은 양자의 충돌을 피하기 위해 성장을 통한 복지, 일자리를 통한 복지, 근 로연계 복지, 선별적 복지의 확대라는 전략을 채택했고(김원섭·남윤 철, 2011; 주은선, 2011), 이런 노선이 상당수 저소득층, 하위직 종사 자, 노인집단, 주부집단, 저학력층의 호응을 받아 집권에 성공할 수 있 었다.

2) 복지정책의 설계와 집행 : 생산주의형 사회투자 복지국가

성장정책의 측면에 볼 때, 이명박 정부는 과거의 발전주의 모델을 세 계화 시대에 맞추어 새롭게 복원하고자 하였다. 또한 이런 틀 속에서 감세, 규제완화, 투자확대, 민영화, 노동시장 유연화, 무역자유화, 수 출증대 등을 통해 7%대의 높은 성장률을 달성하고자 하였다. 이런 면 에서 이명박 정부는 성장 중심의 매우 일관되고 강력한 정책노선을 추구했다고 볼 수 있다.

그러나 복지정책의 측면에서 보면, 이명박 정부는 매우 모순적인 정책선택을 했다고 판단된다. 우선 취임 초기에는 '능동적 복지'를 내세우며 국가의 복지책임을 최소화하고 개인의 자립과 근로연계복지를 최대화하는 정책노선을 표방하였다(이태수, 2008; 김원섭·남윤철, 2011). 그러나 2008년 후반기부터 미국발 경제위기로 인해 국내의 경제침체가 시작되자 경기부양과 고용증진을 위해 즉각적으로 재정지출 확대와 복지확대를 추진하였고, [29] 그 결과 노동시장과 고용분야의 복지지출이 빠르게 증가하였다. 동시에 집권 중반부터는 이명박 정부 스스로 보육과 노인복지 등 가족정책 분야의 복지발전 계획을 수립하고 복지 지출을 능동적으로 확대하기 시작했다. 그리하여 새로운 복지기획, 제도형성, 지출확대 등 여러 측면에서 노무현 정부의 노력에는 미치지 못하지만 권위주의 시기와 민주화 초기의 다른 정부들보다는 훨씬 많은 복지발전을 이루었다.

그러면 이명박 정부의 이런 시도를 어떻게 이해해야 하는가? 그리고 전체 집권기간 동안 이명박 정부는 어떤 형태의 복지국가를 추구했다고 평가할 수 있는가? 우선 이명박 정부가 복지정책 분야에서 선별적 차원의 국가복지는 확대하되 소득보장과 보편적 복지를 중심으로 하는 국가복지는 최소화하겠다는 본래의 의도와 달리 국가복지를 상당히 큰

---

29 이 시기의 경제침체를 외환금융위기 당시의 경제위기와는 구별할 필요가 있다. 외환금융위기는 내부요인과 외부요인이 결합하여 국가부도 사태 직전까지 가는 극단적 수준의 위기였고(1998년의 경제성장률 -6.9%), 그에 반해 2008~2009년의 경제침체는 기본적으로 외부요인에 의해 초래되었고 그 정도도 상대적으로 매우 낮은 수준이었다(2009년 경제성장률 0.3%). 따라서 두 시기의 경제적 조건이 복지국가 발전에 미친 영향도 다르게 평가되어야 한다.

규모로 확대한 이유는 다음의 세 가지였다고 판단된다. 첫째는 경제침체를 벗어나기 위한 재정지출과 복지확대 노력으로서, 이는 주로 집권 전반기의 경기부양 정책과 고용확대 정책으로 나타났다(김원섭·남윤철, 2011). 둘째는 이명박 정부의 지지연합을 구성하는 저소득층과 하위직 종사자들의 요구를 충족시키기 위한 복지정책으로서 주로 사회적 일자리 창출 정책과 공공부조의 확대로 나타났다. 셋째는 17대 대선과 18대 총선, 또 그 이후 2009년의 교육감 선거와 2010년의 지방선거를 거치면서 복지에 대한 대중의 요구가 급증하자 이에 대한 선제적 혹은 사후적 조치로 복지가 확대된 것이었다.

이 세 번째 요소와 관련하여, 2010년 지방선거에서 무상급식을 비롯한 보육, 의료 등 다양한 복지정책이 여야 사이의 중심적 선거쟁점으로 부각되고, 뒤이어 2012년에 예정된 총선과 대선을 염두에 둔 격렬한 정당 간 정치경쟁이 촉발되자 이명박 정부는 이에 대해 선제적으로 대응하기 위해 집권 중후반기에 보육정책과 노인복지 분야를 중심으로 대규모 복지확대를 추진하였다. 이것은 성장을 중시하고 복지의 최소화를 추구한 보수정권이 채택하기 힘든 정책선택으로서 매우 중요한 의미를 갖는다고 평가할 수 있다. 이명박 정부의 중반기에 일어난 이 현상은 결국 정당 간의 정치경쟁과 선거경쟁이 격화될 경우 자신의 정파성에도 불구하고 대규모 복지확대가 일어날 수 있다는 이 연구의 경쟁성 가설을 뒷받침하는 매우 강력한 증거로 받아들여질 수 있다.

이명박 정부는 출범 초기부터 성장지상주의와 시장중심주의의 정책 노선을 견지하고 있었다. 그러나 집권 전 기간에 걸쳐 정치연합의 핵심 구성원들인 저소득층과 노인집단의 요구, 미국발 경제위기에 대한 대응, 심화되는 선거경쟁에서의 승리 등 여러 요인에 의해 복지확대를 도모하지 않을 수 없는 딜레마에 빠지게 되었다. 바로 이 정치적 딜레마에서 벗어나기 위해 이명박 정부는 '생산주의형 사회투자 복지국가' 모델을 채택하여 능동적 대응을 시도하기에 이르렀다.

일반적으로 사회투자 복지국가는 과도한 재원이 소요되는 소득보장에 대한 지출을 억제하는 대신 인적자본 형성과 노동시장정책에 대한 복지투자를 확대하여 노동의 생산성과 유연성을 증진하는 데 목표를 둔다. 그리하여 복지지출이 시장 효율성을 저해하지 않고 오히려 국내외 시장경쟁력을 증진하는 제도적 조건이 되도록 하는 정책지향성을 갖는다. 이런 점에서 기존의 고비용 복지국가에 대한 대안으로 제기된 사회투자 복지국가는 본질적으로 '생산주의적'(*productivist*) 특성을 가지게 된다(Giddens, 1998; De Deken, 2012; 김영순, 2007; 김윤태, 2010b).

성장노선과 복지요구 사이의 상충적 상황에 직면해있던 이명박 정부에게 생산주의형 사회투자 복지국가는 매우 매력적인 정치적 돌파구로 받아들여졌다. 그것은 일차적으로 생산주의를 추구하는 사회투자국가의 이념에 잘 부합하는 복지모델이었다. 동시에 이 모델에 선별주의를 결합함으로써 이명박 정부는 재정적 부담은 줄이되 정치적 주도력을 발휘할 수 있는 정책수단을 확보하게 되었다. 특히 복지이슈를 두고 정당 간 경쟁이 증폭되기 시작한 2010년 이후 이명박 정부와 보수세력은 생산주의형 사회투자 복지국가 모델을 지렛대로 삼아 복지문제에 대한 수세적 입장에서 공세적 입장으로 적극적 전환을 시도할 수 있게 되었다. 그러나 유의할 점은 이명박 정부가 결코 성장을 중시하고 복지를 최소화하고자 한 신자유주의 노선을 폐기하지 않았다는 사실이다. 특히 이명박 정부는 심각한 경제침체 상황을 타개하기 위한 정부의 재정

지출을 확대하면서도 빈민의 기본생계를 보장하기 위한 공공부조 대상자와 예산규모를 점진적으로 축소하는 뚜렷한 신자유주의적 정파성을 보였다(통합진보당, 2012).[30]

그러나 이명박 정부는 생산주의형 사회투자 노선에 충실하게 청년과 실업자들을 위한 직업훈련과 고용정보서비스를 확충하고 일자리를 늘리는 적극적 노동시장정책에 대한 지출은 크게 확대했다. 동시에 영유아와 아동복지에 대한 투자도 늘림으로써 미래의 인적자본을 확충하는 데 역점을 두었고, 또 노인들을 위한 사회적 일자리 창출과 함께 노인돌봄 서비스도 확대하였다. 이로써 이명박 정부의 노동시장정책과 보육정책은 뚜렷한 생산주의형 사회투자정책을 지향했던 것을 확인할 수 있다. 더불어 영유아돌봄과 노인돌봄 서비스의 확대는 노무현 정부가 추진한 돌봄 서비스의 탈가족화·국가화·사회화 정책을 이어받아 여성들의 경제활동 참여 확대와 2인 부양자 모델을 확산하는 데도 크게 기여했다고 평가할 수 있다.

그러면 이명박 정부는 구체적으로 생산주의형 사회투자 복지정책을 어떻게 설계하여 어떻게 추진했는가? 〈표 16-8〉에 정리된 것처럼, 이명박 정부가 추진한 다양한 복지정책들은 다음의 네 가지 범주로 나누어 분석해볼 수 있다.

첫째, 이명박 정부는 노무현 정부에서 도입된 여러 복지제도들, 예컨대 기초노령연금, 노인 장기요양보험, 근로장려세제, 긴급복지지원

---

30 이러한 현상은 영국의 대처 정부와 미국의 레이건 정부가 복지제도의 성숙과 고령화 등의 요인에 의해 전체 복지지출 규모가 확대되는 상황에서도 실업급여와 연금급여 등을 대폭 축소하여 보수적 정파성을 분명하게 보여준 것과 매우 유사한 행태로 볼 수 있다(Allan & Scruggs, 2004; 고세훈, 2012).

제도, 바우처 제도 등을 계승하여 충실하게 실행하였다. 국민연금 개혁, 고용보험 확대, 적극적 노동시장정책, 보육정책과 노인복지의 확대 등과 같은 정책기조도 그대로 유지했고, 4대 사회보험 통합 징수방안도 그대로 실행하였다. 이것은 복지국가 발전과정에서 '경로의존성'(*path dependence*)이라고 불리는 현상인데(김원섭·남윤철, 2009), 분배와 복지를 강화하고자 한 노무현 정부와 성장을 중시한 이명박 정부가 이념과 정책노선에서 큰 차이를 보였지만 복지정책면에서 높은 수준의 연속성을 보이게 된 것은 제도와 정책의 경로의존성으로 인해 이질적인 두 정부가 서로 연결되었기 때문이다. 달리 말하면, 바로 이 경로의존성으로 인해 노무현 시대에 형성된 복지제도와 정책들이 이명박 정부의 복지정책 추진과정에서 방향설정과 제도적 제약요인으로 작용하여 정부 간 일관성을 유지하게 한 것이다.

둘째, 이명박 정부의 복지확대를 초래한 다른 요인 하나는 복지제도 자체의 성숙이다. 이 범주에 속하는 가장 대표적인 복지제도는 공적연금이다. 노무현 정부 마지막 해인 2007년에 17조 원 규모에 달했던 공적연금의 지출 규모는 이명박 정부 마지막 해인 2012년에는 31조 원으로 거의 두 배 가까이 증가했는데, 이것은 무엇보다도 고령화와 은퇴자의 증가에 따른 제도성숙의 결과였다.[31] 제도성숙의 다른 사례는 기초노령연금, 장기요양보험 등 대개 고령화와 관련된 제도들이다.

셋째, 이명박 정부는 성장지향성과 친기업성이라는 자신의 정파성에 잘 부합하는 노동시장정책과 보육정책 등을 중심으로 사회투자와

---

31 노무현 정부시기에 매년 1.5조 원 규모로 증가하던 공적연금은 국민연금 수급이 본격적으로 시작된 2008년에 전년보다 2.5조 원 정도가 급증한 이후 이명박 정부시기에는 매년 평균 2조 원 규모로 늘어났다(〈표 16-4〉와 〈표 16-9〉참조).

〈표 16-8〉 이명박 정부의 주요 복지정책

정책	주요 내용	비고
공공 부조	· 국민기초생활보장제도 개선 – 부양의무자의 범위를 1촌 직계혈족과 그 배우자로 축소(2008.7) – 노인, 장애인, 학부모 가구의 부양의무자 소득기준 완화 　(최저 생계비 185%) – 탈수급 위한 희망키움통장 제도 시행(2010.1) – 통합전산망 활용 통한 부정수급자 축소	대상자 축소, 탈수급 추진
	· 장애인연금 도입(2010.7): 중증장애인 대상	신규
	· 긴급복지지원법 시행(2008.2): 긴급의료지원 남용 통제 　(동일 질병 1회 제한), 생계지원 기준 완화	신규 축소
	· 근로장려세제(EITC) 시행(2009년)	계속
	· 기초노령연금 시행(2008.1): 일차 70세 이상 노인 대상, 　2008년 7월부터 65세 이상 적용, 급여수준 불변	계속 확대
사회 보험	· 국민건강보험 적용 확대: 차상위계층 단계적 확대, 중증질환자 본인 부담 경감(10 → 5%), 보험료체납자의 의료수급권 축소, 의료급여 대상(185만 → 150만)	계속 축소
	· 국민연금 적용 확대: 가입기간 20년 요건 삭제, 가입이력이 있는 사람은 임의계속 가입 가능	계속
사회 보험	· 산업재해보험 적용 확대: 이전 정부의 법 개정으로 대상자 확대 　(2008년 1,349만 → 2011년 1,436만)	계속
	· 고용보험 개선: 별정직 및 계약직 공무원의 보험 가입 허용 　(2008.3), 부정수급 통제 강화(2008.12), 자영업자의 보험 가입 허용(2011.7)	계속 신규

정책	주요 내용	비고
사회 서비스	· 보육료 지원확대: 2012년부터 0~2세와 5세 아동은 전 계층, 3~4세 아동은 소득하위 70%까지 확대	확대 신규
	· 양육수당 도입(2009.7) 및 확대: 차상위계층 아동까지 확대(2012)	신규
	· '아이돌봄지원법' 제정(2012.2, 만 12세 이하 아동에게 개별적으로 보호 및 양육 지원), '아동의 빈곤 예방 및 지원 등에 관한 법률' 제정 (2012.7)	신규
	· 노인복지 확대: 돌봄서비스 확대(2007년 236억 → 2012년 1,037억), 노인 일자리 확대(2007년 845억 → 2012년 1,831억)	확대
	· 노인장기요양보험 제도 시행(2008.7): 2011년 장기요양보험료율 6.55%로 동결	계속
	· 적극적 노동시장정책 추진: 사회서비스 분야 일자리 확대, 청년실업 대책, 직업능력개발과 취업훈련, 고용정보서비스 제공	계속 확대
복지 행정	· 바우처 활용 대폭 확대	확대
	· '사회서비스 이용 및 이용권 관리에 관한 법률' 제정(2011.8): 사회 서비스 제공기관 등록제, 품질관리 의무화	신규
	· 4대 사회보험 적용 · 징수 일원화 시행: 국민건강보험 공단이 통합 징수(2011.1)	계속
복지 계획 수립	· 〈일자리 대책 및 녹색뉴딜 사업〉(2009)	신규
	· 〈아이사랑플랜: 2009-2012〉 수립: 보육료 전액지원 대상자 확대 (2011년까지 소득하위 70%까지 대상)	계속 신규
	· 〈2020 국가고용전략〉(2010.10): 서비스 산업 육성, 고용규제완화	계속 신규
	· 〈제2차 저출산 · 고령사회기본계획: 2011~2015〉 수립(2010)	계속 신규

복지확대를 상당히 전향적으로 추진하였다. 우선 경제침체에 대응하여 적극적 재정지출을 통해 일자리를 창출하고자 하였고, 동시에 취업을 준비하는 청년, 실업자, 고용불안정 상태에 놓인 비정규직 종사자들을 위해 다양한 직업훈련 프로그램과 고용정보서비스를 제공하였다.

또한 중장기적 관점에서 미래세대의 인적자본을 확충하기 위해 영유아 보육정책을 확대하고 만5세아 무상교육 정책도 추진했다. 노동시장 정책과 보육정책을 중심으로 하는 사회투자 정책은 현재와 미래 노동자들의 지식과 기술수준을 제고하여 생산성과 경쟁력을 향상시킨다는 측면에서 이명박 정부의 신자유주의 노선과도 매우 잘 부합하는 정책이었다. 이런 관점에서 이명박 정부는 4대 사회보험의 대상자를 확대하는 정책을 추진했고, 아동돌봄과 노인돌봄을 비롯한 다양한 사회서비스도 적극적으로 확대하였다. 이명박 정부의 정파성에 부합하는 다른 복지제도의 하나는 바우처 제도였는데, 이것은 복지지출을 늘리면서도 사회서비스 제공의 시장화를 확대하고자 한 이명박 정부의 의도에 매우 잘 맞는 유용한 정책수단으로 폭넓게 활용되었다. [32]

넷째, 이명박 정부는 개인의 자립과 국가복지의 최소화라는 자신의 정파적 이념에 맞게 복지제공을 적극적으로 축소하기도 하였다. 이것은 주로 국민기초생활보장제도의 수급자들을 비롯한 빈곤자들과 사회보험 분야의 부정수급자들을 대상으로 추진되었다. 우선 이명박 정부

---

[32] 바우처의 재정규모는 2007년에 1,874억에 불과했으나 이명박 정부의 마지막 해인 2012년에는 8,796억 원까지 증가하였다. 이 기간에 이용자는 2배, 제공기관은 4배가량 증가하였다. 그리하여 이 과정에서 노인돌봄, 산모신생아도우미, 가사간병사업, 보육, 장애아동 재활치료, 장애인활동보조 등 다양한 서비스가 시장을 통해 공급되었다(보건복지부, 2013).

는 2008년 7월에 법 개정을 통해 기초생활보장제도의 부양의무자 기준을 2촌 이상의 직계혈족(조부모와 손자녀)과 생계를 같이 하는 2촌 방계혈족(형제와 자매)에서 1촌 직계혈족과 그 배우자로 축소하여 일견 수급권자의 범위를 확대하는 듯한 조치를 취했다. 그러나 2010년 1월부터 사회복지통합관리망(사통망)이 가동되면서부터 수급대상자가 되어야 할 사람들이 자녀나 그 배우자에게서 실질적으로 도움을 받지 못하는데도 그들이 일정한 소득을 가지고 있는 경우(부양의무자의 가구가 4인인 경우 월 소득 354만 원 이상의 소득 보유) 바로 이 사통망에 발각되어 수급자격을 박탈당하게 된 것이다.[33] 사통망의 가동으로 인해 복지수급 자격이 박탈된 사례는 극빈자 의료급여, 기초노령연금, 장애인연금, 고용보험 수급자 등 매우 광범위하다.

문제는 사통망의 구축으로 복지행정의 효율성을 높이고 복지수급자의 도덕적 해이를 통제하는 긍정적 효과를 보는 이면에 수많은 빈곤자들이 새로 도입된 행정시스템으로 인해 국가로부터 최소한의 소득보장을 받지 못해 자살의 길로 내몰린다는 데 있다.[34] 〈표 16-9〉는 이러한

---

33 빈곤사회연대가 2012년 7월 12일 〈함께 걸음〉에 기고한 신문기사에 의하면 다음과 같은 내용이 실려 있다. "지난 4월 26일, 복지부는 2010년과 2011년 네 차례에 걸쳐 수행한 복지급여 대상자 확인조사결과를 발표했다. 복지부는 "행복e음"이라는 사회복지통합전산망을 통해 기초생활수급, 기초노령연금, 장애인연금, 한부모가족지원, 영유아지원, 차상위장애인연금, 차상위자활, 차상위의료, 청소년특별지원 등 제반 복지급여수급자에 대해 일제 정비를 했고, 그 결과 각종 복지급여수급자 44만 8,900명이 수급자격을 잃었으며, 이 가운데 기초생활수급자가 11만 6천 명에 이르는 것으로 나타났다. 그러나 복지부 발표 어디에도 자세한 설명은 없었다. 단지 수급자 탈락을 통해 3,962억 원의 비용이 절감될 것이라고 홍보했다."

34 수급자격 박탈로 인해 자살로 내몰린 사례에 대해서는 구슬기(2013. 11. 23.,

<표 16-9> 기초생활보장 수급자 현황

(단위: 천 명, %)

	2003	2004	2005	2006	2007	2008	2009	2010	2011	2012
수급자 수	1,374	1,424	1,513	1,535	1,550	1,530	1,569	1,550	1,469	1,394
수급률	2.9	3.0	3.1	3.2	3.2	3.2	3.2	3.1	2.9	2.7

┃출처: e나라지표.

사정을 반영하여 노무현 정부시기에 155만 명까지 늘어났던 기초생활보장 수급자가 이명박 정부 마지막 해에 139만 명까지 줄어든 상황을 보여준다. 복지지출이 전반적으로 확대되는 와중에서도 공공부조와 사회보험의 일부 분야에서 수급자와 예산이 줄어든 것은 신자유주의 정책노선을 추구했던 영국의 대처 정부와 미국의 레이건 정부에서처럼 한국의 이명박 정부에서도 정권의 보수적 정파성이 복지정책에 깊이 반영된 것을 분명하게 보여주는 사례라고 평가할 수 있다(Allan & Scruggs, 2004; 각주 26 참조).

이상에서 살펴본 것처럼 이명박 정부는 경로의존성, 제도성숙, 자신의 정파성에 입각한 사회투자 확대 등 여러 가지 요인에 의해 초기의 노선과 달리 상당한 수준의 복지확대를 추진하였다. 그러나 잊지 말아야 할 것은 신자유주의 노선과 최소주의·선별주의 복지관을 가진 이명박 정부가 기초생활보장제도를 중심으로 하는 소득보장 정책에서는 매우 소극적인(또는 반복지적인) 태도를 취한 것이다. 사통망이라는 정보시스템을 활용하고 엄격한 기준을 적용하여 대상자를 축소하는 한편, 행

〈프레시안〉)와 박상근(2013. 12. 3. 〈해럴드경제〉)의 기사를 참고할 것.

복지움통장과 행복리본프로젝트라는 탈수급 프로그램을 도입하여 근로능력자들을 빈곤에서 탈출시키려는 시도를 했는데 이것은 전형적으로 빈곤자의 소득보장을 경시하고 노동의 상품화와 노동연계복지를 강제하는 자유주의적(또는 신자유주의적) 시각을 반영한 것이다.

그 외에 이명박 정부는 〈일자리 확대 및 녹색뉴딜 사업〉과 〈제 2차 저출산·고령사회기본계획〉과 같은 정부계획을 수립하여 복지확대를 추진했지만 성장-고용-복지의 선순환을 도모할 수 있는 새로운 원리도 제시하지 못했고 새로운 복지체제의 설계도도 제시하지 못한 한계를 지적하지 않을 수 없다. 이명박 정부에게 복지확대는 내키지 않는 정책이었기 때문에 경제, 고용, 복지문제에 통합적으로 대응하지 않고 실용적 차원에서 각각의 문제에 개별적·소극적으로 접근한 것이다.

그럼에도 불구하고 복지지출의 측면에서는 꽤 큰 규모의 지출확대가 이루어진 점을 평가하지 않을 수 없다. 〈표 16-10〉에 정리된 것처럼, 이명박 정부에서는 공적연금(23.8조에서 33.1조로 증가), 보육·가족·여성복지(2조에서 4.5조로 증가), 노인·청소년(3.2조에서 4.4조로 증가) 등에서 큰 폭의 복지확대가 이루어졌다. 기초생활보장의 경우 2010년과 2011년에 접어들어 그 이전보다 규모가 크게 축소되었다가 다시 회복되는 패턴을 보여준다.[35] 보건의료 분야와 주택복지 분야에서도 의미 있는 증가가 있었다. 이런 점을 고려하여, 출범 초기에 신자

---

[35] 2012년의 경우 기초생활보장 예산이 약 4천억 원 정도가 더 늘었지만, 이 증가한 예산의 대부분은 2010년의 대규모 삭감으로 인해 지급되지 못한 의료급여 미지급금 상환액이다. 순수하게 증액된 것은 16억 원에 불과하다. 그 외에 2012년의 경우 긴급복지 예산 1,004억 원, 저소득층 에너지 보조금 902억 원, 장애인 예산 187억 원 등이 삭감된 것도 이명박 정부의 보수적 정파성을 이해하는 근거가 된다.

〈표 16-10〉 이명박 정부시기의 복지지출 변동 (예산편성 연도 기준, 10억)

		2009	2010	2011	2012	2013
사회복지	기초생활보장	7,990	7,304	7,524	7,910	8,560
	공적연금	23,868	25,985	28,183	31,267	33,138
	보육 · 가족 · 여성	2,002	2,369	2,876	3,384	4,520
	노인 · 청소년	3,255	3,663	3,876	4,051	4,464
	노동	15,116	12,293	12,618	13,124	13,890
보건의료		7,432	7,330	7,500	7,859	8,729
주택복지		15,356	16.716	18,053	19,006	17,473
사회복지 총계		74,709	81,246	86,392	92,630	97,403

▌주: 이명박 정부가 예산을 편성한 시기(2009~2013)를 대상으로 함, 교육복지 예산 불포함.
▌출처: 기획재정부, 〈나라살림〉; 고경환(2013).

유주의 노선을 추구한 이명박 정부도 시간의 흐름에 따라 사회투자 정책을 강화하며 복지확대에 기여했다고 결론지을 수 있다.

3) 복지정치와 정치연합의 변동

신자유주의의 관점에서 발전주의 경제사회 모델을 복원하고자 한 이명박 정부가 한국의 복지국가 발전에 기여한 것은 매우 역설적이다. 이 역설적 현상은 두 가지 측면에서 살펴볼 수 있다. 무엇보다도 감세와 규제완화와 같은 친시장 정책을 통해 고성장을 도모한 이명박 정부는 최소주의 복지와 노동연계 복지를 추구했지만 급박한 경제침체와 격화되는 선거경쟁에 대응하는 과정에서 예기치 않게 사회투자형 복지를 확대하는 정책선택을 하게 되었다.

그런데 이보다 더 역설적인 것은 복지에 소극적이었던 이명박 정부가 경제침체와 정치경쟁에 대한 반응으로 집권 초기의 입장과 달리 적극적 복지노선으로 선회하자 이것이 야당은 물론 한나라당 내 박근혜 진영을 연쇄적으로 자극하여 복지정치를 전면화하고 복지이슈를 최고의 선거이슈로 격상시키는 변화를 만들어냈다는 것이다. 변화의 출발은 2008년 후반에 발생한 경제침체에 대응하여 이명박 정부가 추진한 대대적 노동시장정책과 공공부조 확대정책에서 비롯되었다. 노무현 정부의 마지막 해인 2007과 비교하여 이명박 정부는 2008년과 2009년 2년 동안 적극적 노동시장정책에 9.4조 원과 공공부조 확대를 위해 1.5조 원, 합계 10.9조 원이라는 엄청난 예산을 추가로 더 투입하였다. 그 결과 다른 나라보다 우리나라의 경제회복이 빨랐고 서민층의 일자리와 생계문제도 생각보다 빠르게 진정되었다. 그런데 이것이 복지와 분배 정책을 자신들의 정치적 영토라고 생각하는 진보진영을 뒤흔들기 시작했다.

이명박 정부의 대규모 경기부양 조치와 민생대책에 대한 진보진영의 일차적 대응은 의외로 2009년 4월에 개최된 경기도 교육감 선거라는 한 지역선거에서 시작되었다(신광영, 2012). 이 선거에서 진보 교육감 후보로 출마한 김상곤 후보는 무상급식이라는 비교적 작은 이슈를 제기하여 유권자들의 큰 공감을 얻고 40.8%의 득표로 당당히 당선되는 이변을 일으켰다. 그런데 흥미로운 것은 한 지역에서 치러진 선거에서 제기된 무상급식이라는 주변적 이슈가 조만간 어떤 어마어마한 정치적 폭풍을 만들어낼지에 대해 당시 선거에 참여한 유권자들은 물론 진보진영의 정당과 정치인들도 제대로 감지하지 못했다는 사실이다.

그러나 얼마 지나지 않아 무상급식 이슈가 지닌 엄청난 정치적 의미가 분명해지기 시작했다. 민주당은 2009년 9월에 '학교급식법 일부개정법률안'을 발의한 데 이어, 2010년에 2월에는 이를 당론으로 의결하였다. 이와 동시에 6월의 지방선거에 대비하기 위해 사회적 일자리 100만 개 창출, 아버지 육아휴직 할당제, 3자녀 이상 가구의 건강보험료 전액 면제, 실업부조제, 0~5세 영유아 무상보육과 무상교육, 초중학교 친환경 무상급식 전면실시 등과 같은 공약을 마련하였다(마인섭, 2011). 이에 대응하여 한나라당은 공공부문 일자리 30만 개 창출, 서민・중산층 대상 취학 전 아동의 보육시설 및 유치원 이용료 전액 지원, 저소득층과 농어촌의 초중고 무상급식을 약속하였다. 그런데 천안함 사건의 와중에서 실시된 2010년 6월 지방선거의 결과는 놀랍게도 복지이슈를 집중적으로 쟁점화한 민주당의 압승이었다. 대한민국 선거 역사에서 최초로 복지쟁점이 안보쟁점을 압도하는 일이 발생한 것이다.

지방선거에서의 패배는 이명박 정부는 물론 차기 대선을 준비하는 박근혜 진영에게 큰 충격을 주었다. 그리하여 박근혜 의원은 2010년 12월 사회보장법 개정을 위한 공청회를 개최한 자리에서 소득보장보다 사회서비스를 더 중시하는 '사회투자형 생활보장국가' 모델을 제시하였다(안상훈, 2010). 박근혜 의원이 집권을 위해 개혁적 보수주의 노선으로 전환했다고도 평가받는 이 복지국가 모델은 과거 노무현 정부에서 입안한 〈비전2030〉의 주요 내용까지 수용하는 매우 전향적인 모델이었다. 박근혜 진영이 중도 영역의 유권자들에게 다가서기 위해 민주당의 고유 영역까지 침투하자 민주당은 2011년 1월에 '무상복지 3+1'(무상급식, 무상보육, 무상의료, 반값 등록금)을 중심으로 하는 '창조적 복지국가' 모델을 제시하였다. 그리하여 복지정치는 2012년 총선과 대선이라는 비등점을 향해 빠르게 증폭되기 시작했다.

　이런 거대한 정치경쟁의 흐름 속에서 복지정치를 가장 격렬한 형태로 폭발시킨 것은 2011년 8월에 실시된 서울시 무상급식 주민투표였다. 2010년 지방선거에서 서울시 의회의 다수당이 된 민주당은 2011년에 들어와 무상급식조례안을 통과시켰으나 서울시장이 조례의 공포를 거부하자 이에 대응하여 서울시 의회 의장이 이를 직권 공포하기에 이르렀다. 그러나 이에 반발하여 서울시장은 무상급식조례안을 대법원에 제소하는 한편 주민투표라는 마지막 수단을 선택하였다. 뜨거운 찬반양론 끝에 진행된 주민투표의 결과는 25.7%의 투표율로 개표 득표율인 33%에 미달하여 오세훈 서울시장이 요구한 주민투표는 무효 처리되고 말았다.

　무상급식 주민투표의 결과는 오세훈 서울시장과 한나라당에 치명타를 안겨준 것은 물론 그 이후의 복지정치 전개에 상상할 수 없는 많은 변화를 가져왔다. 무엇보다도 서울시 유권자들과 전국민들에게 무상급식과 복지쟁점 전반의 중요성을 각인시키는 계기가 마련되었다. 또한 선별적 복지노선을 내걸고 주민투표에서 승리하여 보수세력의 차기 주자로 등장하고자 했던 오세훈 시장이 자신의 약속대로 시장직을 사퇴하자 2011년 10월 박원순 시장의 당선과 안철수 교수의 정치적 급부상이라는 정치적 격랑이 몰아쳤다. 18대 대선 개막 만 1년 전의 일이었다. 이제 그 이후의 정치과정은 복지국가와 경제민주화라는 새로운 시대적 과제를 놓고 안철수라는 신진세력과 민주당의 문재인 세력, 선거 승리를 위해 이 두 과제까지 적극적으로 수용하려는 한나라당의 박근혜 세력 사이에 한 치 양보도 없는 선거경쟁으로 전개되었다. 드디어 국가와 시민사회를 연결하는 정당과 정치세력이 정치경쟁과 선거경쟁의 중심적 행위자로 부상했다. 대한민국 역사상 복지이슈가 성장과 안보이슈를 압도한 최초 대통령선거는 이런 구조 속에서 점화되어 갔다.

정치연합의 차원에서 볼 때, 이명박 정부를 탄생시킨 정치연합(즉, 다수의 상위계층, 상당수의 중간계층, 하위직 종사자와 무직·퇴직자 등 다수의 하위계층으로 구성된 연합)은 성장과 선별적 복지를 추구하는 수직적 계층연합(*vertical class coalition*)으로서 많은 유동성을 드러낸 것으로 이해된다. 무엇보다 2010년 6월 지방선거에서 복지이슈가 전면화되고 세대균열과 계층균열이 강력하게 부각되자 이명박 정부를 지지했던 수직적 계층연합에서 상당수의 생산직·기능직, 농민, 주부 유권자가 이탈하였고, 이로 인해 민주당을 지지하며 복지와 분배를 추구하는 수직적 계층연합(상당수의 상위계층, 다수의 중간계층, 상당수의 하위계층으로 구성)이 선거에 이길 수 있었다. 그러나 2012년의 18대 대선에서는 상당수의 생산직·기능직, 농민, 여성 유권자들이 다시 보수적 계층연합으로 복귀하여 박근혜 후보의 승리를 견인했던 것으로 보인다.[36] 이것을 볼 때, 보수세력의 정치연합이 상대적으로 훨씬 규모가 크고, 더 견고하며, 더 복원력이 강하다고 결론지을 수 있다.

---

36 16대, 17대, 18대 대선 직후 조사된 서베이 결과를 분석해보면 이 세 집단이 우리나라의 선거에서 주요 전환투표자 집단(*swing voters*)으로 나타난다(한국사회과학데이터센터, 2002, 2007, 2012).

5. 노무현 정부와 이명박 정부의 복지성과 평가

1) 복지지출 평가

노무현 정부와 이명박 정부는 서로 상이한 이념과 정파적 노선에 입각하여 각각 소득보장형 사회투자 복지국가와 생산주의형 사회투자 복지국가를 건설하고자 했지만, 결과적으로 두 정부 모두 복지지출을 크게 확대했다는 공통점을 보였다. 〈표 16-4〉와 〈표 16-10〉의 자료를 종합하면, 노무현 정부는 집권기간 동안 대략 34조 원을 증액했고(연평균 6.8조) 이명박 정부는 대략 22조 원 정도를(연평균 4.4조) 증액시켰다. 두 정부의 집권 초기에 공히 상당히 심각한 경제침체가 있었던 것을 고려하면 이런 정도의 복지예산 증액은 정권적 차원에서 강력한 정치적 결단을 내린 결과라고 보지 않을 수 없다. 그리하여 흥미롭게도 이질적인 두 정부시기에 복지지출의 확대라는 정책적 연속성이 나타나게 되었다.

그러나 두 정부가 역점을 둔 정책분야에 큰 차이가 있었다는 사실도 간과해서는 안 된다. 노무현 정부의 경우 소득보장을 강화하기 위해 공공부조와 사회보험의 확대를 추진했고, 동시에 가족정책(보육과 노인복지)과 노동시장정책의 확대를 통해 사회투자 영역을 대폭 강화했다.

이명박 정부의 경우에는 자신의 신자유주의 이념에 충실하게 공공부조를 축소하려는 시도를 하면서 동시에 사회투자 영역의 확대를 도모하는 이중적 태도를 보였다. 따라서 두 시기 동안 총량적으로는 복지분야의 확대가 이루어졌지만, 정책지향이나 세부내용에 있어서는 매우 중요한 차이가 발생하였다.

〈그림 16-4〉 사회복지비 규모와 내부 구성요소 변화(GDP 대비 비중, %)

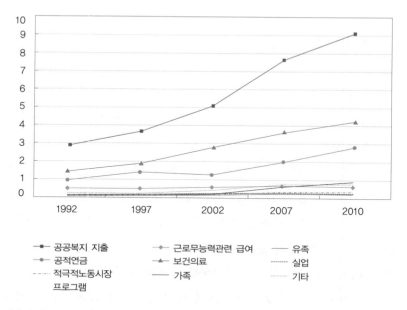

범례:
- ■ 공공복지 지출
- ● 공적연금
- ⋯⋯ 적극적노동시장 프로그램
- ◆ 근로무능력관련 급여
- ▲ 보건의료
- ─ 가족
- ── 유족
- ⋯⋯ 실업
- ⋯⋯ 기타

▌출처: 한국보건사회연구원 (2012).

　이런 차이에도 불구하고, 노무현 정부와 이명박 정부는 모두 사회투자를 위한 복지지출을 늘렸지만 한국 복지국가의 지출구조를 바꾸는 데는 의미 있는 차이를 만들지 못했다. 〈그림 16-4〉에 제시된 것처럼, 두 정부는 복지지출을 적극적으로 확대하여 GDP 대비 전체 공공복지 지출의 비율을 크게 높였으나,[37] 지출증가의 대부분이 보건의료비와 공적연금에 집중되는 결과가 나타났다. 군이 차이를 찾는다면 노무현 정부의 경우 가족정책에 대한 투자를 더 많이 했고, 이명박 정부의 경

---

37 1992년부터 2002년까지의 10년 동안에는 대략 2%p가 증가한 데 반해, 노무현 정부와 이명박 정부가 집권한 10년 동안에는 무려 4%p가 증가했다.

우 노동시장에 대한 투자를 더 많이 한 정도이다. [38] 그러나 사회투자 분야에 대한 이런 정도의 지출확대로는 보건의료비와 공적연금의 합이 이미 70%를 넘어선 우리의 경직적인 복지지출 구조를 재편할 수가 없게 된다. 참고로 이 두 항목의 지출 비중이 70%가 넘는 나라는 이탈리아(80%), 미국(80%), 독일(70%) 등이고, 덴마크와 스웨덴은 각각 40%와 50% 정도를 지출하고 있다(양재진, 2012). 두 지출의 비중이 70%를 넘을 경우 사회투자 정책을 통해 세계화와 탈산업화 등에 대응하는 것이 매우 어려워진다. 그 이유는 의료비와 연금의 비중이 크면 클수록 인적자본을 확충하는 직업훈련과 고용정보서비스 예산, 보육과 교육 예산, 노인 일자리와 돌봄 서비스 예산의 확대가 그만큼 어려워지기 때문이다. 이런 점을 고려할 때, 향후 한국사회의 복지개혁은 보건의료비와 공적연금의 증가 속도를 늦추고 공공부조와 사회투자 분야의 증가 속도를 높이는 방향으로 설계되어야 할 것이다.

2) 빈곤율과 불평등 개선 효과

앞서 살펴본 것처럼 노무현 정부와 이명박 정부는 대규모의 복지지출을 통해 빈곤과 소득양극화 문제를 해결하기 위해 나름대로 많은 노력을 기울였다. 그러나 〈그림 16-5〉를 보면 두 정부 모두 절대빈곤율이 확대되는 추세를 진정시키는 데는 어느 정도 성과를 거두었지만, 그것을 반전시키지는 못한 것으로 보인다. 특히 1인 가구를 포함하는 시

---

38 노무현 정부시기에 가족정책의 지출비중은 0.18%(2002)에서 0.58%(2007)까지 증가했고, 이명박 정부시기에는 노동시장정책의 지출 비중이 0.13%(2007)에서 0.38%(2010)까지 증가했다.

〈그림 16-5〉최저생계비 기준 절대빈곤율

(단위: %)

──■── 시장소득(2인 이상)　　　──◆── 가처분소득(2인 이상)
──▲── 시장소득(1인 가구포함)　　──●── 가처분소득(1인 가구포함)

❚출처: 통계청, 〈가계동향조사〉.

장소득의 경우 절대빈곤율이 2006년의 14.2%에서 2012년 전반기의 19.1%까지 지속적으로 증가하고 있어 그 심각성을 잘 보여준다.[39]

　노무현 정부와 이명박 정부의 복지대응 노력이 빈곤확대 추세를 감소세로 전환시키지는 못했다고 하더라도 두 정부 사이에 미세한 차이는 발견할 수 있다. 〈그림 16-5〉를 자세히 보면, 노무현 정부는 상대적으로 1인 이상 가구의 절대빈곤율이 확대되는 것을 어느 정도 억제한

---

39 2010년 현재 1인 단독가구의 비율은 23.9%에 달한다. 따라서 빈곤율을 검토할 때 1인 가구가 포함된 자료를 사용하는 것이 더 적절하다고 본다. 〈그림 16-4〉에서 2012년 빈곤율은 통계청의 가계동향조사를 토대로 김미희 의원실(2013. 4)이 분석한 결과를 활용했다.

반면, 이명박 정부는 2인 이상 가구의 절대빈곤율 확대를 억제하는 작용을 하였다. 그럼에도 불구하고 두 정부의 복지노력은 빈곤율의 증감에 의미 있는 차이를 만들어내지는 못했다고 결론지을 수 있다.

그런데 1인 이상 가구의 빈곤율이 계속 증가하고 있는 현실은 다음과 같은 세 가지의 보다 근본적인 질문을 제기하게 한다. 첫째, 노무현 정부와 이명박 정부는 세계화, 탈산업화, 고령화 등에 따라 증가하는 빈곤문제를 해결하기에 충분한 복지체제를 구축했는가? 둘째, 두 정부의 노력에도 불구하고 오늘날 전 세계적으로 확대되는 빈곤문제는 어떤 복지정책으로도 해소하기가 어려운 것인가? 셋째, 아니면 이 두 가지 모두가 문제가 되는가? 이 질문들은 지난 10년 동안 한국사회에서 진행된 사회경제적 변화의 깊이와 넓이를 이해하고 그것에 대응하여 두 정부가 추진한 복지정책의 효과성을 평가할 때, 나아가 장차 새로운 복지개혁을 준비할 때 반드시 제기되어야 할 질문들이다.

절대빈곤율이 최저생계비에 미달하는 가구의 비율로 계산되는 것이라면, 지니계수는 소득집단 간에 존재하는 분배의 불평등 정도를 측정하는 지수이다. 〈그림 16-6〉은 한국사회의 소득불평등이 점차 악화되고 있음을 보여준다. 우리가 그림에서 발견할 수 있는 것은 1990년대 초반부터 최근까지 지니계수가 지속적으로 증가해오고 있다는 것이다. 이러한 현상은 지난 10년에 국한해서 볼 때에도 큰 차이가 없으나, 다만 노무현 정부시기에는 지니계수가 증가했고 이명박 정부시기에는 그것이 증가한 뒤 감소세로 돌아섰느냐에 대해서는 많은 논란이 존재한다. 우선 정부측(통계청)과 국책연구기관(한국보건사회연구원)은 경제침체를 극복한 2009년 이후 시장소득과 가처분소득의 지니계수가 모두 감소세로 돌아섰다고 주장한다.[40] 그러나 김낙년(2013)은 표본조사에

<그림 16-6> 지니계수의 변화

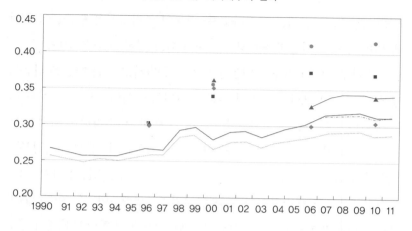

● 시장소득(수정 결과)　　　　　── 시장소득/전체 가구
■ 가처분소득(수정 결과)　　　　···· 가처분소득/전체 가구
▲ 시장소득/비농가　　　　　　── 시장소득/2인 이상/도시가구
◆ 시장소득/전체 가구　　　　　······· 가처분소득/2인 이상/도시가구

▌주: '수정결과'라고 표기된 자료는 김낙년이 국세청의 소득세 자료를 토대로 분석한 것이고, 나머지는
　　모두 통계청이 표본조사를 통해 계산한 것임.
▌출처: 김낙년 (2013: 11).

의해 계산되는 통계청의 지니계수가 상위 소득자 누락과 금융소득의
과소보고 때문에 현저하게 왜곡되어 있다고 지적하면서 국세청이 보유
하고 있는 광범위한 소득세 자료(전수자료)를 활용하여 〈그림 16-6〉에
제시된 바와 같은 '수정결과'를 보여주고 있다. 이 분석에 따르면 다음
과 같은 두 가지 중요한 사실을 발견할 수 있다. 첫째, 1996년, 2000
년, 2006년, 2010년 네 시기의 자료를 분석할 경우 시장소득의 지니계
───
40 〈그림 16-6〉에서 2009년 이후 '수정결과'가 아닌 모든 지니계수의 추세선이 하
　　락하고 있는 데 주목할 것.

수는 매우 큰 폭으로 증가해왔다(2010년 0. 42). 둘째, 다만 가처분소득의 지니계수는 2006년까지 증가하다 2010년에는 소폭 하락한 것으로 나타나는데, 이것도 통계청의 분석보다는 매우 높은 수준이다.

  김낙년의 분석결과를 보면, 한국사회의 소득불평등은 통계청의 발표보다 훨씬 높은 수준이며 노무현 정부와 이명박 정부시기에 모두 증가한 것으로 나타난다. 다만 2010년에 들어와 가처분소득의 지니계수가 0. 38에서 0. 37로 약간 하락한 것은 정부의 복지 지출로 소득불평등의 악화 추세가 억제되기 시작했다는 것으로 해석될 여지가 있다고 본다. 그러나 그럼에도 불구하고 시장소득과 가처분소득의 지니계수가 정부가 발표하는 수준[41]보다 훨씬 높다는 것은 노무현 정부와 이명박 정부에서 구축된 복지체제의 효과성이 소득불평등을 줄이는 데는 여전히 매우 취약한 것을 잘 보여준다.

3) 사회복지체제의 사각지대 문제

  노무현 정부와 이명박 정부가 복지확대를 위해 많은 노력을 기울였지만 빈곤과 소득불평등이 쉽게 개선되지 않은 데에는 여러 가지 요인이 작용했다. 그중에서도 매우 중요한 요인의 하나는 두 정부가 구축한 사회복지체제에 사각지대가 광범위하게 존재했다는 사실이다. 사각지대의 규모가 어느 정도이며 그간 어떤 변화가 있었는지를 살펴보기 위해 국민기초생활보장제도와 사회보험으로 나누어 그 문제를 살펴볼 필요가 있다.

---

41 통계청은 2011년의 시장소득 지니계수와 가처분소득의 지니계수를 각각 0. 311과 0. 288로 발표했다(2012, e나라지표).

먼저, 국민기초생활보장제도의 경우 정부 관계부처가 합동으로 2009년 3월에 제출한 보고서에 의하면(한국보건사회연구원, 2009), 부양의무자와 부양능력이라는 두 가지 기준으로 인해 지원을 받지 못하는 사각지대의 규모는 대략 200만 가구 410만 명으로 추정되었다. 2012년과 2013년의 시점에서 그 규모가 얼마인지에 대해서는 아직 종합적 분석이 제시되지 않고 있으나, 〈그림 16-5〉를 참고하면 이 시기의 사각지대는 410만 명보다 소폭 증가했을 것으로 추측된다. 그 이유는 근년에 들어와 절대빈곤율의 증가가 둔화되긴 했지만 1인가구를 포함시킬 경우 상승세가 다시 살아나고 있기 때문이다. 이 문제 외에 이명박 정부에 들어와 사회복지통합관리망의 구축과 엄격한 기준의 적용으로 마땅히 재정지원을 받아야 할 극빈자 수십만 명에 대해 수급자격을 박탈하거나 적용을 배제하는 문제가 발생했는데, 이 문제도 사각지대의 규모를 확대하는 중요한 요인으로 작용하고 있다고 판단된다.

한편, 사회보험 분야에서도 비정규직을 중심으로 광범위한 사각지대가 존재하고 있는 것으로 알려지고 있다. 〈표 16-11〉에 의하면 정규직의 경우에는 국민연금, 건강보험, 고용보험 등 주요 사회보험 가입률이 2011년 말 83~99%로 나타나고 있으나, 비정규직의 경우 가입률이 30% 초중반대에 머물고 있는 것으로 드러난다. 비정규직의 사회보험 가입률이 이처럼 낮은 것은 노무현 정부 마지막 시기와 비교하여 거의 늘어나지 않았다는 것을 의미한다.[42] 이것을 보면 노무현 정부는 비정규직보호법을 제정하여 비정규직에 대한 차별을 줄이고 비정규직의

---

42 2002년부터 2007년까지 비정규직의 국민연금 적용률은 21.6%에서 33.3%로, 건강보험은 24.9%에서 35.0%로, 고용보험은 23.2%에서 32.2%로 10%p 정도 증가한 것으로 나타났다(김영순, 2008).

〈표 16-11〉 정규직과 비정규직의 사회보험 가입률 비교

(단위: %)

사회보험 고용형태		임금노동자	정규직	비정규직
국민 연금	미가입	28.6	2.0	56.7
	직장가입자	65.7	97.6	32.1
	지역가입자	5.6	0.4	11.2
건강 보험	미가입	2.7	0.0	5.5
	직장가입자	68.6	98.8	36.9
	지역가입자	16.2	0.9	32.3
	의료수급권자	0.9	0.1	1.8
	직장가입 피부양자	11.6	0.3	23.5
고용 보험	미가입	32.1	3.0	62.7
	가입	60.3	83.1	36.2
	비대상	7.6	13.9	1.0

▋출처: 통계청 (2011).

정규직화를 위해 노력한 결과 비정규직의 사회보험 적용 확대에 일정 정도 성과를 낸 반면, 노동시장 유연성을 추구한 이명박 정부는 이 문제에 대해 전혀 성과를 내지 못했음을 발견할 수 있다.

현대 복지국가의 사회보장체계는 공공부조, 사회보험, 사회서비스로 구성되어 있다. 그런데 노무현 정부와 이명박 정부가 지난 10년 동안 최선의 노력을 기울여 사회복지를 확대해왔다고는 하지만 최대 400만에서 500만에 이르는 빈곤자와 600만에서 800만에 이르는 비정규직 종사자들이 (김유선, 2013) 사회보장체계의 두 기둥인 공공부조와 사회보험에서 배제되어있다는 사실은 한국의 복지국가가 아직도 얼마나 부

실하며 앞으로 가야 할 길이 얼마나 먼지를 잘 보여준다. 또한 광범위한 사각지대의 존재는 미래 한국의 복지국가가 사회투자 정책을 강화하여 사회서비스를 증진하는 데만 치중할 수 없음을 분명히 확인시켜준다. 사회투자를 확대하되 그것과 병행하여, 혹은 그것에 선행하여 공공부조와 사회보험을 통한 소득보장의 기초를 충실히 다지는 것이 한국사회가 해결해야 할 현재와 미래의 긴급한 복지과제이다(양재진, 2012; 김윤태 2010b 참조).

6. 결 론

지금까지의 논의에서 우리는 다음과 같은 세 가지 중요한 사실을 발견할 수 있다. 첫째, 노무현 정부와 이명박 정부는 서로 상이한 이념과 정책노선을 추구했지만 모두 새로운 복지정책의 수립, 복지제도의 도입과 실행, 복지지출의 확대 등을 통해 한국의 복지국가 발전에 크게 기여했다. 둘째, 그러나 상이한 정파성 요인으로 인해 노무현 정부는 소득보장형 사회투자 복지국가를, 이명박 정부는 생산주의형 사회투자 복지국가를 지향했으며, 이에 따라 역점을 둔 정책분야와 복지지출 분야에서 상당히 중요한 차이를 보였다. 셋째, 복지확대를 위한 많은 노력에도 불구하고, 두 정부는 보건의료와 공적연금 중심으로 구축되어 있는 경직적 복지지출 구조에 큰 변화를 가져오지 못했고, 빈곤과 소득불평등, 그리고 복지분야의 사각지대를 축소하는 데에도 특별한 효과를 거두지 못했다. 이처럼 두 정부가 복지투입 면에서는 많은 성과를 보였으나 복지산출 면에서 큰 성과를 내지 못한 이유는 외환위기 이후 거세게 불어 닥친 세계화, 양극화, 탈산업화, 저 출산·고령화의 복합적 변화의 충격이 너무나 강력했고, 또 그것으로 인해 빈곤, 불평등, 비정규직 문제 등이 끊임없이 확대재생산 되었기 때문이다.

이런 현실을 어떻게 타개할 것인지에 대한 의견을 제시하기 전에 이 연구의 분석결과를 토대로 2절의 설명모델에서 제시한 연구가설의 타당성을 점검해보고자 한다. 먼저, 이 연구의 가장 핵심적 연구명제는 노무현 정부와 이명박 정부가 집권한 지난 10년 동안 권력자원이론(*power resource theory*)에서 주장하는 이론적 조건[43]이 충족되지 않은 상태에서도 매우 중요한 복지발전이 이루어졌다는 것이다. 보다 구체적으로는 한국의 정치제도와 사회경제적 균열구조가 상호작용하는 가운데 진행된 세력 간의 역동적인 선거경쟁이 복지발전을 촉진한 중요한 정치적 기제였다는 것이 이 연구의 기본 주장이다.

이 기본명제로부터 도출된 주요 가설들의 타당성을 두 정부에 대한 비교를 통해 검증해보면 다음과 같이 정리해볼 수 있다. 첫 번째 가설은 대선과정에서 정당 간 경쟁의 정도가 높을수록 집권한 정부의 복지확대 노력이 증가할 것이라는 경쟁성 가설이다. 이 가설은 치열한 선거경쟁을 통해 등장한 뒤 매우 체계적이고 광범위한 복지확대 노력을 기울인 노무현 정부의 행태를 매우 잘 설명해준다. 그 반면 이 가설은 선거경쟁의 경쟁성이 상대적으로 낮았던 이명박 정부가 집권 초반부터 비교적 높은 수준의 복지확대 노력을 보였던 것은 제대로 설명하지 못한다. 집권 1년차 이후 미국발 경제침체에 대응하여 고용과 복지지출을 크게 늘린 것은 정치적 기제가 아니라 경제적 기제에 의해 복지를 확

---

43 그 조건은 노동조합의 조직화와 중앙화, 노동조합과 좌파정당의 연합, 좌파정당의 집권 등이다(Korpi, 1983; Korpi, 2006; Esping-Andersen, 1990).

대했기 때문이다. 그러나 2010년 지방선거에서 패배한 후 2012년의 18
대 대선을 염두에 두고 이명박 정부가 적극적 정책전환을 통해 가족정
책과 노동시장정책 등 사회투자 분야를 중심으로 복지를 확대한 것은
경쟁성 가설에 의해 매우 잘 설명된다고 보아야 할 것이다.

　두 번째 가설은 상이한 이념과 정책노선을 추구하는 정치세력들은
집권 후 상이한 복지정책을 추진할 것이라는 정파성 가설이다. 3절과 4
절에서 자세히 살펴본 것처럼, 이 가설은 소득보장형 사회투자 복지국
가를 추구한 노무현 정부와 생산주의형 사회투자 복지국가를 추구한
이명박 정부 사이의 차이를 분명하게 설명해준다. 또한 이 가설은 국가
복지를 더 강조한 노무현 정부와 시장기제를 더 강조한 이명박 정부의
차이점도 잘 설명한다. 그러나 유의할 점은 두 정부는 소득보장과 생산
성 향상 중 무엇을 더 강조하느냐에 대한 차이는 있었지만 모두 복지확
대에 대한 정치적 요구와 경쟁력 증진에 대한 시장의 요구를 반영하여
사회투자국가를 지향했다는 점에서는 공통점도 갖는다.

　세 번째 가설은 복지확대와 분배개선을 추구하는 진보정당은 하위층
과 중하위층으로 구성되는 친복지 정치연합을 형성할 것이며, 성장을
추구하는 보수정당은 상위층과 중상위층으로 구성되는 친성장 정치연
합을 구성할 것이라는 정치연합 가설이다. 이 연구의 경험적 분석에 의
하면, 이 가설은 노무현 정부의 등장을 설명하는 데에는 타당하지만 이
명박 정부의 등장을 설명하는 데에는 타당하지 않은 것으로 밝혀졌다.
17대 대선의 경우 복지확대로 이득을 볼 다수의 하위층 구성원들이 보
수정당을 선택한 것으로 드러났기 때문이다. 특정 정치세력이 형성하
는 정치연합의 특성, 즉 확장성·정합성·견고성 등의 특성이 복지정
치의 과정과 결과에 영향을 미친다는 정치연합 가설의 하위가설도 타

당한 것으로 확인되었다. 노무현 정부의 경우, 확장성이 높은 정치연합의 형성으로 집권에는 성공했지만 이질적 연합구성으로 인해 연합내부의 정합성이 낮았고 또 연금개혁 과정에서 여러 집단 간에 다양한 갈등이 발생하자 대선시기에 형성된 정치연합은 쉽게 분열되었으며 정권재창출은 실패로 끝나고 말았다. 한편 이명박 정부의 경우, 확장성이 높은 정치연합을 형성한 것은 물론 저소득층을 위한 고용정책과 선별주의 복지정책을 결합하여 정치연합의 정합성을 높임으로써 견고성을 증진하였고 최종적으로 정권재창출에도 성공하였다. 두 정부 사이의 이 같은 차이점은 복지정책의 추진과정에서 정치연합의 형성과 관리가 결정적으로 중요하다는 것을 잘 보여준다.

이상의 가설검증과 이 연구의 중요한 발견을 토대로 앞으로 한국사회가 지향해야 할 복지정책의 방향은 소득보장과 사회투자를 동시에 확대하는 데 두어야 한다고 본다. 그 이유는 두 가지이다. 첫째, 노무현 정부와 이명박 정부가 나름대로 최선을 다해 복지발전을 위해 노력해왔지만, 여전히 최대 400~500만에 가까운 인구가 국민기초생활보장제도에서 배제되어 있고 최대 48%에 가까운 비정규직이 사회보험의 적용을 받지 못하고 있다. 따라서 이들이 직면하고 있는 빈곤과 소득상실의 위험을 보호하는 것이 복지정책에서 일차적 과제로 인식되어야 한다. 둘째, 고도의 개방경제를 가지고 있는 한국사회는 세계화와 탈산업화의 흐름에 유연하게 대응해야 하고 이 과정에서 양극화와 저출산·고령화의 과제도 해결해야 한다. 그러므로 수준 높은 교육훈련과 고용정보서비스, 그리고 관대한 실업급여를 통해 사회구성원의 인적자본과 직업능력을 지속적으로 확충하고 그 질을 높여야 한다. 또한 아동돌봄과 노인돌봄을 중심으로 하는 가족정책도 지속적으로 확대하고 이를 통해 여성의 경제활동 참여를 적극적으로 뒷받침해야 한다. 이렇게 해나가는 과정에서 과도하게 보건의료와 공적연금을 중심으로 하는 경직적 복지지출 구조도 점진적으로 경직성 지출과 사회투자 지출이 균형을 잡는 방향으로 개혁해나가야 할 것이다.

소득보장과 사회투자를 동시에 확대해나가는 복지전략은 매우 많은 비용을 수반하는 전략이다. 따라서 이 전략을 실천하기 위해서는 역량 있고 견고한 복지연합의 구축이 필요하다. 그러면 누가 이 연합의 구성원이 될 수 있을 것인가? 과거의 경험에 비추어보면 학력이 높은 중간계층이 그 중심에 설 가능성이 있고, 여기에 중상위층의 일부, 생산직과 기능직, 농민 등이 주요 집단으로 참여할 가능성이 있다. 새로운 연합의 재편과정에서 무직자와 퇴직자, 자영업자, 판매·영업·서비스직 종사자, 60대 이상의 고령자 집단은 여전히 복지연합 대신 성장연합에 참여할지도 모른다.

이처럼 복지연합과 성장연합이 새롭게 구축될 때, 앞으로 힘의 균형을 무너뜨릴 집단은 아마도 지역주의의 영향을 덜 받는 수도권, 충청권, 강원권, 제주권의 50대와 여성·주부 집단일 것으로 예상된다. 50대의 경우 자녀의 대학 학자금 마련, 자녀 결혼 준비, 자신의 노후생활 준비 등으로 생애주기에서 가장 많은 사회경제적 부담을 짊어지는 세대이다. 그런데도 50대 초반이면 많은 사람들이 은퇴를 시작한다. 따라서 50대는 복지이슈에 가장 민감한 세대가 될 수밖에 없다. 가정과 일의 양립을 추구해야 하는 여성·주부 집단도 사회경제적 부담이 많기는 마찬가지이다. 따라서 앞으로 벌어질 복지연합과 성장연합의 정치경쟁에서 어느 쪽이 승리하느냐는 누가 50대와 여성·주부 집단의 지지를 더 많이 받느냐에 달려 있다고 해도 과언이 아니다.

소득보장과 사회투자의 확대를 동시에 추구하고자 하는 복지개혁 세력의 입장에서는 이들 두 집단의 지지를 더 많이 받는 것이 매우 중요하다. 그런데 이때 가장 유의해야 할 사항은 소위 보편주의와 선별주의의 문제이다. 동아시아연구원(정한울, 2011)은 서울시 무상급식 주민투표가 실시된 직후 여론조사를 통해 유권자들의 다수는 복지확대를 원하지만, 그 방법론에서는 보편주의보다 선별주의를 더 선호한다는 것을 밝혀내었다. 복지확대와 복지축소, 보편복지와 선별복지를 교차분석할 경우 복지확대와 보편복지에 모두 동의하는 응답자는 전체의 36.2%에 불과하고 나머지는 각기 다른 조합의 답변을 보인다는 것도 밝혀내었다.

이러한 결과는 공생가능한 사회와 지속가능한 경제를 위해 미래를 준비하는 실천가들에게 많은 시사점을 준다. 이념적 측면에서 복지확대와 보편복지가 바람직하다고 하더라도 그것은 필연적으로 복지비용을 누가, 얼마나 부담할 것인가의 문제와 직결되기 때문에 이 문제에 대해 교조적 접근을 하면 애초부터 복지연합의 규모가 축소되어 집권 자체가 어려워지는 상황에 직면할 수 있다. 그렇다고 이 문제에 대해 너무 소극적으로 접근하면 그런 복지연합의 존재 자체에 대한 의문이 제기될 수밖에 없게 될 것이다.

따라서 '복지확대'에 대한 지지율이 3분의 2가 된다는 점을 큰 자산으로 생각하되, 모든 복지과제를 보편주의 또는 선별주의로 재단하지 말고 국가재정 능력, 국민의 부담 의사, 국민의 선호, 새로운 조세정책과 복지정책의 정치적 실현가능성 등을 종합적으로 고려하여 보편주의와 선별주의를 적절히 배합하는 정책설계가 필요할 것이다(김연명, 2011; 김윤태, 2010; 양재진). 한 가지 잊지 말아야 할 것은 한국의 보수정당은 자신들을 지지하는 저소득층을 상대로 강력한 성장노선과 다양한 형태의 표적화된 복지 프로그램을 바탕으로 장기간 동안 견고한 정치연합을 구축하는 데 성공해왔다는 사실이다. 한국의 진보정당도 이런 보수정당에서 교훈을 얻어야 할 것이다. 엄청난 도전과 난제가 기다리고 있는 다음 단계의 복지발전은 복지개혁 세력의 끊임없는 정책적 창의성과 고도의 정치적 유연성을 요구하고 있다.

17

복지국가의 현황과 미래전망

1. 복지국가의 현황과 문제점

　1987년 6월 항쟁과 6·29선언 직후 폭발한 노동자 대투쟁은 정복국가·약탈국가와 발전국가의 전통을 가지고 있는 한국을 민주국가로 변모시키고, 역사상 최초로 이 땅에서도 복지국가가 탄생되는 결정적 계기를 조성했다. 이 시기에 오랫동안 일반 국민과 노동계급 생존 및 복지문제를 개인이나 가족의 책임으로 방치했던 한국은 주요 복지제도를 확충하고 복지비 지출을 대폭적으로 증가시켜 한국도 서서히 '복지 빈곤국'(또는 '복지 지체국')에서 '복지 중진국'으로 진화하기 시작했다.

　이어 문민정부와 국민의 정부, 그리고 노무현 정부와 이명박 정부를 거치면서 한국의 복지국가는 양적·질적 측면에서 큰 진전을 보였다. 먼저 문민정부의 경우 1995년 국민복지기획단을 구성하여 대규모 복지개혁을 시도하였으나 여러 가지 이유로 그것을 실천하는 데는 실패하였다. 그러나 1996년과 1997년 2년 동안 보건복지 예산을 일반재정 증가율의 1. 2배 이상을 유지하겠다는 약속을 지킴으로써 문민정부는 복지국가 발전을 위한 최소한의 재정적 기여를 했다고 볼 수 있다. 극심한 외환금융 공황과 경제사회 위기 와중에서 출범한 국민의 정부는 적극적 노력을 통해 거시경제적 위기를 해소하는 한편 국민기초생활보장제도의 법제화와 4대 사회보험 제도의 확충과 같은 대대적인 복지개혁을 통해 대량실업과 심화되는 불평등에 따른 사회문제 해결에 나름대로 많은 기여를 하였다. 그리하여 국민의 정부에 들어와 한국의 복지국가는 제도적 측면에서 상당히 완비된 복지체제를 발전시키게 되었다.

국민의 정부를 계승한 노무현 정부는 공공부조와 사회보험을 확대하는 것은 물론 탈산업화와 저출산·고령화에 대응하기 위해 사회서비스를 대대적으로 확충하여 소득보장형 사회투자 복지국가를 건설하는 방향으로 큰 진전을 이루었다. 이 시기에 노무현 정부는 복지예산을 경제개발비와 국방비를 능가하는 제 1순위 지출이 되게 함으로써 재정적 측면에서 한국을 명실공히 복지국가의 반열에 올려놓았고, 〈비전2030〉과 같은 국가 복지계획을 수립하여 복지국가 발전의 중장기 로드맵을 제시하였다. 복지보다 성장을 중시한 이명박 정부는 초기에는 규제완화와 감세 정책을 추진했으나 미국발 경제위기에 대응하기 위해 노동시장정책을 중심으로 복지투자를 확대하였으며, 정권 후반에 아동보육과 노인정책을 중심으로 복지투자를 더욱 확대했다. 그리하여 이명박 정부는 생산주의형 사회투자 복지국가를 건설하는 데 기여했다.

그럼에도 불구하고 1987년 하반기 이후 지금까지 발전해 온 한국의 복지국가는 복지국가 발전의 네 차원인 (1) 복지제도의 포괄성(*comprehensiveness*), (2) 복지수혜자의 보편성(*coverage*), (3) 복지혜택의 적절성(adequacy), ⑷ 복지혜택의 재분배성(redistributive effect) 등의 측면에서 볼 때(2장 참조), 여전히 많은 문제점을 지닌다는 것을 부정할 수 없다. 다시 말해 공공부조, 4대 사회보험(건강보험, 국민연금, 고용보험, 산재보험), 그리고 사회서비스로 구성된 한국의 복지체제는 과거와 비교하여 일반 국민과 노동계급의 삶의 안전을 보장하기 위한 획기적 발전을 이루었음에도 불구하고, 전국민에 대한 국가의 복지책임은 여전히 미진한 부분이 많다는 것을 숨길 수 없다. 이러한 관점에 입각하여 아래에서는 현재의 복지체제가 가지고 있는 문제점을 복지국가 발전의 네 차원에서 개괄적으로 검토한 다음 향후과제가 무엇인지를 제시하고자 한다.

1) 복지제도의 포괄성

포괄성의 측면에서 현재의 복지체제가 지닌 문제점을 파악하기 위해서는 국민 개개인이 '생애과정'(life course)에서 겪게 되는 다양한 삶의 문제와 위험을 살펴볼 필요가 있다. 〈그림 17-1〉에 도식화된 것처럼, 출생에서부터 사망에 이르는 인간의 표준적 생애과정은 크게 가족생활과 직업생활로 구성된다. 그런데 이 생애과정에서 모든 인간은 사람마다 많은 편차가 있으나 다양한 삶의 문제와 위험에 노출된다.

예컨대 ⑴ 출생과 성장기의 의료, 영양섭취, 유아교육 문제, ⑵ 청소년기의 학교 교육, 의료, 영양, 사회화 문제, ⑶ 청년기에서의 취업, 결혼, 주택문제, ⑷ 중년기의 경력발전(재교육, 훈련, 진급), 실업과 재취업, 자녀양육과 출가, 이혼과 재혼 문제, ⑸ 장년기·노년기의 퇴직, 노후생활, 사망 문제 등은 모든 인간이 거의 공통적으로 겪

〈그림 17-1〉 인간의 표준적 생애과정

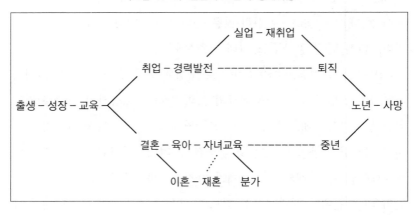

게 되는 문제들이다. 이런 점에서 이러한 문제들은 개인이 소유한 자원의 다과에 관계없이 적어도 잠재적으로는 생애과정의 단계마다 다양한 삶의 위기를 초래할 수 있다고 볼 수 있다.

그러면 인간의 생애과정에서 부딪히는 여러 가지 삶의 문제와 위기들에 대해 한국의 현 단계 복지체제는 어떤 사회적 보호망을 구축하고 있는가? 한국의 국가복지체제에서 가장 중요한 제도는 공공부조(국민기초생활보장제도), 사회보험, 사회서비스라고 할 수 있는데, 이러한 제도들은 생애과정의 각 단계에 대하여 그리고 다양한 위험들(특히 질병, 산업재해, 실업, 노후생활, 그리고 빈곤 문제)에 대하여 상당히 광범위한 사회적 보호를 제공하고 있다고 볼 수 있다.

그러나 현재의 국가복지체제가 지닌 가장 큰 취약점은 다음과 같다.

(1) 국민기초생활보장제도는 국가가 국민의 기본생계를 사회권의 일환으로 보장하는 공공부조 제도이지만 아직도 최소한 400만 명 내외

의 국민들이 까다로운 수급조건과 예산의 부족으로 이 제도에서 소외된 채 빈곤으로 고통당하고 있다.

(2) 건강보험, 국민연금, 고용보험, 산재보험 등 4대 사회보험의 경우 제도는 완비되었으나 〈표 16-11〉에 제시된 것처럼 비정규직을 중심으로 광범위한 사각지대가 존재하고 있다. 전체 고용의 최대 50%를 차지하는 비정규직 종사자의 60% 내외는 아직도 국민연금과 고용보험의 혜택을 받지 못하고 있는 것이 현실이다.

(3) 노무현 정부와 이명박 정부를 거치는 동안 사회서비스가 크게 확대되었으나, 이는 주로 영아와 미취학 아동을 대상으로 한 보육서비스의 확충에 집중되었다.

(4) 사회서비스 분야에서 아직도 매우 취약한 분야는 적극적 노동시장정책 분야, 여성복지서비스 분야, 그리고 노인복지서비스 분야이다. 특히 탈산업화와 소득양극화에 대응하여 여성의 노동시장 진출이 크게 확대되었고, 이를 지원하기 위해 보육서비스가 확대되어 여성의 경제활동 참가에 큰 도움을 주고 있으나, 여성들을 위한 직업훈련과 직업소개, 그리고 경력발전을 위한 노동시장정책은 여전히 취약하다.

(5) 현재 한국의 복지체제에서 가장 취약한 영역은 노인복지서비스 분야이다. 한국의 노인집단은 급격한 수명의 증가, 빠른 은퇴, 노후생활 준비 미흡, 자녀의 외면, 국가의 소득보장 취약 등 여러 가지 다중적 위기에 빠져 큰 고통을 당하고 있다. 그리하여 이 모든 문제는 노인빈곤의 확대와 노인자살의 급증으로 귀결되고 있다. 〈그림 17-2〉는 2000년대 후반 한국의 노인 빈곤률이 45.6%로서 OECD 평균12.7%의 약 네 배에 달한다는 것을 보여준다.[1] 〈그림 17-3〉은 우리나라의 노인자살률이 지난 20년 동안 급격히 증가하여 2009년 현재 OECD 평균

의 약 세 배에 달했으며, 노인 남성에 집중되어 있음을 보여준다.[2]

　이상의 자료들을 볼 때, 향후 한국의 복지국가가 가장 역점을 두어야 할 분야는 노인빈곤 해소와 노인자살 예방 분야라는 것을 확인할 수 있다. 이런 점을 고려하여 앞으로 긴급하게 기초노령연금과 국민연금을 확충하고, 노인돌봄 서비스를 강화하며, 노인의 사회참여를 촉진하는 다양한 정책이 마련되어야 할 것이다.

〈그림 17-2〉 2000년대 후반 한국의 노인 빈곤율

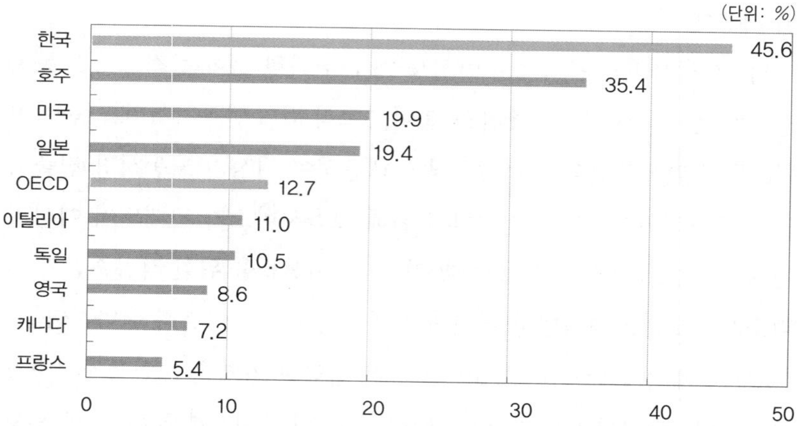

(단위: %)

국가	빈곤율
한국	45.6
호주	35.4
미국	19.9
일본	19.4
OECD	12.7
이탈리아	11.0
독일	10.5
영국	8.6
캐나다	7.2
프랑스	5.4

▌주: 노인빈곤율이란 국민소득 중위값 이하 소득의 65세 이상 노인비율을 말함.
▌출처: OECD (2013a).

---

1 45.6%는 2000년대 후반의 평균치이다. 2010년과 2011년의 노인 빈곤율은 각각 47.2%와 48.6%로 알려지고 있다.
2 한국 남성의 자살률은 여성의 세 배에 이른다(김동현, 2013).

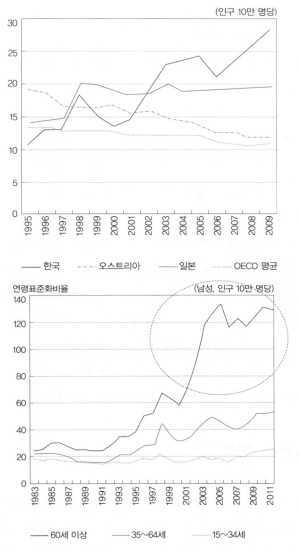

〈그림 17-3〉 노인자살률 : 국제비교(위), 자살률 증가(아래)

(인구 10만 명당)

—— 한국   ·—·— 오스트리아   —— 일본   ········ OECD 평균

연령표준화비율   (남성, 인구 10만 명당)

—— 60세 이상   —— 35~64세   ········ 15~34세

▌주: 자살률(인구 1천 명당 자살자 비율).
▌출처: OECD (2011), 김동현 (2013).

2) 복지 수혜자의 범위

김대중 정부, 노무현 정부, 이명박 정부를 거치는 동안 공공부조(국민기초생활보장제도)와 사회보험의 적용 대상자는 크게 확대되어왔다. 그러나 16장에서 자세히 살펴본 것처럼, 아직도 공공부조는 자녀가 부모를 돕는지 여부와 관계없이 일정한 재산과 소득을 가진 경우 기계적으로 부모의 수급자격을 박탈함으로써 400만 명 내외의 잠재적 대상자들이 이 혜택에서 배제되고 있다. 또한 비정규직의 60% 정도가 주요 사회보험에서 배제되어 있는 것도 큰 문제이다. 특히 은퇴 이후 국민연금, 공무원연금, 사학연금 중 어느 하나의 연금을 수급하는 비율이 2012년의 경우 전체 대상자의 34.8%에 불과한 형편이다(e나라지표). 나아가 보육서비스는 상당한 정도 사회화되고 있지만 여성들을 위한 적극적 노동시장정책이 미흡하여 사회서비스의 공백지대가 발생하고 있다. 노인들은 소득보장과 노동시장정책 두 영역에서 모두 방치되어 있는 실정이다. 고령화와 노인빈곤의 확대를 감안할 때 노인을 위한 공공부조와 사회서비스 시스템이 제대로 구축되지 않고 있는 것이 우리나라 복지국가의 최대 취약점이라는 인식이 필요하다.

3) 복지혜택의 적절성

한국의 복지체제는 이제 제도상으로는 거의 완비된 상태이지만 복지혜택의 적절성면에서는 여전히 많은 문제를 가지고 있다. 예를 들어 국민연금의 경우 가입자가 퇴직 후 받게 될 연금급여 수준은 제도가 도입된 1988년에는 평생소득 평균의 70%로 설정되어 있었지만, 김대중 정

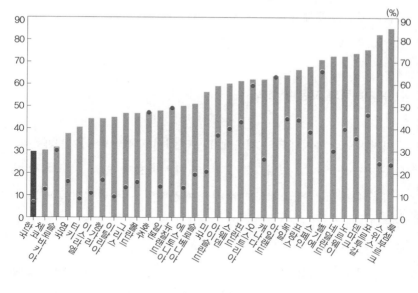

〈그림 17-4〉 실업급여의 순소득대체율 (2010)

(%)

■ 1년차 실업자 비율   ● 5년 이상 실업자 비율

| 출처: OECD (2013b).

부와 노무현 정부시기 동안 두 차례 연금개혁을 통해 점차 축소되어 2013년 현재의 급여수준은 47.5%로 설정되어 있다.[3]

　고용보험의 경우에는 상황이 더 심각하다. 고용보험의 실제 적용률은 전체 취업자 2, 274만 명 중 41.2%에 불과하며, 실업급여 지급기간은 최대 240일에 소득대체율은 50% 수준이다(양재진, 2013). 게다가 세금을 제외한 순소득대체율은 채 30%가 되지 않는다.[4] 〈그림 17-4〉

---

3 이 비율도 2028년까지 40% 수준으로 축소되도록 되어있다.

4 윤진호(2009)에 의하면, 적극적 노동시장정책, 관대한 실업급여, 노동시장 유연성 세 가지로 구성되는 '유연안전성 모델'(*flexicurity model*)을 가장 성공적으

는 이러한 사정을 자세히 보여준다. 〈그림 17-4〉에 의하면 한국의 실업급여 순소득대체율이 매우 낮을 뿐만 아니라 그것도 OECD 회원국 중 최하위에 속하는 것으로 나타난다.

4) 복지혜택의 재분배 효과

마지막으로 복지혜택의 재분배효과 면에서도 한국의 복지체제는 많은 문제점을 가지고 있다. 복지혜택의 재분배효과(혹은 복지국가 자체의 재분배효과)는 세입 재분배와 세출 재분배의 두 측면에서 살펴볼 수 있는데(제4장 4절 참조), 한국의 복지체제는 이 두 측면 모두에서 문제를 가지고 있다.

우선 전자에 대해 살펴보면, 한국의 조세제도는 철저히 간접세 중심으로 구성되어 있어 세입 재분배의 효과는 미미하고 오히려 매우 역진적이라고 할 수 있다. 게다가 이명박 정부에 들어와 소득세와 법인세의 세율을 낮춤으로써 조세체계의 역진성을 더욱 심화시켰다.

한편 세출 재분배를 보면, 김영삼 정부 이후 전체 예산규모 중 복지예산의 비중이 지속적으로 증가해왔지만 세계화, 탈산업화, 기술발전 등에 따라 소득 양극화가 워낙 빠른 속도로 늘어났기 때문에 그 정도의 복지확대로는 세출 재분배효과를 기대하기가 어려웠다. 이러한 사정은 이 책의 〈그림 16-5〉와 〈그림 16-6〉에 자세히 나타나 있다. 결국 지난 20여 년 동안 복지지출은 지속적으로 증가해왔으나 빈곤과 불평등 정도(지니계수)가 더 큰 폭으로 증가하여 복지정책으로 상황을 역전

───
로 실천하고 있는 덴마크의 경우 고용보험 적용률은 83%, 소득대체율은 73%, 최대 지급기간은 무려 48개월에 이른다고 한다.

시키는 데는 실패했다고 평가할 수 있다.

이렇게 볼 때, 한국의 복지체제는 세입 재분배와 세출 재분배를 통해 사회적 불평등을 완화시키는 체제라기보다는 오히려 그것을 유지하거나 경우에 따라서는 역설적으로 확대·재생산하는 체제라고 볼 수 있다. 공공부조의 규모는 작고, 사회보험에 대한 국가의 재정부담이 최소화되고 있기 때문이다. 그리하여 한국의 복지국가는 민주화 이후 많은 복지확대 노력을 기울였음에도 불구하고, 세계화·탈산업화·고령화 등 거시적 경제사회변동에 의해 지속적으로 증가하는 거대한 불평등에 맞서 그것을 제어할 수 있는 강력한 조건을 아직도 만들어내지 못하고 있다고 보아야 한다.

2. 복지국가의 미래

이상으로 1987년 후반 이후 한국에서 태동하기 시작한 복지국가가 지닌 여러 가지 문제점들을 살펴보았다. 이 문제들을 해결하기 위해서는 무엇보다도 우리 국민들이 보수와 진보의 이념적 구별 없이 복지국가를 현대사회의 보편적 국가 이상 내지 국가경영 원리로 받아들이는 것이 필요하다. 이런 인식의 대전환이 이루어지고 나면, 복지국가의 틀 속에서 사회보장과 자본주의 시장경제의 공생과 역동성을 살려내기 위한 구체적 전략으로서 여러 가지 형태의 사회투자 복지국가 모델을 적극적으로 수용할 수 있게 될 것이다.[5] 사회투자 복지국가 모델이야

---

5 이 주제에 대해서는 이 책의 16장을 참고할 것.

말로 복지확대와 시장경쟁의 내적 긴장과 갈등을 상생적으로 해소하고 양자의 병행발전을 도모할 수 있게 해주는 모델이기 때문이다.

김대중 정부에 들어와 맹아적 형태의 복지국가가 등장한 이후 노무현 정부와 이명박 정부에 들어와서는 진보와 보수 모두 사회투자 복지국가 모델에 대해 광범위한 합의에 도달하였다. 그러나 노무현 정부는 국민들의 소득보장을 더 강조하여 '소득보장형 사회투자 복지국가'를 지향했고, 성장을 더 강조한 이명박 정부는 '생산주의형 사회투자 복지국가'를 지향했다. 그리하여 두 정부는 각자의 정치노선에 부합하게 복지제도를 확충하고 복지투자를 확대했다. 이런 정치노선의 차이점에도 불구하고 두 정부 모두가 사회투자 복지국가를 추구하고 복지투자를 확대했다는 사실은 한국 복지국가 발달사에서 진보세력과 보수세력, 나아가 다수 국민이 복지국가를 공동 국가목표로 설정하여 정치적 동의를 형성한 것으로서 매우 중요한 의미를 갖는다고 평가할 수 있다.

그러나 박근혜 정부의 등장 이후 '증세 없는 복지'라는 틀 속에서 기초노령 연금을 비롯한 많은 노인복지정책이 축소 조정되는 것을 보면서 사회투자 복지국가 모델에 내재하고 있는 사회보장 논리와 시장경쟁 논리 사이의 갈등이 생각보다 심각하다는 것을 재확인하게 되었다. 18대 대선에서는 보수와 진보를 가리지 않고 경제민주화와 복지확대를 핵심적 정책공약으로 내걸었다. 그런데 이 선거를 통해 등장한 보수정권은 결국 자본과 시장의 요구에 부응하여 복지확대에 소극적 태도를 취하고 성장을 더 중시하는 변형주의(trasformismo)적 노선으로 회귀하고 말았다.

왜 그렇게 되었는가? 그것은 결국 세계경제의 침체, 수출경제의 어려움, 국내 고용환경의 악화, 불평등 증가와 부채경제의 심화 등 여러 가지 제약조건 속에서 친자본적 성향을 강하게 가지고 있는 박근혜 정부가 복지우위 노선을 포기하고 쉽게 성장우위 노선을 채택한 결과라고 이해된다.

그러나 그 어떤 경우에도 노무현 정부와 이명박 정부시기에 채택된 사회투자 복지국가 모델이 폐기되어서는 안 될 것이다. 만약 박근혜 정부의 성장우위 노선이 국민적 합의를 형성한 이 복지국가 모델까지 훼손한다면 광범위한 국민적 저항에 봉착하는 것은 물론 국가의 장기적 발전 잠재력까지 고갈시키는 큰 위험이 발생하게 될 것이다. 따라서 박근혜 정부가 이명박 정부의 노선을 계승하여 '생산주의형' 사회투자 복지국가 모델을 추구하더라도 사회투자를 더욱 확대하여 한국의 복지국가가 '지속가능한 복지국가'가 될 수 있도록 최대한의 노력을 기울여야 할 것이다.

이런 점을 고려할 때, 박근혜 정부는 물론 그 이후에 집권할 새 정부까지 앞으로 모든 정부들은 위 1절에서 제기된 문제들을 해결하기 위해 다음과 같은 몇 가지 중요한 복지개혁을 추진해야 할 것이다. 첫째, 현재 GDP 대비 9% 초반에 머무르고 있는 공공복지 지출을 향후 10년 내에 15%, 20년 내에 20% 수준까지 도달할 수 있도록 지속적으로 확대해야 할 것이다. 그렇게 되면 우리의 공공복지 지출 비중이 OECD 회원국의 평균인 20% 수준에 도달하여 한국도 상당히 건실한 복지국가의 반열에 진입하게 될 것이다. [6]

---

[6] 노무현 정부도 2006년 8월에 발표한 〈비전2030〉이라는 국가복지계획에서 2030년까지 우리의 복지지출 규모를 OECD 회원국 평균인 20%에 도달할 수 있도록 적극적으로 확대해야 한다고 제안한 바 있다. 이것은 한국의 장래를 위해 매우 중요하고 적절한 정책제안이었다고 판단된다.

둘째, 복지예산을 지속적으로 확대하는 기조 속에서, 우선적으로 국민기초생활보장제도의 도움을 받지 못하는 400만 내외의 빈곤자들을 대상으로 공공부조의 지원을 최대한 확대해야 할 것이다. 또한 공공부조의 확대를 통해 2011년 현재 48.6%에 달하는 노인빈곤을 해소하고 세계 최고 수준인 노인자살률을 줄이는 일도 긴급한 복지정책 과제로 채택되어야 할 것이다.

셋째, 사회보험 영역에서 가장 중요한 과제는 주요 사회보험에서 배제되어 있는 60% 내외의 비정규직 종사자들에게 보험가입의 혜택을 부여하는 것이다. 이것을 실현하기 위해서는 보험 원리와 당사자 원리에만 집착하지 말고, 비정규직이 부담해야 할 보험료의 일부를 지원하기 위해 국가재정을 투입하는 적극적 방안을 모색해야 한다. 또한 기업들이 임시직과 파견직 등 다양한 형태의 비정규직 고용을 남용·악용하지 못하도록 비정규직의 정규직화를 지속적으로 도모해야 할 것이다.

넷째, 사회서비스 정책에서 중요한 대상은 여성과 노인이다. 노무현 정부와 이명박 정부를 거치면서 저출산 대책의 일환으로 0~5세 유아를 위한 아동 보육 및 교육서비스는 크게 확대되어 왔다. 그러나 여성의 경제활동 참가를 촉진하는 노동시장정책은 아직도 매우 취약하다. 따라서 출산과 육아를 위해 잠시 휴직하는 여성들에게 육아휴직과 비용 지불은 물론 경력단절이 발생하지 않도록 여성고용을 보호하는 정책이 더욱 강화되어야 한다. 새롭게 노동시장에 진입하거나 일자리를 바꾸는 여성을 위해 교육훈련·직업소개·정보제공 등 적극적 노동시장정책이 더욱 확대되어야 한다. 노인의 경우에도 건강이 허락하고 본인이 원하는 한 일을 할 수 있도록 정년연장, 근로시간 단축, 노인적합 직종 개발, 교육훈련 등 다양한 고용정책과 노동시장정책이 마련되어야 할 것이다.

이상에서 제시한 복지개혁을 추진하기 위해서는 많은 비용이 소요될 것으로 예상된다. 따라서 그 과정이 순탄하게 진행되지는 않을 가능성이 높다. 그러면 비용부담과 혜택수혜의 불일치 속에서 사회계층 간·집단 간에 치열한 갈등이 전개될 복지정치에서 누가 복지를 증진하고 재분배를 주도할 세력이 될 것인가? 이 문제에 대해 코르피(Korpi, 1983, 1989)가 제시한 '권력자원 이론'(power resource theory)은 많은 시사점을 던져 준다(4장 5절과 16장 2절 참조). 그에 의하면 서구의 역사에서는 노동계급의 조직력과 좌파정당의 정치력이 모두 높은 수준으로 성장하여 자본가계급과 자산소유계급에게 복지개혁을 강제할 수 있었을 때 복지국가가 발전하고 소득과 부의 재분배가 본격적으로 추진될 수 있었다고 주장한다.

이 이론을 한국에 적용하면 우리나라의 경우 보편적 복지나 선별적 복지가 모두 지지부진했던 것은 그간 복지제공이 국가나 가진 자의 시혜에 주로 의존했지 그것을 민주적으로 강제할 수 있는 사회세력, 즉 노동계급과 좌파정당이 성숙하지 못했기 때문이라고 볼 수 있다. 따라서 앞으로 한국이 복지 빈곤국 혹은 복지 지체국에서 복지 중진국 나아가 복지 선진국으로 발전하기 위해서, 모든 국민과 노동계급 성원들이 보다 안락하고 행복한 삶을 영위할 수 있기 위해서는, 복지와 재분배를 합법적으로 추진할 수 있는 노동계급(혹은 모든 임금취득 계층)과 좌파정당의 조직적·정치적 성장이 선행해야 한다고 볼 수 있다.

그러나 오늘날의 현실을 보면 한국은 보수세력과 진보세력 사이에 성장과 복지를 둘러싸고, 또한 남북 대결과 평화협력을 둘러싸고 한치 앞도 내다볼 수 없는 경쟁이 전개되고 있다. 이런 가운데 노동계급은

1987년 이후 짧은 기간의 '뒤늦은 성장'에 이어 1989년 이후 지금까지 '지속적 침체'의 국면에 접어들었다. 그간 집요하게 정치적 진출을 시도한 좌파정당들도 2004년 정당투표제의 도입으로 의회진입에는 성공했지만 정국을 주도할 수 있는 큰 세력으로 성장하지 못한 채 정치적 주변에 머물러 있는 상태이다. 따라서 앞으로 단기간 내에 한국에서 노동계급의 조직력이 신장되고 좌파정당의 정치력이 강화되어 복지개혁이 대대적으로 이루어질 수 있으리라고 기대하는 것은 불가능하다고 판단된다.

이런 점을 고려할 때, 한국사회에서는 노동계급과 좌파정당에 의해서가 아니라 16장에서 살펴본 것처럼 정치권력 획득을 위한 정당간의 치열한 경쟁 메커니즘이 복지발전의 가장 중요한 동력으로 작용할 것으로 진단할 수 있다. 특히 한국의 정치제도는 사생결단식의 경쟁을 조장하는 소선거구제, 다수제, 양당제, 대통령제로 구성되어 있기 때문에 이 구조 속에서 선거승리를 목표로 대결을 벌이는 보수정당과 중도개혁정당(또는 진보정당)은 시간이 갈수록 이념적으로 더욱 분화되고 더욱 격렬해질 가능성이 있다. 동시에 민주화 이후 정당 간의 선거경쟁을 지배한 지역균열이 3김 시대의 종말과 함께 퇴조하게 되면서 궁극적으로 세대균열과 계층균열에 기반을 둔 복지분배 투쟁이 중심적 대결구조로 부상하게 될 것으로 예상할 수 있다. 따라서 미래의 복지국가 발전은 이처럼 세대균열과 계층균열을 중심으로 하는 정치경쟁이 더욱 심화되는 구조 속에서 노동계급과 좌파정당이 아니라 진보정당과 보수정당의 선거경쟁에 의해 주도될 것으로 보아야 한다.

마지막으로 복지국가의 발전과 관련하여 한 가지 더 지적할 것은 자본주의와 복지국가의 관계에 관한 문제이다. 복지국가는 자본주의의 경제과정 즉, 소유-경영-생산-분배-소비과정에서 소유-경영-생산에서의 자본가(및 경영자) 독점을 인정하는 대신, 국가의 개입에 의해 분배와 소비영역을 사회화함으로써 계급 간 혹은 계층 간 갈등을 해소하고자 하는 국가형태이다. 다시 말하면 복지국가는 계급 간·계층 간 갈등의 비용을 '외화'(externalization) 하는 기제를 채택하고 있다고 할 수 있다. [7]

그런데 만약 소유-경영-생산영역에서의 사회화(혹은 민주화)가 이루어지지 않는다면 갈등의 비용을 어느 수준까지 외화할 수 있을 것인가? 다시 말해 이 세 영역의 사회화를 통해 갈등의 비용을 어떤 형태로든 '내화'(internalization) 하지 않을 경우 어떤 문제가 발생할 것인가? 이 문제는 이른바 복지국가의 '한계점으로의 성장'(growth to limit) 문제에 직결된다고 볼 수 있다. 다소 단순화시켜 말해, 만약 노동계급이 주식공유, 이익공유, 경영참가 등의 기제를 통해 자본가계급의 특권적 영역인 소유-경영-생산의 영역에 일정 정도 참여하지 않는다면 양자 간의 갈등은 끊임없는 물질적 보상과 복지제공으로 이어질 것이고, 그 결과는 한계점으로의 성장에 귀착될 것이 분명하다.

그러나 이 한계점에 이르면, 구미 각국에서 보는 것처럼 보수세력(신우파, 신보주의자, 그리고 자본가)들의 복지국가에 대한 이념적·이론적 공격이 첨예화되고 급기야는 보수정권이 등장하여 복지국가를 해체하려는 시도가 나타나게 된다. 물론 이들에 의한 복지감축 노력이 아직까지 복지국가의 기본 틀을 훼손할 만큼 위협적인 것은 아니라 하더

---

7 이 점과 관련하여 피어슨(Pierson, 1991:51)은 복지란 피지배계급의 '정치적 복종'(political compliance)을 확보하기 위해 국가와 자본가가 '경제적 대가'(economic price)를 지불하는 것이라고 지적한다.

라도 앞으로 세계화, 탈산업화, 기술발전의 가속화에 따른 복지국가의 위기는 다양한 형태로 현실화될 수도 있을 것으로 보인다. 그러므로 복지국가의 위기가 초래되는 원천은 결국 복지국가 자체의 모순, 즉 계급 간·계층 간 갈등의 비용을 외화하는 기제에 있다고 보아야 할 것이다.

결론적으로 빈민, 노동계급, 그리고 전국민의 삶의 안전과 평등을 증진시키기 위해 19세기 후반부터 출현한 복지국가는 이들의 삶을 안정시키고 상당한 정도의 재분배 효과를 거두기는 했지만, '소유-경영-생산' 영역에 노동계급을 참여시켜 갈등의 비용을 내화하지는 못했다. 그 결과, 복지국가는 100여 년의 역사를 거치면서 심화되는 글로벌 경쟁에 직면하여 구조적 위기에 직면해 있다고 볼 수 있다. 1987년 후반부터 태동하기 시작한 한국의 복지국가도 글로벌 경쟁(경제위기)과 국내적 복지확대 요구에 봉착하여 복지를 더 확대할 수도, 확대하지 않을 수도 없는 진퇴양난의 상황에 빠져 있다. 특히 한국경제의 과도한 대외의존성으로 인해 이 같은 딜레마는 앞으로 확대되고 동시에 반복될 가능성이 높다. 그리하여 계급 간·계층 간 갈등의 비용을 외화하는 기제에만 의존할 경우 앞으로 복지확대와 세금확대로 인한 비용확대로 인해 서구 복지국가가 겪은 동일한 문제를 반복적으로 겪게 될 가능성이 많다고 할 수 있다.

따라서 한국에서의 복지개혁과 복지국가 발전은 복지제도의 확충과 복지비 지출의 증대에만 국한될 문제가 아니라, 크게 보아 자본주의 자체의 개혁과 병행되어야 할 문제라고 보아야 할 것이다. 더구나 전 세계의 자본주의가 물리적 자본보다 지식과 정보를 더 중시하는 지식기반경제, 디지털 경제, 창조혁신경제 등으로 급속히 질적 전환을 하고 있는 상황에서는(Drucker, 1993; Howkins, 2013), 물리적 자본과 육체적 노동이라는 산업시대의 패러다임을 뛰어넘어 지식과 정보를 중심으로 자본과 노동이 유기적으로 융합되는 지식기반 자본주의경제 및 창조혁신 자본주의경제를 구축하여 새로운 경제사회 패러다임을 창출해야 할 것이다.

이런 역사적 대전환기에 사회투자 복지국가는 사회구성원의 인적 자본을 확충하고 지식기반경제 또는 창조혁신경제로의 발전 과정에서 심화되는 불평등을 완화함으로써 인적자본 형성과 사회적 연대를 동시에 추구할 수 있는 중요한 정책수단을 제공해줄 것이다. 모두가 효율성과 시장의 신화에 사로잡혀 이익만 추구하면 사회적 연대의 기반이 와해되고, 그렇게 되면 이 사회는 빈곤과 범죄가 만연하여 살기 힘들고 지속불가능한 사회로 전락하게 될 것이다. 동시에 경제도 구매력이 줄어들고 경제침체가 일상화되어 지속불가능한 경제로 내몰리게 될 것이다. 바로 이 점이 지식정보화와 세계화가 급속히 진행되는 21세기에도 여전히 복지가 중요하고 소득보장과 사회투자를 결합하는 '소득보장형 사회투자 복지국가'가 지속적으로 발전해야 하는 이유이다.

18

왜 한국의 복지체제는 낙후되어 있는가?

　최근에 우리나라의 복지체제의 성격에 관한 논쟁이 많다. 어떤 사람들은 우리나라의 복지체제가 미국을 대표하는 자유주의적 복지국가 유형에 가깝다고 주장하는 반면(조영훈, 2002), 다른 사람들은 보수주의 복지국가의 특성을 갖는다고 주장한다(김영범, 2002). 또한 어떤 사람들은 우리의 복지체제는 우리의 유교문화에 영향을 받아 독특한 성격을 갖는다고 주장한다(홍경준, 2002). 마지막으로 일부 학자들은 우리의 복지체제는 아직은 성숙되지 않아서 서구 복지국가들의 유형 분류에 적합하지 않기 때문에 유형화 작업 자체가 무의미하다고 주장한다.

　이렇게 우리나라의 복지체제의 성격에 관하여는 다양한 입장들이 있지만, 대부분의 학자들이 동의하는 것은 우리의 복지체제는 서구의 복지국가들과 비교해 볼 때 예외적인 특성이 많고, 무엇보다도 크게 낙후되어 있다는 점이다.

　그렇다면 왜 우리의 복지체제는 낙후되어 있는가? 여기에는 다양한 설명이 필요한데 여기서는 우리의 복지체제의 낙후성에 영향을 줄 수 있는 사회문화적, 정치적, 경제적인 요인들을 구체적으로 분석하고자 한다. 그런데 이러한 작업을 하기 전에 먼저 우리의 복지체제가 정말로 어느 정도 낙후되어 있는가를 엄밀하게 따져 볼 필요가 있다.

1. 한국의 복지체제가 낙후되어 있는가?

최근에 우리나라의 정치인들은 자신들의 정치적 이념에 상관없이 너도나도 사회복지 확대를 주장한다. 이른바 '무상급식', '무상보육', '무상의료' 등의 구호 아래 모든 국민에게 복지를 '무상'으로 급여하겠다고 주장하고 있다. 이러한 구호는 정치적인 수사(*political rhetoric*)에 그칠 가능성이 크지만, 최근 우리나라의 사회복지가 꾸준히 확대된 것은 사실이다.

적어도 외형적으로는 4대 사회보험(국민연금, 건강보험, 산재보험, 고용보험)을 모두 갖추었고, 국민기초생활보장제도를 도입하여 공공부조 제도도 진일보하였다고 볼 수 있다. 또한 노인, 아동, 장애인 등의 취약계층을 대상으로 하는 다양한 사회복지 서비스들도 꾸준히 확대하고 있다. 그리고 무엇보다도 정부 예산 가운데 사회복지예산의 비중이 꾸준히 늘어나고 있다.

최근에 이러한 우리의 사회복지의 확대를 두고 일부 보수적인 시각을 가진 사람들은 사회복지의 확대가 지나치다고 보고 그래서 경제성장에 해가 된다고 우려할 정도이다. 이러한 사람들은 우리의 복지체제는 이제 낙후되어 있지 않고, 오히려 지나쳐서 이대로 확대하면 조만간에 GDP의 30% 이상을 사회복지에 사용하게 될 것이고 그렇게 되면 국가부채가 엄청나게 늘어날 것이라고 주장한다.

우리의 복지체제가 낙후 여부를 가장 쉽게 판단할 수 있는 방법은, 우리나라 사람들의 복지문제가 주로 국가에 의하여 해결되는지 아니면 가족에 의하여 해결되는지를 보면 된다. 서구의 복지국가들은 사람들의 복지가 주로 국가에 의하여 해결되는 데 반하여, 우리는 아직도 주로 가족에 의하여 해결된다.

예를 들면 한 조사에 의하면 2000년의 경우 우리나라 사람들의 복지는 가족이나 친척 등에 의한 사적 소득이전과 가족구성원들에 의한 아동이나 노인 등에 대한 보살핌의 경제적 가치가 GDP의 9.2%를 차지하여 그 당시의 공공부문의 사회복지 지출인 GDP의 6.1%에 비하여 크다(김진욱, 2005). 서구 복지국가들의 경우 이러한 가족 간 소득이전은 GDP의 1% 미만이 대부분이다(OECD, 2008).

그러면 지금부터 우리의 복지체제의 낙후성의 정도를 객관적이고 과학적으로 알아보고자 한다. 일반적으로 복지국가의 발전 정도를 알아볼 수 있는 방법은 크게 보면 두 가지다. 하나는 가장 단순하나 논란이 많을 수 있는 방법으로 GDP 대비 공공부문의 사회복지 지출을 비교하는 것이다. 다른 하나는 객관적으로 비교·분석하기가 쉽지 않은 각 국가들의 사회복지제도의 내용, 즉 제도의 포괄성, 보편성, 그리고 관대성을 분석하는 것이다.

1) GDP 대비 공공부문의 사회복지 지출

국가들 사이의 사회복지 발전 정도를 비교하는 데에 가장 많이 사용되는 가장 단순하고 포괄적인 지표는 공공부문의 사회복지 지출이 GDP에서 차지하는 비율이다. 그러나 이 지표는 몇 가지 문제점을 갖고 있어, 단순히 이 지표만으로 사회복지의 발전 정도를 판단하는 것은 위험할 수 있다.

예를 들면 사회복지 지출에 무엇을 포함시키느냐에 따라 다를 수 있다. 자주 거론되는 것이 복지성 조세지출(*tax expenditure*) 이다. 현재 국제적인 공식 통계(예, OECD 통계)에는 복지성 조세지출은 공공부문의 사회복지 지출에 포함되어 있지 않다. 그러나 복지성 조세지출도 사회복지 기능을 하기 때문에 이것을 제외하고 비교하는 것은 논란이 될 수 있다. 예를 들면 가족수당(아동수당) 제도가 있는 국가와 가족수당은 없으나 아동을 위한 조세감면제도가 있는 국가를 비교할 때, 전자의 공공부문의 사회복지 지출이 크다 하여 사회복지가 후자의 국가보다 더 발전되었다고 판단하는 것은 문제가 있다〔다만, 이 경우 가족수당을 도입 안 하고 소극적으로 아동을 위한 조세지출 정도만을 갖고 있다는 것은 사회복지의 확대의 노력(의지)이 부족하다고 볼 수 있다. 실제로 가족수당이나 노령수당제도가 없고 아동이나 노인들을 위한 조세지출제도만을 갖고 있는 나라들은 일반적으로 사회복지가 상대적으로 발전이 안 된 국가들이다〕.

그러나 한계에도 불구하고 GDP 대비 공공부문의 사회복지 지출의 비율이 한 나라의 사회복지의 발전 정도의 큰 모습을 보여주는 것은 사실이다. 그렇다면 우리나라의 GDP 대비 공공부문의 사회복지 지출의 비율은 얼마인가? 이에 대해서는 연구자들 사이에 논란이 많으나, 오늘날 대략 GDP의 8~9% 정도라 할 수 있다(Adema & Ladaique, 2011).

오늘날 OECD 회원국들의 GDP 대비 공공부문 사회복지 지출의 평균은 대략 20% 정도이고, 주요 복지국가들은 30% 가까이 혹은 그 이상을 사용하고 있어, 우리나라는 OECD 회원국들 가운데 최하위에 속한다. 따라서 적어도 이 지표만으로 볼 때 우리나라는 명백히 사회복지가 낙후되었다고 볼 수 있다. 그러나 위에서 언급했듯이, GDP 대비 사회복지 지출의 비율은 몇 가지 문제점이 있기 때문에 지금부터는 이 지표에 대하여 좀더 엄밀하게 따져 볼 필요가 있다.

우선 국가들 사이의 경제수준의 차이를 고려해야 한다는 점이다. 일반적으로 한 나라의 경제수준이 높아지면 공공부문의 사회복지 지출이 많아진다. 경제수준이 높아질수록 국민들의 사회복지에 대한 필요(수요)가 많아지고, 이를 해결하기 위한 국가의 경제적 능력이 커지기 때문이다. 따라서 유럽의 주요 복지국가들의 사회복지 지출 비율이 높은 것은, 단순히 이 국가들이 우리나라보다 경제수준이 높은 데서 비롯될 수 있다.

그래서 유럽의 복지국가들이 오늘날의 우리나라와 경제수준이 비슷했을 때의 사회복지 지출을 알 필요가 있다. 오늘날 우리의 1인당 국민소득은 대략 2만 달러가 조금 넘는데, 유럽의 주요 복지국가들은 대개 1980년대 초에 이 정도 경제수준에 있었다. 이 시기에 유럽의 주요 복지국가들은 이미 GDP의 20% 이상을 사회복지에 사용하였는데, 예를 들면 스웨덴과 독일 등은 GDP의 25%를, 영국은 18%를 사회복지에 지출하였다(ILO, 1992).

이러한 방식의 단순한 비교를 통해서는 그동안의 물가상승, 달러화의 가치 변동, 그리고 국가 간의 환율 변동 등의 이유로 국가들의 '실질적' 경제수준을 정확히 알아내기 어려운 한계가 있다. 그래서 좀더 보수적인 방법으로, 오늘날의 우리나라의 경제수준보다 크게 낮은 1950년대 유럽의 복지국가들의 사회복지 지출과 비교해 볼 필요가 있는데, 이 당시에도 이러한 국가들은 GDP의 10% 이상을 사회복지에 지출하였다. 예를 들면 독일은 GDP의 16%, 프랑스는 13%를 사용하였다. 이렇게 볼 때 우리나라는 우리의 경제수준에 비추어 볼 때 사회복지 지출이 크게 낮은 것은 사실이다.

그러나 단순히 GDP 대비 사회복지 지출이 낮다고 해서 사회복지가 낙후되었다고 단정하는 것은 위험하다. 이것은 적어도 두 가지 이유로 그러한데, 하나는 사회복지에의 필요(need)의 절대량이 적기 때문에 사회복지 지출이 낮을 수 있다. 예를 들면 노인들의 숫자가 많지 않다거나, 가난한 사람들의 숫자가 적다는 등의 이유다. 다른 하나는 사회복지에의 필요의 증가율보다 GDP 증가율이 더 높으면 GDP 대비 사회복지 지출의 비율이 낮을 수 있다.

일반적으로 GDP 대비 사회복지 지출의 비율은 크게 보면 세 가지 요인에 의하여 결정된다(김태성, 1996).

첫째, 사회복지가 필요한 대상자들의 숫자다. 산업화 논리에 따르면, 경제수준이 높아질수록 사회복지 대상자의 숫자는 늘어난다. 예를 들면 일반적으로 산업화가 될수록 노인들의 숫자는 늘어난다. 노인들을 위한 사회복지제도(예, 노령연금)가 일단 도입되면 사회복지 지출은 노인인구의 증가에 따라 자동적으로 늘어날 수밖에 없다. 따라서 사회복지의 발전 정도를 비교할 때는 대상자들의 숫자의 차이를 통제할 필요가 있다. 노인인구가 전체 인구의 15%를 차지하는 국가와 5%를 차지하는 국가의 사회복지 지출을 단순 비교하는 것은 무리가 있다. 사회복지 지출은 낮지만 사회복지의 내용이 풍부할 수 있는 것이다.

둘째, 사회복지제도의 내용의 발전 정도이다. 사회복지제도가 얼마나 많은 사회적 위험을 포괄하는지(포괄성의 원칙), 사회복지의 대상자를 얼마나 보편적으로 확대하는지(보편성의 원칙), 그리고 마지막으로 사회복지의 급여수준이 얼마나 관대한지(관대성의 원칙)를 따져보는 것이다. 다른 조건이 같은 경우, 사회복지제도의 내용이 풍부한 국가들의 사회복지 지출은 그렇지 않은 국가들보다 높을 것이다.

사실 이것이 국가들의 사회복지수준을 비교하는 데 가장 바람직한 기준이라 할 수 있다. 그러나 각국의 다양한 사회복지제도의 내용을 객관적으로 비교하는 것은 자료의 제약상 쉽지 않다.

셋째, 사회복지를 필요로 하는 사람들의 증가율과 GDP의 증가율의 관계이다. 일반적으로 경제성장률이 지속적으로 높으면 사회복지를 필요로 하는 사람들의 숫자는 줄어들 수 있다. 예를 들면 널리 알려진 '낙수효과'(trickle-down effect)로 경제성장이 지속되면 실업률이 낮아지고 전체적인 실질소득이 증가하여 빈곤한 사람들이 줄어들 수 있다. 이렇게 되면 사회복지 지출은 낮아지고, 반면에 GDP는 늘어나 GDP 대비 사회복지 지출은 자연스럽게 낮아질 수 있다.

반면에 경제성장률이 지속적으로 낮아지면 사회복지를 필요로 하는 사람들은 늘어나지만 GDP는 줄어 GDP 대비 사회복지 지출은 늘어날 수 있다.

이러한 이유 때문에 절대액으로 사회복지 지출은 늘어났다 해도 GDP가 더 큰 폭으로 증가하면 GDP 대비 사회복지 지출의 비율은 늘어나지 않을 수 있다. 대표적인 예로 일본을 들 수 있는데, 오늘날도 그렇지만 1980년대에는 일본은 유럽의 복지국가들에 비하여 GDP 대비 사회복지 비율이 크게 낮았다. 이것의 이유 가운데 하나는, 유럽의 복지국가들이 1980년대에 낮은 성장률을 기록할 때 일본은 지속적이고 높은 경제성장을 이루었기 때문이다. 즉, 사회복지를 필요로 하는 사람들의 증가율보다 GDP 증가율이 높았기 때문이다.

우리나라도 비교적 최근까지 이러한 현상이 일어났다고 볼 수 있다. 우선 우리나라는 아직까지도 유럽의 복지국가들에 비하여 사회복지를 필요로 하는 사람들의 숫자가 상대적으로 적다고 할 수 있다. 예를 들면 우리의 노인인구 비율(65세 이상)은 아직도 인구의 11% 정도인데 반하여 유럽의 복지국가들은 15~20%에 이른다.

그리고 우리는 지난 30여 년 동안 몇 년을 제외하면 실업률도 대략 3% 정도로 거의 완전고용 상태를 유지해 와서, 평균 8% 이상의 높은 실업률이 오랫동안 지속되어 온 유럽의 복지국가들과 비교해 볼 때 실업자들의 숫자도 적어 시장소득만으로 볼 때 빈곤한 사람들의 숫자도 적다고 할 수 있다.

또한 여러 가지의 사회문화적인 이유 등으로 유럽의 복지국가들에서는 노인단독 가구나 아동을 키우는 여성세대주 가구 등 빈곤할 가능성이 높은 가구들의 숫자도 우리나라에 비하여 많다. 우리의 경우는 가족 간 소득이전으로 노인빈곤의 문제가 상당 부분 해결되어 국가에 의한 복지 지출이 낮을 수 있다.

우리는 오랫동안 연평균 8% 이상의 지속적이고 높은 경제성장률을 이루어서 그동안의 사회복지 지출 증가율보다 높았다. 그래서 그동안 우리의 사회복지 지출액은 절대액의 측면에서 매년 증가했으나, 이 기간 동안의 우리의 GDP는 그 이상으로 늘어났기 때문에 GDP 대비 사회복지 지출의 비율은 높아지지 않았던 것이다.

그러나 지금까지의 이러한 경향은 최근에 바뀌기 시작하여 우리의 경제성장률은 과거에 비하여 크게 둔화된 반면, 사회복지 지출 증가율은 크게 높아져 사회복지 지출 증가율이 경제성장 증가율보다 높아지고 있는 추세이다. 이러한 추세가 지속되면 우리나라의 GDP 대비 사회복지 지출의 비율은 빠른 속도로 증가할 수 있다.

지금까지의 논의로 볼 때 우리의 GDP 대비 사회복지 지출의 비율이 유럽의 복지국가들에 비하여 낮은 것은 일정 부분 이해할 수 있다. 그러나 이러한 측면을 고려한다 하더라도, 우리나라가 지금까지 복지 확대의 노력이 적어 사회복지가 낙후되어 있는 것은 사실이다.

예를 들면 노인인구 비율이 15~20%인 유럽의 복지국가들에서는 대개 GDP의 10% 이상을 노령연금을 비롯한 노인들을 위한 각종의 사회복지제도에 사용한다. 반면에 노인인구 비율이 11% 정도인 우리나라는 GDP의 1% 정도를 노인복지에 사용한다. 이것의 가장 중요한 이유는 우리는 노령연금을 늦게 도입하여 아직 성숙이 되지 않아 수급자의 숫자가 매우 적기 때문이다.

어떻든 사회복지 대상자의 수라는 단순 비교를 통해서도 유럽의 복지국가의 수준이 되려면 우리나라는 최소한 GDP의 5% 정도를 노인복지에 사용해야 하는데 1% 정도의 수준에 머물고 있는 것이다.

2) 사회복지제도의 내용 : 포괄성, 보편성, 그리고 관대성

앞에서 언급했듯이 국가들 간의 사회복지 발전 정도를 비교하는 데 가장 이상적인 방법은 국가들이 갖고 있는 사회복지제도들의 내용이 얼마나 풍부한지를 비교하는 것이다. 사회복지제도의 내용을 분석할 때는 크게 세 가지 기준을 사용한다.

첫째는 포괄성으로 사회복지제도가 국민들이 겪게 될 사회적 위험들을 얼마나 많이 포괄하고 있는가이다. 이것은 다른 말로 하면 국민들이 필요로 하는 사회복지 프로그램들을 얼마나 많이 갖고 있냐는 점이다.

둘째는 보편성으로 사회복지제도가 얼마나 많은 사람들을 대상자로 삼고 있거나 얼마나 많은 사람들에게 급여가 이루어지고 있냐는 점이다. 아무리 사회복지제도가 많다 하더라도 대상자가 제한되어 있거나 수급자 수가 적으면 발전된 것으로 보기 어렵다.

셋째는 관대성으로 사회복지제도의 재원조달 방식이 얼마나 누진적인가(즉, 소득이 낮은 사람들의 재정부담이 얼마나 적은가), 급여수준이 얼마나 관대한가를 보는 것이다. 아무리 많은 사회복지제도가 있고, 많은 사람들을 대상으로 한다 해도 급여수준이 낮거나 재원조달 방식이 소득이 낮은 사람들에게 불리하면 제도가 발전된 것으로 보기 어렵다.

이러한 세 가지 기준으로 우리나라의 사회복지제도의 내용을 분석해 보면 우리의 복지체제는 낙후되어 있다고 할 수 있다. 우선, 포괄성의 측면에서 우리나라는 전 세계 80여 개 국가들이 갖고 있는 전국민 혹은 모든 피고용자들을 대상으로 하는 가족수당(아동수당) 제도가 없다. 우리나라는 가족수당이 없는 대신에 아동을 위한 조세감면제도가 있으나, 이것은 소득이 낮은 계층에게는 실질적으로 혜택이 주어지지 않고, 무엇보다도 이 제도는 역진적이어서 소득이 높은 사람들에게 더 많은 혜택이 돌아가는 문제가 있다.

우리나라는 또한 전 세계 85여 개 국가들에서 시행하고 있는 질병수당제도도 없다. 우리의 건강보험은 의료서비스만을 제공할 뿐, 질병기간 동안에 소득이 중단이 될 때 현금급여를 하지 않고 있다. 그래서 사람들이 심각한 질병에 걸려 오랜 기간 동안 소득이 중단되어 쉽게 빈곤층으로 전락하는 경향이 크다.

그리고 우리는 일부 유럽의 복지국가들에서 실시하는 모든 노인들을 대상으로 하는 보편적 노령수당제도도 없다. 우리는 현재 매우 적은 액수의 급여를 하는 공공부조 성격의 '기초노령연금' 제도를 갖고 있을 뿐이다.

마지막으로 장애인이면 누구나 급여를 받을 수 있는 장애수당도 갖고 있지 않다. 우리는 공공부조 성격의 장애인을 위한 복지제도만을 갖고 있다.

둘째, 보편성의 측면이다. 우리는 현재 외형적으로는 4대 사회보험을 갖추고 있고, 최근에는 장기요양보험제도도 도입하였다. 그리고 과거의 생활보호제도를 개선한 국민기초생활보장제도도 시행하고 있다. 그러나 이러한 외형적인 모습과는 달리 이러한 제도들의 실질적인 대상자나 수급자들의 수는 제한되어 있다.

국민연금의 경우 적어도 형식적으로는 1999년부터 적용대상자를 전국민으로 확대하였으나, 실질적인 대상자(기여금 납부자)는 대략 절반 수준에 그친다. 특히 자영업자들 가운데 기여금 미납부자들의 비율이 매우 높다.

또한 국민연금이 늦게 도입이 되어 아직 성숙되지 않아 국민연금 수급자의 숫자도 미미하다. 이러한 상황에서는 앞으로 상당 기간이 지나도 국민연금의 수급자의 숫자는 65세 이상 노인인구의 반이 안 될 가능성이 크다.

장기요양보험의 경우는 건강보험에 가입한 모든 사람들이 대상자로

되어 있으나, 급여자격을 까다롭게 하여 실질적으로는 장기요양서비스를 받는 수급자들의 숫자는 극히 제한되어 있다. 많은 사람들이 요양서비스를 필요로 하는데 등급판정이 엄격하여 수급을 못 받고 있는 실정이다.

고용보험의 경우도 형식적으로는 1인 이상 사업장에서 일하는 모든 근로자들을 대상으로 한다. 그러나 실질적인 가입자 수는 전체 근로자의 절반도 안 된다. 특히 영세사업장에서 일하는 대부분의 근로자들은 가입이 되어 있지 않다. 그리고 무엇보다도 우리의 고용보험은 이름에서 보듯이 실업자들의 소득보장보다는 고용을 더 강조하여 실업수당을 받을 수 있는 자격을 까다롭게 하여 실질적으로 실업수당을 받는 수급자들의 숫자는 극히 미미하다.

마지막으로 국민기초생활보장제도를 보면, 적어도 형식적으로는 근로능력이 있는 빈자들도 적용대상에 포함시켜 과거의 생활보호제도에 비해 진일보하였다고 볼 수 있다. 그러나 실질적으로는 근로능력이 있는 빈자는 조건부 수급자라 하여 공공근로를 하거나 교육이나 훈련을 받는 조건으로 급여를 받기 때문에 제한적 성격이 있다.

또한 엄격한 부양의무자 규정 때문에, 많은 사람들이 실질적으로 가난하고 자식들로부터 부양도 못 받는데도 불구하고 수급자가 되지 못하고 있는 실정이다. 한마디로 우리의 실질적 빈곤율에 비하여 국민기초생활보장제도의 수급자 수는 매우 적은 것이다.

셋째, 관대성의 측면이다. 우리의 국민연금은 얼마 전까지만 해도 노령연금의 급여액의 소득대체율이 60%로 유럽의 복지국가들의 수준이었다. 그러던 것이 국민연금의 장기적인 재정안정을 이룬다는 이유로 소득대체율을 40%로 낮추어 많은 사람들이 실질적인 노후소득보장을 하기가 어렵게 되었다. 서구의 복지국가들에서 대부분의 노인들의 소득보장은 이른바 '다층구조'로 되어 있어 국민연금 이외에 기업연금, 개인연금 등으로 이루어진다. 반면에 우리나라는 기업연금이나 개인연금을 받을 수 있는 수급자의 숫자가 제한되어 있어 국가에 의한 국민연금의 소득보장의 기능이 상대적으로 중요한데, 국민연금의 소득대체율을 40%로 줄여 노인들의 노후소득보장을 제대로 이루기가 어렵게 되었다.

이러한 상황에서는 공공부조 성격의 이른바 '기초노령연금'의 역할이 중요한데, 이 제도의 급여수준은 매우 낮아서 (월 10만 원 이하) 노후소득보장이 어렵다.

건강보험의 경우는 이른바 '저부담-저급여'의 정책 때문에 의료서비스의 급여항목이 제한되어 있어 본인부담률이 매우 높다는 문제가 있다. 그래서 소득이 낮은 사람들에게는 의료비가 큰 부담이 되고 있다. 또한 이렇게 '저급여 정책' 때문에 의료서비스의 질도 낮은 상황이다.

지금까지 GDP 대비 공공부문의 사회복지 지출의 비율과 주요 사회복지제도들의 내용들을 분석하였는데, 적어도 이 두 가지 측면에서 볼 때 우리의 복지체제는 유럽의 복지국가에 비하여 크게 낙후되어 있는 것은 사실이다. 그렇다면 지금부터는 왜 우리의 복지체제가 낙후되었는가를 논의하고자 한다.

2. 왜 한국의 복지체제는 낙후되어 있는가?

한국의 복지체제가 낙후된 이유를 설명할 수 있는 요인들은 많겠지만, 여기서는 크게 세 가지 요인으로 나누어 논의하고자 한다: (1) 사회문화적 요인, (2) 정치적 요인, (3) 경제적 요인(김태성, 2007).

1) 사회문화적 요인

한국의 복지체제의 낙후성을 설명할 수 있는 사회문화적 요인들은 많이 있을 수 있으나 여기서는 세 가지 요인만을 논의하고자 한다: (1) 유교문화, (2) 사회이동성, (3) 연고주의.

(1) 유교문화

최근에 서구의 일부 학자들은 복지국가들을 유형화하는 데 있어, 이른바 '유교주의 복지국가'(*confucian welfare state*) 유형을 첨가하는 경향이 있다(Jones, 1990). 기존의 복지국가 유형화는 대개 서구의 복지국가들을 대상으로 하였는데, 이들은 유교문화권의 국가들은 여러 가지 측면에서 서구의 복지국가들과는 다르기 때문에 유교주의 복지국가를 독특한 유형으로 분류할 필요가 있다고 주장한다.

유교주의 복지국가의 가장 큰 특징은 가족의 역할이 중요하다는 점이다. 서구의 복지국가들은 사회복지의 문제를 국가가 주로 해결하는 반면, 유교적 복지국가에서는 가족이 중요하다. 서구의 복지국가들도 산업화 이전에는 사회복지에 있어 가족의 역할이 중요하였다. 그러던 것이 산업화로 인하여 사회복지에의 필요는 크게 늘어난 반면에 전통적 대가족은 해체되고 핵가족화되면서 자연스럽게 국가가 사회복지의 상당부분을 담당하게 되었다.

반면에 우리나라를 비롯한 유교문화권의 국가들에서는 가족의 결속과 노인 공경 등을 강조하는 유교문화적 특성으로 산업화가 되어도 가족해체 현상이 서구에 비하여 약해 사회복지의 문제에 있어 가족의 역할이 여전히 중요한 것이다.

최근 우리나라도 피상적으로 보면 핵가족화가 이루어져 노인단독 가구의 비율이 높아지고 있다. 오늘날 전체 노인인구 가운데 노인단독 가구의 비율이 대략 40% 정도에 이르게 되었다. 그러나 이 정도의 비율은 서구 복지국가들에서 노인단독 가구의 비율이 80~90%에 달하는 것에 비하여 여전히 매우 낮은 편이다. 그리고 우리의 노인단독 가구의 성격 혹은 발생 원인은 주로 급속한 산업화와 도시화로 많은 젊은 사람들이 농촌에서 도시로 이주하는 과정에서 부모는 농촌에 남고 자식들만 도시로 이주한 결과이기 때문에 서구의 노인단독 가구의 성격과는 다르다.

무엇보다 중요한 것은 설사 우리나라의 노인들이 물리적으로 자식들과 따로 산다고 하더라도 서구 복지국가들처럼 완전히 분리된 형태가 아니라 물질적 혹은 정서적 관계는 매우 강하게 유지된다는 점이다. 겉으로는 핵가족화된 것처럼 보이지만 실질적으로는 대가족의 기능을 여전히 유지하고 있다고 할 수 있다.

예를 들면 따로 사는 노인들 가운데 대다수는 어떤 형태로든 자식들로부터 경제적인 도움을 받는다. 서구 복지국가들의 노인들의 주요 소득원은 국가로부터의 사회복지급여인데 반해, 우리나라 노인들의 주요 소득원은 가족으로부터의 소득이전인 것이다. 우리나라도 앞으로 국민연금 등의 사회복지제도가 더 성숙하면 노인들의 소득원 가운데 국가로부터의 사회복지소득이 더 커질 것이다. 그러나 우리나라는 부모에게 효도해야 한다는 문화적 특수성으로 인해 가족(자식)으로부터의 소득이전이 앞으로도 여전히 중요할 가능성이 크다.

이렇게 우리나라는 '대가족 복지체제'의 모습을 보이는데, 이것은 세부적인 우리의 사회복지제도에서 볼 수 있다. 서구 복지국가들의 사회복지제도들의 수급자 선정의 기본 단위는 핵가족이다. 성인 자녀들의 소득수준에 상관없이 그들의 부모들이 가난하면 사회복지급여의 자격이 주어진다.

반면에 우리나라는 사회복지제도의 수급단위는 대가족이다. 예를 들면 우리의 국민기초생활보장제도의 부양의무자 규정에 따라 부모가 가난해도 자식들이 일정한 소득 이상이면 부모는 급여를 못 받는다. 또한 건강보험의 경우에는 가입자들의 핵가족뿐만 아니라 그들의 부모, 형제들에게도 급여를 하고 있다.

우리나라에서 사회복지에서 국가의 역할을 약화시키는 또 하나의 요인은 유교문화의 또 하나의 특성인 배움(learning)의 숭상에서 비롯된 높은 교육열이다. 널리 알려졌듯이, 우리나라의 교육열은 높아서 자신들을 희생하더라도 자식들에 대한 인적자본 투자를 아끼지 않는다. 고등학교 졸업자들의 대학 진학률이 80%에 이르는 것이 단적으로 말해준다.

이렇게 높은 교육열의 밑바탕에는 교육을 받는 자식들의 신분 상승뿐만 아니라, 이로 인한 가족(대가족) 전체의 사회경제적 지위 향상이라는 동기가 깔려 있다. '자식농사' 잘 지으면 부모의 복지 문제는 해결되는 것이다. 우리나라에서 사회복지의 문제는 강한 가족 결속의 상황에서 자식들에 대한 인적자본 투자의 형태로 해결된다.

이렇게 사회복지에서 가족의 역할이 중요하다 보니 우리나라에서 많은 사람들(특히 중산층 이상의 사람들)은 자신들의 복지를 국가에 의존해야 한다는 의식이 약하다. 이러한 상황에서 많은 사람들은 자신들이 세금을 부담하면서까지 국가복지를 확대할 필요성을 못 느끼게 된다. 우리나라는 사회복지에 있어 가족의 역할이 커서 객관적으로 국가복지의 필요성이 적을 뿐만 아니라, 일반 국민들의 국가복지에 대한 주관적 요구도 적은 것이다.[1]

(2) 사회이동성

우리의 복지체제의 낙후성을 설명할 수 있는 또 하나의 사회문화적 요인은 우리나라의 사회이동성(*social mobility*)이 유럽의 복지국가들에 비하여 높다는 점이다. 흔히 사회이동성이라 함은 세대 간 계층이동의 정도를 말하는데, 예를 들면 부모의 사회경제적 지위가 낮았는데 자식들의 사회경제적 지위가 높아지는 사람들이 많으면 사회이동성이 높은 사회라 할 수 있다.

일반적으로 사회이동성이 높은 사회는 사회이동성이 낮은 사회에 비하여 국가에 의한 사회복지 확대의 가능성이 낮아지는 경향이 있다. 미국이 왜 유럽 복지국가들에 비하여 국가 사회복지가 낙후되어 있는가를 설명하는 연구들에 의하면, 사회이동성이 높으면 노동계급의 계급

---

1 최근에 우리나라에서 국가복지의 확대를 주장하는 사람들이 늘어나고 있지만, 이 사람들 대부분은 자신들은 세금을 부담하지 않은 채 국가로부터 사회복지급여를 받겠다는 입장이다. 자신들의 세금부담도 높이고 사회복지도 확대하라는 사람들의 숫자는 소수다.

의식이 낮아져 결속력이 낮아지고, 개인의 능력이나 업적을 중시하는 개인주의가 팽배하여 국가에 의한 사회복지의 확대를 주장하는 정치세력이 약해진다는 것이다(Lipset, 1977).

우리나라는 대략 19세기 말까지만 해도 사회적 신분이 세습되는 신분제도가 비교적 엄격하게 유지되어 신분이 낮은 계층의 자식들은 개인적으로 능력이나 업적이 크다 하더라도 그들 부모의 신분을 뛰어넘기 어려워 사회이동성이 낮았다.

이러한 엄격한 신분제도는 19세기 말 이후에 서서히 붕괴되기 시작하여, 36년간의 일본 식민통치와 6·25전쟁을 거치면서 전통적인 신분제도는 완전히 붕괴되었다. 그래서 6·25전쟁 이후에는 거의 모든 사람들이 동일한 조건에서 새롭게 출발하였고 여기서는 자연히 개인의 업적이 중요하게 되어 사회이동성이 높아졌다.

이러한 상황에서 우리나라의 여러 제도들(예를 들면 대학입시제도, 공무원 임용제도, 취업제도 등)에서도 개인의 능력이나 업적이 중요하여 이러한 제도들을 통하여 많은 사람들의 신분상승이 이루어졌다. 예를 들면 가난한 부모의 자식들이라도 열심히 공부하여 이른바 일류대학을 졸업하여 좋은 직장에 취직하거나 공무원 임용시험에 합격하면 빠른 시간 내에 신분상승이 이루어질 수 있는 것이다.

최근에는 이 경향이 과거에 비해 어느 정도 줄어 계층의 고착화 현상이 나타나고 있으나, 유럽의 복지국가 발전 시기와 비교할 때 우리나라의 사회이동성은 여전히 높다고 할 수 있다. 유럽의 복지국가들은 그들이 사회복지를 크게 확대하는 시기인 1970년대까지는 사회이동성이 낮았다. 예를 들면 유럽국가들에서는 이때까지만 해도 대학은 소수에게 개방되었고, 대학의 진입여부도 어린 나이(예를 들면 13세)에 결정되었다. 그래서 대부분의 노동계급의 자식들은 대학 진학을 안 하였고, 자연스럽게 노동계급으로 남았다(Heidenheimer, 1973).

오늘날에는 유럽의 대학들도 과거에 비하여 대중화가 되어 노동계급 출신들도 대학에 진학하는 비율이 높아졌으나, 일반적인 대학 진학률이나 노동계급 출신의 자식들의 대학 진학률이 우리나라보다 여전히 매우 낮다.

이렇게 사회이동성이 높은 우리나라의 사회적 분위기에서는 많은 사람들은 사회경제적 지위 향상을 위해서는 열심히 공부하여 개인적인 능력을 키우면 된다는 인식을 갖게 되어 개인주의적 성향이 커져 집합적으로 국가에 의한 사회복지를 확대해야 한다는 필요성을 크게 느끼지 못하게 되는 것이다.

또한 사회이동성이 높다 보니 특정 계층(계급)에의 소속이 고착되지 않고 유동적이어서 계급(계층) 의식과 계급결속이 약해져, 우리나라에서는 유럽의 복지국가들의 발전 과정에서 핵심적인 역할을 했던 노동계급의 역할이 미미하여 사회복지의 확대가 어려운 것이다.

(3) 연고주의

유럽의 복지국가들은 산업화가 되면서 전통적인 공동사회적(*gemein-schaft*) 사회관계가 약화되면서 어떤 연고에 기반을 둔 관계보다 합리적인 관계를 중시하는 경향이 크다. 예를 들면 부모와 자식 간의 관계에서 맹목적인 혈연보다는 합리적인 측면을 더 중요시하는 경향이 있다.

반면에 우리나라는 문화적 특수성으로 과거는 물론이고 산업화가 이루어진 오늘날까지도 혈연, 지연, 학연 등의 각종의 연고가 사람들의 생각, 태도, 행동 등을 결정하는 데 여전히 큰 영향을 미친다. 이렇게 연고주의가 강하면 국가에 의한 사회복지의 확대는 다음의 몇 가지 이유로 어려움을 겪는다.

첫째, 연고주의가 강하면 사람들은 연고가 있는 사람들끼리의 복지향상에만 큰 관심을 보인다. 대표적인 예가 우리나라에서의 부모와 자식 간의 높은 소득이전 현상이다. 또한 우리나라에서는 혈연의 종친회, 지연의 향우회, 학연의 동창회 등 연고가 있는 사람들끼리의 조직에서 각종의 '비공식적 복지제도'(safety net)가 발전되어 있다.

이렇게 연고 있는 사람들끼리의 '복지활동'이 많아지면 연고가 없는 사람들의 복지에 대한 관심은 상대적으로 줄어들 수 있다. 유럽의 복지국가들에서는 국가에 의한 불특정 다수의 이른바 '완전히 낯선 사람들'(total stranger)을 위한 사회복지가 발전되었는데, 우리는 이른바 '연고복지' 때문에 국가에 의한 일반 국민들의 복지 향상에 대한 관심이 줄어들거나 그 필요성을 적게 느끼는 것이다.

둘째, 연고주의는 일반 국민들 사이의 신뢰감을 약화시킬 수 있다. 우리나라에서는 연고 있는 사람들끼리의 신뢰감은 매우 크다. 반면에 우리는 일본 식민통치 기간, 해방 후의 좌・우익의 대립, 그리고 6・25 전쟁을 겪으면서 사회가 극도로 혼란스러워 연고가 없는 사람들에 대한 불신 풍조가 커져 일반 국민들 사이의 신뢰감이 약하다.

사회복지가 확대되기 위해서는 일반 국민들 사이의 신뢰가 중요하다. 왜냐하면 사회복지는 본질적으로 소득 재분배를 추구하는 것이어서 어느 한쪽(세금을 납부하는 사람들)으로부터 돈을 걷어 다른 한쪽(사회복지 수급자들)에 주는 것이기 때문에 사회적 갈등이 클 수 있다.

여기서 중요한 것이 국민들 사이의 신뢰이다. 국민들 사이에 신뢰가 크면 사회복지를 위해 세금을 내는 사람들은 사회복지 혜택을 받는 사람들이 그것을 남용 또는 오용하지 않는다고 믿고 기꺼이 부담할 수 있다. 이러한 상황에서는 사회복지 수급자들도 납세자들의 부담을 고려하여 가능한 한 사회복지에 의존하지 않으려고 노력할 수 있다.

실제로 실증적인 조사에 의하면, 국민들 사이의 신뢰감이 약한 이질적인 국가인 미국보다 신뢰감이 강한 스웨덴에서 사회복지의 부정적인 측면, 예를 들면 사회복지 수급자들의 근로동기의 약화 현상이 덜 나타났고, 또한 신뢰가 강한 국가들에서는 조세부담률이 높아도 조세저항이나 탈세 현상이 상대적으로 낮았다(Freeman et al., 1997).

우리나라는 현재 OECD 회원국들 가운데 사회보장성 조세를 포함한 총 조세부담률(우리나라에서는 흔히 국민부담률이라 한다)이 가장 낮은 국가들 가운데 하나이다. 우리의 총 조세부담률은 25% 정도이고, OECD 국가들 평균치인 34%에 크게 못 미친다. 우리의 사회복지를 확대하기 위해서는 조세부담률을 높여야 하는데 일반 국민들 사이의 조세저항이 커 조세수입을 늘리는 것이 정치적으로 어려운 상황이다.

이렇게 조세저항이 높은 이유 가운데 하나는 국민들 사이에 팽배한 불신 풍조이다. 신뢰감이 강한 사회에서는 조세수입을 늘려야 할 필요가 있는 상황에서 사람들은 조세를 기꺼이 부담할 용의가 있고, 정직하게 세금을 낸다. 왜냐하면 사람들은 다른 사람들도 정직하게 세금을 부담한다고 생각하기 때문에 내가 세금을 내지 않으면 다른 사람들에게 해를 끼칠 수 있다고 생각하기 때문이다. 실제로 국민들 사이의 신뢰감이 큰 사회에서는 탈세율이 낮다.

반면에 우리나라는 많은 사람들이 남들은 모두 정직하게 세금을 내지 않는다고 생각하여, 나만 정직하게 세금을 내면 손해를 본다는 의식이 만연하다. 이런 현상은 특히 자영업에 종사하는 사람들 사이에 심하여 자영업에서의 탈세율은 매우 높은 실정이다. 이렇게 자영업자들이 세금을 제대로 내지 않으면 일반 피고용자들의 세금부담이 불공평하게 많아지고, 결국 증세에 대한 일반 피고용자들의 저항도 커지게 되는 것이다.

또한 우리나라의 많은 납세자들은 사회복지 수급자들에 대한 신뢰감이 약해 이들이 사회복지를 남용·오용한다고 생각하는 경향이 크다. 특히 이념적으로 보수적인 납세자들은 사회복지 수급자들이 일을 해서 살 수 있는데도 사회복지 수급을 받는다고 생각하고, 이러한 사람들 때문에 자신들의 세금부담이 커졌다고 생각하는 경향이 있다.

이러한 분위기에서 근로능력이 있는 빈자들에게 조건 없이 급여하는 것은 대부분의 납세자들에게 받아들여지기가 어렵다. 예를 들면 과거의 우리의 생활보호제도에서는 근로능력이 조금이라도 있는 사람들에게는 아예 수급자격이 주어지지 않았고, 최근 진일보한 국민기초생활보장제도에서도 근로능력이 있는 빈자에 대해서는 무조건적인 급여가 아니라 공공근로, 직업훈련 등의 조건으로 급여가 이루어지고 있다. 이렇듯 사회복지 수급자들에 대한 납세자들의 불신은 사회복지 확대를 위해 세금을 인상하는 것에 대한 저항을 크게 하는 데 기여한다.

셋째, 연고주의는 이념적인 정책정당의 출현을 막아 사회복지의 발전에 걸림돌이 될 수 있다. 널리 알려졌듯이, 유럽의 복지국가들의 사회복지 확대에는 이를 이념적으로 추진하는 정책정당들이 중요한 역할을 하였다. 반면에 우리나라는 연고에 의한 정치가 중요하여 이념적인 정책정당의 출현이 어렵다.

대표적인 예가 지역에 연고를 둔 정당들에 의한 정치이다. 우리나라에서의 정당들은 오랫동안 특정 지역들을 기반으로 하고 있다. 이것은 우리나라의 유권자들이 자신들과 출신 지역이 같은 정치인들을 지지하는 경향이 강하기 때문이다. 그래서 유권자들은 정당들의 정책에는 관심이 없게 되고, 정당들도 자연스럽게 정책 개발에 관심이 없게 된다.

유럽의 복지국가들에서는 사회복지정책이 정당정치에서 가장 중요한 쟁점들 가운데 하나인 데 반하여, 우리나라에서는 지역 연고정치가 강한 상황에서 정당들이 사회복지정책과 같은 이념적 혹은 계급적 대립이 첨예할 수 있는 정책을 차별화하여 내세울 필요가 줄어드는 것이다. 실제로 우리나라에서는 대부분의 정당들이 내세우는 사회복지정책들은 거의 차이가 없다. 최근의 예를 들면 이념적으로 사회복지의 확대를 반대해야 하는 대표적 보수정당도 사회복지의 확대를 주장하고 있어, 전통적으로 진보적인 정당의 사회복지정책과 차이가 없다.

연고주의는 또한 계급의식과 계급결속을 약화시켜 노동계급을 주요지지 기반으로 하는 정당의 출현을 어렵게 한다. 우리나라의 많은 노동자들은 각종의 연고에 따라 분열되어 있어 하나의 노동계급에 속한다는 의식이 약하다. 예를 들면 특정 지역 출신의 노동자들은 전체 노동계급의 이익에 반하는 입장을 취하는 대통령을 같은 지역 출신이라는 이유로 지지하는 것이다.

2) 정치적 설명

(1) 권위주의 국가

우리나라는 최근에 권위주의적 성격이 어느 정도 약화되고 있지만 지난 30여 년 동안은 권위주의 국가였다. 그래서 우리나라의 주요 정책 결정 과정에는 의회의 기능이 약해서 일반 국민들의 다양한 요구들이 반영되기 어렵고, 정부의 최고 정책결정자인 권위적 대통령의 역할이 결정적이었다. 따라서 대부분의 주요 정책은 대통령의 통치철학이나 가치관에 기반을 둔 정책의지에 의하여 결정된다. 사회복지정책도 마찬가지이다.

역대 우리나라의 대통령들이 가진 주요 통치철학(가치관)은 한마디로 말하면 '경제성장 제일주의'라 할 수 있다. 실제로 과거 오랫동안 지속적으로 연 평균 7~8%의 높은 경제성장률을 이룰 수 있었던 것은 바로 이러한 대통령들의 경제성장에 대한 강한 정책의지 때문이라고 할 수 있다. 이 상황에서는 경제성장에 해가 될 수 있다고 판단되는 정책들은 채택되기가 어려운데, 우리나라의 대통령들은 일반적으로 사회복지를 확대하면 경제성장에 해가 된다고 판단하였다(인적자본 향상을 이룰 수 있는 사회복지정책들은 예외이다).

대표적인 예가 박정희 전 대통령이다. 널리 알려졌듯이, 그는 지속적인 경제성장을 지고의 가치로 여겼고, 실제로 집권 기간 동안 높은 경제성장률을 이루었다. 그는 경제성장을 이루기 위하여 국민들에게 근면과 자조의 가치를 강조하였고, 실제로 각종의 사회운동(예, 새마을운동)들을 통하여 국민들의 근로의식을 고취시키려고 하였다. 그는 사회복지가 근면과 자조의 가치와 대립되는 것으로 보았다. 즉, 사회복지는 사람들을 나태하게 만들어 경제성장에 해가 된다고 생각하였다.

이른바 '문민정부'의 대통령인 김영삼도 사회복지정책의 기본 방향을 이른바 '생산적 복지'로 정하여 경제성장에 기여하지 않는 사회복지는 확대하지 않겠다는 의지를 보였다. 또한 그는 '한국병'이라는 용어를 사용하면서, 사회복지의 부정적인 측면인 이른바 '복지병' 혹은 '영국병'을 유달리 강조하고 우려하는 데서도 사회복지를 확대하면 경제성장에 해가 된다는 생각을 갖고 있었다.

한편 우리의 대통령들은 경제성장에 기여할 수 있는 사회복지정책들, 특히 인적자본 향상을 이룰 수 있는 정책들은 받아들였다. 예를 들면 일찍부터 초등학교 의무교육을 실시했으며, 최근에는 중학교까지 의무교육을 확대하였고, 곧 고등학교까지 의무교육을 실시할 예정이다. 실제로 우리의 GDP 대비 교육비 지출의 비율은 OECD 국가들 평균보다 높다.

또한 경제성장에 필요한 건강한 노동력의 확보라는 측면에서 1977년에 의료보험을 도입하였고, 10년 만에 적용대상을 전국민으로 확대하여 오늘날 건강보험은 수급자의 수나 지출액에서 우리나라에서 가장 중요한 사회복지정책이 되었다.

한마디로 말하여 우리의 사회복지가 낙후된 것은 오랜 기간의 권위주의 국가 시절의 강력한 권한을 가진 대통령들이 경제성장 지상주의의 가치관을 갖고 있었고, 사회복지를 확대하면 경제성장에 해가 된다고 판단했기 때문이다.

우리나라가 오랫동안 권위주의 국가였다는 점은 또 다른 측면에서 우리의 사회복지의 확대에 걸림돌이 되었다. 유럽의 복지국가들의 발전 과정을 보면 대부분 19세기 말이나 20세기 초 즈음에는 인권(*civil right*)이나 참정권(*political right*) 등을 비롯한 민주화의 문제는 대부분 해결된다. 그래서 이후, 특히 2차 세계대전 이후에는 사회권(*social right*)의 문제, 즉 사회복지의 문제가 주요한 사회적 관심사이자 가장 중요한 선거쟁점이 되어서 선거경쟁을 통해 사회복지는 자연스럽게 확대되었다.

반면에 우리나라는 군부독재정권의 시기인 1960년대부터 1990년대 초까지 인권과 민주화 문제가 국민들 사이에 주요한 사회적·정치적 관심사였기 때문에 사회복지의 문제는 중요한 정치적 쟁점이 되지 못했다. 그래서 정치인들이나 일반 국민 모두 사회복지 확대의 필요성에 관심이 부족하여 사회복지가 중요한 선거쟁점이 되지 못했다.

1990년대 중반 이후 이른바 문민정부가 등장하여 인권이나 민주화 문제가 어느 정도 해결된 이후에도, 우리나라에서 광범위하게 분포되어 있는 보수적인 중산층들은 비계급적 혹은 비분배적인 문제, 예를 들면 경제, 환경, 교육, 평화, 남북한 관계 등의 문제에 관심을 기울였지, 계급적이고 소득 재분배적이어서 갈등을 불러일으킬 수 있는 사회복지의 문제에 관심을 갖지 않아 이때까지도 여전히 사회복지는 주요한 선거쟁점이 되지 못하였다.

사회복지 문제는 1990년대 말의 외환위기 시대를 거치면서 비로소 중요한 사회문제로 인식되었고 정치적 쟁점이 되기 시작했으며, 결과적으로 이때부터 우리의 사회복지는 어느 정도 확대되기 시작한다.

간단히 말해서, 우리나라가 권위주의 국가가 아니어서 민주화가 좀더 일찍 이루어졌다면 사회복지 문제는 좀더 일찍 정치 쟁점이 되었을 것이고, 우리의 사회복지는 지금보다는 확대되었을 것이다.

(2) 약한 노동조합

유럽의 복지국가들의 발전 과정에서는 노동조합의 역할이 중요하였다. 강력한 노동조합은 적어도 다음의 두 가지 측면에서 사회복지의 확대에 기여하였다.

첫째, 노동조합이 좌익정당들(사회민주당, 사회당, 노동당 등)의 핵심적인 기반이 되어 정치세력화에 성공해 좌익정당들이 집권하는 데 큰 역할을 했다는 점이다. 그래서 노동조합이 추진하는 사회복지정책들이 채택될 수 있었다. 대표적인 예가 스웨덴의 포괄적이고 강력한 노동조합인 LO의 경제학자들이 제안한 연대임금정책 등을 포함한 '렌-마이드너 모델'(Rhen-Meidner model)이다. 이것은 이른바 '스웨덴 모델'이라 불리는 성공적인 사회복지 모델의 핵심이 된다.

둘째, 강력한 노동조합은 사회복지의 확대에 기여할 수 있는 또 하나의 중요한 요인인 사회민주적 조합주의를 가능하게 했다는 점이다. 일반적으로 자본주의사회에서는 자본이 노동에 비하여 정치적 힘이 강할 수밖에 없다. 그래서 노동, 자본, 국가 3자의 타협에서 이루어지는 사회민주적 조합주의 방식의 국가의 정책결정에는 노동의 힘이 커야만 한다. 왜냐하면 노동과 자본의 정치적 힘이 비슷해야만 타협이 가능하기 때문이다. 유럽 복지국가들의 강력한 노동조합은 이러한 타협을 가능하게 만든 것이다.

반면 우리나라에서는 노동조합이 약하여 유럽의 복지국가들에서 노동조합들이 한 역할을 제대로 못 하여 우리의 사회복지 확대에 기여를 못 한 것이다. 이렇게 노동조합이 약한 상황에서는 노동조합의 정치세력화는 어려워질 수밖에 없다. 그래서 유럽의 복지국가들과는 달리 우리나라에서는 노동조합의 노조원들 대부분을 주요 지지 기반으로 하는 정당의 출현이 어려운 것이다.

또한 우리의 약한 노동조합은 사회민주적 조합주의 방식의 정책결정에서도 역할을 제대로 할 수 없다. 최근 우리나라도 노동, 자본, 국가의 3자 대표로 구성된 노사정위원회를 만들어 국가의 주요 정책들을 타협적으로 결정하려고 시도하였다. 유럽의 복지국가들의 사회민주적 조합주의 방식의 정책결정을 시도한 것이다.

그러나 노사정위원회는 그 역할을 제대로 하지 못하여 오늘날에는 그 기능이 유명무실해졌다. 여기에는 여러 가지의 이유가 있겠지만(예를 들면 피상적으로는 노동의 참가 거부 등), 가장 중요하고 본질적인 이유는 우리의 노동조합의 정치적 힘이 약하고 결속력이 없기 때문이다. 노동과 자본의 타협이 이루어지기 위해서는 두 계급의 힘이 비슷해야 하는데, 우리나라에서는 자본의 정치적 힘이 큰 것에 비하여 노동조합이 약하여, 노동과 자본의 불균형적인 세력 관계에서는 타협이 어렵다.

(3) 6·25전쟁과 반공주의

6·25전쟁은 우리나라의 현대사에서 가장 중요한 사건 중 하나로 우리 사회의 변화 과정의 거의 모든 측면에서 큰 영향을 주었다. 널리 알려졌듯이, 유럽의 복지국가들은 제2차 세계대전 이후에 국민연대의식이 커지거나 국가의 역할이 커지는 등의 이유로 사회복지가 크게 확대되었다. 반면에 우리나라는 6·25전쟁이 우리의 사회복지 발전에 몇 가지 측면에서 부정적 영향을 주었다.

우선 6·25전쟁 이후 남북한이 첨예하게 대립함에 따라 국민들 사이에 '반공주의'와 '적색공포증'(*red complex*)이 강하게 나타나 우리 사회를 지배하는 가장 중요한 가치가 되었다는 점이다. 그래서 역대 정부들은 모든 국민들을 대상으로 어렸을 때부터 반공의식을 고취시키는 교육을 철저하게 시키고 국가보안법으로 사상의 자유를 극도로 제한하여 이른바 '용공사상'을 받아들이지 않았다.

이러한 상황에서 정치적 이념이 조금이라도 사회주의적인 냄새가 나는 진보적 정치세력이나 정당은 국민들로부터 지지를 받기 어렵다. 유럽의 복지국가들의 사회복지 확대 과정에서 중요한 역할을 했던 사회주의 세력이 우리나라에서는 전혀 뿌리를 내리지 못한 것이다. 특히 오랫동안 지속된 권위주의 정부 시절에는 사회의 여러 단체들의 반정부적인 활동들도 용공적인 것으로 몰아 탄압하였는데, 이러한 상황에서 사회복지 확대에 필요한 노동계급의 정치세력화도 어렵게 되었다.

이렇게 우리 사회에 광범위하고 뿌리 깊게 퍼진 '반공주의'의 분위기에서 사회복지는 사회주의 냄새가 나는 것으로 간주되는 경향이 있어 본격적으로 사회복지를 확대하는 것에 대하여 막연한 두려움을 가지고 있다. 최근 김대중 정부와 노무현 정부를 거치면서 이러한 성향은 어느 정도 줄어들었지만 지금도 많은 사람들(특히 보수적인 계층)은 사회복지를 '사회주의적'인 것으로 간주하는 경향이 있다.

예를 들면 국민연금제도를 확대하는 과정에서 많은 사람들은 국가가 보험료를 강제로 부과하는 것과 소득 재분배적인 급여계산 방식 등이 '사회주의 방식'이라 여겨 거부감이 컸다. 심지어 최근까지도 일부 극단적인 반공세력들은 국민연금제도 폐지운동을 벌였고, 실제로 우리의 국민연금 보험료 납부율은 매우 저조한 실정이다.

또한 의료보험 도입 초기에도 많은 의사들이 '사회주의 의료 방식'이라 여겨 반대했고, 특히 영국식의 국민건강 서비스(*national health service*)는 북한의 의료제도와 유사하다는 이유에서 '빨갱이식'으로 간주되어 도입에 대한 논의 과정에서 격렬한 반대에 부딪혔다.

둘째는 유럽의 복지국가들이 2차 세계대전 이후에 국민연대감이 커져, 사회복지의 확대에 대한 좌파와 우파의 정치세력의 타협이 가능해져 사회복지의 확대가 큰 저항 없이 이루어졌다. 반면에 우리나라는 6·25전쟁 이후에 사회적 혼란 속에서 용공사상에 대한 의혹 등의 이유

로 사람들 사이의 불신 풍조가 커져 국민들 사이의 신뢰감이 낮아지는
데 기여하였고, 이것은 앞에서 언급했듯이 여러 가지의 이유로 우리의
사회복지의 확대에 걸림돌이 되었다.

마지막으로 6·25전쟁은 우리 사회의 모든 것을 '잿더미'로 만들어
기존의 사회계층을 모두 붕괴시켜 모든 사람들이 처음부터 다시 시작
하게 만들었는데 이것은 우리의 사회이동성을 높이는 데 기여했다. 그
런데 이러한 높은 사회이동성은 앞에서 언급했듯이, 사회계층을 고착
시키지 않아 계층(계급) 의식을 약화시키게 되고 궁극적으로 노동계급
의 결속을 약화시켰고 결국 사회복지의 확대에 걸림돌이 되었다.

(4) 서구로부터의 잘못된 교훈

우리나라는 1970년대까지는 적어도 산업화 이론의 관점에서 볼 때
사회복지를 확대할 경제적 능력을 갖지 못했다고 볼 수 있다. 물론 경
제적 능력이 부족하다 하여 반드시 사회복지를 확대 못 하는 것은 아니
다. 유럽의 복지국가들의 경우 어떤 국가들은 우리보다 경제발전이 낮
은 수준에서도 사회복지를 확대하였다. 우리나라는 앞에서 언급했듯
이 오랫동안 경제발전이 지상과제이어서, 이른바 선 성장 후 분배의 통
치철학이 지배적이었기 때문에 어느 정도의 경제발전이 이루어진 이후
에야 사회복지를 확대할 수밖에 없었다.

그러다가 1980년대부터는 그동안의 지속적이고 높은 경제성장으로
경제적 능력이 어느 정도 커지고, 또한 산업화와 도시화로 사회복지에
의 필요도 늘어나 사회복지를 확대할 시기도 되었고 할 수 있는 경제적
능력도 갖추었다고 볼 수 있다. 적어도 필요조건은 충족된 것이다.

반면에 1980년대 유럽의 복지국가들은 1970년대의 두 차례의 '오일

쇼크'(oil shock)를 겪으면서, 그리고 제조업에서 서비스산업으로의 산업구조의 개편, 인구의 고령화 등의 이유로 국가경제가 침체가 되기 시작하면서 경제성장은 둔화되는 반면 실업률은 높아져 고도로 발전된 복지국가체제를 유지하기 어렵게 되는 이른바 '복지국가의 위기'의 시대에 접어든다.

이때부터 유럽의 복지국가들은 국가들에 따라 다소 차이가 있지만 일부 비효율적인 사회복지 프로그램들을 없애거나 축소하고, 수급의 자격조건들을 까다롭게 하여 급여액을 줄이는 등 다양한 형태의 복지체제 구조조정을 실시하여 사회복지 지출의 부담을 줄이려고 노력한다.

그러나 이러한 노력에도 불구하고 대부분의 유럽의 복지국가들의 GDP 대비 사회복지 지출의 비율은 오늘날까지도 거의 줄지 않고 있다. 그 주된 이유는 실업률이 높아져서 실업자들을 비롯한 빈곤 인구가 증가하거나, 노인인구의 증가로 사회복지를 필요로 하는 사람들은 오히려 증가했기 때문이다. 또한 국민들 가운데 다수를 차지하는 사회복지 수급자들이 사회복지 축소에 저항했기 때문에 정치적으로 사회복지를 대폭 축소하는 것이 어려웠다.

그럼에 불구하고 1980년대부터의 유럽의 복지국가들에서 나타난 '복지국가의 위기'의 현상은 사회복지 확대를 이제 막 시작하는 후발 산업국가들에게 영향을 주어 유럽국가처럼 사회복지를 크게 확대하는 것은 위험하다는 교훈을 준 것은 사실이다.

또한 1980년대에는 영국과 미국에서 시작한 신자유주의의 이념적 공세가 커지기 시작하여 전 세계적으로 영향을 미쳤다. 그래서 시장원리를 강조하여 사회복지를 위해 국가가 시장에 개입하는 것을 금기시하는 이념, 특히 사회복지를 확대하면 경제성장에 해를 준다는 이른바

'복지병'의 이념이 널리 퍼졌다. 사실 '복지병'은 이론적으로나 실증적으로나 뒷받침이 되지 않는 이념적 공세인데도 불구하고 많은 국가들에게 영향을 주었다.

여기에 1980년대부터는 '세계화' 또는 '지구경제'(*global economy*)가 커지기 시작한 시기이기도 하다. 국가 간의 자본이동이 자유로워지면서 자본의 힘은 더욱 커진 반면 상대적으로 노동의 힘은 약화되어 사회복지를 확대시킬 추동력이 떨어졌고, 또한 사회복지 확대를 위해 필요했던 국민국가(*nation state*)의 자율성이 크게 줄어들었다.

이렇게 우리나라가 사회복지를 확대하기 시작했어야 할 1980년대부터는 국제적으로 '반사회복지'의 분위기가 팽배했었고 또한 현실적으로 사회복지를 더 이상 확대하기가 어려운 시기였다. 이러한 서구사회에서의 '복지국가의 위기'의 분위기는 곧바로 우리나라에 영향을 주었다. 특히 우리나라의 여론을 주도하는 보수언론 매체들은 사회복지를 확대하면 경제성장에 해롭다는 '복지병'을 대대적으로 보도하였고, 이로 인해 국민들은 '복지병'을 믿게 되면서 사회 전반적으로 '반사회복지'의 이념이 팽배하였다. 이러한 분위기는 1990년대 말 IMF 외환위기 때까지 지속되었다.

이렇게 '복지병'을 지나치게 우려하는 사회적 분위기를 보여주는 대표적인 예가 김영삼 정부의 '한국병'과 '생산적 복지'의 개념들이다. 사회복지는 생산적이어야만 하고, 경제성장에 해가 되는 사회복지는 확대 되어서는 안 된다는 것이다.

사실 이러한 '반사회복지적' 이념들은 1980년대의 우리의 사회복지의 상황과 맞지 않는다. 1980년대의 유럽 복지국가들의 모습과 그 당시 우리나라의 상황과는 큰 차이가 있다. 1980년대 유럽 복지국가들은 국가경제가 좋지 않은 상태에서 GDP의 20~30%를 사회복지에 사용하여 과대한 사회복지 지출이 부담이 된 것은 사실이다. 반면에 우리나라는 1980년대에는 경제성장률은 높고 실업률은 낮은 반면에 GDP의 대략 2% 정도만을 사회복지에 사용하여 사회복지 지출이 전혀 문제가 안 되어 사회복지를 크게 확대하여도 아무런 문제가 없던 시기였다.

그럼에도 불구하고 보수적 언론 매체들의 반사회복지적 이념 공세 속에서 정책결정자들은 사회복지를 확대할 의지를 갖지 못하여 결국 우리의 사회복지 확대는 그만큼 늦어져 오늘날 우리의 복지체제가 낙후된 것이다.

3) 경제적 설명

(1) 지속적이고 높은 경제성장

우리나라는 1990년대 말의 IMF 외환위기 전까지 지난 30여 년 동안 지속적으로 평균 7~8%의 높은 경제성장률을 이루었다. 세계적으로 유례를 찾기 힘든 이러한 경제적 성공은 적어도 두 가지 측면에서 우리의 사회복지의 확대를 막았다.

첫째, 지속적이고 높은 경제성장은 우리나라의 대다수 사람들의 소득수준을 단기간 내에 크게 높여 다수의 '중산층화'를 이루었다는 점이다. 예를 들어, 객관적인 실증조사에 의하면 1967~1992년 사이에 우리나라 사람들의 실질소득은(물가상승률을 감안한) 평균적으로 5배 이상 높아졌다(김태성, 1995). 이렇게 빠르게 소득이 대폭 상승하자 지금까지 소득 하위계층에 속했던 많은 사람들이 이제는 '중산층'에 속한다고 생각하는 경향이 컸다. 실제로 이 시기의 주관적 계층 귀속에 대한 의식조사에 따르면 우리나라 사람들의 60% 이상이 자신들의 계층을 '중산층'이라고 생각하는 것으로 나타났다(통계청, 1994).

사회통제이론(*social control theory*)에 의하면 사회복지는 정치적·사회적 안정을 위해서도 필요하다. 실제로 서구 복지국가들의 발전 과정을 보면 많은 사회복지제도들은 이러한 목적으로 만들어졌다. 예를 들면 19세기 말 20세기 초 유럽 복지국가들의 사회복지제도들은 이 시기에 커지고 있던 사회주의 세력의 위협으로 사회가 정치적·사회적으로 불안정해지는 것을 막기 위하여 만들어졌다(대표적인 예가 독일의 비스마르크 시대에 만들어진 사회보험제도이다). 또한 이른바 '풍요 속의 빈곤'의 시대인 미국의 1960년대에 가난한 사람들의 대규모의 폭동 등으로 사회가 불안정해지자 이에 대한 대응으로 '빈곤과의 전쟁'(*war on poverty*) 프로그램을 통해 사회복지를 확대하였다(Piven & Cloward, 1974).

반면에 우리나라는 높은 경제성장으로 단기간 내에 '중산층'이 된 대다수의 사람들은 자신들의 기득권을 유지하기 위하여 사회적 안정을 원했고, 따라서 커다란 변화보다는 기존 질서를 유지하려는 보수적인 성향을 보인다. 그래서 대다수의 보수적인 '중산층'들은 계급갈등적인 성격을 갖고 있는 사회복지를 확대할 필요성을 못 느끼거나 오히려 세금의 증가를 동반하는 사회복지의 확대에 반대하는 성향이 컸다. 따라서 1990년대 말까지의 우리나라의 주요 정책결정자들도 이러한 든든한 안정 회구 세력을 바탕으로 하여 정치적·사회적 안정을 위한 사회복지의 확대는 불필요한 것으로 생각하였다(김태성, 1996).

둘째, 지속적이고 높은 경제성장은 우리 사회에서 사회복지를 필요로 하는 사람들의 숫자를 크게 줄였다는 점이다. 공급측 경제학(*supply-*

side economics) 의 주장에 따르면, 경제성장이 지속적으로 이루어지면 이른바 '낙수효과'(*trickle-down effect*) 로 빈곤한 사람들의 수는 크게 줄어들어 사회복지의 필요성은 약화된다는 것이다. 경제성장으로 일자리가 많이 늘어나 가난한 사람들도 이러한 일자리를 차지하고, 또한 높은 임금을 받을 수 있기 때문에 그러하다는 것이다.

이러한 경제성장만으로도 빈곤의 문제를 해결할 수 있다는 주장은 우리나라에서 현실로 나타났다. 1960년대 후반부터 1990년대 중후반까지의 우리의 지속적이고 높은 경제성장은 이 시기의 우리나라에서의 절대빈곤자들의 숫자를 크게 줄였다. 예를 들면 한 조사에 의하면 우리나라의 절대빈곤율은 1966년의 50%에서 1992년 1%로 크게 낮아졌다 (김태성, 1996).[2]

사실 한 나라의 빈곤율은 빈곤을 어떻게 정의하고 측정하느냐에 따라 다르기 때문에 논란이 많다. 일반적으로 사회복지가 발전한 나라일수록 절대빈곤보다는 상대적 빈곤의 개념으로 빈곤율을 계산하는 경향이 크다. 왜냐하면 절대빈곤율은 사회의 전반적인 소득수준의 상승을 반영 못 하는 문제점을 갖기 때문이다. 상대적 빈곤은 사회의 전반적인 소득수준이 오르면 빈곤선의 소득도 오르기 때문에 이러한 문제를 피할 수 있다.

따라서 우리의 절대빈곤율이 크게 줄었다는 것은 사회복지의 측면에

---

2 절대빈곤율을 계산하는 방법은 다양한데, 이 연구에서는 1980년의 불변가격으로 계산한 중위소득의 50% 이하에 속하는 사람들이 전체 인구에서 차지하는 비율을 말한다. 이 연구에서의 빈곤율이 낮은 이유 가운데 하나는 여기서 분석한 자료가 도시가계연보인데 이때까지는 2인 이상 도시에 사는 근로자 가구만을 포함했기 때문이다. 즉, 많은 수의 가난한 1인 가구는 제외되었기 때문이다.

서 큰 의미를 갖지 못할 수 있다. 그럼에도 불구하고 우리나라의 정책
결정자들은 절대빈곤율이 크게 줄어든 것을 근거로 최소한의 복지는
해결되었다고 판단하여 사회복지를 확대할 필요성을 못 느낀 것이다.

우리의 지속적이고 높은 경제성장은 또한 실업률을 거의 완전고용
수준인 3% 이내에서 오랫동안 유지하여 실업자들의 수를 크게 줄였
다. 유럽의 복지국가들은 1980년대부터 실업률이 크게 높아져 실업자
의 문제가 사회복지 확대의 주요 요인이 된 반면, 우리나라는 실업자들
을 위한 사회복지가 불필요했다. 실제로 우리나라는 실업자를 위한 고
용보험은 1995년에나 도입했고, 실업부조(공공부조) 제도는 전무하다.

이와 같은 상황은 1990년대 말 이른바 'IMF 외환위기' 이후 크게 변
하였다. 특히 외환위기 직후에는 경제성장률이 마이너스로 추락하고
실업률도 크게 높아짐에 따라 단기적이나마 사회복지가 크게 확대되었
다. 이후 2000년대에 들어와서 어느 정도 경제적인 안정을 찾기 시작했
으나, 이제는 과거처럼 7~8% 이상의 높은 성장률이나 완전고용 수준
의 낮은 실업률은 이루기 어렵게 되었다. 그래서 우리나라도 이제는 사
회복지 확대의 필요성이 높아지게 되었고, 실제로 사회복지는 조금씩
확대되고 있다.

(2) 노동집약적인 수출경제에의 의존

널리 알려졌듯이, 우리나라는 국내 수요의 한계 때문에 경제성장이
수출에 크게 의존하는 국가이다. 많은 연구들에 의하면 국제경제에의
의존도가 높을수록 사회복지는 확대된다고 주장한다(Cameron, 1978;
Rodrik, 1998). 실제로 수출에 크게 의존하는 스웨덴과 같은 유럽의 작
은 국가들은 사회복지가 크게 발전되어 있다.

그렇다면 우리나라는 수출에 크게 의존하는데도 사회복지가 낙후된 이유는 무엇일까? 이것은 적어도 두 가지로 설명할 수 있다.

　첫째, 치열한 국제경쟁에서 필요한 국가경쟁력의 성격이 유럽국가들과 우리나라가 다르다는 점이다. 수출에 크게 의존할 수밖에 없는 유럽의 작은 국가들은 일찍부터 국제경쟁에서 우위를 점하기 위하여 기술경쟁력을 강조하였다. 이러한 국가들에서는 노사 간의 합의에 따라 일정한 수준 이상의 임금(동일노동 동일임금의 제도를 통하여 혹은 이른바 '사회적 임금'이 시행되어)을 피고용자들에게 주어야 하기 때문에, 이러한 수준의 임금을 주지 못하는 기업은 비효율적인 기업으로 시장에서 도태될 수밖에 없다.

　이러한 상황에서는 기업들은 비교적 높은 노동비용을 감수하면서 국제경쟁을 할 수밖에 없는데 여기서 자연스럽게 기술경쟁력을 강조하게 되는 것이다. 수출하는 재화나 서비스의 가격보다는 질로 경쟁력을 높이는 것이다. 여기서 국가는 다양한 사회복지정책으로 기업들의 기술경쟁력을 높이는 데 도와준다.

　예를 들면 후기 산업사회에서는 기술 변화가 빠르게 일어나기 때문에 새로운 기술을 빠르게 흡수해야 국제경쟁력이 높아진다. 이를 위해서는 새로운 기술의 개발과 이에 필요한 많은 수의 숙련된 기술 노동자들을 확보해야 한다. 그런데 새로운 기술이 도입되면 기존의 노동자들은 실업의 위험성이 커지고, 새로운 기술을 배우는 데 많은 시간과 노력이 필요하며, 이 기간 동안 생활이 어려워질 수 있기 때문에 노동자들은 새로운 기술의 도입에 저항하거나 아니면 적어도 적극적으로 새로운 기술을 배울 동기가 약해진다. 그래서 이런 노동자들을 위하여 새로운 기술을 배우거나 경쟁력이 있는 산업에 재취업하여 안정될 때까지 국가는 다양한 사회복지정책으로 생활안정을 이루고 새로운 기술 습득의 동기를 높여줄 필요가 있는 것이다.

　반면에 우리나라는 오랫동안(최근에는 어느 정도 변하고 있지만) 값싼 노동력에 주로 의존하는 가격경쟁력으로 국제경쟁에서 버텨왔다. 그래서 대부분의 기업들은 노동비용을 높이는 정책들에 대하여는 저항이 컸었고, 이 상황에서 사회복지는 대표적으로 노동비용을 높이는 것으로 간주되어 국가나 기업 모두 사회복지의 확대를 꺼려 왔던 것이다.

　둘째, 수출에 크게 의존하는 유럽의 작은 복지국가들에서는 효율성이 높은 산업의 대기업들의 경쟁력이 높았다. 이렇게 산업집중률이 높게 되면 노동자들도 이러한 산업에 집중적으로 몰리므로 노동자들의 동질성이 높아지고 결속력도 커지게 되어, 결과적으로 노동자들의 조직을 강하게 만들어 강력한 노동조합이 만들어진다. 이러한 강한 노동조합은 사회주의 정당의 정치적 세력을 키우는 밑바탕이 되고 또한 사회민주적 조합주의의 정책결정 방식을 가능하게 하여 결과적으로 사회복지는 확대될 수 있는 것이다(Cameron, 1978).

　반면에 우리나라는 이러한 모습을 갖지 못하였다. 우리나라도 효율성이 높은 산업에서의 대기업들의 경쟁력이 높았고, 따라서 많은 노동자들이 이러한 기업에서 일하게 되었다. 그러나 우리는 유럽의 작은 복지국가들과 달리, 오랫동안의 권위주의 정부들이 노동자들의 조직이 커지는 것을 물리적으로 탄압했고, 대기업들도 각종의 방법들을 동원하여 노동조합이 커지는 것을 막았다. 대표적인 예로 국제경쟁력이 높은 대기업인 삼성전자에는 오늘날까지도 노동조합이 존재하지 않는다.

(3) 큰 규모의 지하경제

정도의 차이가 있지만 지하경제는 어느 나라에나 있다. 문제는 우리나라의 지하경제의 규모가 우리의 경제 수준에 비추어 지나치게 크다는 점이다. 얼마 전까지만 해도 우리의 지하경제의 규모는 연구에 따라 다르지만 대략 GDP의 15~20% 대로 추정되며(유일호, 1995), 이것은 OECD 국가들 가운데 가장 높은 국가 중의 하나이다.

우리의 지하경제가 유달리 큰 이유들은 앞에서 언급했듯이 우리의 사회문화적인 특수성으로 인하여 국민들 사이에 신뢰가 적은 불신사회라는 점, 그리고 그동안의 정부들이 정확한 소득 파악의 노력을 충실히 하지 않았다는 점을 이야기할 수 있다. 권위주의 정부들은 의도적으로 소득 파악을 제대로 하지 않았는데, 중요한 이유는 이러한 정부들은 정당성을 확보하기 위하여 정치적으로 인기가 없는 철저한 소득 파악을 회피하였기 때문이다.

그러나 가장 단순하고 중요한 이유는 우리나라에서는 소득 파악이 어려운 자영업자들의 비율이 매우 높아, 비교적 소득이 정확히 파악될 수 있는 피고용자들의 근로소득이 전체 소득에서 차지하는 비율이 서구에 비해 크게 낮기 때문이다. 실제로 우리나라는 지금까지도 납세자의 수가 전체 근로자의 절반 정도에 지나지 않는다.

이렇게 지하경제가 큰 상황에서 사회복지를 확대하는 것은 정치적으로나 현실적으로 어렵게 된다. 사회복지를 확대하기 위해서는 조세수입을 늘려야 하는데 이렇게 소득 파악이 제대로 안 된 상황에서는 조세수입을 늘리는 데 한계가 있을 수밖에 없다. 일반 조세수입이나 각종의 사회보험제도들의 보험료 부과의 기준이 되는 것이 소득인데, 소득이 정확하게 파악되지 않은 상태에서 조세나 보험료를 부과하면 사람들의 조세저항이 커지기 때문이다. 우리나라의 조세부담률이 OECD 국가들 가운데 가장 낮고, 국민연금이나 건강보험에서의 낮은 보험료 납부율이 이를 말해준다.

특히 정확한 소득 파악이 어려운 자영업자들 사이에서의 탈세 문제가 심각하다. 그래서 자영업자들로부터의 조세수입이 낮은데, 문제는 여기서 그치지 않고 정직한 납세자들(피고용자들)도 조세부담의 비형평성을 이유로 조세저항이 커진다는 점이다.

이러한 상황에서 사회복지를 확대하기 위하여 조세부담을 높이거나 사회보험의 보험료율을 높이게 되면 지하경제의 규모는 지금보다 더욱 커질 수 있다. 즉, 소득 파악이 제대로 되지 않은 상황에서 사회복지 확대를 위해 조세부담을 높이는 것은 조세저항을 더욱 크게 만들어 결과적으로 지하경제를 더욱 크게 만들 수 있다. 요컨대 우리의 사회복지 확대를 위해 가장 먼저 해야 할 일은 정확한 소득 파악이다.

강명세(1999), 《경제위기와 사회협약》, 세종연구소.

_____(2008), "세계화, 복지국가, 민주주의: 한국의 복지국가 전망과 복지
　　　정치", 참여연대 사회복지위원회 주최, 대안 복지패러다임 연속 세미
　　　나 발표논문.

강병익(2009), "정당체계와 복지정치: 보수 - 자유주의 정당체계에서 열린우리
　　　당과 민주노동당의 복지정치를 중심으로", 〈기억과 전망〉, 20, pp. 10
　　　9~144.

고경환(2012), "사회복지재정의 동향과 과제", 〈보건복지포럼〉, 191, pp. 2
　　　9~37.

_____(2013), "사회복지재정의 현황과 과제", 〈보건복지포럼〉, 195,
　　　pp. 109~117.

고세훈(2012), "복지와 노동(권력): 이론, 경쟁력 담론, 한국적 함의", 사회
　　　정책연합 공동 학술대회 발표논문.

_____(2013), "복지국가, 정치, 관료", 〈황해문화〉, 79, pp. 66~83.

구인회(2006), 《한국의 소득불평등과 빈곤: 소득분배 악화와 사회보장정책의
　　　과제》, 서울대학교 출판부.

국민경제자문회의(2006), "동반성장을 위한 새로운 비전과 전략: 일자리 창
　　　출을 위한 패러다임 전환", 대통령 보고서.

국민복지기획단(1996), "삶의 질 세계화를 위한 국민복지의 기본구상", 최종
　　　보고서.

권혁용(2010), "누가 집권하는가는 중요한가? 정부당파성, 복지국가, 그리고
　　　자본주의의 다양성", 〈한국정치학회보〉, 44(1), pp. 85~105.

기획예산처 (2005), "재정통계 길라잡이"(http://fsg. mpb. go. kr)

기획재정부, 〈나라살림〉(2009~2013)

김경동 (1993), 《한국인의 가치관과 사회의식》, 박영사.

김낙년 (2013), "한국의 소득분배", 낙성대경제연구소, Working Paper 2013-06.

김동현 (2013), "우리나라 자살의 역학적 특성과 공중보건학적 접근 전략", 미발간 보고서.

김록호 외 (1989), "1980년대 한국 사회보장정책의 성격", 학술단체협의회 (편), 《1980년대 한국사회와 지배구조》, 풀빛.

김상균 (1987), 《현대사회와 사회정책》, 서울대학교 출판부.

_____ (1992), "사회민주주의형 복지국가와 조합주의의 모색", 《복지국가의 현재와 미래》, pp. 429~447.

김성익 (1992), "전두환, 역사를 위한 육성증언: 6·29 전야의 고백", 〈조선〉, 1월호.

김순영 (2011), "이명박 정부의 사회복지정책: 사회복지정책의 후퇴?", 〈현대정치연구〉, 봄호(4권 1호).

김연명 (1989), "한국 의료보험제도의 발달 및 형태규정 요인에 관한 연구", 보건과 사회 연구회, 《한국의료보장연구》, 청년세대.

_____ (2011), "한국에서 보편주의 복지국가의 의미와 과제", 〈민주사회와 정책연구〉, 19, pp. 15~41.

_____ (2013), "한국 사회복지의 현 단계와 보편주의 복지국가의 과제: 모든 복지국가가 반드시 좋은 사회체제는 아니다", 서울대 행정대학원 세미나 발제자료.

김영범 (2002), "경제위기 이후 사회정책의 변화-한국과 선진 자본주의 국가들과의 비교", 김연명 (편), 《한국복지국가 성격논쟁 I 》, 인간과 복지.

김영삼 (1995. 3), "삶의 질의 세계화를 위한 대통령의 복지구상".

김영순 (2007), "사회투자국가가 우리의 대안인가?: 최근 한국의 사회투자국가 논의와 그 문제점", 〈경제와 사회〉, 74, pp. 84~113.

_____ (2008), "노무현정부의 복지정책과 복지정치", 비판과 대안을 위한 사회복지학회 학술대회 발표논문집, pp. 50~71.

_____ (2011), "한국의 복지정치는 변화하고 있는가?: 1, 2차 국민연금 개혁을 통해 본 한국의 복지정치", 〈한국정치학회보〉, 45(1), pp. 141~

163.

_____(2012), "복지동맹 문제를 중심으로 본 보편적 복지국가의 발전 조건: 영국·스웨덴의 비교와 한국에의 함의", 〈한국정치학회보〉, 46(1), pp. 337~358.

_____(2013), "누가 어떤 복지를 만드는가?: 서구 복지국가들의 형성 및 발전과정이 한국의 보편주의 논의에 주는 함의", 〈경제와 사회〉, 97, pp. 192~225.

김왕식(1999), "한국의 외환위기의 원인과 발생과정", 백광일·윤영관(편), 《동아시아: 위기의 정치경제》, 서울대학교 출판부.

김용익(2012), "복지국가로 가는 길, 맥을 짚는다", 100인 복지포럼 발제문.

김용하(1999), "사회보험 통합 추진동향", 〈복지동향〉, 11.

김용학(1995), "사회학의 비교연구방법", 〈비교문화연구〉, 2, pp. 117~142.

김원섭(2009), "참여정부에서 한국 복지국가의 발전, 복지국가 또는 신자유주의 국가?", 고려대학교 한국사회연구소, 〈한국사회〉, 9(2), pp. 29~53.

_____·남윤철(2011), "이명박 정부 사회정책의 발전: 한국 복지국가 확대의 끝?", 〈아세아연구〉, 54(1), pp. 119~152.

김유선(2013), "비정규직 규모와 실태: 통계청 '경제활동인구조사 부가조사'(2013. 3) 결과", 한국노동사회연구소, KLSI 이슈 페이퍼.

김윤태(2010a), "복지국가의 발전과 도전", 김윤태(편), 《한국복지국가의 전망》, 한울아카데미.

_____(2010b), "복지담론과 사회투자의 가능성: 복지국가의 이중전략", 김윤태(편), 《한국복지국가의 전망》, 한울아카데미.

_____(2012), "복지국가와 정치의 재구성", 정태환 외(편), 《한국의 복지정치》, 학지사.

김진욱(2005), "한국 복지국가 공급체계의 혼합구성", 2005년 한국사회복지학회 추계공동학술대회 발표문, 한국사회복지학회.

김태성(1990), "사회복지발전의 결정요인 분석", 한국사회복지연구회, 〈사회복지연구〉, 2.

_____(1991), "국민연금 발전정도와 결정요인에 관한 비교 분석", 한림대 사회복지연구소, 《비교사회복지 제1집》, 을유문화사.

_____(1995), "저소득층 소득분배형태의 변화 추세: 1966~1992", 〈사회복

지연구〉, 6, pp. 35~69.

_____ (1996), "조세정책의 소득재분배효과", 〈사회복지연구〉, 7, pp. 92~122.

_____ (2007), 《두 개의 예외적인 복지체제 비교 연구: 한국복지국가 모형의 탐색》, 서울대학교 출판부.

_____ ·성경륭 (1993), 《복지국가론》, 나남.

김태일 (2012), "정부인력 규모와 공공 서비스 제공 방식", 〈정부학연구〉, 18 (1), pp. 185~215.

김형기 (1989), "노동", 변형윤 (편), 《한국경제론》, 유풍출판사.

남세진 (1992), 《인간과 복지》, 한울.

_____ ·조흥식 (1995), 《한국사회복지론》, 나남.

남찬섭 (2009), "최근 사회복지서비스 변화의 함의와 전망: 지방이양, 바우처, 노인장기요양보험으로 인한 변화를 중심으로 한 탐색적 고찰", 〈비판사회정책〉, 28, pp. 7~49.

노동부 (1988), "사업체 노동실태 보고서".

_____ (1998), "노사정위원회 합의사항 이행현황".

노중기 (1999), "노사정위원회", 최영기 외, 《한국의 노사관계와 노동정치 I》, 한국노동연구원.

마인섭 (2003), "한국 사회균열구조의 변화와 민주주의적 정착", 〈한국정당학회보〉, 2 (1), pp. 31~69.

_____ (2012), "한국정당의 복지정책과 선거", 〈의정연구〉, 17 (3).

문기상 (1987), "비스마르크 사회정책 연구: 1880년대 노동자 사회보험을 중심으로", 서울대 서양사학과 박사학위 논문.

박근갑 (1990), "정치적 노동운동, 독점대기업, 비스마르크의 노동정책", 〈사회비평〉, 4, 나남.

박동서 외 (1992), 《작은 정부의 구상과 실천전략》, 현대사회연구소.

박상훈 (1996), "문민정치, 그 지배의 정치경제학", 〈정치비평〉, 창간호, pp. 1 86~210.

박정호 (1996), "한국의료보험 정책과정에서의 정부역할", 서울대 박사학위논문.

박준식 (1992), "대기업의 신경영전략과 작업장 권력관계의 변화", 〈사회비평〉, 7, 나남.

박찬욱(2006), "한국 시민의 투표행태 분석: 제16대(2002년) 대통령 선거에 있어서 사회 균열과 유권자의 후보자 선택", 고려대학교 아세아문제연구소, 《한일공동연구총서》, pp. 156~195.

박찬표(2008), "제17대 국회의 정당 경쟁구도 분석", 〈한국정당학회보〉, 7(2).

백욱인(1992), "내집마련의 꿈은 사라지고", 학술단체협의회, 서울대 대학원 자치회(편), 《노태우 대통령의 44가지 잘못: 6공화국 백서》, 사회평론사.

보건복지부(1995), 〈보건복지백서〉.

_____(1998), "제1차 사회보장장기발전계획".

_____(1999), "보건복지분야 2년간의 주요 성과", 내부자료.

_____(2000), "보건복지부문 예산관련 지표: 1990~99", 인터넷 자료.

_____(2004), "참여복지 5개년 계획: 2004~2008".

_____(2013), "전자바우처 사업현황 및 성과", 내부 보고서.

보건사회부(1989), 《보건사회》.

_____(1991), "역대 보사부 예산", 내부자료.

_____(1991), 〈보건사회백서〉.

_____(1992), "제7차 경제사회발전 5개년계획: 보건의료, 사회보장부문계획".

복지개혁백서편찬위원회(1997), 《국민복지 새 지평을 열다》, 백산인쇄.

삶의질향상기획단(1999), 《새천년을 향한 생산적 복지의 길: 국민의 정부 사회정책 청사진》, 퇴설당.

새천년민주당(2002), "새로운 대한민국, 국민후보 노무현", 16대 대선 공약집.

서울대 사회복지연구소(1995), 《소득분배구조에 관한 연구》.

성경륭(1991a), "자본주의와 민주주의의 변증법적 관계: 자본주의체제의 변혁 가능성 모색", 〈사회비평〉, 6, 나남.

_____(1991b), "한국의 정치체제변동과 사회정책의 변화: 정치사회학적 분석", 〈사회복지연구〉, 3.

_____(1992a), "억압으로부터 복지로: 한국의 정치민주화와 국가-자본의 노동통제전략 변화", 한림대 사회조사연구소 연구논문 시리즈, #92-18.

_____(1992b), "한국의 사회계급과 정당구조: 좌파배제와 보수독점의 정치체제", 사회문화연구소(편), 《한국의 정치와 선거문화》.

_____(1996a), "개혁의 정치사회학", 〈포럼 개혁〉, 2.

_____(1996b), 《체제변동의 정치사회학》, 한울.

_____(1998), "새로운 사회질서의 창출: 시민사회와 제3부문의 활성화", 삼성경제연구소(편), 《IMF 극복의 정책과제》.

손호철(1998), "한국의 신자유주의와 민주주의", 한국사회과학연구협의회 주최 학술대회 발표논문, 〈신자유주의와 한국의 대응〉, 외교안보연구원.

송호근(1991), 《한국의 노동정치와 시장》, 나남.

_____(1992), "유럽의 노동운동, 1870~1939: 탈급진화의 정치사", 한림대 사회조사연구소 연구논문 시리즈, #92-25.

_____(1994), 《열린시장, 닫힌정치》, 나남.

_____(1999), 《정치없는 정치시대: 한국의 민주화와 이해충돌》, 나남.

신광영(1991), "서구 복지정책의 유형", 한림대 사회복지 세미나 발표 논문.

_____(2012), "현대 한국의 복지정치와 복지담론", 〈경제와 사회〉, 95, pp. 39~66.

신동면(2007), "지속가능한 발전적 사회정책을 향하여", 〈코리아연구원 특별기획〉, 13, pp. 1~7.

신진욱(2011), "한국에서 복지국가 운동의 조건과 전략: 유럽의 경험과 비교", 〈시민과 세계〉, 19, pp. 47~70.

안상훈(2010), "한국형 복지국가의 비전과 전략", 사회보장기본법전부개정을 위한 공청회 자료집.

양재진(2005), "한국의 대기업중심 기업별 노동운동과 한국복지국가의 성격", 〈한국정치학회보〉, 39(3), pp. 395~412.

_____(2007), "사회투자국가가 우리의 대안이다", 〈경제와 사회〉, 75, pp. 1 9~367.

_____(2008), "한국 복지정책 60년: 발전주의 복지체제의 형성과 전환의 필요성", 〈한국행정학보〉, 42(2), pp. 327~349.

_____(2012), "한국 복지국가의 발전 전략: 복지제도 개혁과 정치사회적 기반 형성 과제를 중심으로", 사회정책연합 공동 학술대회 발표논문.

_____(2013), "사회보험제도와 사각지대: 역사적 변화와 전망", 서울대 행정대학원 세미나 발제자료.

_____·정의룡(2012), "복지국가의 저발전에 관한 실증 연구: 제도주의적 신권력자원론의 타당성 검토", 〈한국정치학회보〉, 46(5), pp. 79~97.

엄형식(1999), "김대중 정권 2년의 사회복지개혁 진행과정에 대한 검토", 한림대 대학원 사회학과 기말보고서(과목명: 사회복지와 사회정책).

유근춘·국중호·김태은(2012), "사회정책목표의 실질적 달성을 위한 중장기 복지재정운용방", 한국보건사회연구원 연구보고서, 2012-19.

유길상(1991), 《근로복지 증진을 위한 정책방향과 과제》, 한국노동연구원.

_____(1992), 《일본의 고용보험제도 연구》, 한국노동연구원.

_____·이철수(1996), 《고용보험해설》, 박영사.

유범상(1999), "노사관계개혁위원회", 최영기 외, 《한국의 노사관계와 노동정치 I》, 한국노동연구원.

유일호(1995), "우리나라의 탈세규모 측정: 소득세와 부가가치세", 〈재정논집〉, 9, pp. 93~117.

윤석명(2007), "한국의 사회보장비 지출전망 및 시사점: 사회보험 중심으로", 〈보건복지포럼〉, 133, pp. 59~75.

_____외(2012), "국민연금 적정부담 수준에 관한 연구", 한국보건사회연구원 연구보고서, 2012-16.

의료보험연합회(1996), 《의료보장》, 의료보험연합회.

이가옥 외(1993), "노인단독가구세대의 실태에 관한 연구", 한국사회보건연구원.

이신용(2010), "민주주의가 사회복지정책에 미치는 영향", 김윤태(편), 《한국 복지국가의 전망》, 한울아카데미.

이은경(1999), "현장중계: 사회보험 관리운영 통합방안에 관한 공청회", 〈복지동향〉, 12.

이인재(1990), "산업재해보상보험제도의 성과와 과제", 미발표 논문.

이지호(2009), "정당 위치와 유권자 정향: 2007년 대선과 2008년 총선을 중심으로", 〈현대정치연구〉, 2(1), pp. 123~149.

이태수(2008), "이명박 정부의 복지정책: 총평가", 〈복지동향〉, 113, pp. 17~22.

_____(2009), "복지정책, 새로운 진보의 아킬레스건인가", 김형기·김윤태(편), 《새로운 진보의 길》, 한울아카데미.

이혜경(2007), "사회투자국가와 시민사회의 역할", 5th UWI Asia-Pacific Conference 발제논문.

_____(2011), "복지개혁 복지국가 이상과: 발전주의 유산 사이에서", 구인회에 대한 토론문.

＿＿＿(2013), "한국 사회정책 반세기: 회고와 전망", 사회정책연합 공동학술 대회 발제문.

임채원(2007), 《사회투자국가: 미래한국의 새로운 길》, 한울아카데미.

임혁백(1992), "민주화 시대의 국가-시민사회 관계의 틀 모색: 국가, 시장, 민주주의", 한국정치학회·한국사회학회 공동학술발표회 발표논문.

＿＿＿(1994), 《시장, 국가, 민주주의: 한국민주화와 정치경제이론》, 나남.

임현진·김병국(1991), "노동의 좌절, 배반된 민주화: 국가·자본·노동관계 의 한국적 현실", 〈사상〉, 겨울호.

장명국(1985), "해방후 한국노동운동의 발자취", 김금수·박현채(외), 《한국 노동운동론 I》 미래사.

＿＿＿(1989), 《산업재해와 직업병: 그 문제와 보상》, 석탑.

재정경제부(2000a), "주요 경제지표: 2000".

＿＿＿(2000b), "2000년 경제정책방향(안)", 보고자료.

전광석(1999), "노동정치의 전개와 사회통합기제로서의 사회보장법의 형성노 력", 미발표 논문.

전남진(1987), 《사회정책학강론: 복지정책의 수립과 분석》, 서울대 출판부.

정무권(1998), "국민의 정부의 사회정책: 평가와 과제", 한국사회과학연구협 의회 주최 학술대회 발표논문, 〈신자유주의와 한국의 대응〉, 외교안보 연구원.

정영태(1990), "노동운동의 대두와 한국정치의 과제", 한국정치학회 하계 학 술대회 발표논문.

정진영(1999), "국제통화·금융질서의 변동과 동아시아의 외환위기", 백광 일·윤영관(편), 《동아시아: 위기의 정치경제》, 서울대학교 출판부.

정책기획위원회(1999), "21세기 지식정보사회에 대비한 생산적 복지의 정립 방향", 보고자료.

＿＿＿(2007), 《참여정부 국정리포트》, 아렌트.

정태환(2012), 《한국의 복지정치》, 학지사.

정한울(2011), "주민투표 이후 복지정국과 계급정치의 부상", 〈EAI 여론브리 핑〉, 102.

조영훈(2002), "유교주의, 보수주의, 혹은 자유주의? 한국의 복지유형 검토", 김연명(편), 《한국복지국가 성격논쟁 I》, 인간과 복지.

＿＿＿(2008), "참여정부 복지정책의 성격", 경성대학교, 〈사회과학연구〉, 24(1), pp. 213~233.

조흥식(1999), "김영삼 정권의 사회복지정책 평가: 성장위주의 신경제에 부차적인 사회복지", 미발표 논문.

_____(2010), "한국 복지국가의 현실과 과제", 김윤태(편), 《한국 복지국가의 전망》, 한울아카데미.

_____(2012), "한국 복지체제의 변천과 복지국가의 요건: 바람직하고 지속 가능한 시민복지국가를 지향하며", 조흥식(편), 《대한민국, 복지국가의 길을 묻다: 바람직하고 지속 가능한 시민복지국가를 향해》, 이매진.

_____(2013), "사회복지정책 제도의 변화와 전망", 서울대 행정대학원 세미나 발제자료.

주성수(1992), 《사회민주주의와 경제민주주의》, 인간사랑.

주은선(2011), "한국 복지국가 논쟁에 관한 소고: 복지정치의 진보성, 어떻게 확장할 것인가?", 〈진보평론〉, 50, pp. 16~44.

_____(2012), "스웨덴의 연금제도", 《해외 공·사연금제도Ⅰ: 유럽》, 국민연금연구원.

차종천(1990), "동아시아와 서구의 사회이동 비교", 《21세기 문명과 아시아》, 한림대학교출판부, pp. 187~212.

차흥봉(1992), "한국 의료보장 제도의 전개과정", 이두호 외, 《국민의료보장론》, 나남.

_____(1999), "2000년대 국민보건복지 비전", 내부자료.

최장집(1992), "새로운 노동운동의 방향모색을 위하여", 〈사회평론〉, 6월.

_____(1996), 《한국민주주의의 조건과 전망》, 나남.

KB금융지주 경영연구소(2013), "KB 금융지식 비타민"

통계청, "가계동향조사"(각 년도).

_____(1994), "사회통계조사", 통계청.

_____(1999), "한국 주요통계 지표".

_____(2011), "경제활동인구조사 부가조사".

통합진보당(2013), "이명박 정부 총체적 실정 대국민보고서".

하상락(1989), "한국 사회복지사의 흐름", 하상락(편), 《한국사회복지사론》, 박영사.

한국개발연구원(1990), 《한국재정 40년사: 재정 통계편》.

한국기독교 사회문제연구원(1987), 《기사연 리포트 2: 6월 민주화대투쟁》.

한국노동연구원(1992), "분기별 노동동향분석"(1/4분기, 2/4분기).

한국보건사회연구원(1999), "한국의 사회보장비 추계(1990~1997): OECD 추계방식을 중심으로", 연구보고서.

_____(2009). "국민기초생활보장법 제정 10년의 성과와 과제", 〈보건복지 Issue Focus〉, 2, pp. 1~8.

_____(2012), "2011년 기준 한국의 사회복지지출 추계", 연구보고서.

한국복지국가연구회(2012), 《한국 복지국가의 정치경제》, 아연출판부.

한국복지연구회(1985), 《사회복지의 역사》, 이론과 실천.

한국사회과학데이터센터(2002), "16대 대통령선거 관련 유권자 의식조사".

_____(2007), "17대 대통령선거 관련 유권자 의식조사".

_____(2012), "18대 대통령선거 관련 유권자 의식조사".

한나라당(2002), "나라다운 나라, 내일을 약속합니다", 16대 대선 공약집.

함철호(1988), "한국사회복지에 대한 사회통제이론적 고찰: 복지법과 복지비를 중심으로", 한국복지연구회(편), 《한국의 사회복지》, 한울아카데미.

현재호(2004), "정당간 경쟁연구: 1952~2000 - 선거강령에 대한 공간적 분석을 중심으로", 〈한국정치학회보〉, 38(2).

홍경준(2002), "복지국가의 유형에 관한 질적 비교분석: 개입주의, 자유주의, 그리고 유교주의 복지국가", 김연명(편), 《한국복지국가 성격논쟁 I 》, 인간과 복지.

Abramovitz, M. (1981), "Welfare Quandaries and Productivity Concerns", *American Economic Review*, 71, pp. 1~17.

Abramovitz, M. (1981), "Welfare Quandaries and Productivity", *American Economic Literature*, 71, pp. 1~61.

Adema, W. (1999), "Net Social Expenditure", *Labour Market and Social Policy-occasional Papers*, 39, OECD.

_____ & P. Fron & M. Ladaique (2011), "Is the European Welfare State Really More Expensive? : Indicators on Social Spending, 1980~2012", *OECD Social, Employment and Migration Working Papers*, 124, OECD.

Alber, J. (1982), "Some causes and consequences of social security expenditure development in western Europe, 1949~1977", *EUI Working Paper*, 15, European University Institute.

_____(1988a), "Continuities and changes in the idea of the welfare state",

Polities and Society, 16, pp. 451~468.

_____(1988b), "Is there a crisis of the welfare state? Cross-national evidence from Europe, North American and Japan", *European Sociological Review*, 4, pp. 181~207.

Alestalo, M. & H. Uusitalo(1992), "Social expenditure: A decompositional approach", In Kohlberg, J. E. (ed.), *The Study of Welfare State Regimes*, M. E. Sharp, pp. 37~69.

Alestalo, M. & S. E. O. Hort & S. Kuhnle(2009), "The nordic model: Conditions, origins, outcomes, lessons", *Hertie School of Governance Working Paper*, 41.

Allan, James P. & Lyle Scruggs(2004), "Political partisanship and welfare state reform in advanced industrial societies", *American Journal of Political Science*, 48(3), pp. 496~512.

Amsden, A. H. (1989), *Asia's Next Giant: South Korea and Late Industrialization*, Oxford University Press.

Arblaster, A. (1984), *The Rise and Decline of Western Liberalism*, Basil Blackwell.

Ashford, D. E. (1986), *The Emergence of the Welfare States*, Basil Blackwell Ltd.

Atkinson, A. B. (1995), "The welfare state and economic performance", *National Tax Journal*, 48, pp. 171~198.

_____ & L. Rainwater & T. Smeeding(1995), "Income distribution in European countries", In A. B. Atkinson(ed.), *Incomes and the Welfare State*, Cambridge Univ. Press, pp. 41~77.

_____ & J. E. (1980), *Stiglitz, Lectures on Public Economies*, McGraw-Hill.

Bacon, R. & W. Eltis(1976), *Britain's Economic Problem: Too Few Producers*, Macmillan.

Baily, M. N. & G. Burtless & R. Litan(1993), *Growth with Equity*, the Brookings Institution.

Bane, M. J. & D. Ellwood(1976), "Slipping into and out of poverty", *Journal of Human Resources*, 21, pp. 1~23.

Baran, P. & P. Sweezy(1966), *Monopoly Capital*, Monthly Review.

Barbalet, J. M. (1988), *Citizenship*, University of Minnesota Press.

Barkey, K. & S. Parikh (1991), "Comparative perspectives on the state", *Annual Review of Sociology*, 17.

Barr. N. (1992), "Economic theory and the welfare state: A survey and interpretation", *Journal of Economic Literature*, 30, pp. 741~803.

Barro, R. (1978), *The Impact of Social Security on Private Saving*, American Enterprise Institute.

Becker, G. (1981), *A Treatise on the Family*, Harvard University Press.

Berry, J. M. (1984), *The Interest Group Society*, Little, Brown.

Bishop, J. (1980), "Jobs, cash transfer and marital instability: A review and synthesis of the evidence", *Journal of Human Resources*, 15, pp. 301~334.

Blank, R. M. (1986), "How important is welfare dependence?", NBER Working Paper, NBER.

_____ & A. S. Blinder (1986), "Macroeconomics, income distribution, and poverty", In S. H. Danziger & D. H. Weinberg (eds.), *Fighting Poverty*, Harvard University Press.

Blank, R. (1989), "Analysis the length of welfare spells", *Journal of Public Economics*, 39, pp. 245~273.

_____ & D. Card (1993), "Poverty, income distribution, and growth: Are they still connected?", *Brookings Papers on Economic Activity*, 2, pp. 285~339.

_____ (1994), *Social Protection Versus Economic Flexibility: Is There a Trade-off*, University of Chicago Press.

Blinder, A. S. (1980), "The level and distribution of economic Well-being", In M. Feldstein (eds.), *The American Economy in Transition*, University of Chicago Press, pp. 415~499.

Block, F. (1987a), "Social policy and accumulation: A critique of the new consensus", In G. Esping-Andersen & M. Rein & L. Rainwater (eds.), *Stagnation and Renewal in Social Policy*, Armonk, M. E. Sharpe, Inc.

_____ (1987b), *Revising State Theory*, Temple University Press.

Bobbio, N. (1989), *Democracy and Dictatorship*, University of Minnesota

Press.

Boskin, M. J. (1986), *Too Many Promises: The Uncertain Future of Social Security*, Dow-Jones-Irwin.

Bowles, S. & H. Gintis (1986), *Democracy and Capitalism*, Basic Books Inc.

Brewer, M. D. & J. M. Stonecash (2009), *Dynamics of American political parties*, Cambridge University Press.

Brian F. Schaffner (2011), *Politics, Parties, and Elections in America*, Cengage Learning.

Briggs, A. (1961), "The welfare state in historical perspective", *European Journal of Sociology*, 2, pp. 221~258.

Brittan, S. (1975), "The economic contradictions of democracy", *British Journal of Political Science*, 5, pp. 129~159.

Brown, C. V. (1980), *Taxation and the Incentive to Work*, Oxford University Press.

Burgess, G. J. & A. J. Webb (1974), "The profits of British industry", *Lloyds Bank Review*, 112.

Cameron, D. (1978), "The expansion of the public economy: A comparative analysis", *APSR*, 72, pp. 1243~1261.

_____ (1984), "Social democracy, corporatism, labour quiescence, and the representation of economic interest in advanced capitalist society", In J. H. Goldthorpe (ed.), *Order and Conflict in Contemporary Capitalism*, Clarendon Press.

Carbone, G. (2012), "Do new democracies deliver social welfare? Political regimes and health policy in Ghana and Cameroon", *Democratization*, 19 (2), pp. 157~183.

Cardoso, F. H. (1979), "On the characterization of Authoritarian regimes in Latin America", In D. Collier (ed.), *The New Authoritarianism in Latin America*, Princeton University Press.

Carmine, E. G. & J. A. Stimson (1980), "The two faces of issue voting", *American Political Science Review*, 74, pp. 78~91.

Castles, F. G. & R. D. Mckinlay (1979), "Public welfare provision in Scandinavia: The sheer futility of the sociological approach to polities", *British Journal of Political Science*, 9, pp. 157~171.

Couhlin, R. (1980), *Ideology, Public Opinion and Welfare Policy*, University of California Press.

Cox, R. H. (2001), "The social construction of an imperative: Why welfare reform happened in Denmark and the Netherlands but not in Germany", *World Politics*, 53(3), pp. 463~498.

Creedy, J. & R. Disney(1985), *Social Insurance in Transition: An Economic Analysis*, Clarendon Press.

Crepaz, M. (1992), "Corporatism in decline?", *Comparative political studies*, 25, pp. 139~168.

Cutler, D. M. & L. F. Katz(1991), "Macroeconomic performance and the disadvantaged", *Brookings Papers on Economic Activity*, 2, pp. 1~61.

Cutright, P. (1961), "Political structure, economic development and national social security programs", *American Journal of Sociology*, 70, pp. 539~555.

_____(1985), *A Preface to Economic Democracy*, University of California Press.

Dahl, R. A. (1985), *A Preface to Economic Democracy*, University of California Press.

Danziger, S. et al. (eds.) (1986), *Fighting Poverty*, Harvard University Press.

Danziger, S. & R. Haveman & R. Plotnic(1981), "How income transfer programs affect work, savings, and the income distribution: A critical review", *Journal of Economic Literature*, 19(3), pp. 975~1028.

Danziger, S. & P. Gottschalk(1986), "Do rising tides lift all boats?: The impact of secular and cyclical changes in poverty", *American Economic Review*, 76, pp. 405~410.

_____ & R. Plotnick(1977), "Democratic change, government transfer and income distribution", *Monthly Labor Review*, 100, pp. 7~11.

Day, P. J. (1989), *A New History of Social Welfare*, Englewood Cliffs, Prentice Hall.

De Deken, J. (2012), "Identifying the skeleton of the social investment state: Defining and measuring patterns of social policy change on the basis of expenditure data", Paper to be presented in Stream 1 "Social Innovation and Social Investment" at the ESPANET 2012 Conference Edinburgh, Scotland.

Denison, E. F. (1974), *Accounting for U. S. Economic Growth, 1929~1965*, Brookings Institution.

_____ (1979), *Accounting for Slower Economic Growth: The U.S. in the 1970's*, The Brookings Institution.

Deviney, S. (1984), "The political economy of public pension: A Cross-national analysis", *Journal of Political and Military Sociology*, 12, pp. 295~310.

Deyo, F. C. (1987), "Coalitions, institutions, and linkage Ssquencing: Toward a strategic capacity model of East Asian development", In F. C. Deyo (ed.), *The Political Economy of the New Asian Industrialism*, Cornell University Press.

_____ (1989), *Beneath the Miracle: Labor Subordination in the New Asian Industrialism*, University of California Press.

_____ & S. Haggard & H. Koo (1987), "Labor in the political economy of East Asian industrialization", *BCAS*, 19, pp. 42~53.

DHHS (1995), *Social Security Programmes throughout the World*, Department of Health and Human Services.

Domhoff, G. & W. (1971), *The Higher Circles*, Random House.

Downs, A. (1957), *An Economic Theory of Democracy*, Harper and Row.

Dowrick, S. (1996), "Swedish economic performance and Swedish economic debate: A view from outside", *The Economic Journal*, 106, pp. 1772~1779.

Drucker, P. F. (1993), *Post-Capitalist Society*, Harper Business.

Duncan, G. (1984), *Years of Poverty, Years of Plenty*, University of Michigan Press.

Edwards, R. (1979), *Contested Terrain: The Transformation of the Workplace in the 20th Century*, Basic Books.

Ehrenberg, R. G. & R. S. Smith (1982), *Modern Labor Economics*, Scott, Foresman and Company.

Einhorn, E. S. & J. Logue (1989), *Modern Welfare States: Politics and Policies in Social Democratic Scandinavia*, Praeger.

Ellwood, D. (1986), *Targeting: Would-Be' Long-Term Recipients of AFDC*, Mathematica Policy Research.

_____ & M. J. Bane (1984), "The impact of AFCD on family structure and living arrangement", Health and Human Service Working Paper.

Erikson, R. & R. Aberg (1987), *Welfare in transition: A Survey of Living Conditions in Sweden 1968~1981*, Clarendon.

Esping-Andersen, G. (1985), *Politics against Markets*, Princeton University Press.

_____ (1991), *The Three Worlds of Welfare Capitalism*, Princeton University Press.

_____ (1996a), "After the golden age: Welfare state dilemmas in a global economy", In G. Esping-Andersen (ed.), *Welfare States in Transition*, Sage, pp. 1~30.

_____ (1998), "글로벌리제이션과 복지국가의 딜레마", 한국노동연구원(편), 연구보고서(98-07).

_____ (2002), *Why We Need a New Welfare State*, Oxford University Press.

_____ & R. Friedland & E. O. Wright (1976), "Modes of class structure and the capitalist state", *Kapitalistate*, pp. 186~220.

Esping-Andersen, G. & W. Korpi (1984), "Social policy as class politics in Post-War capitalism: Scandinavia, Austria, and Germany", In J. H. Goldthorpe (ed.), *Order and Conflict in Contemporary Capitalism*, Oxford University Press.

_____ (1987), "From Poor Relief to Institutional Welfare States: The Development of Scandinavian Social Policy", *International Journal of Sociology*, 16.

European Community (1993), *Social Protection in Europe*, EC.

Evans, P. B. & D. Rueschemeyer & T. Skocpol (eds.) (1985), *Bring the State Back In*, Cambrige University Press.

Feldstein, M. S. (1974), "Social security, induced retirement and aggregate capital accumulation", *Journal of Political Economy*, 82, pp. 630~642.

Flanagen, R. (1987), "Efficiency and equality in Swedish labor markets", In Bosworth, B. & A. Rivlin(eds.), *The Swedish Economy*, Brookings Institution, pp. 125~184.

Fleckenstein, T. & S.C. Lee(2012), "The politics of postindustrial social policy: Family policy reforms in Britain, Germany, South Korea, and Sweden", *Comparative Political Studies*, XX(X), pp. 1~30.

Flora(ed.)(1986), *Growth to Limits: The Western European Welfare Sates since World War II*, Walter de Gruyter.

_____ & A.J. Heidenheimer(1981), "The historical core and changing boundaries of the welfare state", In P. Flora & A.J. Heidenheimer (eds.), *The Development of Welfare States in Europe and America*, Transaction Books.

_____ & J. Alber(1981), "Modernization, democratization, and the development of welfare states in Western Europe", In P. Flora & A.J. Heidenheimer(eds.), *The Development of Welfare States in Europe and America*, Transaction Publishers.

_____ et al. (eds.)(1983), *State, Economy, and Society in Western Europe, 1815~1975: A Data Handbook*, Campus Verlag.

Fraser, D. (1973), *The Evolution of the British Welfare State*, The Macmillan Press Ltd.

Freeman, R. (2001), "The rising tide lifts..?", In S. H. Danziger & R. H. Haveman(eds.), *Understanding Poverty*, Harvard University Press.

_____ & B. SwedenBerg & R. Topel(eds.)(1997), *Reforming the Welfare State: The Swedish Model in Transition*, Chicago Univ. Press.

Friedland, R. & J. Sanders(1995), "The public economy and economic growth in Western market economies", *American Sociological Review*, 50.

Friedman, M. (1962), *Capitalism and Freedom*, University of Chicago Press.

Furniss, N. & T. Tilton(1977), *The Case for the Welfare State: From Social Security to Social Equality*, Indiana University Press.

Garrett, Geoffrey(1998), *Partisan Politics in the Global Economy*, Cambridge University Press.

George, V. & P. Wilding(1985), *Ideology and Social Welfare*, Routledge.

Giddens, A. (1998), *The Third Way: The Renewal of Social Democracy*. Polity.

Gilbert, N. (1984), "Welfare for profit: Moral, empirical and theoretical perspective", *Journal of Social Policy*, 13.

_____(2002), *Transformation of the Welfare State*, Oxford University Press.

Gilder, G. (1981), *Wealth and Poverty*, Basic Books.

Glennerser, H. (1985), *Paying For Welfare*, Basil Blackwell.

Godfrey, L. (1975), *Theoretical and Empirical Aspects of the Effects of Taxation on the Supply of Labor*, OECD.

Goodin, R. E. (1988), *Reasons for Welfare: The Political Theory of the Welfare State*, Princeton University Press.

Goodman, R. & I. Peng(1996), "The East Asian welfare states: Peripatetic learning, adaptive change, and nation-building", In Esping-Andersen, G. (eds.), *Welfare States in Transition*, Sage Publication.

Gottschalk, P. & T. Smeedings(1997), "Cross-national comparisons of earnings and income inequality", *Journal of Economic Literature*, 35, pp. 633~687.

Gough, I. (1979), *Political Economy of the Welfare State*, Macmillan.

Griffin, L. J. & M. E. Wallace & B. A. Rubin(1986), "Capitalist resistance to the organization of labor before the New Deal: Why? How? Success?", *ASR*, 51, pp. 147~167.

Haggard, S. & T. J. Cheng(1987), "State and foreign capital in the East Asian NICs", In F. C. Deyo(ed.), *The Political Economy of the New Asian Industrialism*, Cornell University Press.

Hall, D. (2010), *The Past, Present and Future of Public Spending*, Public Services International Research Unit(PSIRU): University of Greenwich.

Hall, J. A. (1988), "States and societies: The miracle in comparative perspective", In J. Baechler & J. A. Hall & M. Mann(eds.), *Europe and the Rise of Capitalism*, Basil Blackwell.

_____ & G. J. Ikenberry(1989), *The State*, University of Minnesota Press.

Hall, P. & D. Soskice(eds.) (2001), *Varieties of Capitalism: The Institutional*

Foundations of Comparative Advantage, Oxford University Press.

Hamilton, N. (1982), *The Limits of State Autonomy: Post-Revolutionary Mexico*, Princeton University Press.

Handler, J. F. & E. J. Hollingsworth (1971), *The Deserving Poor*, Markham.

Harris, R. & A. Seldon (1979), *Over-rated on Welfare*, Institute of Economic Affairs.

Häusermann, S. & Georg Picot & Dominik Geering (2010), "Rethinking party politics and the welfare state: Recent advances in the literature", Paper prepared for the 17th International Conference of the Council for European Studies, Montréal, Canada.

Haveman, R. (1988), *Starting Even*, Simon and Schuster.

_____ & J. L. Palmer (1982), *Jobs for Disadvantaged Workers: The Economics Employment Subsidies*, Brookings Institution.

_____ (1982), "Toward a new welfare state?", In P. Flora & A. J. Heidenheimer (eds.), *The Development of Welfare State in Europe and America*, Transaction Books.

Heckscher, G. (1984), *The Welfare State and Beyond: Success and Problems in Scandinavia*, University of Minnesota Press.

Heclo, H. (1974), *Modern Social Politics in Britain and Sweden*, Yale University Press.

_____ (1986), "General welfare and two American political traditions", *Political Science Quarterly*, 101, pp. 179~196.

Heidenheimer, A. (1975), "The politics of public education, health, and welfare in the USA. and Western Europe", *British Journal of Political Science*, 3, pp. 315~340.

Henrekson, M. (1996), "Sweden's relative economic performance lagging behind or staying on the top", *The Economic Journal*, 106, pp. 1747~1759.

Hewitt, C. (1976), "The effect of political democracy and social democracy on equality in industrial societies", *American Sociological Review*, 42, pp. 450~464.

Hibbs, D. & H. Locking (1995), "Solidarity wage policies and industrial productivity in Sweden", *Nordic Journal of Political Economy*, 22, pp. 95~108.

Hibbs, Jr. & Douglas A. (1977), "Political parties and macroeconomic policy", *American Political Science Review*, 71(4), pp. 1467~1487.

Hicks, A. & D. Swank(1984), "On the political economy of welfare expansion: A comparative analysis of 18 advanced capitalist democracies, 1960~1971", *Comparative Political Studies*, 17, pp. 81~120.

_____ & J. Misra(1993), "Political recourses and the growth of welfare in affluent capitalist democracies, 1960~1982", *American Journal of Sociology*, 99(3).

Hills, J. (1998), "Thatcherism, New Labour and the Welfare State", *CASE paper*, 13, London School of Economics.

Hirschman, A. O. (1970), *Exit, Voice, and Loyalty*, Harvard University Press.

_____ (1971), *A Bias for Hope: Essays on Development in Latin America*, Yale University Press.

Hobsbawm, E. J. (1968), *Industry and Empire*, Penguin Books.

Hochman, H. M. & J. D. Rodgers(1969), "Pareto optimal redistribution", *American Economics Review*, 59, pp. 542~557.

House, P. W. & R. D. Shull(1988), *Rush to Policy*, Transaction Books.

Howkins, J. (2013), *Creative Economy: How People Make Money From Ideas* (2nd. ed.), Penguin Global.

Huber, E. & J. Stephan(1998), "Internationalization and the social democratic model", *Comparative Political Sciences*, 31(3), pp. 353~397.

Huber, E. & J. D. Stephens(2004), "Combating old and new social risks", A Paper delivered at the 14th International Conference of Europeanists, Palmer House Hilton, March 11-13, 2004.

_____ (2001), *Development and Crisis of the Welfare State. Parties and Policies in Global Markets*. Chicago University Press.

Huntington, S. P. (1968), *Political Order in Changing Societies*, Yale University Press.

Hutchens, R. M & G. Jakubson & S. Schwarts(1989), "AFDC and the formation of subfamilies", *Journal of Human Resources*, 24, pp. 599~628.

ILO (1976), *Cost of Social Security*, ILO.

_____ (1992), *Cost of Social Security*, ILO.

_____ (1996), *The Cost of Social Security*, ILO.

Im, Hyug Baeg (1989), "Politics of transition: Democratic transition from authoritarian rule in South Korea", Ph. D. Dissertation, The University of Chicago.

IMF (1985), *Aging and Social Expenditure in the Major Industrial Countries, 1980~2025*, IMF.

Issac, L. & W. Kelly (1981), "Racial insurgency, the state welfare expansion", *American Journal of Sociological Review*, 54, pp. 873~890.

Iversen, T. & J. D. Stephens (2008), "Partisan politics, the welfare state, and three worlds of human capital formation", *Comparative Political Studies*, 41, pp. 600~637.

_____ & David Soskice (2006), "Electoral institutions and the politics of coalitions", *American Political Science Review*, 100, Cambridge Univ Press

Jackman, R. W. (1975), *Politics and Social Equality: A Comparative Analysis*, Wiley.

Janowitz, M. (1985), "Youth and the welfare state in the United State", In S. N. Eisenstadt & O. Ahimeir (eds.), *The Welfare State and Its Aftermath*, Croom Helm.

Jenkins, J. C. & B. G. Brents (1989), "Social protest, hegemonic competition and social reform: A political struggle interpretation of the origins of the American welfare state", *American Sociological Review*, 54, pp. 891~909.

Jessop, B. (1988), *Conservative Regimes and the Transition to Post-Fordism*, University of Essex Papers.

Johnson, N. (1987), *The Welfare State in Transition: The Theory and Practice of Welfare Pluralism*, The University of Massachusetts Press.

Jones, C. (1985), *Patterns of Social Policy: An Introduction to Comparative Analysis*, Tavistock Publications.

_____ (1993), *New Perspectives on the Welfare State in Europe*, Routledge.

Judge, K. & M. Knapp (1985), "Efficiency in the production of welfare:

The public and the private sectors compared", In R. Klein & M. O. Higgins (eds.), *The Future of Welfare*, Basil Blackwell.

Kammerman, S. & A. Kann (1989), *Privatisation and the Welfare State*, Princeton University Press.

Katz, M. B. (1989), *The Undeserving Poor*, Pantheon.

Kelley, J. & I. McAllister & A. Mughan (1985), "The decline of class revisted: Class and party in England 1964~1979", *American Political Science Review*, 79, pp. 719~736.

Kenworthy, L. (1995), "Equality and efficiency: The illusory trade-off", *European Journal of Political Research*, 27, pp. 225~254.

Kerr, C. & J. T. Dunlop & F. Harbison & C. Myers (1964), *Industrialism and Industrial Man*, Oxford University Press.

Kitschelt, H. P. & S. Wilkinson (2007), *Patrons or Policies? Patterns of Democratic Accountability and Political Competition*, Cambridge University Press.

Klein, R. et al. (1976), *Constraints and Choices*, Center for Studies in Social Policy.

_____ et al (1980), *The Working Class in Welfare Capitalism*, Routledge and Kegan Paul.

Knapp, M. (1984), *Economics of Social Care*, MacMillan.

Kohl, J. (1981), "Trends and problems in postwar public expenditure development in Western Europe and North America", In P. Flora & A. J. Heidenheimer (eds.), *The Development of Welfare States in Europe and America*, Transaction Books.

Koo, Hagen (1990), "From farm to factory: Proletarianization in Korea", *ASR*, 55, pp. 669~681.

Korpi, W. (1983), *The Democratic Class Struggle*, Routledge and Kegan Paul.

_____ (1989), "Power, politics, and state autonomy in the development of social citizenship: Social rights during sickness in 18 OECD countries since 1930", *ASR*, 54, pp. 309~328.

_____ (1996), "Eurosclerosis and the sclerosis of objectivity: On the role of values among economic policy experts", *The Economic Journal*,

106, pp. 1727~1746.

_____ (2006), "Power resources and employer-centered approaches in explanations of welfare states and varieties of capitalism: Protagonists, consenters, and antagonists", *World Politics*, 58, pp. 167~206.

_____ & J. Palme (2003), "New politics and class politics in the context of austerity and globalization: Welfare state regress in 18 countries, 1975~1995", *American Political Science Review*, 97 (3), pp. 425~446.

Kudrle, R. T. & T. R. Marmor (1981), "The development of welfare states in North America", In P. Flora & A. J. Heidenheimer (eds.), *The Development of Welfare States in Europe and America*, Transaction Publishers.

Kuhnle, S. (1981), "The growth of social insurance programs in Scandinavia: Outside influences and internal forces", In P. Flora & A. J. Heidenheimer (eds.), *The Development of Welfare States in Europe and America*, Transaction Publishers

Kuznets, S. (1963), "Quantitative aspects of the economic growth of nations", *Economic Development and Cultural Change*, 11, pp. 1~80.

Kwon, S. & I. Holliday (2007), "The Korean welfare state: A paradox of expansion in an era of globalisation and economic crisis", *International Journal of Social Welfare*, 16, pp. 242~248.

Lampman, R. (1984), *Social Welfare Spending*, Academic Press.

Landau, D. (1985), "Government expenditure and economic growth in the developed countries: 1952~1976", *Public Choice*, 47, pp. 459~477.

Lash, S. & J. Urry (1987), *The end of Organized Capitalism*, Polity.

Le Grand, J. (1982), *The Strategy of Equality*, Allen and Unwin.

_____ (1991), *Equity and Choice*, Harper Collins.

Lee, H. K. (1999), "Neo-liberalism, social exclusion and welfare clients in a global economy", *International Journal of Social Welfare*, 8 (1), pp. 23~37.

Lee, Y. J. & Y. W. Ku (2007), "East Asian welfare regimes: Testing the hypothesis of the developmental welfare state", *Social Policy and Administration*, 41 (2), pp. 197~212.

Lesnoy, S. D. & D. R. Leimer (1985), "Social security and private saving: Theory and historical evidence", *Social Security Bulletin*, 48, pp. 14～30.

Levi, M. (1988), *Of Rule and Revenue*, University of California Press.

Lewin (1994), "The rise and decline of corporatism: The case of Sweden", *European Journal of Political Research*, 26, pp. 59～79.

Lewis-Beck, M. S. & W. G. Jacoby & H. Norpoth & H. F. Weisberg (2008), *The American Voter Revisited*, The University of Michigan Press.

Lijphart, A. (1971), "Comparative politics and the comparative method", *The American Political Science Review*, 65 (3), pp. 682～693.

Lindbeck, A. (1995), "Hazardous welfare state dynamics", *American Economic Review*, 82 (2), pp. 9～15.

_____ (1997), "The Swedish experiment", *Journal of Economic Literature*, 35, pp. 1273～1319.

Linz, J. (1975), "Totalitarian and Authoritarian regimes", In F. I. Greenstein & N. W. Polsby (eds.), *Handbook of Political Science* (Vol. 3): *Macropolitical Theory*, Reading, Addison-Wesley Publishing Co.

Lipst, S. M. (1960), *Political Man*, Garden City: Doubleday.

_____ (1977), "Why no socialism in the United States", In S. Bialer (ed.), *Radicalism in the Contemporary Age*, West Review Press, pp. 31～150.

_____ & S. Rokkan (eds.) (1967), *Party Systems and Voter Alignments: Cross-National Perspectives*, The Free Press.

Looker, R. & D. Coates (1986), "The state and the working class in nineteenth-century Europe", In J. Anderson (ed.), *The Rise of the Modern State*, Wheatsheaf Books Ltd.

Lundberg, E. (1985), "The rise and fall of the Swedish economic model", *Journal of Economic Literature*, 23, pp. 1～36.

Macdonald, S. E. & G. Rabinowitz & O. Listhaug (1997), "Individual perception and models of issue voting", *Journal of Theoretical Politics*, 9, pp. 13～21.

Macpherson, C. B. (1977), *The Life and Times of Liberal Democracy*, Oxford University Press.

Macridis, R. C. (1986), *Modern Political Regimes: Patterns and Institutions*, Little, Brown and Company Press.

Mair, Peter (2005), *Party System Change: Approaches and Interpretations*, Oxford University Press.

Manow, Philip (2009), "Electoral rules, class coalitions and welfare state regimes: how to explain Esping-Andersen with Stein Rokkan", *Socio-Economic Review*, 7(1), pp. 101~121.

Marks, G. (1989), *Unions in Politics*, Princeton University.

Marlow, M. (1986), "Private sector shrinkage and the growth of industrialized economies", *Public Choice*, 49, pp. 143~154.

Marshall, T. H. (1950), *Citizenship and Social Class and Other Essays*, Cambridge University Press.

_____(1963), *Class, Citizenship, and Social Development*, The University of Chicago Press.

Martin, G. T. Jr. (1981), "Historical overview of social welfare", In G. T. Martin, Jr. & M. N. Zald (eds.), *Social Welfare in Society*, Columbia University Press.

Meidner, R. (1992), "The rise and fall of the Swedish model", *Studies in Political Economy*, 39, pp. 159~171.

Miliband, R. (1969), *The State in Capitalist Society*, Basic Books.

Miller, L. (1976), "The structural determinants of the welfare effort: A critique and contribution", *Social Service Review*, 50, pp. 57~79.

Milner, H. (1989), *Sweden: Social Democracy in Practice*, Oxford University Press.

Mishra, R. (1975), "Marx and welfare", *Sociological Review*, 23.

_____(1981), *Society and Social Policy*, Macmillan.

_____(1984), *The Welfare State in Crisis: Social Thought and Social Change*, Wheatsheaf Books Ltd.

_____(1990), *The Welfare State in Capitalist Society: Policies of Retrenchment and Maintenance in Europe, North America and Australia*, Harvester Wheatsheaf.

_____(1993), "Social policy in the post-modern world", In C. Jones (ed.), *New Perspectives on the Welfare State in Europe*, Routledge, pp. 18~40.

Moene, K. & M. Wallerstein(1995), "How social democracy worked: Labor-market institutions", *Politics and Society*, 23, pp. 185~211.

Moffit, R. (1992), "Incentive effects of the U.S. welfare system: A review", *Journal of Economic Literature*, 30, pp. 1~61.

Moore, B. (1966), *Social Origins of Dictatorship and Democracy*, Beacon Press.

Morgan, K. J. (2013), "Path shifting of the welfare state: Electoral competition and the expansion of work-family policies in Western Europe", *World Politics*, 65(1), pp. 73~115.

Moses, J. (1994), "Abdication from national policy autonomy: What's left to leave", *Politics and Society*, 22, pp. 125~148.

Munnell, A. H. (1974), "The impact of social security on personal saving", *National Tax Journal*, 27, pp. 553~568.

Murray, C. (1984), *Losing Ground: American Social Policy*, 1950~1980, Basic Books, Inc.

Musgrave, R. A. (1959), *The Theory of Public Finance*, McGraw-Hill.

Myles, J. & J. Quadagno(2002), "Political theories of the welfare state", *Social Service Review*, 76, p. 34~57.

Nagel, S. (1988), *Contemporary Public Policy*, The University of Alabama Press.

Niskanen, W. A. (1973), *Bureaucracy: Servant or Master?*, Institute of Economic Affairs.

Notermans, T. (1993), "The abdication from national policy autonomy: Why the macroeconomic policy regime has become so unfavorable to labor", *Politics and Society*, 21, pp. 133~167.

O'Connor, J. (1973), *The Fiscal Crisis of the State*, St. Marin's.

_____(1985), *Social Expenditure 1960~1990*, OECD.

_____(1988), "Convergence or divergence?: Change in welfare effort in OECD countries 1960~1980", *European Journal of Political Research*, 16, pp. 277~299.

O'Donnell, G. (1988), *Bureaucratic Authoritarianism: Argentina, 1966~ 1973, in Comparative Perspective*, University of California Press.

———— & P. C. Schmitter (1986), *Transitions from Authoritarian Rule: Tentative Conclusions about Uncertain Democracies*, The Johns Hopkins University Press.

O'Neill, J. et al. (1984), *An Analysis of Time Welfare*, Urban Institute Press.

Obstfeld, M. (1998), "The global capital market: Benefactor or menace", *Journal of Economic Perspectives*, 12, pp. 9~30.

OECD (1981), "The Welfare State in Crisis", an account of the Conference on Social Policies in the 1980s, OECD.

———— (1985), Social Expenditure Database, OECD.

———— (1994a), *Economic Outlook*, 94, OECD.

———— (1994b), *New Orientation for Social Policy*, OECD.

———— (1995a), *Economic Outlook*, 95, OECD.

———— (1995b), Income Distribution in OECD Countries, OECD.

———— (1995c), *OECD Economic Survey: 1993~1994, Sweden*, OECD.

———— (1996), "The Knowledge-Based Economy", OECD.

———— (1998), *Economic Outlook*, 98, OECD.

———— (1999a), Analytical Databank.

———— (1999b), Social Expenditure Database, 1980~1996.

———— (2008a), *Economic Outlook*, 08, OECD.

———— (2008b), *Employment Outlook*, OECD.

———— (2008c), *Growing Unequal Income Distribution and Poverty in OECD Countries*, OECD.

———— (2008d), Social Expenditure Database, OECD.

———— (2011), OECD Factbook 2011~2012: Economic, Environmental and Social Statistics (Suicides).

———— (2012), OECD iLibrary.

———— (2013a), "General government expenditure by function", *In National Accounts at a Glance 2013*, OECD Publishing.

———— (2013b), OECD iLibrary.

———— (2013c), Pension at a Glance 2013.

_____ (2013d), *Back to Work Korea: Improving the Re-employment Prospects of Displaced Workers*, OECD.

Offe, C. (1984), *Contradictions of the Welfare State*, In J. Keane (ed.), The MIT Press.

Okun, A. (1975), *Equality and Efficiency: The Big Trade-off*, Brookings Institution.

Olsen, G. & J. S. O'Connor (1998), "Understanding the welfare state: Power resources theory and its critics", In J. S. O'Connor & G. M. Olsen (eds.), *Power Resources Theory and the Welfare State*, University of Toronto Press.

Olsen, G. (1982), *The Logic of Collective Action: Public Goods and The Theory of Groups*, Harvard University Press.

_____ (1991), "Labor mobilization and the strength of capital: The rise and stall of economic democracy in Sweden", *Studies in Political Economy*, 34, pp. 109~145.

_____ (1995), "The devolution of the Nordic and Teutonic economies", *American Economic Review*, 85, pp. 22~27.

_____ (1996), "Re-modeling Sweden: The rise and demise of the compromise in a global economy", *Social Problems*, 43, pp. 1~20.

Olson, M. (1982), *The Rise and Decline of Nations*, Yale Univ. Press.

Olson, N. (1971), *The Logic of Collective Action*, Harvard University Press.

Onkus, Z. (1991), "The logic of the developmental state", *Comparative Politics*, 24.

Orloff, A. S. & T. Skocpol (1984), "Why not equal protection?: Explaining the politics of public social spending in Britain 1900~1911 and the United State, 1890s~1920", *American Sociological Review*, 49, pp. 726~750.

Pampel, F. C. (1981), *Social Change and the Aged: Recent Trends in the United State*, Lexington Brooks.

_____ (1988), "Welfare spending in advanced industrial democracies, 1950~1980", *American Journal of Sociology*, 50, pp. 1424~1456.

_____ & J. B. Williamson (1989), *Age, Class, Politics and the Welfare State*, Cambridge University Press.

Parkin, F. (1971), *Class Inequality and Political Order*, Praeger.

Pfaller, A & I. Gough (1991), "The competitiveness of industrialized welfare States: A cross-country survey", In Pfaller et al. (eds.), *Can the Welfare State Compete?* Macmillan, pp. 15~45.

_____ & G. Therborn (1991), *Can the Welfare State Compete?*, Macmillan.

Pierson, C. (1991), *Beyond the Welfare State? The New Political Economy of Welfare*, Polity Press.

_____ (1998), "Contemporary challenges to welfare state development", *Political Studies*, 46.

Pierson, P. (1996), "The new politics of the welfare state", *World Politics*, 48, January, pp. 143~179.

_____ (2001), "Coping with permanent austerity: Welfare state restructuring in affluent democracies", *Revue française de sociologie*, 43

_____ (ed.) (2001), *The New Politics of the Welfare State*, Oxford University Press.

Piven, F. & R.A. Cloward (1971), *Regulating the Poor*, Vintage.

Plant, M. (1984), "An empirical analysis of welfare dependence", *American Economic Review*, 74, pp. 673~684.

Plazer, P. (1987), "The paralysis of the centre-left: A comparative perspective", *Political Quarterly*, 58, pp. 378~388.

Poggi, G. (1978), *The Development of the Modern State*, Stanford University.

_____ (1990), *The State: Its Nature, Development and Prospects*, Polity Press.

Prime Minister's Office (1981), *Way of Life and Opinion of the Aged: An International Comparision*, Prime Minister's Office.

Przeworski, A. (1985), *Capitalism and Social Democracy*, Cambridge University Press.

_____ (1990), *The State and the Economy under Capitalism*, Harwood Academic Publishers.

_____ & J. Sprague (1986), *Paper Stones: A History of Electoral Socialism*, The University of Chicago Press.

Ragin, C.C. & C. Rubinson (2009), "The distinctiveness of comparative research", In Landman, T. & N. Robinson(eds.) (2009), *The SAGE Handbook of Comparative Politics*. Sage Publications.

Rainwater, L., M. Rein & J. E. Schwartz(1986), *Income Packaging in the Welfare State*, Clarendon Press.

Ramesh, M. (2003), *Globalisation and social security expansion in East Asia.* In Weiss L(ed.), *States in the Global Economy: Bringing Domestic Institutions Back In*, Cambridge University Press, pp. 83~100.

Rawls, J. (1971), *A Theory of Justice*, Harvard University Press.

Rein, M. (1988), "The social structure of institutions: Neither public nor private", in Kammerman and Kahn.

Rhoads, S. (1985), *The Economist's View of the World*, Cambridge University Press.

Rifkin, J. (1994), *The End of Work*, 이영호(역), 《노동의 종말》(1996), 민음사.

Rimlinger, G. (1971), *Welfare Policy and Industrialization in Europe, America and Russia*, Wiley.

_____(1986), "Common goals but different and roles: The state's contribution to the welfare mix", In R. Rose & R. Shiratori(eds.), *The Welfare State East and West*, Oxford University Press.

Ritter, G. A. (1983), *Sozialversicherung in Deutschland und England*, 전광석(역) (1992), 《복지국가의 기원》, 교육과학사.

Robson, W. A. (1976), *Welfare State and Welfare Society: Illusion and Reality*, George Allen & Unwin.

Rodrik, D. (1998), "Why do more open economies have bigger governments", *Journal of Political Economy*, 106, pp. 997~1032.

Room, G. (1990), *New Poverty in the European Community*, St. Martin's Press, p. 62.

Rose, R. & G. Peters(1978), *Can Government Go Bankrupt*, Basic Books.

Rosen, H. S. (1988), *Public Finance*, Irwin.

_____(1996), "Public employment and the welfare state in Sweden", *Journal of Economic Literature*, 34, pp. 729~740.

Ross, C. (1985), "The trend in poverty, 1965~1984", *Working Paper*, Institute for Research on Poverty.

Rueschemeyer, D. & E. H. Stephens & J. D. Stephens (1992), *Capitalist Development and Democracy*, Polity Press.

Sandy L. Maisel & Mark D. Brewer (2011), *Parties and Elections in America: The Electoral Process* (6th ed.), Rowman and Littlefield Publishers.

Sartori, G. (1967), *Parties and Party Systems*, Cambridge University Press.

Savas, E. (1982), *Privatizing the Public Sector*, Chatham House.

Scharpf, F. W. (1984), "Economic and institutional constraints of full-employment strategies: Sweden, Austria, and West Germany, 1973 ~1982", In J. H. Goldthorpe (ed.), *Order and Conflict in Contemporary Capitalism*, Oxford University Press.

Schumpeter, J. A. (1975), *Capitalism, Socialism and Democracy*, Harper and Row.

Seong, K. R. (1990), "Dynamic patterns of political regime changes from Authoritarian rule in the Third World: An event history analysis, 1945~1986", Ph. D. Dissertation, Stanford University.

_____ (2013), *The Political Economy of Regionalism in Korea: Origins and Electoral Dynamics, 1961~2010*. Book Manuscript (to be published).

Simeeding, T. M. & M. O'Higgins & L. Rainwater (1990), *Poverty, Inequality and Income Distribution in Comparative Perspective*, Urban Institute Press.

Skocpol, T. (1980), "Political response to capitalist crisis: Neo-marxist theories of the state and the case of the New Deal", *Politics and Society*, 10, pp. 155~201.

_____ & E. Amenta (1986), "States and social policies", *Annual Review of Sociology*, 12, pp. 131~157.

Slemrod, J. (1995), "What do cross-country studies teach about government involvement, prosperity, and economic growth", Brookings Papers on Economic activity, pp. 373~431.

Song, Ho-Keun (1992), "The state and organized labor in transition to democracy in South Korea", The Institute for Social Research Working Paper #1992-2, Hallym University.

Starling, G. (1988), *Strategies for Policy Making*, Dorsey Press.

Starr, P. (1988), "The meaning of privatization", *Yale Law & Policy Review*, 6.

Steinmetz, G. (1989), "Social policy in the german empire and the myth of the autonomous state", A Paper presented at the Annual Meeting of ASA, San Francisco, USA.

Stepan, A. (1978), *The State and Society: Peru in Comparative Perspective*, Princeton University Press.

Stephens, J. (1979), *The Transition from Capitalism to Socialism*, Macmillan.

_____(1989), "Democratic transition and breakdown in Western Europe, 1870~1939: A Test of the Moore Thesis", *AJS*, 94, pp. 1019~1077.

_____(1996), "The Scandinavian welfare states: Achievement, crisis, and prospects", In G. Esping-Andersen (ed.), *Welfare State in Transition*, Sage, pp. 32~65.

Sullivan, M. (1987), *Sociology and Social Welfare*, Allen & Unwin.

Tampke, J. (1981), "Bismarck's social legislation: A genuine breakthrough?" In W. J. Mommsen (ed.), *The Emergence of the Welfare State in Britain and Germany*, Croom Helm Ltd.

Tawney, R. M. (1952), *Equality*, Unwin.

Taylor, C. & D. Jodice (1982), *World Handbook of Political and Social Indicators* (3rd ed.), Yale University Press.

Taylor-Goody, P. (1989), "The role of the state", In R. Jowell et al. (eds.), *British Social Attitudes: Special International Report*, Gower.

Thane, P. (1982), *The Foundations of The Welfare State*, Longman.

Therborn, G. (1986), "Karl Mark Returning: The Welfare State and Neo-Marxist, Corporatist and Statist Theories", *International Political Science Review*, 7, pp. 131~164.

_____(1987), "Welfare state and capitalist markets", *Acta Sociologica*, 30, pp. 237~254.

_____ & A. Kjellberg, S. Marklund & U. Ohlund (1978), "Sweden before and after social democracy", *Acta Socilogica*, 21, pp. 37~58.

Thirwal, A. P. (1982), "De-Industrialization in the United Kingdom", *Lloyds Bank Review*, 144.

Thurow, L. (1971), "The income distribution as a pure public good",

Quarterly Journal of Economics, 87, pp. 327~336.

_____ (1975), *Generating Inequality*, Basic Books.

Tilly, C. (1978), *From Mobilization to Revolution*, Random House.

_____ (1985), "War making and state making as organized crime", In P. Evans, D. Rueschemeyer & T. Skocpol(eds.), *Bringing the State Back In*, Cambridge University Press.

_____ (1990), *Coercion, Capital, and European States, A.D.990~1990*, Basil Blackwell Inc.

Titmuss, R. M. (1969), *Essays on the Welfare State*, Beacon Press.

_____ (1974), *Social Policy*, George Allen and Unwin.

Tobin, J. (1970), "On limiting the domain of inequality", *Journal of Law and Economics*, 13.

Trattner, W. I. (1989), *From Poor Law to Welfare State: A History of Social Welfare in America*, (4th. ed.), The Free Press.

UNDP(1995), *Human Development Report*, Oxford University Press.

U. S. Department of Health, Education, and Welfare-Social Security Administration(1995), *Social Security Programs, Throughout the World*, Bernan Assoc.

Uusitalo, H. (1984), "Comparative research on the determinants of the welfare state: The state of the art", *European Journal of Political Research*, 12, pp. 403~422.

Valenzuela, J. S. (1989), "Labor movements in transition to democracy", *Comparative Politics*, 21, pp. 445~471.

Wade, R. (1992), "East Asia's economic success: Conflicting perspectives, partial insights, Shaky Evidence", *World Politics*, 44, pp. 270~320.

Walker, A. (1984), "The political economy of privatization", In J. Le Grand & R. Robinson(eds.), *Privatization and Welfare State*, George Allen and Unwin.

Weber, M. (1968), *Economy and Society*, In G. Roth & C. Wittich(ed.), University of California Press.

Weir, M., A. S. Orloff, & T. Skocpol(eds.) (1988), *The Politics of Social Policy in the United States*, Princeton University Press.

Wilensky, H. & C. N. Lebeaux(1965), *Industrial Society and Social*

Welfare, Russell Sage Foundation.

Wilensky, H. (1975), *The Welfare State and Equality: Structural and Ideological Roots of Public Expenditures*, University of California Press.

_____(1982), "Leftism, catholicism and democratic corporatism: The role of political parties in recent welfare state development", In P. Flora & A. J. Heidenheimer (eds.), *The Development of Welfare State in Europe and America*, Transaction Books.

Wilson, T. & D. J. Wilson (1982), *The Political Economy of the Welfare State*, George Allen & Unwin.

Wolf, C. (1979), "A theory of non-market failures", *Journal of law and economics*, 22.

Wood, A. (1998), "Globalisation and the rise in labor market inequalities", *The Economic Journal*, 108, pp. 1463~1482.

World Bank (1984), World Tables.

_____(1990), *Trends in Developing Economies*, World Bank Publication.

_____(1991), World Tables.

_____(1992), *World Development Report*, Oxford.

Young, D. & B. Allen (1977), "Benefit-cost analysis in the social services", *Social Service Review*, 51, pp. 249~263.

김 태 성

서울대 사회복지학과 졸업
서울대 대학원 사회복지학 석사
미국 오하이오주립대 사회복지학 석사
미국 워싱턴대 사회복지학 박사
현 서울대 사회과학대학 사회복지학과 명예교수

저서 및 논문
《빈곤론》(공저),《사회복지정책론》(공저),《사회보장론》(공저),
《복지와 경제》,《한국사회복지정책론》등
"사회복지부문 공공부문과 민간부문의 역할분담에 관한 연구"
"국민연금의 발전정도와 결정요인에 관한 비교분석"
"저소득층을 위한 소득보장방안들의 비교분석" 등

성 경 륭

서울대 사회복지학과 졸업
서울대 행정대학원 행정학 석사
미국 스탠퍼드대 사회학 석·박사
전 국가균형발전위원장
현 한림대 사회학과 교수
　　경제·인문사회연구회 이사장

저서 및 논문
《체제변동의 정치사회학》,《국민국가개혁론》,《균형사회와 분권국가의 전망》
"한국의 정치체제 변동과 사회정책의 변화: 정치사회학적 분석"
"억압으로부터 복지로: 한국의 정치민주화와 국가-자본의 노동통제 전략 변화"
"한국 복지국가 발전의 정치적 기제에 관한 연구: 노무현 정부와 이명박 정부의 비교"